제 7 판

4차 산업혁명 시대의

EXCEL 활용

통계학

강금식

박영사

머리말

지금 4차 산업혁명은 전 세계적으로 세차게 급물살을 일으키면서 진행되고 있다. 4차 산업혁명은 인간의 모든 경제활동에 최적의 솔루션을 제공할 것이다. 제조업의 변화와 혁신으로 촉발된 4차 산업혁명은 비즈니스는 물론 경제, 사회, 문화 등 모든 면에서 우리 삶 전체를 송두리째 변화시켜 나갈 것이다.

이런 급변하는 환경에서 기업들은 생존과 번영을 위하여 4차 산업혁명의 결과로 창출되는 빅데이터의 분석을 통해 얻는 통찰력과 지식을 이용해 더욱 빠르고 정확한 사실 기반 의사결정을 함으로써 기업 경쟁력을 확보하고자 혈안이 되고 있다.

4차 산업혁명의 핵심기술은 사물인터넷, 클라우드 컴퓨팅, 빅데이터, 인공지능 등이다. 오늘날 빅데이터는 사물인터넷의 확산, 스마트 팩토리와 같은 생산 프로세스의 디지털화, 모바일·스마트 기기의 확산 및 소셜 네트워크 서비스의 활성화 등으로 폭증하고 있다. 이러한 디지털 환경에서 생성하는 빅데이터의 분석을 통해 기업들은 무한한 가치창출을 꾀하고 있는 것이다.

4차 산업혁명은 빅데이터의 폭증으로 통계학에도 변화를 초래하고 있다. 본서에서 공부할 전통적인 통계학은 표본 데이터를 기반으로 설명이나 해석을 통해 최대한의 정보를 추출하는 것을 목표로 삼았지만 디지털 시대의 도래에 맞추어 탄생한 데이터 마이닝과 비즈니스 분석론에서는 표본 데이터가 아니라 모집단 전체 데이터를 분석하여 미래에 대한 예측을 중시하고 있다.

통계학을 이수한 학생들은 계속해서 데이터 마이닝 과목을 공부할 것을 추천하는바, 데이터 마이닝 과목에서 중시하는 분석에 필요한 데이터의 준비를 위한 데이터 탐색과 데이터 전처리는 물론 데이터의 시각화에 관한 간단한 내용 등을 본 개정판에 새롭게 추가하였다. 이를 위해서 몇 가지 시각화 방법으로 도표 등을 소개하였다.

이 외에도 본 개정판의 많은 부분에서 보완과 수정이 이루어졌다. 더욱 이해하기 쉽도록 내용도 보완하고 표와 그림도 삽입하였다.

문제풀이를 위한 Excel file도 모두 완벽하도록 손질을 하였다. 아무쪼록 열과 성을 다해 만든 본 개정판이 독자들의 학업성과에 큰 도움이 있기를 간절히 바란다.

본 개정판을 교재로 사용하는 교수님들을 위해서는 PowerPoint를 이용하여 만든 강의안과 함께 학생들을 위해서는 각 장의 연습문제에 대해 Excel과 손 사용으로 풀이한 해답을 도서출판 박영사 Homepage에 올려놓았으니 다운로드하여 이용하기 바란다.

끝으로 본 개정판이 제때에 햇빛을 보게 된 데는 몇 분들의 관심과 배려가 있었다. 우선 박영사 안상준 대표님의 물심양면의 도움과 꼼꼼하게 정리와 교정을 담당해 온 편집부의 전채린 차장께 심심한 사의를 표하고자 한다.

2025. 10. 6.

青壕 姜金植

문제풀이 download 받는 방법

① www.pybook.co.kr에 접속한다.
② 「도서자료실」을 클릭한다.
③ 「EXCEL 활용 통계학」을 클릭한다.
④ 「강의안」, 「손 사용 문제풀이」와 「EXCEL 활용 문제풀이」를 download 받는다.

차 례

제1장 통계학의 이해

제2장 기술통계학 I : 데이터의 정리 및 시각화

제3장 기술통계학 II : 요약통계량

제4장 확률이론

제5장 확률변수와 확률분포

제6장 확률분포 Ⅰ : 이산 확률분포

제7장 확률분포 II : 연속 확률분포

제8장 표본분포

제9장 통계적 추정 : 한 모집단

제10장 가설검정 : 한 모집단

제11장 통계적 추정과 가설검정 : 두 모집단

제12장 분산분석

제13장 상관분석과 회귀분석

제14장 다중회귀분석

제15장 범주 데이터와 χ^2 검정

부표

Chapter 01

통계학의 이해

우리는 변화무쌍한 사회에서 살아가고 있다. 완전하지 않거나 잘 알 수 없는 정보를 수반하는 상황 속에서 수많은 결정을 내리게 된다. 즉 미래에 발생할 상황이 무엇이며 그러한 상황이 어떤 결과를 초래할 지 미리 알 수 없는 불확실한 환경(uncertain environment)에서 어려운 의사결정을 하게 된다. 예를 들면, 투자자들은 금융시장이 앞으로 침체국면에 접어들지, 현상유지할지, 또는 활황국면에 접어들지 전혀 모르는 상황에서 주식, 회사채, 국채 등등에 투자하게 된다.

따라서 의사결정하는 데는 정보가 필요하여 데이터를 수집하고 그 속에 숨은 정보를 추출하면 좀더 나은 결과를 가져올 수 있는 의사결정을 할 수 있게 된다. 따라서 필요한 데이터와 정보를 수집하고 처리하고 불확실한 상황을 분석함으로써 미래를 예측함에 있어 불확실성을 최소화하려는 노력을 경주하는 것이다.

통계학은 이러한 불확실한 상황에서 합리적 의사결정을 할 수 있도록 돕는 도구이다. 모든 자연과학과 사회과학 분야에서 연구하는 사람들도 자연현상과 인간행동과 같은 불확실한 요인에 관한 결정을 내림에 있어서 통계 데이터에 기초를 두게 된다.

통계학에서는 데이터에 포함된 동일하지 않는 값들의 퍼짐(산포)을 불확실성이라고 평가하고 연구대상의 설명이나 예측을 수행한다. 이와 같이 통계학은 데이터 퍼짐이나 불확실성에 대처하는 방법을 연구하는 학문이다.

데이터 퍼짐에 기반을 두는 통계적 분석기법은 모든 분야에서 또는 모든 학문연구에서 수집된 데이터를 요약하거나 도표로 표시하여 유용한 정보로 가공함으로써 지식과 지능을 발전시켜 합리적 의사결정을 할 수 있도록 돕기 때문에 필수적인 성격을 갖게 된다.

본장에서는 통계학의 기초 개념을 설명할 것이다. 통계학은 어떤 학문이며, 모집단과 표본, 모수와 통계량 등 기본 용어에 관해서 공부할 것이다. 지금 한창 진행 중인 4차 산업혁명의 기본 인프라는 빅데이터와 인공지능이다. 빅데이터를 분석하는 기법 중에는 비즈니스 분석론과 데이터 마이닝이 있다. 이들에 관해서도 간단히 설명할 것이다.

S·E·C·T·I·O·N 1.1

통계학의 의미

일반적으로 통계(statistics)라는 말은 두 가지 의미를 내포하고 있다. 즉 통계 데이터(statistical data)와 통계 분석방법(statistical methods)이다. 우리는 일상생활을 하면서 수치와 표 또는 그래프를 수없이 접하고 있다. 이들은 사실을 말해준다. 여기서 통계 데이터를 다음과 같이 정의할 수 있다.

TIP

통계 데이터

통계 데이터란 분석하고자 하는 집단과 관련해 조사나 실험의 결과로 얻는 데이터 또는 이의 요약된 형태를 말한다.

예를 들면, Excel 대학교 통계학 A반에 등록한 50명 학생의 평균 연령을 알고자 조사한 50개의 수치들을 통계 데이터, 간단히 데이터(data) 또는 데이터 집합(data set)이라고 한다. 이러한 원 데이터(raw data)는 의사결정에 도움이 되도록 표 또는 그래프로 표현한다든지, 평균이라든가 표준편차 등으로 가공하거나 요약하면 정보(information)가 된다. 그런데 방대한 양의 통계 데이터의 수집이나 정리, 그래프나 표로의 표현만으로는 충분하지 않다. 통계 데이터를 정보로 전환하기 위하여 여러 가지 방법이나 기법을 사용하는 목적은 불확실한 상황에서 데이터와 정보의 분석을 통해 효과적이고 합리적인 의사결정을 돕기 위함이다. 즉 가공되거나 요약된 형태의 통계 데이터들을 이용하여 불확실한 환경 속에서 예측도 할 수 있고 여러 가지 대안들을 검토하여 좀더 나은 결론을 내리거나 의사결정을 할 수 있는 것이다. 여기서 수치로 표시된 데이터를 수집하거나 측정하여 정보로 가공한 후 이를 분석 및 해석하는 것을 통계 분석방법이라고 한다.

예를 들면, 대통령 선거철이 돌아오면 후보들에 대한 전체 유권자들의 지지율을 미리 알아보기 위하여 일부 유권자들을 선정하여 여론조사를 실시하고 이 데이터에 입각하여 전체 유권자들의 투표 성향을 예측하게 된다.

이제 통계학을 다음과 같이 정의할 수 있다.

TIP

통계학

통계학이란 불확실한 상황하에서 좀더 효과적인 의사결정을 하기 위하여 연구자의 관심의 대상이 되는 집단의 관측(observation) 또는 측정(measurement)으로부터 수치 데이터(numerical data)를 수집하고 정리하고 시각화하고 분석하고 해석하여 좀더 합리적인 의사결정에 도움이 되는 정보로 전환하는 분야를 다루는 학문이다. 간단히 말하면, 통계학이란 데이터로부터 정보를 추출하여 사용하는 하나의 방법론이다.

이와 같이 통계학의 기본 목적은 데이터로부터 얻는 정보를 분석하고 불확실한 미래에 대해 예측하여 올바른 결론을 내리거나 의사결정에 사용하려는 것이다.

S·E·C·T·I·O·N 1.2

통계학의 분류

통계학은 데이터 분석의 목적에 따라 기술통계학과 추리통계학으로 분류할 수 있다. 통계분석의 목적은 분석의 대상 모집단의 어떤 특성을 파악하려는 것이다. 이를 위해서는 기술통계와 추리통계의 과정을 거치게 된다.

기술통계학(descriptive statistics)은 어떤 문제에 대해 방대한 데이터를 수집·정리·요약·시각화한 후 이를 의사결정에 도움이 되는 정보로 전환하기 위하여 통계적 기법을 활용하는 분야라고 정의할 수 있다. 이러한 데이터는 모집단을 대상으로 하든지, 아니면 그를 대표할 수 있는 일부인 표본조사(sampling survey)를 통해서 또는 실험을 통해서 수집할 수 있으며, 이렇게 수집된 데이터를 이해하기 쉽도록 제2장에서 공부할 표, 그래프, 차트 또는 제3장에서 공부할 데이터의 요약 특성치(예 : 평균, 분산 등)로 요약하고 분류하고 시각화하면 의사결정에 유용한 정보가 된다. 기술통계학은 이미 발생하여 확보한 데이터 자체의 특성이나 경향을 이해하는 데 이용된다.

TIP

기술통계학

기술통계학이란 측정이나 실험을 통해 수집한 데이터를 정보로 가공하기 위하여 요약하고 정리하고 그의 특성을 기술하는 그래프적 및 수치적 절차에 관한 학문이다.

기술통계학의 절차는 모집단이나 표본의 측정을 기술하는 데 이용된다. 모집단의 경우에는 전수조사를 통하여 데이터를 수집하고 분석하여 모수에 대한 정보를 얻기 위하여 도표, 그래프, 요약특성치 등 여러 가지 통계기법을 사용한다. 그런데 모집단의 규모가 작을 때에는 문제가 없으나 모집단이 클 때에는 비용, 시간, 정확성 등으로 모집단 전체를 전수조사(census)할 수 없으므로 그로부터 랜덤(random)으로 일부의 대표적인 표본을 추출하게 된다. 여기서 얻는 표본 데이터를 기술하는 여러 가지 기법은 기술통계학의 내용이 된다. 한편 이렇게 추출한 표본 정보에 입각하여 모집단 전체의 정보를 추론하기도 한다.

이와 같이 표본정보를 이용해서 모집단 특성에 대해 일반적 결론을 내릴 수도 있다. 표본조사의 근본 목적은 표본 데이터를 이용해 모집단의 특성을 추론하려는 것이다. 예를 들면, Excel 대학교 50,000명 학생의 한 달 평균 용돈을 알고자 하는 경우 전체를 잘 대표할 수 있는 약 1,000명을 표본으로 추출한 다음 이들의 평균 용돈을 조사하여 300,000원이라는 사실을 알았다면 이는 기술통계학에 해당한다. 그러나 이 정보를 이용하여 학생 전체의 한 달 평균 용돈이 "300,000원일 것이다, 또는 250,000원에서 350,000원 사이일 것이다"라고 추정할 수 있는데 이는 추리통계학의 내용이 된다.

이와 같이 추측통계학(inferential statistics) 또는 추리통계학은 기술통계학을 통해 얻는 제한된 표본 데이터에 입각해서 그의 모집단의 특성을 추론, 추정, 예측, 결정, 일반화하는 데 사용하는 절차 및 기법과 관련이 있다. 이와 같이 추리통계학은 수집한 데이터 자체가 아니라 그 데이터의 발생원을 추정하고 또한 그 데이터를 기반으로 새롭게 얻는 미지의 데이터 예측을 수행하는 데 사용된다.

TIP

추리통계학

추리통계학이란 조사대상인 모집단으로부터 랜덤하게 추출한 표본 속에 내포된 정보에 입각하여 그 모집단의 어떤 특성에 대해 결론이나 추론을 내리는 절차나 기법에 관한 학문이다.여기에는 통계적 추정(statistical estimation)과 가설검정(hypothesis testing)이 포함된다.

그러나 표본정보에 입각하여 구한 모집단에 대한 예측치나 결론이 불확실성 하에서 이루어지기 때문에 항상 실제 결과와 일치하지 않을 위험이 따른다. 즉 일부를 가지고 전체를 추론하기 때문에 항상 불확실성이 내재하며 따라서 위험을 수반하게 된다. 이러한 이유로 통계적 추론을 할 경우에는 결론의 신뢰성(reliability)을 평가하기 위하여 신뢰수준(confidence level)과 유의수준(significance level)이라는 개념을 사용한다. 추리통계학에서는 의사결정에 내재하는 위험의 정도, 즉 불확실성의 정도를 측정하기 위하여 확률을 사용한다. 이들에 관해서는 제9장 통계적 추정과 제10장 가설검정에서 공부할 것이다.

오늘날 통계학의 주류는 단연 추리통계학이라고 할 수 있다. 모집단 전체를 조사하는 데는 막대한 시간과 비용이 소요되고 경우에 따라서는 전수조사가 불가능하므로 표본조사에 의해 모집단의 특성을 추론하는 것이 비록 불확실성이 내재하고 위험이 따른다고 해도 일반적 관행이기 때문이다. 이와 같이 통계학이란 실험 또는 조사를 통해 얻는 표본 데이터를 바탕으로 알지 못하는 모집단(모수)에 대해 추론하는 학문이라고 할 수 있으며 우리가 불확실한 상황에서 과학적인 의사결정을 내릴 수 있는 길잡이 역할을 한다.

추론통계는 부엌에서 요리한 된장국의 맛을 보는 장면과 유사하다. 이때 큰 냄비에 들어있는 된장국 전체가 모집단에 해당하고 국자로 떠낸 소량의 된장국은 표본에 해당한다. 이 소량의 된장국을 맛봄으로써 냄비 속 전체 된장국의 맛을 가늠할 수 있는 것이다.

그림 1-1 기술통계학과 추리통계학의 관계

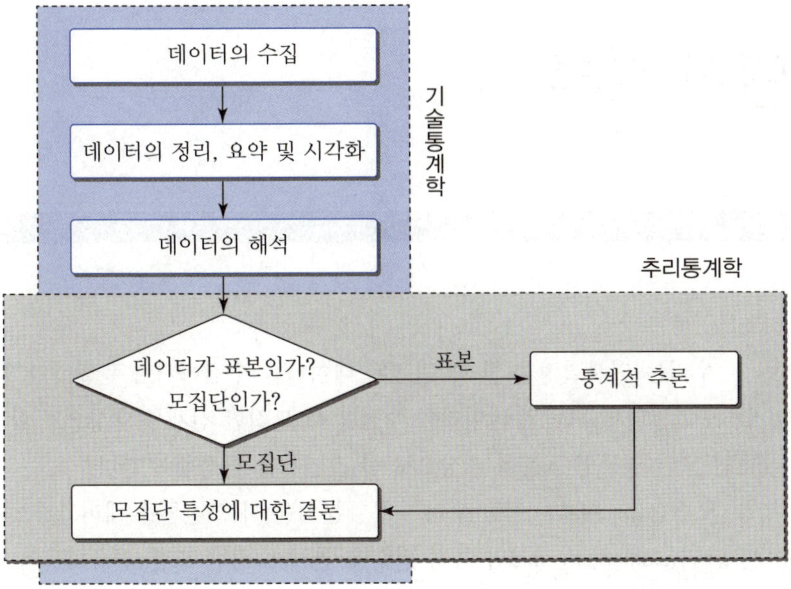

[그림 1-1]은 기술통계학과 추리통계학의 관계를 나타낸 것이다. 기술통계학과 추리통계학은 상호 관련이 있다. 모집단의 일부인 표본으로부터 얻는 정보를 조직하고 요약하기 위하여 기술통계학의 기법을 사용한 후 그 정보를 사용하여 모집단의 어떤 특성에 관해 결론을 이끌어내는 추리적 분석을 실시한다.

본서의 제2장과 제3장은 기술통계학에 관한 내용이고, 제8장 이후는 추리통계학에 관한 내용이며, 제4장부터 제7장까지는 추리통계학에 필요한 확률과 확률분포 등 기초 부문에 관한 내용이다.

S·E·C·T·I·O·N 1.3

모집단과 표본

우리는 의사결정을 할 때 관련된 데이터를 수집하거나 관찰하여 얻는다고 하였다. 그렇다면 관련된 데이터를 수집할 때 모집단 전체를 대상으로 할 것인가, 아니면 그의 일부인 표본을 대상으로 할 것인가를 결정해야 한다.

모집단(population)이란 우리가 통계분석을 하고 결론을 내리고자 하는 어떤 기본 단위(elementary unit)의 특정 변수에 관해 수집한 모든 관측치들의 집합이라고 할 수 있다.[1] 앞절에서 예로 든 Excel 대학교 50,000명 학생의 한 달 평균 용돈을 조사한다면 기본 단위는 50,000명 학생의 이름이고 용돈은 그의 변수(특성)인데 이때 모집단은 50,000개의 용돈으로 구성된다. 이와 같이 모집단은 연구자의 관심 있는 특성의 전체 관측치들로 구성된다.

TIP

모집단

모집단이란 분석의 대상이 되는 어떤 기본 단위의 변수에 관한 가능한 모든 관측치들의 집합을 말한다. 한편 모집단이란 연구하고자 하는 조사대상, 즉 모든 기본 단위 또는 항목(요소)들의 전체를 의미하기도 한다.

모집단은 조사의 목적과 내용에 따라서 그 규모와 범위가 달라진다. 따라서 모집단에 대한 정확한 정보를 얻기 위해서는 모집단에 대한 명확한 정의가 매우 중요하다.

모집단 크기는 연구자가 정하는 연구대상의 범위에 따라 결정되는데 모집단이

1 기본 단위란 예컨대 사람, 회사, 상품, 주식, 사건처럼 데이터를 구성하는 관찰대상(항목)을 말한다. 이에 대해서는 제2장에서 자세히 설명할 것이다.

크건 작건 상관없이 모집단의 구성요소의 수에 따라 유한 모집단(finite population)과 무한 모집단(infinite population)으로 구분할 수 있다. 예를 들면, 우리 식구의 평균 연령을 조사한다면 이는 구성요소가 한정된 유한개이므로 유한 모집단이라고 하겠지만, 전국 가정의 평균 연령을 조사한다면 이는 구성요소가 무한개이므로 무한 모집단이라고 할 수 있다. 또한 한라산의 등산객 수와 생산라인에서 생산하는 제품의 수 등등은 무한 모집단에 속한다.

모집단에 대해서 추론을 한다는 것은 모집단의 어떤 특성에 대해서 결론을 내린다는 것을 의미한다. 이러한 모집단의 특성을 모수(parameter)라고 한다. 이때 모수의 특정한 값(value)은 모수치라고 한다.

TIP

모수

모수란 모집단의 어떤 특성을 말하고 모수치란 그 모수를 특정 수치로 표현한 값을 말한다.

모수에는 모평균 μ, 모분산 σ^2, 모표준편차 σ, 모비율 p 등이 포함된다.

일반적으로 유한 모집단에 대한 전수조사(census)의 결과는 그 모집단에 대해 가장 정확한 정보를 제공하여 좀더 합리적인 의사결정을 할 수 있게 한다. 따라서 가능하면 전수조사가 바람직하다.

그러나 대부분의 경우 모집단의 규모가 크기 때문에 모집단 전체의 데이터를 수집하는 것이 시간적으로나 비용면에서 전수조사 대신 표본조사(sampling)로부터 데이터를 수집한다.

TIP

표본

표본이란 통계분석을 할 목적으로 모집단에서 랜덤으로 추출하는 일부의 개체를 말한다.

모집단의 부분집합(일부분)인 표본 데이터를 분석하는 것은 모집단이 큰 경우 모집단 전체를 분석하는 것보다 비용과 시간이 훨씬 적게 소요되기 때문이다. 표본조사를 사용함으로써 위험을 감소시킬 수도 있다. 모집단의 특성을 가장 정확하고 고르게 대표할 수 있는(representative) 표본을 추출한다면 모집단의 전수조사 과정에서 발생하는 여러 오류를 줄임으로써 오히려 정확도를 향상시킬 수도 있다.

이러한 이유로 표본조사를 통해 얻는 제한된 정보 또는 불완전한 정보에 입각하여 그의 모집단의 여러 특성에 대해 통계적 추론(statistical inference)을 하게 된다. 여기서 추론은 모집단의 특성을 100% 정확하게 맞히지 못하기 때문에 어느 정도 불확실성을 염두에 두고 평가하기 위하여 사용된다.

모집단의 모수를 통계적으로 추정하거나 모수를 가설검정하는 데 사용되는 것이 표본통계량(sample statistic)이다.

TIP

표본통계량

표본통계량이란 모집단에서 추출한 표본의 어떤 특성을 말하고, 통계치란 그 통계량을 특정 수치로 표현한 값을 말한다.

표본통계량에는 표본평균 $\bar{X}$, 표본분산 S^2, 표본표준편차 S, 표본비율 $\hat{p}$ 등의 특성이 포함된다. 예를 들면, 앞절에서 예로 든 Excel 대학교 학생들의 평균 용돈 문제에서 50,000명의 학생 중 약 1,000명의 학생을 랜덤으로 추출하여 조사한 결과 그들의 평균 용돈이 300,000원이라면 이는 50,000명의 한 달 용돈 평균인 모평균을 추정하는 데 이용된다. 여기서 300,000원과 같이 통계량(표본평균)의 구체적인 값을 통계치(statistics)라 한다. 이때 통계치는 모수치(parameter)의 추정치로 사용된다. 즉 통계치 300,000원을 이용하여 모수치가 300,000원이라든지, 250,000원에서 350,000원 사이일 것이라고 추정할 수 있다.

[그림 1-2]는 모집단과 표본과의 관계를 보여 주고 있다. 지금까지 설명한 기술통계학과 추리통계학을 이용한 의사결정 과정을 그림으로 종합하면 [그림 1-3]과 같다.

우리가 어떤 모집단에 대해서 의사결정을 하려면 우선 그로부터 대표적인 표본을 추출하고 데이터를 수집해야 한다. 이는 표본 데이터(원 데이터)라고 한다. 이 데이터를 의사결정에 도움이 되도록 표, 그래프, 차트, 요약특성치 등 기술통계학의 기법으로 요약하고 정리하면 정보로 전환된다.

예를 들면, $\bar{X}$, S^2, S, $\hat{p}$와 같은 통계량으로 전환된다. 이러한 통계량을 이용하여 μ, σ^2, σ, p와 같은 모수에 대하여 추리통계학의 기법인 추정과 가설검정을 실

그림 1-2 모집단과 표본의 관계

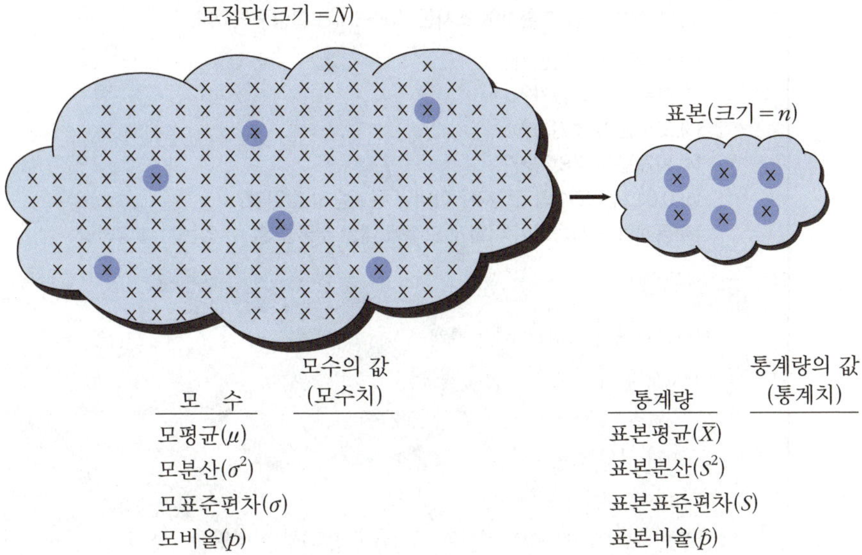

그림 1-3 통계학의 의사결정 과정

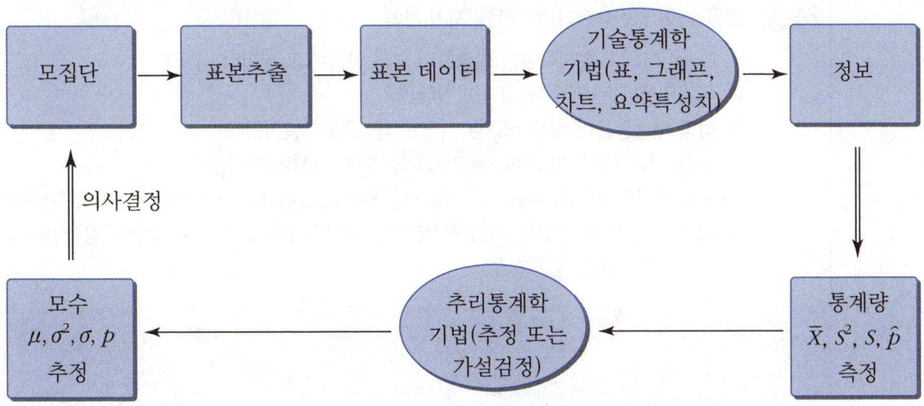

시한 후 의사결정을 할 수 있는 것이다.

예제 1-1 삼성전자에 컴퓨터 칩을 납품하는 김 사장은 자기 회사 제품의 불량률은 0.01% 미만이라고 주장한다. 이것이 사실인지 밝히기 위하여 품질관리 기사는 생산라인에서 랜덤으로 1,000개의 칩을 추출하여 조사한 결과 3개가 불량품이었다.

(1) 모집단은 무엇인가?
(2) 표본은 얼마인가?
(3) 모수는 무엇인가?
(4) 통계량은 무엇인가?
(5) 0.01%는 모수의 값인가? 아니면 통계량의 값인가?
(6) 통계량을 사용하여 어떻게 모수에 대한 추론을 할 수 있는지 설명하라.

풀이

(1) 생산라인에서 생산하는 칩 전체
(2) 1,000개의 칩
(3) 모비율(김 사장 회사 전체 칩의 불량률)
(4) 1,000개 칩의 표본불량률
(5) 모수의 값(모수치)
(6) 표본비율(3/1,000=0.003%)이 모비율(0.01%)보다 상당히 작으므로 김 사장의 주장은 옳다고 추론할 수 있다.

예제 1-2 다음의 글은 기술통계학(실제 관측치들을 기술한다)의 내용인지 추리통계학(실제 관측치들을 넘어 일반화한다)의 내용인지 말하라.

(1) Excel 대학교 통계학 A반 학생들의 평균 연령은 25세이다.
(2) 세계의 인구는 70억 명에 육박한다.
(3) 미국 대통령들이 실제 집권한 기간은 4년 또는 8년이었다.
(4) 우리나라 모든 대학교 학생들의 50%는 헌법 개정을 지지한다.
(5) 정부 기관의 표본조사에 의하면 지난 달 전체 근로자들의 2%가 해고된 것으로 추산된다.
(6) 경제적, 정치적, 신체적, 사회적으로 어떤 형태의 좌절을 느끼는 사람은 공격적이 되기 쉽다고 주장하는 근거가 있다.

풀이

(1) 기술통계학
(2) 추리통계학
(3) 기술통계학
(4) 추리통계학
(5) 추리통계학
(6) 추리통계학

S·E·C·T·I·O·N 1.4

4차 산업혁명 시대의 도래

EXCEL STATISTICS 산업혁명의 역사

우리 인류는 살아오면서 세 번의 산업혁명을 겪어 왔고 이제는 활발하게 진행되고 있는 4차 산업혁명 속에서 살아가고 있다.

1차 산업혁명은 1760년부터 1840년까지 영국에서 진행된 농업 위주의 산업에서 공업 중심의 기술혁신과 새로운 제조 프로세스의 전환으로 촉발된 사회적·경제적 대변혁을 일컫는다. 철도건설과 증기기관 및 방직기 등 노동력을 대체한 기계의 발명으로 가내 수공업이 대량생산의 기계공업으로 제조업의 패러다임을 바꾼 기계혁명이 발생한 것이다.

2차 산업혁명은 1870년대부터 미국에서 1914년까지 전기와 석유를 활용한 자동화된 생산 조립라인이 생산현장에 도입되어 대량생산체제가 확산되기 시작하였다. 이때 포드주의(Fordism)적 생산방식으로 불리는 컨베이어 벨트 시스템이 본격적으로 정착하여 그동안 사용된 수공업적 소품종 소량생산방식에서 탈피해 표준화된 소품종 대량생산 방식으로 탈바꿈하게 되어 생산혁명이 일어난 것이다.[2] 1차, 2차 산업혁명은 오프라인(offline) 혁명이었다.

3차 산업혁명은 1969년부터 2015년까지 컴퓨터의 대중화와 Internet의 확산 및 정보통신기술의 발전이 일으킨 정보화 혁명(디지털 혁명이라고도 함)을 일컫는다. 정보화 혁명이라는 용어를 대중화시킨 사람은 Alvin Toffler로서 제3의 물결은 정보혁명이라고 주장하였다. 3차 산업혁명은 디지털화를 통한 온라인(online) 혁명이

2 포드주의란 부품의 표준화, 컨베이어 벨트를 이용한 이동식 생산 프로세스를 도입하여 결합한 생산방식이라고 할 수 있다.

었다.

3차 산업혁명의 연장선상에서 지금 한창 진행되고 있는 제4의 물결이라고 하는 4차 산업혁명은 2016년 세계경제포럼에서 Klaus Schwab 회장이 처음 언급한 이래 미국, 일본, 독일, 한국, 중국 등 제조업 강국을 중심으로 기술경쟁이 치열하게 진행되고 있다.

독일은 2011년부터 인더스트리 4.0(industry 4.0)이라는 국가 전략을 추진하여 오고 있는데 이는 제조업에 정보통신기술(information and communication technology: ICT)을 접목하여 제조업 분야에서 기술혁신을 추진함으로써 스마트 팩토리(smart factory)를 구현함을 목적으로 한다.

이러한 독일 제조업의 혁명이 사실 4차 산업혁명(fourth industrial revolution)을 촉발하였다고 볼 수 있다. 4차 산업혁명은 기술혁신을 통한 제조업의 생산혁명인데, 핵심 인프라(핵심 원천기술, 디지털 기술)는 사물인터넷, 빅데이터, 인공지능 등이다.[3] 그런데 인공지능을 굴러가게 만드는 것이 빅데이터이고 빅데이터를 빛나게 하는 것이 비즈니스 분석론이고 데이터 마이닝이고 통계분석 기법이다.

4차 산업혁명은 사물인터넷과 인공지능 등을 통해 기계와 제품, 생산방식 등 생산시스템 모두가 자동화되고 최적화되는 것이다. 4차 산업혁명은 생산수단과 생산방식만이 아니라 인간 사회 전체에 엄청난 변화를 몰고 올 것이다. 기술혁신을 통한 비약적 생산성 증가와 물질적 풍요로움을 가져오면서 사회적 구조와 산업의 구조 등 사회적 패러다임의 변화를 유발할 것이다. 4차 산업혁명은 우리 인간의 삶에 커다란 혜택과 편리함을 줄 것이다.

기술융합으로 인한 생산성 증대, 유통 및 생산비용의 절감으로 국민소득이 증가하고 국민들의 삶의 질은 크게 향상될 것이다. 그러나 부작용도 만만치 않을 것이다. 사회적 불평등, 빈부격차, 임금격차, 고용불안 문제 등은 해결해야 할 숙제가 될 것이다. 단순 반복적인 일자리, 위험한 일자리, 지식기반 전문직종, 단순 정보를 전달하는 일자리 등은 인공지능과 로봇이 대체할 것이다. 다만 창의성, 사회성, 정교함, 판단력이 요구되는 새로운 일자리는 창출될 것이다.

우리의 삶뿐만 아니라 정치·경제·사회·문화 전반에 걸쳐 큰 영향을 끼칠

3 사물인터넷(internet of things: IoT)이란 공장 내에서 사람, 자재, 제품, 설비, 시설, 기계 등 각종 사물들에 센서(sensor)를 부착하고 통신기능을 내장하여 이들을 Internet에 연결하여 거대한 네트워크 속에서 서로 연결된 사물들끼리 데이터를 생성하고 서로 상호작용함으로써 가치와 경험을 창출하는 기술이다. 이와 같이 사물에 부착된 센서를 통해 실시간으로 생성·수집한 빅데이터는 다양한 분석기술을 사용하여 가공·처리·분석함으로써 경영자의 의사결정에 활용하면 부가가치를 만들 수 있는 것이다.

그림 1-4 네 번의 산업혁명 특징

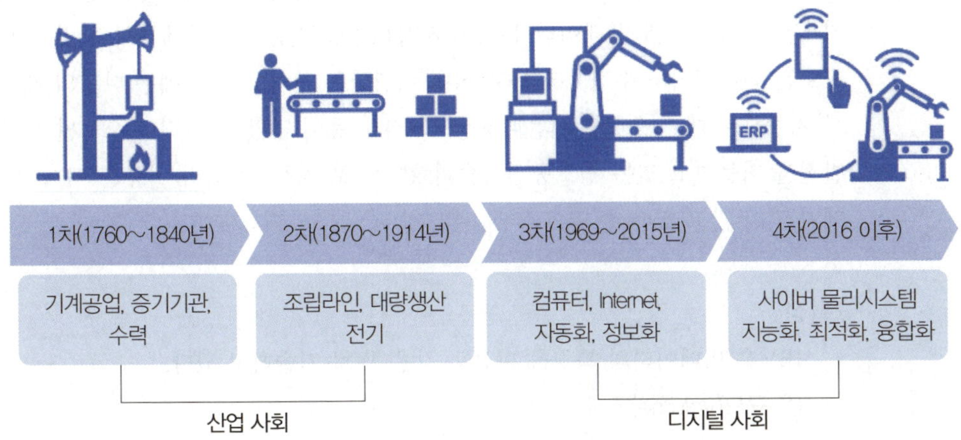

것이다.

지금까지 설명한 네 번의 산업혁명의 특징을 요약하면 [그림 1-4]와 같다.

EXCEL STATISTICS 빅데이터

개념

오늘날에는 디지털 혁명으로 스마트폰, 태블릿, 컴퓨터 등 다양한 정보기술 기기의 사용으로 숫자, 문자, 오디오, 이미지, 동영상 등 다양한 형식으로 표현되는 데이터 및 이의 가공된 정보가 넘쳐나고 있다.

빅데이터(big data)란 기존에 사용되었던 Excel의 데이터 처리·저장·관리 및 분석 기법으로는 감당할 수 없을 정도로 어마어마하게 쏟아져 나오는 여러 가지 형태의 데이터를 모두 포함한 것이다. 다시 말하면, 빅데이터란 과거엔 상상조차 할 수 없이 규모가 방대하고, 더욱 복잡하고, 생성주기도 짧을 뿐만 아니라 정형의 수치 데이터는 물론이고 문자, 녹취, 동영상, 음성 등 비정형 데이터의 집합을 일컫는다.

빅데이터는 지금까지 처리하던 데이터의 크기, 형태, 생성 속도 면에서 비교가 되지 않는다. 과거 데이터 분석에 사용되었던 전통적인 통계분석 방법이나 도구로는 빅데이터의 수집·저장·분석이 어렵다는 것이다. 과거에는 다량의 데이터를 저장하는 데 기술적으로나 비용상으로 어려움이 많았다. 그러나 오늘날 눈부신 발전을 거듭하고 있는 정보통신기술의 향상으로 저장 및 처리 비용은 이제 별 문제가 되지 않고 있다.

⁝ 특성

IBM은 빅데이터의 특징을 다음과 같은 4V로 기술하고 있다.

① 규모(volumc)

매일 세계적으로 2.5퀸틸리언(quintillion: 백만의 5제곱) 바이트의 데이터가 생성되어 그 크기는 폭증하고 있는데 그 원인을 요약하면 다음과 같다.

- 스마트폰을 비롯하여 모바일 스마트 기기 보급의 활성화로 비정형 데이터의 수집이 손쉽게 되었다.
- 클라우드(cloud) 서비스를 통해서 개인과 기업의 데이터가 한 곳으로 축적되고, 저장된 데이터를 분석하여 활용하고자 하는 요구가 증가하고 있다.
- 소셜 미디어의 활용이 일상화되면서 쌍방향 커뮤니케이션을 통한 상호작용 데이터가 증가하고 있다.
- 모든 사물들이 네트워크로 연결되는 사물인터넷과 같은 기계가 만들어내는 데이터가 폭증한다.

② 속도(velocity)

속도(speed)란 빅데이터가 생성되어 사용될 때까지 소요되는 시간, 즉 데이터의 수집·가공·분석·전송·처리에 소요되는 시간이 실시간(real time)으로 이루어지는 것을 말하는데 오늘날에는 5G의 통신기술 보급으로 속도가 엄청나게 빨라지고 있다.

③ 다양성(variety)

다양성이란 사용가능한 데이터의 여러 가지 형태를 말한다. 데이터는 형태에 따라 정형 데이터, 비정형 데이터, 반정형 데이터로 구분할 수 있다.

- 정형 데이터

전통적인 데이터 형태는 구조적인 정형 형태로서 관계형(relational) 데이터베이스에 아주 알맞은 것이었다. 정형 데이터(structured data)는 구조 데이터라고도 하는데 예컨대 기업의 과거 판매량이나 광고비처럼 테이블의 고정된 형식(format)에 따라 저장할 수 있는 데이터로서 지정된 행과 열에 의해 데이터의 속성이 구별되는 스프레드시트 형태의 데이터이다.

본서는 정형 데이터를 분석의 대상으로 삼는다.

• 비정형 데이터

비정형 데이터(unstructured data)는 비구조 데이터라고도 하는데 형식이나 구조가 전혀 알려져 있지 않은 데이터를 말한다. 예를 들면, 블로그의 댓글, 트윗, 텍스트 파일과 이미지, 음성, 동영상 같은 멀티미디어 데이터이다.

• 반정형 데이터

반정형 데이터(semi-structured data)는 형식에 있어서는 정형 데이터 같이 보이지만 관계형 데이터베이스에 기록할 수 없는 데이터로서 파일 형태로 저장된다. 예를 들면, HTML, 사물인터넷에서 제공하는 센서 데이터 등이다.

④ 정확성(veracity)

정확성이란 분석에 사용할 데이터의 품질, 즉 신뢰성(reliability)을 말한다. 정확성은 데이터 속의 불확실성으로 측정한다. 데이터가 누락이 되었다든지, 측정단위에 일관성이 없다든지, 신뢰성이 없는 데이터는 분석의 정확도에 영향을 미쳐 옳은 의사결정에 도움이 되지 않는다. 그러나 신뢰할 수 있는 데이터가 쌓일수록 이에 의한 예측은 더욱 정확해진다. 빅데이터 분석으로 미리 미래의 결과를 알 수 있는 것이다.

활용성

시시각각 쏟아지는 엄청난 빅데이터에 인공지능 기법(머신러닝, 딥러닝, 인공신경망 등) 외에 통계분석, 비즈니스 분석론(business analytics), 데이터 마이닝(data mining) 등 여러 가지 분석기법을 적용할 때 무한한 가치창출이 가능하고 좋은 의사결정에 필요한 통찰력(insight)을 얻을 수 있는 것이다. 이와 같이 빅데이터의 가치는 기업 경쟁력의 강화를 위한 수단으로 인정받고 있는 것이다. 한편 빅데이터는 다변화된 현대 사회를 더욱 정확하게 예측(prediction)하고 또한 효율적으로 작동케 하는 중요한 정보이다. 따라서 빅데이터는 경제, 정치, 사회, 과학기술, 의료, 스포츠 등 다방면에 걸쳐 사회와 인류에 가치 있는 정보를 제공한다.

과거 인간계의 빅데이터에 대해서는 모델(model)을 기반으로 데이터 분석을

그림 1-5 빅데이터를 활용한 미래 산업

하였지만 센서를 통한 인공지능계 빅데이터는 패턴(pattern)을 기반으로 데이터를 해석함으로써 데이터의 취급방법이 변화된다. 빅데이터의 가공과 분석에 따라 개별 고객관리, 고객의 구매형태 분석, 맞춤형 서비스 제공, 상황인식, 문제해결, 미래 전망 및 예측이 가능해져서 이제 빅데이터가 정보통신분야의 새로운 패러다임이자 신성장동력으로 급부상하면서 산업과 기업 경쟁력의 척도로 인정받고 있는 것이다. 따라서 21세기의 원유라고 하는 빅데이터를 더 많이 확보하는 기업 또는 국가가 최후의 승자가 될 것이라고 확신하는 것이다. [그림 1-5]는 빅데이터를 활용하는 미래의 다양한 산업을 보여주고 있다.

빅데이터와 인공지능을 활용하는 기업들이 산업계를 이끌고 있는 것이 현실이다. 빅데이터는 4차 산업혁명에서 혁신의 원동력이 되고 경쟁력 강화와 생산성 향상을 위한 중요한 자산으로 데이터 자본주의 시대를 이끌어갈 것이다.

EXCEL STATISTICS

인공지능

4차 산업혁명에서 가장 영향력 있는 기술혁신 중의 하나가 인공지능이다.

인공지능(artificial intelligence: AI)이란 인간의 지능으로 할 수 있는 학습능력, 패턴인식, 추론능력, 지각능력, 자기개발, 자연어 이해능력 등 지능 및 인지 능력을 컴퓨터가 인간의 개입없이 스스로 인간처럼 일할 수 있도록 인간의 두뇌를 모방하는 정보기술을 말한다. 인공지능을 한마디로 표현한다면, 사람의 지능을 흉내낸 프로그램이요, 좋은 데이터를 먹고 사는 컴퓨터 시스템이라고 말할 수 있다. 인공지능은 사람과 똑같이 학습하는 특징이 있다. 인공지능은 스스로 데이터와 경험을 축적하여 사람처럼 생각하고 판단한다. 인공지능 기법을 활용하여 컴퓨터의 반복 학습을 통해 빅데이터 속의 패턴을 탐구하고 패턴의 인과관계를 통해 미래를 예측(prediction)한다.

이와 같이 인공지능이 제대로 역할을 하려면 빅데이터와 기계 스스로가 학습할 수 있는 딥러닝이라는 알고리즘의 개발이 꼭 있어야 의사결정에 유용한 가치와 통찰력을 추출할 수 있다. 인공지능은 빅데이터를 기반으로 학습을 하고 데이터를 기반으로 정보를 제공한다. 빅데이터 입장에서 보면 데이터를 가치 있는 보물로 만들어주는 프로세스가 인공지능이고 인공지능 입장에서 보면 빅데이터의 학습과정을 통해 값을 예측하거나 데이터를 분류하기도 한다. 인공지능은 빅데이터를 먹고 성장하기 때문에 빅데이터야말로 인공지능의 보양식이라고 할 수 있다.

따라서 양질의 인공지능은 신뢰할 수 있는 정확한 빅데이터와 우수한 알고리즘이 만든다. 여기서 알고리즘(algorithm)이란 머신러닝과 딥러닝을 일컫는다. 머신러닝(machine learning)이란 인간이 다양한 경험과 시행착오를 겪으면서 지식을 배우듯 컴퓨터에 빅데이터를 주고 학습을 통해 그 속에서 숨겨진 어떤 패턴을 찾아내게 하는 알고리즘과 기술을 개발하는 분야를 말한다. 머신러닝에 인간의 두뇌를 모방한 인공신경망을 더한 딥러닝(deep learning: 심층학습) 알고리즘은 인간의 두뇌가 빅데이터 속에서 패턴을 발견하고 사물을 분류하듯 모방한다.

인공지능의 핵심은 예측(시간의 최적화)과 맞춤(인간과 공간의 최적화)을 통한 가치창출인데 이는 인공지능, 사물인터넷, 클라우드 컴퓨팅, 빅데이터 등이 서로 융합된 융합기술(convergence technology) 덕택이다. 사물인터넷을 통해 다양한 데이터를 수집하고, 이들 데이터를 클라우드를 통해 저장하며, 인공지능으로 분석하여 빅데이터의 가치를 높이는 것이다. 한편 인공지능은 다양한 핵심기술과 융합을 통하여 온라인과 오프라인이 융합하는 O2O 세상을 선도하고 있다. 예를 들면, 스마트 팩토리는 인공지능 기반의 사이버 물리시스템(cyber-physical system: CPS)을 통해 생산성과 효율성을 높이고 있다.

인공지능이 근래 폭발적인 성장을 하고 있는데 이는 컴퓨팅 파워의 급속한 개선, 엄청난 양의 디지털 데이터의 축적, 인공신경망을 바탕으로 한 딥러닝 알고리즘의 발전 덕택이라고 할 수 있다. 인공지능 기술은 새로운 경제성장 동력으로 전 산업부문에서 경제적 가치를 창출해 낼 것이다. 특히 자율주행자동차, 지능형 로봇, 스마트 팩토리 등 제조업과 유통, 교통, 교육, 금융, 의료, 재생 에너지 등 다방면에서 기존 산업을 혁신시켜 고부가가치를 창출해 내고 있다.

1950년대 중반 인공지능이 등장한 이래 발전 속도는 가속화되어 향후 폭발적인 성장을 할 것이다. 2045년경에는 인공지능이 인간의 지능을 완전히 능가할 특이점(singularity)이 도래할 것으로 예상하는 사람도 있다. [그림 1-6]은 인공지능의 개념도이다.

그림 1-6 인공지능의 개념도

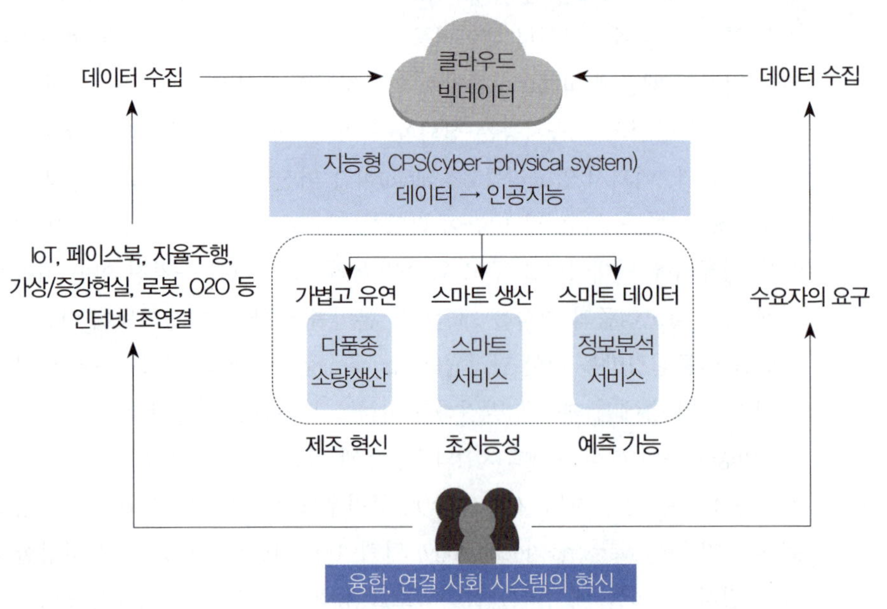

EXCEL STATISTICS 비즈니스 분석론

치열한 글로벌 경쟁에서 이기기 위한 효율적 기업경영을 위하여 폭증하는 데이터에 수리적 모델을 사용하여 정보와 지식으로 변형시키는 정교한 의사결정 과정이 필요하여 2000년대 이후 비즈니스 분석론이란 새로운 분야가 탄생하였다. 빅데이터로부터 유용한 정보를 추출하기 위한 자동화된 도구가 절실히 필요하게 되어 비즈니스 분석론이 태동하게 된 것이다.

비즈니스 분석론(business analytics)이란 빅데이터에 정보기술, 통계학, 데이터 마이닝, 경영과학(management science), 컴퓨터 과학 등 기법과 수리적 또는 컴퓨터 기반 모델을 사용하여 빅데이터로부터 정보와 지식을 추출함으로써 경영자들로 하여금 기업경영에 관해 향상된 통찰력(insight)을 얻게 하고 사실(데이터) 기반 의사결정(fact-based decision making, data-driven decision making)을 내릴 수 있도록 돕는 과학적 과정으로서 융합학문이라고 정의할 수 있다.

전통적인 분석방법이나 기법으로는 빅데이터의 수집 · 저장 · 분석이 어려웠지만 이젠 정보기술이 발달해서 빅데이터에 접속해서 이들을 수집 · 저장 · 처리하고 나아가 수리분석에 사용함으로써 기업에서 더 좋은 의사결정을 할 수 있도록 돕고 있는 것이다. 이와 같이 데이터 마이닝과 비즈니스 분석론은 빅데이터가 폭증하는 시대환경에 맞추어 탄생한 것이다. 인류는 이제 빅데이터라는 과거 발자취를 추적해 미래를 예측하고 대비하는 시대에 살고 있다.

이와 같이 비즈니스 분석론은 빅데이터의 활용성 증가, 정보기술의 향상, 정교한 알고리즘(algorithm)의 개발 등에 힘입어 각광을 받으면서 폭발적으로 확장하는 추세이다.

대학교의 연구결과 비즈니스 분석론을 사용하여 데이터(사실) 기반 의사결정을 수행하는 기업들의 경우 생산성이 향상되고, 시장점유율이 확대되고, 수익성이 증가되어 전반적으로 기업성과와 기업경쟁력이 향상되었음이 밝혀졌다.

비즈니스 분석론의 혜택은 이 외에도 비용감소, 위험관리, 고객만족 등을 들 수 있다. 사실 그동안 기업들은 수익을 증가시키고 비용을 감축하여 경영성과를 올리기 위해서는 품질, 비용 , 시간, 유연성 등에 의존해 왔지만 지금은 의사결정에 정보와 지식을 제공하여 경영성과와 기업경쟁력을 향상시키려는 노력을 경주하고 있다. 빅데이터와 인공지능을 활용하는 기업들이 산업계를 이끌고 있는 상황이다.

비즈니스 분석론은 간단한 보고서로부터 가장 고급의 최적화 기법에 이르는 사이에 있는 어떤 것도 포함할 수 있다. 이와 같이 비즈니스 분석론이 커버하는 모든 내용은 [그림 1-7]에서 보는 바와 같이 기(서)술적 분석론, 예측적 분석론, 규범적 분석론의 세 부분으로 분류할 수 있다.

기업에서 비즈니스 분석론을 시작할 때는 보편적으로 기(서)술적 분석론으로부터 시작해서 예측적 분석론으로, 마지막으로 규범적 분석론으로 진화해 간다.

기술적 분석론은 기업에서 과거의 데이터를 이용해서 "무엇이 발생하였으며 무슨 일이 벌어지고 있는가?"에 대답하기 위하여 사용하는 분석기법이다. 예를 들면, 데이터 쿼리(queries), 보고서, 기술통계학, 데이터 시각화(visualization), 데이터 대쉬보드(dash boards), 가정-결과 스프레드시트 모델 등의 기법이 여기에 속한다.

예측적 분석론은 "앞으로 무슨 일이 발생할 것인가?"에 대한 대답을 구하는 단계로서 과거 및 현재의 데이터를 사용하여 모델을 만들어 미래를 예측하거나 독립변수의 종속변수에 미치는 영향을 평가하는 분석기법이다. 선형회귀 분석, 시계열 분석, 예측기법, 위험분석을 위한 시뮬레이션 등은 여기에 속한다. 예를 들면, 새로운 시장에의 진입은 성공할 것인가, 앞으로 일년 내 제품수요는 10% 성장할 것인가? 등을 취급한다.

그림 1-7 비즈니스 분석론의 분류

	기술적 분석론	예측적 분석론	규범적 분석론
질문	무엇이 발생하였는가? 무엇이 발생하고 있는가?	무엇이 발생할 것인가? 왜 발생할 것인가?	무엇을 해야 하는가? 왜 해야 하는가?
사용기법	비즈니스 보고 대쉬보드 스코어 카드 데이터 웨어하우징	데이터 마이닝 텍스트 마이닝 웹/미디어 마이닝 예측	최적화 시뮬레이션 결정 모델링 전문가 시스템
결과물	잘 정의된 비즈니스 문제와 기회	미래 사상과 결과의 정확한 예측	가능한 최선의 비즈니스 결정과 조치

규범적 분석론은 서술적, 예측적 분석론에서 생성한 여러 대안들 중에서 최선의 대안을 선정한다. 따라서 여기서는 "무엇을 어떻게 해야만 하는가?"에 대한 질문에 대답하는 것을 목표로 한다. 일련의 제약조건하에서 이익을 최대로 하거나 비용을 최소로 하는 해를 구하고자 하는 최적화 모델은 여기에 속한다.

기술적 분석론과 예측적 분석론에서 사용하는 거의 모든 기법은 확률이론과 통계분석 기법이고 규범적 분석론에서 사용하는 기법은 경영과학 기법이다. 특히 경영과학 기법 중 최적화 모델과 시뮬레이션 모델이 비즈니스 분석론에서 사용되는 중요한 기법이다.

데이터 마이닝

빅데이터 시대의 도래에 맞추어 탄생한 새로운 분야가 데이터 마이닝과 비즈니스 분석론이다.

데이터 마이닝 기법은 1990년대에 들어서면서 빅데이터를 처리하고 분석하기 위하여 태동한 분야인데 기업들이 기존에 사용해 왔던 통계분석 기법과 함께 활용하기 시작하였다.

데이터 마이닝(data mining)이란 여러 소스로부터 범람하는 데이터를 수집하여 데이터베이스, 데이터 웨어하우스, 데이터 마트(data mart)라는 저장소에 저장된 빅데이터로부터 유용한 데이터만, 금광에서 여러 단계를 거쳐 금만을 채굴하듯, 선별해서 발굴하고 분석해서 기업경영에 필요한 의미 있고 가치 있는 통찰력과 정보를 자동으로 추출하는 과정을 말한다. 데이터 마이닝은 풍부한 데이터베이스 속에 숨겨진 의미 있고 논리적인 구조, 패턴, 변수 간 상관관계, 추세, 변화, 예외, 규칙 등 정보를 탐색하여 모델화함으로써 숨겨진 가치를 추출하여 미래에 실현 가능한 정보와 지식으로 만들어 실제 비즈니스 의사결정에 활용하려고 한다.

이러한 관점에서 데이터 마이닝은 데이터 지식발견(knowledge discovery in database : KDD) 기법이라고 할 수 있다. 이와 같이 데이터 마이닝은 빅데이터 시대의 도래로 각광을 받기 시작하였다. 데이터 마이닝은 강력한 힘으로 대용량의 정형 데이터로부터 의사결정에 유용한 예측적 정보를 추출할 능력을 갖고 있다. 빅데이터 중 대부분을 차지하는 비정형 데이터를 분석하는 기법은 텍스트 마이닝

(text mining)이라고 한다.

데이터 마이닝은 비즈니스 분석론의 범주 안에 속한 한 분야이다. 데이터 마이닝은 [그림 1-7]에서 보는 바와 같이 예측적 분석론의 핵심적 기법이다. 비즈니스 분석론의 목표가 빅데이터로부터 실행 가능한 지식과 통찰력을 이끌어내는 것이라고 한다면 데이터 마이닝은 그 목표를 달성하기 위해 아주 핵심적인 역할을 수행하는 기법이라고 할 수 있다. 따라서 예측적 분석론을 데이터 마이닝이라고도 한다.

데이터 마이닝의 근간을 이루는 핵심적 역할을 수행하는 분야는 인공지능과 통계학이다. 사실 모든 데이터 마이닝 기법들의 뼈대는 확률이론과 통계이론이다. 그러나 통계학과 데이터 마이닝의 차이는 분석대상으로 삼는 데이터의 규모와 중시하는 내용이다. 본서에서 공부할 전통적인 통계학에서는 매우 적은 양의 표본 데이터를 기반으로 설명이나 해석을 중시하는 기법들이 지금도 유용성을 발휘하고 있다. 전통적인 통계학의 목표는 적은 양의 데이터에서 최대한의 정보를 추출하는 것이었다. 이는 표본의 추출과 저장에 따르는 비용부담 때문이었다. 이제 빅데이터 시대에는 표본 데이터가 아니라 전체 데이터를 가지고 미래에 발생할 사상의 결과를 예측하는 일도 가능해졌다. 비록 Excel이 데이터 분석의 강력한 도구이지만 대용량을 감당하기에는 한계가 있기 때문이다. 데이터 마이닝은 다중회귀분석, 로지스틱 회귀분석, 상관분석 등 통계학의 다양한 분석방법은 물론 머신러닝(machine learning), 인공지능(AI), 컴퓨터 사이언스 등을 결합해 사용한다.

지금은 4차 산업혁명이 한창 진행 중이다. 인공지능이 모든 산업분야에서 혁명적 변화와 혁신의 중추적 역할을 하고 있다. 인공지능이 이러한 역할을 제대로 수행하려면 빅데이터가 기본적으로 필요하다. 인공지능은 데이터를 기반으로 학습을 하고, 데이터를 기반으로 정보를 추출한다. 인공지능은 빅데이터로부터 유용한 가치를 제공한다. 데이터 마이닝은 인공지능 기술을 이용하여 빅데이터로부터 정보를 캐낸다.

데이터 마이닝의 기법은 소매, 도매, 유통, 서비스 산업, 통신, 커뮤니케이션, 보험, 교육, 제조, 의료, 금융, 과학, 엔지니어링, 온라인 마케팅 등 다양한 산업에서 효과적으로 사용가능한데 예를 들면, 가격 최적화, 데이터베이스 마케팅, 신용리스크 관리, 교육 및 지원, 대출 신청의 부정행위 감지, 의료 및 의료진단, 위험평가, 추천시스템 등을 위해 폭넓게 이용하고 있다. 예컨대 한 고객이 어떤 회사의 웹사이트에 방문하여 제품을 구입하면 웹사이트는 그 고객이 살 만한 유사한 제품을 추천한다. Amazon은 이렇게 해서 성공한 소매 비즈니스이다.

빅데이터를 분석한 데이터 마이닝의 결과는 IT와 스마트 혁명 시기에 기업의 혁신과 경쟁력 강화, 생산성 향상 등을 위한 값진 가치를 생성할 수 있는 자원으로 활용할 수 있음을 보고서들은 보여주고 있다.

데이터 마이닝에서는 소프트웨어와 여러 가지 방법론을 사용해서 빅데이터로부터 정보를 자동적으로 발굴하는데 대표적인 방법론을 열거하면 다음과 같다.[4]

- 데이터 탐색(data exploration)과 시각화(visualization)
- 군집분석(clustering analysis)
- 연관분석(association analysis)
- 분류분석(classification analysis)
- 예측(prediction)

데이터 마이닝에서는 과거 빅데이터로부터 패턴을 추출하는 방식에 따라 세 가지의 학습 알고리즘(algorithm)을 사용한다.

- 지도학습(supervised learning)
- 자율학습(unsupervised learning)
- 강화학습(reinforcement learning)

4 데이터 마이닝에 관한 좀더 자세한 내용을 알기 위해서는 졸저 비즈니스 분석론, 박영사, 2020을 참조할 것.

CHAPTER 01

연습문제

1/1 통계학을 정의하면서 왜 통계학을 공부할 필요가 있는지 언급하라.

1/2 다음 용어를 설명하라

(1) 통계치와 모수치 (2) 모집단과 표본 (3) 모수와 통계량
(4) 통계적 추론 (5) 빅데이터 (6) 데이터 마이닝

1/3 모집단 대신 표본조사에 의존하는 이유는 무엇인가?

1/4 기술통계학과 추리통계학을 비교 설명하라.

1/5 추리통계학이 오늘날 통계학의 주류를 이루는 이유는 무엇인가?

1/6 빅데이터와 데이터 마이닝을 설명하고 통계학이 어떻게 발전해 가고 있는지 간단히 설명하라.

1/7 다음 각 문제에 있어서 그룹은 표본인가? 또는 모집단인가?

(1) 새로운 당뇨병 치료제의 연구에 참가한 과학자들
(2) 지난 주 서해안 고속도로에서 속도위반 티켓을 받은 모든 운전기사들
(3) 어느 날 주가가 폭등한 주식들
(4) Excel 대학교 통계학 과목을 수강한 학생들

1/8 우리나라 가정의 평균 은행 대출금은 4,000만 원이라는 보고가 있었다. 이것이 사실인지 알아보기 위하여 은행 대출금을 갖고 있는 1,000가정을 랜덤으로 선정하여 조사한 결과 평균 대출금은 4,500만 원으로 밝혀졌다.

(1) 모집단은 무엇인가?
(2) 표본은 무엇인가?
(3) 내릴 수 있는 추론은 무엇인가?

1/9 제약회사 사장 김 씨는 고혈압용 새로운 약을 개발하였다. 그는 고혈압 환자 가운데 이 약 사용으로 상태가 호전되는 사람의 비율이 얼마인지 알고자 한다. 고혈압 환자 가운데 15,000명을 랜덤으로 선정하여 실험을 실시한 결과 82%의 환자가 긍정적인 효과를 보였다.

(1) 모집단은 무엇인가?
(2) 표본은 무엇인가?
(3) 관심 있는 모수는 무엇인가?
(4) 통계량은 무엇이며 그의 값은 얼마인가?
(5) 관심 있는 모수의 값은 얼마인가?

1/10 서울 특별시장에 출마하고자 하는 강 후보는 당선 가능성을 추론하기 위하여 여론조사를 실시하기로 하였다. 전체 유권자는 너무 많기 때문에 그 중에서 1,000명을 랜덤으로 추출하여 조사한 결과 520명이 자기를 지지하는 것으로 나타났다.

(1) 모집단은 얼마인가?
(2) 표본은 얼마인가?
(3) 1,000명 가운데 520명, 즉 52%가 지지하였다. 이 52%는 모수의 값인가? 아니면 통계량의 값인가?
(4) 강 후보가 내릴 수 있는 추론은 무엇인가?

1/11 미국에서 마케팅을 전공한 경영학 석사의 연봉은 다른 전공 학생보다 많다고 알려져 있다. 한 조사 보고에 의하면 202A년 미국의 모든 마케팅 관리자들의 평균 연봉은 2억 달러로 추산되었다.

(1) 관련 모집단은 무엇인가?
(2) 2억 달러는 모집단으로부터 계산한 결과인가, 아니면 표본 데이터를 이용하여 계산한 결과인가?
(3) 2억 달러는 모수치인가, 아니면 통계치인가?
(4) 평균 연봉은 통계량인가, 아니면 모수인가?

1/12 동전 한 개를 수없이 던지면 앞면이 나올 횟수와 뒷면이 나올 횟수, 즉 비율이 같다는 의미에서 그 동전은 공정하다고(fair) 말한다.

(1) 이 주장을 테스트하기 위한 실험을 기술하라.
(2) 이 실험에서 모집단은 무엇인가?
(3) 이 실험에서 표본은 무엇인가?
(4) 모수는 무엇인가?
(5) 통계량은 무엇인가?
(6) 이 주장을 테스트하기 위하여 통계적 추리가 어떻게 사용될 수 있는지 간단히 기술하라.
(7) 동전 한 개를 1,000번 던진다고 할 때 뒷면이 900번 나온다면 어떠한 결론을 내리겠는가?

1/13 Excel 대학교 학생 20명에게 어려울 때 도와줄 수 있는 친한 친구가 몇 명인지 물어본 결과 평균은 2.1명이었다.

(1) 모집단은 무엇인가?
(2) 표본은 무엇인가?
(3) 2.1명의 의미는 무엇인가?

1/14 대한전선(주)은 전선을 생산하여 우리나라에서 건설업에 종사하는 약 2,000개의 업체에 판매한다. 회사의 판매부장은 회사 제품에 대한 업체의 만족도를 측정하기 위하여 50개 업체를 랜덤하게 추출하여 10점부터 50점에 이르는 만족도 점수를 매기는 설문지를 발송하였다. 회사는 50개 업체의 평균 점수를 구하려고 한다.

(1) 이 연구를 위한 모집단은 무엇인가?
(2) 표본은 무엇인가?
(3) 통계량은 무엇인가?
(4) 모수는 무엇인가?
(5) 이 연구를 위해 전수조사 대신 표본조사를 실시할 이유는 있는가?

1/15 연속극 "허준"의 방송 시청자들의 평균 연령은 59세라고 발표되었는데, 사실확인을 위하여 어느 기관에서 1,000명의 시청자들을 랜덤으로 추출하여 조사한 결과 평균 연령은 58세로 밝혀졌다.

(1) 모집단은 얼마인가?
(2) 모수는 무엇이고 그의 값은 얼마인가?
(3) 표본은 얼마인가?
(4) 통계량은 무엇이고 그의 값은 얼마인가?
(5) 추론은 어떻게 할 수 있는가?

Chapter 02

기술통계학 I : 데이터의 정리 및 시각화

우리는 일상생활에서 자녀 수, 시험점수, 월 판매액, 불량품 수, 코스피 등등 많은 수치를 접하게 된다. 이러한 수치들은 모집단에서 또는 그로부터 추출한 표본에서 수집할 수 있는데 데이터라고 한다. 이러한 데이터는 관심대상을 선정하고 그 대상의 특정한 특성을 측정한 후 이를 변수 값으로 축적함으로써 만들어진다. 데이터 분석(data analysis)을 위해서는 기업 내 · 외로부터 데이터를 수집하고 분석을 위한 준비단계를 거치게 된다. 본장에서는 분석의 준비단계로서 데이터 탐색을 위한 표, 그래프, 차트 등을 공부하고 다음 장에서는 통계량을 공부할 것이다. 수집된 데이터는 분류 · 정리하고 요약할 때 의미 있는 정보를 제공하게 된다. 아직 처리되지 않은 방대한 양의 데이터(원 데이터)는 변수의 중요한 특성을 나타내지 못한다. 통계분석의 기본적인 목적은 변수를 측정하여 얻는 정보로부터 통계적 분석기법을 통하여 의미 있는 지식(knowledge)과 지능(intelligence)을 얻으려는 데 있다.

데이터를 분류 · 정리하는 방법과 정리된 데이터를 분석하는 방법은 변수의 종류에 따라 다르다. 통계 데이터를 분류하고 요약하고 또한 시각화하기 위하여 표, 도표(chart), 그래프가 이용된다. 차트와 그래프는 의사결정자가 유용한 정보를 얻기 위하여 시각적으로 데이터를 요약해주는 가장 효과적인 통계기법이다. 그래프와 차트는 데이터의 전반적인 그림, 즉 데이터의 특성, 예컨대 분포의 형태와 중심의 위치를 시각적으로 보이기 때문에 데이터 처리에 널리 이용된다. 시각적 그래프나 요약특성치는 통계분석에서 중요한 역할을 수행한다. 이러한 기술통계로부터 얻은 정보를 이용하여 우리가 원하는 모집단의 특성을 추측할 수 있는 것이다.

본장에서는 데이터의 정리방법으로 널리 사용되는 도수분포표의 작성방법과 이를 그래프로 나타내는 방법을 공부하고, 제3장에서는 데이터의 요약특성치를 공부하고자 한다.

S·E·C·T·I·O·N 2.1

데이터의 종류

통계학의 목적은 데이터로부터 유용한 정보를 추출하여 효과적인 의사결정에 사용하자는 것이다. 의사결정 문제를 해결하기 위하여 필요한 데이터는 수집해야 할 필요가 일반적이다. 데이터를 수집할 때는 그의 대상을 우선 선정하고 그 관심 대상의 어떤 특성을 측정할 것인지 결정한 후에는 이에 맞는 척도로 측정한 다음 이를 변수 값으로 축적해야 한다.

[표 2-1]은 금년에 Excel 대학교에 장학금을 낸 다섯 회사에 관한 데이터이다. 우리는 데이터를 수집할 때 연구 목적에 따라 기본 단위의 어떤 특성을 대상으로 할 것인가를 먼저 결정해야 한다.

기본 단위(elementary unit)란 데이터가 수집되는 관측대상(항목), 즉 하나 하나의 개체(object)를 말한다. [표 2-1]에서 각 회사인 Excel, Word, Access, Powerpoint, Hansel이 기본 단위이다. 이때 전체 기본 단위의 한 목록을 프레임(frame)이라고 한다. 그런데 기본 단위는 여러 개의 특성을 가질 수 있다. 우리가 데이터를 수집한다고 할 때는 이러한 특성에 관한 것이다. [표 2-1]에서 수입, 이익, 산업코드는 다섯 회사에 대한 관심특성이다.

표 2-1 다섯 회사의 수입, 이익, 산업코드

	A	B	C	D
1	회사	수입(억 원)	이익(억 원)	산업코드
2	Excel	2,000	500	15
3	Word	3,000	600	2
4	Access	4,000	700	11
5	Powerpoint	5,000	800	20
6	Hansel	7,000	1,000	5

연구하는 표본이나 모집단의 문제에서 우리가 관심을 갖는 대상이 되는 기본 단위의 어떤 특성이나 현상을 변수(variable)라고 한다.[1] 위 표의 수입, 이익, 산업코드는 회사에 따라 다르고 또는 수를 세거나 측정할 때마다 시간의 경과에 따라 다른 수치를 나타내므로 변수라고 한다. 위의 변수들은 일정 시점에서도 기본 단위에 따라 서로 다르게 변동하는 값을 갖는다.

각 기본 단위에 대해 변수(들) 값을 부여하기 위하여 측정이나 실험을 실시한다. 즉 관심의 대상이 되는 속성에 알맞은 척도를 선택하고 측정한다. 이때 각 기본 단위에 대하여 개개 변수의 측정된 값을 측정값(측정치, measurements)이라 하고 이러한 측정값들을 수집하여 모은 집합을 데이터 또는 데이터 집합이라고 한다.

[표 2-1]에서 예컨대 회사 Excel의 산업코드의 측정값은 15이고 [표 2-1] 자체는 모든 기본 단위에 대하여 조사한 변수들의 측정값들을 포함하기 때문에 데이터 집합이 된다. 특정 기본 단위에 대한 모든 변수의 측정값의 집합을 관측값(관측치, observations)이라고 한다. [표 2-1]에서 회사 Powerpoint의 관측값은 4,000, 700, 11이다. 이와 같이 데이터 집합의 각 열은 변수들을 나타내고 각 행은 기본 단위의 관측값들을 나타낸다.

EXCEL STATISTICS 범주 데이터와 수치 데이터

변수는

- 범주변수
- 수치변수

로 구분할 수 있다.

범주변수(qualitative variable)는 인종, 성별, 종교, 직업, 계급, 예 또는 아니오, 학년 등등과 같이 그 속성을 수치척도로 측정할 수 없는 질적 변수를 말하는데 범주변수의 값들을 관측하여 얻는 데이터를 질적 데이터(qualitative data), 정성적 데이터 또는 범주 데이터(category data)라고 한다. 범주 데이터는 통계분석을 위하여 수치로 전환시키는 척도(규칙)를 이용하여 수치 데이터로 변환시켜야 한다. 범주

1 통계학에서 변수의 수는 차원(dimension)이라고 한다. 하나의 변수를 하나의 축으로 나타낼 때 한 변수는 1차원 직선상에, 두 변수라면 2차원 평면상에 각 값의 점을 찍을 수 있다.

데이터에는 뒤에서 설명할 명목 데이터와 서열 데이터가 포함되는데 언제나 이산 데이터의 형태를 취한다. [표 2-1]에서 산업코드는 범주변수이고 그의 다섯 개 데이터는 범주 데이터이다.

한편 수치변수(quantitative variable)는 판매량, 환율, 타율, 지지율 등등과 같이 그 속성을 수치척도로 측정할 수 있는 양적 변수를 말하는데 수치변수의 값들을 측정하여 얻는 데이터를 수량 데이터(quantitative data), 정량적 데이터 또는 수치 데이터(numerical data)라고 한다. 여기에는 구간 데이터와 비율 데이터가 포함된다. [표 2-1]에서 수입과 이익은 수치변수이고 그들의 측정치는 수치 데이터에 속한다.

수치 데이터의 경우에는 수치의 가감승제가 어떤 의미를 갖는다. 즉 범주 데이터는 연산의 의미를 갖지 않지만 수치 데이터는 연산의 의미를 갖는다. 따라서 일반적으로 수치 데이터에 대해서는 더 많은 통계분석의 기법이 적용될 수 있다. 그런데 범주 데이터는 수치로 전환할 수 있는 규칙(척도)을 사용하여 수치 데이터로 변환할 수 있으며 이때 다양한 통계분석이 가능해진다.

EXCEL STATISTICS 이산 데이터와 연속 데이터

수치변수는 이산변수(discrete variable)와 연속변수(continuous variable)로 나눌 수 있다.

데이터는 또한 셀 수 있느냐의 기준에 따라 이산 데이터(discrete data)와 연속 데이터(continuous data)로 나눌 수 있다. 이산 데이터는 학생 수, 과목 수, 학점 수

그림 2-1 데이터의 형태

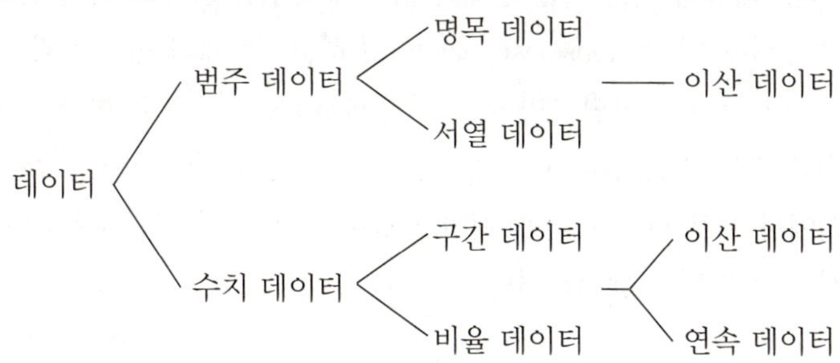

등등과 같이 하나 하나 셀 수 있는 정수값(integer)을 취하는 이산변수의 값들을 관측하여 얻는 데이터를 말한다. 이에 반해 연속 데이터는 키, 무게, 온도 등과 같이 측정이 가능하여 연속적인 모든 실수값을 취할 수 있는 연속변수의 값들을 측정하여 얻는 데이터를 말한다.

이산 데이터 사이에는 갭(gap)이 있지만 연속 데이터 사이에는 갭이 존재하지 않는다. 범주 데이터는 모두 이산 데이터이지만 수치 데이터는 이산 데이터와 연속 데이터를 포함한다. 이는 [그림 2-1]에서 보는 바와 같다.

예제 2-1 다음 변수는 범주변수인가 또는 수치변수인가? 수치변수는 다시 이산변수와 연속변수로 구분하라.

(1) 우리나라 대학생들이 가장 선호하는 직종
(2) 우리나라에서 지금까지 복제한 동물의 수
(3) 초등학생들이 선호하는 옷의 색깔
(4) 마라톤의 세계 기록
(5) 대통령 선거에서의 투표율

풀이

범주변수 : (1), (3)

수치변수
- 이산변수 : (2)
- 연속변수 : (4), (5)

단변수 데이터와 다변수 데이터

관측대상이 되는 기본 단위가 하나의 변수만을 갖고 이에 관해 데이터를 측정하면 단변수 데이터(univariate data)라고 하고, 두 개의 변수를 갖는 기본 단위에 관해 데이터를 측정하면 양변수 데이터(bivariate data)라고 한다.[2] 그러나 여러 개의 변수를 갖는 기본 단위에 대해서는 다변수 데이터(multivariate data)라고 한다. [표 2-1]에서 기본 단위는 다섯 개이고 변수는 세 개이므로 데이터의 수는 모두 15개로서 이는 다변수 데이터이다.

2 단변수는 일변량, 양변수는 이변량, 다변수는 다변량이라고도 한다.

단변수 데이터는 변수가 한 개이기 때문에 데이터의 대표치, 기본 단위들의 동질성, 이상치(outlier)의 존재 여부 등에 관한 특성을 요약하는 분석방법이 사용된다.

한편 다변수 데이터에 대해서는 단변수 데이터에서 얻는 특성은 물론 변수 간의 관계, 변수 간의 밀접성, 한 변수로부터 다른 변수의 값을 예측하는 등등의 분석방법이 사용된다.

예제 2-2 다음은 신촌(주)에 근무하는 전체 종업원들에 관한 특성을 조사한 데이터이다.

	A	B	C	D	E	F	G
1	종업원	인종	성별	직위	가족 수	근무연수	연봉(천만 원)
2	홍길동	황인종	남	대리	4	5	5
3	장길산	황인종	남	부장	3	7	6
4	테일러	백인종	남	비서	2	10	7
5	나폴레옹	흑인종	남	차장	5	8	6.2
6	마돈나	흑인종	여	과장	3	3	3.9

(1) 프레임은 무엇이며 몇 개인가?
(2) 기본 단위는 무엇이며 몇 개인가?
(3) 변수는 무엇인가?
(4) 범주변수와 수치변수는 무엇인가? 수치변수는 이산변수인가, 연속변수인가?
(5) 직위의 모집단은 무엇인가?
(6) 테일러에 대한 근무연수의 측정값은 무엇인가?
(7) 홍길동에 대한 관측값은 무엇인가?
(8) 데이터의 수는 모두 얼마인가?
(9) 위 표는 어떤 종류의 데이터(다변수 혹은 단변수)라고 할 수 있는가?

풀이

(1) 홍길동, 장길산, 테일러, 나폴레옹, 마돈나 등 다섯 개의 기본 단위로 구성되는 목록이며 한 개이다.
(2) 홍길동, 장길산, 테일러, 나폴레옹, 마돈나 등 5개
(3) 인종, 성별, 직위, 가족 수, 근무 연수, 연봉
(4) 범주변수 : 인종, 성별, 직위
수치변수(이산변수) : 가족 수
수치변수(연속변수) : 근무 연수, 연봉
(5) 대리, 부장, 비서, 차장, 과장
(6) 10
(7) 황인종, 남, 대리, 4, 5, 5
(8) 30(=5×6)
(9) 30개의 데이터를 갖는 다변수 데이터

S·E·C·T·I·O·N 2.2

측정척도의 형태

데이터의 형태는 그가 제공하는 정보의 수준에 따라

- 명목 데이터
- 서열 데이터
- 구간 데이터
- 비율 데이터

등 네 가지로 나눌 수 있다. 일반적으로 체중계와 줄자 외에 설문지 분석의 규칙과 같은 도구를 사용하여 관심대상의 특성을 관측하고 일정한 규칙에 따라 수치와 부호로 기록하는 행위를 측정(measurement)이라 하고 이들을 이용하여 얻은 값들의 특성에 따라 도구나 규칙을 구분할 수 있는데 이러한 데이터 형태의 구분기준을 측정척도(measurement scale)라고 한다. 따라서 사용하는 측정척도에 따라 얻는 데이터의 형태도 다르게 되고 요약하고 분석하는 통계방법도 다르게 된다. 여기에는 명목척도, 서열척도, 구간척도, 비율척도 등 네 가지 종류가 포함된다. 그런데 명목척도와 서열척도는 범주변수에 사용하고 구간척도와 비율척도는 수치변수에 사용한다.

EXCEL STATISTICS 명목척도

명목척도(nominal scale)란 측정대상을 상호 배타적인 범주나 종류에 따라 분류할 수 있도록 그 측정대상에 부호 또는 수치를 부여하는 방법을 말한다. 명목척도로 측정한 데이터를 명목 데이터(nominal data)라 한다. 예를 들면, 성별, 종교, 인종, 출신지, 전공, 정당 등등 명목변수에 관한 데이터는 여기에 속한다. 측정대상을 분류할 때는 하나의 범주에만 속하도록 해야 한다. 예를 들어

1. 백인　2. 흑인　3. 황인　4. 기타

로 하여 각 사람으로 하여금 1, 2, 3, 4의 코드(code)를 기록하게 하면 이러한 코드들은 명목 데이터이다. 여기서 숫자는 관찰대상을 서로 구별하기 위하여 임의로 선택한 구분기호일 뿐 논리적 순위를 의미하지는 않는다.

명목척도는 각 변수의 도수나 백분율을 계산하는 정도의 분석만 가능하다. 즉 명목 데이터는 등호(=)만을 가지고 비교할 수 있다.

EXCEL STATISTICS 서열척도

서열척도(ordinal scale)는 명목척도와 같이 측정대상을 서로 구분할 수 있도록 상호 배타적인 범주로 분류하지만 각 범주에 크기나 중요성에 따라 측정 결과의 서열 순서를 매겨 주는 것으로 순위척도라고도 한다. 서열척도로 측정한 데이터를 서열 데이터(ordinal data)라 한다. 예를 들면, 학년, 등급, 석차, 계급, 선호도 등등 서열변수에 관한 데이터는 여기에 속한다. 여기서 사용할 수 있는 0, 1, 2, 3 등의 값은 개체 간의 상대적 순위를 나타내 줄 뿐이므로 숫자 간의 거리(차이)는 무의미하고 또한 원점(0)이 존재하지 않는다.

예를 들어 학년(1학년, 2학년, 3학년, 4학년), 올림픽의 순위(금메달, 은메달, 동메달), 생활수준(상, 중, 하), 제품의 선호도 등등은 범주나 점수를 더 좋다 또는 더 나쁘다, 더 높다 또는 더 낮다 등과 같이 비교를 할 수 있게 하지만 얼마나 더 좋고, 더 높은지 등 차이(difference)를 말할 수 없는 한계를 갖는다.

서열 데이터는 등호(=)는 물론 부등호(>, <)의 관계로 서로 비교할 수 있다.

구간척도

구간척도(interval scale), 즉 등간척도는 측정대상을 범주에 따라 분류하고 여기에 서열 순서를 매겨 준다는 점에서는 서열척도와 같지만 서열을 나타내는 숫자 간의 간격이 산술적 의미를 갖는다는 점에서 서열척도와 다르다. 측정대상의 상대적 크기와 차이를 측정하기 위하여 순위 사이의 균일한 간격을 사용하게 된다. 구간척도로 측정한 데이터를 구간 데이터(interval data) 또는 등간 데이터라 한다. 예를 들면, 온도, 지능지수, 시각(time), 체조경기의 점수 등등 구간변수의 데이터는 여기에 속한다.

보통 구간 데이터를 수집하기 위해서는 5점 또는 7점으로 나타내는 리커트 척도(Likert scale)를 사용한다. 예를 들면, 학생들로 하여금 통계학 교수의 강의평가를 요구할 때 다음과 같은 척도에서 하나를 선택하도록 한다.

	1	2	3	4	5	
매우 못함	□	□	□	□	□	매우 잘함

구간 데이터도 명목 데이터와 서열 데이터와 같이 원점(0)은 단순히 상대적 위치를 나타낼 뿐이므로 숫자 간 몇 배라는 비율은 말할 수 없고 다만 그의 차이를 말할 수 있을 뿐이다. 예를 들어 어제의 기온이 20℃이었고 오늘의 기온이 40℃라고 할 때 오늘은 어제보다 20℃ 더 덥다고 차이를 말할 수는 있지만, 두 배 더 덥다고 말할 수는 없는 것이다. 한편 40℃와 20℃의 차이는 35℃와 15℃의 차이와 똑같이 20℃이다.

구간 데이터에 대해서는 가감(+, −)의 계산이 가능하다.

비율척도

비율척도(ratio scale)는 명목척도, 서열척도, 구간척도가 갖는 특성을 포함하는데 절대적 원점(absolute zero point)을 갖기 때문에 이 척도는 상대적 크기의 비교는 물론 절대적 크기의 비율을 반영한다. 비율척도로 측정한 데이터를 비율 데이터(ratio data)라 한다. 예를 들면, 시간, 길이, 질량, 무게, 봉급, 농구 게임의 점수 등등 비율변수의 데이터는 여기에 속한다.

예를 들어 김 군은 100kg을 들어 올렸고 이 군은 50kg을 들어 올렸다면 김 군은 이 군보다 두 배의 무게를 들어 올렸다고 말할 수 있다. 온도는 구간척도이지만 측정단위 간 간격이 일정하기 때문에 측정값 사이의 차이는 비율척도가 된다. 예를 들면, 서울의 일교차는 10℃이고 그날 뉴욕의 일교차는 20℃라고 한다면 뉴욕의 일교차는 서울의 일교차의 두 배라고 말할 수 있다.

비율 데이터에 대해서는 모든 산술적인 연산이 가능하다.

수준이 가장 낮은 명목 데이터로부터 가장 높은 비율 데이터에 이를수록 더 많은 기법을 사용하여 통계분석을 함으로써 더 많은 정보를 얻을 수 있는 것이다.

예제 2-3 다음과 같은 데이터를 수집하기 위해서는 어떤 형태의 측정척도를 사용해야 하는가?

(1) 전화 지역코드 (2) 우리 가족의 연령
(3) 주민등록번호 (4) 응급실의 처리시간
(5) Fortune 500에 나타난 회사의 순위 (6) 지능지수
(7) 수학능력 점수 (8) 혈압
(9) 대학생의 학년 (10) 온도
(11) 군대의 계급 (12) 우편번호
(13) 학번 (14) 출생연도
(15) 축구선수의 등번호 (16) 코스피
(17) 호봉에 따른 공무원의 봉급 (18) 올림픽 순위
(19) 신용카드의 비밀번호 (20) 마라톤 선수들의 골인 순서
(21) 영종도 공항의 실내온도 (22) 계좌번호
(23) 혈액형 (24) 주소
(25) 호주 오픈에 출전하는 테니스 선수의 시드(seed)
(26) S&P의 신용등급

풀이

(1) 명목	(2) 비율	(3) 명목	(4) 비율
(5) 서열	(6) 구간	(7) 구간	(8) 구간
(9) 서열	(10) 구간	(11) 서열	(12) 명목
(13) 명목	(14) 구간	(15) 명목	(16) 구간
(17) 비율	(18) 서열	(19) 명목	(20) 서열
(21) 구간	(22) 명목	(23) 명목	(24) 명목
(25) 서열	(26) 서열		

SECTION 2.3

데이터의 준비

기업에서는 여러 가지 목적으로 데이터를 수집한다. 최근 디지털 전환의 시대적 요구에 부응하여 데이터 및 데이터 분석 능력에 관한 관심이 폭발하여 이 부문이 크게 발전하였고 기업의 의사결정 방식에 큰 변화를 초래하였다. 따라서 기업에서는 필요한 데이터의 수집 · 정리 · 저장 · 처리 · 배포 등 데이터 관리(data management)에 많은 노력을 집중하고 있다. 데이터의 수집을 위해서는 기업 내의 데이터베이스(database)에 있는 판매 데이터는 물론이지만 여러 소스에서 상이한 목적을 가지고 수집된 상이한 유형의 빅데이터들을 대상으로 삼는 경우가 허다하다. 이러한 경우에 포맷이나 구조가 서로 상이하여 데이터의 품질이 문제가 될 수 있다.

빅데이터가 수집되면 바로 분석으로 들어가는 것이 아니고 분석을 위한 데이터 준비(data preparation) 단계를 거쳐야 한다. 데이터 준비를 위해서는 데이터 탐색과 데이터 전처리가 이루어져야 한다.

데이터 탐색(data exploration)이란 탐색적 데이터 분석(exploratory data analysis: EDA)이라고도 하는데 본격적으로 분석에 들어가기 전에 데이터가 분석에 적절한지, 정확한지, 결측치(missing value)와 이상치(outlier)는 없는지 등 데이터의 개략적인 품질을 탐색하는 것을 말한다. 즉 데이터의 전체적인 형태, 구조, 특성을 검토하고 점검하여 필요하면 데이터의 변환이나 축약이 이루어진다. 한편 EDA는 빅데이터 속에서 패턴, 트렌드는 물론 변수들 사이의 관계를 여러 가지 도구를 사용하여 밝혀낸다.

데이터 탐색을 위해서는 첫째, 통계적 분석방법을 활용하여 구하는 기본적인 통계표와 통계량을 통해 통계 특성을 살펴보고 둘째, 그래프와 차트를 통해 데이터의 특성을 파악하기 위해 데이터를 시각적 형태로 표현하는 등 두 가지 방법이 사용된다(다음 절에서 공부할 것이다). 이들은 기술통계학에서 배우게 된다.

수집한 데이터를 탐색한 후에는 데이터를 손질하는 데이터 전처리 과정으로 들어간다. 데이터 전처리(data preprocessing)란 데이터 정제(data cleaning)라고도 하는데 수집한 데이터를 분석하기 좋은 형식으로 수정하는 모든 준비작업을 말한다. 이는 빅데이터를 사용해서 만드는 모델의 품질을 향상시키기 위한 필수 과정이다. 모델의 신뢰성, 유용성 등 품질은 그를 만드는 데 사용된 데이터의 신뢰성에 크게 영향을 받는다.

이상에서 설명한 바와 같이 데이터는 수많은 소스에서 추출(extraction)하고, 정제와 균일한 구조로 수정하는 변형(transformation)을 거쳐, 데이터 장소에 저장(load)하는 3단계 과정을 거쳐 사용하기 완전한 형태로 탈바꿈하게 된다. 이를 ETL 과정이라고 한다.

S·E·C·T·I·O·N 2.4

데이터의 시각화

원 데이터로부터 정보를 추출하는 것은 쉽지 않다. 데이터를 효과적으로 이해하는 길은 데이터를 시각화하는 것이다.

데이터의 속성을 이해하는 첫 걸음이 이를 어떤 형태로든 직관적으로 시각화하는 것이다. 데이터 시각화(data visualization)란 데이터를 탐색하는 하나의 방법으로서 문자와 숫자로 표현된 데이터를 기업의 매니저 등 사용자가 쉽게 이해할 수 있도록 도표나 이미지 등 시각적 수단을 통해 일목요연하게 표현하고 전달하는 데이터 활용의 한 과정을 말한다. 데이터를 시각화하는 근본 목적은 그래프라는 수단을 통해 특정 정보나 사실을 사용자에게 짧은 시간 안에 빠르고 명확하고 효과적으로 정보분석 결과를 이해하기 쉬운 형태로 전달하려는 것이다.

데이터를 시각적으로 표현하면 숫자나 텍스트를 표로 정리하는 것보다 패턴, 트렌드, 특이사항 등을 훨씬 쉽고 빠르게 찾을 수 있다. 즉 기업에서 수많은 정보를 요약해 시각화하면 한눈으로 그의 큰 흐름을 파악할 수 있게 된다.

데이터 시각화는 기업의 매니저들 사이에서 데이터로 커뮤니케이트하는 수단이 되며 그들의 의사결정에 통찰력(insight)을 제공하는 큰 실용적인 가치를 갖게 된다. 오늘날에는 기업에서 데이터 활용능력이 기업의 경쟁력을 좌우하게 된다. 보다 많은 정보, 사실, 아이디어를 보다 짧은 시간과 공간, 뇌의 노력으로 전달하는 정보 전달 효율성을 기하기 위해서는 데이터의 시각화가 절대적으로 필요하게 되었다.

빅데이터의 주목적은 데이터 분석을 통해 통찰력을 얻고자 하는 것인데 이는 데이터 시각화를 통해 가능하다. 기업에서 데이터를 분석하는 사람과 최종 의사결정을 하는 매니저는 동일인이 아닐 수 있다. 따라서 그래프 등 적절한 데이터 시각화 기법을 사용하면 매니저의 빠른 분석 이해능력이 크게 향상될 수 있다.

그러나 데이터 분포를 대략적으로 시각화하기 위하여 히스트그램이나 표를 이용하지만 이것만으로는 데이터를 객관적이고 정량적으로 평가하고 기술하는 데 한계가 있어 데이터를 수치로 변환하여 특징짓는 방법도 함께 사용할 필요가 있다. 이는 다음 장에서 공부할 것이다.

데이터 시각화는 기술적 분석론에서 중요한 역할을 수행한다. 그렇지만 데이터 시각화는 예측적 분석론과 규범적 분석론에서도 중요하게 이용된다.

데이터의 시각화를 위해 여러 가지 도구가 사용된다, Excel 같은 도구는 기업 전체에 흩어져 있는 데이터를 분석하고 직관적으로 시각화하는 데 한계가 있는 게 사실이다. 그래서 전문 소프트웨어를 사용하는 것이 일반화되었지만 그러함에도 불구하고 아직도 기업에서 Excel을 사용하고 있기 때문에 본서에서도 이의 사용에 한정하고자 한다.

S·E·C·T·I·O·N 2.5

도수분포표

EXCEL STATISTICS 기본 개념

모집단 또는 표본으로부터 측정이나 관찰을 통하여 수집한 데이터의 분포를 파악하기 위하여 그래프 등으로 시각화하여 대략적인 데이터 경향을 살핀다든지 데이터를 요약하고 정리하는 데 사용되는 기본적인 통계표(statistical table)가 도수분포표(frequency distribution table)이다.

> **TIP**
>
> **도수분포와 도수분포표**
>
> 도수분포란 한 변수에 관해 수집한 데이터(변수 값들)에서 유사한 성질이나 크기의 값들을 몇 개의 계급(범주)으로 그룹핑하고 각 계급에 대응되는 도수(측정치 또는 관찰치의 수)를 정리한 것을 도수분포(frequency distribution) 또는 단순히 분포라고 하고 이때 각 계급에 대응되는 도수(빈도수)를 나열하여 만든 통계표를 도수분포표라고 한다.

이는 데이터를 시각적으로 보이기 위하여 차트(chart)나 그래프(graph)를 작성하는 데 이용되므로 도수분포표는 그래프와 차트 기법과 함께 기술통계학의 핵심이라고 할 수 있다.

EXCEL STATISTICS 도수분포표의 그래프

도수분포표 자체보다도 이를 그래프로 표현하면 데이터의 특성을 보다 알기 쉽게 된다.

그래프 방법으로는 범주 데이터를 위한 막대그래프와 파이차트(pie chart; 원 도표)가 있고 수치 데이터를 위한 히스토그램, 꺾은선 그래프, 누적백분율 곡선이 있다.

히스토그램(histogram)은 범주 데이터는 물론 수치 데이터에도 많이 이용된다. 범주 데이터에 대한 히스토그램은 막대그래프(bar chart)라고도 한다. 히스토그램은 도수분포표로 정리된 계급(X축)에 속하는 도수(Y축)를 막대의 길이로 표시하여 계급의 상호 비교가 용이하도록 해 준다. 또한 히스토그램은 데이터의 분포모양, 분산정도, 중심위치, 시간에 따른 변동 추이 등을 시각적으로 보여 준다는 이점을 갖는다.

히스토그램은 Y축에 도수뿐만 아니라 상대도수와 누적도수도 나타낼 수 있다.

S·E·C·T·I·O·N 2.6

한 범주변수 데이터의 시각화 방법

EXCEL STATISTICS 도수분포표

[표 2-2]는 Excel 대학교 경영대학원 신입생 40명의 학부 전공을 나열한 범주 데이터이다. 여기서 전공은 범주변수이다.

표 2-2 신입생의 학부 전공

	A	B	C	D	E	F	G	H
1	행정학	경영학	경영학	공학	경제학	경제학	회계학	회계학
2	경영학	회계학	경영학	경제학	회계학	공학	경제학	경제학
3	영문학	경제학	행정학	회계학	영문학	경영학	경영학	공 학
4	회계학	공 학	경영학	경영학	경영학	경제학	공 학	경영학
5	영문학	경영학	경제학	회계학	행정학	경영학	공 학	행정학

한 범주변수의 데이터를 이용하여 도수분포표를 작성하려면 첫째 열에는 데이터의 계급(class)을 늘어놓고, 둘째 열에는 각 계급에 해당하는 도수(frequency)를 직접 세어서 적는다. [표 2-2]에서 각 전공이 범주(category)로서 계급이 된다. 계급은 상호 배타적이라서 각 관측치는 오직 하나의 계급에만 속하게 된다. 여기서 계급의 수는 모두 여섯 개이다. 범주 데이터의 도수분포표는 범주와 도수를 일목요연하게 정리한 결과이다.

[표 2-3]은 신입생 학부 전공의 도수분포표이다. 이 표를 보면 전공의 분포상태를 쉽게 알아볼 수 있는데 경영학과 경제학을 전공한 학생이 다른 전공 학생보다 훨씬 많음을 알 수 있다.

범주 데이터의 경우 도수분포표가 작성되면 각 계급의 상대도수를 계산할 수 있다. [표 2-3]에서 상대도수(relative frequency)는 각 계급의 도수(전공 학생 수)가 총도수(전체 학생 수)에서 차지하는 비율(%)을 의미한다. 상대도수를 구하는 공식은 다음과 같다.

표 2-3 도수분포표 : 신입생 학부 전공

	A	B
1	**계급**	**도수**
2	경영학	12
3	경제학	8
4	공 학	6
5	영문학	3
6	행정학	4
7	회계학	7
8	**합계**	40

TIP

상대도수

$$상대도수 = \frac{f_i}{n} \tag{2.1}$$

$$상대도수(백분율) = \frac{f_i}{n} \times 100 \tag{2.2}$$

f_i : 계급 i의 도수
n : 총도수

식(2.1)과 식(2.2)를 이용하여 [표 2-3]의 경영학 전공 학생에 대한 상대도수와 백분율을 계산하면 다음과 같다.

$$상대도수 = \frac{f_i}{n} = \frac{12}{40} = 0.3$$

$$백분율(\%) = \frac{f_i}{n} \times 100 = \frac{12}{40} \times 100 = 30\%$$

이와 같은 요령으로 [표 2-3]에 대해 상대도수와 백분율을 계산하면 [표 2-4]와 같다. [표 2-4]에서 계급과 상대도수만을 나타내는 표를 만들면 이는 상대도수 분포표가 된다.

표 2-4 도수, 상대도수와 백분율 : 신입생 학부 전공

	A	B	C	D
1	계급	도수	상대도수	상대도수(%)
2	경영학	12	0.3	30
3	경제학	8	0.2	20
4	공 학	6	0.15	15
5	영문학	3	0.075	7.5
6	행정학	4	0.1	10
7	회계학	7	0.175	17.5
8	합계	40	1	100

도수분포표의 그래프

범주 데이터의 경우 도수분포표를 작성하면 이를 이용하여

- 막대그래프(히스토그램)
- 파이차트

를 그릴 수 있다.

막대그래프

도수분포표를 막대그래프(bar chart)로 표현하기 위해서는 수평축(X축)에 각 계급(범주)을 차례로 똑같은 간격으로 나타내고 수직축(Y축)에는 각 계급의 길이(높이)로서 도수 또는 상대도수를 나타낸다. 이때 주의할 점은 범주 데이터이기 때문에 계급 사이에 약간의 공간을 두는 것이다.

[그림 2-2]는 [표 2-4]의 각 계급과 도수를 나타내는 막대그래프이고 [그림 2-3]은 각 계급과 상대도수를 나타내는 막대그래프이다.

그림 2-2 도수 막대그래프 : 신입생 학부 전공

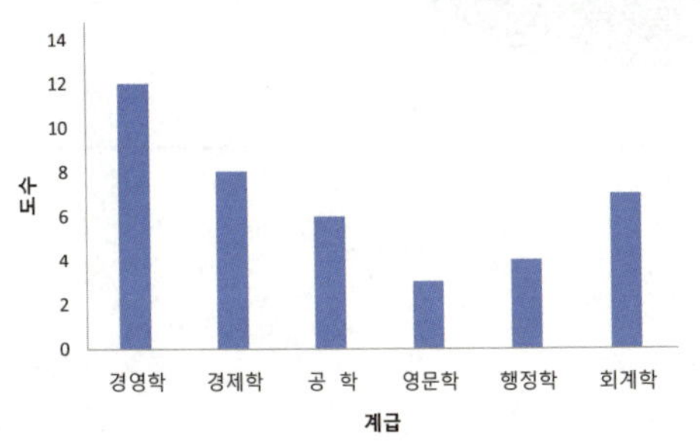

그림 2-3 상대도수 막대그래프 : 신입생 학부 전공

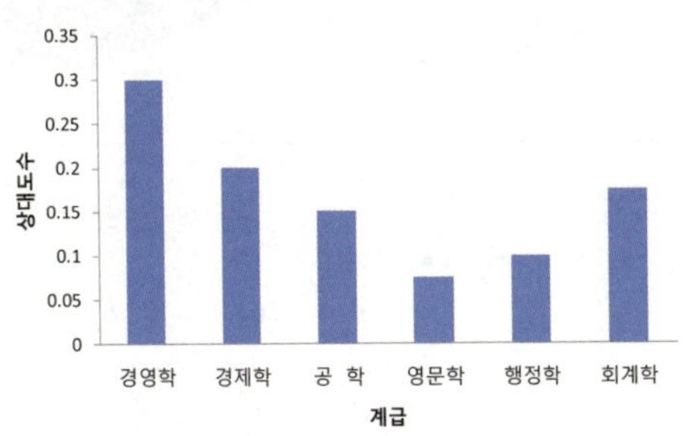

파이차트

범주 데이터의 경우 각 계급에 대하여 상대도수를 구하면 이를 파이차트(pie chart; 원 그래프)로 표현할 수 있다. 파이차트는 하나의 원을 계급을 나타내는 조각들로 나누어 표현하는 도표이다. 파이차트를 작성하기 위해서는 각 계급에 해당하는 상대도수에 360°를 곱한 다음 각 계급이 차지하는 넓이로 원을 쪼개면 된다.

[표 2-4]에서 각 계급에 해당하는 조각의 도를 구하면 다음과 같다.

계급	상대도수	도(°)
경영학	0.3	(0.3 ×360) = 108
경제학	0.2	(0.2 ×360) = 72
공 학	0.15	(0.15 ×360) = 54
영문학	0.075	(0.075×360) = 27
행정학	0.1	(0.1 ×360) = 36
회계학	0.175	(0.175×360) = 63
합계	1.000	360

[그림 2-4]는 신입생 학부 전공의 파이차트이다.

그림 2-4 파이차트 : 신입생 학부 전공

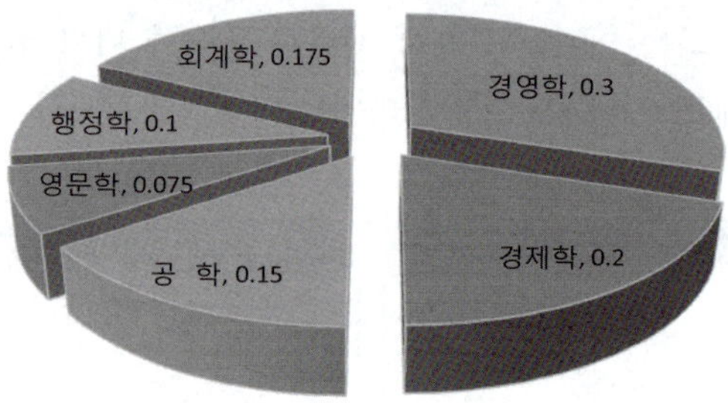

S·E·C·T·I·O·N 2.7

두 범주변수 데이터의 시각화 방법

EXCEL STATISTICS 분할표

우리는 앞절에서 하나의 범주변수에 대한 도수분포표와 그의 그래프를 작성하는 방법을 공부하였다. 범주 데이터를 요약하고 두 범주변수(categorical variable) 사이의 관계를 시각화하는 데 사용되는 가장 기본적인 통계적 도구의 하나가 분할표 또는 빈도교차표(cross tabulation)이다. Excel에서는 분할표를 피벗 테이블(pivot table)이라고 한다. 분할표(contingency table)란 모집단에서 추출된 표본 데이터(주로 명목 데이터이지만 수치 데이터도 가능함)를 두 가지 기준(범주)에 따라 행과 열로 분류하여 작성한 통계표이다. 피벗 테이블은 방대한 양의 데이터로 구성된 데이터베이스에서 필요한 데이터만 추출하여 원하는 표를 만들고자 할 때 사용한다. 예를 들면, 성명, 부서, 직급, 직위, 본봉 등 필드로 구성된 데이터베이스에서 부서별, 직위별 본봉을 알고자 한다면 피벗 테이블을 이용할 수 있다.

표 2-5 r×c 분할표

행 \ 열	1	2	…	c	합계
1	n_{11}	n_{12}	…	n_{1C}	r_1
2	n_{12}	n_{22}	…	n_{2C}	r_2
⋮	⋮	⋮	…	⋮	⋮
r	n_{r1}	n_{r2}	…	n_{cr}	r_r
합계	c_1	c_2	…	c_c	n

모집단의 한 변수의 값을 관측하여 얻는 데이터를 일변량(univariate) 데이터라 하고 두 변수의 값을 관측하여 얻는 데이터를 이변량(bivariate) 데이터라 한다. 두 범주변수 간의 관계를 밝히기 위하여 데이터를 정리하여 행과 열에 각각 한 변수의 구간을 정하고 행과 열이 교차하는 칸(cell)에 해당하는 값을 기록한다. 이때 도수로 나타내면 분할표이고 상대도수로 나타내면 결합확률표(joint probability table)가 된다. 분할표는 이변량 데이터를 이용하여 작성한 도수분포표이다. 피벗 테이블은 변수의 도수분포표를 만드는 데도 유용하게 쓰인다.

분할표는 두 사상을 동시에 고려한 표이다. 일반적으로 r개의 행과 c개의 열을 갖는 분할표는 $r \times c$개의 칸을 가지며 $r \times c$ 분할표라고 부른다. $r \times c$ 분할표의 일반적인 형태는 [표 2-5]와 같다.

예제 2-4 다음 데이터는 Excel 대학교의 몇몇 학부에 속한 교수들의 이름, 직위, 직급, 본봉에 관한 것이다. 이 데이터를 이용하여 학부별, 직위별, 본봉 총액을 나타내는 피벗 테이블을 작성하라.

	A	B	C	D	E
1	학부	교수	직위	직급	본봉
2	경영	한교호	교수	1	100
3	경제	강주선	부교수	2	90
4	인문	문재수	조교수	3	70
5	공학	오선생	조교수	4	80
6	경영	주유문	교수	1	110
7	인문	김이박	부교수	2	85
8	경제	오고수	교수	1	85
9	인문	박수유	교수	1	85
10	경영	정팔호	부교수	2	100
11	경영	조진호	조교수	3	90
12	경제	표창길	교수	1	110
13	법학	황교수	부교수	2	95
14	의학	국정희	조교수	4	75
15	법학	신문자	조교수	2	90

풀이

학부	교수	부교수	조교수	합계
경영	210	100	90	400
경제	195	90		285
공학			80	80
법학		95	90	185
의학			75	75
인문	85	85	70	240
합계	490	370	405	1,265

① 데이터를 시트에 입력한다. 이때 이름표도 꼭 입력해야 한다.

② 화면의 윗 부분에 있는 [삽입] 메뉴를 선택한다.

③ 화면의 서북쪽에 있는 [표] 그룹에서 [피벗 테이블]을 클릭한다

④ [피벗 테이블 만들기] 대화상자가 나타나면 표/범위에 A2 : B16을 드래그하여 입력하고 「새 워크시트」에 체크한다.

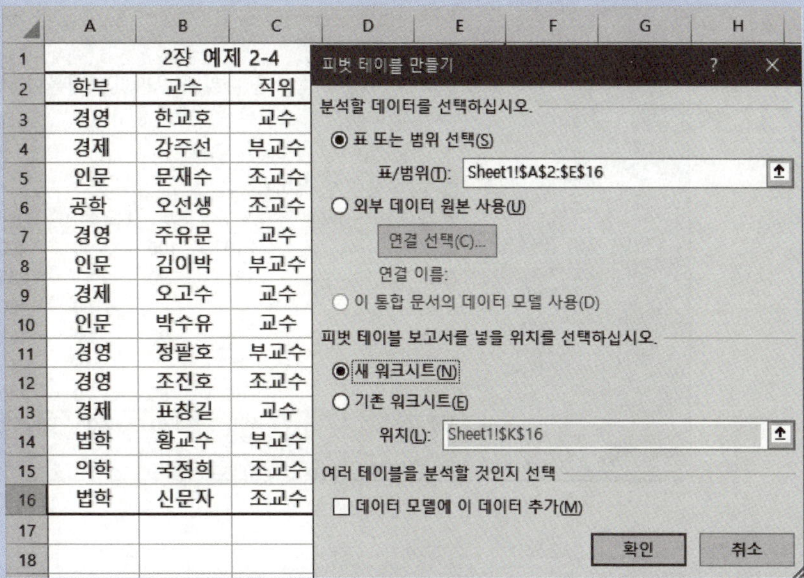

⑤ 학부별, 직위별 본봉 합계에 관한 테이블을 원하기 때문에 학부를 [행]에, 직위를 [열]에, 그리고 본봉을 [Σ값]에 드래그 한다.

⑥ [확인]을 클릭하면 다음과 같은 [피벗 테이블 필드 목록]과 [피벗 테이블 보고서]가 나타난다.

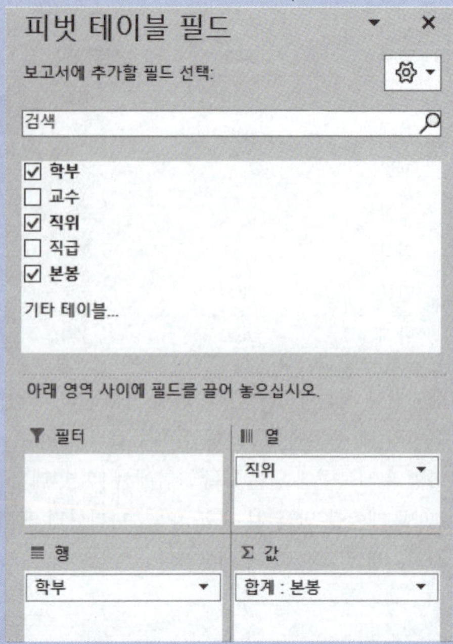

⑦ 다음과 같은 학부별, 직위별 본봉 총액을 나타내는 피벗 테이블이 나타난다.

	A	B	C	D	E
1	**합계 : 본봉**	**열 레이블**			
2	**행 레이블**	**교수**	**부교수**	**조교수**	**총합계**
3	경영	210	100	90	400
4	경제	195	90		285
5	공학			80	80
6	법학		95	90	185
7	의학			75	75
8	인문	85	85	70	240
9	**총합계**	**490**	**370**	**405**	**1265**

SECTION

2.8 수치변수 데이터의 시각화 방법 : 이산변수

도수분포표

Excel 대학교 테니스 동호회에 가입한 40명의 학년은 [표 2-6]과 같다. 여기서 학년은 이산변수이고 [표 2-6]은 이산 데이터이다. 각 학년을 계급으로 정하고 각 계급에 해당하는 도수와 상대도수를 나타내는 도수분포표와 상대도수분포표를 작성하면 [표 2-7]과 같다.

수치 데이터 가운데 무엇이 발생하는 횟수를 세거나 사물의 순위를 매기는 데이터는 이산 데이터에 해당한다. 이산 데이터의 도수분포표 작성방법은 범주 데이터의 경우와 동일하게 변수의 각 값이 하나의 계급(범주)을 나타낸다. 그러나 이산 데이터의 경우에는 수치가 어떤 의미를 가지기 때문에 계급은 수치적 순서를 지켜야 한다.

이산 데이터를 이용해서는 상대도수뿐만 아니라 범주 데이터에서 구할 수 없는 누적도수와 누적상대도수를 계산할 수 있다. 범주 데이터에서 사용하는 각 범주는 크기가 없기 때문에 얼마 이하 또는 얼마 이상이라는 개념을 사용할 수 없으

표 2-6 학년

	A	B	C	D	E	F	G	H	I	J
1	1	3	2	1	4	1	2	2	1	2
2	2	4	2	1	2	1	2	2	2	3
3	1	3	3	2	3	3	1	1	3	1
4	3	2	4	1	4	2	2	2	1	2

표 2-7 도수분포표 : 학년

	A	B	C	D
1	계급	도수	상대도수	
2	1	12	0.30	
3	2	16	0.40	
4	3	8	0.20	
5	4	4	0.10	
6	합계	40	1	
7				

표 2-8 누적도수와 누적상대도수 : 학년

	A	B	C	D	E	F
1	계급	도수	상대도수	누적도수	누적상대도수	
2	1	12	0.30	12	0.30	
3	2	16	0.40	28	0.7	
4	3	8	0.20	36	0.9	
5	4	4	0.10	40	1.0	
6	합계	40	1			
7						

므로 누적도수와 누적상대도수를 구할 수 없는 것이다.

누적도수(cumulative frequency)는 특정 계급(구간) 이하에 해당하는 모든 계급의 도수를 누적하여 구한다. 예컨대 [표 2-8]에서 2학년 이하의 학생은 모두 16+12=28명이다. 한편 누적상대도수(cumulative relative frequency)는 각 계급의 누적도수가 총도수에서 차지하는 비율을 의미한다. [표 2-8]은 누적도수와 누적상대도수를 나타내는 도수분포표이다.

도수분포표의 그래프

이산 데이터의 막대그래프를 그리는 요령은 범주 데이터의 경우와 같다.

[그림 2-5]는 [표 2-7]의 상대도수분포표를 막대그래프로 표현한 것이고 [그림 2-6]은 [표 2-8]의 누적상대도수분포표를 막대그래프로 표현한 것이다.

그림 2-5 상대도수 막대그래프 : 학년

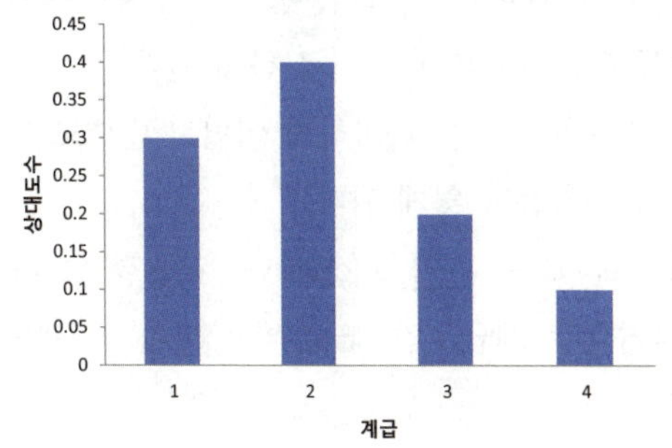

그림 2-6 누적상대도수 막대그래프 : 학년

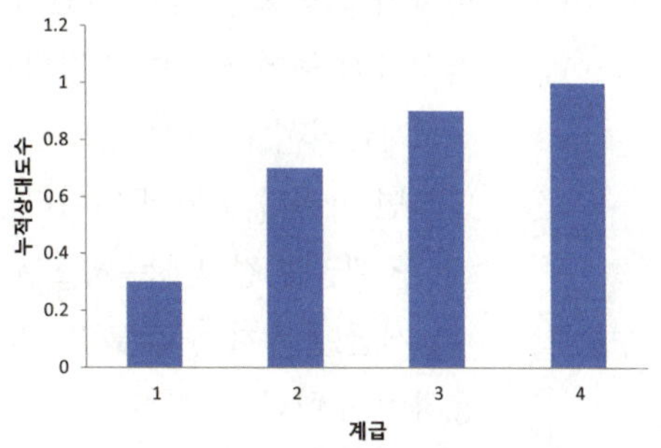

SECTION 2.9

수치변수 데이터의 시각화 방법 : 연속변수

측정에 의해서 소수점 이하의 값을 가질 수 있는 연속 데이터의 분포를 표로 나타내는 도수분포표를 작성할 때는 변수가 취하는 값들의 영역을 몇 개의 구간으로 그룹핑하고 각 구간에 해당하는 관측치를 세게 되는데 이때 계급의 수, 계급간격(구간), 계급한계 등을 결정함에 있어서 신경을 쓰지 않으면 안 된다. 연속 데이터의 도수분포표를 작성하기 위해서는 우선 변수 값들을 크기 순서로 나열한 후 보통 다음과 같은 단계를 밟아 나간다.

• 변수의 범위(range)를 결정한다.

범위는 정렬된 변수의 최대값과 최소값의 차이로 구한다.

• 데이터의 크기에 따라 계급의 수를 주관적으로 결정한다.

계급(class)은 크기 순서로 정렬된 연속 데이터에서 인접한 몇 개의 관측치를 하나의 그룹으로 묶은 것인데 계급의 수는 데이터의 크기, 편리성, 도수분포표의 작성목적 등에 의하여 결정되지만 보통 5개에서 15개 사이로 하게 된다.

계급의 수가 너무 적으면 데이터 분포의 특성을 파악하기 어렵고 반대로 너무 많으면 자세하게 되어 데이터를 요약하는 기능을 잃게 된다.

• 계급을 결정하는 계급구간(class interval), 즉 계급 폭(class width)을 결정한다.

계급에 속하는 값(들)의 범위를 나타내는 계급구간(계급간격)은 다음 공식을 이용하여 구한다.

TIP

계급구간

$$\text{계급구간} = \frac{\text{범위}}{\text{계급의 수}} = \frac{\text{데이터의 최대값} - \text{데이터의 최소값}}{\text{계급의 수}} \tag{2.3}$$

이렇게 하여 구한 계급구간은 가까운 편리한 정수로 올려 줌으로써 모든 데이터가 각 계급에 포함될 수 있도록 한다. 계급구간은 모든 계급에 동일해야 하지만 극단적인 수치(outlier)가 있을 때에는 ~이하 또는 ~이상과 같은 개방구간(open-ended class)을 사용할 수 있다.

• 각 계급의 계급한계(class limit)를 결정한다.[3]

계급구간이 결정되면 계급한계를 설정할 수 있다. 계급한계는 각 계급에 포함될 데이터 값(data value)들의 절단점(경계값)을 의미한다. 모든 각 데이터는 하나의 상호 배타적인 계급에만 속하도록 해야 하므로 계급의 한계가 서로 중복되지 않도록 주의해야 한다.

3 Excel에서는 계급(class)을 bin, 계급한계(class limit)를 bin limit, 계급 폭(class width)은 bin width라고 부른다.

계급한계는 하한(lower limit)과 상한(upper limit)을 갖는다. 예를 들면, 계급한계는 "~이상~미만"이 일반적으로 널리 이용되지만 주관적으로 결정하게 된다. 그런데 Excel에서는 어떤 계급의 상한과 동일한 데이터는 그 구간에 포함시키고 한편 연속 데이터의 경우 사사오입한 관측치를 포함할 수 있도록 "~초과 ~이하"로 표현한다. 따라서 본서에서는 Excel의 방법을 따르기로 한다. Excel은 하한을 초과하고 상한 이하인 각 계급에 속하는 관측치 수를 센다.

일단 계급한계가 설정되면 계급의 중간점(midpoint), 즉 계급점(class mark)을 구할 수 있다. 이는 각 계급구간에 포함된 모든 데이터를 대표하는 값으로 $\frac{(\text{계급하한}+\text{계급상한})}{2}$로 구한다. 중간점은 그래프를 그릴 때 이용된다.

- 각 계급의 도수, 상대도수, 누적도수, 누적상대도수를 구한다.

예제 2-5 다음 데이터는 202A년 7월 한 달 동안 랜덤으로 추출한 서울 시내 50가정의 전기료(단위: 천 원) 납부 결과이다. 이 데이터를 이용하여 도수분포표를 작성하라.

	A	B	C	D	E	F	G	H	I	J
1	42	85	20	70	64	47	66	55	24	45
2	64	75	53	31	60	15	61	43	30	33
3	16	40	81	15	35	38	79	35	36	23
4	31	38	52	16	81	69	73	38	48	25
5	62	31	47	63	84	17	40	36	44	17

풀이

- 데이터의 범위

데이터의 최소값은 15이고 최대값은 85이므로 범위는 $85-15=70$이다.

- 계급의 수

계급의 수는 6개로 하기로 한다.

- 계급구간(간격)

계급구간은 $70/6=11.67$인데 가까운 12로 절상한다.

- 계급한계

데이터의 최소값이 15이므로 이를 포함하기 위하여 이보다 작은 14를 계급하한으로 정하면 계급구간이 12이므로 첫 계급의 구간은 14 초과 26 이하가 된다. 즉 $14<\text{요금}\le 26$이다.

- 각 계급의 도수

각 계급의 도수는 표로부터 세어서 구한다. 차례로 중간점, 상대도수, 누적도수, 누적상대도수를 구하면 [표 2-9]와 같다.

표 2-9 도수분포표 : 전기료 데이터

	A	B	C	D	E	F	G	H
1	계급구간		도수	중간점	상대도수	누적도수	누적상대도수	
2	14	26	10	20	0.2	10	0.2	
3	26	38	12	32	0.24	22	0.44	
4	38	50	9	44	0.18	31	0.62	
5	50	62	6	56	0.12	37	0.74	
6	62	74	7	68	0.14	44	0.88	
7	74	86	6	80	0.12	50	1	
8	합계		50		1			
9								

EXCEL STATISTICS 도수분포표의 그래프

연속 데이터를 이용하여 도수분포표를 만들고 이를 다시 그래프로 표현하는 데는

- 히스토그램
- 꺾은선 그래프
- 누적백분율 곡선

이 이용된다.

히스토그램

연속 데이터의 히스토그램도 범주 데이터 또는 이산 데이터의 막대그래프와 같이 직사각형 막대의 높이로써 각 계급의 도수(또는 상대도수, 누적도수, 누적상대도수)를 나타낸다. 범주 데이터 또는 이산 데이터의 막대그래프에서 X축은 각 계급을 나타내고 계급의 두께는 아무런 의미가 없다. 그러나 연속 데이터의 히스토그램에서는 각 계급이 계급구간을 나타내므로 막대의 두께는 계급구간을 나타내게 된다. 따라서 막대의 높이뿐만 아니라 그의 두께와 위치도 의미를 갖는다. 연속 데이터의 히스토그램에서는 각 계급구간의 중간점을 중심으로 계급구간을 막대의 두께로 표시하고 막대 사이의 공간을 없애 서로 붙여서 그리게 된다.

[그림 2-7]은 [표 2-9]를 이용하여 그린 히스토그램이다.

히스토그램은 데이터의 중심이 어디인지, 데이터가 어느 정도 흩어져 있는지, 데이터 분포의 형태는 대강 무엇인지 등을 밝혀준다.

[그림 2-7]에서 우리는 데이터의 중심은 50천 원이고 이를 중심으로 데이터가 밀집되어 이를 중심으로 비교적 균형 있게 종 모양을 나타낸다는 사실을 발견할 수 있다. 부드러운 종 모양의 히스토그램은 데이터의 분포가 정규분포(normal distribution)를 이루고 있음을 의미한다.

그림 2-7 히스토그램 : 전기료 데이터

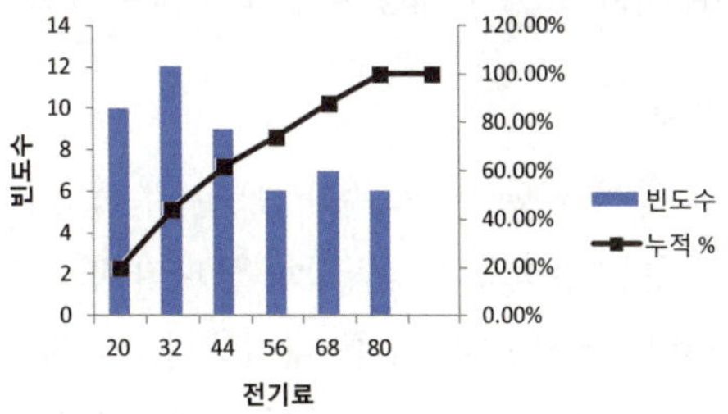

꺾은선 그래프

꺾은선 그래프(frequency polygon; 도수다각형)는 범주 데이터와 이산 데이터를 위해서는 사용할 수 없고 연속 데이터에 대해서만 그릴 수 있는데 막대를 사용하

그림 2-8 꺾은선 그래프 : 전기료 데이터

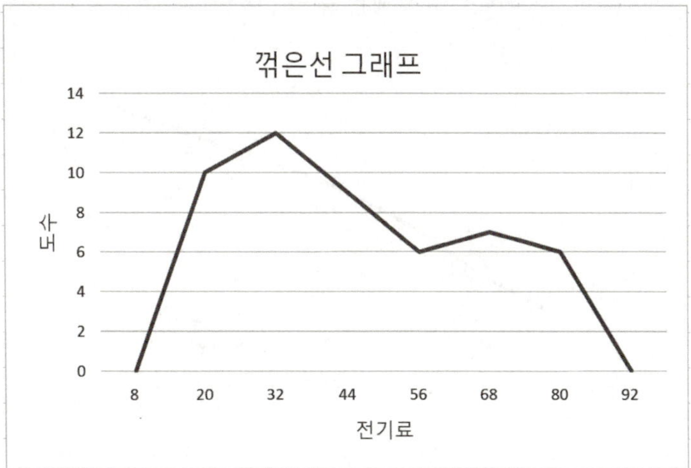

지 않고 각 계급의 도수에 해당하는 높이(막대의 상단)에서 계급의 중간점을 점으로 찍고 이들 점들을 차례로 연결하여 구한다. 이때 도수분포표의 양쪽 끝에는 도수가 없는 계급이 존재하는 것으로 생각하여 꺾은선 그래프가 그래프의 양쪽 끝에서 수평축에 닿도록 한다.

꺾은선 그래프는 히스토그램에 비하여 분포의 형태를 더욱 분명히 해주며 특히 두 개 이상의 도수분포를 비교하는 데 효과적이다. 또한 꺾은선 그래프는 데이터가 시간의 경과에 따라 계속 변화하는 시계열 데이터의 경우 변화의 정도를 파악하는 데 사용된다.

[그림 2-8]은 [표 2-9]를 이용하여 그린 꺾은선 그래프이다.

누적백분율 곡선

누적백분율 곡선(ogive; 누적도수다각형)은 누적도수 또는 누적상대도수를 그래프로 나타낸 것이다. 수평축은 계급상한을 나타내고 왼쪽의 수직축은 누적도수를, 오른쪽의 수직축은 누적상대도수를 나타낸다. 각 계급의 상한에서 누적도수만큼 위로 올라가서 점을 찍고 이 점들을 차례로 연결하면 누적백분율 곡선이 된다. 이때 첫 계급의 하한에서는 도수가 없는 것으로 간주하여 수평축으로 선을 연장한다.

누적백분율 곡선은 누적도수의 변화를 쉽게 보여 준다. [그림 2-9]는 전기료

그림 2-9 누적백분율 곡선 : 전기료 데이터

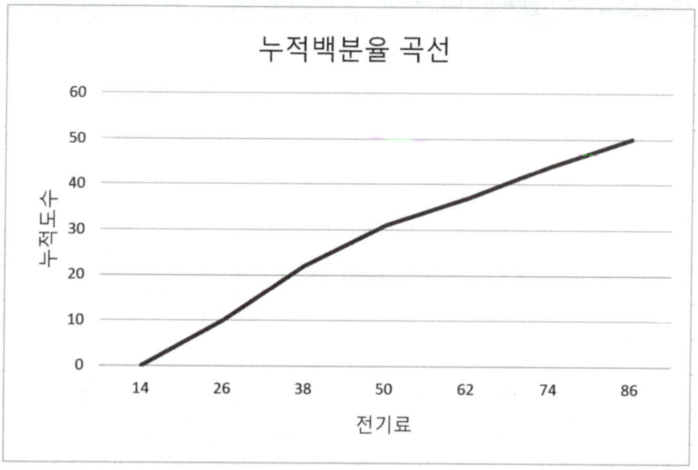

데이터의 누적백분율 곡선을 나타낸다. 그림에서 곡선의 기울기가 가장 가파른 구간은 누적도수가 가장 많이 증가한 26~38 구간이다.

S·E·C·T·I·O·N 2.10

줄기-잎 그림

줄기-잎 그림(stem and leaf display)은 탐구적 데이터 분석(exploratory data analysis: EDA)의 한 기법으로서 데이터의 성격을 쉽게 알 수 있도록 수치 데이터를 정리하는 방법이다.

도수분포표와 히스토그램은 데이터의 분포를 시각적으로 보여 주는 장점을 갖는 반면 데이터를 구간 속으로 묶어버림으로써 개별 데이터가 나타나지 않는 데 따르는 정보의 상실이라는 단점을 갖는다.

줄기-잎 그림은 데이터를 크기 순서로 나열하므로 도수분포표와 같이 데이터의 형태를 동시에 보여 주는 장점을 갖는다. 한편 줄기-잎 그림은 특정한 데이터의 위치를 쉽게 알 수 있다.

하지만 데이터의 규모가 클 경우에는 이들 데이터를 모두 적는 것이 불편할 뿐만 아니라 전체를 쉽게 알아볼 수도 없기 때문에 히스토그램이나 꺾은선 그래프를 사용하는 것이 바람직스럽다.

줄기-잎 그림에서 데이터는 10단위의 숫자인 줄기와 1단위의 숫자인 잎으로 구분하여 수직선의 왼쪽에는 줄기를 적고 오른쪽에는 잎을 적는다. 줄기는 히스토그램의 계급한계와 같은 기능을 수행하므로 각 줄기는 하나 이상의 잎을 갖도록 줄기의 값을 선정해야 한다.

줄기의 수에 따라 분포의 모양이 달라지므로 도수분포표를 작성할 때처럼

5~20개로 정하는 것이 일반적이다.

줄기-잎 그림을 그리는 절차는 다음과 같다.

- 원 데이터를 크기 순서로 정렬한다.
- 원 데이터를 줄기와 잎의 두 부분으로 구분한다.
- 줄기에 해당하는 숫자들을 크기 순서로 수직선의 왼쪽에 수직으로 나열한다.
- 잎에 해당하는 숫자들을 그에 해당하는 줄기의 수직선 오른쪽에 나열한다.

예제 2-6 다음 데이터는 Excel 대학교 교수 50명의 연봉(단위: 백만 원)이다. 줄기-잎 그림을 그려라.

157	138	151	135	114	138	160	157	138	131
145	95	148	112	132	140	162	118	170	144
173	113	104	141	142	145	127	148	165	138
116	178	123	141	138	127	143	134	136	137
155	93	102	154	142	134	165	123	124	124

풀이

줄기	잎	도수
9	3 5	2
10	2 4	2
11	2 3 4 6 8	5
12	3 3 4 4 7 7	6
13	1 2 4 4 5 6 7 8 8 8 8 8	12
14	0 1 1 2 2 3 4 5 5 8 8	11
15	1 4 5 7 7	5
16	0 2 5 5	4
17	0 3 8	3

S·E·C·T·I·O·N 2.11

파레토도

파레토도(Pareto diagram)는 품질개선 과정에서 사용하는 중요한 도구이다. 이탈리아 경제학자 Alfred Pareto의 이름을 딴 파레토도는 어떤 문제의 결과(consequence)의 80%는 20%의 원인(reason)으로부터 결과한다는 파레토 원리(Pareto principle)를 시각화하는 데 이용된다. 대부분의 부가 소수의 사람에게 집중되어 있다는 원리가 품질관리 분야에도 적용된다.

예를 들면, 제조업이나 서비스업의 경우 문제를 발생시키는 원인은 많더라도 대부분의 문제는 소수의 원인에 의하여 발생한다. 이러한 문제의 항목을 각각 하찮은 다수(trivial many)와 중요한 소수(vital few)라고 부를 수 있다. 그런데 중요한 소수의 문제가 하찮은 다수보다 더욱 중요하다는 것이다. 이것을 특히 80-20 룰(rule)이라고 하는데, 문제의 20%가 부적합품(불량품)의 80%를 결과하기 때문이다.

파레토도는 문제해결 도구는 아니고 분석도구이다. 이는 문제들을 어떤 우선순위로 해결해야 할 것인가를 결정하는 데 사용된다. 비용절감을 더욱 빨리 초래하는 중요한 문제를 우선 해결하는 것은 현명한 일이다.

파레토도는 생산현장에서 문제가 되고 있는 불량품, 결점, 클레임, 사고 등과 같은 현상에 대한 데이터를 원인별로 분류한 후 불량개수 또는 손실금액 면에서 크기 순서를 막대그래프로 나타낸 것이다.

파레토도는 히스토그램과 같이 관찰이나 측정을 계급으로 분류하고 각 관찰의 도수를 기술하기 위하여 작성된다. 그러나 이들 그래프의 기본적 차이는 무엇을 측정하느냐에 있다. 파레토도는 프로세스에서 발견된 문제 또는 결점의 수를 측정하고 이들의 발생 도수에 따라 문제 또는 결점의 순위를 결정하는 것이다. 한

표 2-10 작업자별 불량 카드의 수

작업자	불량 카드 수	상대도수	누적상대도수
C	112	0.62	0.62
A	35	0.19	0.81
F	12	0.07	0.88
B	10	0.05	0.93
D	8	0.04	0.97
E	5	0.03	1.00
	182	1.00	

편 히스토그램은 프로세스에서 랜덤으로 추출한 많은 표본측정과 그들의 발생도수로부터 프로세스의 변동 정도를 측정하는 데 사용된다. 따라서 파레토도의 결점수는 셀 수 있는 데이터(countable data)임에 반하여, 히스토그램에서는 측정가능한 데이터(measurable data)를 대상으로 한다. 한편 파레토도의 X축은 범주적 척도인 반면, 히스토그램의 X축은 수치적 척도이다.

[표 2-10]은 한 회사에서 작업하는 6명의 작업자가 1개월 동안에 생산한 불량카드의 수, 상대도수, 누적상대도수 등을 보이고 있다.

[표 2-10]의 데이터를 이용하여 파레토도를 작성하기 위해서는 다음과 같은 절차를 거쳐야 한다.

- 데이터를 분류할 때 문제의 원인, 불량품의 형태 등 수단을 결정한다.
- 관련된 화폐가치 또는 발생도수 등을 기준으로 하여 상대적 중요성을 결정한다.
- 가장 중요한 항목으로부터 시작하여 차례로 순위를 결정한다.
- 순서대로 각 항목의 누적도수를 계산한다. 가장 중요한 항목은 도표의 왼쪽에서 시작한다.
- 각 항목별 상대적 중요성을 나타내는 막대그래프를 그린다.

[그림 2-10]은 [표 2-10]의 데이터를 이용하여 작성한 파레토도이다. 불량품의 81%는 작업자 C와 A가 만들고 있음을 알 수 있다. 각 항목의 도수를 상대도수로 빨리 변환하는 것이 바람직하기 때문에 파레토도는 두 개의 수직 척도를 사용한다. 즉 좌측 척도는 원래의 측정치를 나타내고, 우측 척도는 해당하는 누적상대

그림 2-10 파레토도

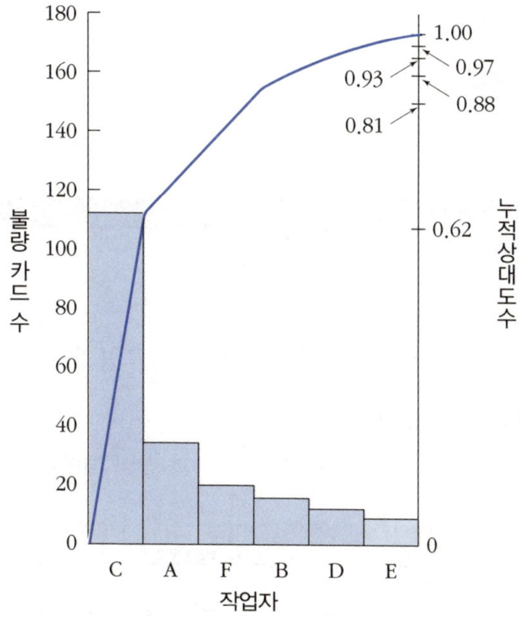

도수를 나타낸다. 막대의 구석을 통과하는 누적도수선을 긋는데, 이는 계속하는 항목의 추가적 공헌을 쉽게 판단할 수 있도록 하기 위함이다.

S · E · C · T · I · O · N **2.12**

EXCEL 활용

1 [표 2-4], [그림 2-2], [그림 2-3], [그림 2-4]

• 도수분포표 작성하기

① 도수분포표를 작성하기 위해서는 다음과 같이 데이터를 입력한다.

	A	B	C	D	E	F	G	H
1	2장 Excel 활용 1, 표 2-4							
2								
3								
4	행정학	경영학		계급	도수	상대도수	상대도수(%)	
5	경영학	회계학		경영학				
6	영문학	경제학		경제학				
7	회계학	공 학		공 학				
8	영문학	경영학		영문학				
9	경영학	공 학		행정학				
10	경영학	경제학		회계학				
11	행정학	회계학		합계				
12	경영학	경영학						
13	경제학	회계학						
14	경제학	경제학						
15	회계학	공 학						
16	영문학	경영학						
17	경영학	경제학						
18	행정학	경영학						
19	회계학	회계학						
20	경제학	경제학						
21	경영학	공 학						
22	공 학	경영학						
23	공 학	행정학						
24								

② 다음과 같이 수식을 시트에 입력한다.

셀 주소	수식	비고
E5	=COUNTIF($A$4 : $B$23, D5)	E10까지 복사
E11	=SUM(E5 : E10)	G11까지 복사
F5	=E5/$E$11	F10까지 복사
G5	=F5 * 100	G10까지 복사

③ 다음과 같은 도수분포표를 얻는다.

	A	B	C	D	E	F	G	H
1	2장 Excel 활용 1, 표 2-4							
2								
3								
4	행정학	경영학		계급	도수	상대도수	상대도수(%)	
5	경영학	회계학		경영학	12	0.3	30	
6	영문학	경제학		경제학	8	0.2	20	
7	회계학	공 학		공 학	6	0.15	15	
8	영문학	경영학		영문학	3	0.075	7.5	
9	경영학	공 학		행정학	4	0.1	10	
10	경영학	경제학		회계학	7	0.175	17.5	
11	행정학	회계학		합계	40	1	100	
12	경영학	경영학						
13	경제학	회계학						
14	경제학	경제학						
15	회계학	공 학						
16	영문학	경영학						
17	경영학	경제학						
18	행정학	경영학						
19	회계학	회계학						
20	경제학	경제학						
21	경영학	공 학						
22	공 학	경영학						
23	공 학	행정학						
24								

• **도수 막대그래프 그리기**

④ 도수 막대그래프를 그리기 위해서는 EXCEL을 활용하여 구한 도수분포표에서 E5 : E10을 블록으로 지정한다.

⑤「삽입」-「차트」 그룹에서 세로 막대 우측에 있는 내림단추(▼)를 클릭한다.

⑥「통계 차트 더보기」를 클릭한다.

⑦「세로 막대형」을 클릭한다.

⑧ 막대 그래프가 다음과 같이 나타나면「확인」을 클릭한다.

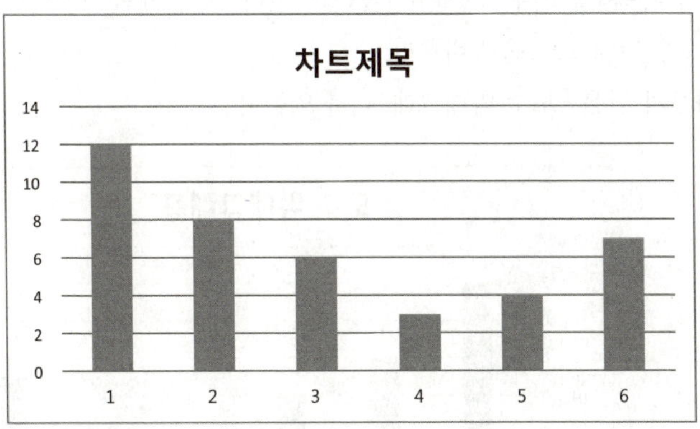

⑨ 커서를 그림 영역에 놓고 우클릭한 후 나타나는「데이터 선택」을 선택한다.

⑩ 「데이터 원본 선택」 대화상자에서 「편집(T)를 클릭한다.」

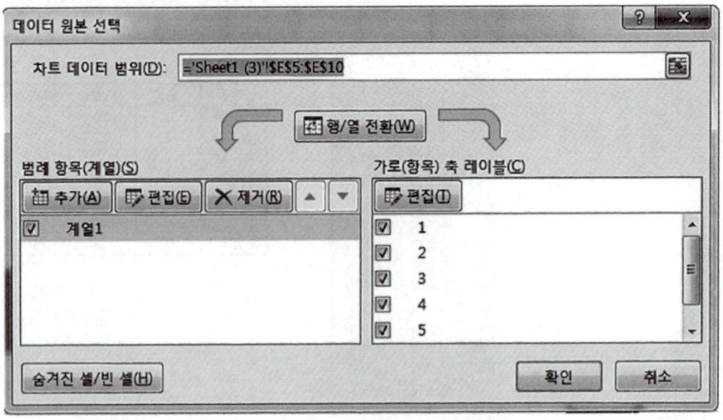

⑪ 「축 레이블 범위」에 도수분포표에 있는 「계급」의 범위를 드래그하여 입력한다.

⑫ 「확인」을 두 번 클릭하면 X축 제목이 바뀐다.

⑬ 차트의 오른쪽 위에 있는 십자형 「차트 요소」를 클릭하고 「축 제목」에 체크한다.

⑭ 차트 영역의 Y축 제목 영역에 커서를 대고 클릭하면 편집이 가능하게 바뀐다. 「축 제목」을 지우고 「도수」를 입력한다. X축 제목은 「계급」으로, 차트 제목은 「도수 막대그래프」로 바꾼다.

⑮ 다음과 같은 「도수 막대그래프」를 얻는다.

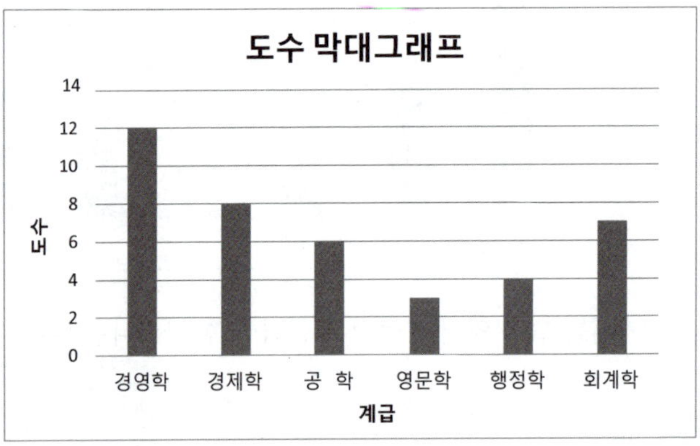

• **상대도수 막대그래프 그리기**

⑯ 도수분포표에서 D5:D10을 블록으로 지정하고 <Ctrl>키를 누른 채 F5:F10을 블록으로 지정한다.

⑰ 도수 막대그래프를 그리기 위하여 사용한 절차를 거친다.

⑱ Y축 제목, X축 제목, 차트 제목을 고치면 다음과 같은 상대도수 막대그래프를 얻는다.

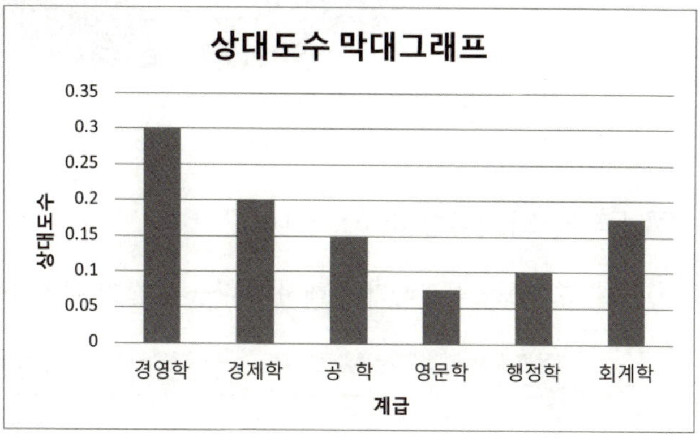

• **파이차트 그리기**

⑲ D5:D10을 블록으로 지정하고 <Ctrl>키를 누른 채 F5:F10을 블록으로 지정한다.

⑳ 「삽입」-「차트」 그룹에서 원형 오른쪽에 있는 내림단추를 누른다.

㉑ 「3차원 원형」을 선택한다.

㉒ 커서를 그림 영역에 놓고 우클릭한 후 「데이터 계열 서식」을 선택한다.

㉓ 「쪼개진 원형」에서 임의로 15%를 만든다.

㉔ 커서를 그림 영역에 놓고 우클릭한 후 「데이터 레이블 추가」를 선택한다.

㉕ 커서를 그림 영역에 놓고 우클릭한 후 「데이터 레이블 서식」을 선택하고 「항목 이름」과 「안쪽 끝에」를 체크한다.

㉖ X축 「범례」를 지우고 「차트 제목」을 「파이차트」로 고친다.

㉗ ㉙ 다음과 같은 파이차트를 얻는다.

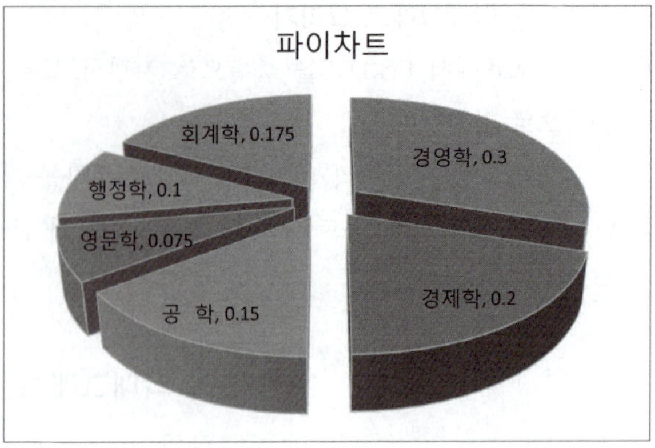

2 [표 2-8], [그림 2-5], [그림 2-6]

① 도수분포표를 작성하기 위해서는 다음과 같이 데이터를 입력한다.

	A	B	C	D	E	F	G	H	I	J
1	2장 Excel 활용 2, 표 2-8									
2										
3										
4	1	3	2	1		계급	도수	상대도수	누적도수	누적상대도수
5	2	4	2	1		1				
6	1	3	3	2		2				
7	3	2	4	1		3				
8	4	1	2	2		4				
9	2	1	2	2		합계				
10	3	3	1	1						
11	4	2	2	2						
12	1	2	3	1						
13	2	3	1	2						

② 다음과 같이 수식을 입력한다.

셀 주소	수식	비고
	G5 : G8을 블록으로 지정하고 =FREQUENCY(A4 : D13, F5 : F8)을 타자한 후 〈Shift〉키와 〈Ctrl〉키를 동시에 누른 채 〈Enter〉키를 친다.	
G9	=SUM(G5 : G8)	H9까지 복사
H5	=G5/$G$9	H8까지 복사
I5	=G5	
I6	=I5+G6	I8까지 복사
J5	=H5	
J6	=J5+H6	J8까지 복사

③ 다음과 같은 결과를 얻는다.

	A	B	C	D	E	F	G	H	I	J
1	2장 Excel 활용 2, 표 2-8									
2										
3										
4	1	3	2	1		계급	도수	상대도수	누적도수	누적상대도수
5	2	4	2	1		1	12	0.30	12	0.30
6	1	3	3	2		2	16	0.40	28	0.7
7	3	2	4	1		3	8	0.20	36	0.9
8	4	1	2	2		4	4	0.10	40	1.0
9	2	1	2	2		합계	40	1		
10	3	3	1	1						
11	4	2	2	2						
12	1	2	3	1						
13	2	3	1	2						

④ 상대도수 막대그래프와 누적상대도수 막대그래프를 그리는 절차는 앞에서 공부한 대로 막대그래프를 그리는 과정을 참조하면 된다.

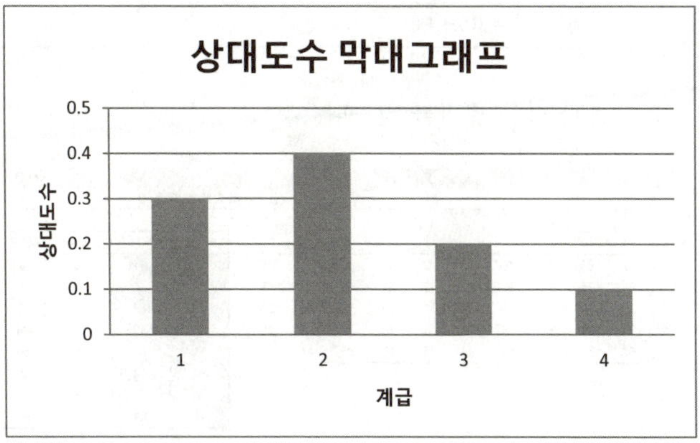

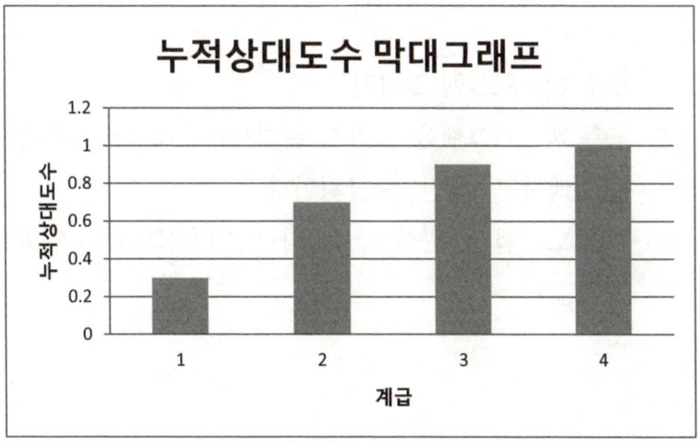

3 [표 2-9], [그림 2-7], [그림 2-8], [그림 2-9]

① 데이터를 입력한 후 다음과 같이 수식을 입력한다.

셀 주소	수식	비고
	N5 : N10을 블록으로 지정하고 =FREQUENCY(A4 : J8, M5 : M10)을 타자한 후 〈Shift〉키와 〈Ctrl〉키를 동시에 누른 채 〈Enter〉키를 친다.	
N11	=SUM(N5 : N10)	
O5	=(L5+M5)/2	O10까지 복사
P5	=N5/$N$11	P10까지 복사
P11	=SUM(P5 : P10)	
Q5	=N5	
Q6	=Q5+N6	Q10까지 복사
R5	=P5	
R6	=R5+P6	R10까지 복사

② 다음과 같은 결과를 얻는다.

	A	B	C	D	E	F	G	H	I	J	K	L	M	N	O	P	Q	R	S
1	2장 Excel 활용 3, 표 2-9																		
2																			
3												계급구간		도수	중간점	상대도수	누적도수	누적상대도수	
4	42	85	20	70	64	47	66	55	24	45		2	14	0	8	0	0	0	
5	64	75	53	31	60	15	61	43	30	33		14	26	10	20	0.2	10	0.2	
6	16	40	81	15	35	38	79	35	36	23		26	38	12	32	0.24	22	0.44	
7	31	38	52	16	81	69	73	38	48	25		38	50	9	44	0.18	31	0.62	
8	62	31	47	63	84	17	40	36	44	17		50	62	6	56	0.12	37	0.74	
9												62	74	7	68	0.14	44	0.88	
10												74	86	6	80	0.12	50	1	
11												86	98	0	92	0			
12												합계		50		1			
13																			

• **도수 히스토그램 그리기**

③ 도수 히스토그램을 그리기 위해서는 「데이터」-「데이터 분석」-「히스토그램」을 선택하고 「확인」을 클릭한다.

④ 「히스토그램」 대화상자가 나타나면 다음과 같이 입력한다.

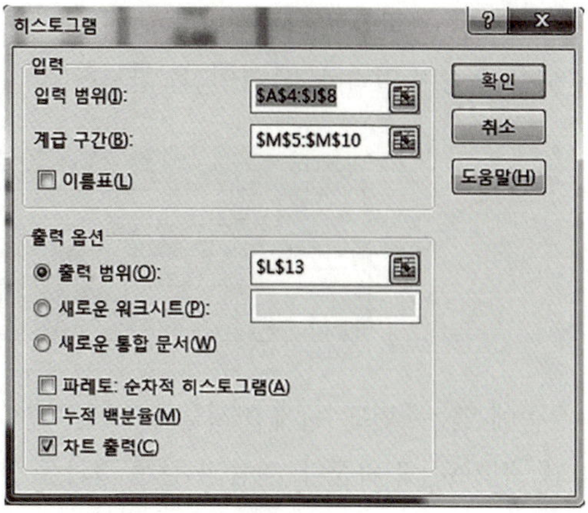

⑤「확인」을 클릭하면 다음과 같은 결과를 얻는다.

계급	도수
26	10
38	12
50	9
62	6
74	7
86	6
기타	0

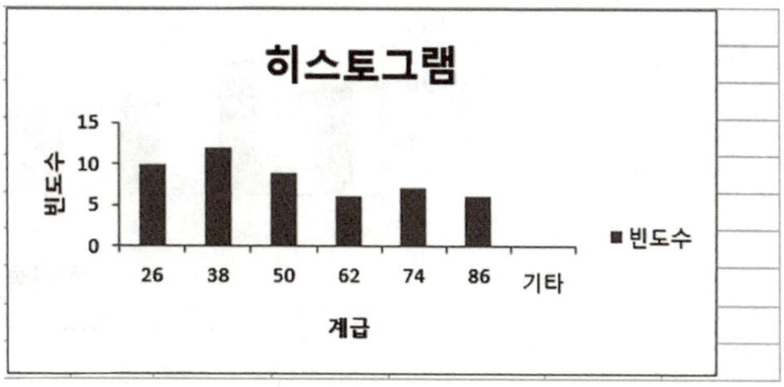

⑥ 그림 영역에 커서를 놓고 오른쪽 버튼을 클릭한다.
「데이터 선택」을 클릭하면 다음과 같은 「데이터 원본 선택」 대화상자가 나타난다.

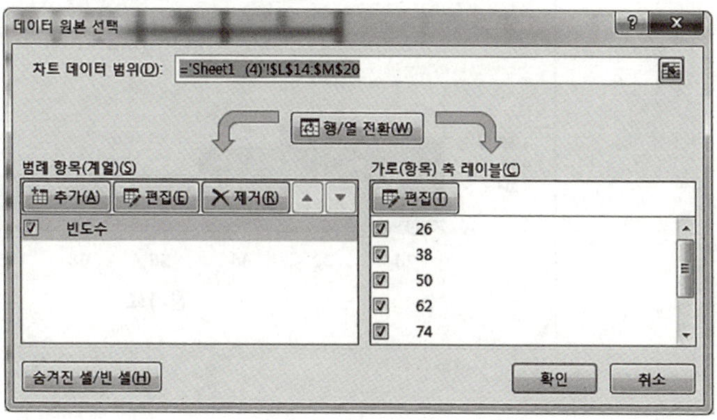

⑦ 「편집(T)」를 클릭하고 「축 레이블 범위」에 도수분포표의 「중간점」을 드래그하여 다음과 같이 입력하고 「확인」을 클릭한다

⑧ 오른쪽에 있는 「빈도수」에 커서를 놓고 클릭한 후 지우기한다. 「계급」에 커서를 놓고 「전기료」로 바꾼다. 다음과 같은 결과를 얻는다.

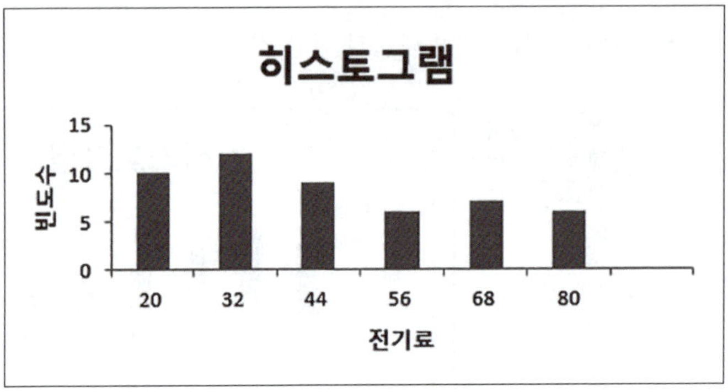

⑨ 막대 사이의 간격을 없애기 위해서는 막대 속에 커서를 놓고 우클릭한 후 「데이터 계열 서식」을 선택한다. 「간격 너비」를 150%에서 0%로 줄인다.

⑩ 다음과 같은 히스토그램을 얻는다.

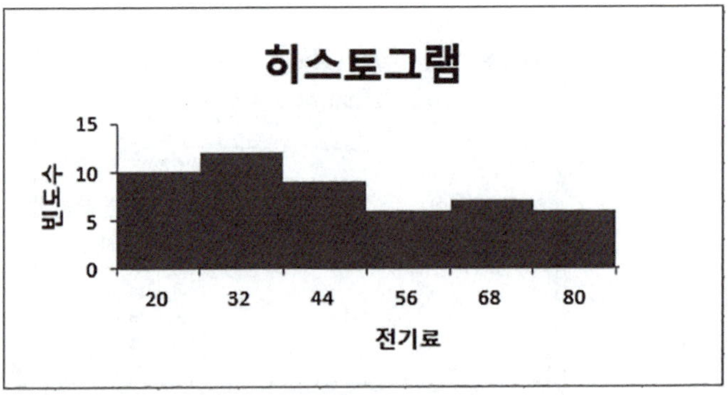

• **꺾은선 그래프 그리기**

꺾은선 그래프와 누적백분율 곡선을 그리기 위해서는 밑에 있는 표와 같이 도수분포표의 계급구간 앞과 뒤에 도수가 없는 계급구간을 추가해야 그래프가 양쪽 끝에서 수평축에 닿게 된다.

⑪ 꺾은선 그래프를 그리기 위해서는 N4 : N11을 블록으로 지정한다.

⑫ 「삽입」–「차트」 그룹에서 꺾은선형 오른편에 있는 내림단추를 누르고 맨 앞에 있는 그림을 선택한다.

⑬ 「차트 제목」에 커서를 놓고 좌클릭한 후 「꺾은선 그래프」로 바꾼다.

⑭ 그림 영역에 커서를 놓고 우클릭한 후 「그림 영역 서식」을 클릭한다.

⑮ 오른쪽 위에 나타나는 십자형 「차트 요소」를 클릭한 후 「축 제목」에 체크한다. 「축 제목」을 각각 「도수」와 「전기료」로 바꾼다.

⑯ 그림 영역에 커서를 놓고 「데이터 선택」을 선택한다.

⑰ 「편집(T)」를 클릭한 후 「축 레이블 범위」에 도수분포표의 「중간점」을 드래그하여 입력한다.

⑱ 「확인」을 두 번 클릭하면 다음과 같은 꺾은선 그래프를 얻는다.

	A	B	C	D	E	F	G	H	I	J	K	L	M	N	O	P	Q	R
1	2장 Excel 활용 3, 표 2-9																	
2																		
3																		
4	42	85	20	70	64	47	66	55	24	45		계급구간		도수	중간점	상대도수	누적도수	누적상대도수
5	64	75	53	31	60	15	61	43	30	33		14	26	10	20	0.2	10	0.2
6	16	40	81	15	35	38	79	35	36	23		26	38	12	32	0.24	22	0.44
7	31	38	52	16	81	69	73	38	48	25		38	50	9	44	0.18	31	0.62
8	62	31	47	63	84	17	40	36	44	17		50	62	6	56	0.12	37	0.74
9												62	74	7	68	0.14	44	0.88
10												74	86	6	80	0.12	50	1
11												합계		50		1		

• **누적백분율 곡선 그리기**

⑲ 누적백분율 곡선을 그리기 위해서는 도수분포표에서 Q4 : Q10을 블록으로 지정한다.

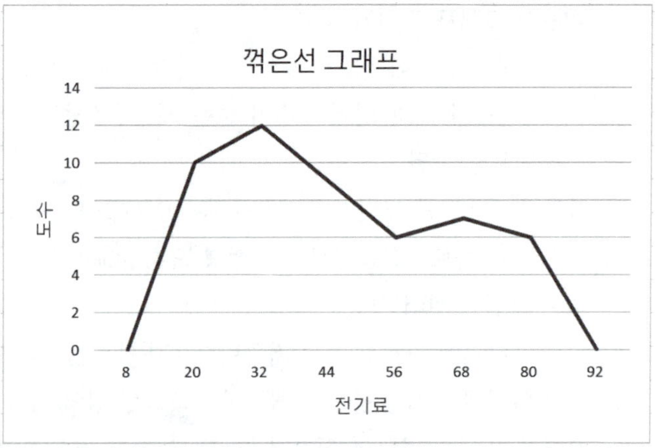

⑳ 「삽입」－「차트에서 꺾은선형」－「누적 꺾은선형(두 번째 그림)」을 선택한다.

㉑ 「차트 제목」을 「누적백분율 곡선」으로 바꾼다.

㉒ 그림 영역에 커서를 놓고 우클릭한 후 「데이터 선택」을 선택한다.

㉓ 「편집(T)」를 클릭한 후 「축 레이블 범위」에 「계급상한」의 범위를 M4 : M10을 입력한 후 「확인」을 클릭한다.

㉔ 그림 영역에 커서를 놓고 좌클릭한 후 오른쪽 위에 있는 십자형 「차트 요소」를 클릭한다. 「축 제목」에 체크를 한다.

㉕ 「축 제목」을 「누적도수」와 「전기료」로 각각 바꾸면 다음과 같은 누적백분율 곡선을 얻는다.

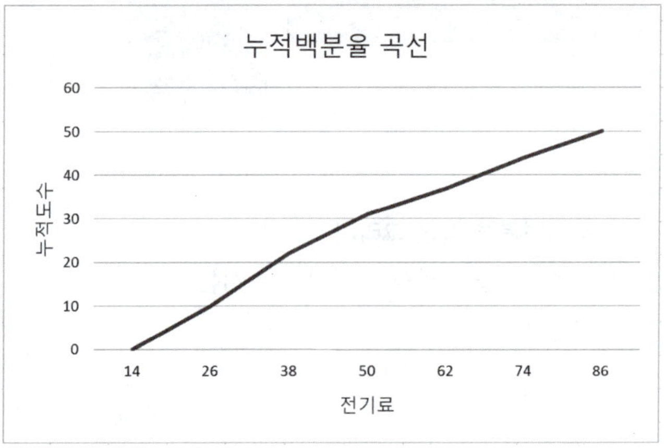

CHAPTER 02

연습문제

2/1 표와 그래프를 사용하여 데이터를 처리하는 이유는 무엇인가?

2/2 데이터와 데이터의 형태를 설명하라.

2/3 측정척도의 형태를 설명하라.

2/4 도수분포표의 의미와 그의 작성절차를 간단히 설명하라.

2/5 다음의 용어를 간단히 설명하라.

(1) 계급
(2) 계급 폭
(3) 도수
(4) 꺾은선 그래프
(5) 누적백분율 곡선

2/6 다음 데이터는 이산 데이터인가? 또는 연속 데이터인가?

(1) 캠퍼스 내 자판기 중 고장난 자판기의 수
(2) 자동차의 무게
(3) 오늘의 최고 기온
(4) 건전지의 수명
(5) 김 교수의 1월 월급
(6) 코스피

2/7 다음의 변수는 범주변수인가? 또는 수치변수인가? 사용하는 측정척도는 무엇인가?

(1) 연간 경제성장률
(2) 음료수 병 크기(대, 중, 소)
(3) 지불방법(현금, 수표, 신용카드)
(4) 은행 직원의 신분 분류
(5) 통계학 시험의 학점
(6) TOEFL 시험의 점수
(7) 올림픽에서 100m 달리기 1위 한 선수의 체온

2/8 다음의 도수분포표를 보고 물음에 답하라.

계급구간	도수
40~50	5
50~60	6
60~70	7
70~80	7
80~90	6
90~100	5

(1) 각 계급의 중간점을 구하라.
(2) 각 계급의 상대도수를 구하라.
(3) 각 계급의 누적도수를 구하라.
(4) 각 계급의 누적상대도수를 구하라.
(5) 각 계급구간은 얼마인가?
(6) 70 이하의 수는 전체의 몇 %인가?

2/9 다음 데이터를 이용하여 줄기-잎 그림을 그려라.

	A	B	C	D	E
1	117	77	69	97	107
2	73	92	76	86	73
3	126	128	118	127	124
4	82	104	132	134	83
5	92	108	96	100	92
6	115	76	91	102	81
7	95	141	81	80	106
8	84	119	113	98	75
9	68	98	115	106	95
10	100	85	94	106	119

2/10 다음과 같은 연속 데이터가 주어졌다.

	A	B	C	D	E	F	G	H	I	J
1	1.6	2.9	8.3	9.1	11.8	12.4	9.6	7.6	2.8	1.6
2	1.2	2.9	6.5	10.3	12.5	11.8	10.8	6.1	2.8	1.6
3	1.4	2.5	5.4	10.6	12.3	11.8	10.5	5.2	2.3	1.2
4	1.5	2.7	4.6	10	10.4	9.6	8.6	4.2	2.1	1.6

(1) 첫 계급구간은 1.0 초과~3.0 이하로 하고 계급의 수는 여섯 개로 하는 도수분포표를 작성하라.
(2) 중간점, 상대도수, 누적도수, 누적상대도수를 구하라.
(3) 누적도수 히스토그램을 그려라.
(4) 꺾은선 그래프를 그려라.
(5) 누적백분율 곡선을 그려라.

2/11 다음 질문에 사용되는 척도는 무엇인가?

(1) 귀하의 종교는 무엇입니까?
① 기독교 ② 불교 ③ 이슬람교 ④ 없음
(2) 강 교수의 강의방법에 어느 정도 만족합니까?
매우 불만족한다 보통이다 매우 만족한다
①———②———③———④———⑤
(3) 귀하의 결혼 대상자가 갖추어야 할 가장 중요한 속성은 무엇인지 보기에서 골라 순서대로 적으시오.
첫째 ( ) 둘째 ( ) 셋째 ( ) 넷째 ( )
보기 : ① 외모 ② 성격 ③ 가문 ④ 학벌
(4) 귀하가 사용하는 한 달의 용돈은 얼마입니까?
( ) 원
(5) 귀하는 다음의 정치적 성향 가운데 어디에 가장 가깝다고 생각합니까?
① 진보 ② 중도 ③ 보수
(6) 귀하는 Excel을 얼마나 자주 사용합니까?
① 자주 ② 가끔 ③ 전혀
(7) 귀하의 구두 사이즈는 얼마입니까?

2/12 다음은 MBA 학위를 수여하는 모든 대학교에 관한 데이터이다.

대학교	순위	입학생 수	한 학기 등록금(백만 원)	교수 수
Excel 대학교	1	200	4.1	30
희망대학교	3	150	3.8	35
불꽃대학교	5	300	3.5	40
사랑대학교	4	250	3.9	42
Word대학교	2	178	4	25

(1) 프레임은 무엇이며 몇 개인가?
(2) 기본 단위는 무엇이며 몇 개인가?
(3) MBA 학위를 수여하는 대학교의 모집단은 몇 개인가?
(4) 변수는 무엇이며 모두 몇 개인가?
(5) 범주변수와 수치변수는 어느 것인가?
(6) 이산변수와 연속변수는 어느 것인가?
(7) 데이터의 수는 모두 몇 개인가?
(8) 단변수 데이터인가?
(9) Excel 대학교의 관측값은 무엇인가?
(10) 데이터에서 입학생 수의 모집단은 무엇인가?
(11) Word 대학교의 관측값은 몇 개인가?

2/13 Excel 대학교 경영대학원 1학년 학생 40명의 혈액형은 다음과 같다. 상대도수분포표와 파이차트를 작성하라.

	A	B	C	D	E	F	G	H	I	J
1	O	B	A	O	A	O	B	A	A	A
2	O	O	A	O	O	A	A	O	O	A
3	A	B	AB	A	A	O	A	A	O	O
4	B	O	A	A	A	O	O	O	A	AB

2/14 어느 항공사에서 고객 100명에 대해 불만족의 원인을 조사한 결과 다음과 같은 데이터를 얻었다. 파레토도를 그려라.

원인	명
도착의 지연	40
기내식의 품질	20
가방 분실	15
승무원 태도	25

2/15 다음은 두 범주변수 X와 Y를 포함하는 30개 관측의 데이터이다. 여기서 X의 범주는 A, B, C이고 Y의 범주는 1과 2이다. X를 행 변수, Y를 열 변수로 하는 분할표를 작성하라.

X	Y
B	2
C	1
B	1
C	1
B	1
C	2
B	1
C	2
A	1
B	1
C	2
C	2
A	1
B	1
B	2

X	Y
A	1
B	1
B	1
C	2
B	1
C	2
B	1
C	2
A	1
B	1
A	1
B	1
C	2
C	2
C	2

2/16 이번 대통령 선거에 출마한 여섯 사람의 성씨는 김, 이, 박, 강, 정, 조이었다. Excel 대학교 경영대학원에 등록한 학생 40명의 투표행위를 조사한 결과 다음과 같은 데이터를 얻었다. 도수와 상대도수를 나타내는 도수분포표를 작성하라.

	A	B	C	D	E	F	G	H	I	J
1	강	조	이	김	박	김	박	박	강	강
2	김	강	김	강	강	강	조	김	김	이
3	조	이	정	정	김	정	정	이	이	김
4	강	김	박	이	이	강	정	박	강	박

2/17 다음 데이터는 Excel 중학교 2학년 110명의 키를 측정한 것이다. 첫 계급의 하한을 118로 하고 계급의 수는 여섯 개로 하며 계급구간은 본문 식(2. 3)을 이용하여 구한다.
계급구간, 도수, 중간점, 상대도수, 누적도수, 누적상대도수를 나타내는 도수분포표를 작성하라.

	A	B	C	D	E	F	G	H	I	J
1	146	141	139	140	145	141	142	131	142	140
2	144	140	138	139	147	139	141	137	141	132
3	140	140	141	143	134	146	134	142	133	149
4	140	143	143	149	136	141	143	143	141	140
5	138	136	138	144	136	145	143	137	142	146
6	140	148	140	140	139	139	144	138	146	153
7	148	142	133	140	141	145	148	139	136	141
8	140	139	158	135	132	148	142	145	145	121
9	129	143	148	138	149	146	141	142	144	137
10	153	148	144	138	150	148	138	145	145	142
11	143	143	148	141	145	141	136	147	140	139

2/18 100명이 거주하는 콘도미니엄에서 랜덤으로 80명을 골라 다음과 같은 질문을 하였다. 얻은 데이터의 형태는 무엇인가?

(1) 귀하의 연령은?
(2) 몇 층에 거주하십니까?
(3) 소유하십니까? 또는 임대하셨습니까?
(4) 평수는 얼마입니까?
(5) 강아지를 기르십니까?
(6) 소유하는 자동차는 몇 대나 됩니까?
(7) 가족의 수는 얼마입니까?
(8) 하루에 얼마나 자주 외출하십니까?
(9) 귀하의 직업은 무엇입니까?
(10) 일년에 가는 음악회의 수는 얼마입니까?
(11) 콘도미니엄 안에 있는 가게들에서 하루 평균 얼마나 구입하십니까?
(12) 사용하는 컴퓨터의 모델은 무엇입니까?
(13) 골프 회원권을 가지고 계십니까?
(14) 이 문제에서 모집단은 몇 명입니까? 표본은 몇 명입니까?

2/19 서울시와 부산시에 있는 고급 일식집에서 동일한 메뉴에 대해 손님 한 사람이 지불하는 비용(단위 : 천 원)에 차이가 있는지 연구하기 위하여 각 50개의 일식집을 랜덤으로 추출하여 다음과 같은 데이터를 수집하였다.

서울	17	39	27	43	33	45	35	50	38	51
	22	39	30	44	34	45	36	50	38	53
	23	39	31	44	34	45	36	50	38	53
	25	40	31	44	34	48	37	50	39	56
	26	42	32	44	35	49	37	50	39	61
부산	20	33	26	36	27	39	31	42	32	47
	23	34	26	36	27	41	31	43	32	48
	24	36	26	37	28	41	31	44	32	51
	24	36	26	37	31	41	32	46	32	51
	25	36	26	38	31	41	32	46	33	56

(1) 첫 계급구간을 15 초과~20 이하로 하고 계급의 수를 10개로 하는 도수분포표를 작성하라.
(2) 중간점, 상대도수, 누적도수, 누적상대도수를 구하라.
(3) 도수 히스토그램을 그려라.
(4) 꺾은선 그래프를 한 그래프에 그려라.
(5) 누적백분율 곡선을 한 그래프에 그려라.

Chapter 03

기술통계학 Ⅱ : 요약통계량

제2장에서 우리는 원 데이터를 정리하고 요약함으로써 변수 분포의 형태나 집중 같은 변수의 전체적인 특성을 표와 그래프로 표현하는 방법을 공부하였다. 이러한 방법은 리포트를 작성할 때 또는 여러 사람 앞에서 발표할 때 시각적 효과를 나타낼 수 있는 유용한 방법이다.

그러나 전체 데이터의 분포의 특성을 하나의 단순한 수치(numerical measure)로 나타내면 보다 완전하고 정확한 통계적 분석이 가능하게 된다. 이는 특히 데이터가 표본이고 이로부터 모집단에 대해 통계적 추론을 하게 되는 경우에는 그렇다.

변수 분포의 특성을 나타내는 수치에는

- 중심경향의 측정치
- 산포의 측정치
- 상대위치의 측정치
- 형태의 측정치

등이 있다. 수치를 구하는 절차에 있어서는 데이터가 정리되지 않은 경우와 도수분포표로 정리된 경우에 차이가 있다.

본서에서는 도수분포표로 정리된 데이터 분포의 수치를 구하는 문제는 생략하고자 한다.

본장에서는 원 데이터를 이용하여 변수 분포의 여러 가지 특성을 나타내는 수치를 구하는 방법들에 관하여 공부할 것이다.

S·E·C·T·I·O·N 3.1

중심경향의 측정치

수집된 데이터를 표나 그래프로 정리하면 데이터가 어떤 계급 또는 어떤 값을 중심으로 분포되어 있는지 그의 모양이나 분포의 특성을 시각적으로 알 수 있다. 그러나 연구자의 판단에 따라 동일한 데이터에 설정되는 계급구간의 차이가 마치 분포에 큰 차이가 있는 것처럼 보일 수 있기 때문에 조사대상인 데이터의 분포가 내포하는 여러 가지 기본적인 특성들을 하나의 요약특성치(summary measures)로 나타낼 때 데이터에 대한 통계분석이 정확하고 의미 있는 결과를 가져온다고 할 수 있다. 요약특성치는 요약통계량(summary statistics) 또는 기술통계량(deseriptive statistics)이라고도 한다. 예를 들면, 어떤 모집단의 평균을 알고자 하는 경우 표본 데이터를 수집하여 표본평균을 구하고 이를 이용하여 모평균을 추정하는 것이 일반적이다.

TIP

요약통계량

요약통계량이란 표본 데이터의 분포의 특성을 하나의 수치로 표현한 양을 말한다. 대표적인 요약통계량에는 대략적인 분포 위치를 나타내는 대표치(평균, 중앙치, 최빈치)와 데이터 퍼짐 정도를 나타내는 값(분산, 표준편차)이 포함된다.

연구대상이 되는 집단의 특성을 가장 효과적으로 대표할 수 있는 하나의 수치를 대표치(typical value) 또는 중심경향치(measures of central tendency)라고 한다.

일반적으로 데이터는 여러 개의 변수로 구성된다. 이러한 변수 가운데 특정 변수 하나에 대해 조사한 데이터를 대표할 수 있는 수치는 무엇일까?

TIP

중심경향의 측정치

중심경향의 측정치란 데이터 분포의 중심이 되어 전체 데이터를 대표하는 값을 말한다. 즉 측정값들이 집중되어 있는 위치를 말한다. 이는 대표값이라고도 한다.

한 변수의 중심경향을 측정하는 특성치에는

- 산술평균
- 중앙치
- 최빈치

등이 있다.

EXCEL STATISTICS

산술평균

산술평균(arithmetic mean)은 보통 평균(average, mean)이라고도 하는데 대표치 중에서 가장 많이 이용된다. 평균은 변수의 값들을 모두 합한 후 변수의 수로 나누어 구하는데 이를 계산하는 절차는 주어진 데이터가 표본인가 또는 모집단인가에 불구하고 같지만 다만 사용하는 부호가 다를 뿐이다.

TIP

모평균

$$u = \frac{X_1 + X_2 + \cdots + X_N}{N} = \frac{\sum_{i=1}^{N} X_i}{N}$$

X_i : 변수 X의 i번째 값

N : 모집단 크기

TIP

표본평균

$$\overline{X} = \frac{X_1 + X_2 + \cdots + X_n}{n} = \frac{\sum_{i=1}^{n} X_i}{n}$$

X_i : 변수 X의 i번째 값
n : 표본크기

Excel을 사용하여 데이터의 평균 구하기
=AVERAGE(데이터의 범위)

예제 3-1 우리 가족 네 명의 나이는 다음과 같다. 평균은 얼마인가?

	A	B	C	D
1	78	76	48	35

풀이

$$u = \frac{78 + 76 + 48 + 35}{4} = 59.25$$

■ Excel 활용

셀 주소	수식	비고
C2	=AVERAGE(A1:D1)	

	A	B	C	D
1	78	76	48	35
2		평균	59.25	

EXCEL STATISTICS 중앙치

중앙치(median : Md)는 서열 데이터와 수치 데이터의 중심을 나타내는 중심경향 측정치의 하나이다. 중앙치는 중앙값, 중위수라고도 하는데 다음과 같이 정의한다.

TIP

중앙치

중앙치란 변수의 값들이 크기의 순서로 배열되었을 때 정확히 한 가운데에 위치(position)하는 관측치를 말한다.

데이터에 대해 중앙치를 구하면 데이터의 반은 중앙치 이하와 같고 다른 반은 중앙치 이상과 같게 된다.

중앙치를 구하기 위해서는 다음의 절차를 거친다.

- 데이터를 크기의 순서로 정리한다.
- 데이터의 수가 n개일 때 n이 홀수이면 한 가운데 있는 $\frac{(n+1)}{2}$번째 관측치가 중앙치이고 n이 짝수이면 한 가운데 있는 두 개의 데이터, 즉 $\frac{n}{2}$번째와 $\left(\frac{n}{2}+1\right)$번째 데이터를 평균하여 중앙치를 구한다.

Excel을 사용하여 데이터의 중앙치 구하기
=MEDIAN(데이터의 범위)

예제 3-2 [예제 3-1]의 데이터를 이용하여 중앙치를 구하라.

풀이

(76+48)/2=62

■ Excel 활용

셀 주소	수식	비고
C2	=MEDIAN(A1:D1)	

	A	B	C	D
1	78	76	48	35
2		중앙치	62	

EXCEL STATISTICS 최빈치

세 번째 중심경향 측정치로 사용되는 것이 최빈치(mode : Mo)이다. 최빈치는 다음과 같이 정의한다.

> **TIP**
>
> **최빈치**
>
> 최빈치란 데이터 중에서 발생하는 도수가 가장 많은 관측치를 말한다. 이는 최빈값이라고도 한다.

최빈치는 수치 데이터에도 사용할 수 있지만 주로 연산의 의미가 필요없는 명목척도나 서열척도를 이용하여 측정한 범주변수의 대표값을 구하는 경우에 사용된다. 최빈치는 데이터에 따라 존재하지 않을 수도 있으며 동시에 두 개 이상이 존재할 수도 있다. 동시에 두 개가 존재하면 이를 쌍봉(bimodal)이라 하고 세 개 이상 존재하면 이를 다봉(multimodal)이라고 한다. 단봉을 가진 히스토그램은 하나의 봉우리를 갖고 쌍봉을 가진 히스토그램은 두 개 봉우리를 가진 히스토그램이다. 최빈치는 소규모 표본에서 좋은 중심 위치의 척도가 아닐 수 있으며 또한 유일하지 않을 수 있다는 문제점이 있다.

> Excel을 사용하여 데이터의 최빈치 구하기
> =MODE.SNGL(데이터의 범위) : 단봉
> =MODE.MULT(데이터의 범위) : 다봉

예제 3-3 다음의 데이터를 이용하여 최빈치를 구하라.

	A	B	C	D	E
1	14	15	21	12	14

풀이

14

■ Excel 활용

셀 주소	수식	비고
C2	=MODE.SNGL(A1:E1)	

	A	B	C	D	E
1	14	15	21	12	14
2		최빈치	14		

평균, 중앙치, 최빈치의 비교

주어진 데이터의 중심경향의 정도를 나타내는 대표치로서 평균, 중앙치, 최빈치 등이 사용되고 있음을 공부하였다. 이 중에서 통계분석의 대표치로서 평균이 가장 자주 사용되고 있는 이유는

첫째, 평균이 신뢰성 있는 대표치로서 선호되고 특히 모집단의 모수를 추정하는 데 이용되기 때문이다. 중앙치와 최빈치는 주어진 데이터 모두가 아니고 일부만을 이용하여 구하는 반면 평균은 데이터의 크기뿐만 아니라 도수까지 고려함으로써 데이터의 정보를 가장 많이 활용한다.

둘째, 중앙치와 최빈치는 수학적 연산이 불가능함에 반하여 평균은 수학적 연산이 가능하기 때문이다.

평균은 다음과 같은 특성을 갖는다.

- 데이터 전체에 대한 평균 계산이 가능하다.
- 주어진 데이터에 대한 유일한 평균이 존재한다.
- 평균은 데이터 하나 하나로부터 영향을 받는다. 따라서 한 데이터가 변하면 평균도 또한 변한다.
- 각 데이터에 어떤 상수를 더하면 평균은 이 상수만큼 증가한다. 빼기, 곱하기, 나누기도 적용할 수 있다.
- 각 데이터에서 평균을 뺀 결과의 총합은 0이다. 즉 $\Sigma(X_i - \overline{X}) = 0$이다.

반면에 평균은 데이터 속의 극단적인 관측치(이상치: outlier)가 있는 경우에는 이에 크게 영향을 받기 때문에 이러한 데이터에 대해서는 극단적인 관측치에 덜 민감한 중앙치가 대표치로서 사용될 수 있다. 예를 들면, 개인소득에 관한 데이터의

경우에는 극단적인 소득을 갖는 부유층이 있을 수 있으므로 중앙치가 적절히 사용된다. 한편 중앙치는 서열 데이터의 경우에 사용되는 통계량이다.

최빈치는 수치 데이터에도 사용되지만 주로 범주 데이터에 사용된다. 범주 데이터(명목 데이터와 서열 데이터)에 대해서는 평균과 중앙치를 계산할 수 없으므로 중심경향 측정치를 나타낼 수 있는 유일한 길은 최빈치의 사용뿐이다.

최빈치는 기성복을 만들 때, 색상을 결정할 때, 책상 등 가구를 만들 때, 상용한자를 결정할 때 등등에 유용하게 사용된다.

S·E·C·T·I·O·N 3.2

산포의 측정치

앞절에서는 데이터 분포의 중심위치를 나타내는 대표치들에 관하여 살펴보았다. 데이터의 특성을 정리하고 요약하기 위해서는 데이터의 중심위치뿐만 아니라 데이터의 변동성(variation)도 함께 고려해야 한다. 변동성은 개인마다 키와 몸무게가 다르듯 데이터들이 서로 차이가 나는 정도(spread), 즉 산포(dispersion)를 측정한다. 산포도는 분산도라고도 하는데 개별 관측치들이 그들의 평균을 중심으로 퍼진 변동성을 측정한다.

비록 두 데이터의 평균, 중앙치, 최빈치가 동일하다고 해도 데이터가 퍼진 정도에 있어서는 차이가 있을 수 있다. [그림 3-1]은 Excel 대학교와 Word 대학교의 남자 농구팀의 스타팅 멤버 5명씩의 키를 보여주고 있다. 두 팀 선수들의 키의 평균은 189.4cm, 중앙치는 192cm, 최빈치는 192cm로 서로 같다. 그러나 두 팀 선수들 사이의 변동, 즉 흩어짐의 정도는 차이가 있다. Excel 팀 선수들의 키의 변동은 Word 팀 선수들의 변동에 비하여 적은 게 사실이다.

그림 3-1 두 팀 선수들의 키

cm	182	184	192	192	197	170	182	192	192	211

변동이 적으면 데이터들이 평균 주위에 모이기 때문에 평균을 신뢰하더라도 위험이 크지는 않다. 따라서 산포도가 크면 클수록 평균으로 전체 데이터를 대표하는 신뢰도는 낮아질 수밖에 없다.

이와 같이 변수 값 분포의 특성을 분석할 때에는 중심경향과 동시에 평균을 중심으로 흩어진 산포를 고려할 필요가 있다. 예를 들면, 주식 투자를 할 때 평균 수익률이 동일하다면 수익률의 변동이 적은 안정적인 주식을 선택하는 것이 바람직하다.

산포의 요약특성치로는

- 범위
- 중간범위
- 평균절대편차
- 분산
- 표준편차
- 변동계수

등이 있다.

범위

데이터 분포의 산포를 하나의 수치로 나타내는 가장 간단한 방법이 범위(range)인데 이는 다음과 같이 정의한다.

TIP

범위

범위란 주어진 데이터 중에서 가장 큰 값과 가장 작은 값의 절대적인 차이를 말한다.
범위 = 최대치 − 최소치

Excel을 사용하여 데이터의 범위 구하기
= MAX(데이터의 범위) − MIN(데이터의 범위)

[그림 3-2]는 [그림 3-1]에서 보여주고 있는 두 팀 선수들 중 가장 큰 선수와 가장 작은 선수의 키를 비교하고 있다.

[그림 3-2]에서 두 팀 선수들의 키의 범위는 다음과 같이 계산한다.

Excel 대학교　　범위 = 197 − 182 = 15cm
Word 대학교　　범위 = 211 − 170 = 41cm

산포의 측정치로서 사용되는 범위는 계산하기 쉽고 이해하기 쉽다는 장점도

그림 3-2 두 팀의 가장 큰 선수와 작은 선수의 비교

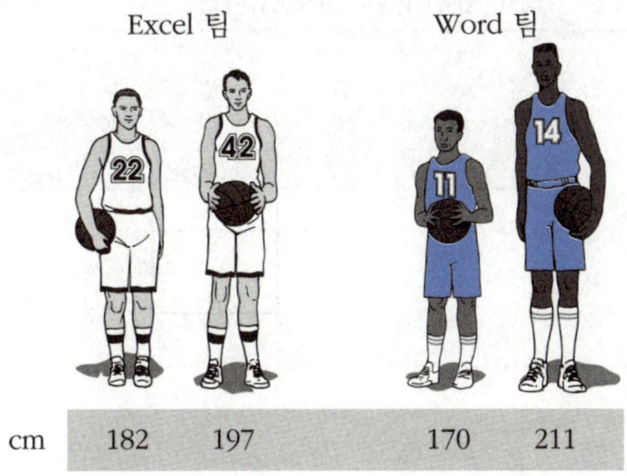

그림 3-3 범위는 같지만 분포가 다른 데이터군

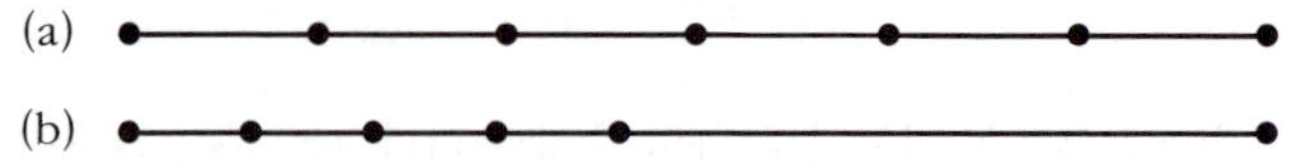

갖지만 데이터 속에 있는 두 개의 극단적인 값만을 고려하기 때문에 무시해 버리는 다른 값들에 대해서는 분포의 모양 등 아무것도 말해 주지 않는다는 단점도 갖는다.

한편 범위가 서로 같은 두 군의 데이터라도 분포의 양상은 현저히 다를 수 있는 것이다. 이는 [그림 3-3]이 보여 주고 있다.

예제 3-4 다음 데이터의 범위를 구하라.

	A	B	C	D	E	F
1	5	5	6	7	8	8
2	10	11	12	13	14	15

풀이

(1) 8−5=3

(2) 15−10=5

■ Excel 활용

셀 주소	수식	비고
C4	=MAX(A1:F1)−MIN(A1:F1)	C5까지 복사

	A	B	C	D	E	F
1	5	5	6	7	8	8
2	10	11	12	13	14	15
3			범위			
4			3			
5			5			

EXCEL STATISTICS 중간범위

범위의 문제점을 극복하기 위하여 고안된 것이 중간범위(mid-range)인데 이는 데이터의 중간 부분만을 대상으로 범위를 구하게 된다. 중간범위로서는 1사분위수와 3사분위수의 차이로 구하는 경우가 일반적이다. 이는 후술할 사분위수 범위라고도 한다.

EXCEL STATISTICS 평균절대편차

주어진 모든 데이터를 활용하여 구한 평균을 중심으로 데이터들이 어느 정도 흩어져 있는가를 측정하는 하나의 기법이 평균절대편차(mean absolute deviation : *MAD*)이다. 각 개별 데이터와 평균과의 차이를 편차(deviation, residual)라고 하는데 모집단의 경우 편차는 $(X_i - u)$이고 표본의 경우 편차는 $(X_i - \overline{X})$이다. 그런데 모든 데이터에 대해 편차를 구하고 이들을 합치면 0이 된다. 즉 $\Sigma(X_i - \overline{X}) = 0$이고 $\Sigma(X_i - u) = 0$이다. 음편차와 양편차가 서로 상쇄되기 때문이다.

이러한 어려움을 극복하기 위하여 각 편차의 절대값을 취한다. 이와 같이 각 편차의 절대값을 취하고 평균을 계산하면 평균절대편차를 얻게 된다.

TIP

평균절대편차

모집단 : $MAD = \dfrac{\sum_{i=1}^{N} |X_i - u|}{N}$

표본 : $MAD = \dfrac{\sum_{i=1}^{n} |X_i - \overline{X}|}{n}$

Excel을 사용하여 데이터의 평균절대편차 구하기
=AVEDEV(데이터의 범위)

예제 3-5 [그림 3-1]에 있는 Excel 팀 선수들의 키 데이터를 이용하여 평균절대편차를 구하라.

	A	B	C	D	E
1	182	184	192	192	197

풀이

$$\bar{X} = \frac{182+184+192+192+197}{5} = 189.4$$

X_i	$\bar{X}$	$X_i-\bar{X}$	$\lvert X_i-\bar{X}\rvert$
182	189.4	−7.4	7.4
184	189.4	−5.4	5.4
192	189.4	2.6	2.6
192	189.4	2.6	2.6
197	189.4	7.6	7.6
합계		0.0	25.6

$$MAD = \frac{\sum\lvert X_i - \bar{X}\rvert}{n} = \frac{25.6}{5} = 5.12$$

■ Excel 활용

셀 주소	수식	비고
B2	=AVERAGE($A$2:$A$6)	B6까지 복사
C2	=A2−B2	C6까지 복사
D2	=ABS(C2)	D6까지 복사
D7	=SUM(D2:D6)	
E5	=D7/COUNT(A2:A6)	

	A	B	C	D	E
1	X	X bar	X-X bar	절대값(X- X bar)	
2	182	189.4	-7.4	7.4	
3	184	189.4	-5.4	5.4	
4	192	189.4	2.6	2.6	MAD
5	192	189.4	2.6	2.6	5.12
6	197	189.4	7.6	7.6	
7	합계			25.6	

분산과 표준편차

분산과 표준편차는 데이터들의 변동성, 즉 데이터들의 퍼짐의 정도를 측정하기 위하여 사용되지만 모든 통계적 추론과정에서 중심적 역할을 하는 아주 중요한 통계량이다.

앞절에서 공부한 바와 같이 개별 데이터와 평균의 차이인 편차(거리)를 모두 합치면 항상 0이 된다. 양편차의 합과 음편차의 합이 같은 경우 단순한 편차의 합은 0이 된다. 이는 아무런 정보를 제공할 수 없다. 따라서 모든 편차를 제곱하고 모든 데이터에 대해 이들을 합친 후 표본크기 n으로 나누어 평균화한 값을 구하게 된다. 이와 같은 편차제곱(squared deviation)의 합의 평균을 분산(variance)이라고 한다.

모집단을 대상으로 할 때는 모분산(population variance : σ^2)이라 하고 표본을 대상으로 할 때는 표본분산(sample variance : S^2)이라고 하는데 그들을 구하는 공식은 다음과 같다.

TIP

분산

모집단 : $\sigma^2 = \dfrac{\sum_{i=1}^{N}(X_i - u)^2}{N}$

표본 : $S^2 = \dfrac{\sum_{i=1}^{n}(X_i - \overline{X})^2}{n-1}$

Excel을 사용하여 데이터의 분산 구하기
=VAR.P(데이터의 범위) : 모분산
=VAR.S(데이터의 범위) : 표본분산

분산은 주어진 데이터 값들이 그들의 평균 주위로 얼마나 퍼져 있는가를 평가하기 위해 정량화한 통계량이다. 따라서 작은 값의 분산은 데이터들이 평균 주위에 집중되어 있음을 의미하고 큰 값의 분산은 데이터들이 평균을 중심으로 멀리 흩어져 있음을 의미한다. 예컨대 [그림 3-4]는 평균은 같지만 그의 분산이 서로 다른 두 집단의 분포를 나타내고 있고 [그림 3-5]는 평균은 다르지만 분산이 같은

그림 3-4 평균은 같지만 분산(표준편차)이 다른 분포

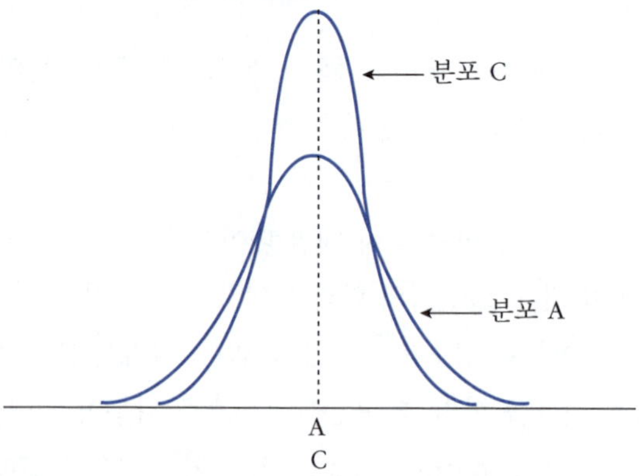

그림 3-5 평균은 다르지만 분산이 같은 분포

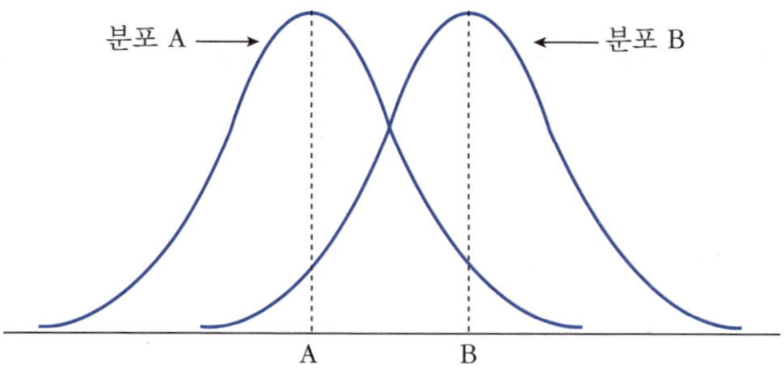

경우이다.

표본분산은 모분산의 추정치로서 사용된다. 그런데 표본분산의 공식에서 $(n-1)$ 대신에 n을 사용하여 편차제곱의 평균을 구하게 되면 모분산을 과소평가(underestimate)하게 되어 편의추정치(biased estimate)를 제공하게 된다. 즉 $(n-1)$을 사용하여 구한 표본분산은 모분산의 불편추정치가 된다.

한편 $(n-1)$을 사용함으로써 표본이 작은 경우 모분산보다 표본분산이 약간 크게 되는데 이는 모집단 대신 표본 사용에 따른 추가적인 불확실성을 반영하기 위함이다.

여기서 $(n-1)$을 자유도(degree of freedom)라고 한다.

T!P

자유도

자유도란 표본분산이나 표본표준편차와 같은 특성치를 계산할 때 데이터 가운데서 자유롭게 값을 취할 수 있는 관측치의 수를 말한다.

예를 들면, 1, 2, 9의 데이터에 대한 평균은 4이다. 따라서 우리가 평균을 알고 있으면 세 숫자 가운데 자유롭게 어떤 두 숫자($n-1=3-1=2$)만 알게 되면 나머지 한 숫자는 자동적으로 알게 된다. 예를 들면, 두 숫자가 3과 7이라면 나머지 숫자는 언제나 $\sum_{i=1}^{n}(X_i-\bar{X})=0$이 성립해야 하므로 2가 된다.

이때 $n-1=2$가 자유도이다. 즉 두 숫자는 자유롭게 가질 수 있는 자유가 있으나 마지막으로 남은 한 숫자는 자유가 상실되어 지정된 특정한 값만을 자동적으로 취하게 된다.

그러므로 분산을 계산할 때는 $(n-1)$개의 데이터 값들과 표본평균 $\bar{X}$와의 편차만을 대상으로 하게 된다. 다시 말하면, 표본분산을 구하는 식에서 표본평균이라는 통계량을 하나(1) 사용하기 때문에 전체 표본 관측치 수 n에서 1을 뺀 $(n-1)$이 표본분산을 구하는 자유도가 된다. 그러나 알고 있는 모평균 μ를 사용하여 편차를 구하는 모분산의 경우 반드시 $\sum_{i=1}^{n}(X_i-\mu)=0$일 필요가 없다. 따라서 개별 데이터 값들은 어떤 값이라도 취할 수 있기 때문에 이 경우 자유도는 n이 된다.

분산과 다음 절에서 공부할 표준편차를 구하는 절차는 다음과 같다.

- 데이터의 평균을 구한다.
- 편차(개별 데이터와 평균의 차이)를 구한다.
- 편차를 제곱한다.
- 편차의 제곱을 모두 합친다(편차의 제곱합).
- 모분산 또는 표본분산을 공식을 이용하여 구한다.
- 모표준편차 또는 표본표준편차를 공식을 이용하여 구한다.

분산은 각 데이터에 대한 편차제곱으로 구하기 때문에 원 데이터의 단위보다 큰 단위로 표시하게 된다. 예를 들면, cm로 측정한 키 데이터에 대해 평균을 구하면 cm단위로 표현할 수 있지만 분산은 제곱단위로서 cm^2을 사용하게 된다. 그런데 cm^2는 면적의 단위이고 키 단위는 cm이다. 이와 같이 대부분의 경우 분산은 논리적 의미를 갖지 않는 단위로 표현된다. 따라서 원 데이터의 단위로 환원하여 평균과 동일한 단위를 사용하기 위해서 분산의 정의 제곱근을 구하는데 이

것이 표준편차이다.

표준편차(standard deviation)는 평균이나 다른 통계량과 동일한 단위로 쉽게 비교할 수 있어 산포도를 측정하는 데 많이 이용된다. 표준편차는 각 관측치들이 평균으로부터 평균적으로 얼마나 떨어져 있는가를 나타냄으로써 변동을 측정한다. 관측치들이 평균적으로 평균에 근접해 있으면 변동의 수준도 낮고 표준편차도 작은 값을 갖는다. 극단적으로 모든 관측치들이 동일하여 변동이 없는 경우에는 분산과 표준편차의 값은 0이 된다. 그런데 표준편차는 아주 큰 관측치에 영향을 받는 결점을 갖는다.

표준편차는 뒤에서 설명할 변동계수와 함께 위험(risk) 수준을 측정하는 데 사용된다. 예를 들면, 가격의 변동이 심한 주식보다 변동이 덜한 주식이 덜 위험하다. 또한 다른 조건이 같다고 할 때 납기의 변동이 심한 업체보다 변동이 덜한 업체를 선정하는 것은 일반적이다.

표준편차도 분산과 같이 모집단이냐 또는 표본이냐에 따라 모표준편차(population standard deviation)와 표본표준편차(sample standard deviation)로 구분한다.

TIP

표준편차

모집단 : $\sigma = \sqrt{\sigma^2}$

표본 : $S = \sqrt{S^2}$

Excel을 사용하여 데이터의 표준편차 구하기
=STDEV.P(데이터의 범위) : 모표준편차
=STDEV.S(데이터의 범위) : 표본표준편차

분산과 표준편차의 특성을 요약하면 다음과 같다.

TIP

분산과 표준편차의 특성

- 데이터가 흩어지면 흩어질수록 범위, 분산, 표준편차는 더욱 커진다.
- 데이터가 평균 주위로 집중할수록 범위, 분산, 표준편차는 더욱 작아진다.
- 데이터가 모두 동일한 수치이면 범위, 분산, 표준편차는 0이 된다.
- 범위, 분산, 표준편차는 음수일 수 없다.

예제 3-6 Excel 대학교와 Word 대학교의 농구팀 스타팅 멤버들의 키 데이터는 다음과 같다. 표준편차를 구하고 이들을 비교 설명하라.

	A	B
1	Excel	Word
2	182	170
3	184	182
4	192	192
5	192	192
6	197	211

풀이

Excel 대학교

$$\bar{X} = \frac{182+184+192+192+197}{5} = 189.4\,\text{cm}$$

X_i	$\bar{X}$	$X_i-\bar{X}$	$(X_i-\bar{X})^2$
182	189.4	−7.4	54.76
184	189.4	−5.4	29.16
192	189.4	2.6	6.76
192	189.4	2.6	6.76
197	189.4	7.6	57.76
합계		0.0	155.20

$$S^2 = \frac{\Sigma(X_i-\bar{X})^2}{n-1} = \frac{155.20}{4} = 38.8$$

$$S = \sqrt{38.8} = 6.23$$

Word 대학교

$$\bar{X} = \frac{170+182+192+211}{5} = 189.4\,\text{cm}$$

X_i	$\bar{X}$	$X_i-\bar{X}$	$(X_i-\bar{X})^2$
170	189.4	−19.4	376.36
182	189.4	−7.4	54.76
192	189.4	2.6	6.76
192	189.4	2.6	6.76
211	189.4	21.6	466.56
합계		0.0	911.20

$$S^2 = \frac{\Sigma(X_i-\bar{X})^2}{n-1} = \frac{911.20}{4} = 227.8$$

$$S = \sqrt{227.8} = 15.09$$

Excel 대학교 팀의 키는 평균 189.4cm를 중심으로 평균적으로 6.23cm 떨어져 있지만 Word 대학교 팀의 키는 평균 189.4cm를 중심으로 평균적으로 15.09cm 떨어져 있다.

Excel 대학교 팀보다 키의 변동이 심한 Word 대학교 팀이 더 큰 표준편차를 나타낸다.

■ Excel 활용

셀 주소	수식	비고
C4	=VAR.S(A2:A6)	
C5	=STDEV.S(A2:A6)	
D4	=VAR.S(B2:B6)	
D5	=STDEV.S(B2:B6)	

	A	B	C	D	E
1	Excel	Word			
2	182	170			
3	184	182	Excel	Word	
4	192	192	38.8	227.8	표본분산
5	192	192	6.228965	15.09304	표본표준편차
6	197	211			

EXCEL STATISTICS Chebyshev의 정리

표준편차는 분산과 같이 데이터들이 그의 평균으로부터 흩어진 정도를 측정한다. 그런데 데이터의 분포가 평균을 중심으로 좌우 대칭을 이루어 종모양(bell-shaped)을 이루면 다음과 같이 경험법칙(empirical rule)이 성립한다.

- 모든 관측치들의 약 68%는 평균±1표준편차 내에 존재한다.
- 모든 관측치들의 약 95%는 평균±2표준편차 내에 존재한다.
- 모든 관측치들의 약 99.7%는 평균±3표준편차 내에 존재한다.

[그림 3-6]은 평균이 1,000이고 표준편차가 100일 때의 경험법칙을 나타내고 있다.

그러나 만일 데이터의 분포가 정규분포가 아니거나 또는 이를 모르는 경우에는 체비셰프의 정리(Chebyshev's theorem)가 적용된다.

그림 3-6 경험법칙의 예

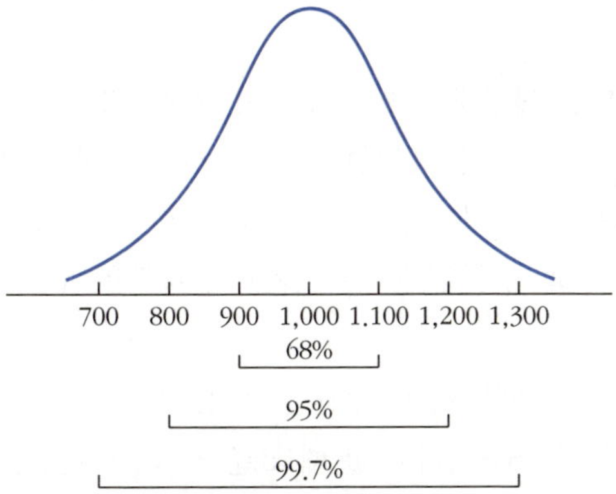

TIP

Chebyshev의 정리

표본이든 모집단이든 어떤 데이터에 있어서 평균±k표준편차 내에 존재할 데이터의 비율은 적어도 전체 데이터의 $1-\frac{1}{k^2}$이다. 단 $k>1$

경험법칙은 대략적인 비율을 제시해주는 반면 체비셰프의 정리는 주어진 구간에 속하는 최소 비율을 제시해 준다.

예제 3-7 Excel 대학교 부설 수영교실에 등록한 일반인들의 평균 연령은 30세이고 표준편차는 5세라고 한다.

① 연령이 20세부터 40세 사이에 속할 사람은 전체의 몇 %인가?
② 문제에서 연령의 분포가 종모양의 좌우 대칭을 이룬다면 연령이 20세부터 40세 사이에 속할 사람은 전체의 몇 %인가?

풀이

① 체비셰프의 정리를 적용하면 $40-30=10$이므로 $k=10\div5=2$이다. 따라서 $1-\frac{1}{2^2}=$ 75%이다.

② 경험법칙을 적용하면 표준편차의 수는 2이므로 95%이다.

EXCEL STATISTICS 변동계수

두 데이터군 예컨대 돈과 연령 같이 측정단위가 다르거나 같더라도 평균에 있어 큰 차이가 있을 경우 표준편차는 변동의 절대적 측정치이기 때문에 두 데이터의 표준편차를 직접 비교하는 데는 무리가 따른다. 따라서 이러한 경우에는 표준편차 또는 분산과 같은 절대적 측정치보다 평균을 감안한 변동의 상대적 측정치를 비교해야 한다.

예를 들어 통계학 A반의 평균은 70점, 표준편차는 7점인 반면, B반의 평균은 50점, 표준편차는 6점이라고 할 때 표준편차의 단순 비교로는 두 반 성적의 상대적 변동을 알 수 없다. 이와 같이 평균이 서로 다른 두 데이터군의 상대적 변동을 측정하는 데 이용되는 기법이 변동계수(coefficient of variation : CV)이다.

변동계수는 상대적 표준편차라고도 하는데 다음 공식을 이용하여 구한다.

TIP

변동계수

모집단 : $CV=\frac{\text{모표준편차}(\sigma)}{\text{모평균}(u)}\times 100\%$

표본 : $CV=\frac{\text{표본표준편차}(S)}{\text{표본평균}(\overline{X})}\times 100\%$

예제 3-8 Excel 제약(주)에서는 두 가지 멀미약을 개발 중이다. 두 약의 약효의 지속시간(분)을 10회 표본 측정한 결과 다음과 같은 데이터를 얻었다.

	A	B
1	1	2
2	258	219
3	214	283
4	243	291
5	227	277
6	235	258
7	222	273
8	240	289
9	245	260
10	245	286
11	211	284

① 두 약 지속시간의 평균과 표준편차를 구하라.
② 약효가 긴 지속시간만을 고려할 때 효과적인 약은 어느 것인가?
③ 표준편차만을 고려할 때 효과적인 약은 어느 것인가?
④ 변동계수로 볼 때 효과적인 약은 어느 것인가?

풀이

① $\overline{X_1}=234$ $\overline{X_2}=272$

$S_1=15.12$ (컴퓨터 사용) $S_2=21.82$

② 지속시간이 긴 약은 2이다.

③ 표본표준편차가 작은 약은 1이다.

④ $\text{변동계수}_1=\frac{15.12}{234}\times100\%=6.46\%$

$\text{변동계수}_2=\frac{21.82}{272}\times100\%=8.02\%$

변동계수가 작은 약은 1이다.

■ Excel 활용

셀 주소	수식	비고
D6	=STDEV.S(A2:A11)/AVERAGE(A2:A11)	D7까지 복사

	A	B	C	D	E
1	1	2			
2	258	219			
3	214	283			
4	243	291			
5	227	277		1	2
6	235	258	변동계수	0.064623	0.08023
7	222	273			
8	240	289			
9	245	260			
10	245	286			
11	211	284			

둘 이상의 분포에 대한 변동계수를 비교할 때 가장 큰 CV를 갖는 분포는 가장 큰 분산을 갖는다고 말할 수 있다.

S·E·C·T·I·O·N 3.3

상대위치의 측정치

우리는 데이터를 분석할 때 특정 데이터 집합과 비교한 상대적 위치(relative position, relative standing)를 알고자 하는 경우가 있다. 예를 들면, TOEFL이나 TOEIC 시험을 보면 점수와 함께 전체 응시생 중에서 차지하는 특정 응시생의 위치도 함께 알려 준다. 이 점수는 백분위수라고 한다.

전체 데이터에서 차지하는 특정 데이터의 상대위치의 측정치로서는

- 중앙치
- 백분위수
- 사분위수
- Z값

등이 있다.

백분위수

주어진 데이터를 크기 순서로 배열하였을 때 한 가운데가 아닌 다른 상대적 위치에 있는 데이터를 알고자 하는 경우가 있는데 이때 사용되는 개념이 사분위수와 백분위수이다.

백분위수(percentile)란 데이터를 크기 순서로 정리하여 백등분하였을 때 각 등분점에 위치하는 데이터를 말한다. 백분위수를 말할 때는 보통 10번째 백분위수라든가 50번째 백분위수 등으로 표현하는데 10번째 백분위수란 순서대로 배열된 데이터를 100등분한 후 앞에서 10번째 위치에 있는 데이터를 말한다. 예를 들어

그림 3-7 98백분위수

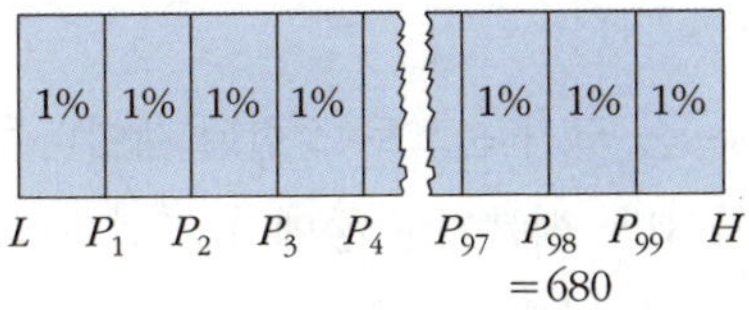

강 군의 TOEFL 점수는 680점이고 98백분위수라고 한다면 [그림 3-7]에서 보는 바와 같이 전체 시험 응시자 중에서 680점 이하인 비율이 98%이고 680점 이상인 비율은 2%라는 것을 의미한다.

*P*번째 백분위수는 데이터를 두 그룹으로 나누는 값을 말하는데 이렇게 하면 데이터들의 약 *P*%는 *P*번째 백분위수보다 작은 값들을 나타내고 데이터들의 $(100-P)$%는 큰 값들을 나타낸다.

*P*번째 백분위수를 계산하는 절차는 다음과 같다.

- 데이터를 작은 것부터 큰 순서로 배열한다.
- *P*번째 백분위수의 위치(location) L_p를 계산한다.

$$L_p = \frac{(n+1)P}{100}$$

P : 관심 있는 백분위수

n : 데이터의 수

- 만일 L_p가 정수라면 그에 해당하는 관측치가 *P*번째 백분위수이다. 만일 L_p가 정수가 아니라면 보간법(interpolation)을 사용하여 구한다. 예를 들어 $n=10$이라 하고 80번째 백분위수를 구한다면 $L_p = \frac{(10+1)80}{100} = 8.8$로서 8번째 관측치와 9번째 관측치 사이에 있는 값이 되는데 이를 구하는 식은 다음과 같다.

8.8번째 수치 = 8번째 수치 + 0.8(9번째 수치−8번째 수치)

Excel을 사용하여 데이터 속의 특정 백분위수 구하기
=PERCENTILE.EXC(데이터의 범위, 백분위수)

EXCEL STATISTICS

사분위수

사분위수(quartile)는 크기 순으로 정렬된 데이터들을 네 개의 동일한 부분으로 분리하여 구한 수치이다. 백분위수 중에서 25번째 백분위수, 즉 데이터들의 하위 25%를 1사분위수 Q_1, 50번째 백분위수를 2사분위수 또는 중앙치 Q_2, 75번째 백분위수를 3사분위수 Q_3라고 한다.

특히 3사분위수와 1사분위수의 차이를 사분위수 범위(interquartile range : IQR)라고 한다. 이는 정렬된 데이터 가운데 위치한 중간 50%가 흩어진 정도를 측정한다.

> Excel을 사용하여 데이터 속의 특정 사분위수 구하기
> =QUARTILE.EXC(데이터의 범위, 사분위수)

예제 3-9 다음의 데이터를 사용하여 물음에 답하라.

	A	B	C	D	E	F	G	H	I	J
1	2.6	2.7	3.4	3.6	3.7	3.9	4	4.4	4.8	4.8
2	4.8	5	5.1	5.6	5.6	5.6	5.8	6.8	7	7

(1) 15번째 백분위수를 구하라.
(2) 1사분위수를 구하라.
(3) 88번째 백분위수를 구하라.
(4) 3사분위수를 구하라.
(5) 사분위수 범위를 구하라.

풀이

(1) $L_p = \frac{15}{100}(20+1) = 3.15$

3번째 수치는 3.4이고 4번째 수치는 3.6이다.

15번째 백분위수 $= 3.4 + 0.15(3.6 - 3.4) = 3.43$

(2) $L_p = \frac{25}{100}(20+1) = 5.25$

1사분위수 $= 3.7 + 0.25(3.9 - 3.7) = 3.75$

(3) $L_p = \frac{88}{100}(20+1) = 18.48$

88번째 백분위수 $= 6.8 + 0.48(7 - 6.8) = 6.896$

(4) $L_p = \frac{75}{100}(20+1) = 15.75$

3사분위수 $= 5.6 + 0.75(5.6 - 5.6) = 5.6$

(5) $5.6 - 3.75 = 1.85$

■ Excel 활용

셀 주소	수식	비고
D3	=PERCENTILE.EXC(A1:B10, 0.15)	
D4	=QUARTILE.EXC(A1:B10, 1)	
D5	=PERCENTILE.EXC(A1:B10, 0.88)	
D6	=QUARTILE.EXC(A1:B10, 3)	
D7	=D6−D4	

	A	B	C	D
1	2.6	4.8		
2	2.7	5		
3	3.4	5.1	15번째 백분위수	3.43
4	3.6	5.6	1사분위수	3.75
5	3.7	5.6	88번째 백분위수	6.896
6	3.9	5.6	3사분위수	5.6
7	4	5.8	사분위수 범위	1.85
8	4.4	6.8		
9	4.8	7		
10	4.8	7		

EXCEL STATISTICS 상자그림

데이터의 분포를 기술하는 또 하나의 그래프적 기법이 상자-수염 그림(box and whisker plot) 또는 간단히 상자그림(box plot)이다.

상자그림을 그리기 위해서는 다음과 같은 데이터의 크기 순서를 나타내는 5가지 주요 통계량(five-number summary)이 필요하다.

- 최소치
- 1사분위수 Q_1
- 중앙치 Q_2
- 3사분위수 Q_3
- 최대치

그림 3-8 상자그림

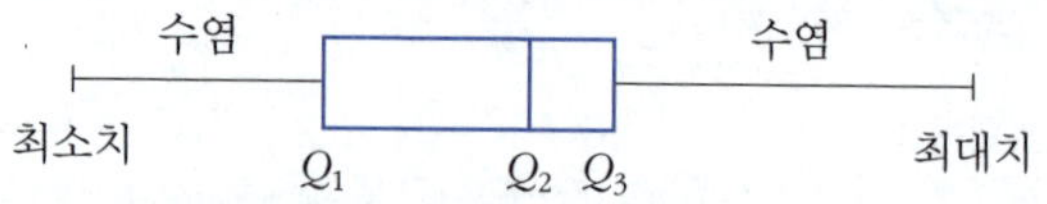

상자그림은 [그림 3-8]과 같다. 상자의 폭은 사분위수 범위인 (Q_3-Q_1)으로 결정하고 그 안에 Q_2에 해당하는 위치에서 선을 긋는다. 상자의 양쪽 끝으로부터 최소치와 최대치에 해당하는 위치까지 선을 긋는데 이를 수염이라고 한다. 데이터의 약 25%씩은 양쪽 수염에 존재함을 의미한다. 만일 데이터의 분포가 대칭을 이루면 중앙치(Q_2) 선은 상자의 한가운데에 긋게 된다. 따라서 중앙치 선의 위치는 데이터 분포의 비대칭도(skewness)를 나타낸다. 만일 이 선이 상자 한가운데의 왼쪽에 위치하면 데이터는 오른쪽으로 꼬리가 긴 분포를 하고 오른쪽에 위치하면 왼쪽 꼬리 분포를 하게 된다. 상자그림은 횡축으로 그릴 수 있지만 종축으로 그릴 수도 있다.

상자그림은 데이터의 이상치(outlier)를 식별하는 도구로도 이용된다. 어떤 변수의 관측치가 매우 크거나 작은 경우 이를 이상치라고 하는데 이는 평균 또는 표준편차에 영향을 나타내기 때문에 수정을 해야 한다.

$$\text{이상치 상한} = Q_3 + 1.5(Q_3 - Q_1)$$

$$\text{이상치 하한} = Q_1 - 1.5(Q_3 - Q_1)$$

예제 3-10 다음과 같은 데이터를 사용하여 상자그림을 그려라.

	A	B	C
1	108	186	254
2	138	199	257
3	138	208	298
4	142	254	456

풀이

(1) 셀 영역 A1:A12를 블록으로 지정한다.

(2) [삽입]을 클릭하고 [세로 또는 가로 막대형 차트 삽입]을 클릭한다.

(3) [세로 막대형 차트 더 보기]를 클릭한다.

(4) [상자 수염]을 클릭하고 [확인]을 클릭한다.

(5) [차트 요소]를 클릭하고 [데이터 레이블]을 클릭한다.

(6) 차트 제목을 「상자그림」으로 고친다.

(7) 다음과 같은 결과를 얻는다. 여기서 456은 이상치임.

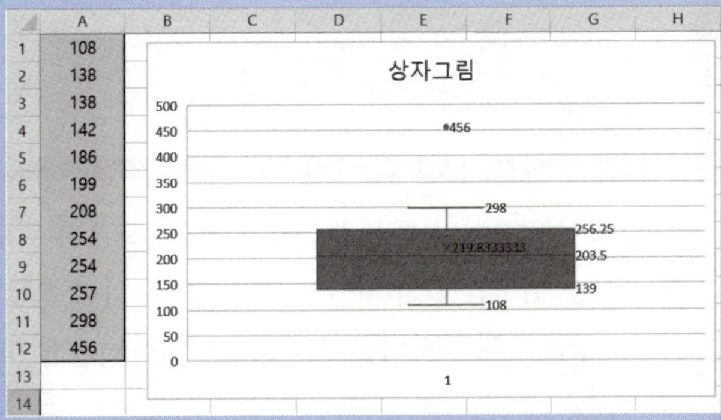

EXCEL STATISTICS Z값

구간 데이터와 비율 데이터와 같은 수치 데이터의 평균과 표준편차를 이용하여 특정 데이터의 상대적 위치를 측정하는 또 하나의 척도가 관측치의 Z값이다.

예를 들면, 용 군의 경영학 점수는 95점이고 또한 회계학 점수도 95점으로 같지만 각 반에서 용 군의 상대적 위치는 평균이나 표준편차 때문에 아주 다를 수가 있다. 따라서 용 군의 각 반에서의 상대적 위치를 알기 위해서는 평균과 표준편차를 감안해야 한다. 다시 말하면, 평균과 표준편차가 다른 두 집단의 점수를 서로 비교하기 위해서는 동일한 평균과 표준편차를 갖는 분포의 점수로 변환한 다음 변환된 점수를 비교해야 한다.

Z값(Z점수 : Z score, Z value)이란 백분위수처럼 특정 관측치가 평균의 위 또는 아래로부터 몇 개의 표준편차만큼 떨어져 있는가를 나타내는 상대적 위치를 결정한다. Z값은 다음과 같이 구한다.

TIP

Z값

모집단 : $Z = \dfrac{X-\mu}{\sigma}$

표본 : $Z = \dfrac{X-\overline{X}}{S}$

Excel을 사용하여 특정 관측치의 Z값 구하기
=STANDARDIZE(χ, 평균, 표준편차)

Z값이 양수이면 특정 관측치가 평균으로부터 위로 Z값이 나타내는 표준편차의 수만큼 위치함을 의미한다. 일반적으로 거의 모든 관측치들은 -3부터 $+3$까지의 Z값을 가지므로 이를 벗어나는 데이터는 이상치(outlier)라고 한다.

예제 3-11

(1) 경영학 점수의 평균은 74, 표준편차는 8이고 회계학 점수의 평균은 78, 표준편차는 10일 때 두 반에서 95점을 받은 한 군의 Z값을 구하라. 한 군은 어느 반에서 성적이 더 우수하였는가?

(2) 다음 표본 데이터의 평균은 75, 표준편차는 18.71이다.

	A	B	C	D	E	F
1	50	60	70	80	90	100

① 70의 Z값을 구하라.
② Z값이 2인 수치를 구하라.

풀이

(1) 경영학 $Z=\dfrac{95-74}{8}=2.625$

회계학 $Z=\dfrac{95-78}{10}=1.7$

경영학 반에서의 성적이 상대적으로 더 우수하였다.

(2) ① $Z=\dfrac{70-75}{18.71}=-0.27$

70은 평균 75 아래로 0.27 표준편차만큼 떨어져 있다.

② $2=\dfrac{X-75}{18.71}$

$X=112.42$

▪ Excel 활용

셀 주소	수식	비고
C4	=STANDARDIZE(B4, AVERAGE(A1:A6), STDEV.S(A1:A6)	
B5	=C5*STDEV.S(A1:A6)+AVERAGE(A1:A6)	

	A	B	C
1	50		
2	60		
3	70	수치	Z 값
4	80	70	-0.26726
5	90	112.4166	2
6	100		

Z값은 측정단위가 서로 다른 데이터를 비교하는 경우에도 사용된다. 예를 들면, 키에 비하여 몸이 뚱뚱하다든지, 공부한 시간에 비하여 성적이 좋다든지와 같이 측정단위가 서로 다른 경우에는 이를 표준화(standardization)시켜 동일한 형태로 통일시켜야 하는데 이때 Z값을 사용하게 된다. 즉 Z값의 크기로 측정단위가 다른 두 데이터를 직접 비교할 수 있는 것이다.

예제 3-12 Excel 고등학교 3학년 해외유학반 학생들 20명의 주당 평균 공부시간은 40시간, 표준편차는 10시간이고 GMAT 성적은 평균 500점, 표준편차는 15점이었다. 그런데 박 군은 평균 42시간을 공부하여 520점을 받았다. 박 군은 다른 학생들과 비교할 때 공부하는 시간에 비해 GMAT 성적이 좋다고 말할 수 있겠는가?

풀이

공부시간 : $Z = \dfrac{42-40}{10} = 0.2$

성적 : $Z = \dfrac{520-500}{15} = 1.33$

박 군의 공부시간은 전체 학생 20명의 평균보다 0.2 표준편차만큼 더 많지만 성적은 1.33 표준편차만큼 더 높기 때문에 박 군의 공부시간에 비해 성적은 더 좋다고 말할 수 있다.

S·E·C·T·I·O·N 3.4

형태의 측정치

앞절에서 설명한 중심경향의 측정치와 산포도는 데이터들이 어떤 값을 중심으로 분포하고 있는가, 또 데이터들의 흩어진 정도는 얼마나 되는가를 나타낸다. 따라서 이들은 데이터들이 대표치 중심으로 좌우 대칭으로 분포되어 있는가 또는 어느 한쪽으로 치우쳐 있는가의 형태(shape)는 밝혀 주지 못한다.

데이터 분포의 모양을 측정하는 형태의 측정치(measures of shape)로서는

- 비대칭도
- 첨도

를 들 수 있다.

EXCEL STATISTICS 비대칭도

수집된 데이터의 분포가 좌우 대칭인가 또는 비대칭이면 우측으로 꼬리를 가진 분포인지, 좌측으로 꼬리를 가진 분포인지 알고 싶은 경우에는 비대칭도(왜도; degree of skewness)를 측정해야 한다. 이와 같이 비대칭도는 데이터 분포의 형태를 결정하는 중요한 특성을 갖고 있다.

변수의 분포형태에 따라 중심경향을 나타내는 대표치들의 상대적 위치는 그림으로 나타낼 수 있다.

[그림 3-9]의 히스토그램은 완전한 대칭분포를 보여 주고 있다. 이와 같이 데이터가 대칭을 이루면 평균=중앙치=최빈치가 성립한다. 데이터가 비대칭분포

그림 3-9 대칭분포

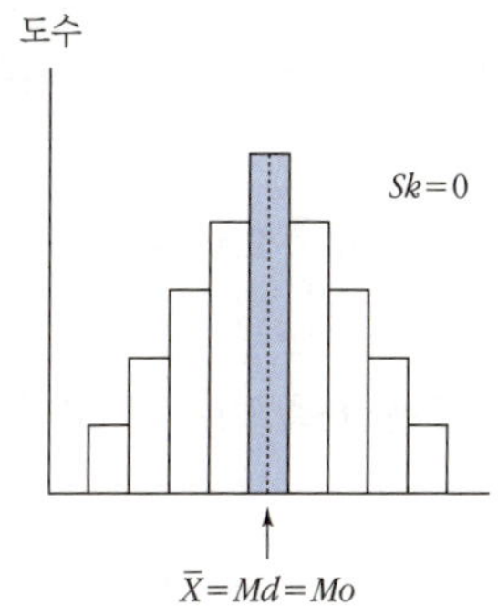

그림 3-10 우측 꼬리분포

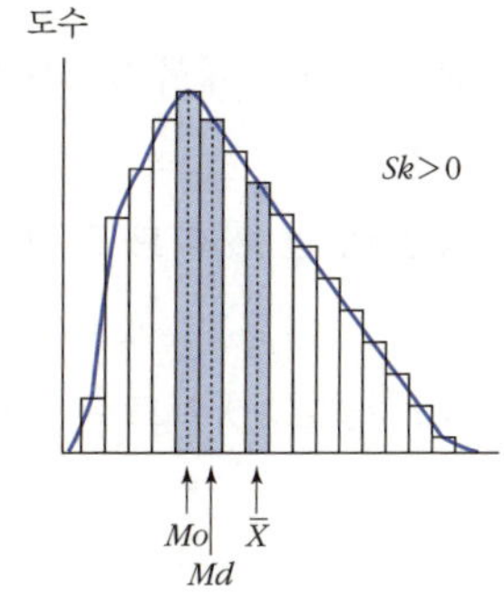

그림 3-11 좌측 꼬리분포

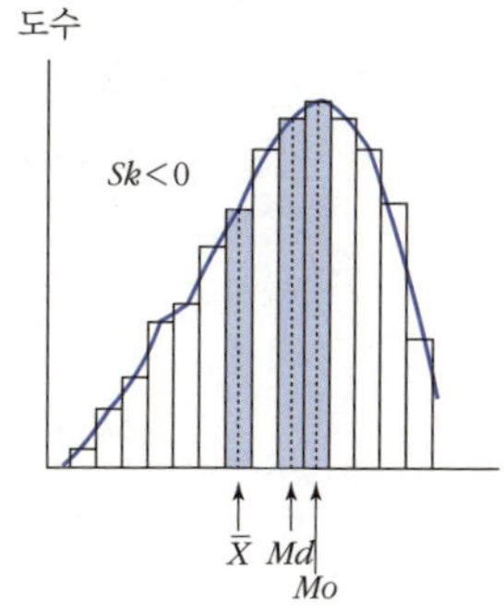

를 이루면 이 분포가 (+)의 우측 꼬리분포(skewed right)이냐 또는 (–)의 좌측 꼬리분포(skewed left)이냐에 따라서 평균, 중앙치, 최빈치의 크기가 다르게 된다.

[그림 3-10]은 데이터가 우측 꼬리분포를 나타내고 있다. 이 경우에는 최빈치≤중앙치≤평균의 관계가 성립한다. [그림 3-11]은 데이터가 좌측 꼬리분포를 보여 주고 있는데 이 경우에는 평균≤중앙치≤최빈치의 관계가 성립한다.

그림들을 볼 때 중앙치는 항상 평균과 최빈치 사이에 위치하고 평균은 극단적인 변수 값의 변화에 크게 영향을 받는다. 이에 비하여 중앙치는 이에 거의 영향을 받지 않으며 최빈치는 전혀 영향을 받지 않는다.

비대칭도를 결정하는 몇 가지 방법 중 한 방법은 Pearson의 비대칭도계수(Pearson's coefficient of skewness)이다. 이는 산술평균과 중앙치의 간격이 표준편차에 비하여 어느 정도인가를 측정한다.

TIP

비대칭도계수

모집단 : $Sk=\dfrac{3(\mu-Md)}{\sigma}$

표본 : $Sk=\dfrac{3(\bar{X}-Md)}{S}$

Excel을 사용하여 데이터의 비대칭도계수 구하기
=SKEW(데이터의 범위)

Sk의 값은 -3부터 3까지의 값을 갖는다. Sk의 값에 따라 분포는 다음과 같이 세 가지 형태를 취한다.

- $Sk=0$인 경우 : 분포의 중심에서 $\overline{X}=Md=Mo$이므로 데이터의 분포는 좌우 대칭이다(그림 3-9).
- $Sk>0$인 경우 : $\overline{X}\geq Md\geq Mo$이므로 데이터의 분포는 우측으로 긴 꼬리를 갖는다(그림 3-10).
- $Sk<0$인 경우 : $Mo\geq Md\geq \overline{X}$이므로 데이터의 분포는 좌측으로 긴 꼬리를 갖는다(그림 3-11).

예제 3-13 다음과 같은 표본 데이터를 사용하여 Pearson의 비대칭도계수를 구하라.

A	B	C	D	E
70	83	94	102	108

풀이

$\overline{X}=91.4$

$Md=94$

$S=15.19$

$$Sk=\frac{3(\overline{X}-Md)}{S}=\frac{3(91.4-94)}{15.19}=-0.51$$

■ Excel 활용

셀 주소	수식	비고
C3	=SKEW(A1:A5)	

	A	B	C
1	70		
2	83		
3	94	비대칭도계수	-0.54783661
4	102		
5	108		

Excel 함수를 사용한 결과와 Pearson의 공식을 사용한 결과에는 약간 차이가 있다.

첨도

EXCEL STATISTICS

비대칭도는 분포의 모양이 좌우 대칭인지, 오른쪽 꼬리분포인지, 또는 왼쪽 꼬리분포인지 등과 같이 늘어진 꼬리의 방향을 나타내는 데 반하여 첨도(kurtosis)는 데이터 분포의 뾰족함(peakedness)의 정도를 측정한다.

첨도는 계산하기 매우 복잡하고 통계학에서 별로 사용하지 않는다. 첨도가 큰 값을 가지면 분포는 뾰족한 봉우리를 가지며 작은 값을 가지면 평평한 봉우리를 갖는다.

S·E·C·T·I·O·N 3.5

EXCEL 활용

Excel은 방대한 원 데이터에 대한 요약특성치를 자동적으로 계산해 주는 프로그램화된 루틴(routine)을 제공하고 있다. 수집된 데이터에 대한 요약통계량(summary statistics)을 얻는 방법에는

- 수식
- 데이터 분석도구
- 함수

등이 있다.

수식과 함수를 이용하여 각 요약특성치를 구하는 요령은 지금까지 설명하여 왔기 때문에 본절에서는 데이터 분석도구를 사용하는 방법을 설명할 것이다.

데이터 분석도구는 어떤 하나의 함수보다 더욱 복잡한 계산을 수행한다. 이

도구를 사용하면 많은 셀에 동시에 계산 결과를 가져오게 된다. 그런데 이 분석도구의 결과는 수치이고 입력된 셀과 계산된 셀 사이에는 아무런 연관이 없기 때문에 사후에 입력된 데이터를 변경할 때 계산된 결과는 그대로 남는다.

따라서 입력된 데이터를 변경하면 분석도구를 다시 처음부터 반복해야 새로운 결과를 얻는다. 이에 반하여 수식과 함수를 사용하는 경우에는 입력된 데이터의 변경에 따라 계산된 결과도 자동으로 변경된다.

① 다음과 같이 데이터를 시트에 입력한다.

	A	B
1	데이터	
2		
3	4.9	
4	5.2	
5	6.4	
6	7.9	
7	6.5	
8	8.8	
9	7.9	
10	7.2	
11	6.9	
12	5.7	
13		

② [데이터]－[데이터 분석]을 선택한다.

③ [통계 데이터 분석] 대화상자가 나타나면 [기술 통계법]을 선택하고 [확인]을 클릭한다.

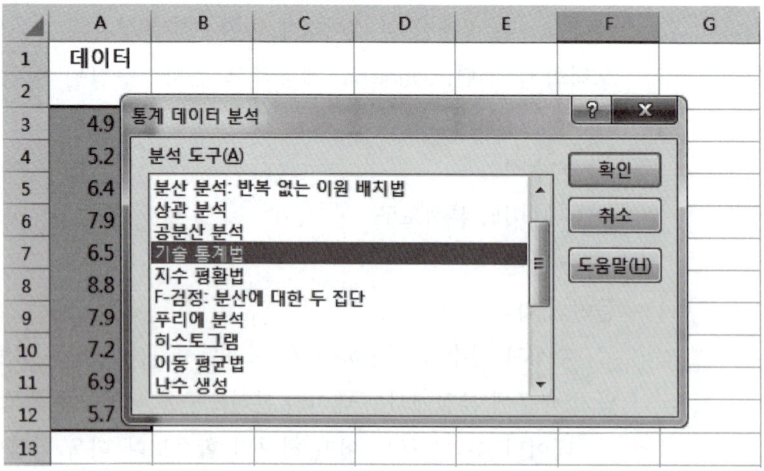

④ [기술 통계법] 대화상자가 나타나면 다음과 같이 입력한다.

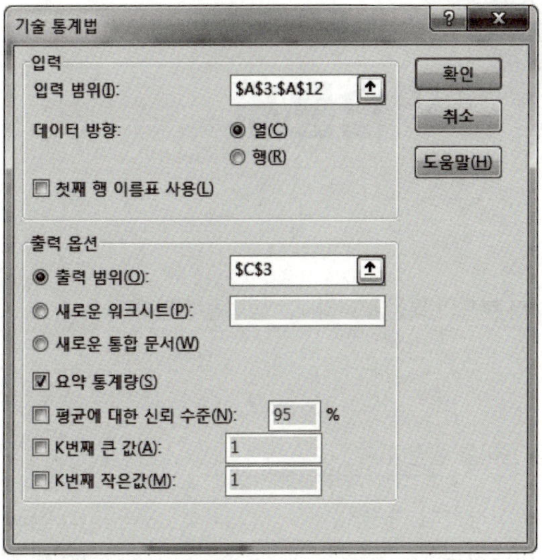

⑤ [확인]을 클릭하면 다음과 같은 결과를 얻는다.

	A	B	C	D	E
1	데이터				
2					
3	4.9		Column1		
4	5.2				
5	6.4		평균	6.74	
6	7.9		표준 오차	0.39699	
7	6.5		중앙값	6.7	
8	8.8		최빈값	7.9	
9	7.9		표준 편차	1.25539	
10	7.2		분산	1.576	
11	6.9		첨도	-0.82897	
12	5.7		왜도	0.06355	
13			범위	3.9	
14			최소값	4.9	
15			최대값	8.8	
16			합	67.4	
17			관측수	10	
18					

CHAPTER 03 연습문제

1/1 데이터 분포의 특성을 나타내는 방법을 설명하라.

3/2 다음 용어를 설명하라.

(1) 중심경향의 측정치
(2) 산포
(3) 비대칭도
(4) 변동계수
(5) 백분위수
(6) 분산과 표준편차

3/3 다음 표본 데이터를 사용하여 물음에 답하라.

A	B	C	D	E	F	G	H	I	J
1	2	3	4	4	5	6	7	8	9

(1) 평균을 구하라.
(2) 중앙치를 구하라.
(3) 최빈치를 구하라.
(4) 범위를 구하라.
(5) 사분위수 범위를 구하라.
(6) MAD를 구하라.
(7) 표본분산을 구하라.
(8) 표본표준편차를 구하라.
(9) 40번째 백분위수를 구하라.
(10) 변동계수를 구하라.
(11) Pearson의 비대칭도계수를 구하라.
(12) 7에 해당하는 Z값을 구하라.
(13) Excel을 사용하여 요약통계량을 구하라.

3/4 김 군의 1학기 성적은 다음과 같다. 평균 성적은 몇 점인가?

과목	성적	학점	점수
심리학	A	3	$A=4$
문학사	C	3	$C=2$
철학	B	3	$B=3$
컴퓨터과학	D	2	$D=1$

3/5 다음 데이터는 오븐을 생산하는 세 개의 조립라인에 관한 것이다. 오븐은 4분 동안 화씨 240°까지 미리 가열토록 설계되었지만 실제로는 이 온도를 넘나드는 경우가 일반적이다. 다음과 같이 각 라인에서 큰 표본을 추출하여 구한 데이터를 이용하여 물음에 답하라.

	온도		
통계적 관측치	라인 1	라인 2	라인 3
평균	238.1	240.0	242.9
중앙치	240.0	240.0	240.0
최빈치	241.5	240.0	239.1
표준편차	3.0	0.4	3.9
사분위수 범위	2.0	0.2	3.4

(1) 종모양의 분포를 나타내는 라인은 어느 것인가?
(2) 온도의 변동이 가장 심한 라인은 어느 것인가?
(3) 어떤 라인의 온도 분포가 우측 꼬리분포를 나타내고 있는가?
(4) 라인 2에 대해 대강의 1사분위수와 3사분위수를 구하라.
(5) 라인 3에 대해 변동계수를 구하라.
(6) 라인 1에 대해 비대칭도계수를 구하고 비대칭의 방향을 말하라.
(7) 라인 1에 대해 분산을 구하라.

3/6 강 군은 행정고시 시험에서 경제학은 65점, 행정법은 70점을 받았다. 그런데 경제학의 전체 평균은 60점, 표준편차는 4점이고, 행정법의 전체 평균은 65점, 표준편차는 6점이었다. 강 군은 어느 과목에서 상대적으로 더 높은 점수를 얻었는가?

3/7 다음과 같은 데이터에 Excel의 함수와 수식을 사용하여 물음에 답하라.

A	B	C	D	E	F
3	5	6	7	8	8
9	10	11	12	13	14

(1) 평균을 구하라.
(2) 중앙치를 구하라.
(3) 최빈치를 구하라.
(4) 범위를 구하라.
(5) MAD를 구하라.
(6) 모집단 데이터라고 할 때 모분산을 구하라.
(7) 모집단 데이터라고 할 때 모표준편차를 구하라.
(8) 표본 데이터라고 할 때 표본분산을 구하라.
(9) 표본 데이터라고 할 때 표본표준편차를 구하라.
(10) 표본 데이터라고 할 때 변동계수를 구하라.
(11) 40번째 백분위수를 구하라.
(12) 3사분위수를 구하라.
(13) 모집단 데이터라고 할 때 11에 해당하는 Z값을 구하라.
(14) 비대칭도계수를 구하라.
(15) Excel을 사용하여 요약통계량을 구하라.

3/8 Excel 고등학교에 다니는 강 군은 이번 학기에 42명의 반에서 5등을 하였고 Word 고등학교에 다니는 박 양은 학년 350명의 학생 중에서 50등을 하였다.

(1) 몇 %의 학생이 강 군보다 낮은 성적을 받았는가?
(2) 학년 100명을 기준으로 할 때 박 양은 몇 등이 될 것인가?
(3) 어느 학생이 상대적으로 공부를 잘 하였는가?

3/9 다음 데이터는 변수 X의 값들이다. 다음을 구하라.

A	B	C	D	E	F
2	5	10	15	20	38

(1) $\sum_{i=3}^{6} X_i$

(2) $\frac{1}{6}\sum_{i=2}^{4} X_i$

(3) $\frac{1}{3}\sum_{i=1}^{3} X_i^2$

(4) $\sum_{i=1}^{6}(X_i - \overline{X})^2$

Chapter 04

확률이론

추리통계학이란 표본정보에 입각하여 알지 못하는 모집단의 특성에 관해 추론하는 통계적 절차를 말한다. 이때 표본정보는 모집단의 특성을 정확하게 예측할 수도 있지만 그렇지 않을 수가 더 많다. 이와 같이 미래에 어떤 사상이 발생할 것인지 또는 발생하지 않을 것인지 결과를 미리 말하는 것은 불가능하기 때문에 결과는 불확실하다(예를 들면, 동전을 던질 때 뒷면이 나올지 또는 앞면이 나올지는 불확실하다). 그러나 어떤 사상이 발생할 가능성(possibility)을 말하는 것은 있을 수 있다(예를 들면, 앞면이 나올 가능성은 1/2이다). 이와 같이 통계적 추리는 어떤 사상(결과)의 발생가능성, 즉 확률에 기초를 두고 이루어진다. 여기서 불확실성(uncertainty)을 계량화하여 의사결정을 하게 되는데 이러한 불확실한 상황을 표현하는 언어가 확률이다. 통계적 추론은 확률이론에 기초한다.

확률이론(probability theory)의 사용은 표본에서 추출한 제한된 정보만을 갖고 있는 의사결정자로 하여금 예를 들면, 새로운 제품을 시판하거나 불량부품이 든 로트를 받아들이는 데 따르는 위험을 분석하고 이를 최소화하려는 노력에 도움이 된다.

한편 확률은 모집단을 알고 있음을 전제로 하여 이 모집단으로부터 여러 가지 표본을 추출할 가능성을 계산하는 것이다. 즉 확률에 있어서는 모집단 정보에 입각하여 가능한 표본의 성격을 추론하는 것이다.

이와 같이 확률은 추리통계학과 역(reverse)관계인 것이다. [그림 4-1]은 확률과 추리통계학의 관계를 나타내고 있다. 확률은 모집단과 표본을 연결시키는 고리가 되므로 표본으로부터 모집단에 관한 정보를 얻으려는 추리통계학의 기초가 된다. 따라서 본장에서는 사상과 표본공간, 확률이론, Bayes 정리 등에 관하여 설명하고자 한다.

그림 4-1 확률과 추리통계학의 관계

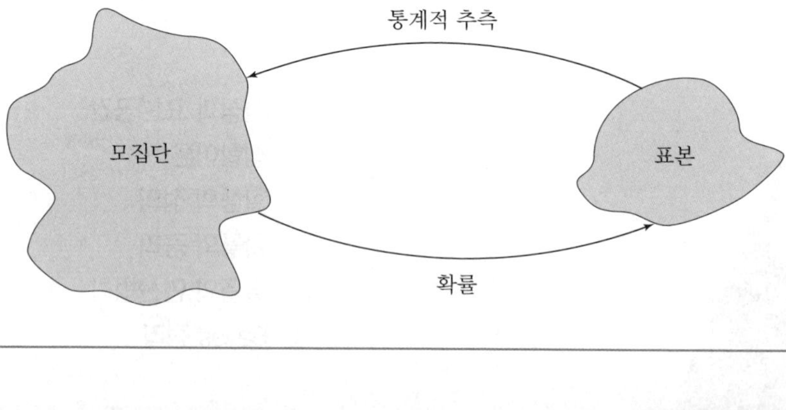

S·E·C·T·I·O·N 4.1

사상과 표본공간

우리가 관심을 갖는 대부분의 데이터는 어떤 확률실험(random experiment)에 의해서 생성되는데 이는 다음과 같이 정의한다.

TIP

확률실험

확률실험이란 어떤 변수의 관찰(시행) 또는 측정 시 두 개 이상의 결과(outcome) 중 어떤 것이 나올지 전혀 모르는 상황에서 하나의 결과를 유발하는 행위 또는 과정을 말한다.

확률실험을 할 때 다음의 조건이 만족되어야 한다.

- 실험을 무한히 반복할 수 있어야 한다.
- 실험을 통해 관찰할 수 있는 모든 가능한 결과들을 정의할 수 있어야 한다.
- 확률실험에서 어떤 결과가 발생할지 미리 알 수 없어야 한다.

[표 4-1]은 확률실험과 그의 결과를 나타내는 예이다. 특정 실험을 분석하기

표 4-1 실험과 결과

실험	결과
동전 한 개 던지기	앞면, 뒷면
주사위 한 개 던지기	1, 2, 3, 4, 5, 6
부품검사	양품, 불량품
축구시합	승리, 패배, 무승부
통계학 성적	A, B, C, D, F

위해서는 먼저 실험의 결과를 명확하게 정의해야 한다.

예를 들면, 동전 한 개를 던질 때 나타나는 앞면 또는 뒷면을 확인하고 그의 결과를 기록하는 행위를 실험이라고 한다. 이때 앞면 또는 뒷면과 같이 확률실험의 가능한 결과를 기본 결과(basic outcome)라고 한다.

각 확률실험의 결과 얻을 수 있는 가능한 모든 기본 결과의 집합을 표본공간(sample space)이라고 하고 보통 S로 표시한다.

TIP

표본공간

확률실험의 표본공간이란 실험 또는 표본의 실현가능한 모든 기본 결과(표본점, 원소)들의 집합을 말한다. 표본공간에 포함되는 결과들은 완전하고 상호 배타적이어야 한다.

예를 들면, 주사위 던지기 실험에서 앞면이 나타나는 수를 관찰하는 실험의 결과는 1, 2, 3, 4, 5, 6이므로 표본공간은

$$S=\{1, 2, 3, 4, 5, 6\}$$

이다.

한편 동전 던지기 실험에서 윗면을 관찰하는 실험의 표본공간은

$$S=\{\text{앞면, 뒷면}\}$$

이다.

위의 예에서 1, 2, 3, 4, 5, 6, 앞면, 뒷면 등은 표본공간을 구성하는 어떤 한 특정 기본 결과인데 이를 표본점(sample point) 또는 원소(element)라고 한다. 즉 표본점은 한 번 실험하여 얻을 수 있는 한 결과를 말한다.

따라서 주사위 던지기 실험의 표본점은 여섯 개이고, 동전 던지기 실험의 표본점은 두 개이다. 이러한 표본점은 동시에 발생할 수 없고 서로 공통되는 기본 결과를 갖지 않는 상호 배타적(mutually exclusive)이고 완전한(exhaustive) 사상이어야 한다.[1]

표본공간이 이루어지면 이를 구성하는 특정 표본점을 얻을 수 있는 확률은 1/

1 상호 배타적이라 함은 실험을 한 번 할 때 두 개 이상의 기본 결과가 동시에 나타날 수 없음을 의미하고 완전함이라 함은 표본공간에 실험의 모든 가능한 결과가 빠짐없이 포함되어야 함을 의미한다.

(전체 표본점들의 수)로 구한다. 예를 들면, 동전 던지기에서 특정한 표본점인 앞면(또는 뒷면)이 나올 확률은 1/2이다. 이와 같이 표본공간을 구성하는 사상들이 상호 배타적이고 완전하면 모든 사상들이 일어날 확률의 합은 항상 1이 된다.

사상(event)이란 표본공간을 이루는 특정 표본점을 말하는데, 사건이라고도 한다. 사상은 확률실험의 결과 기본 결과들 중 하나가 유발될 때 발생한다. 사상은 단일사상과 복합사상으로 구분할 수 있다.

단일사상(simple event)이란 더 이상 단순하게 분해할 수 없는 사상을 말하고, 복합사상(composite event)이란 이러한 단일사상들의 집합을 말한다.

TIP

단일사상과 복합사상

단일사상이란 더 이상 단순한 결과로 분해할 수 없는 실험의 기본 결과를 말하는데 표본점이라고도 한다.
복합사상이란 단일사상들의 집합을 말한다.

예를 들면, 주사위 하나를 던지는 경우 표본공간 $S=\{1, 2, 3, 4, 5, 6\}$ 내의 각각의 표본점은 단일사상이다. 다시 말하면, 표본공간은 단일사상의 집합이므로 사상은 표본공간의 부분집합(subset)이라고 할 수 있다.

그러나 짝수를 관찰하는 사상은 숫자 2, 4, 6을 관찰한다는 세 가지 단순사상들로 나누어질 수 있다. 짝수를 관찰하는 사상을 A라 하면 A는 복합사상으로서 표본공간 S의 부분집합, 즉 $A=\{2, 4, 6\}$이 된다.

다음 [예제 4-1]에서 보는 바와 같이 주사위 한 개를 던져 얻는 사상 C도 복합사상이라고 할 수 있다.

단일사상은 중요한 특성을 갖는다. 실험이 한 번 시행될 때 다만 하나의 단일사상을 관찰할 수 있는 것이다. 만일 주사위 하나를 던져 2가 나오면 5는 동시에 나올 수가 없다. 그러나 이러한 특성이 모든 사상에 대해 적용되는 것은 아니다. 주사위 하나를 던져 홀수를 관찰하는 복합사상에서는 홀수를 관찰하는 것과 1(또는 3, 5)을 관찰하는 것은 동시에 발생할 수 있는 것이다.

예제 4-1 주사위 하나를 한 번 던지는 실험에서 사상을 다음과 같이 정의하자.

A = 짝수가 관찰되다
B = 홀수가 관찰되다
C = 5 미만이 관찰되다

(1) 사상 A와 사상 B는 상호 배타적인가?
(2) 사상 A와 사상 C는 상호 배타적인가?

풀이

(1) $A=\{2, 4, 6\}$이고, $B=\{1, 3, 5\}$로서 공통되는 요소가 없기 때문에 두 사상은 상호 배타적이다.
(2) $C=\{1, 2, 3, 4\}$로서 사상 A와 사상 C 사이에는 공통되는 요소 (2, 4)가 있으므로 상호 배타적이라고 할 수 없다.

표본공간과 그의 단일사상은 Venn 다이어그램(Venn diagram)이라고 하는 그래프적 방법을 사용하여 표현할 수 있다. [그림 4-2]에서 (a)는 동전 한 개 던지기의 실험 결과를 나타내고 (b)는 주사위 한 개 던지기의 실험 결과를 나타낸다.

그림 4-2 Venn 다이어그램

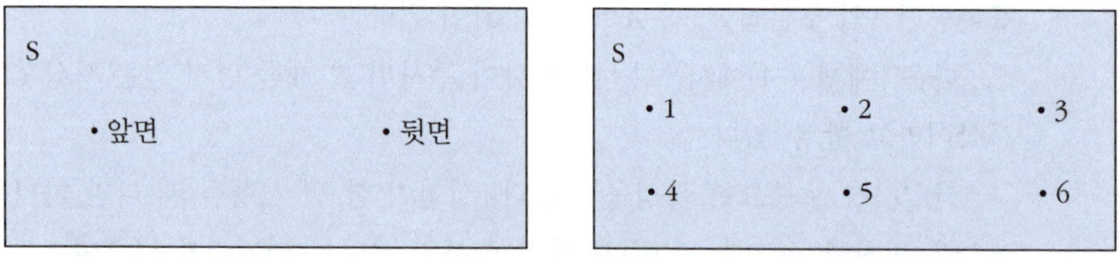

(a) 동전 던지기 (b) 주사위 던지기

예제 4-2 주사위 한 개와 동전 한 개를 동시에 던질 때 나타나는 결과를 기록하는 실험에서

(1) 이 실험의 표본공간을 나타내라.

(2) 이 실험의 표본공간을 Venn 다이어그램으로 나타내라.

풀이

(1) $S=\{(1, H), (1, T), (2, H), (2, T), (3, H), (3, T), (4, H), (4, T), (5, H), (5, T), (6, H), (6, T)\}$

(2)

S

• (1, H) • (1, T) • (2, H) • (2, T) • (3, H) • (3, T)

• (4, H) • (4, T) • (5, H) • (5, T) • (6, H) • (6, T)

어떤 실험과 그의 결과는 나무그림(tree diagram)으로 나타낼 수 있다. 나무그림에서 계속되는 각 가지는 실험의 가능한 결과를 발생시키는 데 필요한 절차를 나타낸다. 예컨대 [예제 4-2]에서와 같이 주사위 한 개와 동전 한 개를 던지는 실험과 그의 결과를 나타내는 나무그림은 [그림 4-3]과 같다.

그림 4-3 나무그림

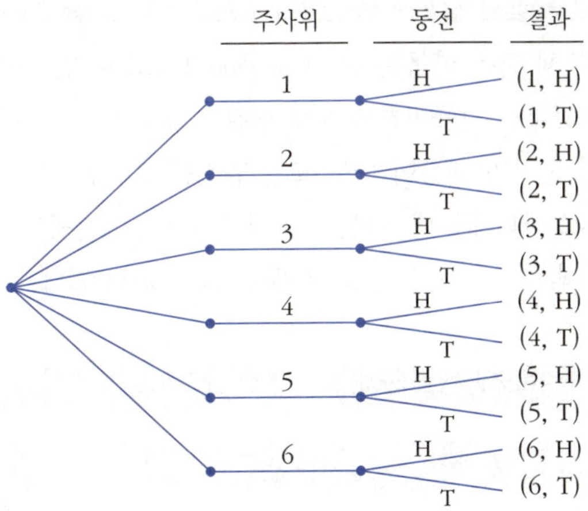

SECTION 4.2

집합이론

집합의 개념

확률(probability)은 어떤 실험에서 여러 가지 사상이 발생할 수 있을 때 어떤 특정 사상이 미래에 일어날 가능성을 말한다. 그런데 확률을 이해하고 계산하기 위해서는 집합이론(set theory)을 먼저 알아야 한다.

TIP

집합

집합이란 명확히 정의된 개체 또는 항목의 모임을 말한다.

여기서 개체 또는 항목은 원소(element)라고도 한다. 집합이론에서의 부분집합은 앞절에서 공부한 확률이론의 사상과 같은 개념이고, 원소는 단일사상과 같은 개념이다. 특히 관심의 대상이 되는 모든 원소를 포함한 집합을 전집합(universal set)이라 하고 U로 나타내는데, 이는 확률이론에서의 표본공간에 대응하는 개념이다.

집합이론과 확률이론의 상호 관계는 [표 4-2]와 같다.

표 4-2 집합이론과 확률이론의 상호 관계

확률이론	집합이론
사상	부분집합
단일사상(표본점)	원소
표본공간	전집합

주사위 한 개를 던질 때 앞면에 나타나는 수들의 전집합을 A, 짝수인 집합을 B라 하면 다음과 같이 표현할 수 있다.

$$A=\{1, 2, 3, 4, 5, 6\}$$
$$B=\{2, 4, 6\}$$

그런데 집합 B의 원소는 전집합 A의 원소 가운데 일부분이므로 집합 B는 전집합 A의 부분집합(subset)이라고 하는데 이를 기호로 표시하면 $B \subset A$와 같다.

EXCEL STATISTICS 집합의 종류

합집합

두 집합 A와 B의 합집합(union of sets)은 집합 A에 포함되거나 또는 집합 B에 포함되는 즉, 양쪽에 포함되는 모든 원소들로 구성되는 집합을 말한다.

> **TIP**
>
> 합집합
>
> $A \cup B=\{$집합 A 또는 집합 B에 속하는 모든 원소$\}$

집합 A와 집합 B의 합집합은 $A \cup B$로 표현하는데 식은 다음과 같다.

$$A \cup B=\{x \mid x \in A \text{ 또는 } x \in B\}$$

집합 A와 집합 B의 합집합을 Venn 다이어그램으로 나타내면 [그림 4-4]와 같다.

그림 4-4 집합 A와 집합 B의 합집합($A \cup B$)

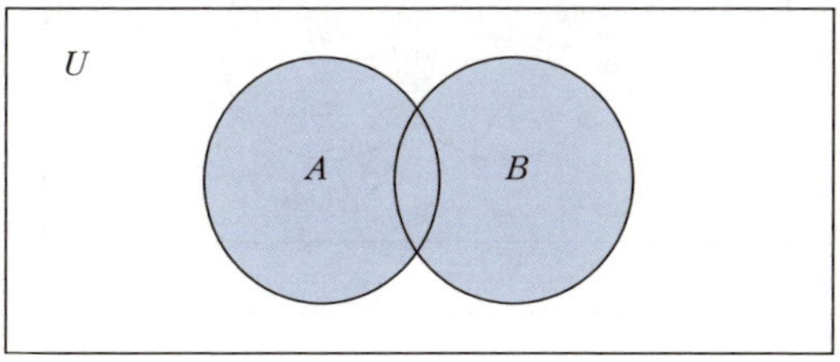

예제 4-3 $A=\{3, 4, 5\}$, $B=\{5, 6, 7\}$일 때 $A \cup B$를 구하라.

풀이

$A \cup B=\{3, 4, 5, 6, 7\}$

교집합

두 집합 A와 B의 교집합(intersection of sets)은 집합 A와 집합 B에 공통적으로 포함되는 원소들로 구성되는 집합을 말한다.

TIP

교집합

$A \cap B=\{$집합 A와 집합 B에 속하는 공통 원소$\}$

집합 A와 집합 B의 교집합은 $A \cap B$로 표현하는데 식은 다음과 같다.

$$A \cap B=\{x \mid x \in A \text{ 그리고 } x \in B\}$$

집합 A와 집합 B의 교집합을 Venn 다이어그램으로 나타내면 [그림 4-5]와 같다.

합집합 $A \cup B$는 [그림 4-5]를 이용하여 다음과 같은 식으로 구할 수 있다.

그림 4-5 집합 A와 집합 B의 교집합($A \cap B$)

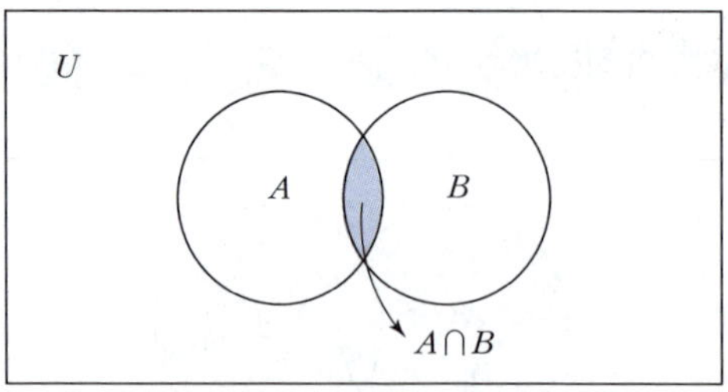

$$A \cup B = A + B - A \cap B \qquad (4.1)$$

예제 4-4 $A=\{3, 4, 5\}$, $B=\{5, 6, 7\}$일 때

(1) $A \cup B$를 구하라.

(2) $A \cap B$를 구하라.

풀이

(1) $A \cup B = A + B - A \cap B = \{3, 4, 5\} + \{5, 6, 7\} - \{5\}$

$= \{3, 4, 5, 6, 7\}$

(2) $A \cap B = \{5\}$

만약 두 집합 A와 B에 공통적인 원소가 없는 경우 $A \cap B$는 공집합(empty set)이 되며 $A \cap B = \phi$로 표현한다. 이러한 경우 두 집합 A와 B는 상호 배타적(배반적) 집합이라고 한다. 이는 [그림 4-6]이 나타내고 있다.

상호 배타적 집합의 합집합은 다음 식을 이용하여 구한다.

$$A \cup B = A + B \qquad (4.2)$$

그림 4-6 상호 배타적 집합

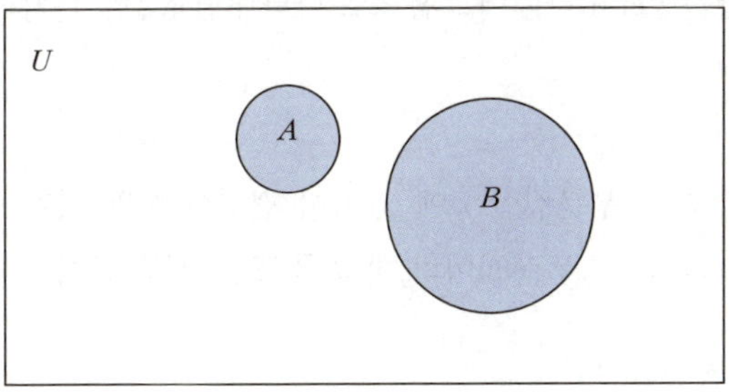

그림 4-7 집합 A와 집합 B의 차집합($A-B$)

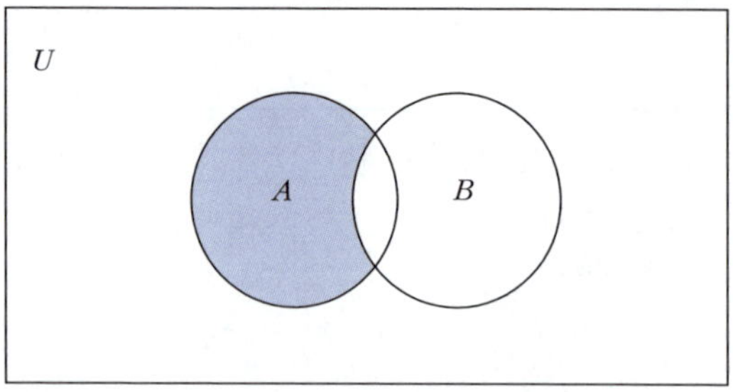

예제 4-5 집합 $A=\{1, 2, 3\}$, $B=\{4, 5\}$일 때

(1) 두 집합 A와 B는 상호 배반적인가?

(2) $A \cup B$를 구하라.

풀이

(1) 집합 A와 집합 B는 공통원소를 갖지 않으므로 상호 배반적이다.

(2) $A \cup B = A + B = \{1, 2, 3, 4, 5\}$

차집합

두 집합 A와 B의 차집합(difference of sets)은 집합 A에는 속하지만 집합 B에는 속하지 않는 원소들로 구성된 집합을 말하며 $A-B$로 표현한다.

차집합을 Venn 다이어그램으로 나타내면 [그림 4-7]과 같다.

여집합

전집합 U의 부분집합 A에 있어서 전집합 U와 집합 A의 차집합을 집합 A의 여집합(complementary sets)이라 하고 $\overline{A}$ 또는 A^c로 표시한다. 식은 다음과 같다.

$$\overline{A} = \{x \mid x \notin A\}$$

집합 A의 여집합 $\overline{A}$를 Venn 다이어그램으로 나타내면 [그림 4-8]과 같다.

그림 4-8 집합 A의 여집합

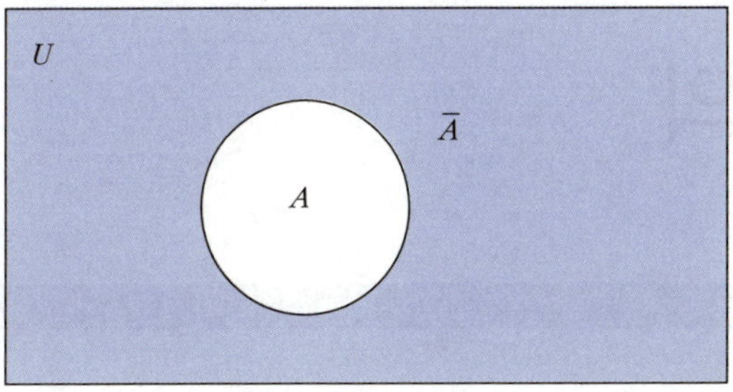

예제 4-6

$U=\{1, 2, 3, 4, 5, 6, 7, 8, 9, 10\}$　　$A=\{2, 4, 6, 8, 10\}$

$B=\{1, 3, 5, 7, 9\}$　　$C=\{1, 2, 3, 4, 5\}$일 때

(1) $A\cup C$, $A\cap C$를 구하라.

(2) $\bar{A}$를 구하라.

(3) 세 부분집합 A, B, C 중에서 상호 배반적인 집합은 어느 것인가?

(4) $B-C$를 구하라.

(5) 전집합 U의 부분집합은 어느 것인가?

풀이

(1) $A\cup C=\{1, 2, 3, 4, 5, 6, 8, 10\}$

$A\cap C=\{2, 4\}$

(2) $\bar{A}=\{1, 3, 5, 7, 9\}$

(3) 집합 A와 집합 B

(4) $B-C=\{7, 9\}$

(5) 집합 A, 집합 B, 집합 C

S·E·C·T·I·O·N 4.3

확률의 정의

확률은 불확실한 상황을 취급하는 도구인데 발생 여부가 불확실한 상황에서 확률실험을 할 때 나타나는 각 사상(사건) 또는 결과가 미래에 발생할 가능성 또는 확실성을 0부터 1까지의 숫자로 측정하기 위하여 확률(probability)의 개념을 사용한다. 이때 사상 A의 확률은 $P(A)$로 표현한다. 확률이 0이라 함은 사건의 발생이 불가능함을 의미하고 확률이 1이라 함은 사건의 발생이 확정적임을 의미한다. 이와 같이 확률이란 어떤 사상이 주어진 조건에서 발생하거나 발생하지 않을 가능성을 말한다.

우리는 결과가 어떻게 될지 불확실한 상황에서 의사결정을 하게 된다. 이때 불확실성의 정도를 낮출 수만 있다면 현명한 의사결정을 할 가능성은 높아진다. 본장의 목적은 불확실한 사상의 발생가능성(likelyhood)을 측정하는 방법을 공부하려는 것이다. 불확실성하에서 미래 사상의 발생가능성을 판단할 능력이 향상되면 의사결정의 위험을 최소화할 수 있다.

추리통계학에서는 모집단으로부터 추출된 표본정보에 입각하여 그 모집단에 대해 어떤 결론을 내리기 때문에 추출되는 표본에 따라 표본통계량이 매번 달라지므로 언제나 불확실하고 위험(risk)이 따르게 된다. 이러한 위험을 분석하고 이를 최소화하는 데 도움을 주는 도구가 바로 확률이론(probability theory)이다. 확률을 알아야 통계적 추론이 가능하다. 표본통계량을 통해 모집단의 모수를 추정하려는 추론통계학에서 가장 중요한 핵심적 개념이 확률이다.

확률실험의 사상에 확률을 부여하는 방법으로 세 가지 방법이 있다.

- 객관적 방법
  - 고전적 방법
  - 상대도수적 방법
- 주관적 방법

고전적 방법

고전적 방법(classical approach)은 실험의 결과로 나타나는 각 사상이 발생할 가능성이 모두 명확하게 동일(equally likely)하고 상호 배타적인 경우에 적용된다. 동전 던지기, 주사위 던지기, 카드 뽑기 같은 우연의 게임에서는 동등발생결과라는 특성을 갖는다.

동전 던지기에서 앞면이 나올 확률과 뒷면이 나올 확률은 던지지 않고도 모두 $\frac{1}{2}$이라고 알 수 있다. 이러한 결론은 앞면과 뒷면이 나올 확률이 서로 같을 것이라는 논리적 추론에 입각한 것이다. 즉 이는 실제적인 경험이나 실험에 의한 것이 아니고 객관적으로 판단하는 결과이다. 따라서 이는 이론적 확률(theoretical probability) 또는 사전확률(prior probability)이라고도 한다.

이때 사용되는 공식은 다음과 같다.

TIP

고전적 확률개념

$$P(A)=\frac{\text{사상 } A\text{와 관련된 사상의 수}}{\text{표본공간에 속하는 전체 사상의 수}}$$

만일 실험으로 n개의 가능한 결과(사상)가 일어날 수 있다면 고전적 방법은 실험의 각 결과에 $\frac{1}{n}$의 확률을 부여하게 된다.

현실적으로 많은 경영문제에 있어서는 동등발생가능성이라는 가정을 적용할 수 없기 때문에 다른 방법을 사용하게 된다.

상대도수적 방법

장기적 상대도수 확률은 실제적으로 수많은 실험이나 경험을 통해 얻는 확률 개념이다. 따라서 이를 경험적 확률(empirical probability) 또는 사후확률(posterior

그림 4-9 동전 던지기의 상대도수

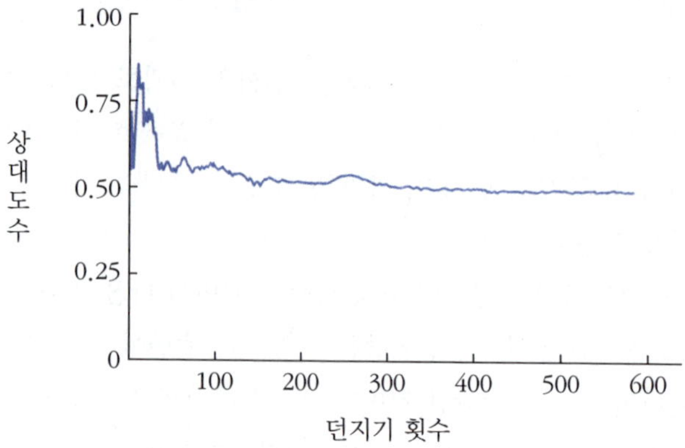

probability)이라고도 한다.

동전을 던질 때 앞면이 나올 이론적 확률이 $\frac{1}{2}$이라는 것은 동전 던지기를 무한히 반복할 때 전체 실험횟수에서 앞면이 나올 상대도수는 $\frac{1}{2}$로 수렴하게 된다는 것을 의미한다. 대수의 법칙(law of large numbers)이란 시행의 수를 무한히 증가시킬 때 경험적 확률은 이론적 확률에 접근한다는 정리이다. [그림 4-9]는 동전 던지기 실험의 결과를 나타내고 있다.

상대도수 방법은 다음과 같이 정의한다.

TIP

상대도수적 확률개념

$$P(A) = \lim_{N \to \infty} \frac{n}{N}$$

N : 실험의 총시행 횟수
n : 사상 A가 발생한 횟수

상대도수적 확률개념은 경영문제에 많이 적용됨에도 불구하고 실험을 무한히 시행해야 하는 현실적 어려움도 있고 또 무한히란 어느 정도를 의미하는지도 막연하다는 문제점을 내포하고 있다.

EXCEL STATISTICS 주관적 방법

앞절에서 공부한 고전적 개념과 상대도수적 개념은 사실에 입각하여 사상에 확률을 부여하기 때문에 누구든지 똑같은 값을 갖게 되는 객관적 방법이라고 할 수 있다. 그런데 결과들이 똑같이 발생하지 않는 상황이라든가, 데이터를 구할 수 없는 경우에는 객관적 방법에 의한 확률 결정이 불가능하게 된다. 이러한 경우에는 주어진 조건하에서 사상의 발생 확률이 얼마인지 경험, 지식, 정보 등을 바탕으로 의사결정자가 주관적으로 결정해야 한다.

S·E·C·T·I·O·N 4.4

확률의 공리

앞절에서 살펴본 세 가지 방법 가운데 어떤 방법으로 사상에 확률을 부여하더라도 다음과 같은 확률의 공리(postulate)는 만족되어야 한다. A와 B는 표본공간 S를 이루는 사상이라고 하자.

TIP

공리

공리 1 : $0 \leq P(A) \leq 1$
공리 2 : $P(S) = 1$
공리 3 : $P(A$ 또는 $B) = P(A) + P(B)$

공리 1은 표본공간을 이루는 한 사상이 발생할 확률은 0부터 1까지의 값을 갖는다는 법칙이다.

공리 2는 표본공간에 있는 상호 배타적인 가능한 모든 사상들이 발생할 확률의 합은 1이라는 법칙이다.

공리 3은 상호 배타적 사상들이 발생할 확률은 그들 개개의 확률을 합한 것과 같다는 법칙이다.

공리 2와 3은 확률실험의 결과 발생하는 단일사상들의 확률은 모두 합치면 1과 같다는 것을 의미한다.

공리 3으로부터 사상 A와 그의 여사상 A^C는 상호 배타적이기 때문에 다음 식이 성립한다는 것을 알 수 있다. 이는 여사상의 확률법칙이라고도 한다.

$$P(A \text{ 또는 } A^C) = P(A) + P(A^C) = 1$$
$$P(A^C) = 1 - P(A)$$

예제 4-7 Excel 대학교 총동창회에서는 연말 송년회에서 회원들에게 복권 200장을 팔려고 한다. 이 중에서 10장은 1등상을 주고 20장은 2등상을 주려고 한다. 각 복권은 1등상을 탈 가능성이 똑같고 또 2등상을 탈 가능성도 똑같다. 누구도 상을 두 개 탈 수는 없다.

(1) 복권 한 장으로 1등상을 탈 확률은 얼마인가?
(2) 복권 한 장으로 2등상을 탈 확률은 얼마인가?
(3) 상을 탈 확률은 얼마인가?
(4) 상을 전혀 타지 못할 확률은 얼마인가?

풀이

(1) $P(\text{1등상}) = \frac{10}{200} = 0.05$

(2) $P(\text{2등상}) = \frac{20}{200} = 0.10$

(3) $P(\text{상}) = 0.05 + 0.10 = 0.15$

(4) $P(\text{상타지 못함}) = 1 - 0.15 = 0.85$

S·E·C·T·I·O·N 4.5

확률의 연산법칙

사상을 결합시키는 기본적인 확률법칙은 다음과 같이 구분할 수 있다.

- 덧셈법칙
  - 일반법칙 : 상호 배타적이 아닌 사상의 경우
  - 특별법칙 : 상호 배타적인 사상의 경우
- 곱셈법칙
  - 일반법칙 : 종속사상의 경우
  - 특별법칙 : 독립사상의 경우

덧셈법칙

확률의 덧셈법칙은 두 사상 A와 B의 합사상이 발생할 확률, 즉 합확률(union probability) $P(A \cup B)$을 계산하는 데 이용된다.[2] 그런데 덧셈법칙은 사상들이 상호 배타적이 아닌 경우와 배타적인 경우 서로 다르다. 두 사상이 상호 배타적이라 함은 예컨대 동전의 앞면과 뒷면이라는 두 사상이 동시에 발생하지 않는다는 것을 의미한다.

일반법칙 : 상호 배타적이 아닌 사상의 경우

한 학생이 축구, 야구, 테니스 등등 여러 가지 운동을 동시에 할 수 있는 것처

2 전체 자동차 소유자 가운데서 합확률의 예를 들면, 한 사람이 대우차 또는 기아차를 소유할 확률이다. 이 경우 그 사람은 대우차와 기아차를 함께 소유하든지 또는 최소한 대우차와 기아차 가운데 어느 하나는 소유해야 한다.

럼 사상 A와 사상 B가 동시에 발생할 수 있으면 이들 사상은 배타적이 아니다. 이러한 경우 덧셈의 일반법칙(general rule of addition)은 다음과 같다.

TIP

일반법칙 : 상호 배타적이 아닌 사상의 경우

$$P(A\cup B)=P(A)+P(B)-P(A\cap B)$$

상호 배타적이 아닌 사상 A와 사상 B의 합사상을 Venn 다이어그램으로 나타내면 [그림 4-4]와 같다.

예제 4-8 Excel 대학교 1학년 A반 150명 학생들을 조사한 결과 산을 좋아하는 학생은 50명이었고, 바다를 좋아하는 학생은 100명이었다. 산과 바다를 모두 좋아하는 학생은 30명이었다. 랜덤으로 한 학생을 뽑을 때 이 학생이 최소한 산 또는 바다를 좋아할 확률은 얼마인가?

풀이

$$P(\text{산})=\frac{50}{50+100}=\frac{1}{3}$$

$$P(\text{바다})=\frac{100}{50+100}=\frac{2}{3}$$

$$P(\text{산}\cap\text{바다})=\frac{30}{150}=\frac{1}{5}$$

$$P(\text{산}\cup\text{바다})=P(\text{산})+P(\text{바다})-P(\text{산}\cap\text{바다})=\frac{1}{3}+\frac{2}{3}-\frac{1}{5}=\frac{4}{5}$$

특별법칙 : 상호 배타적인 사상의 경우

한 학생의 성이 남성 아니면 여성인 것처럼 사상 A와 사상 B가 동시에 발생할 수 없으면 이들은 상호 배타적인 사상이라고 할 수 있다. 이 경우 사상 A와 사상 B는 공통되는 단일사상을 포함하지 않기 때문에 $P(A\cap B)$는 0이 된다. 덧셈의 특별법칙(special rule of addition)은 다음과 같다.

TIP

특별법칙 : 상호 배타적인 사상의 경우

$$P(A\cup B)=P(A)+P(B)$$

상호 배타적인 사상 A와 사상 B의 합사상을 Venn 다이어그램으로 나타내면 [그림 4-6]과 같다.

예제 4-9 동전 두 개를 던지는 실험을 고려하자. 다음과 같이 사상을 정의할 때 물음에 답하라.

A : 적어도 앞면이 하나 나온다.
B : 앞면이 꼭 하나 나온다.
C : 앞면이 꼭 둘 나온다.

(1) 표본공간을 구하라.
(2) 표본공간과 각 사상을 Venn 다이어그램으로 나타내라.
(3) $P(A)$를 계산하라.

풀이

(1) $S=\{HT, TH, HH, TT\}$

(2)

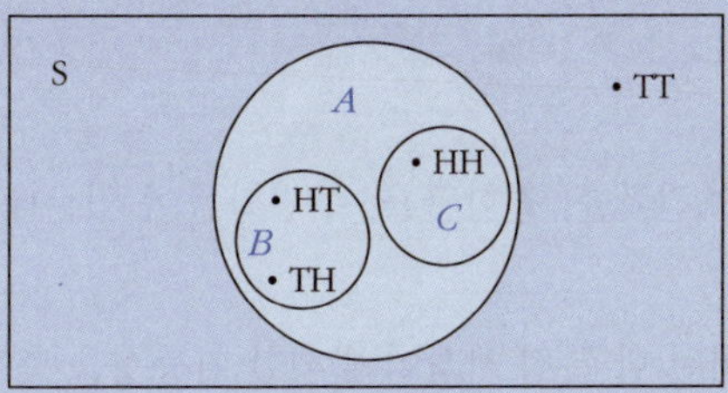

(3) $A=B\cup C$

$$P(A)=P(B\cup C)=P(B)+P(C)=\frac{1}{2}+\frac{1}{4}=\frac{3}{4}$$

예제 4-10 동등발생 가능성을 갖는 실험 결과의

$S=\{O_1, O_2, O_3, O_4, O_5\}$이고
$A=\{O_1, O_2\}$
$B=\{O_3, O_4\}$
$C=\{O_2, O_3, O_5\}$일 때

(1) $P(A)$, $P(B)$, $P(C)$를 구하라.
(2) $P(A\cup B)$를 구하라.
(3) 두 사상 A와 B는 상호 배타적인가?
(4) A^c, C^c, $P(A^c)$, $P(C^c)$를 구하라.
(5) $A\cup B^c$, $P(A\cup B^c)$를 구하라.
(6) $P(B\cup C)$를 구하라.

풀이

(1) 0.4, 0.4, 0.6

(2) $\frac{4}{5}=0.8$

(3) 공통되는 요소를 갖지 않기 때문에 상호 배타적이다.

(4) $A^c=\{O_3, O_4, O_5\}$ $\quad P(A^c)=0.6$

$C^c=\{O_1, O_4\}$ $\quad P(C^c)=0.4$

(5) $A\cup B^c=\{O_1, O_2, O_5\}$ $\quad P(A\cup B^c)=0.6$

(6) $P(B\cup C)=0.8$

EXCEL STATISTICS 조건확률

확률의 종류에는 조건확률, 결합확률, 주변확률이 있는데 본절에서 차례로 공부하고자 한다.

우리는 지금까지 어떤 한 특정 사상이 발생할 가능성을 측정하는 수단으로서 확률을 공부하여 왔다. 즉 이 특정 사상의 발생 확률은 다른 사상의 발생 여부와 전혀 관련이 없었다. 따라서 우리는 지금까지 아무런 조건없는 무조건확률(unconditional probability)을 공부하여 왔다고 할 수 있다. 본절에서는 두 사상이 발생하는 경우를 공부하기로 하자.

종속사상의 경우

두 사상 사이에 밀접한 관계가 있어서 한 사상의 발생 확률이 다른 사상의 발생에 따라 영향을 받게 되면 두 사상은 통계적 종속성(statistical dependence)의 관계에 있다고 한다.

이와 같이 어떤 사상의 확률이 다른 사상의 발생에 의존하거나 영향을 받는 경우에는 다른 사상의 발생에 따른 추가적 정보를 갖기 때문에 어떤 사상의 확률은 영향을 받게 된다.

랜덤 추출로 실시하는 많은 실험은 종속적인 사상을 결과한다. 예를 들면, 삼성전자의 주가는 그 회사의 영업 성과에 영향을 받는다. 또한 만일 비복원추출로 한다면 첫 번째 결과의 확률은 다음 결과의 확률에 영향을 미치기 때문에 두 사상은 종속적이라 할 수 있다.

종속관계에 있는 두 사상을 A와 B라고 하자. 첫 번째 사상 A가 이미 발생하였다는 추가적인 정보를 알고 있을 때 두 번째 사상 B의 조건확률(conditional probability)은 $P(B|A)$로 나타내며 "사상 A가 발생했을 때 사상 B의 발생가능 확률"이라고 읽는다.[3]

주사위를 한 번 던지는 실험의 예를 들어 보자. 실험의 표본공간은 S={1, 2, 3, 4, 5, 6}이다. 이때 짝수가 나오는 사상을 A라 하고 4 이하의 수가 나오는 사상을 B라 하자. 주사위를 던져 짝수가 나왔다는 사실을 알고 있을 때 4 이하의 수가 나올 확률 $P(B|A)$를 어떻게 구할 것인가?

이미 짝수가 나왔기 때문에 표본공간은 $S=\{2, 4, 6\}$으로 축소된다. 여기서 4 이하의 기본 결과는 {2, 4}이므로 $P(B|A)=\frac{2}{3}$가 된다.

TIP

조건확률 : 종속사상의 경우

조건확률이란 어떤 한 특정 사상이 발생하였다는(또는 꼭 발생할 것이라는) 조건하에서 다른 사상이 발생할 가능성을 측정하는 확률을 말한다.

$$P(B \mid A) = \frac{P(A \cap B)}{P(A)} \quad \text{또는} \quad P(A \mid B) = \frac{P(A \cap B)}{P(B)}$$

조건확률 $P(B|A)$는 사상 A와 사상 B가 동시에 발생할 가능성을 나타내는 결합확률 $P(A \cap B)$를 사상 A가 발생할 주변확률 $P(A)$로 나눈 값이 된다.

위 주사위 던지는 실험에서 $P(B|A)$를 공식을 이용하여 구해보자.

$$P(B|A) = \frac{P(B \cap A)}{P(A)} = \frac{\frac{2}{6}}{\frac{3}{6}} = \frac{2}{3}$$

3 조건확률의 예를 들면, 전체 자동차 소유자 가운데서 한 사람이 기아차를 소유하고 있을 때 또한 삼성차를 소유할 확률이다. 이는 기아차를 소유하는 사람으로 축소하고 기아차 소유자 가운데서 삼성차를 또한 소유하는 사람의 수로 남는다. 이와 같이 조건확률은 사상을 선정하는 조건을 제시함으로써 특정 사상이 발생할 수 있는 표본공간이 축소되어 간다.

분할표

종속사상과 조건확률을 설명하는 데 분할표를 이용할 수 있다. 분할표(contingency table)[4]란 제2장에서 공부한 바와 같이 모집단에서 추출된 표본 데이터(주로 명목 데이터)를 두 가지 기준(범주)에 따라 행과 열로 분류하여 작성한 통계표를 말한다. 도수분포표는 한 변수에 관한 데이터를 정리할 때 사용한다. 모집단의 한 변수의 값을 관찰하여 얻는 데이터를 일변량 데이터(univariate data)라고 하고 두 변수의 값을 관찰하여 얻는 데이터를 이변량 데이터(bivariate data)라 한다. 두 사상(범주변수) 간의 관계를 밝히기 위해 데이터를 정리하여 행과 열에 각각 한 사상의 구간을 정하고 행과 열이 교차하는 칸(cell)에 해당하는 값을 기록한다. 이때 수치(도수)로 나타내면 분할표이고 상대도수로 나타내면 결합확률표(joint probability table)가 된다. 분할표는 이변량 데이터를 이용하여 작성한 도수분포표이다.

분할표는 두 사상을 동시에 고려한 표이다. 일반적으로 r개의 행과 c개의 열을 갖는 분할표는 r×c개의 칸을 가지며 r×c분할표라고 부른다.

일단 분할표가 작성되면 두 범주변수 사이의 관계를 파악하기 위하여 결합확률표를 만들 수 있고 이로부터 주변확률과 조건확률을 계산할 수 있다.

결합확률(joint probability)은 행과 열의 두 사상이 결합적으로 발생할 확률, 즉 A와 B의 교사상이 일어날 확률 $P(A \cap B)$를 말한다.[5]

결합확률은 분할표로부터 다음과 같은 공식을 이용하여 구한다.

$$\text{결합확률} = \frac{\text{두 조건을 동시에 만족시키는 사상의 수}}{\text{전체 사상의 수}}$$

이러한 공식을 이용하여 두 사상 A와 B의 관계를 나타내는 분할표에서 결합확률을 구해 표로 정리하면 [표 4-3]과 같다.

[표 4-3]에서 결합확률은 네 개로서 다음과 같다.

$$P(A \cap B) \qquad P(\overline{A} \cap B) \qquad P(A \cap \overline{B}) \qquad P(\overline{A} \cap \overline{B})$$

주변확률(marginal probability)은 한계확률 또는 무조건확률(unconditional probability)이라고도 하는데 어떤 단일사상 A가 다른 사상을 무시한 조건에서 발생할

4 분할표는 피벗 테이블(pivot table)이라고도 한다.

5 결합확률의 예를 들면, 전체 자동차 소유자 가운데서 어떤 한 사람이 기아차와 삼성차를 동시에 소유할 확률이다.

확률, 즉 $P(A)$를 말한다.[6] 어떤 사상에 대한 주변확률은 분할표를 이용하여 그의 합계를 총합계로 나누어 구할 수 있지만 결합확률표를 이용할 때는 그 사상에 해당되는 모든 결합확률을 합하여 구할 수 있다. 즉 두 단일사상 A와 B의 주변확률은 각각의 해당 열을 따라 내려가면서 그리고 행을 따라 옆으로 가면서 결합확률들을 합하여 구한다.

[표 4-3]에서 주변확률은 색칠한 네 개로서 다음과 같이 구할 수 있다.

표 4-3 결합확률표

	A	$\bar{A}$	합계
B	$P(A \cap B)$	$P(\bar{A} \cap B)$	$P(B)$
$\bar{B}$	$P(A \cap \bar{B})$	$P(\bar{A} \cap \bar{B})$	$P(\bar{B})$
합계	$P(A)$	$P(\bar{A})$	1.0

$$P(A) = P(A \cap B) + P(A \cap \bar{B})$$
$$P(\bar{A}) = P(\bar{A} \cap B) + P(\bar{A} \cap \bar{B})$$
$$P(B) = P(A \cap B) + P(\bar{A} \cap B)$$
$$P(\bar{B}) = P(A \cap \bar{B}) + P(\bar{A} \cap \bar{B})$$

앞절에서 설명한 두 종속사상의 경우 조건확률은 결합확률표를 사용하여 설명할 수 있다. 예컨대 $P(B|A)$는 결합확률 $P(A \cap B)$를 주변확률 $P(A)$로 나누어 구한다.

[표 4-3]에서 조건확률은 다음과 같이 구할 수 있다.

$$P(B \mid A) = \frac{P(B \cap A)}{P(A)}$$

$$P(\bar{B} \mid A) = \frac{P(\bar{B} \cap A)}{P(A)}$$

$$P(B \mid \bar{A}) = \frac{P(B \cap \bar{A})}{P(\bar{A})}$$

$$P(\bar{B} \mid \bar{A}) = \frac{P(\bar{B} \cap \bar{A})}{P(\bar{A})}$$

6 주변확률의 예를 들면, 전체 자동차 소유자 가운데서 어떤 한 사람이 기아차를 소유할 확률이다.

$$P(A \mid B) = \frac{P(A \cap B)}{P(B)}$$

$$P(\bar{A} \mid B) = \frac{P(\bar{A} \cap B)}{P(B)}$$

$$P(A \mid \bar{B}) = \frac{P(A \cap \bar{B})}{P(\bar{B})}$$

$$P(\bar{A} \mid \bar{B}) = \frac{P(\bar{A} \cap \bar{B})}{P(\bar{B})}$$

예제 4-11 Excel 대학교 통계학 A반에 등록한 100명 학생 가운데 등록금 인상에 찬성하는 남자는 15명이고 전체 여자 40명 가운데 반대하는 여자는 36명이다.

(1) 분할표를 작성하라.
(2) 결합확률표를 작성하라.
(3) 주변확률을 구하라.
(4) 조건확률을 구하라.

풀이

(1)

성별 \ 찬반	찬성(찬)	반대(반)	합계
남자(M)	15	45	60
여자(F)	4	36	40
합계	19	81	100

(2) 네 개의 결합확률은 다음과 같다.

$$P(\text{찬} \cap M) = \frac{15}{100} = 0.15 \qquad P(\text{찬} \cap F) = \frac{4}{100} = 0.04$$

$$P(\text{반} \cap M) = \frac{45}{100} = 0.45 \qquad P(\text{반} \cap F) = \frac{36}{100} = 0.36$$

결합확률표는 다음과 같다.

성별 \ 찬반	찬성(찬)	반대(반)
남자(M)	0.15	0.45
여자(F)	0.04	0.36

(3) 네 개의 주변확률은 다음과 같다.

$$P(\text{찬}) = \frac{19}{100} = 0.19 \quad \text{또는} \quad P(\text{찬}) = 0.15 + 0.04 = 0.19$$

$P(반)=\frac{81}{100}=0.81$ 또는 $P(반)=0.45+0.36=0.81$

$P(M)=\frac{60}{100}=0.6$ 또는 $P(M)=0.15+0.45=0.6$

$P(F)=\frac{40}{100}=0.4$ 또는 $P(F)=0.04+0.36=0.4$

주변확률표는 다음과 같다.

성별 \ 찬반	찬성(찬)	반대(반)	합계
남자(M)			0.6
여자(F)			0.4
합계	0.19	0.81	1.00

(4) 조건확률은 다음과 같이 여덟 개가 된다.

$P(M|찬)=\frac{P(M\cap 찬)}{P(찬)}=\frac{0.15}{0.19}=0.79$

$P(F|찬)=\frac{P(F\cap 찬)}{P(찬)}=\frac{0.04}{0.19}=0.21$

$P(M|반)=\frac{P(M\cap 반)}{P(반)}=\frac{0.45}{0.81}=0.56$

$P(F|반)=\frac{P(M\cap 반)}{P(반)}=\frac{0.36}{0.81}=0.44$

$P(찬|M)=\frac{P(찬\cap M)}{P(M)}=\frac{0.15}{0.6}=0.25$

$P(반|M)=\frac{P(반\cap M)}{P(M)}=\frac{0.45}{0.6}=0.75$

$P(찬|F)=\frac{P(찬\cap F)}{P(F)}=\frac{0.04}{0.4}=0.1$

$P(반|F)=\frac{P(반\cap F)}{P(F)}=\frac{0.36}{0.4}=0.9$

독립사상의 경우

100원 짜리와 500원 짜리 두 개의 동전을 던져서 모두 앞면이 나올 확률을 구하고자 할 때처럼 두 사상 A와 B가 있을 때 사상 B의 확률이 사상 A의 발생에 영향을 받지 않는다면, 즉 $P(B)=P(B|A)$이면 두 사상 A와 B는 통계적 독립성(statistical independence)을 갖는다고 한다. $P(A)=P(A|B)$인 경우에도 두 사상 A와 B는 독립적이다. 이와 같이 어떤 한 사상의 확률이 다른 사상의 발생에 전혀 영향을 미치지 못하는 경우, 두 사상은 서로 독립적이라고 한다.

랜덤 추출로 실시하는 많은 실험은 종속적인 사상을 결과할 뿐만 아니라 독립적인 사상을 결과한다. 만일 복원추출(sampling with replacement)로 한다면 모집단의 크기에는 변화가 없기 때문에 두 사상은 독립적이라 할 수 있다.

예제 4-12 다음 분할표는 Excel 대학교 MBA 과정에 등록한 100명의 학생들을 남자와 여자, 풀타임과 파트타임으로 분류한 데이터이다.

성별 \ 신분	풀타임(F)	파트타임(P)	합계
남자(M)	51	9	60
여자(F)	34	6	40
합계	85	15	100

(1) $P(P)$를 구하라.
(2) $P(P \cap M)$을 구하라.
(3) $P(P|M)$을 구하라.
(4) 사상 P와 사상 M은 독립적인가? 그 의미를 간단히 설명하라.

풀이

(1) $P(P)=\frac{15}{100}=0.15$

(2) $P(P \cap M)=\frac{9}{100}=0.09$

(3) $P(P|M)=\frac{P(P \cap M)}{P(M)}=\frac{\frac{9}{100}}{\frac{60}{100}}=0.15$

(4) $P(P)=0.15=P(P|M)$이므로 두 사상 P와 M은 독립적이다. 남자 중 파트타임 학생은 $15\%(\frac{9}{60})$이고 여자 중 파트타임 학생도 $15\%(\frac{6}{40})$로서 서로 같다. 따라서 사상 파트타임과 사상 남자는 서로 영향을 미치지 않는 독립적인 관계이다.

두 사상 A와 B가 독립적일 때 사상 A(또는 사상 B)가 이미 발생하였다는 조건 하에서 사상 B(또는 사상 A)가 발생할 조건확률은 다음과 같다.

TIP

조건확률 : 독립사상의 경우

$$P(B|A)=P(B) \quad \text{또는} \quad P(A|B)=P(A)$$

두 사상이 상호 배반적이라는 사실과 상호 독립적이라는 사실은 구별되어야 한다. 남성과 여성, 밤과 낮, ○와 ×, 흰 돌과 검은 돌, 당선과 낙선 등처럼 두 사상이 동시에 발생할 수 없을 때 두 사상은 상호 배반적이라고 한다. 즉 두 사상 A와 B가 상호 배반적이면 $A \cap B = \phi$이므로 항상 $P(A \cap B) = 0$이 성립한다.

한편 두 사상 A와 B가 독립적이면 $P(A \cap B) = P(A)P(B)$이므로 $P(A)$ 또는 $P(B)$가 0이 아닌 한, 두 개념은 동시에 만족할 수 없다.

예를 들면, "주가가 오늘 오를 것이다"와 "오늘 제주도에 비가 올 것이다"라는 두 사상은 서로 영향을 미치지 않기 때문에 분명히 독립사상이지만 이들 사상은 동시에 발생할 수 있기 때문에 상호 배반적인 사상이라고 할 수 없다.

예제 4-13 A와 B는 두 사상이다. $P(A) = 0.5$, $P(B) = 0.6$, $P(A \cap B) = 0.4$일 때

(1) $P(A|B)$를 구하라.
(2) $P(B|A)$를 구하라.
(3) 두 사상 A와 B는 독립사상인가?

풀이

(1) $P(A|B) = \dfrac{P(A \cap B)}{P(B)} = \dfrac{0.4}{0.6} = 0.67$

(2) $P(B|A) = \dfrac{P(A \cap B)}{P(A)} = \dfrac{0.4}{0.5} = 0.8$

(3) $P(A) = 0.5 \neq P(A|B) = 0.67$이므로 독립사상이 아니다.

두 사상이 종속적인 경우 주변확률, 결합확률, 조건확률을 구하는 공식을 요약하면 [표 4-4]와 같다.

표 4-4 확률의 공식 : 종속사상의 경우

확률의 형태	부호	공식	벤 다이어그램
주변확률	$P(A)$	사상 A가 발생하는 결합사상의 확률의 합	
결합확률	$P(A \cap B)$	$P(A\|B)P(B)$	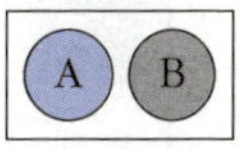
	또는 $P(B \cap A)$	$P(B\|A)P(A)$	
조건확률	$P(B\|A)$	$\dfrac{P(B \cap A)}{P(A)}$	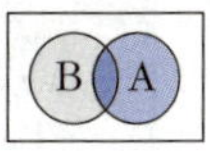
	또는 $P(A\|B)$	$\dfrac{P(A \cap B)}{P(B)}$	

EXCEL STATISTICS 곱셈법칙

확률의 덧셈법칙은 두 사상의 합사상의 확률을 계산하는 데 이용되지만 곱셈법칙은 두 사상의 교사상이 발생할 결합확률을 구하는 데 이용된다. 확률의 곱셈법칙은 조건확률의 개념에 기초하고 있다. 그런데 곱셈법칙은 두 사상이 종속적이냐 또는 독립적이냐에 따라 일반법칙과 특별법칙으로 구분된다.

⁝ 일반법칙 : 종속사상의 경우

앞절에서 두 사상 A와 B가 종속적인 경우 조건확률 $P(B|A)$는 다음 공식을 이용하여 구함을 우리는 공부하였다.

TIP

조건확률 : 종속사상의 경우

$$P(B \mid A) = \frac{P(A \cap B)}{P(A)}$$

이 공식의 양변에 $P(A)$를 곱하면 곱셈의 일반법칙(general rule of multiplication)이 구해진다.

TIP

일반법칙 : 종속사상의 경우

$$P(A \cap B) = P(A)P(B|A) \quad \text{또는} \quad P(A \cap B) = P(B)P(A|B)$$

예제 4-14 한 상자 속에 크기가 같은 건전지 10개가 들어 있다. 이 가운데 불량품은 세 개라고 한다. 이 상자에서 건전지를 한 개씩 차례로 두 개를 꺼낸다고 하자. 이와 같이 꺼낸 건전지 두 개가 모두 불량품일 확률은 얼마인가?

풀이

다음과 같이 두 사상 A와 B를 정의하자.

A : 상자에서 꺼낸 첫 건전지가 불량품이다.

B : 상자에서 꺼낸 두 번째 건전지가 불량품이다.

그러면 $P(A)=\frac{3}{10}$이고 $P(B|A)=\frac{2}{9}$이다. 따라서 상자에서 두 개의 불량품을 차례로 꺼낼 확률은 다음과 같다.

$$P(A\cap B)=P(A)P(B|A)=\frac{3}{10}\times\frac{2}{9}=\frac{1}{15}$$

특별법칙 : 독립사상의 경우

우리는 앞에서 두 사상의 독립성에 관해서 공부하였다. 이와 같이 두 사상이 독립적일 때에는 곱셈의 특별법칙(special rule of multiplicaion)이 적용된다.

두 사상 A와 B가 동시에 발생하거나 연속적으로 발생할 때 두 사상의 결합확률은 각 사상의 주변확률의 곱으로 구한다.

TIP

특별법칙 : 독립사상의 경우

$$P(A\cap B)=P(A)P(B)$$

예제 4-15 여섯 개의 흰 돌과 네 개의 검은 돌이 들어 있는 바둑통에서 돌을 하나씩 두 번 꺼내는 실험을 실시하려고 한다.

(1) 복원추출하는 경우, 두 돌이 모두 흰 돌일 확률을 구하라.

(2) 비복원추출하는 경우, 두 돌이 모두 흰 돌일 확률을 구하라.

풀이

(1) 흰 돌을 두 번 뽑는 사상을 차례로 A, B라 하면 이들은 서로 독립적이다.

$$P(A\cap B)=P(A)P(B)=\frac{6}{10}\times\frac{6}{10}=0.36$$

(2) 사상 A와 B는 종속적이다.

$$P(A\cap B)=P(A)P(B|A)=\frac{6}{10}\times\frac{5}{9}=\frac{1}{3}$$

S·E·C·T·I·O·N 4.6

Bayes 정리

개념

새로운 정보가 알려지면 확률을 수정하는 것은 현명한 의사결정을 하는 데 도움이 된다. 의사결정자가 특정 사상 A에 대해 최초로 부여한 확률을 사전확률(prior probability, 무조건확률) $P(A)$라고 한다. 그런데 이러한 사전확률은 객관적인 데이터에 기초를 두기보다는 의사결정자의 경험이나 직관 같은 주관적인 데이터에 기초를 두는 문제점이 있다.

따라서 특정 사상에 대한 추가적인 정보, 즉 사상 B를 얻고자 노력하게 된다. 왜냐하면, 새로운 정보에 입각하여 사전확률 $P(A)$를 수정 또는 업데이트함으로써 더 좋은 의사결정을 할 수 있기 때문이다. 추가적인 정보는 표본조사, 제품실험, 예비시장조사 등등을 통하여 입수할 수 있다.

이러한 추가적인 새로운 표본정보 B가 주어지면 사전확률 $P(A)$를 수정하여 사후확률(posterior probability, 조건확률) $P(A|B)$를 계산할 수 있다. Bayes 정리(Bayes' theorem)는 이러한 조건확률 계산에 사용되는 수단이 된다. 그런데 Bayes 정리를 이해하기 위해서는 총확률 규칙(total probability rule)을 사용한다는 사실을 이해해야 한다. 다음 [그림 4-10]은 상호 배타적인 사상 A와 그의 여사상 A^c로 분할된 표본공간을 보여주고 있다. 원은 사상 B를 표현하는데 이는 사상 A와 사상 A^c와의 교집합을 나타낸다.

따라서 $P(B)$는 총확률 규칙에 따라 다음과 같이 구한다.

$$P(B) = P(B \cap A) + P(B \cap A^c)$$
$$= P(B|A)P(A) + P(B|A^c)P(A^c)$$

그림 4-10 총확률 규칙

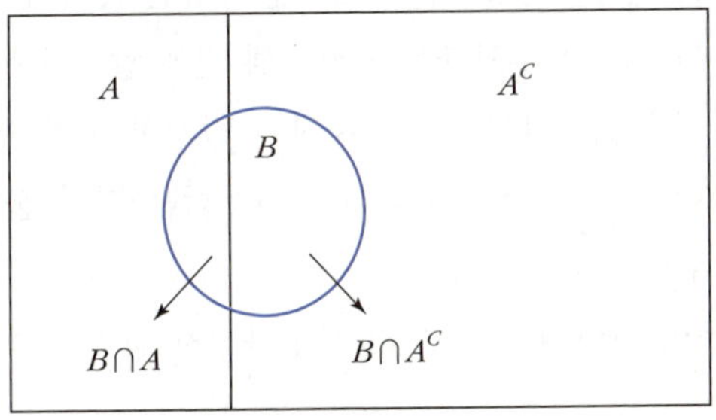

Bayes 정리는 사전확률 $P(A)$를 사후확률 $P(A|B)$로 업데이트하는 방법이다. 따라서 사후확률은 다음과 같이 구할 수 있다.

$$P(A|B) = \frac{P(B \cap A)}{P(B)} = \frac{P(B \cap A)}{P(B \cap A) + P(B|A^c)}$$
$$= \frac{P(B|A)P(A)}{P(B|A)P(A) + P(B|A^c)P(A^c)}$$

Bayes 정리가 어떻게 적용되는지 간단한 예를 들어 설명하기로 하자. 어떤 제조회사가 두 납품업자 가운데 납품업자 1로부터는 전체의 60%를, 그리고 납품업자 2로부터는 40%를 공급받는다고 한다. 납품업자 1로부터 부품을 공급받는 사상을 A_1, 납품업자 2로부터 공급받는 사상을 A_2라고 하면 상호 배타적인 두 사상의 사전확률은 $P(A_1) = 0.6$, $P(A_2) = 0.4$가 된다.

역사적 데이터에 의하면 납품업자 1로부터 공급되는 부품 가운데 양품의 비율은 97%, 불량품의 비율은 3%이었고 납품업자 2로부터 공급되는 부품 가운데 양품의 비율은 95%, 불량품의 비율은 5%이었다. 양품인 사상을 G, 불량품인 사상을 B라 하면 조건확률은 다음과 같다.

$$P(G|A_1) = 0.97 \qquad P(B|A_1) = 0.03$$
$$P(G|A_2) = 0.95 \qquad P(B|A_2) = 0.05$$

회사가 부품을 사용하는 도중 한 불량품을 발견하였을 때 우리가 알고자 하는 것은 그 불량품이 납품업자 1로부터 또는 납품업자 2로부터 공급받았을 확률이 각각 얼마인가? 즉 조건확률 $P(A_1|B)$와 $P(A_2|B)$를 구하고자 하는 것이다.

이와 같이 Bayes 정리는 어떤 결과를 놓고 이를 유발한 원인에 대한 확률을 역으로 구하는 것이라고 할 수 있다. 즉 특정한 사상이 실제로 발생한 후 그 사상 발생의 원인에 대한 사후확률을 사상발생 전에 알고 있는 사전확률을 이용하여 구하는 것이다. 불량품 발견이라는 사상이 발생한 후에 두 납품업자의 공급비율과 불량률에 관한 사전 정보를 이용하여 각 납품업자가 불량품을 공급하였으리라고 추정하는 사후확률을 구하려는 것이다.

조건확률의 정의에 따라 우리가 구하고자 하는 사후확률은 다음과 같이 표현할 수 있다.

$$P(A_1 \mid B) = \frac{P(A_1 \cap B)}{P(B)} = \frac{P(A_1)P(B \mid A_1)}{P(B)}$$

$$P(A_2 \mid B) = \frac{P(A_2 \cap B)}{P(B)} = \frac{P(A_2)P(B \mid A_2)}{P(B)}$$

EXCEL STATISTICS 표의 이용

사후확률 계산은 표를 이용할 때 더욱 쉽게 할 수 있다. [표 4-5]에서 보는 바와 같이 우선 다섯 개의 열을 만든다.

표 4-5 사후확률의 계산

■ Excel 활용

셀 주소	수식	비고
B4	=SUM(B2:B3)	
D2	=B2 * C2	D3까지 복사
D4	=SUM(D2:D3)	E4까지 복사
E2	=D2/$D$4	E3까지 복사

	A	B	C	D	E
1	사상	확률조건	조건확률	결합확률	사후확률
2	A1	0.6	0.03	0.018	0.473684
3	A2	0.4	0.05	0.02	0.526316
4	합계	1		0.038	1

단계 1 : 열①에 문제에서 발생하는 상호 배반적인 사상을 모두 나열한다.

단계 2 : 열②에 각 사상의 사전확률을 적는다.

단계 3 : 열③에 각 사상이 주어졌을 때 얻는 새로운 정보의 조건확률을 적는다.

단계 4 : 열②와 열③을 곱하여 열④에 적는다. 이는 각 사상과 새로운 정보의 결합확률이다. 열④의 합을 구하면 이것이 새로운 정보의 확률이다.

단계 5 : 열④에 적은 값을 열④의 합으로 각각 나눈 값을 열⑤에 적는데 이것이 사후확률이다.

예제 4-16 올림픽에 출전하는 선수들의 6%는 약물을 복용하고 94%는 복용하지 않는다고 한다. 선수가 약물을 복용하는지를 밝히기 위하여 테스트가 실시된다. 테스트의 결과는 양성 아니면 음성이다. 그러나 이러한 테스트는 결코 믿을 만한 것이 못 된다. 약물을 복용해도 음성반응을 나타내고 복용을 하지 않아도 양성반응을 나타내는 경우가 있기 때문이다. 약물 복용자의 7%는 음성반응을 나타내고 비복용자의 3%는 양성반응을 나타내는 것으로 추정된다.

한 선수를 랜덤으로 추출하여 테스트한 결과 양성반응을 나타낼 때 이 선수가 실제로 약물을 복용했을 확률은 얼마인가?

풀이

다음과 같이 사상을 정의한다.

사상 D : 약물을 복용한다.

사상 N : 약물을 복용하지 않는다.

사상 T^+ : 양성반응

사상 T^- : 음성반응

$P(D)=0.06 \qquad P(N)=0.94$

$P(T^-|D)=0.07 \qquad P(T^+|D)=0.93$

$P(T^-|N)=0.97 \qquad P(T^+|N)=0.03$

$$P(D|T^+)=\frac{P(D)P(T^+|D)}{P(D)P(T^+|D)+P(N)P(T^+|N)}$$

$$=\frac{0.06(0.93)}{0.06(0.93)+0.94(0.03)}=0.6643$$

양성반응을 나타낸 선수가 실제로 약물을 복용했을 확률은 겨우 66.43%이고 약물을 비복용했을 확률은 33.57%임을 의미한다.

	A	B	C	D	E
1	사상	사전확률	조건확률	결합확률	사후확률
2	A1	0.06	0.93	0.0558	0.6643
3	A2	0.94	0.03	0.0282	0.3357
4	합계	1		0.084	1

CHAPTER 04 연습문제

4/1 확률을 정의하고 사상에 확률을 부여하는 세 가지 방법을 설명하라.

4/2 다음 용어를 설명하라.

(1) 표본공간 (2) 사상
(3) 집합 (4) 조건확률
(5) 결합확률 (6) 사상의 독립성과 종속성
(7) Bayes 정리 (8) 상호 배타적 사상

4/3 우리나라 국민 중에서 한 사람을 랜덤으로 추출할 때 에이즈에 감염된 사상을 고려하자. 국민의 0.2%가 감염되었다고 추정하자. 에이즈에 감염되었는지를 밝히기 위하여 테스트가 실시된다. 역사적 데이터에 의하면 에이즈에 감염된 사람들의 99.9%는 양성반응을 나타낸다. 한편 에이즈에 감염되지 않은 사람들의 1%는 양성반응을 나타낸다고 한다. 국민 중에서 에이즈에 감염되었는지 아닌지 전혀 모르는 한 사람을 랜덤으로 추출하여 검사한 결과 양성반응을 나타냈을 때

(1) 그 사람이 실제로 에이즈에 감염되었을 확률은 얼마인가?
(2) 위 (1)의 결과를 설명하라.
(3) 사전확률, 조건확률, 결합확률, 사후확률을 나타내는 표를 만들어라.

4/4 흡연과 암과의 관계를 밝히기 위한 실험을 실시하였다. 개인이 흡연하는 사상을 A라 하고 개인이 암에 걸릴 것을 사상 C라 하자. 그러면 $\overline{A}$는 금연하는 사상이고 $\overline{C}$는 암에 걸리지 않는 사상이다. 네 개의 단일사상이 발생할 확률은 다음 표와 같다.

단일사상	확률
$A \cap C$	0.15
$A \cap \overline{C}$	0.25
$\overline{A} \cap C$	0.10
$\overline{A} \cap \overline{C}$	0.50

(1) 개인이 흡연한다는 조건하에서 암에 걸릴 확률은 얼마인가?
(2) 개인이 금연한다는 조건하에서 암에 걸릴 확률은 얼마인가?
(3) 위의 두 결과를 비교하고 흡연과 암의 관계를 코멘트하라.

4/5 다음을 구하라.

(1) $P(A)=0.35$, $P(B)=0.85$, $P(A\cap B)=0.5$일 때 $P(A\cup B)$, $P(A|B)$, $P((A\cup B)^c)$
(2) $P(A)=0.6$, $P(B)=0.5$, $P(A\cup B)=0.9$일 때 $P(A\cap B)$
(3) $P(B)=0.35$, $P(A\cup B)=0.6$, $P(A\cap B)=0.25$일 때 $P(B|A)$
(4) A와 B는 독립사상이고 $P(A)=0.4$, $P(B)=0.5$일 때 $P(A\cap B)$, $P(A|B)$
(5) $P(A)=0.31$, $P(B|A)=0.35$일 때 $P(A\cap B)$

4/6 어떤 회사는 A, B, C 세 대의 기계를 사용하여 지난 해 부품 10,000개를 생산하였다. 이 가운데 각 기계는 2,000개, 3,500개, 4,500개를 생산하였다. 그런데 이 기계들은 각각 100개, 75개, 90개의 불량품을 생산하였음이 발견되었다. 한 개의 부품을 추출하였을 때 불량품이었다면

(1) 이것이 기계 B에서 생산되었을 확률은 얼마인가?
(2) 이 회사가 생산한 부품 재고의 불량률은 얼마인가?

4/7 다음과 같이 어느 나라 전체 인구 가운데 혈액형 분포가 주어졌을 때 물음에 답하라.

	O	A	B	AB
Rh^+	38%	34%	9%	4%
Rh^-	6%	6%	2%	1%

(1) 어떤 한 사람이 A형을 가질 확률을 구하라.
(2) 어떤 한 사람이 Rh^+를 가질 확률을 구하라.
(3) 결혼한 부부가 함께 Rh^-를 가질 확률을 구하라.
(4) 결혼한 부부가 함께 B형을 가질 확률을 구하라.
(5) O형을 가진 사람이 Rh^-를 가질 확률을 구하라.
(6) Rh^-를 가진 사람이 B형을 가질 확률을 구하라.

4/8 종로(주)는 새로운 제품을 개발하려고 하는데 만일 경쟁회사가 동일한 제품을 시판하지 않으면 새로운 제품이 성공할 확률은 67%이다. 만일 경쟁회사가 동일한 제품을 시판한다 하더라도 새로운 제품이 성공할 확률은 42%라고 한다. 만일 경쟁회사가 일정 기간 동안 동일한 제품을 시판할 확률은 35%라고 할 때 종로(주)의 새로운 제품이 성공할 확률은 얼마인가?

4/9 서울시에 거주하는 1,000가정을 표본으로 추출하여 HDTV의 구매행위에 관해 조사한 결과 다음과 같은 결과를 얻었다.

	A	B	C	D
1	구매 계획	실제 구매		합계
2		예	아니오	
3	예	250	50	300
4	아니오	120	580	700
5	합계	370	630	1,000

(1) 이 표의 이름은 무엇인가?
(2) 결합확률표를 작성하라.
(3) 주변확률표를 작성하라.
(4) P(구매계획 그리고 실제구매)을 구하라.
(5) P(구매계획)을 구하라.
(6) P(구매계획 혹은 실제구매)을 구하라.
(7) P(실제구매|구매계획)을 구하라.

4/10 모든 대학생들의 70%는 환각제를 복용하고 30%는 복용하지 않는다고 한다. 복용 여부를 측정하는 기계를 개발하여 테스트를 실시하였으나 완전하지 못하여 복용한 학생의 60%는 양성반응을, 40%는 음성반응을 나타내고 복용하지 않은 학생의 20%는 양성반응을, 80%는 음성반응을 나타내는 결과를 얻었다고 한다. 양성반응 결과를 나타냈을 때 그 학생이 환각제를 실제로 복용했을 확률을 구하라.

4/11 Excel 대학교 농구팀 홍길동 선수의 자유투 성공률은 90%이다. 게임이 끝날 무렵 상대팀은 그에게 자유투 두 개를 허용하는 파울을 범하였다.

(1) 그가 자유투 두 개를 성공시킬 확률은 얼마인가?
(2) 그가 적어도 자유투 한 개 이상을 성공시킬 확률은 얼마인가?
(3) 그가 자유투 두 개를 실패할 확률은 얼마인가?

농구 게임에서는 게임이 거의 끝날 무렵 시간을 멈추기 위하여 상대 팀의 자유투 성공률이 가장 낮은 선수에 파울을 범하는 것이 보통이다. 상대 팀은 Excel 대학교 팀의 성공률 60%인 장길산 선수에게 자유투 두 개를 허용하는 파울을 범하였다.

(4) 그가 자유투 두 개를 성공시킬 확률은 얼마인가?
(5) 그가 적어도 자유투 한 개 이상을 성공시킬 확률은 얼마인가?
(6) 그가 자유투 두 개를 실패할 확률은 얼마인가?
(7) 장길산 선수에게 의도적으로 파울을 범하는 것이 홍길동 선수에게 범하는 것보다 유리한 전략인가?

4/12 사상 A, B, C의 사전확률은 $P(A)=0.2$, $P(B)=0.5$, $P(C)=0.3$이다. 한편 사상 A, B, C가 주어졌을 때 사상 X가 발생할 조건확률은 $P(X|A)=0.5$, $P(X|B)=0.4$, $P(X|C)=0.3$이다.

(1) $P(X\cap A)$, $P(X\cap B)$, $P(X\cap C)$를 구하라.
(2) 베이즈 정리를 적용하여 사후확률 $P(A|X)$, $P(B|X)$, $P(C|X)$를 구하라.

4/13 65,000명의 모바일 전화 신청자에 실시한 표본조사에 의하면 신청자의 44%는 스마트폰을 사용하는 것으로 나타났다. 한편 스마트폰 사용자의 51%는 여성이었다.

(1) 한 모바일 전화 신청자가 스마트폰을 사용하는 여성일 확률을 구하라.
(2) 한 모바일 전화 신청자가 스마트폰을 사용하는 남성일 확률을 구하라.

4/14 김 군은 Excel 대학교 경영학과 1학년 학생이다. 그는 학기말 고사에서 통계학은 A학점을 받을 확률이 75%라고 믿고, 경영학원론은 A학점을 받을 확률이 55%라고 믿는다. 한편 그는 두 과목에서 A학점을 받을 확률은 40% 정도라고 믿는다.

(1) 그가 두 과목 중 적어도 한 과목에서 A학점을 받을 확률은 얼마인가?
(2) 그가 두 과목 모두에서 A학점을 받지 못할 확률은 얼마인가?

4/15 다음 분할표는 테니스 라켓을 전문적으로 판매하는 최 회장이 지난 달 성별, 상표별 라켓을 구매해 간 고객의 수를 조사한 데이터이다.

성별 \ 상표별	헤드(H)	나이키(N)	아디다스(A)	합계
남자(M)	174	132	90	396
여자(F)	54	72	78	204
합계	228	204	168	600

(1) 랜덤하게 선정된 한 고객이 남자일 확률은 얼마인가?
(2) 랜덤하게 선정된 한 고객이 헤드 제품을 구매하였을 확률은 얼마인가?
(3) 한 고객이 남자이면서 헤드 제품을 구매하였을 확률은 얼마인가?
(4) 한 고객이 남자이거나 또는 헤드 제품을 구매하였을 확률은 얼마인가?
(5) 한 고객이 나이키 제품을 구매한 경우 여자일 확률은 얼마인가?

4/16 사람들이 거짓말 탐지기 테스트에서 거짓말 탐지기에 연결된 상태에서 계속해서 질문에 답을 하도록 요구받았다. 이 기구는 거짓 답변을 하게 되면 이상한 반응을 보인다는 근거로 조사받는 자의 심리적 상태를 기록하는 도구이다. 거짓말 탐지기 테스트를 받는 개인들의 99%는 진실을 말한다고 한다. 이 기구는 100% 믿을 수 있는 것이 아니라서 개인이 실제로 거짓말을 할 때 이를 발견할 확률은 95%에 지나지 않는다. 한편 개인이 실제로 진실을 말할 때 잘못해서 거짓말이라고 판정할 확률은 0.5%라고 한다. 한 사람이 방금 테스트를 받았는데 결과는 거짓말을 하였다는 것이다. 그 사람이 실제로 진실을 말하였을 확률은 얼마인지 계산하라.

4/17 다음과 같은 분할표가 주어졌을 때 각 확률을 구하라.

	B	$\overline{B}$
A	10	30
$\overline{A}$	25	35

(1) 사상 A
(2) 사상 B
(3) 사상 $\overline{A}$
(4) 사상 A와 B
(5) 사상 A와 $\overline{B}$
(6) 사상 $\overline{A}$와 $\overline{B}$
(7) 사상 A 혹은 B
(8) 사상 A 혹은 $\overline{B}$
(9) 사상 $\overline{A}$ 혹은 B
(10) $A|B$

Chapter 05

확률변수와 확률분포

우리는 제4장에서 확률의 개념과 실험의 결과로 나타나는 각 사상에 확률을 부여하는 방법을 공부하였다. 우리는 이제 확률실험의 결과로 나타나는 모든 사상의 확률을 기술하는 문제를 공부하고자 한다. 이러한 문제는 의사결정 과정에서 아주 중요한데 이는 의사결정의 가능한 모든 결과를 고려해야 하기 때문이다. 예를 들면, 한 어려운 선택과목을 수강신청할 것인가를 결정함에 있어서 이러한 결정이 받을 학점들의 가능성에 어떤 영향을 미칠 것인가를 고려하게 된다.

주사위 두 개를 던질 때 나타나는 눈금의 합과 같이 실험의 결과를 수치로 나타낼 때 가능한 모든 결과와 각 결과에 대응하는 확률은 확률변수를 사용하여 표현할 수 있다. 한편 실험의 결과는 주사위 던지기에서처럼 수치 데이터로 나타나지만 동전 던지기에서처럼 앞면과 뒷면 등 범주 데이터로 나타나는 경우도 있다. 이런 때는 범주 데이터를 수치 데이터로 바꾸어 주는 체계적인 방법이 필요한데 이를 위하여 확률변수가 사용된다. 이와 같이 실험의 결과를 실수에 대응시키는 함수 또는 방법을 확률변수라고 한다.

본장에서는 확률변수 외에 확률함수 및 확률분포에 대해서도 자세히 공부할 것이다. 확률분포는 추리통계학의 기초가 되기 때문이다. 이 외에도 확률분포 분석에 필요한 기대값과 분산에 관해서도 공부할 것이다.

S·E·C·T·I·O·N 5.1

확률변수

확률실험을 실시하면 불확실한 결과들이 발생하는데 이러한 모든 실험 결과들에 수치(numerical value)를 부여하는 과정을 설명하기 위해서는 확률변수의 개념을 알아야 한다.

확률변수(random variable)는 다음과 같이 정의할 수 있다.

> TIP
>
> **확률변수**
>
> 확률변수란 그의 수치가 확률실험(우연)에 의하여 결정되는 수치변수를 말한다. 즉 확률변수란 확률실험의 결과에 의하여 결정되는 수치를 취하는 변수를 말한다.

예를 들어 성수동에 있는 냉장고 대리점이 하루에 판매하는 냉장고를 조사하는 확률실험에서 그의 결과를 판매한 냉장고의 수라고 할 수 있는데 이때 판매한 냉장고의 수가 확률변수이다. 판매한 냉장고의 수는 어느 날은 10대일 수 있고 그 다음 날은 5대일 수 있다.

이와 같이 확률변수란 확률실험의 모든 가능한 결과에 대하여 수치를 부여하는 함수 또는 규칙을 말한다. 그런데 확률변수가 취할 수 있는 수치는 실험의 결과에 달려 있다. 확률변수는 수치를 사용하여 실험 결과를 기술하는 수단을 제공한다. 이와 같이 확률변수는 표본공간을 구성하는 모든 표본점들에 수치를 부여하게 된다.

확률변수는 대문자 X, Y로 표시하지만 그가 취하는 가능한 실수값은 소문자 x, y로 표시한다.

확률실험의 결과는 어떤 특별한 순서로 발생하는 것이 아니고 시행할 때마다 다른 값을 나타내기 때문에 그에 따르는 수(number) 또는 수량(quantity)은 변수이다.

그러나 동전을 던지는 실험에서 그 결과를 단순히 앞면 또는 뒷면으로 표현한다면 이는 확률변수가 될 수 없다. 하지만 앞면이 나타나는 경우를 $x=0$, 뒷면이 나타나는 경우를 $x=1$이라고 실험의 결과에 수치를 부여하면 앞면의 수 또는 뒷면의 수는 확률변수가 된다.

우리가 통계분석 시 자주 사용하는 표본통계량도 확률변수에 속한다. 모집단으로부터 크기 n의 표본을 추출할 수 있을 때 확률의 개념에 따라 특정 표본을 추출하고 이와 같이 추출되는 표본에 따라 평균이나 분산이 매번 변하기 때문이다.

확률변수에는 이산 확률변수와 연속 확률변수가 있다. 이산 확률변수(discrete random variable)란 표본공간의 결과(확률변수가 취하는 값)가 셀 수 있을 정도로 한정되어 있고, 확률변수가 취할 수 있는 모든 가능한 값이 정수와 같이 하나 하나 셀 수 있어 나열할 수 있는 확률변수를 말한다. 예를 들면, 가족 가운데 남자의 수, 어떤 병원에서 하루에 출생하는 여자의 수, 한 시간 동안 어떤 은행에 도착하는 고객의 수, 한 가게에서 하룻 동안 판매하는 스마트폰의 수, 하룻 동안 한 기계가 생산하는 불량품의 수, 올림픽 한·일 축구경기에서의 골의 수 등등이다.

이에 반하여 연속 확률변수(continuous random variable)는 일정한 구간 내에서 무한정한 실수의 연속적인 값을 취하는 확률변수를 말한다. 예를 들면, 가족의 연간 소득, 건전지의 수명, 기름의 연간 수입량, 체중, 키, 온도, 미사일의 사정거리 등등이다.

예제 5-1 Excel 대학교 경영학과 통계학 교수 채용에 세 명이 지원하였다. 채용은 세 명까지 가능하며 심사위원들과의 인터뷰로 결정된다. 인터뷰의 결과는 합격(채용) 또는 불합격이다. 실험 결과는 세 명의 인터뷰 결과로 정의한다.

(1) 실험 결과를 나열하라.

(2) 합격자의 수를 확률변수라 할 때 이는 이산변수인가? 또는 연속변수인가?

(3) 각 실험 결과에 대해 확률변수(합격자 수)의 값을 보여라.

풀이

(1) S={(합, 합, 합)①, (합, 합, 불)②, (합, 불, 합)③, (합, 불, 불)④,
(불, 합, 합)⑤, (불, 합, 불)⑥, (불, 불, 합)⑦, (불, 불, 불)⑧}

(2) 이산변수

(3)

실험 결과	①	②	③	④	⑤	⑥	⑦	⑧
확률변수의 값	3	2	2	1	2	1	1	0

S·E·C·T·I·O·N 5.2

확률분포

확률변수가 취할 수 있는 모든 값과 이러한 모든 값에 대응하는 확률을 알고 있으면 확률분포(probability distribution)를 작성할 수 있다.

확률변수의 확률분포는 다음과 같이 정의할 수 있다.

TIP

확률분포

확률분포란 확률실험의 가능한 모든 결과를 수치로 나타내고 각 결과에 대응하는 확률을 나열한 도수분포표, 그래프, 또는 함수를 말한다.

다시 말하면, 확률분포란 어떤 확률변수가 실험의 결과 취할 수 있는 모든 가능한 결과와 함께 각 결과가 발생할 확률을 나열한 분포를 말한다. 다시 말하면, 확률분포란 가로축에 확률변수를, 세로축에 그 확률변수의 발생가능성을 표시한 분포이다. 확률분포는 상대도수분포와 유사하지만 과거에 발생한 것을 기술하는 것이 아니고 미래에 발생할 사상에 관한 것을 기술한다.

예를 들어보자. 다음 표는 어느 도시에 거주하는 101,505의 각 가구가 소유하는 컬러 TV의 수를 조사한 결과이다. 이 데이터를 이용하여 각 TV 수에 대해 TV 수/가구 수로 하여 확률분포표를 구하면 [표 5-1]과 같고 이를 그래프로 나타낸 것이 [그림 5-1]이다.

	A	B
1	TV 수	가구 수
2	0	1,219
3	1	32,380
4	2	37,961
5	3	19,388
6	4	7,714
7	5	2,843
8	합계	101,505

표 5-1 확률분포표

	A	B	C
1	TV 수(X)	P(X)	
2	0	0.012	
3	1	0.319	
4	2	0.374	
5	3	0.191	
6	4	0.076	
7	5	0.028	
8	합계	1	
9			

그림 5-1 확률분포표의 그래프

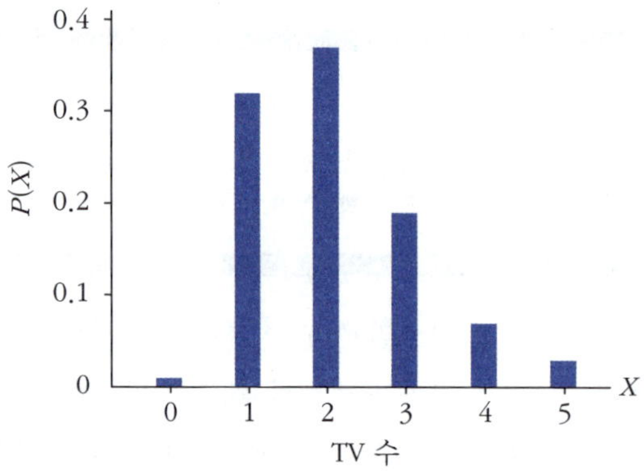

이산 확률분포

확률분포는 관심의 대상이 되는 변수가 이산 확률변수이냐 또는 연속 확률변수이냐에 따라 이산 확률분포와 연속 확률분포로 구분할 수 있다.

이산 확률변수를 X라 하고 그가 취할 수 있는 하나의 가능한 값을 x라 하면 X가 특정한 값 x를 취할 수 있는 확률은 $P(X=x)$ 또는 $P(X)$로 표현할 수 있다. 예를 들면, $P(X=2)=0.3$은 확률변수 X가 값으로 $x=2$를 취할 확률이 0.3임을 의미한다. $P(X=2)$는 요약해서 $P(2)$로 나타내기도 한다.

이산 확률변수는 취할 수 있는 가능한 값이 유한한 정수이기 때문에 특정한 확률변수 값에 대한 확률을 계산할 수 있으며 이들을 확률분포표로 나타낼 수 있다. 이산 확률변수의 확률분포를 이산 확률분포(discrete probability distribution)라고 한다.

이산 확률변수가 취하는 모든 값들이 x_1, x_2, ⋯ x_k이고 이 값들이 발생할 수 있는 확률들을 $P(X=x_i)$라고 할 때 이산 확률분포의 일반적 형태는 다음과 같다.

변수 X의 값(x_i)	$P(X=x_i)$
x_1	$P(X=x_1)$
x_2	$P(X=x_2)$
⋮	⋮
x_k	$P(X=x_k)$
합계	1

예제 5-2 동전 세 개를 동시에 한 번 던지는 실험에서

(1) 앞면을 H, 뒷면을 T라고 할 때 이 실험의 표본공간을 구하라.

(2) 확률변수 X를 앞면이 나오는 수라고 정의할 때 확률분포를 표와 그래프로 나타내라.

풀이

(1) $S=\{$HTT, HTH, HHT, THH, THT, TTH, HHH, TTT$\}$

(2)

	A	B
1	확률변수(X)	확률 P(X)
2	0	1/8
3	1	3/8
4	2	3/8
5	3	1/8

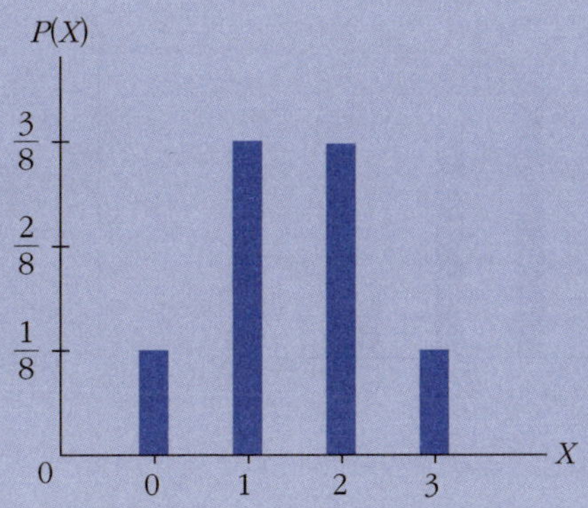

연속 확률분포

이산 확률분포를 그림으로 그릴 때 Y축에 표시하는 $P(X)$는 확률을 나타내는 데 이는 막대의 높이를 의미한다. 이는 [그림 5-2(a)]에서 보는 바와 같다.

연속 확률변수는 키, 온도, 무게, 거리 등등과 같이 취할 수 있는 값이 무한히 많고 어떤 유한한 구간에 있어서도 무한한 실수값을 가질 수 있기 때문에 연속 확률변수가 어떤 특정한 값을 가질 확률은 $\frac{1}{\infty}=0$이다. 따라서 연속 확률변수에 대한 확률의 결정은 이산 확률변수의 경우와 다르다. 연속 확률변수의 경우 특정 범위(구간) 사이에는 어떤 실수값도 가능하기 때문에 모든 가능한 값을 일일이 나열할 수 없다.

따라서 연속 확률변수의 확률은 $P(a \leq X \leq b)$와 같이 특정 범위에 대해서 구하게 된다. 그러므로 이산 확률변수처럼 확률분포표는 만들 수 없다. 연속 확률변수가 어떤 구간 내에서 가능한 모든 값들을 취할 수 있을 때 연속 확률분포(continuous probability distribution)의 모양은 부드러운 곡선이 된다. 이 곡선이 나타내는 함수를 확률 밀도함수라고 하는데 이에 대해서는 다음 절에서 공부하고자 한다.

연속 확률분포에서 확률 밀도함수 $f(X)$는 분포(그래프)의 모양을 나타내고 확률은 $f(X)$와 X축에 있는 어느 구간의 넓이(면적)로써 구한다. 이는 [그림 5-2(b)]에서 보는 바와 같다.

이산 확률분포에는 이항분포, 포아송분포, 초기하분포 등이 속하며 연속 확률분포에는 균등분포, 정규분포, 지수분포, t분포, F분포, χ^2 분포 등이 속한다.

그림 5-2 이산 확률분포와 연속 확률분포의 비교

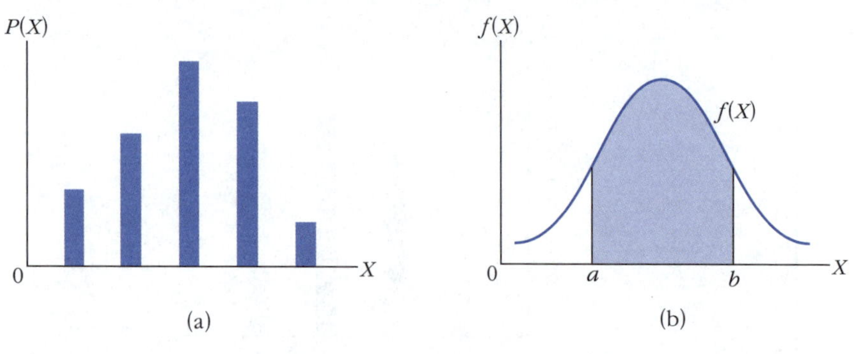

S·E·C·T·I·O·N 5.3

확률함수

이산 확률변수의 각 값에 확률을 부여하는 방법으로는 앞절에서 공부한 확률분포표와 그래프를 이용하는 방법 외에 확률함수(probability function)를 이용하는 방법이 있다. 확률함수는 확률변수의 각 값에 확률을 부여하는 규칙이다.

TIP

확률함수

확률함수란 확률분포에서 확률변수 X가 어떤 특정한 실수값 x를 취할 확률을 일일이 나열하지 않고 x의 함수로 간편하게 나타낸 것을 말한다. 즉 확률함수는 확률분포를 함수로 나타낸 것이다.

확률함수는 보통 이산변수의 경우 x의 모든 값에 대하여 $P(X=x)=P(X)$로 나타내고 연속변수의 경우 $f(X)$로 나타낸다.

확률함수의 사용은 확률변수의 가능한 값이 많아 확률분포를 표나 그래프로 나타내기가 지루한 경우에 특히 유용하다.

확률함수는 대상이 되는 변수가 이산 확률변수이냐 또는 연속 확률변수이냐에 따라 확률 질량함수(probability mass function : p.m.f.)와 확률 밀도함수(probability density function : p.d.f.)로 나눌 수 있다.

EXCEL STATISTICS

확률 질량함수

확률 질량함수는 다음과 같이 정의할 수 있다.

> **TIP**
>
> **확률 질량함수**
>
> 확률 질량함수란 이산 확률변수 X가 취할 수 있는 각 실수값 x에 확률을 대응시키는 함수를 말한다.

질량함수라는 이름은 이산 확률변수의 값과 관련이 있는 모든 결과가 그래프 위에서 수직선의 높이(또는 질량)로 그 값의 확률을 나타내는 사실에서 연유한다.

확률 질량함수는 이산변수가 취할 수 있는 이산점(discrete point) x에서 0보다 큰 확률을 취한다. 즉 확률 질량함수 $P(X=x)$는 이산변수 X가 실수값 x를 취할 확률을 말한다.

일반적으로 확률 질량함수는 다음과 같이 표현한다.

$$P(X=x)=P(X)=\begin{cases} P(X=x_i) & i=1,\ 2,\ \cdots, \text{ 일 때} \\ 0 & \text{그 외의 경우에} \end{cases}$$

예를 들면, 주사위 한 개를 던지는 실험에서 확률함수는 다음과 같이 표현할 수 있다.

$$P(X=x)=P(X)=\begin{cases} \frac{1}{6} & x=1,\ 2,\ \cdots,\ 6\text{일 때} \\ 0 & \text{이 밖의 경우에} \end{cases}$$

이의 확률함수는 다음 그림과 같이 그래프로 나타낼 수 있다.

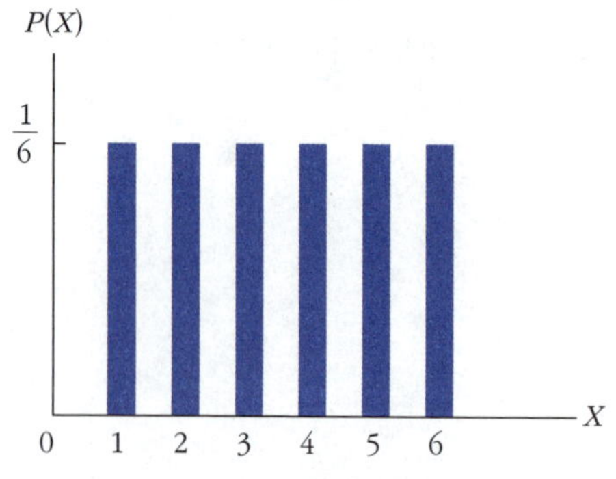

또 다른 예를 들면, 동전 하나를 두 번 던지는 실험에서 앞면이 나타나는 수를 확률변수 X라고 할 때 그의 확률함수는 다음과 같다.

$$P(X=x)=\begin{cases} \frac{1}{4} & x=0,\ 2\text{일 때} \\ \frac{1}{2} & x=1\text{일 때} \end{cases}$$

확률 질량함수에서는 이산 확률변수 X가 취할 수 있는 몇 개의 값을 제외한 다른 값들을 취할 확률은 0이 된다.

예제 5-3 확률변수 X가 1, 2, 3, 4의 가능한 값을 갖는다고 하자. 각 값에 대응하는 확률이 다음과 같다.

	A	B
1	X	P(X)
2	1	1/10
3	2	1/5
4	3	3/10
5	4	2/5

(1) 확률변수 X의 확률함수를 구하라.
(2) 확률함수를 그래프로 나타내라.

풀이

(1) $P(X=x)=P(X)=\frac{x}{10} \qquad (x=1,\ 2,\ 3,\ 4)$

(2)

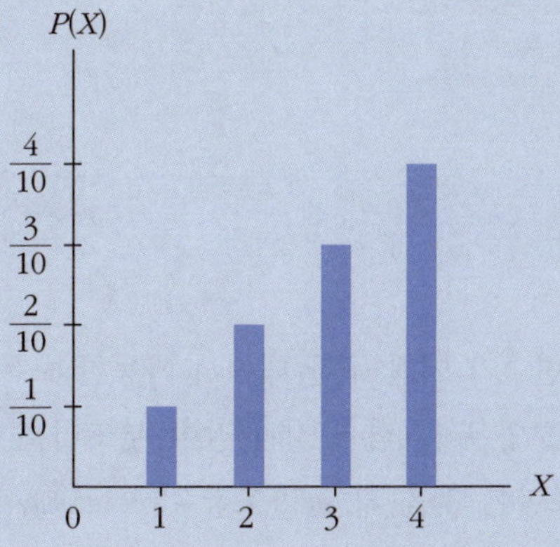

이산 확률변수의 확률함수는 다음과 같은 두 개의 조건을 만족시켜야 한다.

TIP

확률 질량함수의 조건

- $P(X=x) \geq 0$ (모든 실수값 x에 대하여)
- $\sum_{\text{모든 } x} P(X=x) = 1$

예제 5-4 다음 함수는 확률 질량함수인가?

$$P(X=x) = \frac{x^2}{10} \quad (x=-2, -1, 1, 2\text{일 때})$$

풀이

$$P(X=-2) = \frac{(-2)^2}{10} = \frac{2}{5}$$

$$P(X=-1) = \frac{(-1)^2}{10} = \frac{1}{10}$$

$$P(X=1) = \frac{1}{10}$$

$$P(X=2) = \frac{2}{5}$$

네 개의 확률이 모두 양수이고 그들의 합이 1이므로 확률 질량함수이다.

EXCEL STATISTICS 확률 밀도함수

앞절에서 연속 확률변수가 어떤 구간 내에서 가능한 모든 값들을 취할 수 있을 때 연속 확률분포의 모양은 [그림 5-3]과 같이 부드러운 곡선이 된다고 하였다. 이 곡선을 식으로 표현한 것을 확률 밀도함수(probability density function)라고 하는데 이를 정의하면 다음과 같다.

TIP

확률 밀도함수

확률 밀도함수란 연속 확률변수 X가 취할 수 있는 어떤 실수구간 속의 실수값 x에 확률을 대응시키는 함수를 말한다.

확률 밀도함수는 보통 $f(X)$로 표시한다. 그런데 이산 확률분포에서 $P(X)$는 확률을 나타내지만 $f(X)$는 연속 확률분포의 모양을 나타낼 뿐 확률을 의미하지는 않는다.

확률 질량함수에서는 이산 확률변수 X가 특정한 값 a를 취할 확률을 $P(X=a)$로 표시할 수 있는 반면에 연속 확률변수는 취할 수 있는 무한히 많은 실수값 가운데 어떤 특정 실수를 취할 확률은 0에 가깝다. 즉 $P(X=a)=0$이다. 예를 들면, 체중이 정확하게 60.2kg이 될 확률이라든가, 온도가 정확하게 30℃가 될 확률은 0이다. 따라서 연속 확률변수의 경우에는 그 변수가 어떤 구간(범위)에 속할 확률을 구하게 된다. 예를 들면, 체중이 60.2kg에서 70kg 사이일 확률을 구하게 된다.

[그림 5-3]에서 보는 바와 같이 연속 확률분포에서의 확률은 확률 밀도함수 $f(X)$와 X축 사이에 있는 어느 구간의 넓이로 구한다. 즉 그림에서 X가 임의의 두 실수 a와 b 사이의 구간 확률, 즉 $P(a \le X \le b)$는 색칠한 부분의 면적과 같다.[1]

그림 5-3 확률 밀도함수

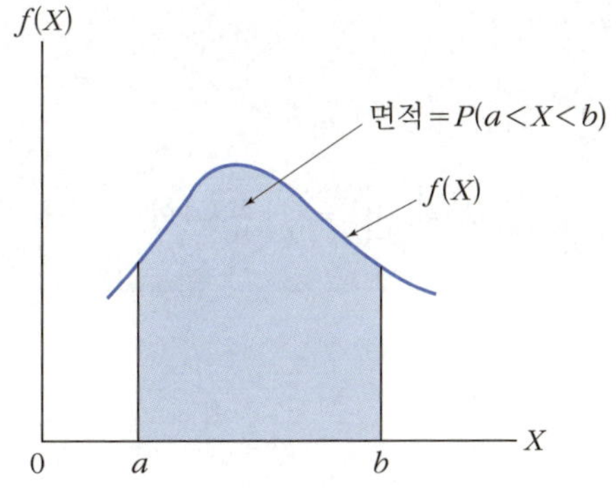

1 $P(a<X<b)=P(a \le X \le b)$. $P(X=a)=0$, $P(X=b)=0$이므로 $P(a \le X \le b)=P(a<X \le b)=P(a \le X<b)=P(a<X<b)$이다.

그런데 연속변수 X가 실수 구간 a와 b 사이에 속할 확률(넓이)은 밀도함수 $f(X)$를 적분하여 X축과 확률 밀도함수로 둘러싸인 부분의 넓이를 구함으로써 얻어진다. 즉

$$P(a \le X \le b) = \int_a^b f(X)dX$$

이다. 그런데 실제로 확률을 계산하기 위하여 $f(X)$를 항상 적분할 필요는 없다. 확률들이 미리 계산되어 표로 만들어져 있으므로 표를 이용하면 되기 때문이다.

확률 밀도함수는 다음과 같은 세 개의 조건을 만족시켜야 한다.

TIP

확률 밀도함수의 조건

- 특정한 값 x가 발생할 확률 $P(X=x)=0$이다.
- 모든 X에 대하여 $f(X) \ge 0$이다.
- 모든 X에 대한 확률의 합은 1이다.

$$\int_{-\infty}^{\infty} f(X)dX = 1$$

예제 5-5 다음 함수는 확률 밀도함수인가?

$$f(X) = \begin{cases} \dfrac{x^2}{3} & -1 \le x \le 2 \\ 0 & \text{그 외의 점} \end{cases}$$

풀이

$f(X=-1) = \frac{1}{3}$, $f(X=2) = \frac{4}{3}$이며

$\int_{-1}^{2} f(X)dX = \int_{-1}^{2} \frac{x^2}{3} dX = \left[\frac{x^3}{9}\right]_{-1}^{2} = \frac{8}{9} + \frac{1}{9} = 1$이므로 확률 밀도함수이다.

S·E·C·T·I·O·N 5.4

확률변수의 기대값과 분산

기대값의 의미

확률변수의 확률분포가 작성되면 확률변수가 취할 수 있는 모든 값들의 평균(mean), 즉 기대값(expected value : 기대치)을 구할 수 있다. 기대값은 확률분포에서 분포의 무게중심을 말하며 확률변수가 취할 수 있는 값에 대응되는 확률을 가중치로 하는 확률변수의 가능한 모든 값들의 가중평균(weighted mean)이라고 할 수 있다.

확률변수의 기대값을 구하는 공식은 이산변수인 경우와 연속변수인 경우 서로 다르다.

TIP

기대값

확률변수 X의 확률함수가 $f(X)$일 때 변수 X의 기대값 $E(X)$ 또는 μ는 다음과 같다.

- X가 이산변수인 경우

$$E(X)=\mu=\sum_{i=1}^{k} X_i P(X_i)$$

- X가 연속변수인 경우

$$E(X)=\mu=\int Xf(X)\,dX$$

확률변수의 기대값이란 실험을 수없이 반복할 때 그 확률변수가 갖는 장기적 평균이라고 해석할 수 있다.

간단한 예를 들어 보자. 주사위 한 개를 던질 때 나타나는 눈금의 기대값은

$$\frac{1}{6}(1)+\frac{1}{6}(2)+\frac{1}{6}(3)+\frac{1}{6}(4)+\frac{1}{6}(5)+\frac{1}{6}(6)=3.5$$

이다.

기대값이 3.5라는 것은 주사위 한 개를 던질 때 3.5가 나올 수는 없지만 주사위를 수없이 던지게 되면 평균적으로 눈금이 3.5가 될 것이라는 것을 의미한다.

예제 5-6 앞절에서 예로 든 어느 도시의 가구 수와 컬러 TV 수의 확률분포를 이용하여 확률변수 (TV 수) X의 평균을 구하고 그의 의미를 말하라.

	A	B	C
1	X	P(X)	XP(X)
2	0	0.012	0
3	1	0.319	0.319
4	2	0.374	0.748
5	3	0.191	0.573
6	4	0.076	0.304
7	5	0.028	0.14
8	합계	1	2.084

풀이

전체 가구의 평균 TV 수는 2.084이다.

■ Excel 활용

셀 주소	수식	비고
D3	=SUMPRODUCT(A1:A6, B1:B6)	

	A	B	C	D
1	0	0.012		
2	1	0.319		
3	2	0.374	평균	2.084
4	3	0.191		
5	4	0.076		
6	5	0.028		

EXCEL STATISTICS 기대값의 특성

확률변수 X의 기대값 $E(X)$를 알게 되면 X의 1차함수로 표시된 새로운 확률변수의 기대값은 다음과 같은 기대값의 특성을 이용하여 쉽게 계산할 수 있다.

기대값은 몇 가지 특성을 갖는데 이들을 요약하면 다음과 같다.

TIP

기대값의 특성

- $E(a)=a$
- $E(bX)=bE(X)$
- $E(a+bX)=a+bE(X)$
- $E(X+Y)=E(X)+E(Y)$
- $E(aX+bY)=aE(X)+bE(Y)$

예제 5-7 확률변수 X의 평균은 5, 확률변수 Y의 평균은 4라고 할 때 $E(3X-2Y+3)$의 값은 얼마인가?

풀이

$E(3X-2Y+3)=3E(X)-2E(Y)+3=3(5)-2(4)+3=10$

EXCEL STATISTICS 분산

기대값은 확률실험이 반복되는 경우에 확률변수가 취하는 값들의 평균을 제공해 주는 데 반하여 분산(variance) 또는 표준편차(standard deviation)는 확률변수의 값들이 기대값을 중심으로 얼마나 흩어져 있는가를 나타내는 산포도(degree of dispersion)의 측정치이다.

확률변수의 분포를 분석하기 위해서는 기대값과 함께 분산을 계산해야 한다. 비록 기대값이 같더라도 분산이 다른 두 개의 분포가 있을 수 있기 때문이다.

그림 5-4 **분산과 분포의 모양,** $\mu_X = \mu_Y,\ \sigma_X^2 < \sigma_Y^2$

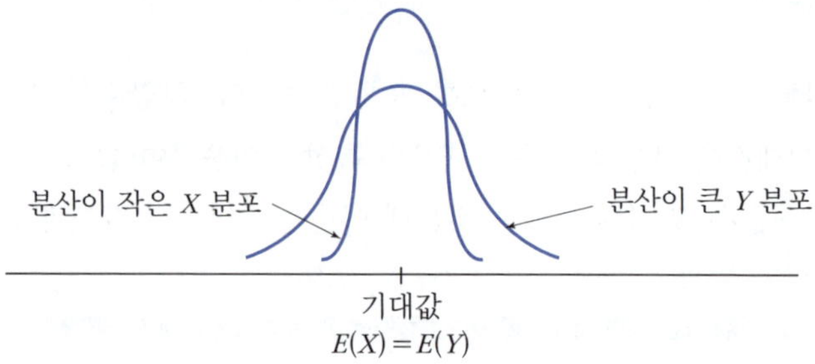

[그림 5-4]는 기대값이 같지만 분산이 서로 다른 두 개의 확률분포를 보여 주고 있다. 분산 또는 표준편차는 분포의 모양을 결정한다. 분산이 크다는 것은 확률변수의 값들이 기대값에서 더 많이 흩어져 있음을 의미한다.

분산의 공식은 다음과 같다.

TIP

분산

- X가 이산변수인 경우

$$\mathrm{Var}(X) = \sigma^2 = \Sigma[X - E(X)]^2 P(X)$$

- X가 연속변수인 경우

$$\mathrm{Var}(X) = \sigma^2 = \int (X - \mu)^2 f(X)\,dX$$

표준편차는 분산의 제곱근을 말하는데 그의 공식은 다음과 같다.

TIP

표준편차

- X가 이산변수인 경우

$$\sigma = \sqrt{\mathrm{Var}(X)} = \sqrt{\sum [X - E(X)]^2 P(X)}$$

- X가 연속변수인 경우

$$\sigma = \sqrt{\mathrm{Var}(X)}$$

예제 5-8 [예제 5-6]에 대하여 분산과 표준편차를 구하라.

풀이

	A	B	C	D	E	F
1	X	P(X)	XP(X)	X-E(X)	[X-E(X)]^2	[X-E(X)]^2P(X)
2	0	0.012	0	-2.08	4.3431	0.0521
3	1	0.319	0.319	-1.08	1.1751	0.3748
4	2	0.374	0.748	-0.08	0.0071	0.0026
5	3	0.191	0.573	0.916	0.8391	0.1603
6	4	0.076	0.304	1.916	3.6711	0.2790
7	5	0.028	0.14	2.916	8.5031	0.2381
8	합계	1	2.084			1.1069

$\mathrm{Var}(X) = \sigma^2 = 1.1069$

$\sigma = 1.0521$

예제 5-9 한 동전을 세 번 던지는 실험에서 앞면이 나오는 수를 확률변수 X라고 할 때

(1) $E(X)$와 $\mathrm{Var}(X)$를 구하라.

(2) X의 값이 1 또는 2이면 350원을 받고 0 또는 3이면 1,000원을 주는 내기일 경우 기대값은 얼마인가? 이는 유리한 내기인가?

풀이

(1)

	A	B	C	D	E	F
1	X	P(X)	XP(X)	X-E(X)	[X-E(X)]^2	[X-E(X)]^2P((X)
2	0	1/8	0	-1 1/2	2.25	0.28125
3	1	3/8	3/8	- 1/2	0.25	0.09375
4	2	3/8	3/4	1/2	0.25	0.09375
5	3	1/8	3/8	1 1/2	2.25	0.28125
6	합계		1.5			0.75000

$$E(X) = \Sigma XP(X) = 1\left(\frac{3}{8}\right) + 2\left(\frac{3}{8}\right) + 3\left(\frac{1}{8}\right) = 1.5$$

$$\begin{aligned}\mathrm{Var}(X) &= \Sigma[X - E(X)]^2 P(X) \\ &= (0-1.5)^2\left(\frac{1}{8}\right) + (1-1.5)^2\left(\frac{3}{8}\right) + (2-1.5)^2\left(\frac{3}{8}\right) + (3-1.5)^2\left(\frac{1}{8}\right) \\ &= 0.75\end{aligned}$$

(2) $-1{,}000\left(\frac{1}{8}\right) + 350\left(\frac{3}{8}\right) + 350\left(\frac{3}{8}\right) + (-1{,}000)\left(\frac{1}{8}\right) = 12.5$원

기대값이 12.5원으로 양수이기 때문에 유리한 내기이다.

분산은 몇 가지 특성을 갖는데 이를 요약하면 다음과 같다.

TIP

분산의 특성 : 두 확률변수 X와 Y가 독립적인 경우

- $\mathrm{Var}(a)=0$
- $\mathrm{Var}(X+a)=\mathrm{Var}(X)$
- $\mathrm{Var}(bX)=b^2\,\mathrm{Var}(X)$
- $\mathrm{Var}(aX+bY)=a^2\,\mathrm{Var}(X)+b^2\,\mathrm{Var}(Y)$

TIP

분산의 특성 : 두 확률변수 X와 Y가 종속적인 경우

- $\mathrm{Var}(X+Y)=\mathrm{Var}(X)+\mathrm{Var}(Y)+2\mathrm{Cov}(X,\ Y)$
- $\mathrm{Var}(X-Y)=\mathrm{Var}(X)+\mathrm{Var}(Y)-2\mathrm{Cov}(X,\ Y)$
- $\mathrm{Var}(aX+bY)=a^2\,\mathrm{Var}(X)+b^2\,\mathrm{Var}(Y)+2ab\,\mathrm{Cov}(X,\ Y)$

예제 5-10 확률변수 X와 Y가 독립적일 때 다음을 계산하라.

(1) $\mathrm{Var}(2X-3Y)$

(2) $\mathrm{Var}(3-3X)$

풀이

(1) $\mathrm{Var}(2X-3Y)=2^2\,\mathrm{Var}(X)+3^2\,\mathrm{Var}(Y)=4\mathrm{Var}(X)+9\mathrm{Var}(Y)$

(2) $\mathrm{Var}(3-3X)=9\mathrm{Var}(X)$

S·E·C·T·I·O·N 5.5

결합 확률분포

결합 확률분포의 개념

제4장에서 우리는 두 사상의 교사상을 취급하면서 조건확률, 결합확률, 주변확률을 공부하였다. 본장에서는 한 실험에서 상호작용하면서 결국 모두 발생하는 두 확률변수 간의 확률분포에 관해서 공부하고자 한다.

우리가 주로 지금까지 공부한 단일 확률변수의 확률분포는 그 변수의 확률함수를 이용하였다. 그러나 현실적으로는 두 개 이상의 변수가 서로 연관되어 영향을 미치는 상황이 일반적이다. 예를 들면, 광고비의 수준이 매출액 증대에 큰 영향을 미친다. 이러한 경우에는 두 변수 간의 결합적 행태를 나타내는 결합 확률분포(joint probability distribution)의 분석이 필요하다.

TIP

결합 확률분포

결합 확률분포란 둘 이상의 이산 확률변수가 서로 연관된 확률분포를 말한다.

결합 확률분포는 연관된 두 이산 확률변수 X와 Y의 값의 모든 쌍$(x_i,\ y_j)$에 대해 결합확률 $P(X_i,\ Y_j) = P(X = x_i \cap Y = y_j)$를 대응시킨 표를 의미한다. 변수 간의 결합적 행태는 세 변수 간에도 발생하지만 본절에서는 두 개의 변수가 동시에 특정 값을 취하는 확률을 구하는 이변량 확률분포(bivariate probability distribution)에 관하여 설명하고자 한다.

결합 확률분포는 분할표를 이용하게 되는데 그의 일반적 형태는 [표 5-2]와 같다.

표 5-2 결합 확률분포표

X의 값 \ Y의 값	y_1	y_2	…	y_j
x_1	$P(x_1 \cap y_1)$	$P(x_1 \cap y_2)$	…	$P(x_1 \cap y_j)$
x_2	$P(x_2 \cap y_1)$	$P(x_2 \cap y_2)$	…	$P(x_2 \cap y_j)$
⋮	⋮	⋮	…	⋮
x_k	$P(x_k \cap y_1)$	$P(x_k \cap y_2)$	…	$P(x_k \cap y_j)$

일변량 확률분포와 마찬가지로 결합 확률분포는 다음과 같은 조건을 만족시켜야 한다.

TIP

이산 이변량 확률분포의 조건

1. (X, Y)의 모든 쌍에 대하여 $0 \leq P(X, Y) \leq 1$
2. $\sum_{\text{모든 } x} \sum_{\text{모든 } y} (X, Y)\ P(X, Y) = 1$

결합 확률분포가 작성되면 주변 확률분포를 구할 수 있다. 주변확률은 각 개별 변수 X와 Y의 확률로서 결합 확률분포표의 가장자리에 나타난다. 확률변수 X의 주변 확률함수를 $P_1(X)$, 확률변수 Y의 주변 확률함수를 $P_2(Y)$로 표시한다. 따라서 예컨대 $P_1(3)$는 $x=3$의 확률을, $P_2(1)$은 $y=1$의 확률을 나타낸다.

두 이산 확률변수 X와 Y의 주변 확률분포는 다음과 같이 구한다.

$$P_1(X) = \sum_{\text{모든 } y} P(X, Y)$$

$$P_2(Y) = \sum_{\text{모든 } x} P(X, Y)$$

결합 확률분포표에서 각 행의 합은 확률변수 X의 주변 확률분포를 나타내고 각 열의 합은 확률변수 Y의 주변 확률분포를 나타낸다. 다시 말하면, 확률변수 X의 주변 확률분포를 구하기 위해서는 Y값들을 고려하지 않고 다만 X의 값들과 그들이 발생할 확률 $P(X=x_i)$를 대응시키면 되고 확률변수 Y의 주변 확률분포를 구하기 위해서는 X값들을 고려하지 않고 Y의 값들과 그들이 발생할 확률 $P(Y=y_j)$를 대응시키면 된다. 두 확률변수의 개별 확률분포가 표의 주변(margins)에 나타나므로 X와 Y의 개별 확률분포를 주변 확률분포라고 한다.

예제 5-11 다음 표는 종로구에 있는 맛나 핏자집에서 과거에 판매한 역사적 데이터를 분석하여 만든 한 달 동안 카드 또는 현금 등 지불방법(확률변수 X)에 따른 핏자의 판매 수(확률변수 Y)를 나타내는 분할표이다. 결합 확률분포와 주변 확률분포를 구하라.

	A	B	C	D	E	F
1	지불방법(X)		핏자 수(Y)			합계
2			1	2	3	
3	카드	1	42	21	12	75
4	현금	2	24	18	3	45
5	합계		66	39	15	120

풀이

결합 확률분포

지불방법(X)	핏자 수		
	1	2	3
카드 1	(42/120)=0.35	0.175	0.100
현금 2	0.200	0.150	0.025

X의 주변 확률분포

X의 값	확률 $P(X=x)$
1	0.625
2	0.375

Y의 주변 확률분포

Y의 값	확률 $P(Y=y)$
1	0.550
2	0.325
3	0.125

▪ Excel 활용

셀 주소	수식	비고
B4	=SUM(B2:B3)	E4까지 복사
B7	=B2/$E$4	D7까지 복사
B8	=B3/$E$4	D8까지 복사
B9	=SUM(B7:B8)	E9까지 복사
E2	=SUM(B2:D2)	E3까지 복사
E7	=SUM(B7:D7)	E8까지 복사

	A	B	C	D	E
1	X	1	2	3	합계
2	카드 1	42	21	12	75
3	현금 2	24	18	3	45
4	합계	66	39	15	120
5					
6	x	1	2	3	x의 주변확률
7	1	0.35	0.175	0.1	0.625
8	2	0.2	0.15	0.025	0.375
9	y의 주변확률	0.55	0.325	0.125	1

EXCEL STATISTICS 조건확률

제4장에서 우리는 두 사상 간의 조건확률(conditional probability)에 대하여 공부하였다. 즉 $P(B|A)$는 사상 A가 이미 발생하였다는 조건하에서 사상 B가 발생할 확률을 의미한다. 두 변수 간의 조건확률도 이와 유사한 개념이다. 즉 $P(Y|X)=\dfrac{P(X\cap Y)}{P(X)}$이다.

예를 들면, [예제 5-11]에서 카드로 지불할 때 2개의 핏자를 판매할 조건확률은

$$
\begin{aligned}
&P(Y=\text{핏자 2개}|X=\text{카드})\\
&=\frac{P[(Y=\text{핏자 2개})\cap(X=\text{카드})]}{P(X=\text{카드})}\\
&=\frac{0.175}{0.625}=0.28
\end{aligned}
$$

이다.

EXCEL STATISTICS 두 변수의 독립성

우리는 제4장에서 두 사상이 독립이면 다음 식이 성립한다고 배웠다.

$$P(B|A)=P(B)$$
$$P(A|B)=P(A)$$

두 변수 간의 독립성(independence)도 이와 유사한 개념이다. 한 변수가 어떤 값을 취하든 이는 다른 변수가 어떤 특정한 값을 취할 확률에 전혀 영향을 미치지 않는다면 두 변수는 독립적이다.

TIP

두 변수 간의 독립성 조건

두 개의 확률변수 X와 Y가 독립적이면 다음 조건이 성립한다.

$$P(X=x|Y=y)=P(X=x)$$
$$P(Y=y|X=x)=P(Y=y)$$

예를 들면, [예제 5-11]에서

$$P(Y=\text{핏자 2개}|X=\text{카드})=\frac{0.175}{0.625}=0.28$$

$$P(Y=\text{핏자 2개})=0.325$$

인데 $P(Y=\text{핏자 2개}|X=\text{카드})\neq P(Y=\text{핏자 2개})$이므로 두 변수는 독립적이 아니다. 이는 확률변수 X가 확률변수 Y가 취할 값에 영향을 미치기 때문에 두 확률변수는 종속관계라는 것을 의미한다. 다시 말하면, 확률변수 X의 분포가 Y값에 영향을 받지 않고 일정하다면 두 변수 X와 Y는 통계적으로 독립이라고 말한다.

S·E·C·T·I·O·N 5.6

공분산과 상관계수

EXCEL STATISTICS

공분산

통계적으로 종속적인 두 확률변수 X와 Y가 있다고 할 때 두 변수 사이의 선형관계의 유무를 시각적으로 파악하기 위해서는 산점도(scatter diagram)가 이용되지만 두 변수 사이의 연관성(association)의 관계의 강도와 성격을 측정할 필요가 있는 경우에는 공분산과 상관계수가 이용된다. 이때 분할표를 이용한 두 변수의 결합 확률분포가 주어지는 경우와 그렇지 않고 두 변수의 데이터가 주어지는 경우로 나누어 볼 수 있는데 후자에 대해서는 제13장 단순회귀분석과 상관분석에서 공부할 것이다.

예를 들면, 매출액은 광고비의 지출과 밀접한 관련을 맺고 있다. 이러한 두 수치변수 사이의 비례, 반비례의 관계를 밝히는 것은 통계분석에 유용하다. 특히 두 변수의 관계가 직선으로 나타낼 수 있는 선형관계라고 한다면 X의 큰 값이 Y의 큰 값에 대응하고, X의 작은 값이 Y의 작은 값에 대응할 때 $[X-E(X)][Y-E(Y)]$는 양수가 되고 두 변수의 관계는 강하게 된다.

만일 두 변수 사이가 독립적이라서 선형관계가 아니라면 $[X-E(X)][Y-E(Y)]$는 0이 된다. 이와 같이 두 변수 사이의 상호 연관성을 측정하는 지수가 공분산(covariance)인데 이의 공식은 다음과 같다.

TIP

공분산(분할표 이용)

$$\begin{aligned}\text{모집단 : } \mathrm{Cov}(X,\ Y) = \sigma_{XY} &= \sum_{i=1}^{N} [X_i - E(X)][Y_j - E(Y)]P(X_iY_j) \\ &= E[[X-E(X)][Y-E(Y)]] \\ &= E(XY) - E(X)E(Y)\end{aligned}$$

$P(X_iY_j)$: X의 i번째 결과와 Y의 j번째 결과의 발생확률

이와 같이 공분산은 두 확률변수의 분포가 결합될 때 그 결합 확률분포의 분산을 측정한다.

공분산은 분산 σ^2과 비슷하게 계산되지만 분산과 달리 음수의 값을 가질 수 있다. 공분산이 양수이면 두 확률변수가 같은 방향으로 함께 움직이고, 음수이면 두 변수가 반대 방향으로 움직이는 것을 의미한다.[2]

공분산은 두 변수의 선형관계의 유무(방향)를 밝혀주지만 그의 크기는 두 변수의 선형관계의 강도를 나타내는 지표는 아니다. 왜냐하면, 그의 크기는 두 변수의 측정단위에 의존하기 때문이다.[3] 이러한 척도의 영향을 배제하기 위하여 모집단 공분산을 두 변수의 표준편차로 나누는데 이는 다음 절에서 공부할 모집단 상관계수가 된다.

---

2 두 변수가 통계적으로 독립적이면 그들의 공분산은 0이다. 그러나 그의 역은 언제나 성립하는 것은 아니다. 왜냐하면, 공분산은 두 변수의 선형관계의 유무를 밝혀줄 뿐 종속관계의 유무는 밝혀주지 못하기 때문이다.

3 만일 X의 단위가 m^2이고 Y의 단위가 1,000원일 때의 공분산과 X의 단위가 cm^2이고 Y의 단위가 100원일 때의 공분산은 크기에 있어 차이가 있다.

예제 5-12 [예제 5-11]에서 구한 결합 확률분포를 이용하여 두 확률변수 X와 Y의 공분산을 계산하라.

풀이

	A	B	C	D	E	F	G
1	X	Y	P(X,Y)	XY	XYP(X,Y)	X P(X,Y)	YP(X,Y)
2	1	1	0.35	1	0.35	0.35	0.35
3	1	2	0.175	2	0.35	0.175	0.35
4	1	3	0.1	3	0.3	0.1	0.3
5	2	1	0.2	2	0.4	0.4	0.2
6	2	2	0.15	4	0.6	0.3	0.3
7	2	3	0.025	6	0.15	0.05	0.075
8				합계	2.15	1.375	1.575

$\text{Cov}(X, Y) = E(XY) - E(X)E(Y) = 2.15 - 1.375(1.575) = -0.0156$

두 확률변수 X와 Y는 반대 방향으로 움직이는 부(−)의 관계를 갖는다.

■ Excel 활용

셀 주소	수식	비고
B10	=E8−F8*G8	

	A	B	C	D	E	F	G
1	x	y	P(x,y)	xy	xyP(x,y)	x P(x,y)	yP(x,y)
2	1	1	0.35	1	0.35	0.35	0.35
3	1	2	0.175	2	0.35	0.175	0.35
4	1	3	0.1	3	0.3	0.1	0.3
5	2	1	0.2	2	0.4	0.4	0.2
6	2	2	0.15	4	0.6	0.3	0.3
7	2	3	0.025	6	0.15	0.05	0.075
8				합계	2.15	1.375	1.575
9							
10	공분산	-0.015625					

EXCEL STATISTICS 상관계수

공분산은 두 확률변수 X와 Y의 선형관계의 여부를 규명하지만 두 확률변수 X와 Y의 측정단위에 따라 그의 값이 달라지므로 두 변수 사이의 연관관계의 강도를 나타내 주지는 못한다. 따라서 단위에 관계없이 두 변수 X와 Y 사이의 밀접한 강도를 측정하기 위해서는 X와 Y의 공분산을 X의 표준편차와 Y의 표준편차로 나누는데 이 값을 모집단 상관계수(correlation coefficient) 또는 X와 Y의 상관계수라고 한다.

이는 ρ(rho, 로)로 나타내는데 그의 공식은 다음과 같다.

TIP

모집단 상관계수

$$\rho = \frac{\text{Cov}(X, Y)}{\sigma_X \sigma_Y} \quad (-1 \le \rho \le 1)$$

σ_X : 변수 X의 표준편차
σ_Y : 변수 Y의 표준편차

상관계수는 두 확률변수의 관계가 직선관계이고 완전한 비례관계이면 +1의 값을 갖게 되지만, 완전한 반비례의 관계이면 −1의 값을 갖게 된다. 따라서 상관계수는 1과 −1 사이의 값을 갖게 된다. 만일 상관계수의 값이 0이면 두 변수 사이에는 아무런 관계가 없음을 의미한다. 이와 같이 상관계수의 부호와 크기는 두 변수 X와 Y 사이에 존재하는 관계의 방향(direction)과 강도(strength)를 나타낸다. 상관계수는 두 변수 사이의 선형관계를 나타낼 뿐 인과관계를 나타내지는 않는다.

모집단의 모든 모수와 같이 모집단 상관계수도 확률표본을 사용하여 추정해야 한다. 표본상관계수에 대해서는 제13장 단순회귀분석과 상관분석에서 자세히 공부하게 될 것이다.

예제 5-13 [예제 5-11]을 이용하여 두 확률변수 X와 Y의 모집단 상관계수를 구하라.

풀이

$$\sigma_X = \sqrt{\sum[X-E(X)]^2 P(X)}$$
$$= \sqrt{(1-1.375)^2(0.625)+(2-1.375)^2(0.375)} = 0.4841$$

$$\sigma_Y = \sqrt{\sum[Y-E(Y)]^2 P(Y)}$$
$$= \sqrt{(1-1.575)^2(0.55)+(2-1.575)^2(0.325)+(3-1.575)^2(0.125)} = 0.7031$$

$$\rho = \frac{\text{Cov}(X, Y)}{\sigma_X \sigma_Y} = \frac{-0.0156}{0.4841(0.7031)} = -0.0454$$

두 변수 사이는 약한 부의 관계이다.

■ Excel 활용

셀 주소	수식	비고
B10	=E8−F8*G8	
B11	=B10/(SQRT((A14−F8)^2*E14+(A15−F8)^2*E15)*(SQRT((B13−G8)^2*B16+(C13−G8)^2*C16)+(D13−G8)^2*D16))	

	A	B	C	D	E	F	G	H	I	J	K
1	x	y	P(x,y)	xy	xyP(x,y)	x P(x,y)	yP(x,y)				
2	1	1	0.35	1	0.35	0.35	0.35				
3	1	2	0.175	2	0.35	0.175	0.35				
4	1	3	0.1	3	0.3	0.1	0.3				
5	2	1	0.2	2	0.4	0.4	0.2				
6	2	2	0.15	4	0.6	0.3	0.3				
7	2	3	0.025	6	0.15	0.05	0.075				
8				합계	2.15	1.375	1.575				
9											
10	공분산	-0.015625									
11	상관계수	-0.0434									
12											
13	x	1	2	3	x의 주변확률		X	1	2	3	합계
14	카드 1	0.35	0.175	0.1	0.625		카드 1	42	21	12	75
15	현금 2	0.2	0.15	0.025	0.375		현금 2	24	18	3	45
16	y의 주변확률	0.55	0.325	0.125	1		합계	66	39	15	120

CHAPTER 05

연습문제

5/1 확률변수, 확률분포, 확률함수의 관계를 설명하라.

5/2 확률 질량함수와 확률 밀도함수를 비교 설명하라.

5/3 다음 용어들을 간단히 정의하라.

(1) 확률변수
(2) 확률분포
(3) 확률함수
(4) 상관계수
(5) 결합 확률분포
(6) 공분산

5/4 어떤 복덕방에서는 두 채의 빌라, 두 채의 아파트, 두 채의 단독주택을 광고하려고 한다. 주말에 오픈 하우스하기 위해 한 채를 랜덤으로 선정해야 하는데 빌라가 선정되면 확률변수 X는 값 2를, 아파트가 선정되면 4를, 단독주택이 선정되면 6을 취한다고 하자. 변수 X의 확률 질량함수를 구하라.

5/5 다음 함수는 확률 질량함수인가?

$$P(X=x)=\frac{x}{10} \quad (x=1,\ 2,\ 3,\ 4\text{일 때})$$

5/6 다음의 함수가 확률 질량함수가 되기 위한 A의 값을 구하라.

(1) $P(X=x)=\dfrac{Ax^2}{50}$ ($x=1,\ 2,\ 3$일 때)

(2) $P(X=x)=\dfrac{A}{x^2+3}$ ($x=1,\ 2$일 때)

5/7 확률변수 X가 다음과 같은 확률 밀도함수를 가질 때 상수 C를 구하라.

$$f(X)=\begin{cases} CX & (0\le X\le 2) \\ 0 & (\text{다른 값에서}) \end{cases}$$

5/8 용인에 있는 한 외국 자동차 대리점의 한 판매원은 다음 주에 판매할 예상 자동차 수와 그의 확률을 다음과 같이 발표하였다.

	A	B	C	D	E	F	G
1	자동차 수(X)	0	1	2	3	4	5
2	확률 P(X)	0.1	0.2	0.35	0.25	0.08	0.02

(1) 다음 주에 판매할 평균 자동차 수를 구하라.
(2) 다음 주에 판매할 자동차 수의 표준편차를 구하라.
(3) $P(2\le X\le 4)$를 구하라.
(4) 판매원은 주급 25만 원 외에 별도로 판매하는 자동차 한 대당 35만 원을 받는다. 다음 주에 그는 평균 모두 얼마를 받을 수 있는가?
(5) 다음 주에 판매원이 모두 100만 원 이상을 받을 확률을 구하라.
(6) $Y=3X+5$라고 할 때 $E(Y)$를 구하라.

5/9 복권의 상금과 매수가 아래 표와 같을 때 복권 한 매를 2,000원에 산 사람은 얼마의 이익을 기대할 수 있겠는가? 발행된 복권 수는 100매이다.

	A	B	C
1	등급	상금(원)	매수
2	1등	100,000	1
3	2등	10,000	5
4	3등	5,000	10
5	4등	500	80

5/10 한 건설업자는 응찰하고자 하는 프로젝트의 총비용을 추산하려고 한다. 자재비는 15,000원(단위 : 백만 원)이고 노무비는 하루에 600원으로 추산된다. 만일 프로젝트를 완료하는 데 X일이 걸린다고 하면 총비용함수는 다음과 같다.

$$C = 15,000 + 600X$$

한편 그 건설업자는 프로젝트 완료기간에 대한 확률분포를 다음과 같이 만들었다.

	A	B	C	D	E	F
1	완료기간(일)	10	11	12	13	14
2	확률	0.1	0.3	0.3	0.2	0.1

(1) 완료기간의 기대값과 분산을 구하라.
(2) 총비용의 기대값을 구하라.

5/11 어떤 제품에 대한 수요량을 확률변수 X라 할 때 그의 확률분포가 다음과 같다.

	A	B
1	수요량(X)	P(X)
2	100	0.5
3	200	0.3
4	300	0.2

(1) 이 제품의 평균 수요량은 얼마인가?
(2) 이 제품의 수요량의 표준편차를 구하라.
(3) 고정비가 100원이고 한 개 생산의 변동비가 5원이라고 한다. 총비용 $Y = 100 + 5X$를 나타내는 확률변수를 Y라고 할 때 Y의 기대값과 분산을 구하라.

5/12 성 범죄자에 전자팔찌를 채우는 문제에 대해 전국 성인남녀 1,000명을 대상으로 찬성 여부를 조사한 결과 다음과 같은 분할표를 얻었다.

	A	B	C	D
1		성별(Y)		
2	의견(X)	남자	여자	합계
3	찬성	240	300	540
4	반대	260	200	460
5	합계	500	500	1,000

(1) 결합 확률분포를 구하라.

(2) 주변 확률분포를 구하라.
(3) 두 확률변수 X와 Y는 독립적인가?
(4) 조건확률 $P(X=2|Y=1)$을 구하라.
(5) 두 확률변수 X와 Y의 공분산을 구하고 그의 의미를 설명하라.
(6) 두 확률변수 X와 Y의 상관계수를 구하고 그의 의미를 설명하라

5/13 다음과 같이 결합 확률분포가 주어졌을 때 물음에 답하라.

	A	B	C	D	E
1		Y			
2	X	0	1	2	합계
3	3	0.09	0.14	0.07	0.3
4	4	0.07	0.23	0.16	0.46
5	5	0.03	0.1	0.11	0.24
6	합계	0.19	0.47	0.34	1

(1) $Y=0$일 때 X에 대한 조건확률을 구하라.
(2) 두 변수 X와 Y의 공분산을 구하라.
(3) 두 변수 X와 Y는 독립적인가?

5/14 다음 표는 논술점수(X)와 수능점수(Y)에 따라 Excel 대학교에 합격할 확률이 어느 정도인가를 결합 확률분포표로 작성한 것이다.

	A	B	C	D	E
1		Y			
2	X	320	330	340	350
3	70	0	0	0.02	0.08
4	80	0	0.03	0.03	0.1
5	90	0.02	0.05	0.06	0.15
6	100	0.05	0.06	0.1	0.25

(1) 두 변수 X와 Y의 주변확률을 구하라.
(2) 두 변수 X와 Y의 기대값과 분산을 구하라.
(3) 두 변수 X와 Y의 공분산을 구하라.
(4) 두 변수 X와 Y의 상관계수를 구하라.
(5) 두 변수 X와 Y는 독립적인가?
(6) $P(X=90|Y=340)$을 구하라.

5/15 투자자 김 씨는 내년에 주식 X 또는 펀드 Y에 투자할 계획을 갖고 있다. 각 대안에 백만 원 투자하였을 때 예상되는 연간 수익(단위 : 천 원)과 이에 영향을 미치는 세 가지 경제 상황이 발생할 확률분포가 다음 표와 같다.

수익(단위 : 천 원)

	A	B	C	D
1	확률	경제상황	주식 X	펀드 Y
2	0.2	불경기	-200	200
3	0.5	안정	100	80
4	0.3	호경기	250	-100

(1) $E(X)$, $E(Y)$를 구하라.
(2) $\mathrm{Var}(X)$, $\mathrm{Var}(Y)$를 구하라.
(3) $\mathrm{Cov}(X, Y)$를 구하여라.
(4) 두 확률변수 X와 Y의 합의 기대값을 구하라.
(5) 두 확률변수 X와 Y의 합의 분산을 구하라.
(6) 두 확률변수 X와 Y의 상관계수를 구하라.
(7) 두 투자안 가운데 어느 것을 택하는 것이 유리한가?

5/16 주부 강 여사는 두 주식 A와 B를 소유하고 있다. 이들 두 주식의 각각에 대해 가능한 수익률을 갖는 확률변수를 X와 Y라고 정의할 때 결합 확률분포는 다음과 같다고 한다.

	A	B	C
1		수익률(Y)	
2	수익률(X)	5%	10%
3	0%	0.25	0.25
4	5%	0.25	0.25

(1) 두 확률변수 X와 Y의 주변확률을 구하라.
(2) 두 확률변수 X와 Y는 독립적인가?
(3) $E(X)$, $E(Y)$를 구하라.
(4) $\mathrm{Var}(X)$, $\mathrm{Var}(Y)$를 구하라.
(5) $\mathrm{Cov}(X, Y)$를 구하라.
(6) $E(X+Y)$를 구하라.
(7) $\mathrm{Var}(X+Y)$를 구하라.
(8) 두 확률변수 X와 Y의 상관계수를 구하라.

Chapter 06

확률분포 Ⅰ : 이산 확률분포

제5장에서 우리는 확률변수와 확률함수 등 확률분포에 관한 기초적인 개념을 공부하였다. 확률분포는 확률변수가 이산변수이냐 또는 연속변수이냐에 따라 이산 확률분포와 연속 확률분포로 구분할 수 있다.

확률변수란 확률실험의 결과를 내포하는 변수를 말한다. 예를 들면, 호남 고속도로의 톨게이트(toll gate)에 모여드는 자동차 수는 확률변수인데 이는 수를 셀 수 있기 때문에 이산 확률변수라고 한다. 다른 예를 들면, 생산라인에서 두 과업을 완료하는 데 소요되는 시간을 측정할 때 소요시간은 셀 수 있는 것이 아니고 소수점 이하의 시간까지 측정할 수 있기 때문에 연속 확률변수라고 할 수 있다.

통계학에는 여러 가지 형태의 확률분포가 있다. 각 확률분포는 사용할 수 있는 조건을 정의하는 가정들을 제시하고 있다. 따라서 어떤 확률분포를 사용할 것인가는 우리가 풀고자 하는 문제의 특성이 그 확률분포가 요구하는 가정에 맞느냐 또는 맞지 않느냐에 달려 있다.

본장에서는 이산 확률분포에 속하는 이항분포, 포아송분포, 초기하분포 등에 관하여 설명하고 연속 확률분포에 대해서는 제7장에서 공부하고자 한다.

SECTION 6.1

이항분포

베르누이 시행

표본공간이 두 개의 원소로 구성된 실험을 하거나 표본을 추출할 때 확률변수의 결과는 두 개의 범주(category)로 나눌 수 있는 경우가 있다. 이러한 범주는 상호 배타적이므로 실험의 어떤 결과 또는 관찰도 이들 범주의 하나에만 속하게 된다.

예를 들어 보자. 질문에 대한 '예' 또는 '아니오'의 답변, 생산된 제품의 양품 또는 불량품으로의 구분, 선거에서의 당선 또는 낙선, 시험의 합격 또는 불합격, 여러 사람 중에서 한 사람을 뽑을 때의 남자 또는 여자, 동전을 던질 때 나오는 앞면 또는 뒷면 등등 두 결과로 나타나는 상황이 헤아릴 수 없이 많다.

이상에서 예를 든 각 시행의 두 개의 가능한 상호 배타적인 결과 가운데 자의로 어떤 하나를 성공(success : S)이라 하면 다른 하나는 실패(failure : F)라고 간주할 수 있는데 이러한 실험의 관찰 또는 시행(trial)을 베르누이 시행(Bernoulli trial)이라고 한다. 베르누이 시행은 다음의 조건을 만족시켜야 한다.

TIP

베르누이 시행의 조건

- 각 시행은 성공 또는 실패라는 두 개의 상호 배타적인 결과를 갖는다.
- 성공의 확률 $p=P(S)$와 실패의 확률 $q=P(F)=1-p$는 모든 시행에 있어 변함 없다.
- 각 시행의 결과는 서로 독립적이다.

동전 던지기 또는 주사위 던지기의 경우에 한 시행의 결과는 다른 시행의 결과의 확률에 영향을 미치지 않는다. 그러나 다른 이항실험에서는 각 시행이 독립적이기 위해서는 실험이 복원추출로 시행되어야 한다. 예를 들면, 바둑돌을 통에서 꺼낼 때 처음에 꺼낸 돌을 다시 복원하고 두 번째 돌을 꺼내는 경우에만 각 시행의 결과는 독립적으로 결정된다.

EXCEL STATISTICS 이항분포의 개념

위에서 설명한 베르누이 시행의 조건 외에 동일한 시행을 n번 반복할 때 특정 횟수의 성공확률에 관심이 있다면 이는 이항실험(binomial experiment)이라고 한다. 이항실험의 이항 확률변수(binomial random variable) X는 이항실험을 n번 반복했을 때 나타나는 성공횟수를 의미한다. 즉 이항변수 X는 모수 n과 p를 갖는 변수로서 n번 시행에서 나타난 성공횟수에 따라 0, 1, 2, $\cdots$, n 등 정수값을 가질 수 있다.

예를 들면, n번 던지는 동전의 경우 앞면이 나오면 성공이고 뒷면이 나오면 실패라고 할 때 이항 확률변수 X가 가질 수 있는 최소값은 모두 뒷면이 나오는 경우의 0이 되며, 최대값은 모두 앞면이 나오는 경우의 n이 된다. 따라서 동전 던지기 실험에서 얻을 수 있는 이항 확률변수의 값은 n번의 시행 중 성공하는 앞면의 수를 나타내는데 이때 그 앞면의 수가 나올 확률을 나타내는 분포를 이항 확률분포(binomial probability distribution)라고 한다. 즉 이항 확률분포란 이항 확률변수가 취하는 값들과 이에 대응하는 확률을 나타내는 분포를 말한다.

이항분포를 따르는 확률변수의 어떤 가능한 값에 대응하는 확률을 구하는 방법에는 확률함수와 이항 확률표를 이용하는 방법이 있다.

EXCEL STATISTICS 이항 확률 질량함수의 이용

n과 p를 모수로 갖는 이항 확률변수 X의 확률과 이항분포의 모양은 시행횟수 n, 성공횟수 x, 각 시행에서의 성공확률 p를 알면 규명이 가능하다. 이항변수 X의

확률은 성공확률 p인 베르누이 시행 n번 가운데 x번 성공할 확률을 의미하므로 이를 계산하기 위해서는 x번 성공하고 $(n-x)$번 실패하는 사상의 확률을 먼저 구한 다음 여기에 이러한 사상의 발생가능한 총가지 수를 곱하면 된다.

예컨대 $p=0.8$일 때 네 번(n) 시행에서 세 번(x) 꼭 성공하고 한 번($n-x$) 실패할 확률을 구하기로 하자. 이럴 경우 배열 방법은 네 가지인데 그에 대응하는 확률은 다음 표와 같이 $P(S)=0.8$이 세 번(x)이고 $P(F)=0.2$가 한 번($n-x$)이다. 즉 $P(S)^x P(F)^{n-x}=(0.8)^3(0.2)^1=0.1024$이다.

네 번 시행 가운데 세 번 성공하고 한 번 실패할 확률은 네 가지 방법에 따른 확률을 합한 0.4096이 된다. 여기서 네 번 시행 가운데 세 번 성공하는 사상의 가지 수는 ${}_4C_3=\binom{4}{3}=\frac{4!}{3!1!}=4$이다.

따라서 성공확률이 0.8일 때 네 번 시행 가운데 세 번 성공할 확률은 다음과 같이 구할 수 있다.

$$P(X=3)=\binom{4}{3}(0.8)^3(0.2)^1=0.4096$$

배열	확률
SSSF	$(0.8)(0.8)(0.8)(0.2)=0.1024$
SSFS	$(0.8)(0.8)(0.2)(0.8)=0.1024$
SFSS	$(0.8)(0.2)(0.8)(0.8)=0.1024$
FSSS	$(0.2)(0.8)(0.8)(0.8)=0.1024$
	0.4096

이를 일반식으로 나타내면 다음과 같다.

TIP

이항 확률함수

한 시행의 성공확률이 p이고 시행을 독립적으로 n번 반복할 때 성공횟수 x가 따르는 분포는 이항분포라고 말하며 그의 확률 질량함수는 다음과 같다.

$$P(X=x)=C_x^n p^x q^{n-x}$$
$$=\frac{n!}{x!(n-x)!}p^x(1-p)^{n-x} \quad (x=0,\ 1,\ 2,\ \cdots,\ n)$$

X : 성공횟수를 의미하는 이항 확률변수
x : 이항 확률변수의 임의의 값을 의미하는 성공횟수
n : 시행횟수
p : 베르누이 시행의 성공확률

확률변수 X가 모수 n, p인 이항분포를 따를 때 $X \sim B(n, p)$로 표기한다.

Excel을 사용하여 이항 확률변수의 확률 구하기
=BINOM.DIST(x, n, p, 누적확률 여부 0 또는 1)

예제 6-1 허 사장은 온라인으로 데스크탑(desktop) PC와 랩탑(laptop) PC를 판매하는데 판매량의 75%는 데스크탑이고 25%는 랩탑이라고 한다. 수많은 구매자 가운데서 네 사람을 랜덤으로 추출한다고 하자. 이 중에서 데스크탑을 구매한 사람의 수를 이항변수 X라고 할 때 변수 X의 이항 확률분포를 작성하고 이를 막대그래프로 나타내라.

풀이

데스크탑 PC를 구매한 사람을 D, 랩탑을 구매한 사람을 L이라고 하면 결과는 다음과 같다.

$X=0$	$X=1$	$X=2$	$X=3$	$X=4$
LLLL	DLLL	DDLL	DDDL	DDDD
	LDLL	DLDL	DDLD	
	LLDL	DLLD	DLDD	
	LLLD	LDDL	LDDD	
		LDLD		
		LLDD		

$X=0$일 때 $\binom{4}{0}(0.75)^0(0.25)^4 = \frac{4!}{4!0!}(1)(0.0039) = 0.0039$

$X=1$일 때 $\binom{4}{1}(0.75)^1(0.25)^3 = \frac{4!}{3!1!}(0.75)(0.0156) = 0.0469$

$X=2$일 때 $\binom{4}{2}(0.75)^2(0.25)^2 = \frac{4!}{2!2!}(0.5625)(0.0625) = 0.2109$

$X=3$일 때 $\binom{4}{3}(0.75)^3(0.25)^1 = \frac{4!}{1!3!}(0.4219)(0.25) = 0.4219$

$X=4$일 때 $\binom{4}{4}(0.75)^4(0.25)^0 = \frac{4!}{0!4!}(0.3164)(1) = 0.3164$

■ Excel 활용

셀 주소	수식	비고
B5	=BINOM.DIST(A5, \$B\$2, \$B\$1, 0)	B9까지 복사
B10	=SUM(B5:B9)	

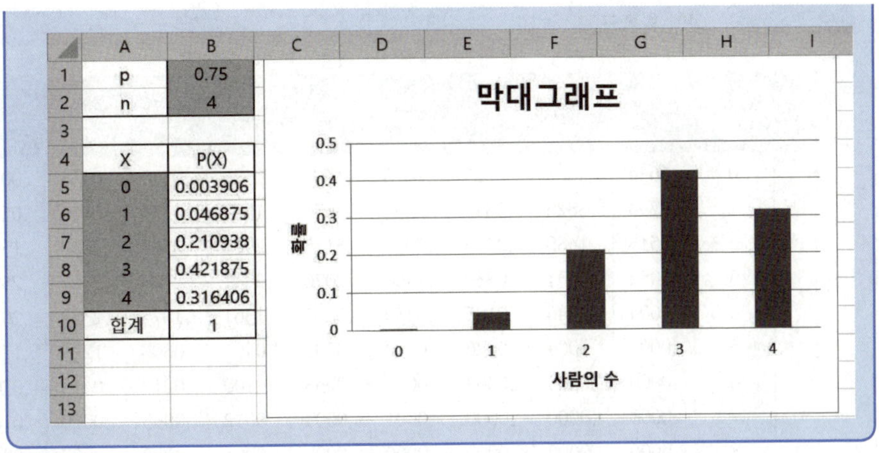

	A	B
1	p	0.75
2	n	4
3		
4	X	P(X)
5	0	0.003906
6	1	0.046875
7	2	0.210938
8	3	0.421875
9	4	0.316406
10	합계	1

이항 확률표의 이용

EXCEL STATISTICS

이항 확률함수를 이용하여 확률을 계산할 때 n이 커질수록 계산이 복잡하여 실수할 가능성이 높아진다. 이런 경우에는 이항 확률표를 이용하면 편리하다.

확률함수를 이용할 때와 마찬가지로 표를 이용할 때에도 성공확률 p, 시행횟수 n, 성공횟수 x의 값이 필요하다. [표 6-1]은 이항 확률표의 일부분이다. 보다 완전한 표는 부표 A에 나와 있다.

[표 6-1]에서 p는 표의 윗부분에 나열되어 있으며 n과 x는 표의 왼쪽 편에 있는데 위에서부터 아래로 읽어 나간다.

예를 들어 성공확률 $p=0.3$일 때 시행횟수 $n=8$번 가운데 성공횟수 $x=5$일 확률은 0.0467이다. 이는 [표 6-1]에서 원(○)으로 보이고 있다.

이항 확률표를 이용하여 누적확률을 구할 수 있다. 즉 특정 성공횟수 이상, 이하, 초과, 미만 등의 확률을 구할 수 있다.

예를 들면, $p=0.3$이고 $n=8$일 때

$$P(X \leq 2) = P(0) + P(1) + P(2) = 0.0576 + 0.1977 + 0.2965 = 0.5518$$

$$P(X \geq 3) = 1 - P(X \leq 2) = 0.4482$$

$$P(4 \leq X \leq 6) = P(4) + P(5) + P(6) = 0.1361 + 0.0467 + 0.0100 = 0.1928$$

이다.

표 6-1 이항 확률표

n	x	.05	.10	.15	.20	.25	.30	.35	.40	.45	.50
8	0	.6634	.4305	.2725	.1678	.1001	.0576	.0319	.0168	.0084	.0039
	1	.2793	.3826	.3847	.3355	.2670	.1977	.1373	.0896	.0548	.0312
	2	.0515	.1488	.2376	.2936	.3115	.2965	.2587	.2090	.1569	.1094
	3	.0054	.0331	.0839	.1468	.2076	.2541	.2786	.2787	.2568	.2188
	4	.0004	.0046	.0185	.0459	.0865	.1361	.1875	.2322	.2627	.2734
	5	.0000	.0004	.0026	.0092	.0231	.0467	.0808	.1239	.1719	.2188
	6	.0000	.0000	.0002	.0011	.0038	.0100	.0217	.0413	.0703	.1094
	7	.0000	.0000	.0000	.0001	.0004	.0012	.0033	.0079	.0164	.0312
	8	.0000	.0000	.0000	.0000	.0000	.0001	.0002	.0007	.0017	.0039
9	0	.6302	.3874	.2316	.1342	.0751	.0404	.0207	.0101	.0046	.0020
	1	.2985	.3874	.3679	.3020	.2253	.1556	.1004	.0605	.0339	.0176
	2	.0629	.1722	.2597	.3020	.3003	.2668	.2162	.1612	.1110	.0703
	3	.0077	.0446	.1069	.1762	.2336	.2668	.2716	.2508	.2119	.1641
	4	.0006	.0074	.0283	.0661	.1168	.1715	.2194	.2508	.2600	.2461
	5	.0000	.0008	.0050	.0165	.0389	.0735	.1181	.1672	.2128	.2461
	6	.0000	.0001	.0006	.0028	.0087	.0210	.0424	.0743	.1160	.1641

예제 6-2 다음 문제에 대해서 확률을 구하라.

(1) 타율이 0.3인 야구선수가 다섯 번 타석에 나와 네 번 이상 안타를 칠 확률을 구하라.
(2) 4지선다형 문제가 10개 있을 때 단순히 추측하여 세 문제 이하를 맞힐 확률을 구하라.
(3) 자유투 성공률이 90%인 농구선수가 세 번의 자유투를 모두 성공시킬 확률을 구하라.

풀이

(1) $P(X \geq 4) = 0.0284 + 0.0024 = 0.0308$

(2) $P(X \leq 3) = 0.0563 + 0.1877 + 0.2816 + 0.2503 = 0.7759$

(3) $P(X=3)$은 실패확률 0.1일 때 한 번도 성공시키지 못할 확률과 같다. 즉 부표 A에서 0.7290이다.

EXCEL STATISTICS 이항분포의 형태

이항분포의 형태는 모수인 성공확률 p와 시행횟수 n에 따라 결정된다. [그림 6-1]은 이항분포의 형태를 설명하기 위하여 그린 그림이다. 이 그림에서 다음과 같은 사실을 발견할 수 있다.

- $p=0.5$일 때 n의 크기에 관계없이(n이 비록 작더라도) 이항분포의 모양은 언제나 대칭을 이룬다. 그림 (A)는 이를 보여 주고 있다.
- n이 작고 $p=0.8$일 때(즉 $p>0.5$일 때) 이항분포는 좌측 꼬리분포(skewed to the left)를 따른다. 왜냐하면, 성공횟수>실패횟수이므로 우측 확률이 좌측 확률보다 크기 때문이다. 그림 (B)는 이를 보여 주고 있다.

그림 6-1 이항분포의 형태

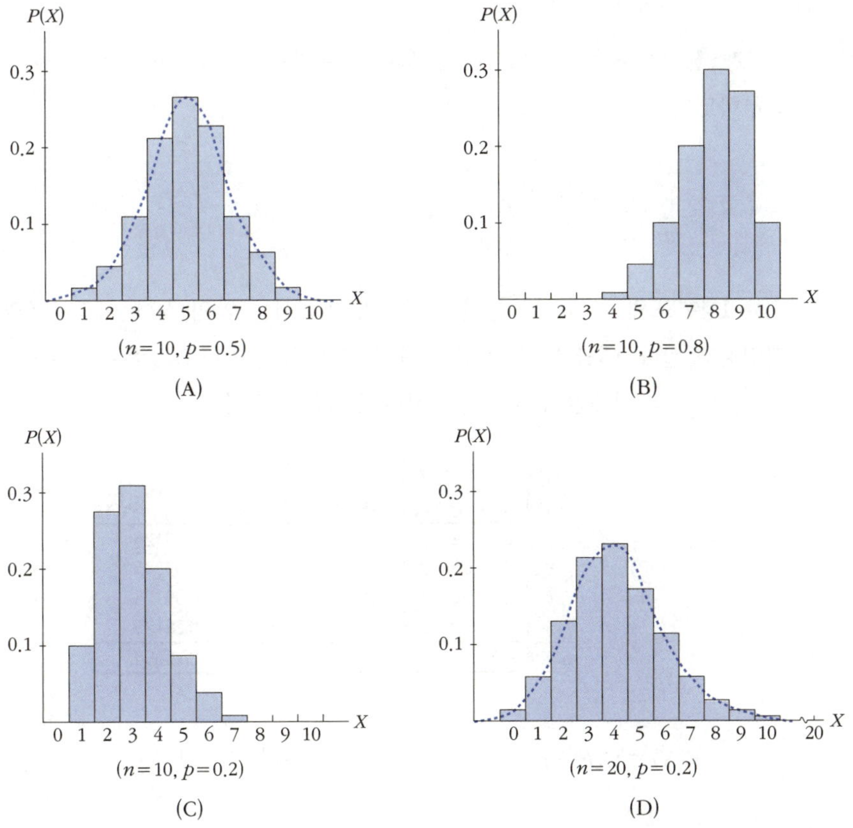

- n이 작고 $p=0.2$일 때(즉 $p<0.5$일 때) 이항분포는 우측 꼬리분포(skewed to the right)를 따른다. 그림 (C)는 이를 보여 주고 있다.
- $p=0.2$일 때와 $p=0.8$일 때의 분포는 정반대의 형태를 취하고 있다.
- p의 값에 관계없이 n이 커질수록 이항분포의 모양은 종모양의 정규곡선에 접근한다. 그림 (D)는 이를 보여 주고 있다.

일반적으로 p가 0.5에 가까울수록 또는 n이 증가할수록 이항 확률분포는 종모양의 정규분포에 근접한다. 반대로 p가 매우 크거나 작을 경우, 또는 n이 작을수록 이항분포는 한 쪽으로 매우 치우친 분포를 따른다.

EXCEL STATISTICS 이항분포의 기대값과 분산

제5장에서 확률분포의 기대값과 분산은 다음과 같은 식을 이용하여 구한다고 공부하였다.

$$\mu=E(X)=\Sigma XP(X)$$
$$\sigma^2=\Sigma(X-\mu)^2P(X)$$

이항분포의 기대값과 분산을 구하기 위해서는 앞의 식에 이항분포의 확률을 대입하면 된다. 예를 들면, 동전을 세 번 던져 앞면이 나오는 횟수를 확률변수 X라고 할 때 그의 기대값과 분산을 계산하면 다음과 같다.

	A	B	C	D	E	F
1	X	P(X)	XP(X)	X-E(X)	[X-E(X)]^2	[X-E(X)]^2P((X)
2	0	1/8	0	-1 1/2	2.25	0.28125
3	1	3/8	3/8	- 1/2	0.25	0.09375
4	2	3/8	3/4	1/2	0.25	0.09375
5	3	1/8	3/8	1 1/2	2.25	0.28125
6	합계		1.5			0.75000

$$E(X)=\Sigma XP(X)=\frac{1}{8}(0)+\frac{3}{8}(1)+\frac{3}{8}(2)+\frac{1}{8}(3)=1.5$$
$$\sigma^2=\Sigma(X-\mu)^2P(X)=0.750$$

기대값이 1.5라는 것은 동전을 세 번씩 수없이 반복할 때 앞면이 나오는 횟수는 평균적으로 1.5(세 번 가운데)라는 것을 의미한다.

그런데 이항분포에서는 앞의 공식을 이용하여 확률변수의 기대값과 분산을 계산하지 않아도 되는 간편한 공식을 이용할 수 있다. 간편식은 다음과 같다.

TIP

이항 확률변수의 기대값과 분산

기대값 : $\mu = E(X) = np$

분산 : $\sigma^2 = \mathrm{Var}(X) = np(1-p) = npq$

표준편차 : $\sigma = \sqrt{npq}$

위의 동전 던지기 문제에 대한 기대값과 분산을 계산하면 다음과 같다.

$$E(X) = np = 3\left(\frac{1}{2}\right) = 1.5$$

$$\sigma^2 = npq = 3\left(\frac{1}{2}\right)\left(\frac{1}{2}\right) = 0.750$$

예제 6-3 최근의 조사보고에 의하면 우리나라 운전자의 80%는 안전벨트를 착용하는 것으로 나타났다. 서해안 고속도로에서 어느 날 아침 세 명을 랜덤으로 선정하여 착용 여부를 조사하였다.

(1) 이 실험이 이항실험이 될 조건을 기술하라.
(2) 이 실험을 나무그림으로 나타내라.
(3) 두 명의 위반자만을 나타내는 실험 결과는 몇 개인가?
(4) 조사받은 세 명의 운전자 가운데 위반자 수를 확률변수 X라고 할 때 X의 이항분포를 구하라.
(5) 위반자 수가 한 명 이하일 확률을 구하라.
(6) 확률분포의 기대값과 분산을 구하라.

풀이

(1) 안전벨트를 착용할 확률이 매 시행마다 80%로 일정하며 각 시행은 독립적으로 이루어져야 한다.

(2)

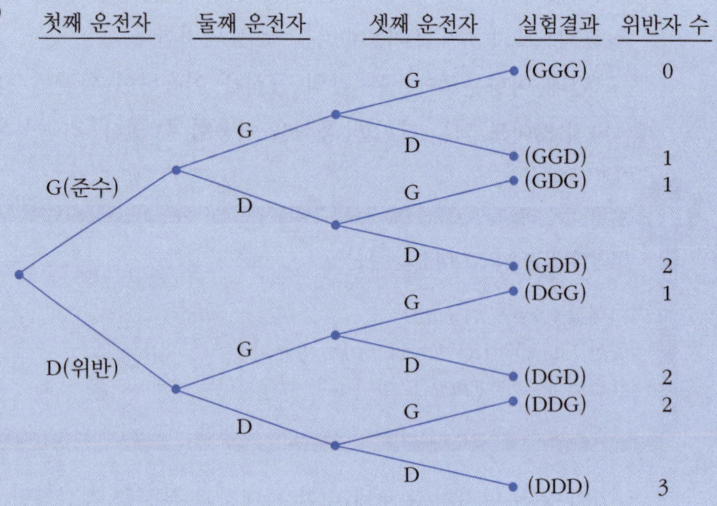

(3) 3개

(4)

X	$P(X)$
0	$\frac{3!}{3!0!}(0.2)^0(0.8)^3=0.5120$
1	$\frac{3!}{2!1!}(0.2)^1(0.8)^2=0.3840$
2	$\frac{3!}{1!2!}(0.2)^2(0.8)^1=0.0960$
3	$\frac{3!}{0!3!}(0.2)^3(0.8)^0=0.0080$
합계	1.0000

(5) $P(0)+P(1)=0.5120+0.3840=0.8960$

(6) $p=0.2 \quad \mu=np=3(0.2)=0.6 \quad \sigma^2=npq=3(0.2)(0.8)=0.48$

S·E·C·T·I·O·N 6.2

포아송분포

개념

포아송분포(Poisson distribution)도 성공과 실패라는 두 상호 배반적 사상으로 구성되어 있다는 점에서 이항분포와 같지만 연속적인 시간간격이나 공간에서 발생하는 사상의 수에 대한 확률을 계산하는 데 적용된다는 점에서 어떤 사상이 실험의 결과로 발생하는 이항분포와는 다르다.

포아송 확률변수 X는 일정한 단위 시간, 단위 구간(거리) 또는 단위 공간(면적)에서 특정 사상이 발생할 횟수를 의미하고 포아송분포란 포아송 확률변수 X가 취할 수 있는 무한한 값들과 이들의 각 값에 대응하는 확률을 나타내는 분포이다.

포아송분포가 적용되는 예는 다음과 같다.

- 교차로에서 한 달 동안 발생하는 사고건수
- 새 자동차에서 발견되는 흠집의 수
- 보험회사에서 접수한 매일의 사망자 수
- 교환대에 걸려오는 분당 전화의 수
- 은행창구에 도착하는 시간당 고객의 수

포아송분포가 적용되는 예에서 시간, 거리 및 면적의 측정단위는 연속적이지만 확률변수인 발생횟수는 이산적이다.

어떤 확률변수가 포아송분포를 하기 위해서는 다음과 같은 조건을 만족시켜야 한다.

TIP

포아송분포의 조건

- 어떤 단위 시간에서 발생하는 평균 수는 이 단위 시간의 크기에 비례한다.
- 한 단위 시간에서의 발생횟수는 셀 수 있을 정도의 수이며 다른 단위 시간에서의 발생횟수에 의해 영향을 받지 않는다(독립적이다).
- 충분히 작은 단위 시간에서 둘 이상의 사상이 발생할 확률은 무시할 만하다.
- 사상이 정확하게 동시에 발생하지 않는다.
- 시간의 간격이 같으면 사상의 발생 확률도 같다.

포아송분포는 우측으로 비대칭인 기울기를 갖는다. 그러나 기대값 μ가 증가할 수록 비대칭도는 감소하여 포아송분포는 대칭에 근접한다.

포아송 확률 질량함수의 이용

EXCEL STATISTICS

이상에서 제시한 포아송분포의 조건을 만족시키면 포아송분포는 다음과 같이 정의할 수 있다.

TIP

포아송분포

확률변수 X가 다음과 같은 확률함수를 가지면 이는 포아송분포를 따른다.

$$P(X=x)=\frac{e^{-\lambda t}(\lambda t)^x}{x!}=\frac{e^{-\mu}\mu^x}{x!}$$

$e=2.71828$

x : 일정한 단위당 사상의 발생횟수

λ : 일정한 단위당 평균 발생횟수(mean rate)

t : 단위의 수

$\lambda t=\mu$: t(시간) 간격에서의 평균 발생횟수

기대값 : $E(X)=\mu=\lambda t$

분산 : $\text{Var}(X)=\sigma^2=\mu$

Excel을 사용하여 포아송 확률변수의 확률 구하기
=POISSON.DIST(χ, u, 누적확률 여부 0 또는 1)

예제 6-4 Excel 대학교 교환대에는 입학 시즌을 맞이하여 시간당 평균 48회의 전화가 걸려온다고 한다.

(1) 5분 동안 3회의 전화가 걸려올 확률을 구하라.
(2) 15분 동안 10회의 전화가 걸려올 확률을 구하라.

풀이

(1) $\lambda = 5\left(\frac{48}{60}\right) = 4$

$$P(x=3) = \frac{e^{-4}4^3}{3!} = \frac{0.0183(64)}{6} = 0.1952$$

(2) $\lambda = 15\left(\frac{48}{60}\right) = 12$

$$P(x=10) = \frac{e^{-12}12^{10}}{10!} = 0.1048$$

포아송 분포표의 이용

일정 기간 동안 x번 발생할 확률은 확률함수를 이용하여 구할 수 있지만 계산 과정이 복잡하므로 미리 계산하여 놓은 포아송 분포표를 이용하면 더 편리하다. 표를 이용하기 위해서는 발생횟수와 x와 평균 발생횟수 μ에 대한 특정한 값만 알면 된다.

[표 6-2]는 부표 C에 있는 포아송 분포표의 일부분이다. 예를 들어 한 시간당 평균 3회 발생하는 포아송 과정에서 어떤 한 시간에 1회 발생할 확률을 찾기 위해서는 $\mu=3$과 $x=1$이 서로 교차하는 점에서의 확률을 읽으면 된다. 즉 확률은 0.1494이다. 이는 [표 6-2]에서 원(○)으로 표시되어 있다.

표 6-2 포아송 분포표

	μ									↓
x	2.1	2.2	2.3	2.4	2.5	2.6	2.7	2.8	2.9	3.0
0	.1225	.1108	.1003	.0907	.0821	.0743	.0672	.0608	.0550	.0498
1	.2572	.2438	.2306	.2177	.2052	.1931	.1815	.1703	.1596	(.1494)
→ 2	.2700	.2681	.2652	.2613	.2565	.2510	.2450	.2384	.2314	.2240
3	.1890	.1966	.2033	.2090	.2138	.2176	.2205	.2225	.2237	.2240

4	.0992	.1082	.1169	.1254	.1336	.1414	.1488	.1557	.1622	.1680
5	.0417	.0476	.0538	.0602	.0668	.0735	.0804	.0872	.0940	.1008
6	.0146	.0174	.0206	.0241	.0278	.0319	.0362	.0407	.0455	.0504
7	.0044	.0055	.0068	.0083	.0099	.0118	.0139	.0163	.0188	.0216
8	.0011	.0015	.0019	.0025	.0031	.0038	.0047	.0057	.0068	.0081
9	.0003	.0004	.0005	.0007	.0009	.0011	.0014	.0018	.0022	.0027
10	.0001	.0001	.0001	.0002	.0002	.0003	.0004	.0005	.0006	.0008
11	.0000	.0000	.0000	.0000	.0000	.0001	.0001	.0001	.0002	.0002
12	.0000	.0000	.0000	.0000	.0000	.0000	.0000	.0000	.0000	.0001

예제 6-5 어떤 자동차 판매원은 하루에 평균 0.9대의 자동차를 판매한다. 어느 날 그가 판매한 자동차 수를 확률변수 X라고 하자. 이는 포아송분포를 따른다고 한다. 확률분포를 작성하고 이를 그래프로 나타내라.

풀이

■ Excel 활용

셀 주소	수식	비고
B4	=POISSON.DIST(A4, $B$1, 0)	B10까지 복사

	A	B
1	μ	0.9
2		
3	X	P(X)
4	0	0.4066
5	1	0.3659
6	2	0.1647
7	3	0.0494
8	4	0.0111
9	5	0.002
10	6	0.0003

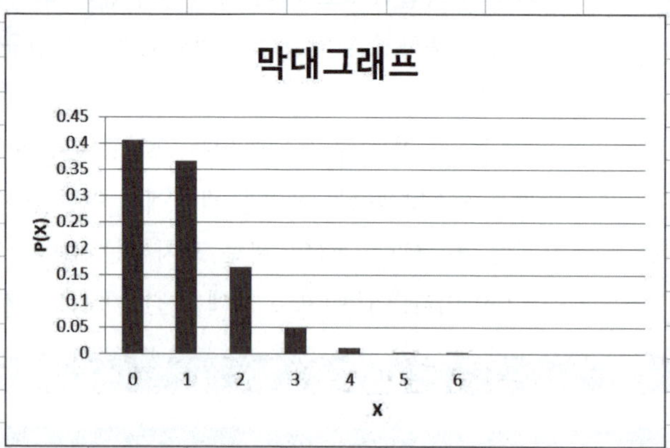

S·E·C·T·I·O·N 6.3

초기하분포

EXCEL STATISTICS 개념

이항분포의 조건은 성공확률 p가 매 시행에서 일정하며 매 시행의 결과는 서로 독립적이라는 것이었다. 이러한 조건은 표본이 복원(with replacement)으로 추출되거나 또는 무한 모집단으로부터 추출되는 것을 의미한다. 동전 던지기와 주사위 던지기의 시행은 이러한 조건을 만족시킨다. 동전 던지기에서 앞면이 나오는 사상의 확률은 언제나 $\frac{1}{2}$이고 앞에서 어떤 결과가 나왔든지 간에 영향을 받지 않는다.

그러나 한 시행 결과가 다음 시행 결과에 영향을 미치는 종속적인 경우가 있다. 표본이 두 개의 그룹으로 분류될 수 있는 유한 모집단으로부터 비복원(without replacement)으로 추출되는 경우에는 각 시행에서 성공의 확률이 앞 시행의 결과에 영향을 받게 되어 서로 다르게 된다. 이러한 경우에는 초기하분포(hypergeometric distribution)를 이용해야 한다.

이와 같이 이항분포와 초기하분포는 표본크기 n 가운데서 성공횟수가 얼마인가에 관심이 있다는 점에서는 유사하지만 데이터가 수집되는 방식에 차이가 있는 것이다. 그러나 현실적으로 표본은 무한 모집단에서 추출하는 것이 일반적이므로 이항분포가 더욱 유용한 분포라고 할 수 있다.

초기하 확률변수의 조건은 다음과 같다.

TIP

초기하 확률변수의 조건

- N: 모집단 크기
  $N = N_1$(성공횟수) $+ N_2$(실패횟수)
- n: 표본크기 = 시행횟수
- x: 표본 속의 성공횟수

초기하 확률변수 X가 표본크기 n 가운데서 정확하게 성공횟수 x를 결과할 초기하 확률은 다음 절에서 설명할 초기하 확률함수를 이용하여 구한다.

EXCEL STATISTICS 초기하분포의 확률 질량함수

확률변수가 초기하분포의 조건을 만족시키면 그의 확률은 다음과 같은 확률함수를 이용하여 구한다.

TIP

초기하분포의 확률함수

모집단 N으로부터 표본크기 n을 추출할 때 그 표본 속의 성공횟수 x의 분포는 초기하분포를 따르고 그의 확률함수, 평균 및 분산은 다음과 같다.

$$P(X = x \mid n) = \frac{{}_{N_1}C_x \, {}_{N_2}C_{n-x}}{{}_N C_n}$$

평균 : $E(X) = \dfrac{nN_1}{N} = np$

분산 : $\mathrm{Var}(X) = \left[n\left(\dfrac{N_1}{N}\right)\left(1 - \dfrac{N_1}{N}\right)\right]\left(\dfrac{N-n}{N-1}\right) = np(1-p)\left(\dfrac{N-n}{N-1}\right)$

Excel을 사용하여 초기하 확률변수의 확률 구하기
=HYPGEOM.DIST(x, n, N_1, N, 누적확률 여부 0 또는 1)

예제 6-6 어떤 회사의 사장은 여섯 명의 남자와 네 명의 여자로 구성된 똑같이 자격을 갖춘 열 명의 지원자 가운데서 세 명을 선정하여 채용하려고 한다.

(1) 여자가 한 명도 채용되지 않을 확률을 구하라.
(2) 채용되는 여자의 수를 확률변수 X라 할 때 초기하분포를 구하라.
(3) 초기하분포의 평균과 표준편차를 구하라.

풀이

(1) $P(X=0)=\frac{{}_4C_0\,{}_6C_3}{{}_{10}C_3}=\frac{1}{6}$

(2)

X	$P(X)$
0	$0.1667=\frac{{}_4C_0\,{}_6C_3}{{}_{10}C_3}$
1	$0.5 \quad =\frac{{}_4C_1\,{}_6C_2}{{}_{10}C_3}$
2	$0.3 \quad =\frac{{}_4C_2\,{}_6C_1}{{}_{10}C_3}$
3	$0.0333=\frac{{}_4C_3\,{}_6C_0}{{}_{10}C_3}$

(3) $\mu=E(X)=\frac{nN_1}{N}=\frac{3(4)}{10}=1.2$

$$\sigma^2=\left[n\left(\frac{N_1}{N}\right)\left(1-\frac{N_1}{N}\right)\right]\left(\frac{N-n}{N-1}\right)=\left[3\left(\frac{4}{10}\right)\left(1-\frac{4}{10}\right)\right]\left(\frac{10-3}{10-1}\right)=0.56$$

$$\sigma=\sqrt{0.56}=0.75$$

■ Excel 활용

셀 주소	수식	비고
B7	=HYPGEOM.DIST(A7, \$B\$4, \$B\$2, \$B\$1, 0)	B10까지 복사
B11	=SUM(B7:B10)	

	A	B
1	N	10
2	N1	4
3	N2	6
4	n	3
5		
6	X	P(X)
7	0	0.1667
8	1	0.5000
9	2	0.3000
10	3	0.0333
11	합계	1

CHAPTER 06

연습문제

6/1 이항분포와 초기하분포의 특성을 설명하라.

6/2 포아송분포의 특성을 설명하라.

6/3 다음 용어들을 간단히 정의하라.

(1) Bernoulli 시행 (2) 이항분포
(3) 포아송분포 (4) 초기하분포

6/4 어떤 기계가 생산하는 한 제품의 불량률은 1%이다.

(1) 제품 세 개를 랜덤으로 검사할 때 한 개가 불량품일 확률은? 나무그림과 함수를 이용하라.
(2) 제품 다섯 개를 랜덤으로 검사할 때 모두 양품일 확률은?
(3) 제품 네 개를 랜덤으로 검사할 때 발견되는 불량품 수를 확률변수 X라고 하자. 이항분포를 작성하라.
(4) 200개의 표본을 뽑을 때 예상되는 불량품의 수는?
(5) 200개의 표본을 뽑을 때 불량품 수의 표준편차는?

6/5 자동차 판매원은 다음 주 자기가 팔 자동차 수에 대한 확률을 다음과 같이 추산하였다.

	A	B	C	D	E	F	G
1	자동차 수	0	1	2	3	4	5
2	확률	0.1	0.2	0.35	0.16	0.12	0.07

(1) 다음 주에 판매할 자동차의 평균 수를 계산하라.

(2) 다음 주에 판매할 자동차 수의 표준편차를 구하라.

(3) 판매원은 주급으로 250,000원을 받고 차 한 대 팔 때마다 300,000원씩 보너스로 받는다. 판매원이 받는 주당 총봉급의 평균과 표준편차를 구하라.

(4) 판매원의 주당 총봉급이 1,000,000보다 많을 확률은 얼마인가?

6/6 한 구두 판매점의 과거 경험에 의하면 고객의 85%가 구매할 때 신용카드를 사용하는 것으로 조사되었다. 세 명의 고객이 구매하려고 줄을 서고 있다. 카드 사용 고객 수를 확률변수 X라고 하자.

(1) 이 예는 베르누이 과정의 조건을 만족시키는가?

(2) 나무그림을 그려라.

(3) 나무그림을 이용하여 확률변수 X의 이항분포를 구하라.

6/7 이항분포에서

(1) $n=10$, $p=0.6$일 때 $P(X \leq 5)$를 구하라.

(2) $n=80$, $p=0.35$일 때 기대값 μ와 표준편차 σ를 구하라.

(3) $\mu=54$, $\sigma=6$일 때 n과 p를 구하라.

(4) $n=5$, $p=0.3$일 때 이항분포를 만들고 그의 평균과 분산을 구하라.

6/8 네 명이 민주당원이고 여섯 명이 공화당원인 열 명의 학생 가운데서 여섯 명을 랜덤으로 추출하였다. 민주당원의 수를 확률변수 X라고 할 때 X의 확률분포를 작성하고 이를 그래프로 나타내라. 초기하함수의 평균과 분산을 구하라.

6/9 군사용 미사일 탐지 시스템은 적으로부터의 공격을 경고하기 위하여 설계된다. 어떤 특정 탐지 시스템은 95%의 확률로 미사일 공격을 탐지한다고 한다. 이항분포를 사용하여 다음 질문에 대한 답을 구하라.

(1) 하나의 탐지 시스템이 공격을 탐지할 확률은 얼마인가?

(2) 두 시스템이 한 지역에 설치되어 독립적으로 작동할 때 적어도 하나 이상의 시스템이 탐지할 확률은 얼마인가?

(3) 세 시스템이 설치될 때 적어도 하나 이상의 시스템이 탐지할 확률은 얼마인가?

6/10 병원의 응급실에 접수된 평균 환자 수는 하루에 2.5명이다. 어느 날 새 환자를 위해 사용가능한 침대의 수는 네 개라고 할 때 그 병원이 새 환자를 받아들일 수 없을 확률을 계산하라.

6/11 우리나라에서 성인의 32%는 4년제 대학의 졸업자라고 하자. 성인 다섯 사람을 랜덤하게 선정할 때

(1) 한 명도 학위를 받지 않았을 확률을 구하라.
(2) 두 명보다 더 많은 사람이 학위를 받지 않았을 확률을 구하라.
(3) 적어도 두 명 이상이 학위를 받았을 확률을 구하라.
(4) 학위 받은 자의 수를 확률변수 X라고 할 때 이의 확률분포를 구하라.
(5) 위 확률분포를 그래프로 나타내라.
(6) 위 확률분포의 기대값과 표준편차를 구하라.

6/12 Excel 자동차 대리점에서 판매원 김 씨는 하루 평균 0.8대의 자동차를 판매한다. 하루에 팔리는 자동차 대수를 확률변수 X라고 할 때 이는 포아송분포를 따른다고 한다.

(1) 어느 날 자동차를 두 대 이하 판매할 확률을 구하라.
(2) 어느 날 자동차를 네 대 이상 판매할 확률을 구하라.
(3) 확률변수 X의 확률분포를 구하라.
(4) 확률분포의 평균과 표준편차를 구하라.

6/13 종로(주)는 군산과 울산에 있는 두 개의 공장의 생산라인을 통해서 제품을 생산하고 있다. 군산 공장의 작업자는 40명이고 울산 공장의 작업자는 20명이다. 랜덤으로 10명의 작업자를 두 공장으로부터 추출하여 사원 복지에 관하여 설문조사를 실시하려고 한다.

(1) 10명의 작업자가 모두 군산 공장으로부터 추출될 확률은 얼마인가?
(2) 울산 공장으로부터 한 명의 작업자가 추출될 확률은 얼마인가?
(3) 울산 공장으로부터 두 명 이상의 작업자가 추출될 확률은 얼마인가?
(4) 군산 공장으로부터 아홉 명의 작업자가 추출될 확률은 얼마인가?
(5) 군산 공장으로부터 추출될 작업자 수를 확률변수 X라고 할 때 X의 확률분포를 구하라.
(6) 위 확률분포의 기대값과 분산을 구하라.

Chapter 07

확률분포 Ⅱ : 연속 확률분포

우리는 제6장에서 이항분포, 포아송분포, 초기하분포 등 이산 확률분포에 대해서 공부하였다. 이산 확률분포는 이산점에서 0이 아닌 확률을 갖는 확률분포이다.

연속 확률변수는 어떤 범위(구간) 내에서 어떠한 실수값이라도 취할 수 있다. 길이, 무게, 수명, 기온, 부피, 속도 등등을 나타내는 단위들은 이에 속한다. 따라서 연속 확률변수가 취할 수 있는 값들을 모두 나열한다는 것은 불가능하다. 확률 계산에 있어서도 연속 확률변수가 취할 수 있는 특정 범위에만 관심이 있는 것이다.

본장에서는 균등분포(uniform distribution)에 대한 설명은 생략하고 정규분포, 지수분포 등 연속 확률분포에 대해서 공부하고자 한다. 이들 분포는 특정한 형태의 곡선을 갖는데 확률은 곡선 밑의 해당 면적을 구함으로써 결정된다.

연속 확률분포에는 t 분포, F 분포, χ^2분포 등도 포함되지만 이들에 대해서는 추후에 공부할 것이다.

S·E·C·T·I·O·N 7.1

확률 밀도함수

높이, 무게, 속도, 부피, 거리, 시간 등등과 같은 연속 확률변수 또는 정규 확률변수(normally distributed variable)는 어떤 구간 내에서 무수한 값들을 가질 수 있으며 그의 확률분포는 부드러운 곡선이 된다고 하였다. 이 곡선은 확률 밀도곡선 또는 도수곡선(frequency curve)이라고도 하는데 이 곡선을 식으로 표현한 것이 확률 밀도함수(probability density function : pdf)로서 보통 $f(X)$로 표현한다.

TIP

확률 밀도함수

확률 밀도함수란 연속 확률함수 X가 어떤 구간 내에서 취할 수 있는 무수한 X값들에 확률을 대응시키는 함수를 말한다.

[그림 7-1]은 확률 밀도함수를 보여 주고 있다. 연속 확률변수가 취할 수 있는 어떤 특정한 값의 확률은 0에 가깝다. 즉 $P(X=a)=0$이다. 따라서 그림에서 높이는 확률과 직접적인 관련이 없다. 이처럼 연속 확률변수의 경우에는 [그림 7-1]에서 보는 바와 같이 그 변수가 어떤 구간(interval)에 속할 확률을 구하게 된다.

이때 확률은 곡선 밑에 있는 구간의 넓이로 구한다. 즉 $P(a \le X \le b)$는 확률 밀도함수 $f(X)$와 X축의 두 실수 a와 b 사이의 넓이, 즉 그림에서 색칠한 부분의 넓이로 구한다.

이는 확률 밀도함수를 적분하면 가능하다. 즉

$$P(a \le X \le b) = \int_a^b f(X)dX$$

이다. 그런데 실제로 확률을 구하기 위해서는 매번 적분하는 것은 번거로운 일이

그림 7-1 **확률 밀도함수**

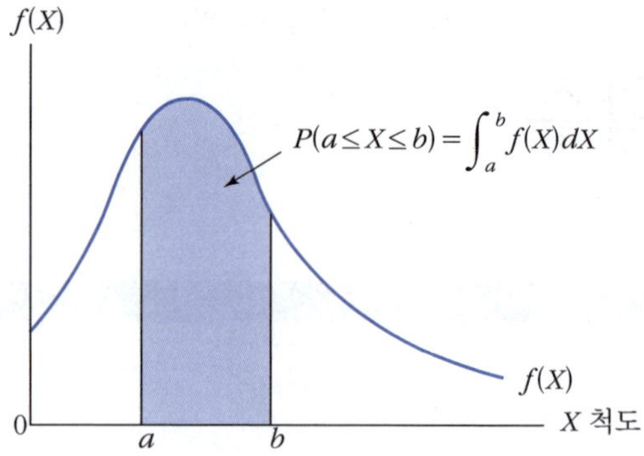

므로 대신 확률을 미리 계산하여 놓은 표를 잘 읽을 줄만 알면 된다. 확률 밀도함수는 다음과 같은 두 개의 조건을 만족시켜야 한다.

TIP

확률 밀도함수의 조건

- $f(X) \geq 0$ a와 b의 범위 사이에 있는 모든 X의 값에 대하여
- $\int_{-\infty}^{\infty} f(X)dX = 1$

S · E · C · T · I · O · N 7.2

정규분포

EXCEL STATISTICS 정규분포의 사용

연속 확률변수를 기술하는 가장 중요한 확률분포는 정규분포(normal distribution)이다. 정규분포는 사회현상이나 자연현상의 실제 응용에 있어 폭넓게 사용되고 있다.

정규분포는 통계학에서 가장 중요한 부문인데 그의 원인은 다음과 같다.

- 비즈니스 세계에 공통적인 수많은 연속변수는 정규분포에 근사한 분포를 따른다.
- 정규분포는 이항분포 같은 이산 확률분포를 근사하는 데 이용된다.
- 정규분포는 표본을 통한 통계적 추론의 근거를 제공한다.

표본정보에 입각하여 모집단의 어떤 특성에 대해 결론을 내릴 때는 모집단이 정규분포를 따른다는 전제가 필요하다.

EXCEL STATISTICS 정규곡선의 형태

앞절에서 공부한 여러 가지 연속 확률변수의 측정으로 얻는 많은 표본을 그린 히스토그램은 정규곡선(normal curve)이라고 한다. 이는 연속 확률분포의 형태가 종같이 보이는 부드러운 곡선임을 의미한다. 정규곡선은 정규분포의 확률 밀도함수에 의해서 결정할 수 있다(그림 7-2 참조).

그림 7-2 정구곡선

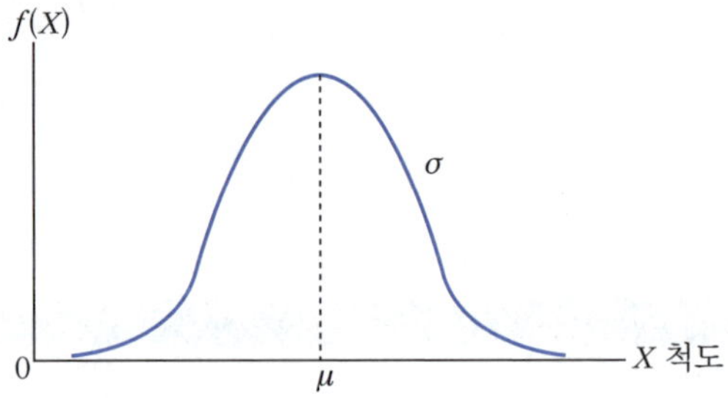

정규분포의 확률 밀도함수

$$f(X) = \frac{1}{\sqrt{2\pi\sigma^2}} e^{-(x-\mu)^2/2\sigma^2} \qquad -\infty < X < +\infty$$

$\pi = 3.1416$(상수)

$e = 2.7183$(상수)

μ: 분포의 평균

σ: 분포의 표준편차

정규곡선의 특성

정규곡선은 다음과 같은 특성을 갖는다.

정규곡선의 특성

- 정규곡선은 종 모양이다. 봉은 하나이다.
- 정규곡선은 분포의 평균을 중심으로 대칭을 이룬다. 따라서 평균, 중앙치, 최빈치가 모두 동일하다.

- 평균에서 거리가 멀어질수록 곡선의 양끝이 무한히 $-\infty \sim +\infty$로 낮아지면서 X축에 접근해 가지만 정규곡선은 X축에 닿지 않으므로 확률변수 X의 범위는 $-\infty < X < +\infty$이다.
- 정규분포의 위치와 모양은 각각 평균과 표준편차라는 두 개의 파라미터에 의해서 결정된다.
- 정규곡선은 측정단위에 따라 달라진다.
- 정규곡선 밑의 총면적은 1이다.
- 정규곡선 밑의 두 점 사이 면적은 정규 확률변수가 이들 두 점 사이의 어떤 값을 취할 확률이다.
- $-\infty$와 $+\infty$의 범위 사이에는 무수한 값이 있기 때문에 정규 확률변수가 어떤 특정한 값을 취할 확률은 0이다.
- 평균과 다른 어떤 점 사이 정규곡선 밑의 면적은 그 점이 평균으로부터 떨어져 있는 표준편차의 수의 함수이다.

확률변수 X가 취할 수 있는 값의 범위는 $-\infty < X < +\infty$이지만 관측치(데이터 값)들의 68.26%는 $\mu \pm 1\sigma$, 95.44%는 $\mu \pm 2\sigma$, 99.74%는 $\mu \pm 3\sigma$ 안에 속해 있다. 밀도곡선의 기울기는 급격히 하락하기 때문에 평균 μ로부터 멀리 떨어진 구간의 확률은 무시할 정도로 작은 것이다. 이는 [그림 7-3]이 보여 주고 있다.

정규분포의 특성으로부터 정규 확률변수의 평균과 분산이 주어지면 하나의 정규분포를 규정할 수 있다. 즉 정규분포의 위치와 모양은 두 개의 모수, 즉 평균 μ와 표준편차 σ에 의하여 결정된다. 확률변수 X가 평균 μ와 분산 σ^2을 갖는 정규분포를 따른다면 이는 $X \sim N(\mu, \sigma^2)$으로 표기한다. 예를 들면, $X \sim N(7,16)$은 확률변수 X가

그림 7-3 정규분포의 형태

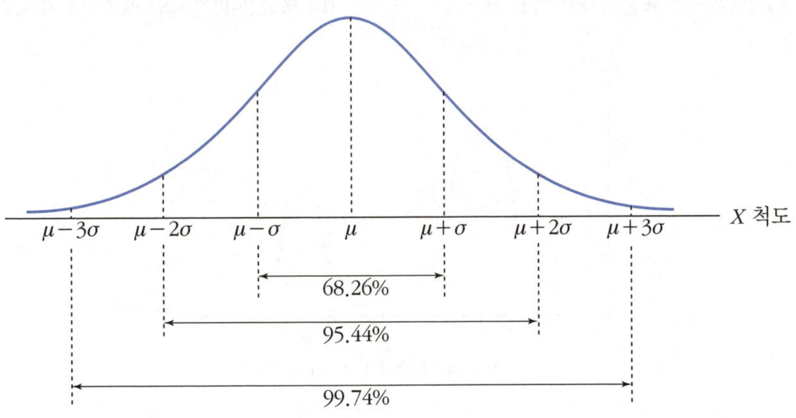

평균 7, 분산 16인 정규분포를 따른다는 것을 의미한다. μ와 σ의 특정한 값이 정해지면 확률 밀도함수에 이들을 대입하여 이에 해당하는 정규곡선을 그릴 수 있다.

이는 μ와 σ의 조합에 따라 다양한 정규곡선을 그릴 수 있음을 의미한다. 따라서 정규분포는 여러 형태의 분포 모양을 모두 포함하기 때문에 가족분포(a family of distribution)라고 부른다. [그림 7-4]는 평균과 표준편차에 따라 달라지는 정규분포의 여러 모양을 나타내고 있다.

[그림 7-4]에서 평균 μ는 정규분포의 중심위치를 나타내고, 표준편차 σ는 정규분포의 모양(넓이)을 나타낸다. 평균의 변화에 따라 분포의 중심위치가 좌우로 이동을 하고 분산이 크면 관측치(변수 값)들이 평균을 중심으로 넓게 퍼져 있어 분포는 평균을 중심으로 평평한 구릉모양을 이루는 반면(분포의 넓이는 넓어지지만) 분산이 작으면 관측치들이 평균 주위에 몰려 뾰족한 종모양을 나타낸다(분포의 넓이는 좁아진다).

정규 확률변수 X가 두 점 사이의 범위(a와 b)에 있을 확률은 이들 두 점 사이

그림 7-4 μ와 σ에 따른 정규분포의 형태

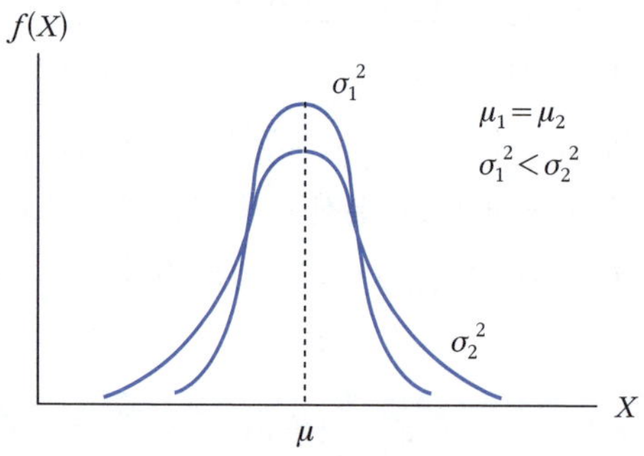

(a) 평균은 같지만 표준편차가 다른 경우

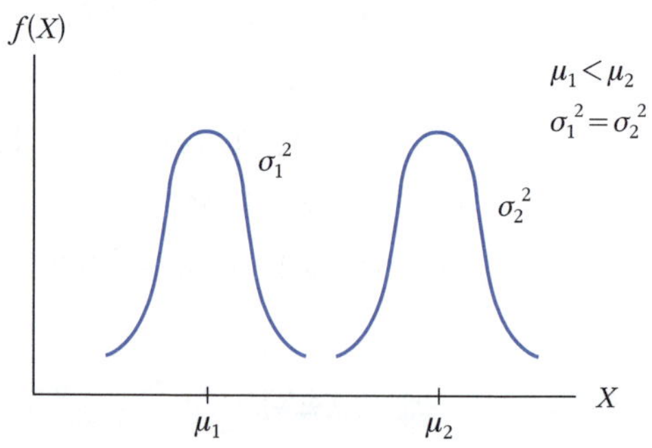

(b) 평균은 다르지만 표준편차가 같은 경우

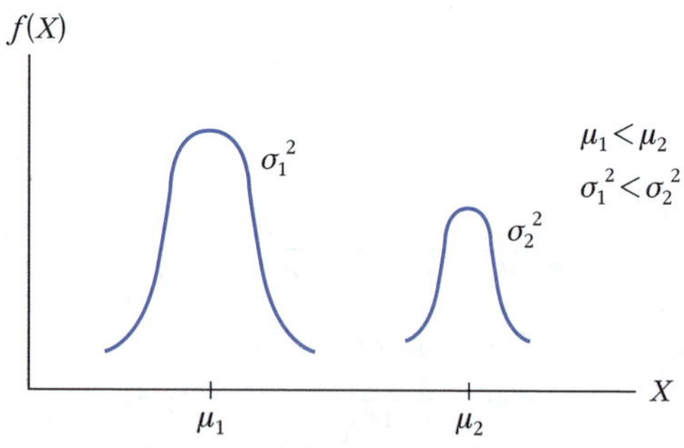

(c)평균과 표준편차가 다른 경우

그림 7-5 $P(a \le X \le b)$

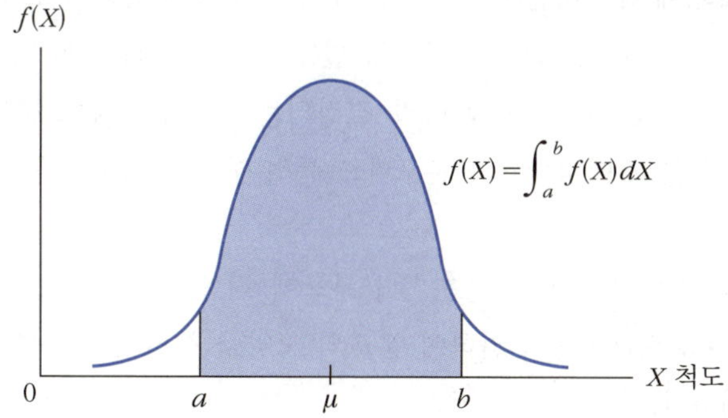

정규곡선 밑의 면적과 같다. 이는 [그림 7-5]에서 보는 바와 같다.

정규곡선이 평균과 표준편차에 의하여 결정된다는 사실로부터 우리는 평균과 어떤 점 사이 정규곡선 밑의 면적은 그 점이 평균으로부터 떨어져 있는 표준편차 수의 함수라는 것을 알 수 있다. 이는 어떤 정규곡선이 주어지더라도 확률을 쉽게 계산할 수 있는 길이 있음을 의미한다.

S·E·C·T·I·O·N 7.3

표준정규분포

EXCEL STATISTICS 개념

앞절에서 본 바와 같이 정규곡선은 평균과 표준편차에 의하여 결정되므로 평균과 표준편차의 조합에 따라 수많은 정규곡선을 그릴 수 있다. 그런데 확률을 계산하기 위해서는 정규분포의 확률 밀도함수 $f(X)$를 적분하여 특정한 구간(예컨대 a와 b 사이)에 해당하는 구간확률을 구해야 하는데 평균과 표준편차에 따라 결정되는 확률 밀도함수를 그때 그때 계산한다는 것은 무척 힘든 일이다.

여기서 평균과 분산에 따라 결정되는 정규분포의 모양이라든가 측정단위에 구애받지 않고 어떠한 정규분포라도 특정 구간 사이의 확률을 구할 수 있는 방법이 필요하다.

그러므로 가능한 수많은 정규분포에 적용할 수 있는 표준정규분포(standard normal distribution)로 전환하여 분포의 모양을 통일한 다음에 확률을 계산하면 훨씬 편리하다.

TIP

표준정규분포

표준정규분포란 모든 정규분포의 평균을 0이 되고 표준편차를 1이 되도록 표준화시킨 정규분포를 말한다. 확률변수 Z가 $\mu=0$, $\sigma^2=1$인 표준정규분포를 따를 때 Z분포라고 하며 $Z\sim N(0, 1)$로 표기한다.

그림 7-6 정규분포와 표준정규분포

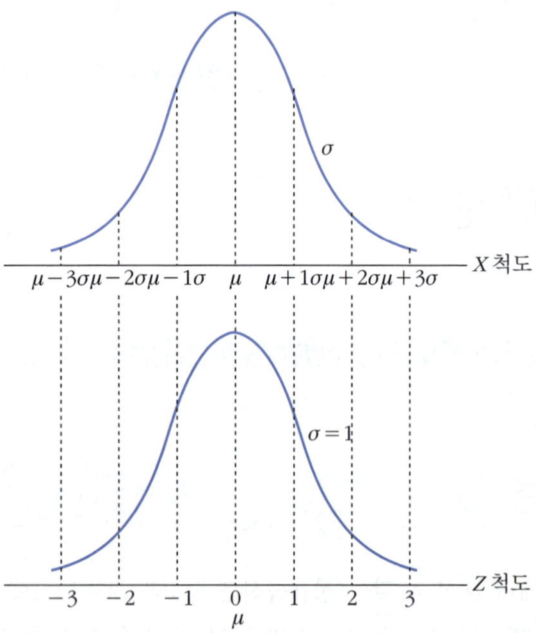

정규분포를 표준정규분포로 전환시킨 그림이 [그림 7-6]이다. 표준정규분포는 확률변수 X를 표준화(standardizing, normalizing)한 확률변수 Z의 분포이다. 이와 같이 표준정규분포는 정규분포와 달리 평균과 분산에 대하여 독립적이다. 즉 표준정규분포는 평균과 분산에 따라 모양이 영향을 받지 않고 일정한 형태를 취한다.

정규분포를 표준정규분포로 표준화한다는 것은 정규분포의 평균과 표준편차의 실제치를 Z척도(Z scale)를 사용하여 표준치, 즉 상대치(relative value)로 전환하는 것을 말한다.

이와 같이 정규 확률변수 X가 특정 구간 사이의 값을 가질 확률은 정규 확률변수 X의 값을 다음 표준화 공식을 이용하여 표준정규 확률변수 Z의 값으로 전환시킨 후 Z값에 해당하는 확률을 표준정규 분포표에서 읽으면 된다.

TIP

Z값

$$Z = \frac{X - \mu}{\sigma}$$

Excel을 사용하여 정규분포에서 확률변수 X값에 해당하는 Z값 구하기
=STANDARIZE(χ, 평균, 표준편차)

표준정규분포는 정규 확률변수 X를 표준확률변수 Z로 전환(표준화)시켰기 때문에 확률변수 Z는 표준편차 σ를 단위로 하는 확률변수가 된다. 따라서 표준정규분포는 정규분포와 모양은 같지만 그의 $\mu=0$, $\sigma=1$이다. 따라서 표준정규분포는 앞에서 설명한 정규분포의 모든 특성을 갖는다.

표준화하는 예를 들기 위하여 평균 $\mu=100$, 표준편차 $\sigma=10$인 정규분포를 고려하자. 이 실제치를 표준치로 전환하기 위하여 위의 공식을 이용하면

$$X=100\text{일 때} \quad Z = \frac{100-100}{10} = 0$$

$$X=110\text{일 때} \quad Z = \frac{110-100}{10} = 1$$

이 된다. 이는 [그림 7-7]이 보여 주고 있다.

정규분포를 표준정규분포로 전환하는 이유는 각 확률변수 간의 비교는 물론 정규분포에서 특정한 구간 확률을 계산할 때 편리하기 때문이다. [그림 7-5]에서

그림 7-7 정규 확률변수 X 값의 표준정규 확률변수 Z 값으로의 전환

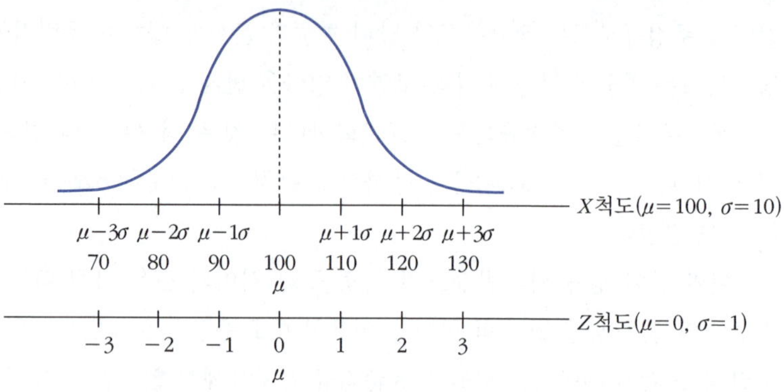

그림 7-8 표준정규곡선을 이용한 정규 확률변수의 확률을 구하는 요령

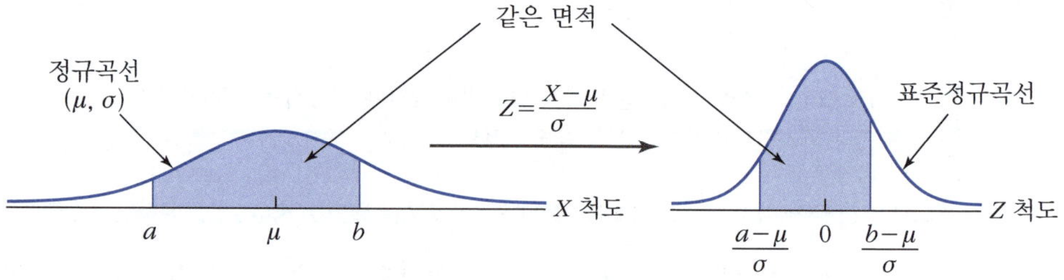

a와 b 사이에 있을 정규 확률변수 X의 구간 확률을 구하기 위해서는 a는 $(a-\mu)/\sigma$로, b는 $(b-\mu)/\sigma$로 전환하여 이에 해당하는 Z값들을 우선 구해야 한다. 이는 [그림 7-8]이 보여주고 있다.

서로 다른 정규분포를 표준정규분포로 전환하게 되면 동일한 Z값에 해당하는 넓이는 모든 정규분포에서 같다라는 사실이 중요하다. 위 예에서 정규분포의 평균 100으로부터 1표준편차인 10만큼 떨어진 구간의 넓이, 즉 100~110 사이의 넓이는 다른 정규분포에서 평균 50, 표준편차 5 사이의 넓이인 50~55와 같고 표준정규분포에서 Z값이 0과 1 사이일 때의 면적과 같게 된다. [그림 7-9] 참조.

따라서 평균과 표준편차가 다른 어떠한 정규분포이건 X값의 확률을 계산하기 위해서는 표준정규분포로 전환하여 Z값에 해당하는 넓이(확률)를 표준정규 분포

그림 7-9 정규분포와 표준정규분포의 관계

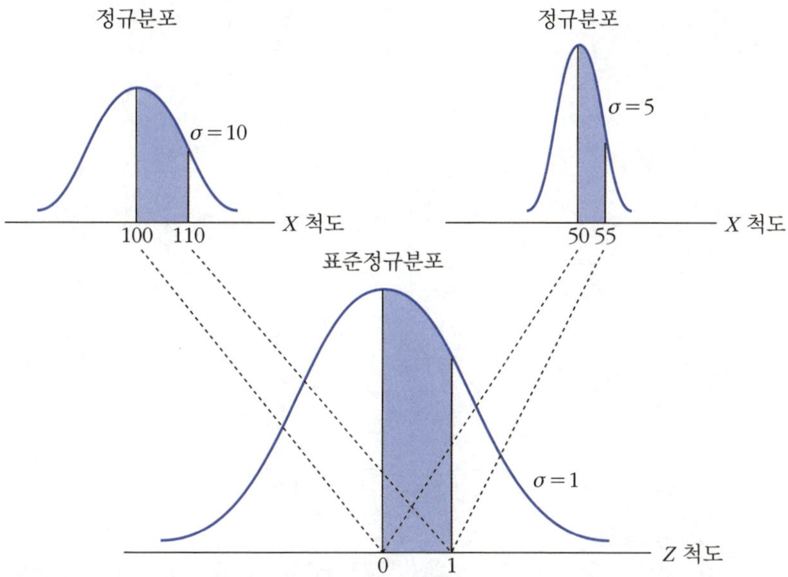

표, 즉 Z table에서 구하면 된다.

예제 7-1 휴대용 계산기의 충전 사이의 시간 길이가 평균 50시간, 표준편차 15시간의 정규분포를 따른다고 가정하자. 시간 길이를 나타내는 확률변수 X가 20에서 75 사이일 때 이들을 Z값으로 전환시켜라. 이들을 X척도와 Z척도를 사용하여 그림으로 나타내라.

풀이

$X=20$일 때 $\quad Z=\dfrac{X-\mu}{\sigma}=\dfrac{20-50}{15}=-2$

$X=75$일 때 $\quad Z=\dfrac{75-50}{15}=1.67$

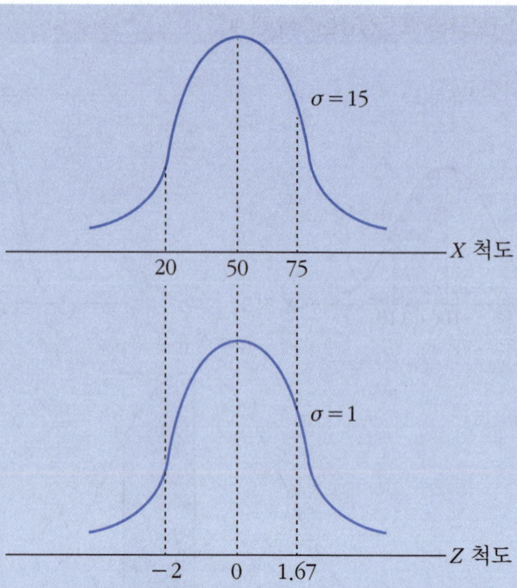

■ Excel 활용

셀 주소	수식	비고
B5	=STANDARDIZE(A5, $B$1, $B$2)	B6까지 복사

	A	B
1	평균	50
2	표준편차	15
3		
4	X	Z
5	20	-2
6	75	1.666667

위 예제는 $X \sim N(\mu, \sigma)$이고 $Z = \frac{X-\mu}{\sigma}$일 경우 정규 확률변수 X가 어떤 구간에 포함될 확률을 표준확률변수 Z가 어떤 구간에 포함될 확률로 바꿀 수 있음을 의미한다.

$$P(20 \leq X \leq 75) = P\left(\frac{20-50}{15} \leq \frac{X-\mu}{\sigma} \leq \frac{75-50}{15}\right)$$
$$= P(-2 \leq Z \leq 1.67)$$

그런데 표준화 공식을 이용하면 특정 표준확률변수 Z값이 주어졌을 때 이에 해당하는 정규 확률변수 X값을 역으로 구할 수 있다.

예제 7-2 $X \sim N(30,\ 4)$일 때 다음과 같은 표준확률변수 Z값에 해당하는 확률변수 X의 값을 구하라.

	A	B	C
1	-2	0	2

풀이

$Z=-2$일 때 $-2=\dfrac{X-30}{2}$ $X=26$

$Z=0$일 때 $0=\dfrac{X-30}{2}$ $X=30$

$Z=2$일 때 $2=\dfrac{X-30}{2}$ $X=34$

■ Excel 활용

셀 주소	수식	비고
B2	=A2 * SQRT($E$3)+$E$2	B4까지 복사

	A	B	C	D	E
1	Z	x			
2	-2	26		평균	30
3	0	30		분산	4
4	2	34			

EXCEL STATISTICS 표준정규 분포표의 이용

정규분포에서 확률변수 X값이 주어졌을 때 그의 확률 그리고 확률이 주어졌을 때 그의 확률변수 X값 구하기

정규 확률변수 X의 확률은 X가 취하는 값을 표준정규 확률변수 Z의 값으로 전환시킨 후 표준정규 분포표에서 이 Z값에 해당하는 확률을 읽음으로써 구할 수 있다. 표준정규 분포표는 평균 0과 어떤 Z값 사이 정규곡선 밑의 면적(확률)을 보여 준다. [그림 7-10]에서 색칠한 부분은 표로부터 직접 읽을 수 있는 곡선 밑의 면적에 해당한다.

표준정규분포는 그의 평균을 중심으로 대칭을 이루기 때문에 평균과 $+Z$ 사이의 면적과 평균과 $-Z$ 사이의 면적은 똑같게 된다. 즉 $P(Z<0)=P(Z>0)=0.5$

그림 7-10 정규곡선 밑의 면적

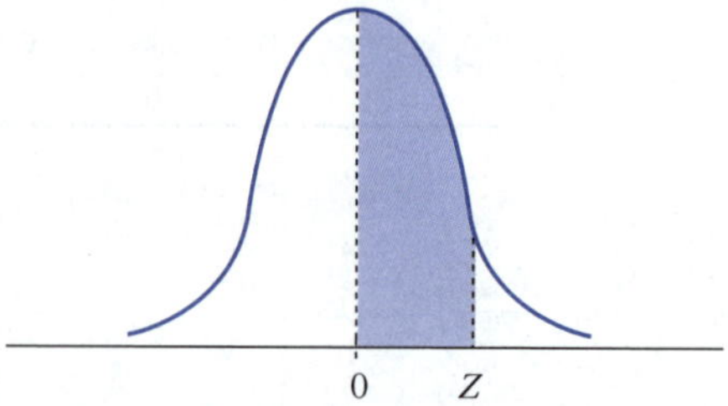

그림 7-11 표준정규분포의 대칭성

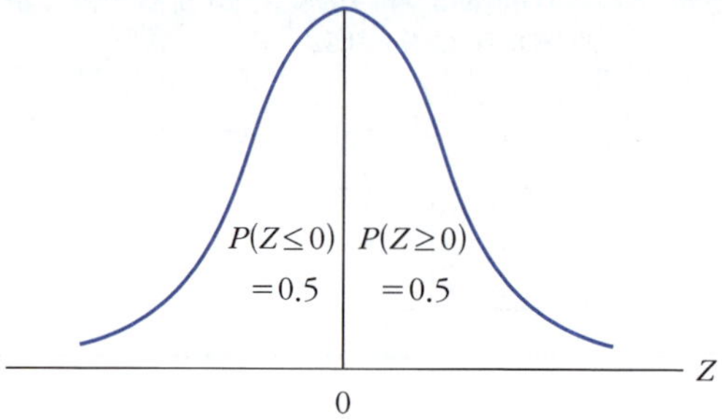

이고 또한 $P(Z \leq 0) = P(Z \geq 0) = 0.5$이다. 이는 [그림 7-11]에서 보는 바와 같다. 따라서 표준정규 분포표는 $Z=0$에서 우측으로 어떤 특정한 Z값까지의 면적을 나타내고 있다. [표 7-1]은 부표 D의 표준정규 분포표이다. 물론 우리는 확률을 찾기 위하여 어떤 특정한 Z값 이하의 면적을 나타내는 누적표준정규 분포표를 이용할 수 있다.

예를 들면, 표에서 $Z=0.5$일 때 0.1915인데 이는 $Z=0$과 $Z=0.5$ 사이의 면적, 즉 $Z=0.5$일 때의 확률이 0.1915란 뜻이다. 이는 [그림 7-12]와 같다. 만일 $Z=1$과 $Z=2$ 사이의 면적을 구하기 위해서는 $Z=2$일 때의 0.4772에서 $Z=1$일 때의 0.3413을 빼면 된다. 즉

$$P(1 \leq Z \leq 2) = P(0 \leq Z \leq 2) - P(0 \leq Z \leq 1) = 0.4772 - 0.3413 = 0.1359$$

이다. 이를 그림으로 나타내면 [그림 7-13]과 같다.

표 7-1 표준정규분포표

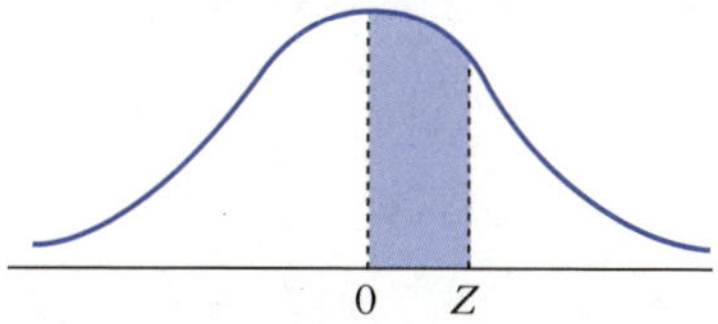

Z	.00	.01	.02	.03	.04	.05	.06	.07	.08	.09
.0	.0000	.0040	.0080	.0120	.0160	.0199	.0239	.0279	.0319	.0359
.1	.0398	.0438	.0478	.0517	.0557	.0596	.0636	.0675	.0714	.0753
.2	.0793	.0832	.0871	.0910	.0948	.0987	.1026	.1064	.1103	.1141
.3	.1179	.1217	.1255	.1293	.1331	.1368	.1406	.1443	.1480	.1517
.4	.1554	.1591	.1628	.1664	.1700	.1736	.1772	.1808	.1844	.1879
.5	.1915	.1950	.1985	.2019	.2054	.2088	.2123	.2157	.2190	.2224
.6	.2257	.2291	.2324	.2357	.2389	.2422	.2454	.2486	.2518	.2549
.7	.2580	.2612	.2642	.2673	.2704	.2734	.2764	.2794	.2823	.2852
.8	.2881	.2910	.2939	.2967	.2995	.3023	.3051	.3078	.3106	.3133
.9	.3159	.3186	.3212	.3238	.3264	.3289	.3315	.3340	.3365	.3389
1.0	.3413	.3438	.3461	.3485	.3508	.3531	.3554	.3577	.3599	.3621
1.1	.3643	.3665	.3686	.3708	.3729	.3749	.3770	.3790	.3810	.3830
1.2	.3849	.3869	.3888	.3907	.3925	.3944	.3962	.3980	.3997	.4015
1.3	.4032	.4049	.4066	.4082	.4099	.4115	.4131	.4147	.4162	.4177
1.4	.4192	.4207	.4222	.4236	.4251	.4265	.4297	.4292	.4306	.4319
1.5	.4332	.4345	.4357	.4370	.4382	.4394	.4406	.4418	.4429	.4441
1.6	.4452	.4463	.4474	.4484	.4495	.4505	.4515	.4525	.4535	.4545
1.7	.4554	.4564	.4573	.4582	.4591	.4599	.4608	.4616	.4625	.4633
1.8	.4641	.4649	.4656	.4664	.4671	.4678	.4686	.4693	.4699	.4706
1.9	.4713	.4719	.4726	.4732	.4738	.4744	.4750	.4756	.4761	.4767
2.0	.4772	.4778	.4783	.4788	.4793	.4798	.4803	.4808	.4812	.4817
2.1	.4821	.4826	.4830	.4834	.4838	.4842	.4846	.4850	.4854	.4857
2.2	.4861	.2864	.4868	.4871	.4875	.4878	.4881	.4884	.4887	.4890
2.3	.4893	.4896	.4898	.4901	.4904	.4906	.4909	.4911	.4913	.4916
2.4	.4918	.4920	.4922	.4925	.4927	.4929	.4931	.4932	.4934	.4936
2.5	.4938	.4940	.4941	.4943	.4945	.4946	.4948	.4949	.4951	.4952
2.6	.4953	.4955	.4956	.4957	.4959	.4960	.4961	.4962	.4963	.4964
2.7	.4965	.4966	.4967	.4968	.4969	.4970	.4971	.4972	.4973	.4974
2.8	.4974	.4975	.4976	.4977	.4977	.4978	.4979	.4979	.4980	.4981
2.9	.4981	.4982	.4982	.4983	.4984	.4984	.4985	.4985	.4986	.4986
3.0	.4986	.4987	.4987	.4988	.4988	.4989	.4989	.4989	.4990	.4990
4.0	.49997									

그림 7-12 $P(0 \le Z \le 0.5) = 0.1915$의 표시

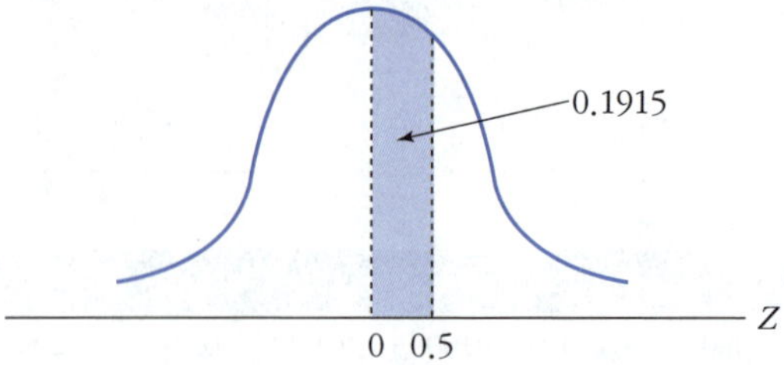

그림 7-13 $P(1 \le Z \le 2)$의 계산

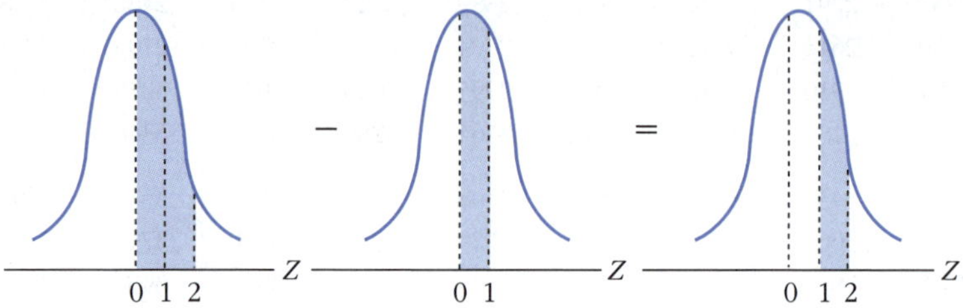

우리는 정규분포에서 확률변수 X의 값이 주어졌을 때 이를 표준정규분포의 표준정규 확률변수 Z값으로 전환시키고 그의 확률을 구하는 문제뿐만 아니라 확률변수 Z값이 주어졌을 때 이에 해당하는 확률변수 X값을 찾는 문제를 차례로 공부하기로 하자.

> Excel을 사용하여 정규분포에서 확률변수 X값이 주어졌을 때 그의 누적확률 $P(X \le x)$ 구하기
> =NORM.DIST(x, 평균, 표준편차, 누적확률 여부 0 또는 1)
> Excel을 사용하여 정규분포에서 누적확률이 주어졌을 때 그의 확률변수 X값 구하기
> =NORM.INV(누적확률, 평균, 표준편차)

예제 7-3 평균 $\mu=100$, 표준편차 $\sigma=20$인 정규분포의 확률변수를 X라고 할 때 다음을 구하라.

(1) $P(X\leq 65)$

(2) $P(80\leq X\leq 130)$

(3) $P(X\geq 140)$

(4) 위 (2)의 문제를 X 척도와 Z 척도를 사용하여 그림으로 표시하라.

(5) $P(X\leq x)=0.05$일 때 x값은?

풀이

(1) $P(X\leq 65)=P\left(Z\leq \frac{65-100}{20}\right)=P(Z\leq -1.75)=0.5-0.4599=0.0401$

(2) $P(80\leq X\leq 130)=P\left(\frac{80-100}{20}\leq Z\leq \frac{130-100}{20}\right)$

$=P(-1\leq Z\leq 1.5)=0.3413+0.4332=0.7745$

(3) $P(X\geq 140)=P\left(Z\geq \frac{140-100}{20}\right)=P(Z\geq 2)$

$=0.5-0.4772=0.0228$

(4)

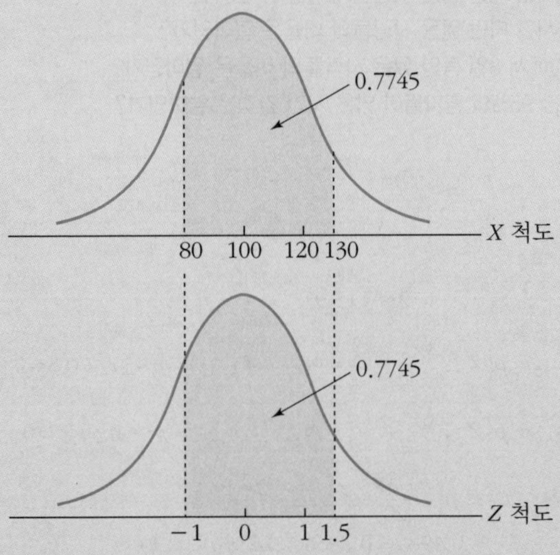

(5) $\frac{x-100}{20}=-1.645 \quad x=67.1$

■ Excel 활용

셀 주소	수식	비고
C5	=NORM.DIST(B5, B1, B2, 1)	
C6	=NORM.DIST(B6, B1, B2, 1)−NORM.DIST(A6, B1, B2, 1)	
C7	=1−NORM.DIST(A7, B1, B2, 1)	

	A	B	C
1	평균	100	
2	표준편차	20	
3			
4	X		P(X)
5		65	0.040059
6	80	130	0.774538
7	140		0.02275

예제 7-4 최근에 유행한 독감의 지속기간을 조사한 결과 평균 83시간, 표준편차 20시간인 정규분포를 따르는 것으로 밝혀졌다.

(1) 5%의 환자들이 가장 짧게 앓은 시간은 얼마인가?
(2) 5%의 환자들이 가장 길게 앓은 시간은 얼마인가?
(3) 48시간 이상 앓은 사람들의 비율은 얼마인가?
(4) 61시간 미만 앓은 사람들의 비율은 얼마인가?
(5) 1일에서 3일 동안 앓은 사람들의 비율은 얼마인가?
(6) 중간 95%의 환자들이 앓은 시간 간격은 얼마인가?

풀이

(1) $\dfrac{X-83}{20}=-1.645 \qquad X=50.1$

(2) $\dfrac{X-83}{20}=1.645 \qquad X=115.9$

(3) $P(X\geq 48)=p\left(Z\geq \dfrac{48-83}{20}\right)=P(Z\geq -1.75)=0.4599+0.5=0.9599$

(4) $P(X<61)=p\left(Z<\dfrac{61-83}{20}\right)=P(Z<-1.1)=0.5-0.3643=0.1357$

(5) $P(24\leq X\leq 72)=p\left(\dfrac{24-83}{20}\leq Z\leq \dfrac{72-83}{20}\right)=P(-2.95\leq Z\leq -0.55)$
$=0.4984-0.2088=0.2896$

(6) $\dfrac{X-83}{20}=-1.96 \qquad X=43.8$

$\dfrac{X-83}{20}=1.96 \qquad X=122.2$

시간 간격 $=122.2-43.8=78.4$

■ Excel 활용

셀 주소	수식	비고
B5	=NORM.INV(A5, $C$1, $C$2)	B6까지 복사
D7	=1−NORM.DIST(B7, C1, C2, 1)	
D8	=NORM.DIST(C8, C1, C2, 1)	
D9	=NORM.DIST(C9, C1, C2, 1)−NORM.DIST(B9, C1, C2, 1)	
B10	=NORM.INV(A10, $C$1, $C$2)	B11까지 복사

	A	B	C	D
1		평균	83	
2		표준편차	20	
3				
4	누적확률	X		P(X)
5	0.05	50.10292746		
6	0.95	115.8970725		
7		48		0.959941
8			61	0.135666
9		24	72	0.289571
10	0.025	43.80072		
11	0.975	122.1993		

표준정규분포에서 표준확률변수 *Z*값이 주어졌을 때 그의 확률 그리고 확률이 주어졌을 때 그의 표준확률변수 *Z*값 구하기

이제 우리는 표준정규분포에서 확률을 알고 있을 때 이에 해당하는 확률변수 *Z*값과 확률변수 *Z*값이 주어졌을 때 그의 확률을 구하는 요령을 공부하기로 하자.

Excel을 사용하여 표준정규분포에서 누적확률이 주어졌을 때 그의 확률변수 *Z*값 구하기

=NORM.S.INV(누적확률)

Excel을 사용하여 표준정규분포에서 확률변수 *Z*값이 주어졌을 때 그의 누적확률 $P(Z \leq z)$ 구하기

=NORM.S.DIST(z, 1)

예제 7-5

표준정규분포에서

(1) 우측 꼬리면적 5%에 해당하는 Z값은 얼마인가?
(2) 좌측 꼬리면적 10%에 해당하는 Z값은 얼마인가?
(3) 평균에서 각각 20%에 해당하는 양측 Z값은 얼마인가?
(4) 분포의 중간 90%가 되는 양측 Z값은 얼마인가?
(5) 분포의 중간 95%가 되는 양측 Z값은 얼마인가?
(6) 분포의 중간 98%가 되는 양측 Z값은 얼마인가?

풀이

(1) $Z=1.645$

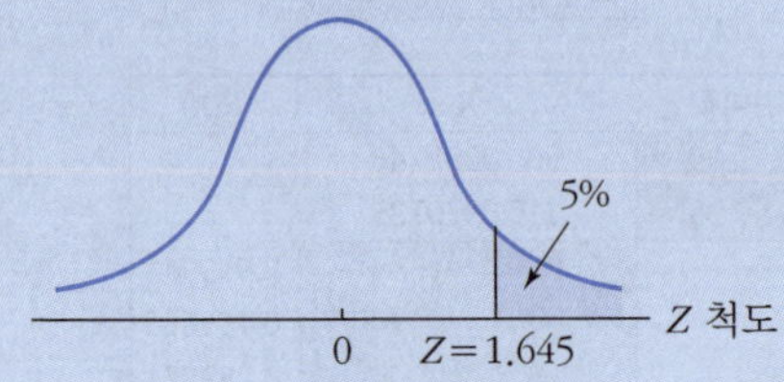

(2) $Z=-1.28$

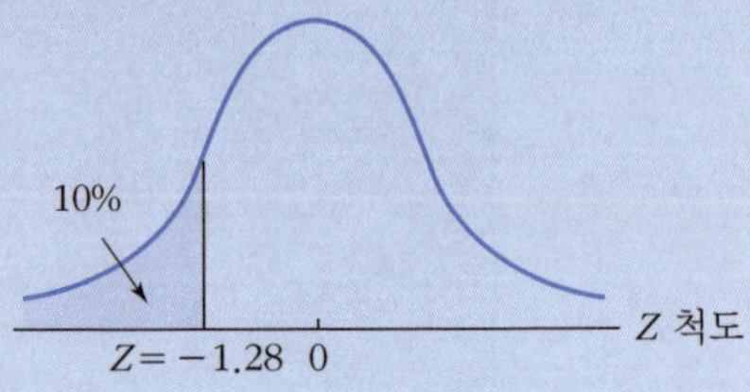

(3) $Z=\pm 0.525$

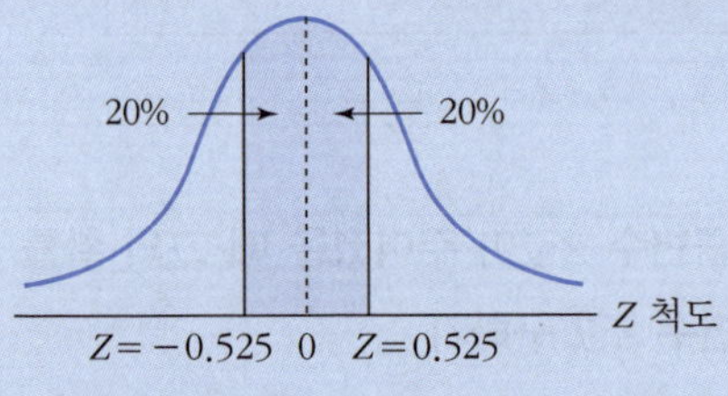

(4) $Z=\pm 1.645$

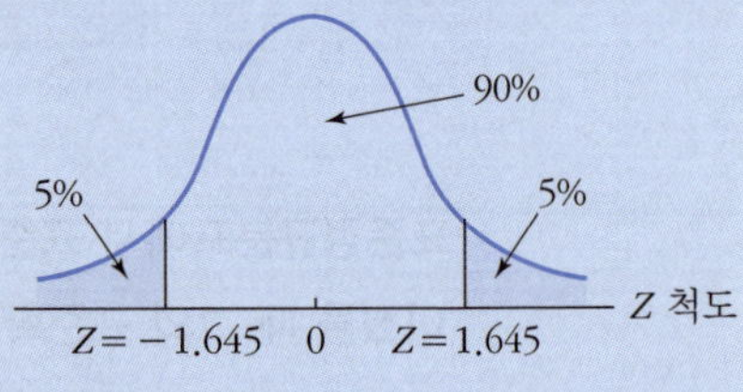

(5) $Z=\pm 1.96$

(6) $Z=\pm 2.33$

■ Excel 활용

셀 주소	수식	비고
B2	=NORM.S.INV(A2)	B7까지 복사

	A	B
1	누적확률	Z값
2	0.95	1.6448536
3	0.1	-1.281552
4	0.3	-0.524401
5	0.05	-1.644854
6	0.025	-1.959964
7	0.01	-2.326348

예제 7-6 다음 각 문제에서 확률 또는 Z_0를 구하라.

(1) $P(Z \leq -1.2)$

(2) $P(-0.5 \leq Z \leq 2.5)$

(3) $P(Z \geq -0.7)$

(4) $P(Z \geq Z_0) = 0.05$

(5) $P(Z \leq Z_0) = 0.1314$

(6) $P(-Z_0 \leq Z \leq Z_0) = 0.8$

(7) (8) (9)

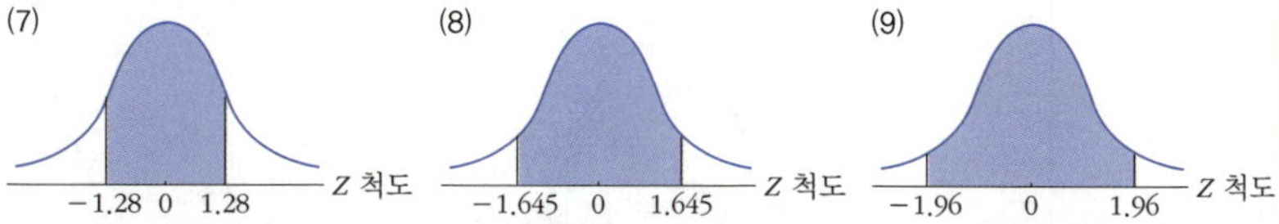

풀이

(1) $P = 0.5 - 0.3849 = 0.1151$

(2) $P = 0.1915 + 0.4938 = 0.6853$

(3) $P = 0.5 + 0.2580 = 0.7580$

(4) $Z_0 = 1.645$

(5) $Z_0 = -1.12$

(6) $Z_0 = 1.28$

(7) 80%

(8) 90%

(9) 95%

■ Excel 활용

셀 주소	수식	비고
C2	=NORM.S.DIST(B2, 1)	
C3	=NORM.S.DIST(B3, 1)−NORM.S.DIST(A3,1)	
C4	=1−NORM.S.DIST(A4, 1)	
A5	=−NORM.S.INV(C5)	
B6	=NORM.S.INV(C6)	
A7	NORM.S.INV((1−C7)/2)	
B7	=−NORM.S.INV((1−C7)/2)	

	A	B	C
1	Z		확률
2		-1.2	0.11507
3	-0.5	2.5	0.685253
4	-0.7		0.758036
5	1.644854		0.05
6		-1.1198	0.1314
7	-1.28155	1.281552	0.8

예제 7-7 다음 그림에서 Z값을 구하라.

(1)

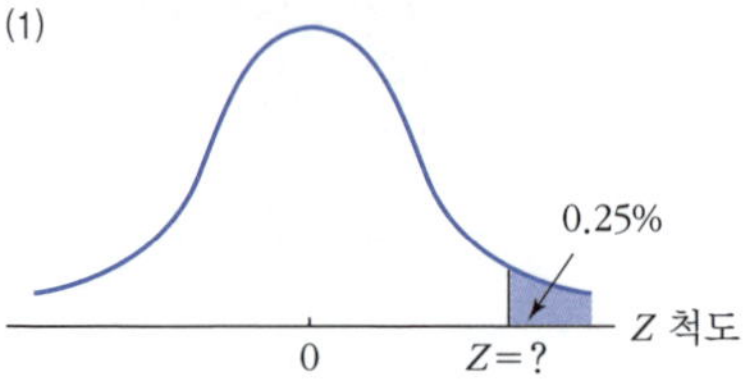

(2)

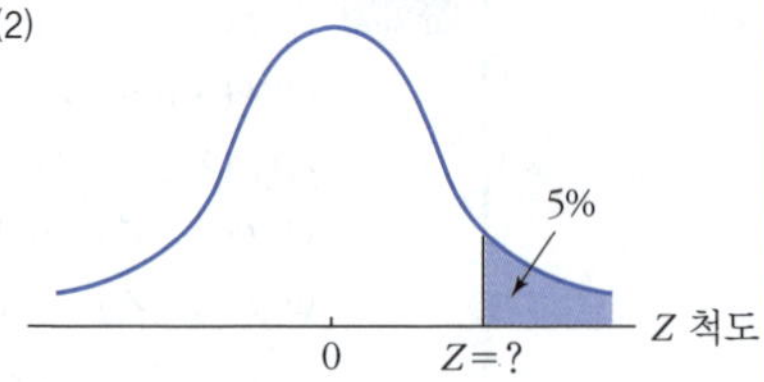

(3)

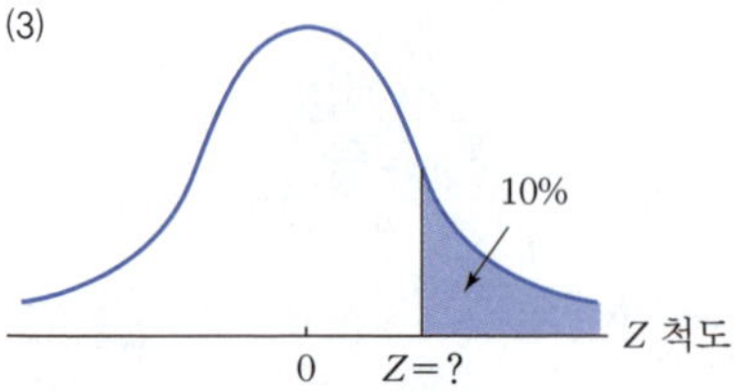

(4)

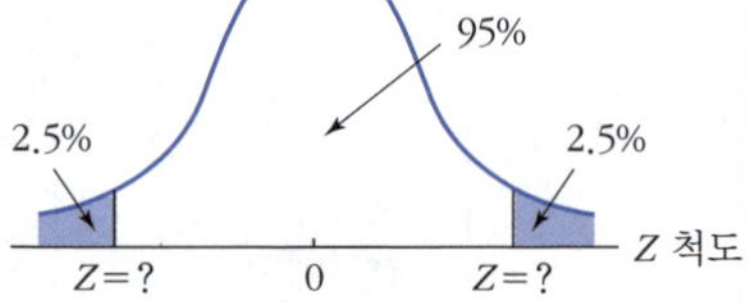

(5)

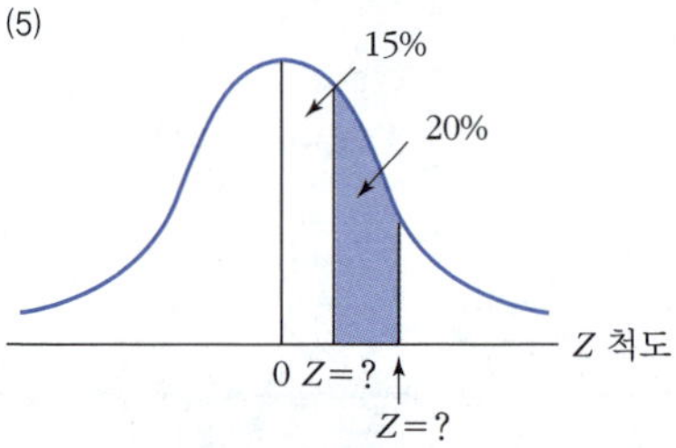

(6)

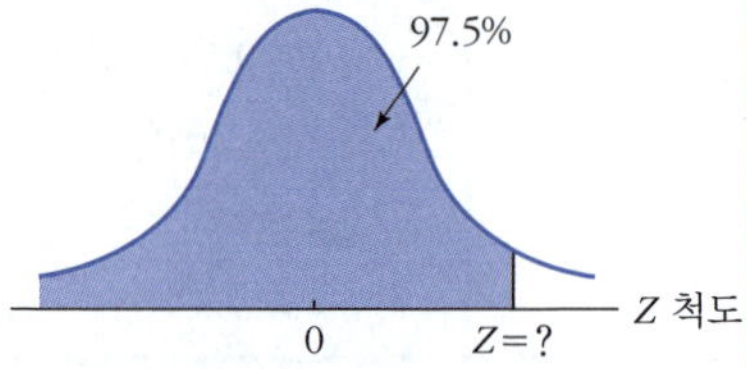

풀이

(1) $Z=1.96$

(2) $Z=1.645$

(3) $Z=1.28$

(4) $Z=-1.96$ $Z=1.96$

(5) $Z=0.385$ $Z=1.035$

(6) $Z=1.96$

■ Excel 활용

셀 주소	수식	비고
C5	=NORM.S.INV(A5)	C6까지 복사
D2	=NORM.S.INV(B2)	D4까지 복사
D5	=NORM.S.INV(B5)	D7까지 복사

	A	B	C	D
1	누적확률		Z	
2		0.975		1.959964
3		0.95		1.644854
4		0.9		1.281552
5	0.025	0.975	-1.95996	1.959964
6	0.65	0.85	0.38532	1.036433
7		0.975		1.959964

EXCEL STATISTICS 정규분포의 응용 예

본절에서는 정규분포가 응용되는 예를 몇 가지 들어보고자 한다.

예제 7-8 Excel 전자(주)는 전기 면도기를 생산한다. 이 회사가 생산하는 면도기의 수명은 평균 70개월, 표준편차 8개월의 정규분포를 따른다고 한다.

(1) 면도기의 수명이 62개월도 되지 못할 확률은 얼마인가?

(2) 면도기의 몇 %가 82개월 이상 작동할 것인가?

(3) 면도기의 몇 %가 66개월에서 74개월까지 작동할 것인가?

(4) 회사는 판매한 전체 면도기의 5% 이하가 어떤 기간을 넘지 못하고 버려야 하는 경우에는 무료로 보상해 주려는 정책을 사용하고자 한다. 보증기간은 몇 개월인가?

풀이

(1) $P(X \leq 62) = P\left(Z \leq \frac{62-70}{8}\right) = P(Z \leq -1) = 0.1587$

(2) $P(X \geq 82) = P\left(Z \geq \frac{82-70}{8}\right) = P(Z \geq 1.5) = 0.0668$

(3) $P(66 \leq Z \leq 74) = P\left(\frac{66-70}{8} \leq Z \leq \frac{74-70}{8}\right) = P(-0.5 \leq Z \leq 0.5) = 0.1915 \times 2 = 0.3830$

(4) $Z = \frac{X-\mu}{\sigma} = -1.645$

$X = \mu - 1.645\sigma = 70 - 1.645(8) = 56.84$

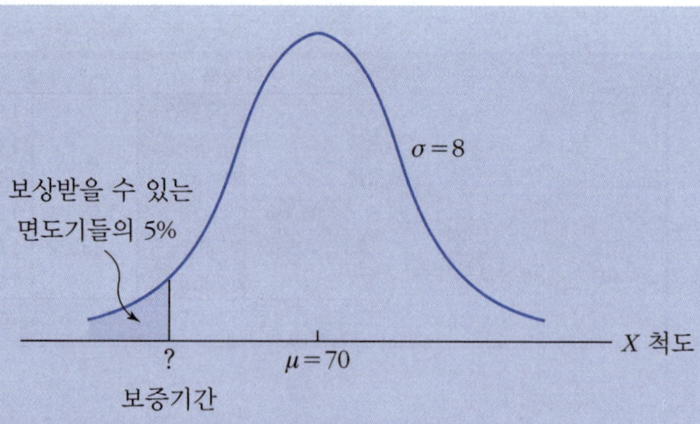

■ Excel 활용

셀 주소	수식	비고
B5	=1−NORM.DIST(A5, $E$1, $E$2, 1)	
B6	=NORM.DIST(A6, $E$1, $E$2, 1)	B8까지 복사
B11	=NORM.S.INV(A11)	
C11	=NORM.INV(A11, E1, E2)	

	A	B	C	D	E
1				평균	70
2				표준편차	8
3					
4	X	확률			
5	82	0.0668072			
6	62	0.1586553			
7	66	0.3085375			
8	74	0.6914625			
9					
10	누적확률	Z	X		
11	0.05	-1.644854	56.841171		

예제 7-9 통계학 과목의 학년 말 성적은 평균 70점, 표준편차 10점인 정규분포를 따르는 것으로 나타났다.

(1) 상위 20.9%의 학생에 A학점을 주려고 한다. 몇 점 이상이어야 하는가?

(2) 하위 5%의 학생에 F학점을 주려고 한다. 몇 점 이하이어야 하는가?

(3) 정규분포와 표준정규분포를 이용하여 이들의 내용을 표시하라.

풀이

(1) $Z=0.81$

$$Z=\frac{X-\mu}{\sigma}$$

$$X=\mu+Z\sigma=70+0.81(10)$$

$$X=78.1$$

(2) $Z=-1.645$

$$-1.645=\frac{X-70}{10}$$

$$X=53.55$$

(3)

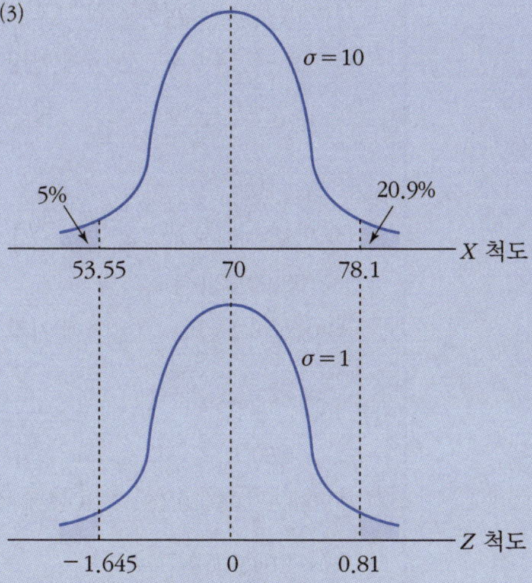

■ Excel 활용

셀 주소	수식	비고
B5	=NORM.INV(A5, $B$1, $B$2)	B6까지 복사

	A	B
1	평균	70
2	표준편차	10
3		
4	누적확률	X
5	0.791	78.09896
6	0.05	53.55146

예제 7-10 Excel 대학교 통계학 수강학생 100명을 대상으로 기말고사를 실시하였다. 그런데 시험을 마치는 데 필요한 시간은 평균 50분, 분산 25분인 정규분포를 따르는 것으로 밝혀졌다. 한편 시험성적은 평균 75점, 분산 16점인 정규분포를 따르는 것으로 밝혀졌다.

(1) 한 학생이 시험을 55분 이내에 완료했을 확률은 얼마인가?

(2) 학생들의 90%가 충분한 시간을 갖도록 하기 위해서는 시험시간을 몇 분으로 정했어야 하는가?

(3) 시험시간을 60분으로 제한할 때 아직 시험지를 제출하지 못할 학생은 몇 명인가?

(4) 상위 10%의 학생에 A학점을 주려고 한다. 몇 점 이상이어야 하는가?

(5) 하위 5%의 학생에 F학점을 주려고 한다. 몇 점 이하이어야 하는가?

(6) (4)의 문제를 X척도와 Z척도를 사용하여 그림으로 나타내라.

풀이

(1) $P(X \leq 55) = P\left(Z \leq \frac{55-50}{5}\right) = P(Z \leq 1) = 0.8413$

(2) $0.9 - 0.5 = 0.4$ 0.4에 가장 가까운 Z의 값은 1.28이다.

$$1.28 = \frac{X-50}{5}$$

$X = 56.4$

(3) $P(X \geq 60) = P\left(Z \geq \frac{60-50}{5}\right) = P(Z \geq 2) = 0.0228$

$100(0.0228) = 2.28$명

(4) $0.5 - 0.1 = 0.4$ 0.4에 가장 가까운 Z의 값은 1.28이다.

$$1.28 = \frac{X-75}{4}$$

$X = 80.12$

(5) $0.5 - 0.05 = 0.45$ 0.45에 가장 가까운 Z의 값은 1.645이다.

$$-1.645 = \frac{X-75}{4}$$

$X = 68.42$

(6)

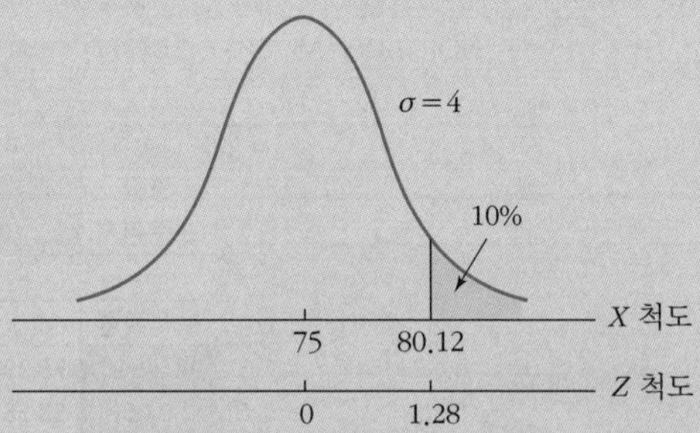

■ Excel 활용

셀 주소	수식	비고
B5	=NORM.INV(0.9, $G$1, $G$2)	
B6	=NORM.INV(0.05, $G$1, $G$2)	
B7	=NORM.INV(A7, D1, D2)	
E5	=NORM.DIST(D5, D1, D2, 1)	
E6	=1−NORM.DIST(D6, D1, D2, 1)	
F6	=E6 * 100	

	A	B	C	D	E	F	G
1			평균시간	50		평균성적	75
2			표준편차	5		표준편차	4
3							
4	확률	x		x	확률	학생 수	
5	상위 10%	80.126206		55	0.84134		
6	하위 5%	68.420585		60	0.02275	2.275013	
7	0.9	56.407758					

S·E·C·T·I·O·N 7.4

이항분포의 정규 근사

이항 확률표는 시행횟수 n이 20을 넘으면 이용할 수 없다. 시행횟수 $n \geq 20$으로 크고 성공확률 $p \leq 0.05$로서 작은 경우에는 이항확률의 근사치를 구하기 위하여 포아송분포 또는 정규분포를 이용할 수 있다. 이와 같이 n이 큰 경우에는 정규분포의 확률을 이항분포의 확률로 대신 사용할 수 있는데 이를 이항분포의 정규 근사(normal approximation of binomial distribution)라고 한다.

본절에서는 이항확률의 근사치를 구하기 위하여 정규분포를 이용하는 방법에 대하여 공부하기로 한다.

TIP

이항분포에 대한 정규 근사

$np \geq 5$, $n(1-p) \geq 5$인 경우에는 이항분포를 근사시키기 위해 정규곡선을 사용할 수 있다. 이때

$$\mu = np$$

$$\sigma = \sqrt{np(1-p)}$$

를 가진 정규분포를 사용한다.

이항분포를 근사시키기 위하여 정규분포를 사용할 때는 연속성을 위한 조정계수(continuity correction factor)가 필요하다. 연속 확률분포에서 확률은 확률 밀도함수 밑의 면적으로 구하고 확률변수가 취하는 어떤 특정한 값의 확률은 0이라는 것은 이미 배운 바와 같다.

따라서 이산 확률분포를 근사시키기 위하여 연속 확률분포를 사용할 때는 확률변수 X에 ± 0.5를 조정해야 한다. 여기서 0.5가 연속성을 위한 조정계수이다. 확률변수 X가 얼마 이상인 문제에서는 X에서 -0.5를 하고, 얼마 이하인 문제에

그림 7-14 이항분포의 정규 근사 예

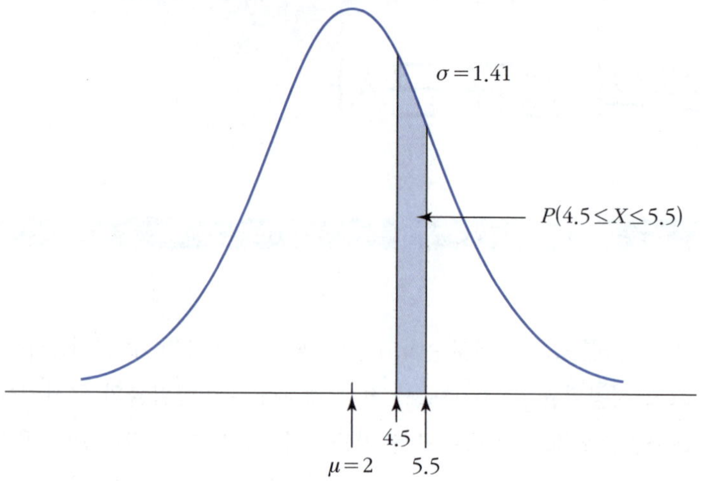

서는 X에 $+0.5$를 한다. 확률변수 X가 얼마일 확률을 구하는 문제에서는 X에 ± 0.5를 조정한다. 예컨대 이산 확률변수 5는 연속 확률변수 4.5~5.5 사이의 값으로 조정해야 한다.

예를 들어 보자. 어느 회사에서는 신용장을 작성할 때 신용장의 0.5%에 실수가 발견된다고 한다. 400개의 신용장을 표본으로 추출할 때 5개의 신용장에서 실수를 발견할 확률, 즉 $P(5)$를 구하도록 하자. 이는 400번의 시행에서 5번 성공할 확률을 구하는 것과 같다.

$$\mu = np = 400(0.005) = 2$$

$$\sigma = \sqrt{np(1-p)} = \sqrt{400(0.005)(0.995)} = 1.41$$

이다. 따라서 이항분포를 근사시키기 위하여 $\mu=2$, $\sigma=1.41$인 정규분포를 이용해야 한다.

5개의 신용장에서 실수를 발견할 확률을 구하기 때문에 연속성을 위한 조정계수로서 ± 0.5를 5에 반영하면 $P(5)$는 $P(4.5 \le X \le 5.5)$로 바뀐다. 이는 [그림 7-14]에서 보는 바와 같이 $\mu=2$, $\sigma=1.41$인 정규분포에서 $P(4.5 \le X \le 5.5)$를 구하는 문제가 된다.

$$P(4.5 \le X \le 5.5) = P\left(\frac{4.5-2}{1.41} \le Z \le \frac{5.5-2}{1.41}\right)$$
$$= P(1.77 \le Z \le 2.48) = 0.0318$$

이와 같이 400번 시행하여 5번 성공시킬 확률에 대한 정규 근사치는 0.0318이다.

예제 7-11 우리나라 성인의 80%는 건국일이 언제인지 모른다고 한다. 이 비율은 우리나라 성인의 현재 모집단에도 사실이라고 가정하자. 1,000명의 성인을 랜덤하게 추출할 때 830명 이상이 건국일을 모를 확률은 얼마인가?

풀이

$n = 1{,}000$

$p = 0.8$

$\mu = np = 1{,}000(0.8) = 800$

$\sigma = \sqrt{npq} = \sqrt{1{,}000(0.8)(0.2)} = 12.65$

$$P(X \ge 829.5) = P\left(Z \ge \frac{829.5-800}{12.65}\right) = P(Z \ge 2.33) = 0.0099$$

■ Excel 활용

셀 주소	수식	비고
B4	=B1 * B2	
B5	=SQRT(B1 * B2 * (1−B2))	
E5	=1−NORM.DIST(D5, B4, B5, 1)	

	A	B	C	D	E
1	n	1,000			
2	p	0.8			
3					
4	평균	800		X	확률
5	표준편차	12.64911		829.5	0.009846

S·E·C·T·I·O·N 7.5

지수분포

EXCEL STATISTICS 개념

지수분포(exponential distribution)는 포아송분포와 역의 관계에 있다. 포아송분포는 단위 시간이나 공간 내에서 발생하는 사상의 수에 대한 이산 확률분포임에 반하여 지수분포는 연속하여 발생하는 두 사상 사이의 시간간격 또는 공간의 간격에 대한 연속 확률분포이다. 따라서 같은 내용을 서로 달리 표현할 뿐이다.

예를 들어 보자. 만일 단위 시간 동안 도착의 수가 시간당 평균 여섯 명씩 포아송분포를 따른다면 이는 두 도착 사이의 시간간격은 평균 $\frac{1}{6}$시간(10분)인 지수분포를 따른다고 달리 표현할 수 있다. 지수분포는 기계의 고장 사이의 시간, 은행에 도착하는 두 고객 사이의 시간, 걸려오는 전화 사이의 시간 등등 대기행렬 문제와 신뢰성 문제 등에 많이 응용된다.

지수분포의 형태는 지수 확률변수(exponential random variable) T의 값이 증가할 때 점차 감소하는 곡선으로 표현된다. 다시 말하면, T가 커질수록 T의 값을 관찰하는 확률은 지수적으로 감소한다. 지수확률 밀도함수는 다음과 같이 정의한다. [그림 7-15]는 지수분포를 나타내고 있다.

TIP

지수분포의 확률 밀도함수

$$f(T)=\lambda e^{-\lambda t} \qquad t>0,\ \lambda>0$$

그림 7-15 지수분포

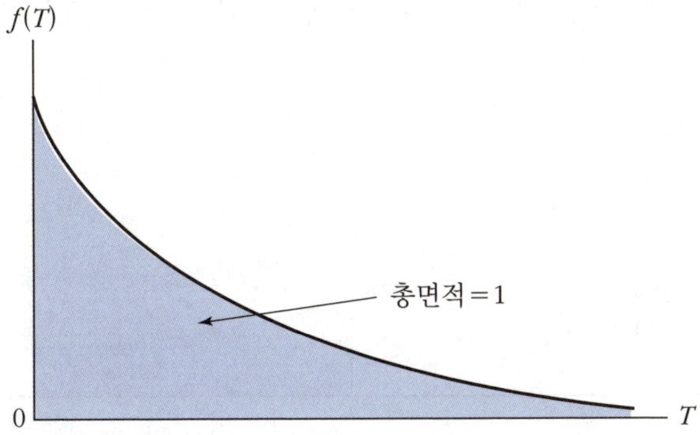

지수분포의 확률

지수분포의 확률 계산은 어떤 사상이 특정 시점 전에 발생하느냐 또는 후에 발생하느냐에 따라 다른 공식을 이용한다.

첫 발생 전의 시간(또는 공간)이 특정 시간(또는 공간) t보다 클 확률을 구하기 위해서는 다음 공식을 이용한다.

$$P(T>t)=e^{-\lambda t} \tag{7.1}$$

예를 들면, 시간당 평균도착(λ)이 1.5명일 때 2시간(t=2) 동안 아무도 도착하지 않을 확률을 구하기 위해서는 식(7.1)을 사용해야 한다.

한편 특정 시간에 또는 전에 발생하는 확률을 계산하기 위해서는 다음 공식을 이용한다.

$$P(T\leq t)=1-e^{-\lambda t} \tag{7.2}$$

이와 같이 상황에 따라 사용하는 공식이 다름은 [그림 7-16]이 보여 주고 있다.

지수분포의 평균과 분산은 다음과 같다.

그림 7-16 지수분포의 확률 계산

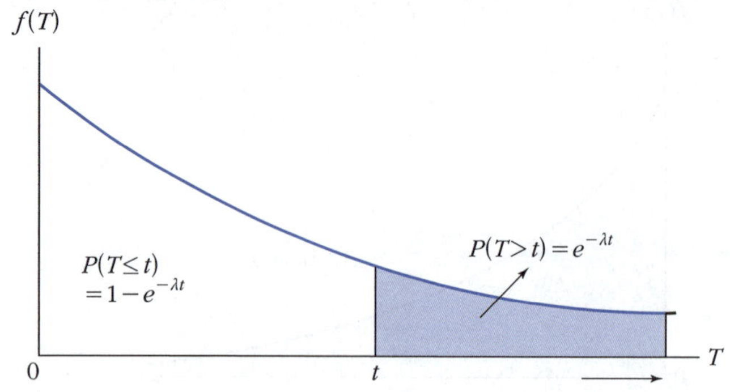

지수분포의 평균과 분산

$$\mu = \frac{1}{\lambda}$$

$$\sigma^2 = \frac{1}{\lambda^2} \tag{7.3}$$

$$\sigma = \frac{1}{\lambda}$$

한편 지수분포의 특성을 요약하면 다음과 같다.

지수분포의 특성

- 연속 확률분포이다.
- 우측으로 긴 꼬리를 갖는다.
- 확률변수 X는 0부터 무한대의 값을 갖는다.
- 분포의 정점은 $X=0$에서 이루어진다.
- 확률변수 X가 증가할수록 곡선은 점차 감소한다.

Excel을 사용하여 지수분포에서 확률 $P(T \leq t)$ 구하기
=EXPON.DIST(t, λ, 1)

예제 7-12 어느 은행에 도착하는 고객의 수는 분당 평균 0.75명인 포아송분포를 따른다고 한다. 만일 도착 사이의 시간이 3분 이하라고 하면 고객은 지루하지 않게 서비스를 받을 수 있다고 할 때

(1) 지루하게 느끼지 않을 고객의 비율을 구하라.

(2) 도착 사이의 시간이 4분 이상일 확률을 구하라.

(3) 고객 도착 사이의 평균시간과 표준편차를 구하라.

풀이

(1) $\lambda=0.75$

$P(T\leq 3)=1-e^{-(0.75)(3)}=1-0.1054=0.8946$

고객의 약 90%가 지루하게 느끼지 않을 것이다.

(2) $P(T\geq 4)=e^{-(0.75)(4)}=e^{-3}=0.0498$

(3) $\mu=\frac{1}{\lambda}=\frac{1}{0.75}=1.33$분/고객 $\sigma=\frac{1}{\lambda}=1.33$

■ Excel 활용

셀 주소	수식	비고
C4	=EXPON.DIST(B4, B1, 1)	
C5	=1−EXPON.DIST(A5, B1, 1)	
F3	=1/B1	
F4	=1/B1	

	A	B	C	D	E	F
1	ramda	0.75				
2						
3	T		확률		평균	1.333333
4		3	0.894601		표준편차	1.333333
5	4		0.049787			

CHAPTER 07

연습문제

7/1 정규분포의 특성을 설명하라.

7/2 표준정규분포에 대하여 간단히 설명하라.

7/3 에너자이저 배터리의 수명(시간으로 측정)은 $\lambda = 0.05$로 지수분포를 따른다고 한다.

(1) 배터리의 수명이 20시간을 초과할 확률을 구하라.
(2) 배터리의 수명이 16~24시간일 확률을 구하라.
(3) 배터리의 평균수명과 표준편차를 구하라.

7/4 확률변수 X가 정규분포 $N(15,9)$를 따를 때 다음 각 X값에 대한 Z값을 구하라.

(1) $X=18$
(2) $X=9$

7/5 확률변수 Z가 표준정규분포 $N(0,1)$을 따를 때 다음 확률을 구하라.

(1) $P(Z \geq 0.57)$
(2) $P(Z \leq 1.57)$
(3) $P(-0.57 \leq Z \leq 0.57)$
(4) $P(Z \leq -1.57)$

7/6 확률변수 Z가 표준정규분포 $N(0, 1)$을 따를 때 다음 확률조건을 만족하는 a의 값을 구하라.

(1) $P(0 \leq Z \leq a) = 0.4545$
(2) $P(Z \geq a) = 0.0094$
(3) $P(Z \geq -a) = 0.7019$
(4) $P(|Z| \leq a) = 0.95$
(5) $P(-a \leq Z \leq a) = 0.6$
(6) $P(Z \leq a) = 0.1$

7/7 어떤 회사에서 생산하는 타이어의 수명은 평균 35,000마일, 표준편차 4,000마일의 정규분포를 따른다고 한다.

(1) 38,000마일 이상이 될 타이어의 비율은?
(2) 타이어의 수명이 32,000마일에서 38,000마일 사이일 확률은?
(3) 회사는 판매한 전체 타이어의 5%가 어떤 주행거리를 달리지 못하는 경우에는 보상해 주려는 보증정책을 사용하려고 한다. 보증하려는 주행거리는 몇 마일인가?

7/8 Excel 골프 코스의 출발점에 시간당 10명의 골퍼들이 도착한다. 한 골퍼가 방금 도착하였다고 할 때

(1) 다음 골퍼가 15분 안에 도착할 확률은 얼마인가?
(2) 다음 골퍼가 12분을 지나 도착할 확률은 얼마인가?

7/9 연간 수익률이 다음과 같이 정규분포를 따르는 두 증권이 있다.

	A	B	C
1		1	2
2	평균	0.12	0.15
3	표준편차	0.1	0.2

(1) 투자할 돈을 잃을 확률이 적은 증권은 어느 것인가?
(2) 증권 2의 연간 수익률이 20% 이상일 확률은 얼마인가?

7/10 금년에 실시한 외무고시에 응시한 사람은 모두 3,000명이었다. 그런데 각 응시생이 합격할 확률은 60%라고 한다.

(1) 적어도 응시생 1,850명이 합격할 확률은 얼마인가?
(2) 응시생 1,750명부터 1,860명 사이에서 합격할 확률은 얼마인가?

7/11 확률변수 X는 $\lambda=0.3$으로 지수분포를 따른다. 다음 문제의 확률을 구하라.

(1) $P(X>2)$
(2) $P(X<4)$
(3) $P(1<X<2)$
(4) $P(X=5)$

7/12 확률변수 X가 평균=10, 표준편차=4인 정규분포를 따를 때 확률 또는 x값을 계산하라.

(1) $P(X \leq 0)$
(2) $P(4 \leq X \leq 10)$
(3) $P(X > x) = 0.025$
(4) $P(x \leq X \leq 2.5) = 0.4943$

7/13 항공사에서는 비행기 좌석보다 더 많이 예약하는 것이 관행으로 되어 있다. 서울항공은 서울에서 군산까지 노선의 좌석은 200석이지만 예약하고 나타나지 않는 20%의 고객 때문에 235석을 예약한다고 한다. 적어도 한 고객이 예약하고도 자리가 없어 탑승할 수 없을 확률은 얼마인가?

7/14 증권거래소에서 거래된 12일 동안의 거래량은 다음과 같다고 한다. 거래량의 확률분포는 정규분포라고 할 때

	A	B	C	D	E	F
1	723	766	783	813	836	917
2	944	973	983	992	1,046	1,057

(1) 모평균과 모표준편차의 예측치로 사용하기 위한 12일 동안 거래량의 평균과 표준편차를 구하라.
(2) 어느 날 거래량이 800주 이하일 확률을 구하라.
(3) 어느 날 거래량이 1,000주 이상일 확률을 구하라.
(4) 거래량이 많은 거래일의 5%에 해당하는 날에는 기념 사진을 찍는다고 할 때 거래량은 얼마일 때인가?

7/15 Excel 대학교 교환대에 걸려오는 연속적인 두 전화 사이의 시간(분) 간격이 다음과 같은 지수분포를 따른다고 한다.

$$f(X) = 0.25e^{-0.25x} \quad (x \geq 0)$$

(1) 이 문제를 포아송분포로 표현하라.
(2) 두 전화 사이의 평균시간은 얼마인가?
(3) 두 전화 사이의 시간이 30초 이하일 확률은 얼마인가?
(4) 4분 이상 전화가 걸려오지 않을 확률은 얼마인가?

Chapter 08

표본분포

우리는 지금까지 의사결정을 위한 통계적 방법의 사용에 필요한 기초를 공부하여 왔다. 어떤 의사결정도 불확실성을 내포하는데 이러한 불확실한 결과를 측정하는 수단으로 확률을 계산하게 된다. 확률변수의 종류에 따라 그의 확률분포가 다르므로 이들에 관하여 공부하였다. 이제 확률의 기본 법칙과 여러 가지의 확률분포 등의 개념들을 기초로 하여 추리통계학의 분야에 들어가고자 한다. 앞장에서는 모집단의 모수에 관한 정보를 미리 알고 있다고 가정하였지만 실제로는 모르기 때문에 본장에서는 표본정보에 입각하여 이를 추론하고자 한다.

추출한 작은 표본 속에 포함된 정보 예를 들면, 표본평균, 표본분산, 표본비율 등 표본통계량에 입각하여 큰 모집단의 모수, 즉 모평균, 모분산, 모비율 등의 참 값을 추정하는 것이 추리통계학의 내용이다. 따라서 어떠한 통계적 추론의 신뢰성도 사용된 표본 데이터의 품질에 의존하게 된다.

[그림 8-1]은 통계적 추리과정을 나타내고 있다.

그림 8-1 통계적 추리과정

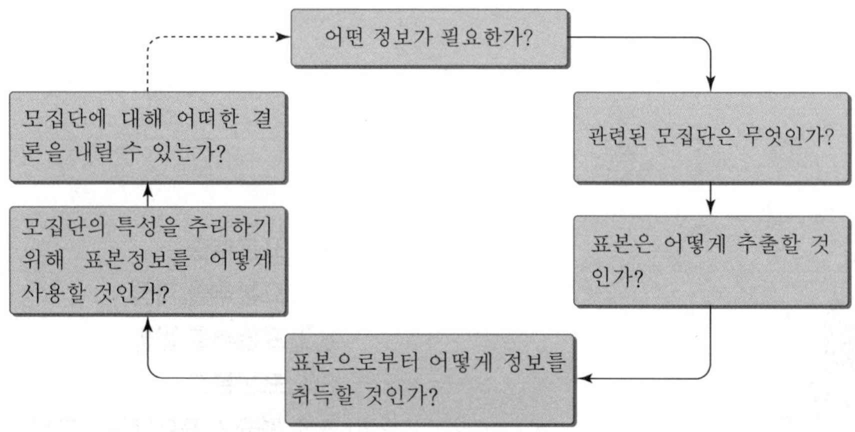

통계적 추리는 표본의 추출로부터 시작하므로 본장에서는 표본 데이터를 수집하는 방법과 이에 관련된 내용과 함께 표본 결과를 이용해서 모집단의 특성을 추론하는 데 기초가 되는 표본분포의 원리에 관해서 공부하고자 한다.

S·E·C·T·I·O·N 8.1

표본추출

표본조사의 필요성

우리는 이미 모집단과 표본, 데이터와 정보, 데이터의 측정척도, 데이터와 변수의 종류 등에 관하여 공부하였다. 이제 데이터를 수집하는 방법에 관하여 공부할 때가 되었다. 연구자는 연구목적에 맞는 특정 특성(변수)을 결정하면 데이터를 수집하기 위하여 관찰대상을 선정해야 한다. 이때 모집단의 특성이 연구목적이므로 모집단이 바로 관찰대상이 된다. 그러나 방대한 모집단을 대상으로 하기에는 비용과 시간상 거의 불가능하여 표본추출에 의존하게 된다. 데이터를 수집하는 방법으로는 센서스와 표본조사가 있다.

센서스(census)는 어떤 항목으로 구성된 집단 속에 있는 그들 항목 모두를 조사하는 전수조사를 의미하고, 표본조사(sampling)란 그들 항목의 일부에 대해 조사하는 것을 말한다. 센서스는 모집단의 규모가 작을 때 모집단에 관한 가장 정확한 정보를 얻기 위하여 실시한다.

표본추출을 할 때는 모수에 대한 추론의 정확성을 높이기 위하여 모집단의 특성을 대표할 수 있는(representative) 요소들로 표본을 구성해야 한다. 예를 들면, 소득, 교육정도, 연령, 성별, 출신지 등을 고려해서 모집단의 특성을 잘 대표할 수 있도록 표본을 추출해야 한다. 그러나 모집단을 구성하는 모든 요소들을 조사하여 얻은 결과가 전체 모집단의 일부를 조사하여 얻은 결과와 똑같을 수는 없기 때문에 오차가 발생한다. 이러한 표본오차(sampling error)는 피할 수 없기 때문에 가급적 센서스에 의하여 모집단에 관한 정확하고 완전한 정보를 얻는 것이 바람직스럽지만 경우에 따라서는 표본조사를 하는 것이 유리한 경우도 있다.

- 무한 모집단의 경우 모든 구성요소를 조사하는 것 자체가 불가능하다. 왜냐하면 무한 모집단은 끝이 없는 과정이기 때문이다.
- 표본조사는 센서스보다 시간절약적이다. 모집단에 대한 정보가 빨리 필요하다든지 조사할 항목이 많고 항목이 각지에 산재해 있는 경우에는 시간 소비적이므로 전체 모집단을 연구한다는 것은 장기적인 과업이다.
- 파괴검사의 경우에는 표본조사를 할 수밖에 없다. 전구, 타이어, 폭탄, 안전장치 등등은 파괴검사를 해야 하는데 검사 후 모두 버려야 하는 문제가 발생한다. 수많은 부품의 품질을 조사하려면 표본조사를 한다.
- 표본조사는 비용절약적이다. 품목당 조사비용이 많고 조사항목이 많은 경우에는 막대한 비용이 소요된다. 따라서 인구와 주택 등 전국 조사는 10년에 한 번씩 이루어진다.
- 정확성에 있어서 표본조사가 효과적인 경우가 있다. 표본조사는 관찰의 수가 적어 조사자를 덜 필요로 하고 좀더 세밀하게 조사할 수 있지만 전수조사는 많은 조사자를 필요로 하기 때문에 조정과 통제가 어려울 뿐만 아니라 조사과정에서 조사자의 피로, 응답자 대신 적당한 응답, 코딩(coding)의 잘못 등 통계처리 과정에서 오류를 범할 가능성이 높아진다.

EXCEL STATISTICS 표본오차와 비표본오차

모집단의 특성과 그 모집단으로부터 표본을 추출하여 얻은 표본 특성 사이에는 여러 가지 오차 발생의 원인으로 인하여 차이가 있을 수 있다.

모집단을 완전히 대표할 수 있는 표본을 추출한다는 것은 거의 불가능하기 때문에 표본을 추출한다는 것은 그 자체가 오차의 발생 가능성을 전제하는 것이므로 우리는 오차의 원인과 정도를 정확히 규명하고 이를 축소하려는 노력을 경주해야 한다.

오차에는 표본오차(sampling error)와 비표본오차(nonsampling error)가 있는데 표본오차는 표본크기가 너무 적다든가 모집단을 대표할 수 있는 전형적인 구성요소를 추출하지 못하는 등 표본추출과 관련된 오차이며, 비표본오차는 표본추출과정에서 발생하는 부적절한 표본의 선정, 부정확한 데이터의 수집, 무응답, 측정 또는 관찰 기록의 오류, 또는 비합리적 모집단의 설정과 관련하여 발생하는 오차이다.

표본오차는 표본과 모집단 사이의 차이를 말한다. 표본평균은 모평균을 추정하기 위하여 구하는데 포함되는 표본에 따라 표본평균은 우연히 모평균과 차이가 발생하게 된다. 이렇게 발생하는 표본평균과 알지 못하여 추정하려고 하는 모평균의 차이($\overline{X}-\mu$)를 표본오차라고 한다. 표본오차는 표본의 크기가 커질수록 감소하여 전수조사(census)의 경우에는 발생하지 않을 뿐만 아니라 그의 객관적 분석이 가능한 반면 비표본오차는 객관적 규명과 분석이 불가능하고 전수조사에서 크게 발생하지만 표본추출의 경우에는 이를 크게 줄일 수 있다. 비표본오차는 비록 표본크기가 큰 경우에도, 랜덤 표본추출의 경우에도 그의 크기와 발생가능성을 감소시킬 수 없기 때문에 표본오차보다 더욱 심각한 편의(bias)를 유발하기 때문에 의사결정 과정에 오도를 일으킬 수 있다. 표본오차는 통계량의 표준오차에 의해서 발생하는데 이에 대해서는 뒤에 공부할 것이다.

표본오차는 시간, 비용, 물리적 제약 등으로 한계가 있으며 비표본오차는 조사원에 대한 교육, 훈련, 지도, 감독, 그리고 과학적인 표본추출 과정의 도입 등을 통하여 감소시킬 수는 있지만 완전히 제거할 수는 없다.

예제 8-1 다음 다섯 개의 숫자로 구성된 모집단에서

	A	B	C	D	E
1	55	59	60	65	73

(1) 랜덤 표본으로 60, 65, 73을 추출할 때 발생하는 표본오차는 얼마인가?

(2) 위 (1)에서 60을 62로 잘못 기록하여 계산할 때 발생하는 비표본오차는 얼마인가?

풀이

(1) 표본오차$=\bar{x}-\mu=\dfrac{60+65+73}{3}-\dfrac{55+59+60+65+73}{5}$

$=66-62.4=3.6$

(2) 표본오차$=\dfrac{62+65+73}{3}-62.4=4.3$

비표본오차$=4.3-3.6=0.7$

표본오차와 빅데이터의 관계

표본크기가 크건 작건 표본 데이터를 사용해서 관심 있는 모집단의 어떤 특성을 알고자 하는 경우에는 표본조사의 한계를 인정해야 한다. 표본크기가 증가하여 표본오차가 감소할지라도 거대한 표본은 비표본오차의 존재 때문에 관심 있는 모집단을 완전히 대표할 수가 없게 된다.

아무리 랜덤 표본을 거대하게 추출한다고 하더라도 표본오차와 비표본오차를 완전히 제거한다는 것은 비현실적이라는 사실을 인정할 수밖에 없다.

SECTION 8.2

표본추출 과정

모집단으로부터 표본을 추출할 때는 표본오차를 가급적 최소로 줄이기 위해 모집단을 가장 잘 대표할 수 있도록 표본을 추출해야 한다. 이를 위해서는 다음과 같은 몇 단계를 거치게 된다.

- 모집단 확정
- 표본 프레임 설정
- 표본추출 방법 선정
- 표본크기 결정
- 표본추출

표본추출 과정은 모집단을 규명하는 것으로부터 시작한다. 연구자는 그의 연구목적에 필요로 하는 정보를 제공해 줄 수 있는 모집단을 확정해야 한다. 이는 보통 표적 모집단(target population)이라고도 한다. 조사대상이 되는 모집단을 제대로 확정해야만 그 모집단의 모수를 추정하거나 가설검정하는 데 필요한 정확한 정보를 얻을 수 있는 것이다.

일단 연구목적에 가장 알맞은 표적 모집단을 규명하면 표본 프레임(sampling frame)을 작성한다. 프레임이란 모집단의 각 요소에 번호를 부여하는 모집단 목록(list)을 말한다. 번호는 1부터 N까지이다. 모집단의 규모가 작은 경우에는 모집단 그 자체가 프레임이 된다. 그러나 예컨대 서울시 모든 가정에 대해 조사하는 경우처럼 모집단이 너무 크면 이를 잘 대표할 수 있는 일부의 프레임을 작성하여 프레임 오류를 최소화해야 한다.

프레임이 작성되면 표본추출은 모집단에서 하는 것이 아니고 프레임에서 하기 때문에 프레임의 모든 요소들이 모집단을 대표할 수 있도록 잘 작성해야 한다. 한편 현실적으로 목록작성이 쉽지 않은 경우에는 대신 전화번호부가 표본 프레임으로 사용되기도 한다.

표적 모집단을 확정하고 표본 프레임이 설정되면 이로부터 실제로 표본을 어떻게 추출할 것인가의 방법을 결정해야 한다. 프레임으로부터 표본을 추출하는 방법에는 여러 가지가 있으나 어떤 방법을 택할 것인가는 모집단의 성격과 조사자의 기술에 의존한다. 표본추출 방법에 대해서는 다음 절에서 자세히 공부할 것인다.

표본추출 방법이 확정되면 표본크기(sample size)를 결정해야 한다. 앞에서 공부한 바와 같이 표본크기가 크면 클수록 신뢰성 있는 정보를 추출하여 모집단의 특성을 보다 정확하게 추론할 수 있는 것이다. 그러나 표본분석·결과의 신뢰성, 조사목적과 조사방법이라든가 비용과 시간 등 여러 가지 제약조건으로 인하여 적절한 표본크기를 결정할 수밖에 없다.

그러나 구체적으로는 원하는 정보의 정확성을 나타내는 신뢰구간을 감안해서 표본크기를 결정하게 된다. 표본크기는 모평균과 모비율을 추정하고자 할 때 공식을 이용하여 결정하는데 이의 구체적인 방법에 관해서는 제9장에서 공부할 것이다.

표본크기가 결정되면 표본 프레임으로부터 조사대상을 표본으로 추출하여 조사함으로써 데이터를 수집하고 분석하는 과정으로 들어가게 된다.

S·E·C·T·I·O·N 8.3

표본추출 방법

표본을 추출하는 방법에는 크게 확률 추출방법과 비확률 추출방법이 있다.

확률 추출방법(probability sampling)은 프레임을 구성하는 각 요소가 표본으로 추출될 가능성이 일정하게 사전에 알려진 방법이다. 예를 들면, 로또복권의 당첨 번호를 추출할 때 숫자공 모두에게 선정될 기회는 동일하게 주어진다. 이는 랜덤 표본추출 방법(random sampling)이라고도 한다.

여기에는 단순랜덤 추출방법, 층별 추출방법, 군별 추출방법, 체계적 추출방법 등이 속한다. 확률 추출방법은 객관적이므로 표본오차의 측정이 가능하다.

비확률 추출방법(nonprobability sampling)은 프레임이 없어 모집단을 구성하는 각 요소가 표본으로 선택될 확률을 모르기 때문에 조사자의 판단과 주관에 의하여 표본을 임의로 추출하는 방법으로서 추출된 표본이 모집단을 얼마나 잘 대표하는지 알 수 없으며 표본오차의 측정이 불가능하다는 단점을 갖는다. 여기에는 판단 추출방법과 편의 추출방법이 속한다.

EXCEL STATISTICS 확률 추출방법

단순랜덤추출

여러 가지 방법 중에서 단순랜덤 추출방법(simple random sampling)이 가장 중요한데 이것은 많은 통계적 기법이 이에 기초하기 때문이다. N개의 요소로 구성된 모집단으로부터 표본크기 n개의 요소를 선정한다고 할 때 단순랜덤 방법은 n개의 가능한 각 표본이 똑같이 $\frac{1}{n}$의 확률로 선정될 수 있도록 설계된 방법이다. 예컨대 복권 추첨이나 아파트 추첨은 여기에 해당한다.

이 방법에서는 랜덤을 확보하기 위하여 난수(random number)를 이용한다. 난수는 각 숫자가 발생할 확률은 같게 되어 있다. 난수표는 부표 E로서 이 책 뒷부분에 나와 있다.

단순랜덤 방법은 모집단의 각 요소에 일련번호를 부여한 후(프레임을 작성한 후) 난수를 생성하여 이 난수와 일치되는 번호를 갖는 모집단의 요소들을 표본으로 사용하는 것이다. 일반적으로 통계분석에서 표본추출은 확률표본을 의미한다.

층별추출

층별추출(stratified sampling)은 모집단을 상호 배타적인 부, 직업, 소득수준, 지역, 연령, 성별 등 그룹(층)으로 구분한 후 각 그룹으로부터 표본을 단순랜덤으로 추출하여 전체 표본을 구성하는 방법이다. 각 층에 속하는 요소들이 동질성을 가질 때 작은 분산을 갖게 된다. 각 층에서 추출하는 표본은 모두 같아야 할 이유는 없다.

특히 모집단에서 차지하는 각 층의 구성비율을 고려하여 각 층에서 확률표본을 추출할 때 이를 비례적 층별추출이라고 한다.

층별추출이 효과적인 때는 특성에 있어 층 간에는 차이가 크지만 층 내에서는 차이가 별로 없는 경우이다.

군집추출

군집추출(cluster sampling)이란 자연적 또는 인위적 기준에 따라 모집단을 군이라 불리는 여러 개의 집단으로 나누고 이 중에서 단순랜덤 방식으로 군을 추출하는 방식이다. 표본으로 선정된 군 내의 일부 요소는 전체 표본으로 취급된다. 가장 이상적인 때는 각 군이 전체 모집단을 대표할 수 있는 소규모 집단인 경우이다.

군집추출이 효과적인 경우는 층별추출과 반대의 경우이다. 즉 군 간에는 동범주이고 군 내에서는 이범주인 특성을 갖는 때이다.

예를 들면, 서울시내 중학교 신입생들의 학업성취도를 조사한다고 할 때 랜덤으로 몇 개의 학교를 추출하고 이 중에서 필요한 크기의 표본을 추출하게 된다.

체계적 추출

모집단이 큰 경우 단순랜덤 추출방식을 사용하게 되면 긴 시간이 소요되므로 대신 체계적 추출(systematic sampling)방법을 사용할 수 있다.

모집단 크기가 N이고 표본크기가 n이면 표본간격을 $a=\frac{N}{n}$으로 정하고 모집단을 순서대로 1부터 N까지 번호를 부여한 후 첫 간격에서 표본 하나를 랜덤으로 추출한다. 그 번호가 b이면 표본은 b, $b+a$, $b+2a$, $b+3a$, … 등 모두 n개가 되는 것이다.

예를 들면, 5,000개의 요소를 갖는 모집단에서 표본 50개를 추출한다고 하자. 모집단에서 매 $\frac{5,000}{50}=100$개마다 한 개씩 표본을 추출해야 한다. 모집단 리스트에 있는 첫 100개에서 랜덤으로 한 개를 추출하는데 그 번호가 예컨대 15라고 한다면 15, 115, 215, 315, … 등 50개를 표본으로 추출하는 것이 체계적 추출방법이다.

EXCEL STATISTICS 비확률 추출방법

편의추출

편의추출은 표본이 추출될 때 미리 선정될 확률을 모르고 모집단의 특성을 잘 알고 있는 사람의 전문적 지식과 편의에 의해서 표본을 자의로 추출하는 기법이다. 따라서 표본오차가 클 수밖에 없기 때문에 시간이나 비용면에서 제약이 있는 경우 외에는 잘 사용하지 않는 방법이다.

판단추출

판단추출 방법은 모집단의 특성을 잘 아는 전문가가 모집단을 가장 잘 대표하리라고 믿는 요소들을 표본으로 추출하는 방법이다. 이는 표본을 추출하는 비교적 쉬운 방법이기는 하지만 이의 결과에 기초하여 모집단에 대한 결론을 내릴 때에는 주의를 요한다.

S·E·C·T·I·O·N 8.4

표본분포

우리는 제7장에서 확률변수의 확률분포를 알고 있다고 가정하고 모집단의 평균과 분산을 계산하고 확률변수가 어떤 값을 취할 확률을 구하였다. 그러나 실제로는 모집단의 평균과 표준편차의 참 값은 상수이지만 알 수 없기 때문에 표본정보에 입각하여 추정해야 한다.

표본조사의 목적은 표본을 추출하여 얻는 표본통계량(sample statistic)에 입각하여 알지 못하는 모집단의 모수(parameter)를 추정하려는 것이다. 이때 표본 데이터를 통해 계산된 통계량의 구체적인 값을 통계치(statistics)라 하고 모집단 데이터를 통해 계산된 모수의 구체적인 값을 모수치(parameter)라고 한다. 이렇게 구한 통계치는 모수치의 추정치가 된다. 이와 같이 표본평균 $\overline{X}$는 모평균 μ를, 표본표준편차 S는 모표준편차 σ를, 표본비율 $\hat{p}$는 모비율 p를 추정하는 데 이용된다. 이때 사용되는 표본통계량을 추정량(estimator)이라 하고 그의 특정한 값을 추정치(estimate)라고 한다.

동일한 모집단으로부터 같은 크기 n의 표본을 수없이 반복하여 추출할 때 각 표본에 포함되는 구성요소가 달라지기 때문에 표본통계량은 표본마다 다르고 모수의 참 값과도 차이가 있게 된다. 이때 모평균과 이를 추정하기 위하여 사용되는 표본평균의 차이 $(\overline{X}-\mu)$를 표본오차(sampling error)라고 한다. 그런데 모평균은 모르기 때문에 표본오차의 크기를 계산하기는 실제로 불가능하다.

한편 하나의 표본평균으로 모평균을 추정하는 데는 위험이 따르게 된다. 따라서 여기에 표본분포의 이론이 필요하게 된다.

표본평균 $\overline{X}$는 단순랜덤 추출방법에 의한 실험 결과의 수치이므로 확률변수이다. 표본평균의 값은 그 확률표본 속에 포함되어 있는 요소들의 값들에 의존하기 때문에 표본추출 때마다 달라지는 확률변수이다. 표본크기 n의 표본을 모집단으로부터 수없이 반복 추출하여 얻은 표본평균 $\bar{X}$들은 평균(기대값), 분산, 확률분포 등을 가질 수 있다. 표본평균 $\bar{X}$들의 확률분포를 평균 $\bar{X}$의 표본분포라고 한다.

TIP

표본분포

표본분포란 특정한 모집단에서 추출한 같은 크기 n의 가능한 모든 표본들에서 얻은 표본통계량(평균, 분산, 비율)의 확률분포를 말한다.

표본분포(sampling distribution)에는 평균의 표본분포, 분산의 표본분포, 비율의 표본분포 등이 있는데 분산의 표본분포에 대해서는 제9장에서 공부할 것이다. [그림 8-3]에서 표본분포를 구하는 과정을 보여주고 있다.

표본분포이론을 이용하면 실제로 크기 n의 표본을 수없이 추출하지 않아도 가능한 모든 표본통계량들의 분포를 알 수 있다. 즉 표본분포와 그의 특성을 알고 있으면 특정 표본의 통계량이 어떤 구간 내에 있을 확률을 구한다든지 또는 그의 모수에 어느 정도 근접되어 있는지에 대한 확률을 계산할 수 있다. 즉 표본평균 $\bar{X}$의 확률분포를 알고 있으면 우리가 추출한 표본평균 $\bar{X}$가 모수 μ로부터 어느 정도([그림 8-2]에서 C 이상) 떨어질 확률을 구할 수 있기 때문에 표본평균 $\bar{X}$를 모평균 μ의 추정치로 사용하는 데 따른 위험을 분석할 수 있는 것이다.

본장에서 공부할 표본통계량의 확률분포는

- 원래의 모집단이 정규분포를 따르고 있는가

그림 8-2 표본평균들의 확률분포

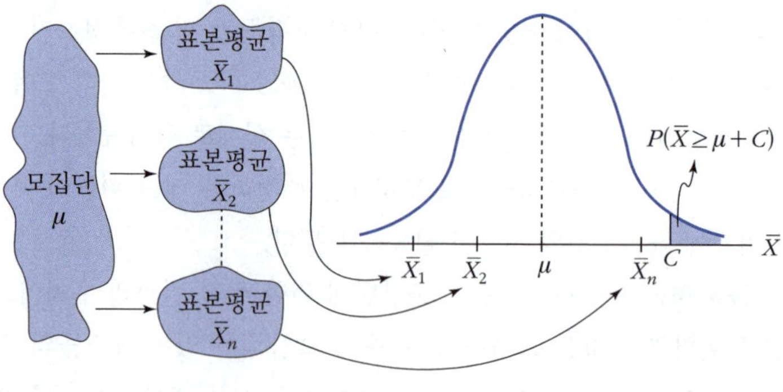

그림 8-3 표본분포의 작성과정

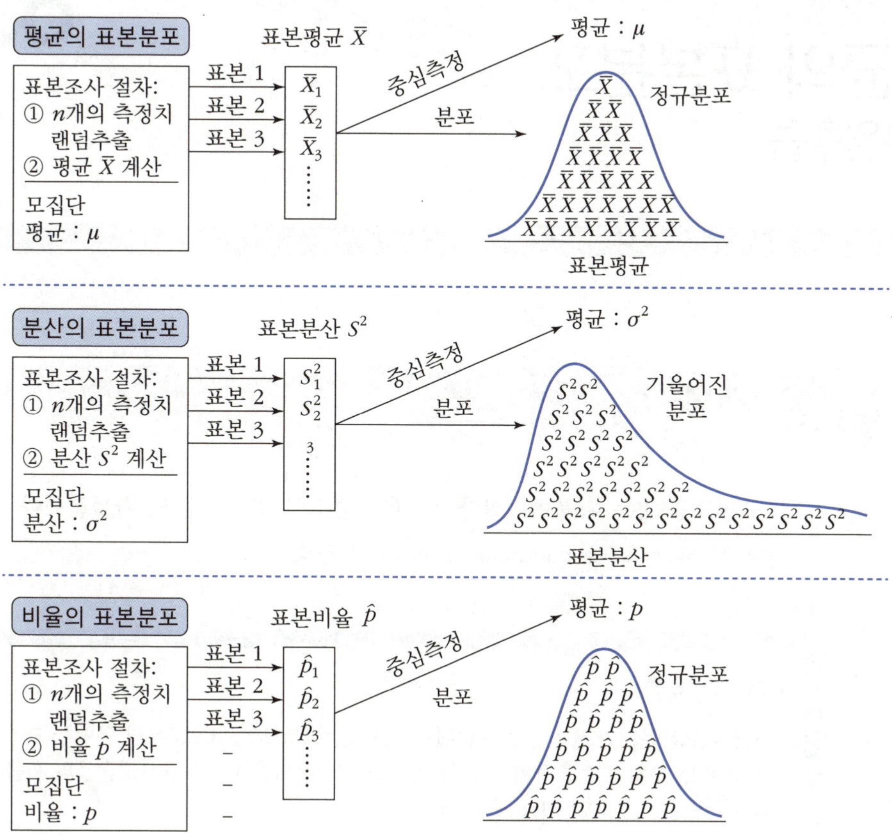

- 모분산(**모표준편차**)이 이미 알려져 있는가
- 표본크기는 얼마인가

에 따라 결정된다.

S·E·C·T·I·O·N 8.5

평균의 표본분포 : 복원추출

개념

표본평균 $\bar{X}$는 확률변수이다. 이 확률변수인 평균 $\bar{X}$들의 확률분포를 평균의 표본분포(sampling distribution of means)라고 한다.

> **TIP**
>
> **평균의 표본분포**
>
> 평균의 표본분포란 평균 μ와 표준편차 σ를 갖는 정규모집단으로부터 동일한 크기 n의 표본을 수없이 추출하여 그들의 평균을 계산하였을 때 이 표본평균들의 확률분포를 말한다. 이는 $\bar{X} \sim N\left(\mu, \frac{\sigma^2}{n}\right)$으로 표기한다.

간단한 예를 들어 보자. Excel 대학교 통계학과 교수는 세 명인데 그들의 근무 연수는 2, 4, 6년이다. 이 중에서 두 명씩을 랜덤으로 복원추출(with replacement)하여 각 표본에 대한 평균을 계산한 후 표본평균들의 확률분포를 구해 보기로 하자.

이 모집단에서 확률변수 X는 근무 연수이고 세 명이 모집단을 구성하므로 각 사람이 뽑힐 확률은 $\frac{1}{3}$이다. 따라서 이 모집단의 확률분포는 [표 8-1]과 같다.

이 모집단 분포의 평균과 분산을 구하면 다음과 같다.

$$\mu = E(X) = \sum XP(X) = 2\left(\frac{1}{3}\right) + 4\left(\frac{1}{3}\right) + 6\left(\frac{1}{3}\right) = \frac{12}{3} = 4$$

$$\sigma^2 = \sum (X-\mu)^2 P(X) = (2-4)^2\left(\frac{1}{3}\right) + (6-4)^2\left(\frac{1}{3}\right) = 2\frac{2}{3}$$

$$\sigma = \sqrt{\sigma^2} = 1.633$$

표 8-1 모집단의 확률분포

	A	B
1	X	P(X)
2	2	1/3
3	4	1/3
4	6	1/3

그림 8-4 모집단 분포

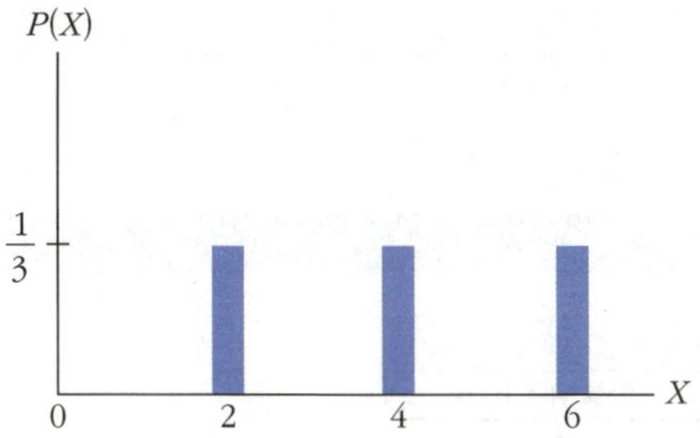

그림 8-5 평균의 표본분포

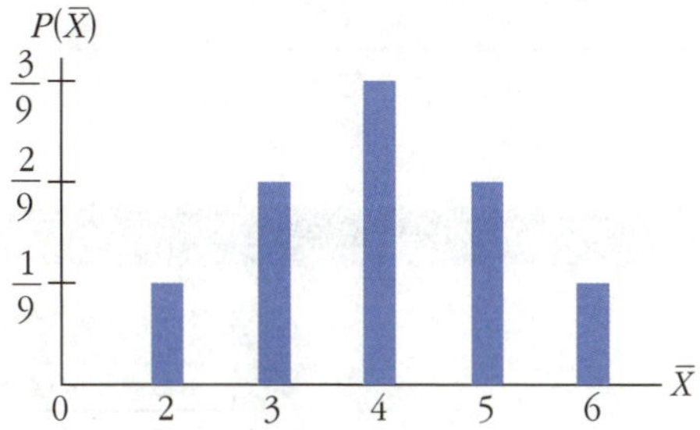

이 모집단의 확률분포를 그림으로 나타내면 [그림 8-4]와 같다.

다음에는 가능한 모든 표본에 대해 평균을 구해 보자. 모집단에서 $n=2$를 랜덤으로 복원추출하므로 가능한 표본의 수는 $3\times3=9$개가 된다. 각 표본과 표본평균은 [표 8-2]에서 보는 바와 같다. [표 8-2]에서 예컨대 (6, 4)의 표본평균은 5인데 이를 이용하여 모평균을 추정한다면 표본오차는 $\bar{X}-\mu=5-4=1$이 된다.

[표 8-2]를 보면 같은 표본평균을 갖는 표본들이 있는데 이들을 정리하여 표본평균과 그에 대응하는 확률을 나타내면 [표 8-3]과 같다. 이 분포가 우리가 원하는 평균의 표본분포이다. 표본평균의 확률분포를 그림으로 나타내면 [그림 8-5]와 같다.

표 8-2 표본과 표본평균 : $n=2$

	A	B
1	표본	표본평균
2	2,2	2
3	2,4	3
4	2,6	4
5	4,2	3
6	4,4	4
7	4,6	5
8	6,2	4
9	6,4	5
10	6,6	6

표 8-3 평균의 표본분포

	A	B
1	표본평균(X bar)	확률 P(X bar)
2	2	1/9
3	3	2/9
4	4	1/3
5	5	2/9
6	6	1/9

예제 8-2 1, 2, 3의 숫자가 쓰인 카드 세 장이 주머니 속에 들어 있다. $n=2$의 카드를 표본으로 복원추출한다고 할 때 평균의 표본분포를 작성하라.

풀이

모집단의 확률분포는 다음과 같다.

	A	B
1	X	P(X)
2	1	1/3
3	2	1/3
4	3	1/3

모집단에서 2개의 표본을 추출하므로 가능한 모든 표본의 수는 $3\times3=9$개이다. 이들이

발생할 확률은 각각 $\frac{1}{9}$로서 모두 같다. 각 표본과 그의 표본평균은 다음과 같다.

	A	B	C	D
1	표본	표본평균(X bar	표본	표본평균 P(X bar)
2	1,1	1	2,3	2 1/2
3	1,2	1.5	3,1	2
4	1,3	2	3,2	2 1/2
5	2,1	1.5	3,3	3
6	2,2	2		

평균의 표본분포와 그의 그림은 다음과 같이 정리할 수 있다.

	A	B
1	표본평균(X bar)	확률 P(X bar)
2	1	1/9
3	1.5	2/9
4	2	1/3
5	2.5	2/9
6	3	1/9

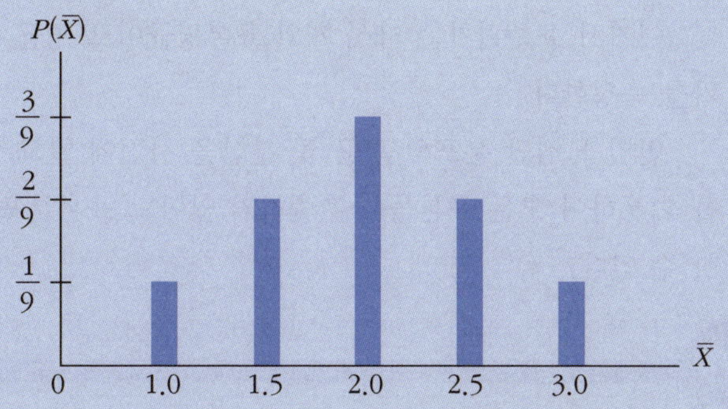

EXCEL STATISTICS 평균의 표본분포의 기대값과 분산

평균 $\bar{X}$의 표본분포의 기대값 $\mu_{\bar{X}}$와 분산 $\sigma_{\bar{X}}^2$을 계산하는 공식은 식(8.1)과 같다.

TIP

평균의 표본분포의 기대값과 분산

기대값: $\mu_{\bar{X}} = E(\bar{X}) = \Sigma \bar{X} P(\bar{X})$

분산: $\sigma_{\bar{X}}^2 = \Sigma(\bar{X} - \mu_{\bar{X}})^2 P(\bar{X})$ (8.1)

표준편차: $\sigma_{\bar{X}} = \sqrt{\Sigma(\bar{X} - \mu_{\bar{X}})^2 P(\bar{X})}$

식(8.1)을 이용하여 [표 8-3]에 대하여 평균의 표본분포의 기대값과 분산 및 표준편차를 계산하면 다음과 같다.

$$\mu_{\bar{X}} = 2\left(\frac{1}{9}\right) + 3\left(\frac{2}{9}\right) + 4\left(\frac{3}{9}\right) + 5\left(\frac{2}{9}\right) + 6\left(\frac{1}{9}\right) = 4$$

$$\sigma_{\bar{X}}^2 = (2-4)^2\left(\frac{1}{9}\right) + (3-4)^2\left(\frac{2}{9}\right) + (5-4)^2\left(\frac{2}{9}\right) + (6-4)^2\left(\frac{1}{9}\right) = 1\frac{1}{3}$$

$$\sigma_{\bar{X}} = \sqrt{\sigma_{\bar{X}}^2} = 1.155$$

여기서 표준편차는 다섯 개의 표본평균이 모평균 주위로 얼마나 떨어져 있는가를 측정한다.

만일 모집단 분포의 평균 및 분산을 사전에 알고 있다면 다음과 같은 관계식을 이용하여 모든 표본들을 추출하지 않아도 표본분포의 평균 및 분산은 쉽게 구할 수 있다.

TIP

모집단 분포와 평균의 표본분포의 관계

$E(\bar{X}) = \mu_{\bar{X}} = \mu$

$\mathrm{Var}(\bar{X}) = \sigma_{\bar{X}}^2 = \frac{\sigma^2}{n}$ (8.2)

$\sigma_{\bar{X}} = \frac{\sigma}{\sqrt{n}}$

$\sigma_{\bar{X}}$: 표본평균의 표준편차(평균의 표준오차)

본절에서 예로 든 Excel 대학교 통계학과 교수들의 근무 연수 문제에서 모집단의 평균은 4이고 표본분포의 평균 또한 4로서 서로 같고 모집단의 분산은 $2\frac{2}{3}$이고 표본분포의 분산은 $1\frac{1}{3}$로서 식(8.2)를 모두 만족시킨다.

표본분포의 기대값 $\mu_{\bar{X}}$와 모평균 μ는 어떠한 모집단의 경우에도, 어떠한 표본크기에도, 복원추출하든 비복원추출하든 언제나 같게 된다. 즉 표본평균 $\bar{X}$는 모평균 μ의 불편추정량이다. 그러나 $\sigma_{\bar{X}}^2 = \frac{\sigma^2}{n}$은 어떠한 표본크기에도 적용되나 복원추출의 경우에만 적용된다. 이와 같이 $\sigma_{\bar{X}}^2 < \sigma^2$이다.

예제 8-3 [예제 8-2]에서 식(8.2)가 성립함을 보여라.

풀이

모집단의 확률분포는 다음과 같다.

	A	B
1	X	P(X)
2	1	1/3
3	2	1/3
4	3	1/3

모집단 분포의 평균과 분산은 다음과 같다.

$$\mu = \frac{1+2+3}{3} = 2$$

$$\sigma^2 = (1-2)^2\left(\frac{1}{3}\right) + (3-2)^2\left(\frac{1}{3}\right) = \frac{2}{3}$$

평균의 표본분포는 다음과 같다.

	A	B
1	표본평균	확률
2	1	1/9
3	1.5	2/9
4	2	1/3
5	2.5	2/9
6	3	1/9

평균의 표본분포의 평균과 분산은 다음과 같다.

$$\mu_{\bar{X}} = 1\left(\frac{1}{9}\right) + 1.5\left(\frac{2}{9}\right) + 2\left(\frac{3}{9}\right) + 2.5\left(\frac{2}{9}\right) + 3\left(\frac{1}{9}\right) = 2$$

$$\sigma_{\bar{X}}^2 = (1-2)^2\left(\frac{1}{9}\right) + (1.5-2)^2\left(\frac{2}{9}\right) + (2.5-2)^2\left(\frac{2}{9}\right) + (3-2)^2\left(\frac{1}{9}\right) = \frac{1}{3}$$

$$\mu_{\bar{X}} = 2 = \mu$$

$$\sigma_{\bar{X}}^2 = \frac{1}{3} = \frac{\sigma^2}{n} = \frac{2/3}{2}$$

그러므로 식(8.2)를 만족시킨다.

평균의 표준오차

평균이 μ인 모집단으로부터 크기 n의 표본을 수없이 추출하여 그들의 평균 $\bar{X}_1$, $\bar{X}_2$, …, $\bar{X}_k$를 구하면 이들은 평균의 표본분포의 기대값 $\mu_{\bar{X}}$(또는 모평균 μ)와 차이가 있게 된다. 이 차이를 표본오차(sampling error : e)라고 한다.

평균의 표준편차란 각 표본평균들이 그들의 기대값(모평균 μ) 주위에 흩어진 정도를 측정한다. 즉 평균의 표준편차는 표본평균들이 표본에 따라 어떻게 변동하는가를 말해준다. 그런데 모평균 μ와 평균의 표본분포의 기대값 $\mu_{\bar{X}}$는 서로 같으며 일정하므로 평균의 표본분포의 분산은 오차들의 확률분포의 분산과 일치한다. 즉 $\text{Var}(\bar{X}) = \text{Var}(\bar{X}_i - \mu) = \text{Var}(e)$가 성립한다. 따라서 표본평균의 표준편차 $\sigma_{\bar{X}} = \frac{\sigma^2}{n}$는 평균의 표준오차(standard error of the mean)라고도 한다. 이는 우리가 제3장에서 공부한 표준편차와 유사한 개념인데 표준편차는 각 관측치가 그들의 평균 주위로 흩어진 정도를 측정한다.

[그림 8-6]은 모집단 분포와 평균의 표본분포 간의 차이, 나아가서 표준편차와 평균의 표준오차 간의 차이를 나타내고 있다.

평균의 표준오차는 표본크기 n이 커질수록 작아진다. 즉 표본크기 n이 증가할수록 표본평균 $\bar{X}$의 표본분포는 더욱 좁아져 좌우 대칭의 종모양이 되고 평균 주위로 표본평균 $\bar{X}$들이 집중하게 된다. 이때 $n \geq 30$이면 표본분포는 종모양의 정규분포가 된다.

일반적으로 표본크기 n이 커지면 평균의 표준오차가 작아져 표본평균 $\bar{X}$가 모평균 μ에 근접하게 되는데 이를 대수의 법칙(law of large numbers)이라고 한다. 만일 표본크기 n이 모집단 크기 N과 같아지면 평균의 표준오차는 0이 된다. 이때 $\bar{X}$와 μ는 같게 된다.

평균의 표준오차는 표본평균 $\bar{X}$를 모평균 μ의 추정치로 사용할 때 예상되는 오류(부정확성)의 크기를 나타내는 기준이 된다. 표준오차가 크면 표본평균을 가지고 의사결정할 때 오류가 커지고 반대로 표준오차가 작으면 오류가 작아진다.

제1장에서 공부한 바와 같이 오늘날에는 빅데이터(big data)가 쏟아져 나오고 있다. 기업의 거래 데이터는 물론이고 센서, 모바일 기기, Internet 활동, 디지털 프로세스, 소셜 미디어 상호작용 등 데이터의 소스는 헤아릴 수 없이 많다. 이러한 빅데이터의 존재는 표본분포의 표준오차에 큰 영향을 미치고 있다. 다시 말하면,

그림 8-6 모집단 분포와 표본분포의 차이

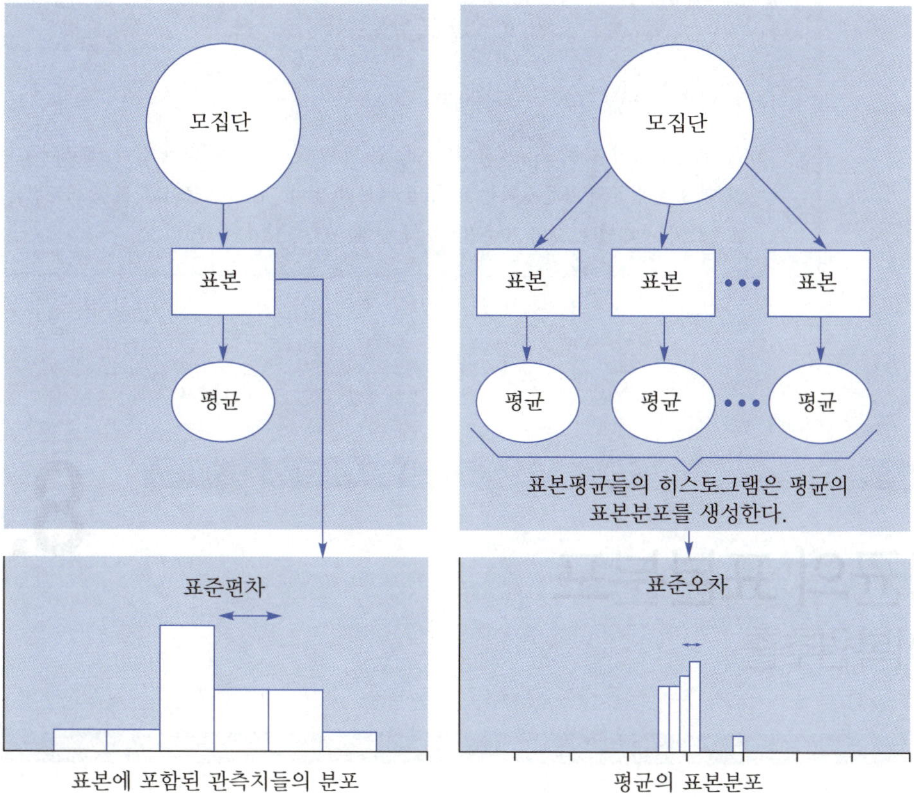

표본크기가 엄청나게 커질수록 표준오차는 극도로 작아져 표본평균을 가지고 모평균을 추정할 때 오류는 아주 작아지게 된다. 이는 표본비율을 가지고 모비율을 추정할 때에도 적용된다.

예제 8-4 성동구에 있는 발렌티노 핏자집의 김 사장은 많은 노력을 함에도 불구하고 직경 16인치의 핏자를 모두 정확하게 맞추는 일은 쉽지 않다고 한다. 그러나 핏자의 크기는 평균 16인치, 표준편차 0.7인치로 정규분포를 따른다고 한다.

(1) 핏자 두 개를 랜덤으로 추출하였을 때 표본평균의 기대값과 표준오차를 구하라.
(2) 핏자 네 개를 랜덤으로 추출하였을 때 표본평균의 기대값과 표준오차를 구하라.
(3) 표본평균의 기대값과 표준오차를 개별 핏자의 기대값과 표준편차와 각각 비교하여라.

풀이

$\mu = 16 \qquad \sigma = 0.7$

(1) $E(\overline{X}) = \mu = 16 \qquad \sigma_{\overline{X}} = \dfrac{\sigma}{\sqrt{n}} = \dfrac{0.7}{\sqrt{2}} = 0.495$

(2) $E(\overline{X}) = \mu = 16 \qquad \sigma_{\overline{X}} = \dfrac{0.7}{\sqrt{4}} = 0.35$

(3) 두 표본크기의 경우 표본평균의 기대값은 개별 핏자의 기대값과 같다. 그러나 $n=4$일 때 표본평균의 표준오차는 $n=2$일 때보다 낮다. 두 표본크기의 경우 표본평균의 표준오차는 개별 핏자의 표준편차보다 낮다.

S·E·C·T·I·O·N 8.6

평균의 표본분포 : 비복원추출

우리는 앞절에서 유한 모집단이지만 복원추출함으로써 무한 모집단의 효과를 나타내는 경우 평균의 표본분포에 관해서 공부하였다. 그러나 경영문제에 있어서는 비복원추출(without replacement)하는 경우가 많으므로 본절에서는 이 방법에 의한 표본분포에 관해서 설명하고자 한다.

앞절에서 공부한 바와 같이 평균의 표본분포의 기대값 $\mu_{\overline{X}}$와 모평균 μ는 언제나 같지만 $\sigma_{\overline{X}}^2 = \sigma^2/n$은 경우에 따라서는 $\sqrt{(N-n)/(N-1)}$이라는 유한 모집단 수정계수(finite population correction factor)를 사용해야 한다. 이를 정리하면 다음과 같다.

TIP

$\sigma_{\bar{X}}^2 = \frac{\sigma^2}{n}$을 사용하는 경우

- 무한 모집단이거나
- 유한 모집단이지만 복원추출하거나
- 유한 모집단이지만 n이 N의 5% 이하인 경우($n \leq 0.05N$)

TIP

$\sigma_{\bar{X}}^2 = \frac{\sigma^2}{n}\sqrt{\frac{N-n}{N-1}}$을 사용하는 경우

- 유한 모집단에서 비복원추출하거나
- 유한 모집단이지만 n이 N의 5%보다 큰 경우($n > 0.05N$)

모집단의 크기가 유한하지만 상당히 크고 표본이 모집단에 비해 아주 작은 경우에는 $\sqrt{(N-n)/(N-1)} \approx 1$이 되어 평균의 표준오차 $\sigma_{\bar{X}}$는 실제적으로 $\sigma/\sqrt{n}$와 같게 된다.

예제 8-5 Excel 대학교 농구부 스타팅 멤버 다섯 명(모집단)의 키는 다음 표와 같다. 여기서 확률변수 X는 cm로 나타낸 키이다.

	A	B	C	D	E	F
1	멤버	강	김	이	박	최
2	키	192	198	201	206	218

(1) 모집단의 확률분포를 구하라.
(2) 모평균, 모분산, 모표준편차를 구하라.
(3) 표본크기 $n = 2$명을 비복원추출하는 경우 가능한 모든 표본의 수는 얼마인가?
(4) (3)에서 구한 수의 모든 표본과 그들의 평균을 구하라.
(5) 평균의 표본분포를 구하라.
(6) 평균의 기대값, 분산, 표준오차를 구하라.
(7) 평균의 표준오차와 모표준편차의 관계를 밝혀라.
(8) $n = 4$일 때의 평균의 표본분포를 구하라.
(9) $n = 2$와 $n = 4$일 때의 평균의 표본분포를 나타내는 점그림을 그리고 표본크기와 표본평균들의 흩어짐 및 표본오차의 관계를 간단히 설명하라.

풀이

(1)

	A	B
1	X	P(X)
2	192	0.2
3	198	0.2
4	201	0.2
5	206	0.2
6	218	0.2

(2) $\mu = 192\left(\frac{1}{5}\right) + 198\left(\frac{1}{5}\right) + 201\left(\frac{1}{5}\right) + 206\left(\frac{1}{5}\right) + 218\left(\frac{1}{5}\right) = 203$

$\sigma^2 = (192-203)^2\left(\frac{1}{5}\right) + (198-203)^2\left(\frac{1}{5}\right) + (201-203)^2\left(\frac{1}{5}\right) + (206-203)^2\left(\frac{1}{5}\right)$

$+ (218-203)^2\left(\frac{1}{5}\right) = 76.8$

$\sigma = \sqrt{76.8} = 8.764$

(3) ${}_N C_n = {}_5 C_2 = \binom{5}{2} = \frac{5!}{2!3!} = 10$

(4)

	A	B	C
1	표본		평균
2	192	198	195
3	192	201	196.5
4	192	206	199
5	192	218	205
6	198	201	199.5
7	198	206	202
8	198	218	208
9	201	206	203.5
10	201	218	209.5
11	206	218	212

(5)

	A	B
1	표본평균	확률
2	195.0	0.1
3	196.5	0.1
4	199.0	0.1
5	199.5	0.1
6	202.0	0.1
7	203.5	0.1
8	205.0	0.1
9	208.0	0.1
10	209.5	0.1
11	212.0	0.1

(6) $\mu_{\bar{X}} = 195\left(\frac{1}{10}\right) + 196.5\left(\frac{1}{10}\right) + 199\left(\frac{1}{10}\right) + 199.5\left(\frac{1}{10}\right) + 202\left(\frac{1}{10}\right) + 203.5\left(\frac{1}{10}\right)$

$+ 205\left(\frac{1}{10}\right) + 208\left(\frac{1}{10}\right) + 209.5\left(\frac{1}{10}\right) + 212\left(\frac{1}{10}\right) = 203$

${\sigma_{\bar{X}}}^2 = (195-203)^2\left(\frac{1}{10}\right) + (196.5-203)^2\left(\frac{1}{10}\right) + (199-203)^2\left(\frac{1}{10}\right)$

$$+(199.5-203)^2\left(\frac{1}{10}\right)+(202-203)^2\left(\frac{1}{10}\right)+(203.5-203)^2\left(\frac{1}{10}\right)$$

$$+(205-203)^2\left(\frac{1}{10}\right)+(208-203)^2\left(\frac{1}{10}\right)+(209.5-203)^2\left(\frac{1}{10}\right)$$

$$+(212-203)^2\left(\frac{1}{10}\right)=28.8$$

$$\sigma_{\bar{X}}=\sqrt{28.8}=5.367$$

(7) $\sigma_{\bar{X}}{}^2=28.8=\frac{\sigma^2}{n}\left(\frac{N-n}{N-1}\right)=\frac{76.8}{2}\left(\frac{3}{4}\right)=28.8$

(8)

	A	B
1	표본	표본평균
2	192,198,201,206	199.25
3	192,198,201,218	202.25
4	192,198,206,218	203.5
5	192,201,206,218	204.25
6	198,201,206,218	205.75

	A	B
1	표본평균	확률
2	199.25	1/5
3	202.25	1/5
4	203.5	1/5
5	204.25	1/5
6	205.75	1/5

(9)

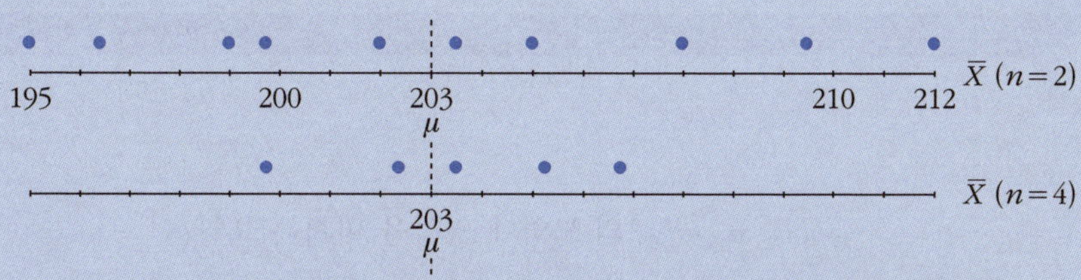

표본크기가 클수록 표본평균은 모평균 주위로 모여들어 평균의 표준오차는 줄어들고 따라서 표준오차도 점점 감소한다.

예제 8-6 종로(주)의 종업원 수는 200명으로 유한하다. 이들의 근무 연수는 평균 15년, 표준편차 5년이다.

(1) 이들 중에서 표본크기 $n=9$명씩 가능한 모든 표본을 추출하였을 때 이 표본분포의 평균과 표준편차는 얼마인가?

(2) 표본크기 $n=16$명일 때는 얼마인가?

풀이

(1) $\mu=15 \quad \sigma=5 \quad n=9$

$$\mu_{\bar{X}}=\mu=15 \qquad \sigma_{\bar{X}}=\frac{\sigma}{\sqrt{n}}=\frac{5}{\sqrt{9}}=1.667$$

(2) $n>0.05N$이므로

$$\mu_{\bar{X}}=\mu=15$$

$$\sigma_{\bar{X}}=\frac{\sigma}{\sqrt{n}}\sqrt{\frac{N-n}{N-1}}=\frac{5}{\sqrt{9}}\sqrt{\frac{200-16}{200-1}}=1.603$$

S·E·C·T·I·O·N

8.7 중심극한정리

평균의 표본분포의 모양에 영향을 미치는 요인은

- 표본크기
- 모집단의 분포

이다.

EXCEL STATISTICS 표본크기의 영향

표본크기(sample size)가 작으면 모집단이 정규분포를 따르지 않는 한 표본분포의 모양을 규명하기가 곤란하다. 그러나 표본이 클수록 표본분포에서 가능한 표

그림 8-7 표본크기와 표본분포의 형태와의 관계

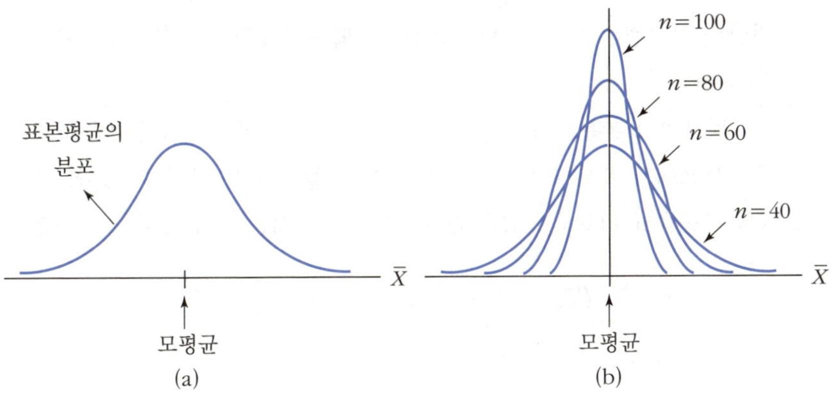

본평균들이 모평균 주위에 집중하게 된다. [그림 8-7] (a)는 이를 보여 주고 있다.

왜냐하면, 표준오차는 표본크기 n이 증가할수록 감소하기 때문이다. $\sigma_{\bar{X}}=\sigma/\sqrt{n}$에서 표본크기 n이 증가할수록 평균의 표준오차 $\sigma_{\bar{X}}$는 감소하는 것이다. [그림 8-7] (b)는 표본크기를 증가시킬수록 표본분포에 내포되어 있는 분산이 감소하는 사실을 보여 주고 있다. 만일 표본크기 n이 모집단 크기 N과 같은 전수조사의 경우에는 평균의 표준오차는 0이 되고 표본평균들과 모평균은 일치하게 된다.

이와 같이 표본크기 n이 증가할수록 표본평균들과 모평균 사이의 오차가 감소하여 표본분포에서 표본평균이 모평균을 추정하는 정확성은 높아지기 때문에 좋은 점이 있지만 한편으로는 표본조사의 비용을 부담해야 하는 제약을 고려해야 한다.

모집단이 정규분포를 따를 때

평균의 표본분포의 모양은 표본크기에 따라 영향을 받지만 그 표본이 추출되는 모집단이 정규분포를 하느냐 또는 하지 않느냐에 따라서도 영향을 받는다.

확률변수 X가 평균 μ, 분산 σ^2인 정규분포를 따르는 모집단으로부터 표본크기 n을 랜덤으로 수없이 추출할 때 표본평균 $\bar{X}$의 표본분포는 그의 표본크기가 작더라도 상관없이 언제나 평균 $\mu_{\bar{X}}$, 분산 $\sigma_{\bar{X}}^2 = \frac{\sigma^2}{n}$인 정규분포를 따른다. 이는 정규표본분포(normal sampling distribution)라고 하며, $\bar{X} \sim N(\mu_{\bar{X}}, \sigma_{\bar{X}}^2)$으로 표현한다. 즉 모집단의 확률변수 X가 $X \sim N(\mu, \sigma^2)$이면 평균의 표본분포의 확률변수 $\bar{X}$는 $\bar{X} \sim N(\mu, \frac{\sigma^2}{n})$이다.

평균의 표본분포가 정규분포를 따르므로 표본평균 $\bar{X}$를 Z값으로 전환시키면 표본분포에서 표본평균 $\bar{X}$가 어떤 값을 가질 확률을 구할 수 있다. 정규 확률변수 $\bar{X}$를 표준정규 확률변수 Z로 전환시키기 위해서는 다음 공식을 이용한다.

$$Z = \frac{\bar{X} - \mu_{\bar{X}}}{\sigma_{\bar{X}}} = \frac{\bar{X} - \mu_{\bar{X}}}{\frac{\sigma}{\sqrt{n}}}$$

표본평균 $\bar{X}$를 표준화한 확률변수 Z는 표준정규분포 $N(0, 1)$을 따르게 된다.

예제 8-7 봄빛매실(주)는 캔에 매실음료를 넣는데 음료의 양은 실제로 평균 6.05온스, 표준편차 0.15온스로 정규분포를 따른다고 한다.

(1) 고객이 캔 하나를 샀을 때 그 캔의 무게가 5.97온스 이상일 확률을 구하라.

(2) 캔 36개씩 랜덤으로 표본을 추출할 때 평균무게 $\bar{X}$의 표본분포는 어떤 모양일까?

(3) 고객이 캔 36개짜리 한 꾸러미를 샀을 때 그의 평균무게 $\bar{X}$가 5.97온스 이하일 확률을 구하라.

(4) 위 문제에서 모집단 분포와 평균무게 $\bar{X}$의 표본분포를 그림으로 나타내라.

(5) 캔 4개와 16개씩 랜덤으로 표본을 추출할 때 평균무게 $\bar{X}$의 표본분포에서 발견할 수 있는 사실은 무엇인가?

풀이

(1) $P(X \geq 5.97) = P\left(Z \geq \frac{X-\mu}{\sigma}\right) = P\left(Z \geq \frac{5.97-6.05}{0.15}\right)$

$= P(Z \geq -0.53) = 0.5 + 0.2019 = 0.7019$

(2) $\mu_{\bar{X}} = 6.05 \quad \sigma_{\bar{X}} = \frac{\sigma}{\sqrt{n}} = \frac{0.15}{\sqrt{36}} = 0.025$

평균 6.05온스, 표준오차 0.025온스인 정규분포를 따른다.

(3) $P(\bar{X} \leq 5.97) = P\left(Z \leq \frac{\bar{X}-\mu_{\bar{X}}}{\frac{\sigma}{\sqrt{n}}}\right) = P\left(Z \leq \frac{5.97-6.05}{\frac{0.15}{\sqrt{36}}}\right)$

$= P(Z \leq -3.2) = 0.5 - 0.4993 = 0.0007$

(4)

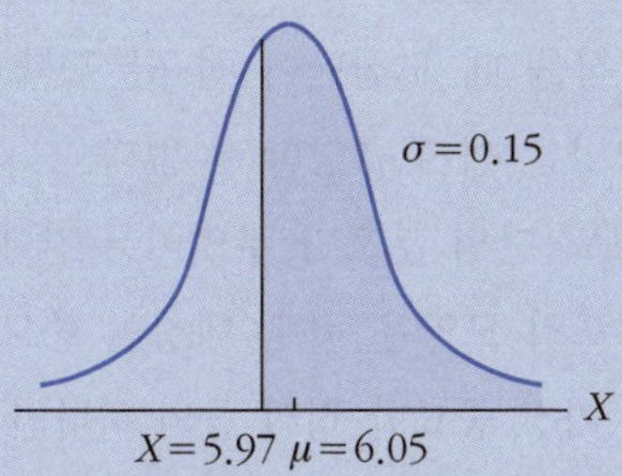

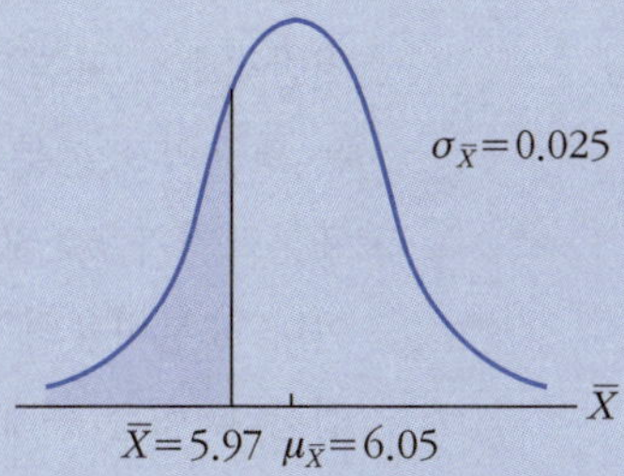

(5) $n=4$일 때

$\mu_{\bar{X}}=6.05 \qquad \sigma_{\bar{X}}=\frac{\sigma}{\sqrt{n}}=\frac{0.15}{\sqrt{4}}=0.075$

$n=16$일 때

$\mu_{\bar{X}}=6.05 \qquad \sigma_{\bar{X}}=\frac{\sigma}{\sqrt{n}}=\frac{0.15}{\sqrt{16}}=0.0375$

두 분포의 평균은 같지만 표본크기가 클수록 표준오차는 작아진다. 표본크기가 클수록 표본평균들은 모평균 주위에 더욱 밀집하기 때문에 표본평균으로 모평균을 추정할 때 표본크기가 클수록 표준오차는 줄어든다.

■ Excel 활용

셀 주소	수식	비고
B7	=1−NORM.DIST(A7, E1, E2, 1)	
E4	=E2/SQRT(E3)	
E7	=NORM.DIST(D7, E1, E4, 1)	

	A	B	C	D	E
1				평균	6.05
2				표준편차	0.15
3				한 꾸러미	36
4				평균의 표준오차	0.025
5					
6	x	확률		x bar	확률
7	5.97	0.7030986		5.97	0.0006871

EXCEL STATISTICS 모집단이 정규분포를 따르지 않을 때

확률변수 X의 모집단 분포가 정규분포가 아닌 경우에 그로부터 추출한 표본평균의 표본분포는 표본크기 n에 따라서 그의 모양이 결정된다.

- 표본크기가 작을 때 평균의 표본분포의 모양은 모집단의 형태에 달려 있다. 일반적으로 표본크기가 작을 때 모집단이 정규분포를 따르지 않을 경우에는 평균의 표본분포의 모양은 쉽게 규명할 수 없다.
- 표본크기가 $n \geq 30$이면 모집단의 분포가 무엇이든 간에 상관없이 표본평균이나 표본비율의 표본분포의 모양은 좌우 대칭인 종모양의 정규분포에 근접한다. 이는 통계학에서 가장 중요한 정리 중의 하나인 중심극한정리(central limit theorem)라고 한다.

TIP

중심극한정리

중심극한정리란 확률변수 X의 모집단 분포가 정규분포가 아니더라도 표본크기가 $n \geq 30$으로 증가함에 따라 평균의 표본분포 $\bar{X}$는 평균 $\mu_{\bar{X}}$, 분산 $\sigma_{\bar{X}}^2 = \frac{\sigma^2}{n}$으로 정규분포를 따른다는 정리이다.

이 중심극한정리로 말미암아 모집단 분포가 균등분포, 이항분포, 지수분포를 따르더라도 표본크기가 $n \geq 30$이면 모집단의 특성을 추정하는 데 정규분포의 이점을 활용할 수 있다. 이는 [그림 8-8]이 보여 주고 있다.

우리가 표본평균의 표본분포를 공부하는 목적의 하나는 표본평균이 어떤 범위 내에 있을 확률을 계산하려는 것이다. 이를 위해서는 평균의 표본분포가 정규분포를 따른다는 가정이 필요한데 이는 다음과 같은 두 조건이 만족되면 가능하다.

- 표본이 정규모집단으로부터 추출된다. 이때 표본크기는 고려대상이 아니다.
- 모집단 분포를 모르거나 비정규분포라 하더라도 표본크기가 $n \geq 30$ 이상이다.

다시 말하면, 중심극한정리로 인하여 표본평균 $\bar{X}$를 이용하여 모평균 μ에 대한 추정이나 가설검정을 실시할 수 있다.

그림 8-8 표본크기에 따른 표본분포의 형태

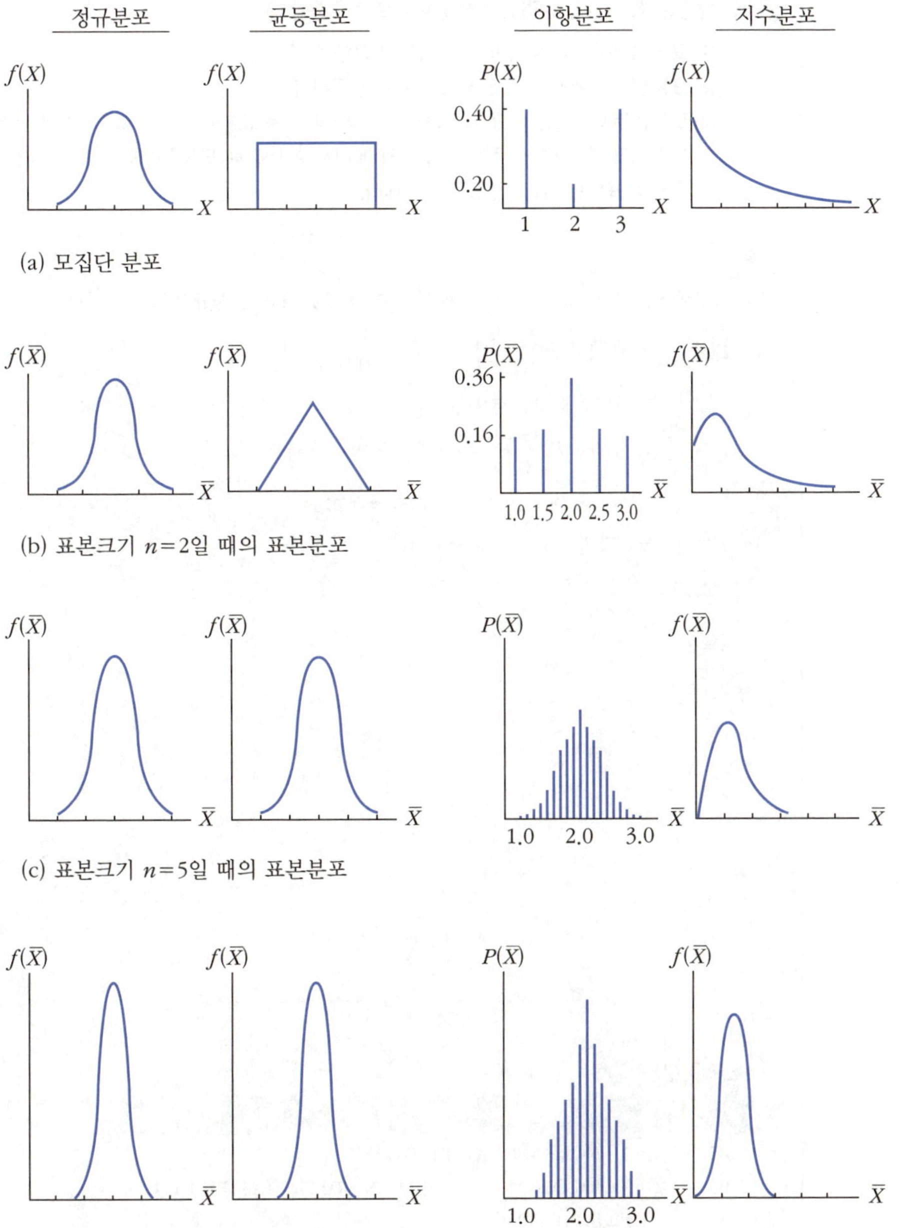

(a) 모집단 분포

(b) 표본크기 $n=2$일 때의 표본분포

(c) 표본크기 $n=5$일 때의 표본분포

(d) 표본크기 $n=30$일 때의 표본분포

예제 8-8 Excel 고등학교 학생들은 하루에 평균 100 문자 메시지, 모표준편차 21 문자 메시지를 발송한다고 한다. 49명의 학생을 랜덤으로 추출할 때

(1) 표본평균이 105 문자 메시지 이상일 확률을 구하라.

(2) 표본평균이 95에서 103 사이일 확률을 구하라.

(3) 모표준편차는 모른다고 가정하자. $n=49$의 모든 표본평균의 71%가 98 문자 메시지 이상이고 모평균이 아직도 100 문자 메시지라고 할 때 모표준편차의 값은 얼마인가?

(4) 평균의 표본분포를 그림으로 나타내라.

풀이

(1) $n \geq 30$ 이상이므로 중심극한정리에 의하여 표본평균은 정규분포를 따른다.

$$P(\bar{X} \geq 105) = P\left(Z \geq \frac{\bar{X}-\mu}{\sigma/\sqrt{n}}\right) = P\left(Z \geq \frac{105-100}{21/\sqrt{49}}\right)$$

$$= P(Z \geq 1.67) = 0.0475$$

(2) $$P(95 \leq \bar{X} \leq 103) = P\left(\frac{95-100}{21/\sqrt{49}} \leq Z \leq \frac{103-100}{21/\sqrt{49}}\right)$$

$$= P(-1.67 \leq Z \leq 1.00) = 0.7938$$

(3) 21%에 가장 가까운 Z값은 0.55이다.

$$-0.55 = \frac{98-100}{\sigma/\sqrt{49}}$$

$$\sigma = 25.45$$

(4) $\mu_{\bar{X}} = 100$

$$\sigma_{\bar{X}} = \frac{\sigma}{\sqrt{n}} = \frac{21}{\sqrt{49}} = 3$$

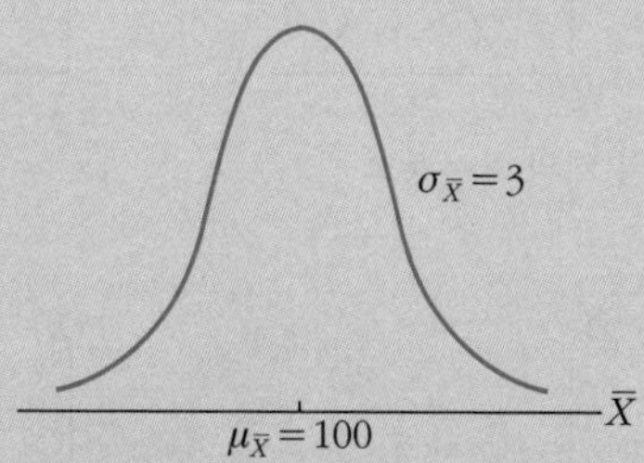

■ Excel 활용

셀 주소	수식	비고
B7	=1−NORM.DIST(A7, E1, E4, 1)	
B9	=NORM.DIST(A9, E1, E4, 1)−NORM.DIST(A8, E1, E4, 1)	
E4	=E2/SQRT(E3)	

	A	B	C	D	E
1				평균	100
2				표준편차	21
3				n	49
4				평균의 표준오차	3
5					
6	x bar	확률			
7	105	0.0477904			
8	95				
9	103	0.7935544			

S·E·C·T·I·O·N 8.8

비율의 표본분포

우리는 이항분포를 공부하면서 성공횟수와 성공확률에 관심을 가졌었다. 그러나 문제에 따라서는 성공비율을 분석해야 하는 경우가 있다. 예를 들면, 제품의 불량률이라든가, 시장조사의 응답률이라든가, 정당의 지지율 등등은 비율과 관련된 내용이다.

의사결정자는 표본을 추출하여 표본비율을 계산하고 표본결과에 입각하여 의사결정을 한다. 표본비율도 표본평균과 같이 표본오차를 유발한다. 비율의 표본오차의 가능한 크기를 평가하기 위하여 비율의 표본분포의 개념이 사용된다.

EXCEL STATISTICS 개념

우리는 제7장에서 p를 성공확률로 정의하였다. 이는 모집단 비율과 같은 의미로 해석할 수 있다. 왜냐하면,

$$P(\text{성공})=p=\frac{n}{N}=\frac{\text{모집단에서 발생하는 성공횟수}}{\text{모집단을 구성하는 요소의 총수}}$$

이기 때문이다. 크기 N의 모집단으로부터 확률표본을 추출하게 되면 성공횟수 X는 확률변수인데 이는 그의 값이 표본마다 다르기 때문이다. 따라서 표본비율(proportion of sample)도 표본에 따라 서로 상이한 값을 갖게 된다. 이때 (표본비율−모비율)의 차이를 표본오차라 한다. 표본비율 $\hat{p}$는 다음과 같이 정의한다.

$$\hat{p}=\frac{X}{n}=\frac{\text{표본에서의 성공횟수}}{\text{표본크기}}$$

앞절에서 평균의 표본분포를 정의한 것처럼 비율의 표본분포(sampling distribution of proportion)도 다음과 같이 정의할 수 있다.

TIP

비율의 표본분포

비율의 표본분포란 성공비율이 p인 모집단으로부터 동일한 크기 n의 표본을 수없이 추출하여 그들의 비율을 계산하였을 때 이 표본비율 $\hat{p}$들의 확률분포를 말한다.

예를 들면, 동전을 네 번 던졌을 때 앞면이 나오는 비율의 표본분포를 구해 보자. 동전을 네 번 던졌을 때 앞면이 나올 성공횟수 X는 0, 1, 2, 3, 4가 될 수 있으며 표본비율은 각각 0/4, 1/4, 2/4, 3/4, 4/4가 된다. 각 표본비율에 대응하는 확률을 구하여 [표 8-4]로 나타내면 이것이 우리가 구하고자 하는 비율의 표본분포이

표 8-4 비율의 표본분포

	A	B	C
1	성공횟수(X)	표본비율(p hat)	확률 P(X)
2	0	0	0.0625
3	1	0.25	0.25
4	2	0.5	0.375
5	3	0.75	0.25
6	4	1	0.0625

확률은 ${}_nC_x(p)^x(1-p)^{n-x}$로 계산하였다. 예 : $0.0625={}_4C_0\left(\frac{1}{2}\right)^0\left(\frac{1}{2}\right)^4$

그림 8-9 비율의 표본분포의 그래프

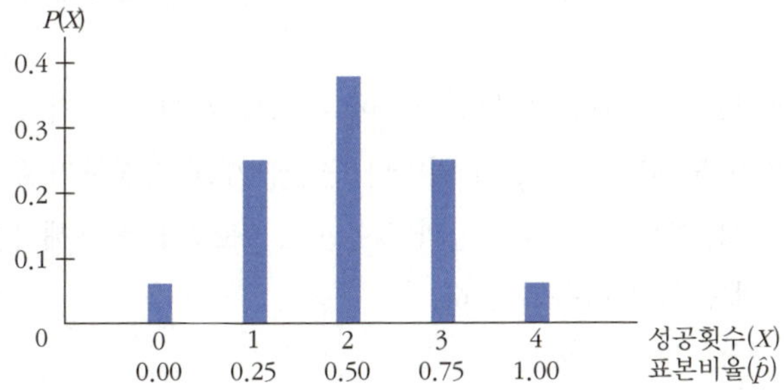

다. 이를 그림으로 나타내면 [그림 8-9]와 같다.

예제 8-9 빨간 공 네 개와 흰 공 여섯 개가 들어 있는 상자에서 다섯 개의 표본을 복원추출할 때 빨간 공이 나타나는 비율의 표본분포를 구하라.

풀이

	A	B	C
1	성공횟수(X)	표본비율(p hat)	확률 P(X)
2	0	0	0.07776
3	1	0.2	0.2592
4	2	0.4	0.3456
5	3	0.6	0.2304
6	4	0.8	0.0768
7	5	1	0.01024

예 : $0.25920 = {}_5C_1(0.4)^1(0.6)^4$

■ Excel 활용

셀 주소	수식	비고
E3	=BINOM.DIST(D3, \$B\$4, \$B\$3, 0)	E8까지 복사

	A	B	C	D	E
1	빨간 공	4			
2	흰 공	6		성공횟 수	확률
3	p	0.4		0	0.07776
4	n	5		1	0.2592
5				2	0.3456
6				3	0.2304
7				4	0.0768
8				5	0.01024

EXCEL STATISTICS 비율의 표본분포의 기대값과 표준편차

표본비율 $\hat{p}$는 확률표본의 결과에 수치를 부여하는 확률변수임을 배웠다. 이 표본비율이 모집단 비율 p에 얼마나 근접한가를 결정하기 위해서는 비율의 표본분포의 특성, 예컨대 그의 평균과 표준편차(표준오차)를 구해야 한다.

이들의 공식은 다음과 같다.

> **TIP**
>
> **비율의 표본분포의 기대값과 표준편차**
>
> $E(\hat{p})=p$
>
> $\sigma_{\hat{p}}^2=\dfrac{p(1-p)}{n}$
>
> $\sigma_{\hat{p}}=\sqrt{\dfrac{p(1-p)}{n}}$

한편 비율의 표본분포는 [그림 8-10]과 같다. 표본비율 $\hat{p}$의 표본분포는 표본크기 n이 충분히 클수록, 즉 $np \geq 5$, $n(1-p) \geq 5$이면 중심극한정리에 의해 위의 기대값과 비율의 표준오차를 갖는 정규분포에 근접한다.

위 공식을 확인하기 위하여 앞절에서 예로 들었던 동전 네 번 던지기 문제를 고려하자.

$p=0.5$이므로 비율의 표준오차는

그림 8-10 비율의 표본분포의 기대값과 표준편차

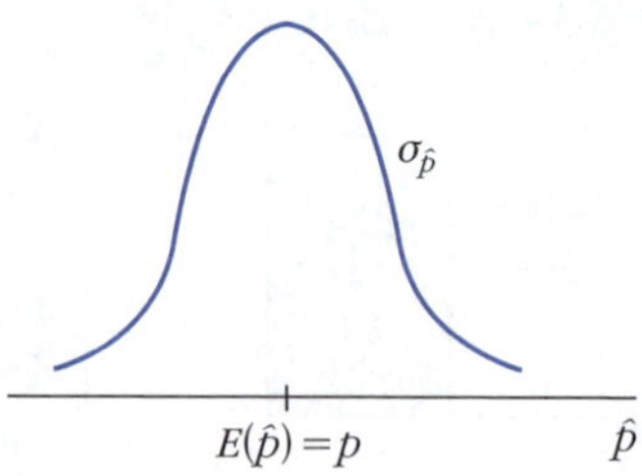

$$\sigma_{\hat{p}} = \sqrt{\frac{p(1-p)}{n}} = \sqrt{\frac{0.5(0.5)}{4}} = 0.25$$

이다.

[표 8-4]를 이용하면

$$E(\hat{p}) = 0.25(0.25) + 0.5(0.375) + 0.75(0.25) + 1(0.0625) = 0.5$$
$$\sigma_{\hat{p}}^2 = (0-0.5)^2(0.0625) + (0.25-0.5)^2(0.25) + (0.75-0.5)^2(0.25) + (1-0.5)^2(0.0625) = 0.0625$$
$$\sigma_{\hat{p}} = \sqrt{0.0625} = 0.25$$

이다.

이제 확률변수 $\hat{p}$의 확률을 구하기 위해서 표본비율 $\hat{p}$의 값을 표준정규 확률변수 Z의 값으로 전환시켜야 한다.

$$Z = \frac{\hat{p} - p}{\sigma_{\hat{p}}}$$

예제 8-10 [예제 8-9]에서 구한 비율의 표본분포의 평균과 분산을 구하고 분포를 설명하라.

풀이

$E(\hat{p}) = p = 0.4$

$$\sigma_{\hat{p}}^2 = \frac{p(1-p)}{n} = \frac{0.4(0.6)}{5} = 0.048$$

$\sigma_{\hat{p}} = \sqrt{0.048} = 0.219$

성공비율 $p=0.4$인 모집단에서 $n=5$인 표본을 반복하여 추출할 때 비율의 표본분포는 평균=0.4, 표준편차=0.219인 정규분포를 따르게 된다.

■ Excel 활용

셀 주소	수식	비고
C5	=BINOM.DIST(A5, $B$2, $B$1, 0)	C10까지 복사
C11	=SUM(C5:C10)	
F4	=B1	
F5	=SQRT(B1 * (1−B1)/B2)	

	A	B	C	D	E	F
1	p	0.4				
2	n	5				
3						
4	X	표본비율	p(X)		평균	0.4
5	0	0	0.07776		표준편차	0.219089
6	1	0.2	0.2592			
7	2	0.4	0.3456			
8	3	0.6	0.2304			
9	4	0.8	0.0768			
10	5	1	0.01024			
11	합계		1			

예제 8-11 Excel 전자는 전화기 생산에 필요한 구성품을 한 공급업자로부터 200개씩 로트로 구매한다. 그 구성품의 불량률은 5%이다. 회사는 최근에 다음과 같은 구매정책을 수립하였다. 회사는 어떤 결정을 내려야 하는가?

(1) 불량률이 6%를 넘으면 새로운 공급업자를 물색하겠다.
(2) 불량률이 5%와 6% 사이면 새로운 공급업자를 고려하겠다.
(3) 불량률이 2.5%와 5% 사이면 현 공급업자를 유지한다.
(4) 불량률이 2.5% 미만이면 주문을 더욱 확대하겠다.

풀이

$$\sigma_{\hat{p}} = \sqrt{\frac{p(1-p)}{n}} = \sqrt{\frac{0.05(0.95)}{200}} = 0.015$$

(1) $P(\hat{p} > 0.06) = P\left(Z > \frac{\hat{p}-p}{\sigma_{\hat{p}}}\right) = P\left(Z > \frac{0.06-0.05}{0.015}\right)$

$= P(Z > 0.67) = 0.5 - 0.2486$

$= 0.2514$

(2) (1)로부터 $P(0.05 \le \hat{p} \le 0.06) = 0.2486$

(3) $P(0.025 \le \hat{p} \le 0.05) = P\left(\frac{0.025-0.05}{0.015} \le Z \le \frac{0.05-0.05}{0.015}\right)$

$= P(-1.67 \le Z \le 0) = 0.4524$

(4) $P(\hat{p} < 0.025) = 0.0475$

(3)의 확률이 가장 높으므로 회사는 현 공급업자를 유지해야 한다.

■ Excel 활용

셀 주소	수식	비고
D5	=1−NORM.DIST(C5, B1, SQRT(B1*(1−B1)/B2), TRUE)	
D6	=NORM.DIST(C6, B1, SQRT(B1*(1−B1)/B2), TRUE) −NORM.DIST(B6, B1, SQRT(B1*(1−B1)/B2), TRUE)	
D7	=NORM.DIST(B7, B1, SQRT(B1*(1−B1)/B2), TRUE) −NORM.DIST(A7, B1, SQRT(B1*(1−B1)/B2), TRUE)	
D8	=NORM.DIST(A8, B1, SQRT(B1*(1−B1)/B2), TRUE)	

	A	B	C	D
1	p	0.05		
2	n	200		
3				
4	불량률			확률
5			0.06	0.258206
6		0.05	0.06	0.241794
7	0.025	0.05		0.447621
8	0.025			0.052379

이항분포의 정규 근사

제7장에서 우리는 $np \geq 5$, $nq \geq 5$인 경우에는 이항분포를 근사시키기 위하여 평균 $\mu = np$, 표준편차 $\sigma = \sqrt{np(1-p)}$를 갖는 정규분포를 사용할 수 있음을 공부하였다.

이항분포를 근사시키기 위하여 정규분포를 사용할 때는 연속성을 위한 조정계수(continuity correction factor)가 필요한데 성공횟수 X에 대해서는 $X \pm 0.5$를 조정계수로 사용한다.

비율의 표본분포 $\hat{p}$를 사용할 때에도 연속성을 위한 조정을 해야 하는데 성공비율을 조정할 때에는 $\hat{p} \pm \frac{1}{2n}$로 조정을 해 주어야 한다.

이제 확률변수 $\hat{p}$의 확률은 확률변수 $\hat{p}$의 값을 다음 공식을 사용하여 표준정규확률변수 Z의 값으로 변환시킴으로써 계산할 수 있다.

$$Z = \frac{\hat{p} - p}{\sigma_{\hat{p}}}$$

예제 8-12 여론조사 결과 이번 대통령 선거에서 강남구 유권자의 50%가 투표에 참여한다고 한다. 유권자의 20명을 랜덤으로 추출하였을 때 이 가운데 12명 이상이 투표에 참여할 확률을 정규 근사법에 의하여 구하라.

풀이

$$p = 0.5 \qquad \sigma_{\hat{p}} = \sqrt{\frac{p(1-p)}{n}} = \sqrt{\frac{0.5(0.5)}{20}} = 0.112$$

$$\hat{p}=\frac{12}{20}=0.6$$

12명 이상이 참여할 확률을 구하는 문제이므로 연속성을 위해 $-\frac{1}{2n}$만큼 조정해야 한다.

$$\hat{p}-\frac{1}{2n}=0.6-\frac{1}{2(20)}=0.575$$

$$P(\hat{p}\geq 0.6)=P\left(Z\geq\frac{\hat{p}-p}{\sigma_{\hat{p}}}\right)=P\left(Z\geq\frac{0.575-0.5}{0.112}\right)$$
$$=P(Z\geq 0.67)=0.2514$$

■ Excel 활용

셀 주소	수식	비고
B3	=SQRT(B1 * (1−B1)/B2)	
B4	=12/B2	
B5	=B4−(1/(2 * B2))	
D2	=B4	
E2	=1−NORM.DIST(B5, B1, B3, 1)	

	A	B	C	D	E
1	모비율	0.5		표본비율	확률
2	표본크기	20		0.6	0.251167
3	표준편차	0.111803			
4	표본비율	0.6			
5	조정 표본비율	0.575			

EXCEL STATISTICS 유한 모집단에서의 표본비율의 표준편차

비율의 표본분포는 표본크기 n이 증가할 때 평균 p(모비율), 분산 $\sigma_{\hat{p}}^2=p(1-p)/n$인 정규분포에 근접한다고 배웠다. 이러한 정리는

- 표본을 복원추출하는 경우 또는
- 비복원추출하지만 모집단 크기 N에 비하여 표본크기 n이 5% 미만인 경우에 적용된다.

만일 표본을 비복원추출한다든지 $n/N\geq 5\%$이면 $E(\hat{p})=p$는 변함 없지만 표본비율 $\hat{p}$의 표준편차는 다음과 같이 조정계수(correction factor)를 사용하여 수정해야 한다.

표본비율의 표준편차 : 유한 모집단

$$\sigma_{\hat{p}} = \sqrt{\frac{p(1-p)}{n}}\sqrt{\frac{N-n}{N-1}}$$

예제 8-13 [예제 8-9]에서는 복원추출할 때의 표본분포를 구했다. 그러나 비복원추출하는 경우의 표본분포와 표본비율의 평균 및 표준편차를 구하라.

풀이

$$E(\hat{p}) = p = \frac{4}{10} = 0.4$$

$$\sigma_{\hat{p}} = \sqrt{\frac{p(1-p)}{n}}\sqrt{\frac{N-n}{N-1}} = \sqrt{\frac{0.4(0.6)}{5}}\sqrt{\frac{10-5}{10-1}} = 0.163$$

■ Excel 활용

셀 주소	수식	비고
C5	=HYPGEOM.DIST(A5, $B$2, $E$2, $E$1, 0)	C9까지 복사
C10	=SUM(C5:C9)	
F6	=B1	
F7	=SQRT(B1 * (1−B1)/B2) * SQRT((E1−B2)/(E1−1))	

	A	B	C	D	E	F
1	p	0.4		N	10	
2	n	5		N1	4	
3						
4	X	표본비율	p(X)			
5	0	0	0.02381			
6	1	0.2	0.238095		평균	0.4
7	2	0.4	0.47619		표준편차	0.163299
8	3	0.6	0.238095			
9	4	0.8	0.02381			
10	합계		1			

CHAPTER 08

연습문제

8/1 표본조사를 실시하는 이유를 설명하라.

8/2 표본추출방법을 간단히 설명하라.

8/3 표본분포를 설명하라.

8/4 중심극한정리를 설명하라.

8/5 다음 용어를 간단히 설명하라.

(1) 표본오차와 비표본오차
(2) 단순랜덤추출
(3) 평균의 표준오차
(4) 연속성을 위한 조정

8/6 독도대학교 1학년 통계학 교실 학생 100명이 여름방학 동안 아르바이트해서 번 소득은 평균 100만 원, 표준편차는 20만 원인 정규분포를 따른다고 한다.

(1) 소득(X)이 90만 원 이상일 확률을 계산하라.
(2) $n=4$의 표본을 모두 추출할 때 평균소득($\overline{X}$)의 분포는 어떤 모양을 갖는가?
(3) 평균소득($\overline{X}$)이 80만 원에서 110만 원까지일 확률을 구하라.
(4) 모집단 분포와 평균의 표본분포를 그림으로 나타내라.

8/7 종로 식품(주)는 하루에 10,000봉지의 라면을 생산한다. 각 봉지는 평균 400g을 함유하지만 표준편차는 2g이라고 쓰여 있다.

(1) 36봉지를 랜덤으로 5,000봉지 속에서 비복원추출할 때 평균의 표준오차를 구하라.
(2) 표본평균 $\bar{X}$가 399g 미만일 가능성은 얼마인가?
(3) 개별 봉지의 몇 %가 398g 미만의 라면을 함유하는가?
(4) 표본크기 36봉지라고 할 때 표본평균 $\bar{X}$의 95%를 포함할 구간(모평균을 중심으로 양쪽의)을 구하라.

8/8 평균 50, 표준편차 5인 정규분포를 따르는 유한 모집단 크기 400으로부터 49개의 표본을 추출할 때 표본평균이 48 이상일 확률을 구하라.

(1) 복원추출하는 경우
(2) 비복원추출하는 경우

8/9 음료수 기계가 컵을 채우는 양은 평균 7온스, 표준편차 0.5온스인 정규분포를 따른다고 한다.

(1) 표본으로 아홉 컵을 추출할 경우 표본평균의 95%가 몇 온스 이상에 속할 것인가?
(2) 표본평균의 95%가 6.7944온스 이상이 되도록 하기 위해서는 표본크기가 얼마이어야 하는가?
(3) 표본으로 아홉 컵을 추출할 경우 표본평균이 얼마 이하일 확률이 95%이겠는가?

8/10 자동차 TOYOTA를 전문적으로 판매하는 대리점에 다섯 명의 판매원이 근무하는데 그들이 지난 주 판매한 자동차 대수는 다음과 같다.

	A	B
1	판매원	자동차 대수
2	김	4
3	이	6
4	박	6
5	조	8
6	강	10

(1) 모집단 분포를 구하고 그의 그래프를 그려라.
(2) 모평균, 모분산, 모표준편차를 구하라.
(3) 두 명의 판매원을 복원하며 랜덤으로 추출할 때 평균의 표본분포를 구하고 그의 그

래프를 그려라.

(4) 평균의 표본분포의 기대값, 분산, 표준편차를 구하라.

(5) 식(8.2)가 성립하는지 밝히고, 두 분포의 모양을 비교하라.

8/11 어떤 기계의 불량품 생산율은 3%라고 한다. 이 기계가 생산한 200개의 제품 가운데 불량품이 한 개 이하일 확률을 계산하라.

8/12 202A년에 우리나라에서는 신헌법에 대한 국민투표가 실시되었다. 서울시에서는 투표자의 50.5%가 신헌법을 지지하였다. 서울시에 사는 투표자 가운데 100명을 랜덤으로 추출하였다.

(1) 신헌법을 지지하는 표본비율의 평균은 얼마인가?

(2) 표본비율의 표본분포의 표준오차는 얼마인가?

(3) 100명 가운데 55명 이상이 지지할 확률은 얼마인가?

(4) 표본비율의 표본분포를 그림으로 나타내라.

8/13 *R* 회사에서 생산하는 건전지의 수명은 정규분포를 따른다. 만일 2.28%의 건전지는 수명이 52시간 이상이고, 15.87%의 건전지는 49시간 이하라면 이 건전지의 평균수명은 얼마인가?

8/14 지난 국회의원 선거에서 서울 종로구에 출마한 K 씨는 유효투표율 60%로 당선되었다. 1년 후 1,000명의 유권자를 랜덤으로 추출하여 다음 총선에서도 K 씨에 투표할 것인가를 묻는 여론조사를 실시하였다. 그에 대한 지지율은 여전하였다. 표본의 58% 이상이 그에게 투표할 확률은 얼마인가?

8/15 5지선다형 문제 20개의 시험에서 순전히 추측으로 여덟 개 이상을 맞힐 확률은 얼마인가? 정규근사법을 사용하라.

(1) 성공비율 $\hat{p}$을 확률변수로 하는 경우

(2) 성공횟수 X를 확률변수로 하는 경우

Chapter 09

통계적 추정 : 한 모집단

우리는 제8장에서 표본평균과 표본비율의 확률분포에 관해서 공부하였다. 이러한 표본분포의 과정은 우리가 본장에서 공부할 통계적 추정(statistical estimation)의 과정과는 반대이다. 표본분포는 모집단의 미지의 모수를 사전에 알고 있다는 전제 하에서 표본을 추출하고 표본통계량을 구함으로써 표본오차에 대한 분석을 가능케 해 준다. 이에 반하여 통계적 추정은 표본분포의 분석결과 얻은 확률변수인 통계량으로 모수를 추정하는 데 사용하는 과정이다. 따라서 표본분포 이론은 통계적 추정의 기초라고 할 수 있다.

표본을 추출하여 얻는 통계량의 값에 입각하여 모수의 값을 추론하는 추리통계학에는 통계적 추정 외에도 가설검정이 있다. 여기서 추정이란 모르는 모수의 값을 어림잡는 과정이라 할 수 있다.

본장에서는 한 모집단에 대한 통계적 추정에 대해서 공부하고 가설검정은 다음 장에서 공부하고자 한다. 두 모집단에 대한 통계적 추정과 가설검정은 제11장에서 공부할 것이다.

S·E·C·T·I·O·N 9.1

점추정과 구간추정

알지 못하는 모집단 모수의 값(모수치)을 **추정**(estimation)한다는 것은 그 모집단에서 랜덤으로 표본을 추출하여 얻는 표본통계량으로 모수의 근사치를 결정하려는 것, 즉 모수를 추론하는 것을 말한다. 추론은 추정과 가설검정을 포함하는데 추정은 본장에서 공부할 것이고 가설검정은 제10장에서 공부할 것이다. 그런데 이러한 추정을 함에 있어서 우선 알아야 할 개념은 추정량(estimator)과 추정치(estimate)이다.

> **TIP**
>
> **추정량과 추정치**
>
> 모수의 추정량이란 표본정보에 의존하는 확률변수로서 모수를 추정하는 데 사용되는 표본통계량(표본평균, 표본분산, 표본비율)을 말하며 추정치란 추정량으로부터 결정되는 특정한 값을 말한다.

모수를 추정하는데 사용되는 표본통계량을 추정량이라고 하는데 모평균의 추정량은 표본평균, 모비율의 추정량은 표본비율, 모분산의 추정량은 표본분산이다.

예를 들어 모집단의 월 평균소득을 알기 위하여 모집단으로부터 일정한 크기의 표본을 추출하여 평균을 구한 결과, 평균소득이 500만 원이라고 할 때 표본평균 $\bar{X}$는 모평균 μ의 추정량이며 실수인 500만 원은 표본의 통계치로서 모평균(추정량) 모수의 추정치라고 할 수 있다. 모집단 모수의 모수치는 표본통계량의 통계치로 추정을 하는데 이는 [그림 9-1]에서 보는 바와 같다. 이때 추정량은 하나의 값을 사용하는 점추정량(point estimator)과 같고 추정치는 점추정치(point estimate)와 같은 개념이다. 추정량과 추정치의 관계는 확률변수 X와 그의 실수값 x와의 관계와 아주 비슷하다.

미지의 모수를 추정하는 데 있어서는 두 가지의 가능한 방법을 고려해야 한

그림 9-1 표본의 통계치를 이용한 모집단의 모수치 추정

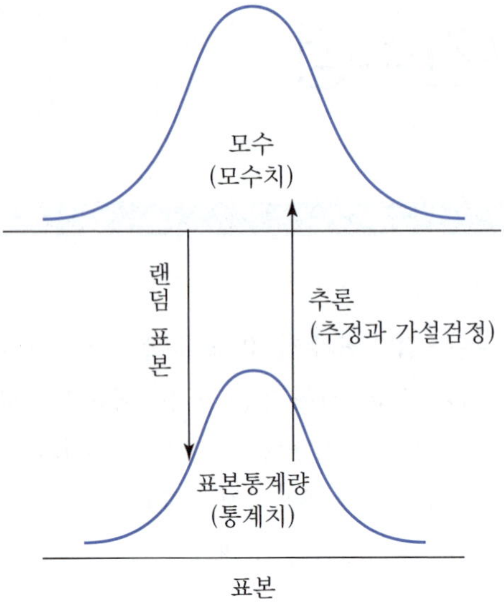

다. 첫째는 점추정(point estimation)으로서 표본으로부터 하나의 수치(a single value)를 계산하여 구한 통계치를 그대로 모집단의 모수치로 사용하는 것이다. 위에서 예로 든 표본의 통계치 500만 원을 사용하여 모평균은 500만 원이라고 추정하는 경우이다. 둘째는 구간추정(interval estimation)인데 표본정보를 통해 미지의 모수의 참 값이 포함되리라 기대되는 어느 정도 신뢰할 수 있는 실수 구간으로 추정하는 것이다. 예를 들면, 앞에서 예로 든 표본평균이 500만 원이므로 "모평균은 400만 원에서 600만 원 사이에 있을 것으로 몇 % 신뢰한다"는 식으로 추정하게 된다. 이러한 값의 범위(range of values)는 점추정치를 중심으로 설정된다.

표본평균은 확률변수로서 표본마다 그의 값이 서로 다르며 모평균과 근접한 것도 있지만 이와 떨어진 것이 더욱 일반적이라고 할 수 있다. 이와 같이 점추정치는 모수치와 일치한다는 보장이 없다. 이는 표본오차(sampling error) $(\overline{X}-\mu)$ 때문에 발생하는데 추정에 있어서 불확실성의 정도를 측정할 방도가 없다. 따라서 어느 정도 표본오차를 포함하는 구간추정 방법이 일반적으로 널리 사용된다. 신뢰구간 추정이란 모수의 참(진정한) 값이 포함되리라고 기대하는 추정치를 신뢰수준과 함께 일정한 범위로 나타내는 것을 말한다.

그림 9-2 평균의 표본분포를 이용한 모평균의 추론

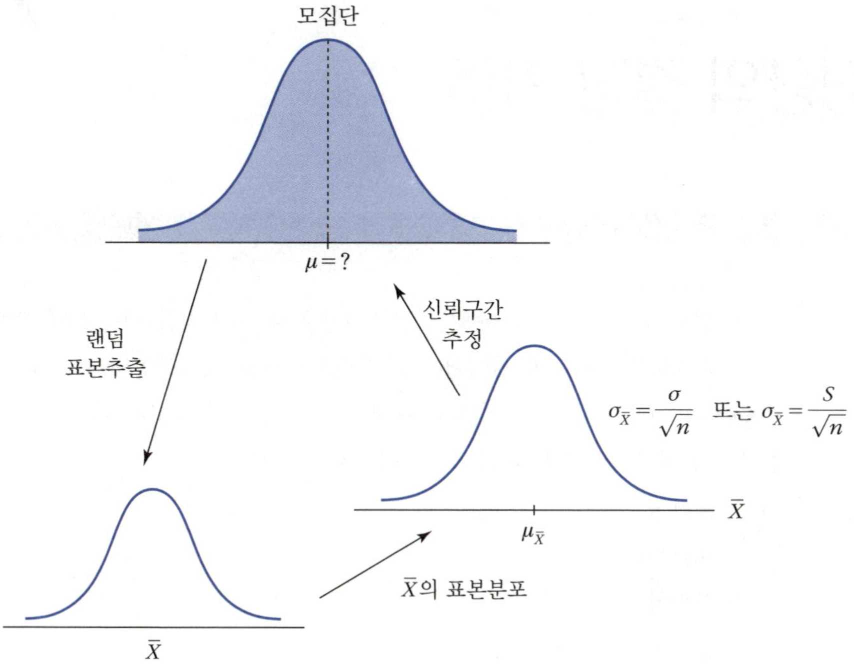

보통 모집단의 평균에 대해서는 정보가 없기 때문에 표본을 추출하여 구하는 표본평균을 이용하여 모평균을 탐색적으로 추정하게 된다. 모평균의 값이 어떤 상수인지 모르기 때문에 추정을 통해 어떤 값으로 결정될지 모른다. 그래서 표본평균 자체를 그대로 모수치로 사용할 수는 없고 표본평균의 표본분포에서 표본오차의 정도를 파악한 후 모평균을 [그림 9-2]와 같은 절차에 따라 확률적으로 추정해야 한다.

모비율을 추정하는 절차도 모평균을 추정하는 경우와 비슷하다. 예를 들면, 여론조사 결과 K 후보의 지지율은 49%이고 오차범위는 신뢰수준 95%에서 ±3%라고 할 때 이는 K 후보의 참 지지율은 46%에서 52%일 것으로 95% 신뢰할 수 있음을 의미한다.

S·E·C·T·I·O·N 9.2

추정량의 결정 기준

모수를 추정하는 데 사용되는 점추정량은 여러 가지를 생각할 수 있다. 예를 들면, 모평균을 추정하기 위해서는 표본평균 외에도 표본중앙치, 표본최빈치 등을 사용할 수 있을 것이다. 그러면 이 중에서 가장 좋은 추정량은 어느 것일까? 좋은 추정량이 되기 위해서는 다음 조건을 갖추어야 한다.

- 불편성
- 효율성
- 일관성
- 충족성

불편성

좋은 추정량이 되기 위해서 갖추어야 할 가장 중요한 조건은 불편성(unbiasedness)이다. 추정할 모수를 θ, 그를 추정하기 위한 점추정량을 $\hat{\theta}$이라 하면 불편추정량(unbiased estimator)은 다음과 같이 정의할 수 있다.

TIP

불편추정량

추정량 $\hat{\theta}$의 표본분포의 기대값(평균)이 모수의 실제값 θ와 같을 때 그 추정량 $\hat{\theta}$은 모수의 불편추정량이라고 한다.

$$E(\hat{\theta}) = \theta$$

만일 추정량의 표본분포의 기대값이 모수의 실제값과 차이가 나면 이는 편의

그림 9-3 불편성

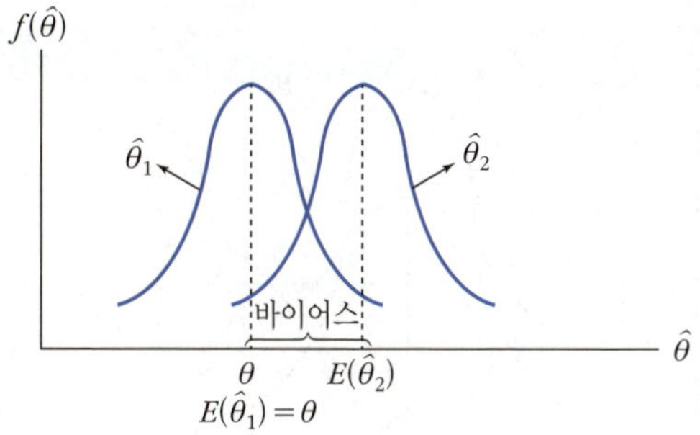

(bias)라고 한다. [그림 9-3]은 불편추정량(θ_1)과 편의추정량(θ_2)의 표본분포를 보여 주고 있다.

우리는 이미 제8장에서 세 개의 추정량에 대해 다음과 같은 관계가 성립함을 공부한 바가 있다.

$$E(\overline{X})=\mu \qquad E(S^2)=\sigma^2 \qquad E(\hat{p})=p$$

따라서 우리는 표본평균은 모평균의, 표본분산은 모분산의, 표본비율은 모비율의 불편추정량이라고 말할 수 있다.

효율성

불편성 자체만 가지고는 좋은 추정량이라고 할 수 없다. 어떤 모수는 두 개 이상의 불편추정량을 갖는 경우가 있다. 이 중에서 좋은 추정량은 분산이 작은 추정량이다.

TIP

효율추정량

불편추정량 중에서 그의 분산이 작은 추정량을 효율추정량이라고 한다.

$$\text{Var}(\hat{\theta}_1)<\text{Var}(\hat{\theta}_2)$$

그림 9-4 효율성

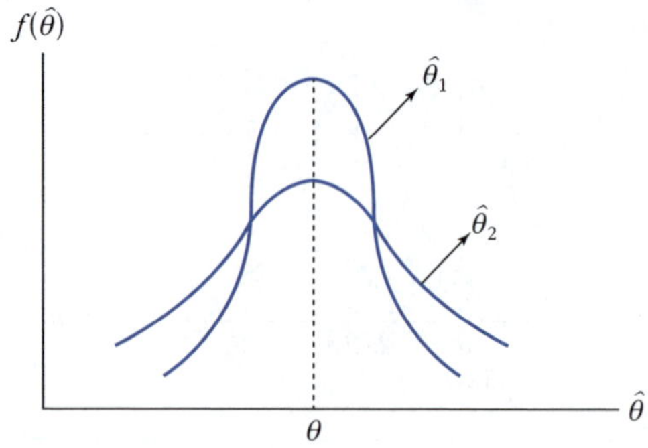

[그림 9-4]는 효율추정량(θ_1)과 비효율추정량(θ_2)을 보여 주고 있다. $\hat{\theta}_1$과 $\hat{\theta}_2$은 θ의 불편추정량이지만 $\hat{\theta}_1$의 분산이 더욱 작기 때문에 $\hat{\theta}_1$이 효율추정량(efficient estimator)이다.

좋은 추정량이 되기 위해서는 추정량의 기대값이 모수의 값과 같을 뿐만 아니라 추정량의 분산이 작아야 한다. 즉 모수 θ를 중심으로 표본에서 얻는 추정량 $\hat{\theta}$이 작은 분산으로 집중되어 있을 때 θ를 정확하게 추정할 수 있는 것이다.

EXCEL STATISTICS 일관성

추정량으로서 갖추어야 할 또 다른 특성은 일관성인데 이는 표본크기가 클수록 $\hat{\theta}$이 모수 θ에 근접하는 추정량이어야 함을 말한다. 이러한 특성을 갖는 추정량을 일관추정량(consistent estimator)이라고 한다.

TIP

일관추정량

표본크기 n이 클수록 표본에서 얻는 추정량 $\hat{\theta}$이 모수 θ에 근접하는 추정량을 일관추정량이라 말한다.

그림 9-5 일관성

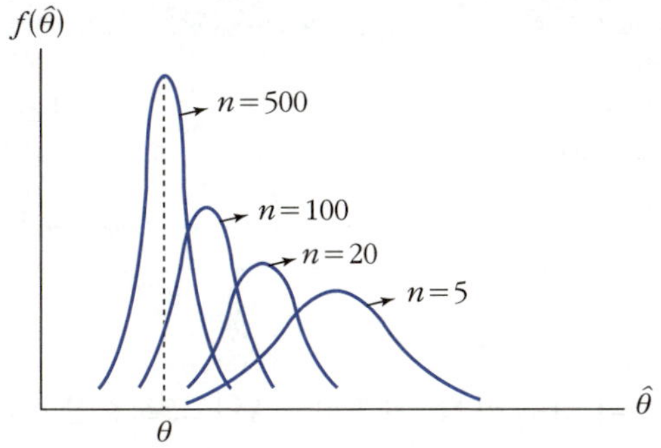

[그림 9-5]는 표본크기가 커질수록 추정량이 일관성을 갖는 것을 보여주고 있다.

충족성

모수 θ의 좋은 추정량이 되기 위해서 갖추어야 할 또 다른 조건은 충족성이다. 모수 θ에 대해 가장 많은 정보를 제공하는 추정량 $\hat{\theta}$을 충족추정량(sufficient estimator)이라고 한다.

> **TIP**
>
> **충족추정량**
>
> 충족추정량이란 동일한 표본으로부터 얻는 추정량 중에서 모수 θ에 관하여 가장 많은 정보를 제공하는 추정량 $\hat{\theta}$을 말한다.

동일한 표본으로부터 얻는 추정량에는 표본평균, 표본중앙치, 표본최빈치 등이 있지만 이 중에서 표본평균만이 모든 표본 데이터를 이용하여 구한 값이기 때문에 모수 θ에 대해 충분한 정보를 제공하게 된다.

표 9-1 모수와 추정량

모수	추정량
모평균(μ)	표본평균($\overline{X}$)
모분산(σ^2)	표본분산(S^2)
모표준편차(σ)	표본표준편차(S)
모비율(p)	표본비율($\hat{p}$)

모평균 μ의 점추정량은 표본평균 $\overline{X}$이고, 모분산 σ^2의 점추정량은 표본분산 S^2이며, 모비율 p의 점추정량은 표본비율 $\hat{p}$이다.

이들의 추정량은 불편성, 효율성, 일관성, 충족성 등의 조건을 모두 만족시키는 좋은 추정량이다. 그러나 표본표준편차 S는 모집단 표준편차 σ의 불편추정량은 아니다. 그렇지만 편의추정량 S도 표본크기가 커질수록 모집단 표준편차 σ에 급속도로 근접하기 때문에 σ의 추정량으로 S를 사용하게 된다.

[표 9-1]은 모수와 그에 대응하는 추정량을 보여 주고 있다.

S·E·C·T·I·O·N 9.3

신뢰구간 추정

EXCEL STATISTICS

개념

점추정치는 표본에 따라 계속 달라지고 표본오차 때문에 모수와 일치하기가 어렵다. 또한 점추정은 추정치에 대한 표본오차의 불확실성 정도를 표현할 길이 없다. 그래서 하나의 점추정치로 모수를 추정하는 점추정 대신 구간추정의 필요성이 제기되는데 이는 모수가 포함되리라고 보는 범위(실수 구간)를 원하는 만큼의 정확도(precision)를 가지고 제시함으로써 추정치에 대한 불확실성을 표현한다.

신뢰구간은 다음과 같이 구한다.

신뢰구간 추정치 = 점추정치 ± 오차범위

= 점추정치 ± ($Z_{\frac{\alpha}{2}}$ × 추정치의 표준오차)

신뢰구간 추정치 : 하한 ≤ 점추정치 ≤ 상한

점추정치를 중심으로 실수 구간의 하한부터 상한까지의 구간은 신뢰구간(confidence interval)이라고 하는데 하한은 신뢰하한, 상한은 신뢰상한이라고 한다. 이때 하한과 상한을 포함하여 신뢰한계(confidence limits)라고 한다.

TIP

신뢰구간

신뢰구간이란 특정 확률로 모수가 포함될 것이라고 기대하는 범위(구간)를 말한다.

신뢰구간을 설정한다는 것은 결국 오차범위(오차한계)를 얼마로 정할 것인가를 의미한다. 오차범위(margin of error)란 $e = Z_{\frac{\alpha}{2}}\frac{\sigma}{\sqrt{n}}$로서 표본오차로 인한 추정치의 부정확성 정도를 나타낸다. 이는 신뢰구간의 중심이 되는 점추정치로부터 신뢰상한(또는 신뢰하한) 사이의 거리(폭)를 말한다.

모집단으로부터 크기 n의 표본을 반복하여 수없이 추출하면 각 표본의 평균과 분산은 서로 다르기 때문에 이들을 이용하여 구하는 신뢰구간도 서로 다르게 된다. 이때 어떤 신뢰구간은 모수를 포함할 수 있고 어떤 신뢰구간은 이를 포함할 수 없다. 따라서 실제로는 하나의 표본추출에 의한 하나의 신뢰구간을 설정하는 경우 이 구간이 모수를 포함할지, 또는 포함하지 않을지 전혀 알 수가 없다.

여기서 신뢰도의 개념이 필요하다. 모수의 참 값이 신뢰한계 내에 포함될 것이라고 주장할 때 확률을 사용하는데 이 확률을 신뢰수준(confidence level) 또는 신뢰도(degree of confidence)라고 한다. 신뢰수준은 이와 같이 신뢰구간 속에 모집단의 모수가 포함될 가능성을 말한다.

예컨대 모수 μ에 대한 95% 신뢰구간이라고 할 때 모수 μ가 이 구간 속에 들어갈 확률이 95%라는 것을 의미하는 것이 아니고, 크기 n의 표본을 반복하여 수없이 추출하여 계산한 각 표본평균과 분산에 입각하여 구한 수많은 신뢰구간 가운데 평균적으로 95%(예컨대 신뢰구간 100개 중 95개)는 모평균 μ를 정확하게 추정하고 5% 정도는 포함하지 않을 것이라는 것을 의미한다.

우리는 실제로 하나의 표본을 추출하고 하나의 신뢰구간을 설정하기 때문에 이 구간이 실제로 모수 μ를 포함할지 전혀 모른다. 다만 이를 포함할 것으로 95% 신뢰한다고 말할 수 있을 뿐이다. 이때 95% 신뢰수준이란 모수가 신뢰구간 속에 있으리라고 95% 신뢰할 수 있음을 의미한다. 즉 모수의 참 값이 이 신뢰구간 속에 포함하지 않을 가능성은 5%라는 것이다.

이와 같이 오차범위와 신뢰구간의 폭(width)을 결정하는 요인은 세 가지이다.

- 표준오차 σ
- 표본크기 n
- 신뢰수준 $1-\alpha$

모표준편차 σ와 표본크기 n이 주어졌을 때 신뢰수준 $100(1-\alpha)\%$가 클수록 신뢰구간의 폭은 넓어진다. 한편 모표준편차 σ와 신뢰수준 $100(1-\alpha)\%$가 주어졌을 때 표본크기 n이 작을수록 신뢰구간의 폭은 넓어진다. 표본크기 n과 신뢰수준 $100(1-\alpha)\%$가 주어졌을 때 모표준편차 σ가 클수록 신뢰구간의 폭은 넓어진다.

신뢰구간의 폭이 넓을수록 모수가 여기에 포함될 확률은 높게 된다. 그러나 정보로서의 가치는 상실되기 때문에 신뢰구간은 가급적 좁도록 해야 한다. 따라서 신뢰수준을 낮게 하더라도 오차범위를 줄여 신뢰구간을 좁게 해야 한다.

하나의 예를 들어 보자. [그림 9-6]은 평균 μ, 표준편차 $\sigma=1.29$인 모집단으로부터 크기 $n=10$의 서로 다른 표본 100개를 추출하여 100개의 표본평균 $\bar{X}$와 표본분산 S^2을 계산하고 100개의 신뢰구간을 구한 후 나타낸 그림이다. 모평균 μ는 100개의 구간 가운데 94개의 구간 속에 포함되고 6개의 구간 속에는 포함되지 않았다. 이러한 결과로 볼 때 100개의 구간 가운데 약 95%는 모평균 μ를 포함한다고 신뢰할 수 있다.

우리는 실제로 하나의 표본을 추출하고 하나의 신뢰구간을 설정하기 때문에 이 구간이 실제로 모수 μ를 포함할지 전혀 모른다. 다만 이를 포함할 것으로 95% 신뢰한다고 말할 수 있을 뿐이다.

그림 9-6 95% 신뢰수준의 의미

오차율

α는 100%에서 신뢰수준을 뺀 값이다. 따라서 신뢰수준 $(1-\alpha)$는 신뢰구간 속에 모수를 포함할 확률을 말하고 α는 모수의 참 값이 신뢰구간 밖에 존재할 확률을 말한다. α는 구간추정의 부정확도(imprecision)를 나타내므로 오차율(probability of error)이라고도 한다. 따라서 $(1-\alpha)$는 모집단의 모수가 신뢰구간 속에 포함될 확률을 의미한다. 이를 신뢰도 또는 신뢰수준이라고 한다. 연구자가 허용오차 수준 (α)을 결정하면 신뢰수준은 $(1-\alpha)$로 결정된다.

오차율 α의 값과 신뢰구간 사이에는 반비례 관계가 성립한다. 표본크기 n이 일정한 경우 α의 값이 작을수록(신뢰수준이 높을수록) 신뢰구간의 폭은 넓어진다. 즉 모수가 신뢰구간 안에 있을 확률은 신뢰수준 $(1-\alpha)$이며 신뢰구간 밖에 있을 확률은 α이다.

α의 값은 보통 0.1(90% 신뢰구간), 0.05(95% 신뢰구간), 0.02(98% 신뢰구간), 0.01(99% 신뢰구간)을 갖는다.

신뢰구간은 보통 $100(1-\alpha)$%로 표현한다. 따라서 예컨대 $\alpha=0.05$이면 이는 95% 신뢰구간을 의미한다.

S·E·C·T·I·O·N 9.4

모평균의 신뢰구간

모평균을 추론하는 경우에는 단일 모집단과 두 모집단의 경우로 나누어서 설명할 수 있는데 후자에 대해서는 제10장에서 공부할 것이다.

표본평균 $\overline{X}$를 이용하여 모평균 μ의 신뢰구간을 설정하기 위해서는

- 모표준편차 σ를 알고 있는지의 여부

- 표본크기
- 정규 모집단의 여부

등으로 나누어서 설명할 필요가 있다.

모표준편차를 아는 경우

모수 μ를 모르는 상태에서 표준편차 σ를 알고 있다는 것은 드문 일이지만 과거 경험에 의해서 알고 있다고 가정하자.

모수 μ를 추정하는 데 사용되는 통계량은 표본평균 $\bar{X}$이다. 평균 $\bar{X}$의 표본분포는 $\bar{X} \sim N(\mu, \frac{\sigma^2}{n})$인 정규분포를 따른다. 또한 표본통계량 $(\bar{X}-\mu)/(\sigma/\sqrt{n})$은 $N(0, 1)$인 표준정규분포를 따른다. 이 표본통계량을 Z 통계량(Z statistic)이라고 한다.

신뢰구간을 설정할 때는 모수가 신뢰구간의 상한 또는 하한을 벗어나는 실수를 저지를 확률을 우선 결정해야 한다. 일반적으로 $\frac{\alpha}{2}$씩으로 한다.

구간으로 모수를 추정함에 있어서는 평균의 표본분포의 각 꼬리 부분에서 $\frac{\alpha}{2}$씩을 잘라내는 Z값을 찾아야 한다. 즉

$$P(Z > Z_{\frac{\alpha}{2}}) = \frac{\alpha}{2}$$

$$P(Z < -Z_{\frac{\alpha}{2}}) = \frac{\alpha}{2}$$

가 되도록 $Z_{\frac{\alpha}{2}}$와 $-Z_{\frac{\alpha}{2}}$를 찾아야 한다. 이는 [그림 9-7]에서 보는 바와 같다.

그림 9-7 $Z_{\frac{\alpha}{2}}$와 $-Z_{\frac{\alpha}{2}}$

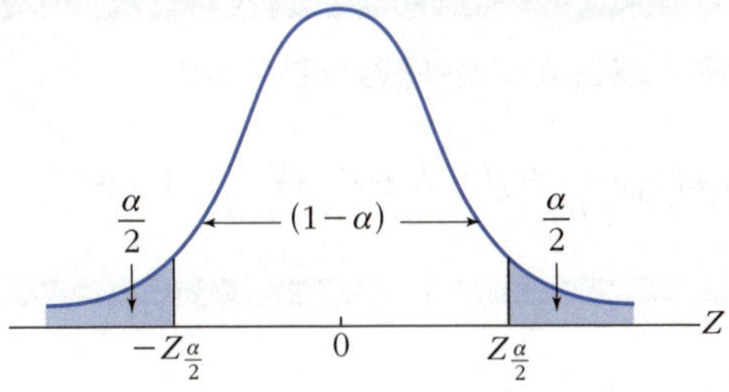

그림 9-8 평균의 표본분포에서 $\alpha=0.05$일 때 $Z_{\frac{\alpha}{2}}$와 $-Z_{\frac{\alpha}{2}}$의 값

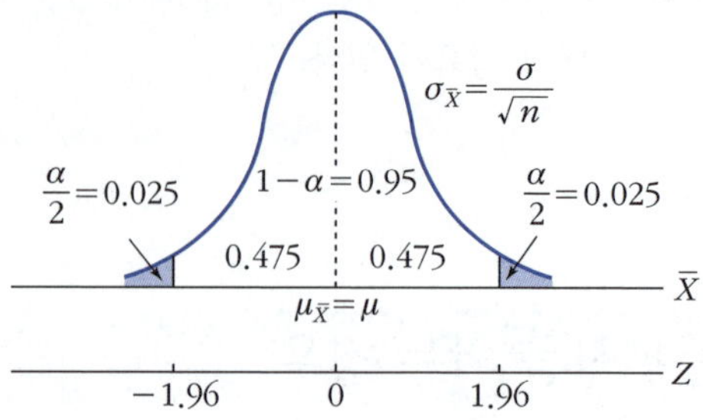

만일 $\alpha=0.05$일 때 $P(Z>Z_{\frac{\alpha}{2}})=0.025$를 만족시키는 $Z_{\frac{\alpha}{2}}=1.96$이다. 정규분포는 대칭이므로 $-Z_{\frac{\alpha}{2}}=-1.96$이다. 이를 그림으로 나타내면 [그림 9-8]과 같다.

[그림 9-8]은 다음과 같은 식으로 표현할 수 있다.

$$P(-1.96\leq Z\leq 1.96)=0.95$$

따라서 이를 일반식으로 나타내면 다음과 같다.

TIP

표준확률변수 Z에 대한 $100(1-\alpha)\%$ 신뢰구간

$$P(-Z_{\frac{\alpha}{2}}\leq Z\leq Z_{\frac{\alpha}{2}})=1-\alpha \quad (9.1)$$

식(9.1)에 Z통계량인 $Z=\frac{\bar{X}-\mu}{\sigma/\sqrt{n}}$를 대입하고 μ에 대해 정리하면 모평균 μ에 대한 $100(1-\alpha)\%$ 신뢰구간을 구하는 식을 다음과 같이 얻는다.

TIP

모평균 μ에 대한 $100(1-\alpha)\%$ 신뢰구간 (Z분포 이용)

$$P\left(\bar{X}-Z_{\frac{\alpha}{2}}\frac{\sigma}{\sqrt{n}}\leq\mu\leq\bar{X}+Z_{\frac{\alpha}{2}}\frac{\sigma}{\sqrt{n}}\right)=1-\alpha \quad (9.2)$$

그림 9-9 평균의 표본분포

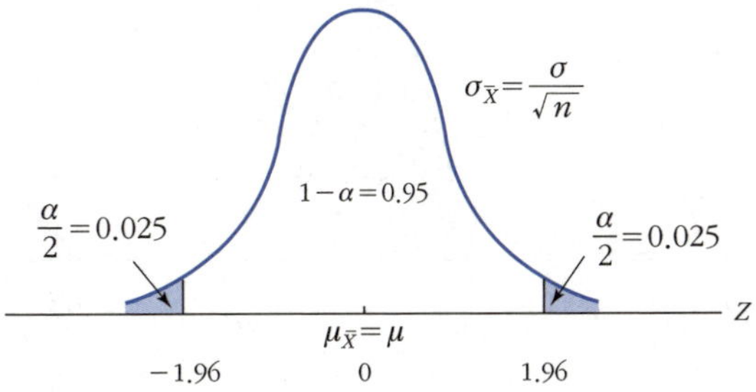

여기서 $100(1-\alpha)\%$는 신뢰수준(confidence level)이라 한다. 한편 $\bar{X}-Z_{\frac{\alpha}{2}}\frac{\sigma}{\sqrt{n}}$는 신뢰하한, $\bar{X}+Z_{\frac{\alpha}{2}}\frac{\sigma}{\sqrt{n}}$는 신뢰상한이라고 한다.

식(9.2)는

- 모집단이 정규분포를 따른다.
- 모표준편차 σ를 알고 있다.

는 가정을 전제로 한다. 이럴 경우 이 식은 표본크기에 상관없이 언제나 성립한다.

모평균 μ의 구간추정치는 표본평균 $\bar{X}$의 표본분포로부터 구할 수 있다. [그림 9-9]와 같은 평균의 표본분포에서 양측 꼬리 부분 $\frac{\alpha}{2}=0.025$에 해당하는 표준화된 $\pm Z_{\frac{\alpha}{2}}$값은 $\pm Z_{0.025}=\pm 1.96$이다.

신뢰구간을 설정할 때 필요한 $Z_{\frac{\alpha}{2}}$값은 오차율 α 또는 신뢰수준 $(1-\alpha)$에 따라서 결정되는데 이는 표준정규분포표에서 찾는다. 자주 사용되는 신뢰도와 $Z_{\frac{\alpha}{2}}$값은 [표 9-2]와 같다. 이 중에서 90%, 95%, 99%의 신뢰구간을 그림으로 표현하면 [그림 9-10]과 같다.

표 9-2 신뢰도에 따른 $\pm Z_{\frac{\alpha}{2}}$값

오차율(α)	신뢰수준($1-\alpha$)	$\pm Z_{\frac{\alpha}{2}}$
1%	99%	±2.575
2%	98%	±2.33
5%	95%	±1.96
10%	90%	±1.645
20%	80%	±1.28

그림 9-10 90%, 95%, 99% 신뢰구간

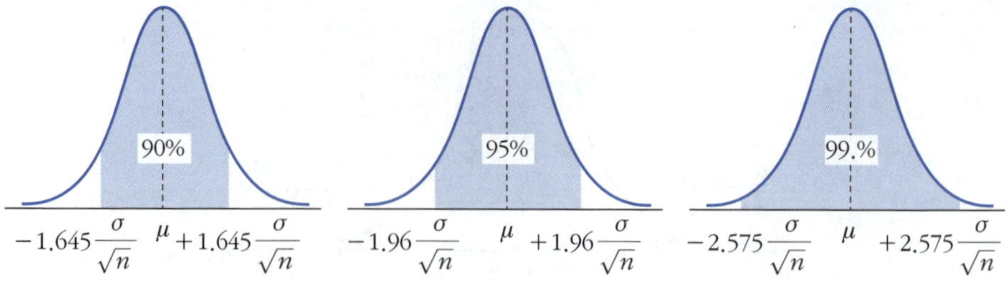

모집단이 정규분포를 따르지 않더라도 표본크기 $n \geq 30$이면 중심극한정리에 따라 표본분포에서 $Z=(\bar{X}-\mu_{\bar{X}})/\sigma_{\bar{X}}$가 정규분포에 근사하기 때문에 식(9.2)를 이용하여 신뢰구간을 설정할 수 있다.

한편 모표준편차 σ를 모르는 경우에 신뢰구간을 설정하는 문제는 다음 절에서 설명할 것이다.

예제 9-1 다음 관측치들은 어느 날 지리산을 등산하는 남자들 중 랜덤하게 8명을 선정하여 조사한 나이이다. 그런데 나이는 표준편차 10으로 정규분포를 따르는 것으로 알고 있다.

	A	B	C	D	E	F	G	H
1	48	39	56	30	35	22	68	52

(1) 전체 남자 등산객의 평균 나이에 대한 90%, 95%, 98%, 99%의 신뢰구간을 설정하라.
(2) 신뢰수준과 신뢰구간의 폭의 관계를 간단히 설명하라.
(3) 위에서 구한 95% 신뢰구간을 그림으로 나타내라.

풀이

(1) $n=8 \qquad \sigma=10 \qquad \sigma_{\bar{X}}=\frac{\sigma}{\sqrt{n}}=\frac{10}{\sqrt{8}}=3.5356$

$$\bar{X}=\frac{48+39+56+30+35+22+68+52}{8}=43.75$$

• 90% 신뢰구간

$$\bar{X}-Z_{0.05}\sigma_{\bar{X}} \leq \mu \leq \bar{X}+Z_{0.05}\sigma_{\bar{X}}$$

$$43.75-1.645(3.5356) \leq \mu \leq 43.75+1.645(3.5356)$$

$$37.9339 \leq \mu \leq 49.5661$$

• 95% 신뢰구간

$$\bar{X}-Z_{0.025}\sigma_{\bar{X}} \leq \mu \leq \bar{X}+Z_{0.025}\sigma_{\bar{X}}$$

$$43.75-1.96(3.5356) \leq \mu \leq 43.75+1.96(3.5356)$$

$$36.8202 \le \mu \le 50.6798$$

- 98% 신뢰구간

$$\overline{X} - Z_{0.01}\sigma_{\overline{X}} \le \mu \le \overline{X} + Z_{0.01}\sigma_{\overline{X}}$$

$$43.75 - 2.33(3.5356) \le \mu \le 43.75 + 2.33(3.5356)$$

$$35.5121 \le \mu \le 51.9879$$

- 99% 신뢰구간

$$\overline{X} - Z_{0.005}\sigma_{\overline{X}} \le \mu \le \overline{X} + Z_{0.005}\sigma_{\overline{X}}$$

$$43.75 - 2.576(3.5356) \le \mu \le 43.75 + 2.576(3.5356)$$

$$34.6423 \le \mu \le 52.8577$$

(2) 표본크기 n이 일정할 때 신뢰수준이 높을수록 신뢰구간의 폭은 증가한다.

(3)

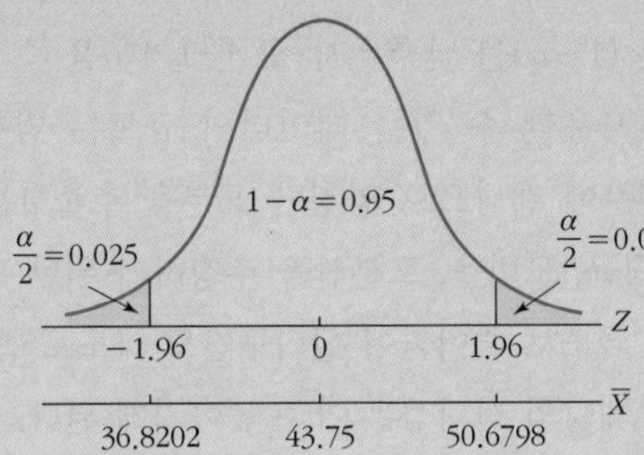

■ Excel 활용

셀 주소	수식	비고
D1	=COUNT(A1:A8)	
D2	=AVERAGE(A1:A8)	
D5	=1−D4	G5까지 복사
D6	=NORM.S.INV(1−D5/2)	G6까지 복사
D7	=D3/SQRT(D1)	
D8	=D6 * $D$7	G8까지 복사
D9	=$D$2	G9까지 복사
D10	=D9−D8	G10까지 복사
D11	=D9+D8	G11까지 복사

	A	B	C	D	E	F	G
1	48		표본크기	8			
2	39		표본평균	43.75			
3	56		모표준편차	10			
4	30		신뢰수준	0.9	0.95	0.98	0.99
5	35		오차율	0.1	0.05	0.02	0.01
6	22		Z값	1.644854	1.959964	2.326348	2.575829
7	68		표준오차	3.535534			
8	52		오차범위	5.815436	6.929519	8.224882	9.106932
9			점추정치	43.75	43.75	43.75	43.75
10			신뢰하한	37.93456	36.82048	35.52512	34.64307
11			신뢰상한	49.56544	50.67952	51.97488	52.85693

[예제 9-1]에서 우리는 신뢰수준이 신뢰구간의 폭에 결정적 영향을 미친다는 사실을 발견할 수 있다. 모평균 μ의 신뢰구간에 영향을 미치는 요소는

- 신뢰수준 $(1-\alpha)$
- 모표준편차 σ
- 표본크기 n

을 들 수 있다.

여기서 σ와 n이 일정하다고 할 때 신뢰수준 $(1-\alpha)$를 낮추면 신뢰구간을 좁힐 수 있다. 신뢰구간이 좁아진다는 것은 모평균 μ의 추정치로서의 표본평균 $\overline{X}$의 신뢰성이 높아짐을 의미한다. 따라서 신뢰구간을 좁히기 위해서는 모표준편차 σ를 줄이든지, 신뢰수준 $(1-\alpha)$를 낮추든지, 표본크기 n을 증가시켜야 한다.

오늘날 기업에서 사용할 수 있는 데이터의 규모는 엄청나다. 빅데이터(big data)가 일반적이기 때문에 랜덤으로 엄청난 표본을 추출하는 것은 큰 문제가 되지 않는다. 따라서 모평균, 모비율, 모분산을 추정하기 위한 관련 표본분포의 오차범위(margin of error)가 극도로 줄어줄어 신뢰구간도 극도로 좁아진다. 따라서 모수의 추정을 위한 표본통계량의 신뢰성은 아주 높아지게 된다.

EXCEL STATISTICS 모표준편차를 모르는 경우 : 소표본

우리는 앞절에서 모집단의 표준편차 σ를 알고 있다는 전제하에서 모평균 μ를 추정하였다. 그러나 실제로는 모평균을 모르는 상황에서 모집단의 표준편차를 안다는 것은 흔한 일이 아니다.

모집단의 평균과 표준편차를 모르는 경우에는 소표본이냐, 또는 대표본이냐에 따라 신뢰구간을 구하는 방식이 다르다. 본절에서는 소표본인 경우를 우선 공부하고 대표본인 경우에는 다음 절에서 공부할 것이다. 예를 들면, 고급 승용차의 파괴검사 시 또는 인체에 약물 실험하는 경우에는 소표본에 의존한다. 이 경우 중심극한정리에 의해 표본분포가 정규분포를 따른다는 보장을 할 수 없다.

소표본인 경우(n<30)에는 σ 대신에 표본에서 구한 불편추정량인 표본표준편차 $S=\sqrt{\dfrac{\sum(X-\overline{X})^2}{n-1}}$을 사용해야 한다. 즉 $\sigma_{\overline{X}}=\dfrac{\sigma}{\sqrt{n}}$ 대신에 평균의 추정표준오차

그림 9-11 *Z* 분포 또는 *t* 분포를 사용하는 경우

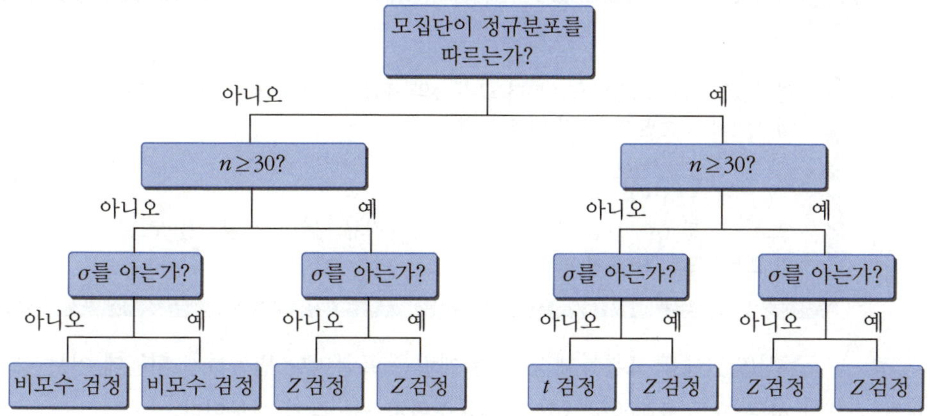

(estimated standard error of the mean) $S_{\overline{X}} = \dfrac{S}{\sqrt{n}}$를 사용해야 하는데 표본통계량 $(\overline{X} - \mu_{\overline{X}})/S_{\overline{X}}$는 표준정규분포를 따르지 않고 자유도 $(n-1)$의 *t* 분포를 따른다. 이 표본통계량은 *t* 통계량(*t* statistic)이라고 부른다.

*Z*통계량과 *t*통계량의 사용은 정규 모집단의 여부, 표본크기, 모표준편차를 알고 있는지의 여부에 따라 다르다. [그림 9-11]은 이를 보여주고 있다.

S·E·C·T·I·O·N **9.5**

t 분포

모집단이 정규분포를 따르지만 그의 평균과 표준편차를 모르고 또한 표본크기가 작은 경우에 모평균 μ에 대한 신뢰구간의 설정은 *t* 통계량을 이용해야 한다.

TIP

t분포

평균 μ인 정규 모집단으로부터 크기 n의 표본을 랜덤으로 추출하는 경우 그의 평균이 $\bar{X}$이고 표준편차가 S일 때 확률변수 t는

$$t = \frac{\bar{X} - \mu_{\bar{X}}}{S/\sqrt{n}} \tag{9.3}$$

으로 자유도 $(n-1)$인 t분포를 따른다. 즉 정규 모집단의 분산을 모르는 경우 평균의 표본분포는 t분포를 따른다.

식(9.3)에서 표본통계량인 t통계량은 표본마다 변동하게 되는데 이는 각 표본이 서로 다른 표본평균 $\bar{X}$와 표본표준편차 S를 갖기 때문이다.

따라서 식(9.3)에서 우측 항목은 정규분포와 다른 표본분포를 따르기 때문에 이를 이용하기 위해서는 표본이 추출되는 모집단이 정규분포를 따른다는 전제가 꼭 필요하다.

t분포의 특성

t분포(t distribution)는 연속 확률분포로서 추리통계학에서 자주 사용되는 분포의 하나이다. t분포는 Z분포와 비교할 때 유사한 점도 갖지만 다른 점도 갖는다. t분포의 특성을 요약하면 다음과 같다.

그림 9-12 t분포

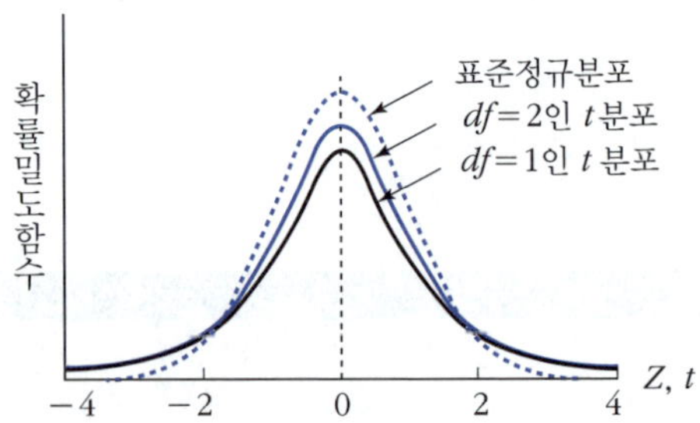

TIP

t 분포의 특성

- *t* 분포는 *Z* 분포처럼 연속 확률분포이다.
- *t* 분포는 [그림 9-12]에서 보는 바와 같이 *Z* 분포와 유사하며 평균 0을 중심으로 좌우 대칭이며 종모양을 나타낸다.
- 평균, 중앙치, 최빈치는 0과 같고 분포의 중심에 위치한다.
- *t* 분포는 *Z* 분포보다 큰 분산을 갖기 때문에 평평한 구릉모양을 나타내며 약간 넓은 꼬리 부분을 갖는다.
- *t* 분포는 자유도(degree of freedom: $df=n-1$)에 의해서 그의 모양이 결정되는 가족분포로 구성된다. 자유도가 증가할수록 *t* 분포는 *Z* 분포에 근접한다.
- 곡선은 결코 *X*축에 닿지 않는다.

[그림 9-13]은 신뢰수준 95%, 표본크기 $n=5$일 때 *t*값이 *Z*값보다 크기 때문에 *t* 분포가 *Z* 분포보다 넓게 퍼져 있음을 보여 주고 있다.

이와 같이 *t* 통계량을 사용하여 신뢰구간을 설정하게 되면 *Z* 통계량을 사용할 때보다 동일한 신뢰수준에서 그의 신뢰구간 범위가 넓어지는데 이것은 모표준편차 σ 대신 표본표준편차 *S*를 사용하는 데서 오는 추정상의 오류를 보상해 주기 위함이다.

그림 9-13 신뢰수준 95%의 *Z* 값과 *t* 값($n=5$일 경우)

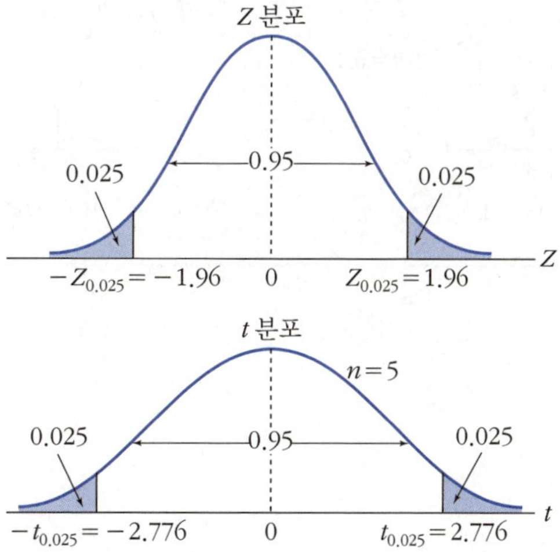

t분포는 자유도에 따라 그의 모양이 결정된다. 그런데 자유도가 증가함에 따라 t분포의 모양은 Z분포에 근접하는데 이것은 표본표준편차 S가 모표준편차 σ의 좋은 추정치를 제공하기 때문이다. 표본크기가 30 이상이 되면 S가 σ를 정확하게 추정함으로써 신뢰구간을 설정함에 있어서 t분포와 Z분포 사이에 차이가 거의 없게 된다.

t분포표의 이용

t분포에서 t의 값은 신뢰도와 관련 있는 α와 자유도 $(n-1)$에 따라서 결정된다. t분포 아래의 확률은 [표 9-3] 또는 부표 F와 같은 t분포표를 사용하여 구한다. 이 표는 신뢰구간 추정 및 가설검정에 자주 사용되는 몇 개의 오차율 α에 대하여 표의 좌측 부분에 표시한 자유도에 따라 확률 $P(t>t_\alpha)=\int_{t_\alpha}^{\infty} f(t)\,dt=\alpha$를 만족시키는 t_α를 미리 계산하여 놓은 표이다. 즉 이 표는 특정한 t_α값 우측에 해당하는 t분포 밑의 총면적을 나타내고 있다.

예를 들어 자유도가 10이고 우측 꼬리 면적이 0.1일 때 t의 값은 1.372이다. 즉 $P(t>1.372)=0.1$이다. 이는 [그림 9-14](a)가 보여 주는 바와 같다.

그림 9-14 t_α값의 표시

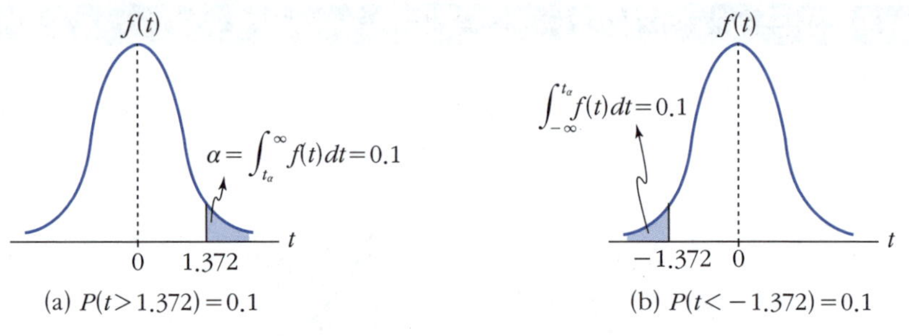

표 9-3 *t* 분포표

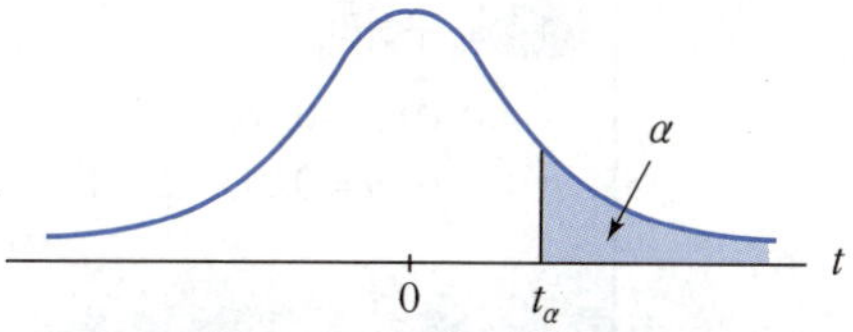

자유도	우측 꼬리면적 α							
	1	.05	.025	.01	.005	.0025	.001	.0005
1	3.078	6.314	12.706	31.821	63.657	127.32	318.31	636.62
2	1.886	2.920	4.303	6.965	9.925	14.089	22.327	31.598
3	1.638	2.353	3.182	4.541	5.841	7.453	10.214	12.924
4	1.533	2.132	2.776	3.747	4.604	5.598	7.173	8.610
5	1.476	2.015	2.571	3.365	4.032	4.773	5.893	6.869
6	1.440	1.943	2.447	3.143	3.707	4.317	5.208	5.959
7	1.415	1.895	2.365	2.998	3.499	4.029	4.785	5.408
8	1.397	1.860	2.306	2.896	3.355	3.833	4.501	5.041
9	1.383	1.833	2.262	2.821	3.250	3.690	4.297	4.781
10	1.372	1.812	2.228	2.764	3.169	3.581	4.144	4.587
11	1.363	1.796	2.201	2.718	3.106	3.497	4.025	4.437
12	1.356	1.782	2.179	2.681	3.055	3.428	3.930	4.318
13	1.350	1.771	2.160	2.650	3.012	3.372	3.852	4.221
14	1.345	1.761	2.145	2.624	2.977	3.326	3.787	4.140
15	1.341	1.753	2.131	2.602	2.947	3.286	3.733	4.073
16	1.337	1.746	2.120	2.583	2.921	3.252	3.686	4.015
17	1.333	1.740	2.110	2.567	2.898	3.222	3.646	3.965
18	1.330	1.734	2.101	2.552	2.878	3.197	3.610	3.922
19	1.328	1.729	2.093	2.539	2.861	3.174	3.579	3.883
20	1.325	1.725	2.086	2.528	2.845	3.153	3.552	3.850
21	1.323	1.721	2.080	2.518	2.831	3.135	3.527	3.819
22	1.321	1.717	2.074	2.508	2.819	3.119	3.505	3.792
23	1.319	1.714	2.069	2.500	2.807	3.104	3.485	3.767
24	1.318	1.711	2.064	2.492	2.797	3.091	3.467	3.745
25	1.316	1.708	2.060	2.485	2.787	3.078	3.450	3.725
26	1.315	1.706	2.056	2.479	2.779	3.067	3.435	3.707
27	1.314	1.703	2.052	2.473	2.771	3.057	3.421	3.690
28	1.313	1.701	2.048	2.467	2.763	3.047	3.408	3.674
29	1.311	1.699	2.045	2.462	2.756	3.038	3.396	3.659
30	1.310	1.697	2.042	2.457	2.750	3.030	3.385	3.646
40	1.303	1.684	2.021	2.423	2.704	2.971	3.307	3.551
60	1.296	1.671	2.000	2.390	2.660	2.915	3.232	3.460
120	1.289	1.658	1.980	2.358	2.617	2.860	3.160	3.373
∞	1.282	1.645	1.960	2.326	2.576	2.807	3.090	3.291

예제 9-2 다음과 같이 우측 꼬리 면적(오차율)과 자유도가 주어졌을 때 t분포표를 이용하여 t값을 구하라.

(1) $\alpha=0.05$, $df=15$

(2) $\alpha=0.01$, $df=1$

풀이

(1) $t=1.753$

(2) $t=31.821$

■ Excel 활용

셀 주소	수식	비고
C2	=T.INV.2T(2 * A2, B2)	C3까지 복사

	A	B	C
1	alpha	df	t
2	0.05	15	1.75305
3	0.01	1	31.82052

t분포의 대칭성으로 좌측 꼬리면적이 0.1일 때 t의 값은 -1.372이다. 즉 $P(t<-1.372)=0.1$이다. 이는 [그림 9-14](b)가 보여 주는 바와 같다. 따라서 $P(-1.372\le t\le 1.372)=0.8$이 성립한다. 이는 [그림 9-15]가 보여 주고 있다.

이를 일반화하면

$$P(-t_{\frac{\alpha}{2}}\le t\le t_{\frac{\alpha}{2}})=1-\alpha$$

그림 9-15 $P(-1.372\le t\le 1.372)=0.8$**의 표시**

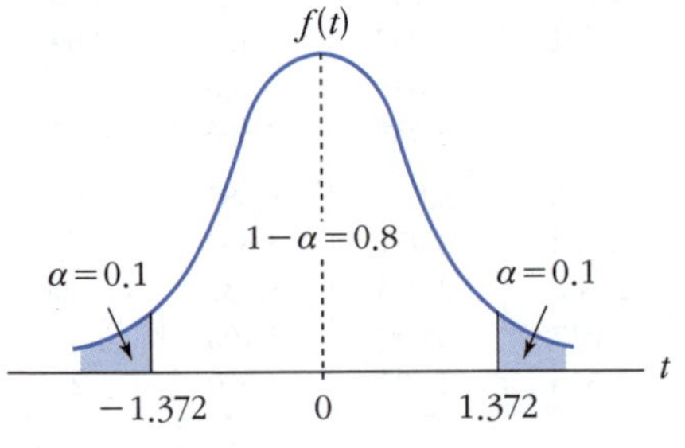

그림 9-16 $P(-t_{\frac{\alpha}{2}}\le t\le t_{\frac{\alpha}{2}})=1-\alpha$ **의 표시**

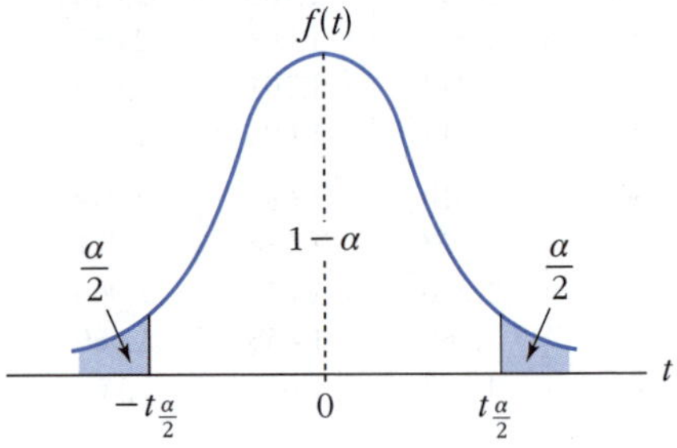

가 되는데 t분포를 이용하여 신뢰구간을 설정하기 위해서는 이를 이용해야 한다. [그림 9-16]은 이를 보여 주고 있다.

Excel을 사용하여 t값과 자유도가 주어졌을 때 누적확률 구하기
=T.DIST(t, 자유도, TRUE)
Excel을 사용하여 t값과 자유도가 주어졌을 때 양측 꼬리의 각 확률 구하기
=T.DIST.2T(t, 자유도)
Excel을 사용하여 t값과 자유도가 주어졌을 때 우측 꼬리의 확률 구하기
=T.DIST.RT(t, 자유도)
Excel을 사용하여 누적확률과 자유도가 주어졌을 때 t값 구하기
=T.INV(누적확률, 자유도)
Excel을 사용하여 유의수준 α와 자유도가 주어졌을 때 양측 꼬리에서 t값 구하기
=T.INV.2T(α, 자유도)

예제 9-3 1. t값과 그들의 자유도 및 우측 또는 양측 꼬리가 다음과 같이 주어졌을 때 t분포표를 이용하여 그들의 확률 α를 구하라.

(1) $t=1.476$, $df=5$, 우측
(2) $t=1.725$, $df=20$, 우측
(3) $t=1.699$, $df=29$, 양측
(4) $t=2.131$, $df=15$, 양측

2. 확률변수 A가 자유도 20인 t분포를 따를 때 t_α를 구하라.

(1) $P(t>t_\alpha)=0.9$
(2) $P(t<t_\alpha)=0.95$
(3) $P(-t_\alpha<t<t_\alpha)=0.95$

풀이

1. (1) $\alpha=0.1$
(2) $\alpha=0.05$
(3) $\alpha=0.05+0.05=0.1$
(4) $\alpha=0.025+0.025=0.05$

2. (1) -1.325
(2) 1.725
(3) -2.086, 2.086

■ Excel 활용

셀 주소	수식	비고
C2	=T.DIST.RT(A2, B2)	C3까지 복사
C4	=T.DIST.2T(A4, B4)	C5까지 복사
A6	=−T.INV(C6, B6)	
A7	=T.INV(C7, B7)	

	A	B	C
1	t	df	확률
2	1.476	5	0.099985
3	1.725	20	0.049974
4	1.699	29	0.100024
5	2.131	15	0.050043
6	-1.32534	20	0.9
7	1.724718	20	0.95

예제 9-4 구매액이 정규분포를 따르는 어느 회사의 고객들 중에서 랜덤으로 20명을 추출하였다. 표본 고객들이 구매하는 연평균 구매액은 75백만 원이다. 한편 표본 고객들이 구매한 금액의 분산은 121백만 원이다.

(1) 표본 고객의 연평균 구매액이 80백만 원 이하일 확률을 구하라.
(2) 누적확률이 0.95일 때의 t값을 구하라(유의수준 $\alpha=0.05$가 우측 꼬리에 놓인다).
(3) 유의수준 $\alpha=0.05$의 절반이 우측 꼬리 면적일 때의 t값을 구하라.
(4) 표본 고객의 연평균 구매액이 80백만 원 이하일 때 양측 꼬리에서의 각 확률을 구하라.

풀이

(1) $n=20$ $\mu=75$ $S^2=121$ $S=11$

자유도 $n-1$일 때 $t=\dfrac{\overline{X}-u}{\dfrac{s}{\sqrt{n}}}=\dfrac{80-75}{\dfrac{11}{\sqrt{20}}}=2.032789$

$$P(\overline{X}\le 80)=P\left[\frac{\overline{X}-\mu}{\frac{S}{\sqrt{n}}}\le\frac{80-75}{\frac{11}{\sqrt{20}}}\right]=P\left(t\le\frac{5}{\frac{11}{\sqrt{20}}}\right)$$

$=P(t\le 2.032789)=0.971856$(컴퓨터 사용)

(2) 1.729

(3) 2.093(t분포표 이용)

(4) $t=2.032789$일 때 양측 꼬리에서의 확률은 =±T.DIST.2T(t, 자유도)를 이용한다.

■ Excel 활용

셀 주소	수식	비고
B5	=(B3−B1)/(B4/B2)^0.5	
B6	=T.DIST(B5, B2−1,TRUE)	
B9	=B2−1	
C9	=T.INV(A9, B9)	
C12	=T.DIST.2T(B5, B12)	
C13	=−T.DIST.2T(B5, B13)	

	A	B	C
1	모평균	75	
2	표본크기	20	
3	표본평균	80	
4	표본분산	121	
5	계산된 t값	2.032789	
6	확률	0.971856	
7			
8	누적확률	자유도	t
9	0.95	19	1.729133
10			
11		자유도	확률
12		19	0.056288
13		19	-0.05629

t분포를 이용한 신뢰구간 설정

모평균 μ와 모표준편차 σ를 모르는 경우에 μ에 대한 $100(1-\alpha)\%$ 신뢰구간을 추정하기 위해서는 t분포를 이용하여야 하는데 우리가 앞절에서 공부한 정규분포 이용방법 중에서 다만 Z값 대신에 t값을 사용하면 된다. t통계량을 이용한 신뢰구간은 다음과 같이 유도한다.

$$P(-t_{n-1,\frac{\alpha}{2}} \le t_{n-1} \le t_{n-1,\frac{\alpha}{2}}) = 1-\alpha$$

$$P\left(-t_{n-1,\frac{\alpha}{2}} < \frac{\bar{X}-\mu}{S/\sqrt{n}} \le t_{n-1,\frac{\alpha}{2}}\right) = 1-\alpha$$

$$P\left(-t_{n-1,\frac{\alpha}{2}}\frac{S}{\sqrt{n}} \le \bar{X}-\mu \le t_{n-1,\frac{\alpha}{2}}\frac{S}{\sqrt{n}}\right) = 1-\alpha$$

$$P\left(\bar{X}-t_{n-1,\frac{\alpha}{2}}\frac{S}{\sqrt{n}} \le \mu \le \bar{X}+t_{n-1,\frac{\alpha}{2}}\frac{S}{\sqrt{n}}\right) = 1-\alpha$$

모평균 μ와 미지의 표준편차로 정규분포를 따르는 모집단에서 크기 n의 표본을 랜덤으로 추출하여 계산한 결과 표본평균이 $\bar{X}$, 표본표준편차가 S일 때 모평균 μ에 대한 $100(1-\alpha)\%$ 신뢰구간은 다음 공식을 이용하여 구한다.

TIP

모평균 μ에 대한 $100(1-\alpha)\%$ 신뢰구간 (t분포 이용)

$$P\left(\bar{X}-t_{n-1,\frac{\alpha}{2}}\frac{S}{\sqrt{n}} \le \mu \le \bar{X}+t_{n-1,\frac{\alpha}{2}}\frac{S}{\sqrt{n}}\right)=1-\alpha$$

Excel을 사용하여 모평균 μ의 신뢰구간을 구할 때 t값 구하기

$=\text{T.INV}(1-\frac{\alpha}{2},\ n-1)$ 또는

$=\text{T.INV.2T}(\alpha,\ n-1)$

Excel을 사용하여 모평균 μ의 신뢰구간을 구할 때 오차범위 구하기

$=\text{CONFIDENCE.T}(\alpha,\ S,\ n)$

예제 9-5 정규분포를 따르는 모집단에서 다음과 같이 표본 데이터를 추출하였다.

	A	B	C	D	E	F	G	H
1	6	5	15	13	11	8	10	12

(1) 모평균의 점추정치는 얼마인가?

(2) 모표준편차의 점추정치는 얼마인가?

(3) 95% 신뢰수준에서 모평균의 추정을 위한 오차범위는 얼마인가?

(4) 모평균의 95% 신뢰구간을 구하라.

풀이

(1) $\bar{X}=\dfrac{6+5+\cdots+12}{8}=10$

(2) $S=\sqrt{\dfrac{\sum(X_i-\bar{X})^2}{n-1}}=\sqrt{\dfrac{84}{7}}=3.46$

(3) $t_{0.025,7}\left(\dfrac{S}{\sqrt{n}}\right)=2.365\left(\dfrac{3.46}{\sqrt{8}}\right)=2.9$

(4) $\bar{X}-t_{0.025,7}\left(\dfrac{S}{\sqrt{n}}\right)\le\mu\le\bar{X}+t_{0.025,7}\left(\dfrac{S}{\sqrt{n}}\right)$

$$10-2.9 \leq \mu \leq 10+2.9$$

$$7.1 \leq \mu \leq 12.9$$

■ Excel 활용

셀 주소	수식	비고
E3	=COUNT(A3:B6)	
E4	=AVERAGE(A3:B6)	
E5	=STDEV.S(A3:B6)	
E6	=CONFIDENCE.T(1−E1, E5, E3)	
E7	=E4−T.INV.2T(1−E1, E3−1) * E5/SQRT(E3) 또는	
F7	=E4−E6	
E8	=E4+T.INV.2T(1−E1, E3−1) * E5/SQRT(E3) 또는	
F8	=E4+E6	

	A	B	C	D	E	F
1				신뢰수준	0.95	
2						
3	6	11		표본크기	8	
4	5	8		표본평균	10	
5	15	10		표본표준편차	3.464102	
6	13	12		오차범위	2.896061	
7				신뢰하한	7.103939	7.103939
8				신뢰상한	12.89606	12.89606

EXCEL STATISTICS

모표준편차를 모르는 경우 : 대표본

우리는 앞절에서 모집단의 평균 μ를 추정함에 있어서 모표준편차 σ를 알고 있는 경우에는 Z통계량을 이용하였으며 모표준편차 σ를 모르고 표본크기가 작은 경우에는 t통계량을 이용하였다. 그러면 모표준편차 σ를 모르지만 표본크기가 $n \geq 30$인 대표본인 때는 어떻게 하는가?

모집단이 정규분포를 따르고 표준편차를 모르는 경우에는 t통계량을 이용하는 것이 원칙이지만 표본크기 $n \geq 30$인 경우에는 Z통계량을 이용해도 무방하다. 왜냐하면, 표본크기가 클 경우에는 표본의 표준편차 S가 모집단의 표준편차 σ에 아주 근접하기 때문이다.

모표준편차 σ를 모르지만 표본크기가 큰 경우의 신뢰구간은 다음 공식을 이용하여 구할 수 있다.

TIP

모평균 μ에 대한 $100(1-\alpha)\%$ 신뢰구간(모표준편차를 모르지만 $n \geq 30$인 경우)

$$P\left(\bar{X} - Z_{\frac{\alpha}{2}} \frac{S}{\sqrt{n}} \leq \mu \leq \bar{X} + Z_{\frac{\alpha}{2}} \frac{S}{\sqrt{n}}\right) = 1 - \alpha$$

예제 9-6 어느 암연구소에서는 담배 골초들이 일주일에 담배에 소비하는 평균 금액이 얼마나 되는지 알기 위해서 골초 36명을 대상으로 조사한 결과 다음과 같은 데이터를 얻었다.

	A	B	C	D	E	F
1	6000	7900	9000	7300	8200	9300
2	7200	7990	9100	7350	8250	9350
3	7250	8100	9250	7350	8300	9400
4	7400	8400	9500	7700	8600	9950
5	7500	8500	9700	7800	8600	10000
6	7650	8550	9850	7850	8700	12000

(1) 모평균 μ의 점추정치는 얼마인가? (컴퓨터 사용 결과 $\bar{X} = 8{,}468$)

(2) 모평균 μ에 대한 95% 신뢰구간을 구하라. (컴퓨터 사용 결과 $S = 1{,}112.14$)

풀이

(1) 8,468원

(2) $\bar{X} - Z_{\frac{\alpha}{2}} \frac{S}{\sqrt{n}} \leq \mu \leq \bar{X} + Z_{\frac{\alpha}{2}} \frac{S}{\sqrt{n}}$

$$8{,}468 - 1.96\left(\frac{1{,}112.14}{\sqrt{36}}\right) \leq \mu \leq 8{,}468 + 1.96\left(\frac{1{,}112.14}{\sqrt{36}}\right)$$

$$8{,}104.7 \leq \mu \leq 8{,}831.3$$

SECTION 9.6

모비율의 신뢰구간

우리는 모집단에서 어떤 특성이 발생할 상대적 도수에 관심을 가질 때가 있다. 예를 들면, A조미료를 사용하는 가정의 비율이라든가, B후보의 지지율이라든가, 낙태를 지지하는 사람들의 비율이라든가, 미국의 경우 총포 규제에 찬성하는 비율이라든가, 우리 주위에는 모비율을 알고 싶은 경우가 많이 있다.

모비율을 추론하는 경우에는 단일 모집단과 두 모집단의 경우로 나누어서 설명할 수 있는데 후자에 대해서는 제11장에서 공부할 것이다.

모비율을 알고자 하는 경우 모집단 전체를 조사하지 않고 모비율을 추정하기 위하여 일부의 표본을 추출하여 구하는 표본비율을 사용하게 된다. 모비율 p의 불편추정량은 표본비율 $\hat{p}$이다. 표본크기가 크면, 즉 $n\hat{p} \geq 5$, $n(1-\hat{p}) \geq 5$이면 표본비율 $\hat{p}$들은 중심극한정리에 의하여 정규분포에 근접한다는 것은 이미 배운 바와 같다.

표본비율 $\hat{p}$들의 표본분포의 평균과 표준편차는 다음과 같다.

TIP

비율의 표본분포의 평균과 표준편차

평균 : $E(\hat{p}) = p$

표준편차 : $\sigma_{\hat{p}} = \sqrt{\dfrac{p(1-p)}{n}}$

그러나 모비율 p를 모르는 경우에는 p 대신에 표본비율 $\hat{p}$를 추정량으로 사용하고 $S_{\hat{p}}$를 $\sigma_{\hat{p}}$의 추정량으로 다음과 같이 구한다.

$$S_{\hat{p}} = \sqrt{\frac{\hat{p}(1-\hat{p})}{n}}$$

그러므로 표본크기가 큰 경우($n \geq 30$)에 확률변수 Z의 분포는

$$Z = \frac{\hat{p} - p}{\sqrt{\frac{\hat{p}(1-\hat{p})}{n}}}$$

으로 표준정규분포 $N(0, 1)$에 근접한다.

비율의 표본분포는 이항분포이므로 표본크기 n이 클 때 정규근사법에 의해 Z 분포를 이용할 수 있다. 따라서 비율의 표본분포에서는 t분포를 가정하지 않는다.

표본비율을 사용하여 모비율을 추정하는 과정은 표본평균을 사용하여 모평균을 추정하는 과정과 같다. 허용오차 α가 결정되면 신뢰수준 $(1-\alpha)$가 자동으로 결정된다. 그러면 모평균의 신뢰구간에서 $\bar{X}$는 $\hat{p}$으로, $\frac{\alpha}{\sqrt{n}}$는 $\sqrt{\frac{\hat{p}(1-\hat{p})}{n}}$로 교체하면 다음과 같은 모비율의 신뢰구간을 얻을 수 있다.

TIP

모비율 p에 대한 $100(1-\alpha)\%$ 신뢰구간

$$P\left(\hat{p} - Z_{\frac{\alpha}{2}}\sqrt{\frac{\hat{p}(1-\hat{p})}{n}} \leq p \leq \hat{p} + Z_{\frac{\alpha}{2}}\sqrt{\frac{\hat{p}(1-\hat{p})}{n}}\right) = 1 - \alpha$$

이 공식을 볼 때 모비율 p에 대한 신뢰구간의 폭은

- 신뢰수준 $(1-\alpha)$
- 표본크기 n
- 표본비율 $\hat{p}$

에 의존한다. 여기서 신뢰구간의 폭을 줄이기 위해서는 신뢰수준을 95%로 일정하게 유지한다면 표본크기 n을 증가시킬 수밖에 없는 것이다.

우리는 선거철이 되면 특정 후보에 대한 또는 정부 정책에 대한 여론조사 결과에 따라 흐름을 알 수 있다. 예컨대 여론조사 결과 "K 후보의 지지율은 45%이고 오차범위는 신뢰수준 95%에서 ±3%"라고 할 경우 신뢰구간은 42%~48%이고 최대허용오차는 3%이며 오차율 α는 5%가 된다.

Excel을 사용하여 모비율 p의 신뢰구간을 구할 때 $Z_{\frac{\alpha}{2}}$ 구하기

$= \text{NORM.S.INV}(1 - \frac{\alpha}{2})$

예제 9-7 어떤 여론조사 기관에서는 A정당의 지지도를 조사하기 위하여 36명의 유권자를 추출하여 설문을 한 결과 다음과 같은 데이터를 얻었다. 여기서 Y는 지지, N은 반대를 뜻한다. 전국 유권자의 A정당 지지도에 대한 95% 신뢰구간을 구하라.

	A	B	C	D	E	F	G	H	I
1	Y	Y	N	N	N	Y	N	N	Y
2	Y	Y	N	Y	N	N	N	Y	N
3	N	Y	Y	Y	N	Y	Y	N	Y
4	N	Y	Y	Y	N	N	Y	Y	Y

풀이

$$\hat{p}=\frac{20}{36}=0.556$$

$$\hat{p}-Z_{\frac{\alpha}{2}}\sqrt{\frac{\hat{p}(1-\hat{p})}{n}}\le p\le\hat{p}+Z_{\frac{\alpha}{2}}\sqrt{\frac{\hat{p}(1-\hat{p})}{n}}$$

$$0.556-1.96\left(\sqrt{\frac{0.556(1-0.556)}{36}}\right)\le p\le 0.556+1.96\left(\sqrt{\frac{0.556(1-0.556)}{36}}\right)$$

$$0.394\le p\le 0.718$$

■ Excel 활용

셀 주소	수식	비고
F4	=COUNTA(A1:C12)	
F5	=COUNTIF(A1:C12, F2)	
F6	=F5/F4	
F7	=SQRT(F6 * (1-F6)/F4)	
F8	=ABS(NORM.S.INV((1-F1)/2))	
F9	=F8 * F7	
F10	=F6-F9	
F11	=F6+F9	

	A	B	C	D	E	F
1	Y	Y	N		신뢰수준	0.95
2	Y	Y	N		관심있는 답변	Y
3	N	Y	Y			
4	N	Y	Y		표본크기	36
5	N	N	Y		성공횟수	20
6	Y	N	N		표본비율	0.555556
7	Y	N	Y		표본오차	0.082817
8	Y	N	N		Z	1.959964
9	N	N	Y		오차범위	0.162319
10	N	Y	N		신뢰하한	0.393237
11	Y	N	Y		신뢰상한	0.717875
12	Y	Y	Y			

SECTION 9.7

표본크기 결정

모평균 추정

지금까지 우리는 모평균과 모비율에 대한 신뢰구간을 구함에 있어서 표본크기는 신뢰구간의 폭을 고려하지 않고 자의로 결정하였다. 신뢰구간의 폭을 결정하는 것은

- 신뢰수준 $(1-\alpha)$
- 표본크기 n
- 모표준편차 σ

이다.

신뢰수준만을 생각한다면 신뢰구간이 넓으면 좋지만 모수의 추정이 불확실하기 때문에 정보로서의 가치는 없게 된다. 따라서 신뢰수준을 높게 하면서 신뢰구간은 좁게 설정하기 위해서는 표본크기(sample size)를 크게 하는 것이다. 여기서 표본크기란 한 개의 표본에 포함된 요소의 개수를 말한다. 이때 표본의 개수는 표본 수라고 한다. 좁은 구간 추정치를 만들기 위해 필요한 표본크기를 결정함으로써 신뢰구간의 길이를 통제한다. 즉 추정치의 정확도(precision)를 높이려면 표본크기를 늘려 오차범위를 좁게 해야 한다.

모표준편차 σ는 조정할 수 없기 때문에 신뢰수준이 주어지면 표본이 증가할수록 평균의 표준오차 $\sigma_{\bar{X}}=\frac{\sigma}{\sqrt{n}}$가 감소하여 신뢰구간의 폭은 좁아진다.

이와 같이 표본크기와 신뢰구간은 반비례 관계인데, 표본크기를 먼저 결정해야 한다.

그러나 실제 상황에서 표본크기는 예산, 시간, 선정의 용이함 등의 제약 속에

서 결정해야 하기 때문에 무작정 크게 늘릴 수는 없다.

표본크기를 결정하기 위해서는 우선

- 원하는 신뢰수준, 즉 $100(1-\alpha)\%$의 값
- 모표준편차 σ
- 최대허용 오차범위(margin of error)

등을 결정하여야 한다.

모집단이 정규분포를 따르고 그의 표준편차를 알고 있는 경우 모평균 μ에 대한 $100(1-\alpha)\%$ 신뢰구간을 원할 때 표본크기는 얼마로 결정해야 할 것인가 하는 문제를 고려하자.

확률변수 Z는

$$Z = \frac{\overline{X}-\mu}{\frac{\sigma}{\sqrt{n}}}$$

로 표준정규분포를 따른다. 신뢰수준을 $(1-\alpha)$로 원하면 위 식은 다음과 같이 정리할 수 있다.

$$-Z_{\frac{\alpha}{2}}\frac{\sigma}{\sqrt{n}} \leq \overline{X}-\mu \leq Z_{\frac{\alpha}{2}}\frac{\sigma}{\sqrt{n}}$$

위 식에서 $Z_{\frac{\alpha}{2}}\frac{\sigma}{\sqrt{n}}$는 신뢰구간의 한쪽 폭으로서 오차범위를 의미하는데 이를 e로 놓으면 다음 식과 같다.

$$e = Z_{\frac{\alpha}{2}}\frac{\sigma}{\sqrt{n}}$$

위 식을 n에 대해서 풀면 우리가 원하는 모평균을 추정하는 데 필요한 공식을 다음과 같이 얻는다.

TIP

표본크기 결정 : 모표준편차를 아는 경우

$$n = \frac{(Z_{\frac{\alpha}{2}})^2\sigma^2}{e^2} = \left(\frac{Z_{\frac{\alpha}{2}}\sigma}{e}\right)^2$$

Excel을 사용하여 표본크기 결정할 때 $Z_{\frac{\alpha}{2}}$값 구하기
=NORM.S.INV((1−신뢰수준)/2)

예제 9-8 어느 산업에 종사하는 숙련공의 월 평균임금을 추정하려고 한다. 과거의 연구에 의하면 임금은 정규분포를 따르며 모표준편차는 200,000원으로 알려져 있다. 모집단 월 평균임금을 95%의 신뢰도와 실제 모평균으로부터 40,000원 이내의 표본오차로 추정하기 위하여 필요한 표본크기는 얼마인가?

풀이

$$n = \left(\frac{Z_{\frac{\alpha}{2}}\sigma}{e}\right)^2 = \left(\frac{1.96 \times 200,000}{40,000}\right)^2 \fallingdotseq 97$$

그러나 모표준편차 σ를 모를 경우에는 자유도에 따라 분포의 모양이 달라지는 t분포를 사용하지 않고 대신 모표준편차 σ의 계획치(planning value)를 사용하여 표본크기를 결정한다. 실제적으로는 전에 연구하였던 데이터로부터 계산한 모표준편차 σ의 추정치 또는 예비조사를 해서 표본표준편차를 계획치로 이용한다. 이 외에도 모집단에서 얻는 최대치와 최소치를 추정하여 (최대치−최소치)/4의 값을 모표준편차 σ의 추정치로 사용하기도 한다.

예제 9-9 Excel 은행의 최 부장은 은행 전체 연체 구좌의 평균 연체액을 추정하기 위하여 표본크기 $n=100$개의 랜덤 표본을 추출하여 조사한 결과 $\bar{X}=233$원, $S=90$원이었다.

(1) 평균 연체액의 95% 신뢰구간을 구하라.
(2) 신뢰수준 95%와 5원 이내의 표본오차로 모평균 연체액을 추정하기 위한 표본크기는 얼마인가?
(3) 위 (1)과 (2)를 이용하여 표본크기와 신뢰구간의 폭과의 관계를 나타내는 그림을 그려라.

풀이

(1) $\bar{X} - Z_{\frac{\alpha}{2}}\frac{S}{\sqrt{n}} \le \mu \le \bar{X} + Z_{\frac{\alpha}{2}}\frac{S}{\sqrt{n}}$

$$233-1.96\frac{90}{\sqrt{100}} \le \mu \le 233+1.96\frac{90}{\sqrt{100}}$$

$$233-17.64 \le \mu \le 233+17.64$$

$$215.36 \le \mu \le 250.64$$

(2) $1.96\left(\frac{\sigma}{\sqrt{n}}\right) \approx 1.96\left(\frac{S}{\sqrt{n}}\right) = 1.96\left(\frac{90}{\sqrt{n}}\right) = 5$

$$\sqrt{n} = \frac{1.96(90)}{5} = 35.28$$

$$n = (35.28)^2 = 1,245$$

(3)

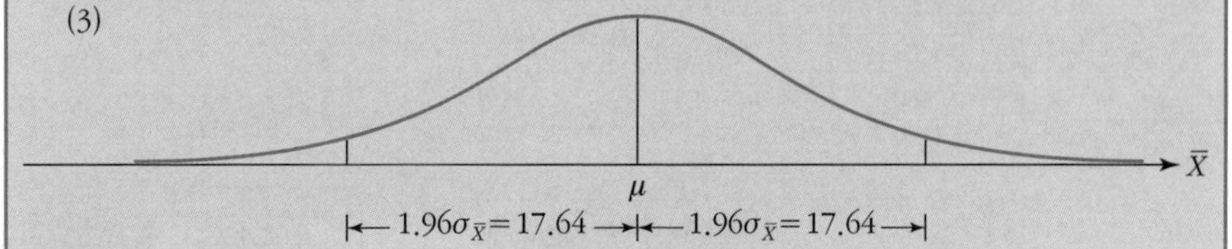

(a) $n=100$

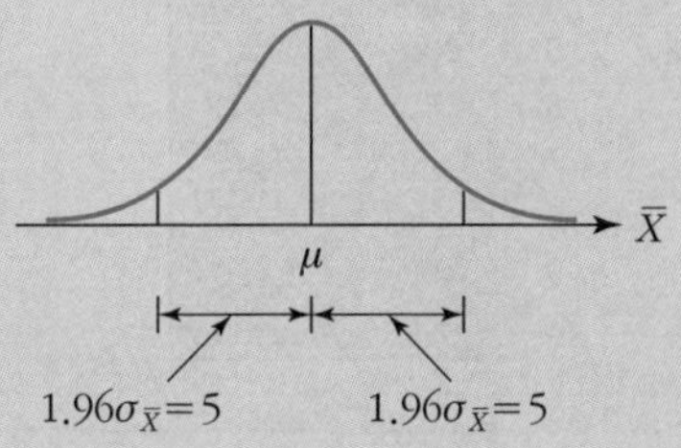

(b) $n=1,245$

예제 9-10 희망 보험회사에서는 회사가 지불하는 자동차보험 평균 청구액을 알기 위해서 $n=20$의 청구서를 조사한 결과 다음과 같은 데이터를 얻었다. 신뢰도 95%와 50만 원 이내의 표본오차로 모집단 평균 청구액을 추정하기 위해서는 얼마나 더 표본을 추출해야 하는가?

	A	B	C	D	E
1	500	260	450	500	380
2	950	1,080	530	400	1,750
3	1,200	330	2,100	700	550
4	700	1,350	1,250	850	2,500

풀이

$$\bar{X} = \frac{500+\cdots+2,500}{20} = 916.5$$

$$S = \sqrt{\frac{\sum(X-\bar{X})^2}{n-1}} = 619.263 \text{ (컴퓨터 사용)}$$

$$n = \left(\frac{t_{n-1,\frac{\alpha}{2}}S}{e}\right)^2 = \left(\frac{2.093 \times 619.263}{50}\right)^2 = 671.9$$

추가할 표본크기 $= 672 - 20 = 652$

■ Excel 활용

셀 주소	수식	비고
E4	=COUNT(A1:B10)	
E5	=STDEV.S(A1:B10)	
E6	=T.INV.2T(1−E1, E4−1)	
E7	=(E6 * E5/E2)^2	
E8	=ROUNDUP(E7, 0)	
E9	=E8−E4	

	A	B	C	D	E
1	500	260		신뢰수준	0.95
2	1,200	330		표준오차	50
3	450	500			
4	2,100	700		표본크기	20
5	380	950		표본표준편차	619.2634
6	550	700		t	2.093024
7	1,080	530		계산한 표본크기	671.9844
8	1,350	1,250		수정한 표본크기	672
9	400	1,750		추가할 표본크기	652
10	850	2,500			

EXCEL STATISTICS

모비율 추정

모비율 p를 추정하는 데 필요한 표본크기의 결정방법도 앞절에서 공부한 모평균을 추정하는 데 필요한 표본크기의 결정방법과 같다.

모비율 p에 대한 $100(1-\alpha)\%$ 신뢰구간은 다음 공식을 이용한다.

$$P\left(\hat{p} - Z_{\frac{\alpha}{2}}\sqrt{\frac{\hat{p}(1-\hat{p})}{n}} \le p \le \hat{p} + Z_{\frac{\alpha}{2}}\sqrt{\frac{\hat{p}(1-\hat{p})}{n}}\right) = 1-\alpha$$

$$P\left(-Z_{\frac{\alpha}{2}}\sqrt{\frac{\hat{p}(1-\hat{p})}{n}} \le p - \hat{p} \le Z_{\frac{\alpha}{2}}\sqrt{\frac{\hat{p}(1-\hat{p})}{n}}\right) = 1-\alpha$$

최대허용 오차범위를 e라 하면 다음 식이 성립한다.

$$e = Z_{\frac{\alpha}{2}} \sqrt{\frac{\hat{p}(1-\hat{p})}{n}}$$

위 식을 n에 대해서 풀면 우리가 원하는 모비율을 추정하는 데 필요한 공식을 다음과 같이 얻는다.

TIP

표본크기 결정 : 표본비율을 아는 경우

$$n = \frac{(Z_{\frac{\alpha}{2}})^2 \hat{p}(1-\hat{p})}{e^2}$$

예제 9-11 한국 여론조사 연구소는 특정 후보에 대한 지지율을 알아보기 위하여 유권자를 상대로 여론조사를 실시하기로 하였다. 표본오차는 ±4%이고, 이 한계를 벗어날 위험을 5%로 설정하였다. 표본비율을 얻기 위하여 30명의 예비조사를 하여 다음과 같은 데이터를 얻었다. 이러한 조건을 충족시킬 추가로 필요한 표본크기를 결정하라.

	A	B	C	D	E	F	G	H	I	J
1	Y	N	Y	N	Y	N	Y	Y	N	N
2	Y	N	Y	N	Y	Y	Y	Y	Y	N
3	N	N	Y	N	N	Y	Y	Y	Y	N

풀이

$$\hat{p} = \frac{17}{30} = 0.567$$

$$n = \frac{(Z_{\frac{\alpha}{2}})^2 \hat{p}(1-\hat{p})}{e^2} = \frac{(1.96)^2(0.567)(1-0.567)}{0.04^2} \fallingdotseq 590$$

추가할 표본크기 $= 590 - 30 = 560$

■ Excel 활용

셀 주소	수식	비고
F5	=COUNTA(A1:C10)	
F6	=COUNTIF(A1:C10, F3)/F5	
F7	=ABS(NORM.S.INV((1−F1)/2))	
F8	=((F7)^2 * F6 * ((1−F6))/(F2)^2)	
F9	=ROUNDUP(F8, 0)	
F10	=F9−F5	

	A	B	C	D	E	F
1	Y	N	Y		산뢰수준	0.95
2	Y	N	Y		표본오차	0.04
3	N	N	Y		관심있는 대답	Y
4	N	Y	N			
5	N	Y	Y		표본크기	30
6	N	N	Y		표본비율	0.566667
7	Y	Y	N		Z	1.959964
8	Y	Y	Y		계산한 표본크기	589.5572
9	Y	Y	Y		수정한 표본크기	590
10	N	N	N		추가할 표본크기	560

만일 과거 경험도 없고 예비조사도 하지 않아 표본비율 $\hat{p}$을 모르는 경우에는 가장 불리하게 표본크기가 크도록 결정해야 한다. $\hat{p}=0.5$일 때 $\hat{p}(1-\hat{p})=0.25$로서 최대이므로 이를 이용하면 위의 공식은 다음과 같이 된다.

TIP

표본크기 결정 : 표본비율을 모르는 경우

$$n=\frac{0.25(Z_{\frac{\alpha}{2}})^2}{e^2}$$

예제 9-12 [예제 9-11]에서 예비조사를 실시하지 않아 표본비율을 모른다고 하면 필요한 표본크기는 얼마인가?

풀이

$$n=\frac{0.25(1.96)^2}{0.04^2}\fallingdotseq 601$$

EXCEL STATISTICS 신뢰구간 추정과 빅데이터의 관계

모수를 추론하기 위하여 그 모집단으로부터 표본을 추출하여 얻는 통계량의 값을 이용하는 신뢰구간 추정은 강력한 통계적 도구이다. 우리는 지금까지 신뢰구간 추정치의 정확성과 표본크기는 밀접한 관계를 갖고 있음을 공부하였다.

표본크기가 거대해질수록 오차범위가 극도로 작아져 신뢰구간 또한 극도로 좁아지고 정확해진다. 그렇지만 아무리 정확하다 해도 구간 추정치가 모수 추정치를 정확하게 반영한다고 할 수는 없다. 왜냐하면, 표본 추출은 비표본오차를 수반하기 때문이다. 따라서 표본 추출 시에는 모집단의 랜덤 표본을 추출하도록 주의를 기울여야 한다.

S·E·C·T·I·O·N 9.8

모분산의 신뢰구간

우리는 지금까지 모평균과 모비율에 대한 추정을 공부하였다. 그런데 평균과 함께 분산(표준편차)도 함께 고려할 필요가 있는 경우에는 분산에 대한 신뢰구간도 설정해야 한다. 분산은 데이터가 평균을 중심으로 흩어진 정도를 나타낸다.

예를 들면, 어떤 약품이나 제품을 생산하는 공정의 경우에는 평균과 함께 그의 변동(예 : 축구 공의 지름)도 함께 고려해야 한다. 변동이 크면 조정을 해야 하기 때문이다.

모분산에 대한 추정도 모평균과 모비율 추정과 같은 과정을 통해 표본분산을 이용해서 추정한다. 그런데 표본분산은 표본평균이나 표본비율처럼 정규분포를 따르지 않고 카이제곱분포를 따르기 때문에 이를 이용해야 한다.

모분산을 추론하는 경우에는 χ^2 분포를 사용하는 한 모집단과 F분포를 사용하는 두 모집단의 경우로 나누어서 설명할 수 있는데 후자에 대해서는 제11장에서 설명할 것이다. 한편 χ^2 분포는 제15장에서 설명할 범주변수들 간의 상호 연관성을 분석하는 경우에도 사용된다.

EXCEL STATISTICS χ^2 분포의 특성

제조회사는 공급업자로부터 공급받는 부품에 변동이 없기를 바란다. 그리고 예컨대 비행기의 고도계 도수 사이에 변동은 최소화되어야 한다. 이러한 경우에는 모평균이나 모비율보다 모분산이 더욱 중요하다.

모분산을 추정하기 위해서는 표본분산이 사용된다. 모분산에 대한 표본분산의 관계는 χ^2 분포로 설명할 수 있다.

평균 μ, 분산 σ^2인 정규분포를 따르는 모집단으로부터 동일한 크기 n의 표본을 랜덤으로 반복하여 추출한 후 각 표본에 대하여 분산 S^2을 계산하면 표본분산 S^2들은 확률분포를 따르게 된다. 이와 같은 표본분산 S^2들의 표본분포를 χ^2 분포(chi-square distribution)라고 한다.

예를 들어 보자. 1, 3, 5, 7로 구성된 모집단에서 $n=2$의 가능한 모든 표본을 복원추출하여 분산을 계산하면 [표 9-4] 및 [표 9-5]와 같고 이를 그림으로 나타

표 9-4 표본분산의 계산

	A	B	C	D	E	F
1	표본	확률	분산	표본	확률	분산
2	1,1	1/16	0	5,1	1/16	8
3	1,3	1/16	2	5,3	1/16	2
4	1,5	1/16	8	5,5	1/16	0
5	1,7	1/16	18	5,7	1/16	2
6	3,1	1/16	2	7,1	1/16	18
7	3,3	1/16	0	7,3	1/16	8
8	3,5	1/16	2	7,5	1/16	2
9	3,7	1/16	8	7,7	1/16	0

* $S^2=\frac{\sum(X-\bar{X})^2}{n-1}$. 예를 들어 (1, 7)의 경우 $\bar{X}=4$이므로 $S^2=\frac{(1-4)^2+(7-4)^2}{2-1}=18$이다.

표 9-5 분산의 표본분포

	A	B
1	분산	확률
2	0	1/4
3	2	3/8
4	8	1/4
5	18	1/8

그림 9-17 분산의 표본분포의 그래프

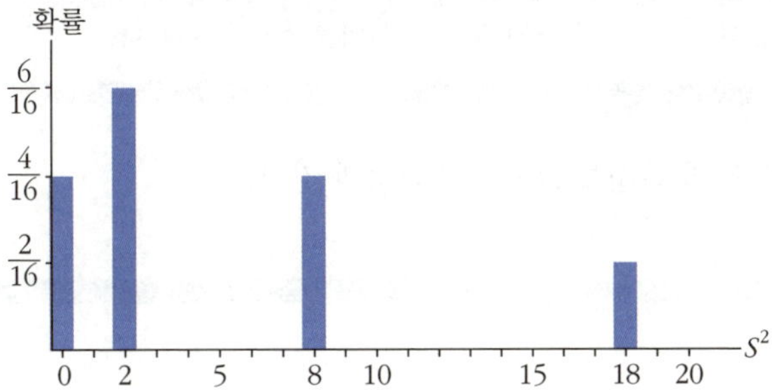

내면 [그림 9-17]과 같다.

χ^2 곡선 밑의 면적은 정규분포 그리고 t분포와 같이 1이지만 이들 분포와 달리 좌우 대칭이 아니며 우측으로 긴 꼬리를 갖는다. χ^2 분포는 0 이상 무한대의

그림 9-18 자유도에 따른 χ^2 분포의 모양

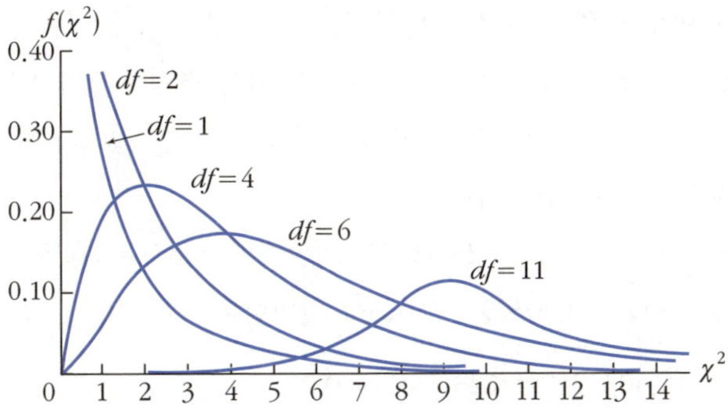

값을 가지며 자유도에 따라 서로 다른 모양을 취하는데 표본크기가 클수록 정규 분포에 근접하는 특징을 갖는다. χ^2 분포의 평균은 $1df$이고 분산은 $2df$이다. [그림 9-18]은 자유도에 따라 결정되는 χ^2 분포를 보여 주고 있다.

TIP

χ^2 분포

평균 μ, 분산 σ^2인 정규분포를 따르는 모집단으로부터 크기 n의 표본을 반복하여 추출하고 각 표본에 대해 분산 S^2을 계산하였을 때 확률변수 χ^2은

$$\chi^2_{n-1} = \frac{(n-1)S^2}{\sigma^2}$$

으로 자유도 $(n-1)$인 χ^2 분포를 따른다. 즉 분산 σ^2인 정규 모집단으로부터 추출한 표본분산 S^2의 분포는 자유도 $(n-1)$의 χ^2 분포를 따른다.

χ^2 분포의 특성을 요약하면 다음과 같다.

TIP

χ^2 분포의 특성

- t분포처럼 χ^2 분포도 자유도라는 하나의 파라미터를 갖는다. 각 분포가 자유도에 의해 결정되는 가족분포를 갖는다.
- χ^2 분포는 원점에서 0의 값을 갖고, 우측으로 갈수록 무한대의 값을 갖는다.
- χ^2 분포 곡선은 좌우 대칭이지만 t분포나 정규분포와 달리 평균을 중심으로 비대칭인 데 우측으로 치우쳐 있고 우측으로 긴 꼬리를 갖는다.
- χ^2 분포는 [그림 9-18]에서 보는 바와 같이 자유도가 증가할수록 정규분포에 근접한다.
- 다른 연속 확률분포처럼 χ^2 분포 곡선 밑의 면적은 1이다.

확률변수 χ^2의 확률을 구하기 위해서는 부표 G에 있는 χ^2 분포표를 이용해야 한다. χ^2의 값은 자유도와 오차율 α에 의해서 결정된다. [그림 9-19]에서 보는 바와 같이 우측 꼬리의 면적이 α가 되도록 χ^2의 값을 $\chi^2_{df,\,\alpha}$라 하면 α와 df에 따라 χ^2의 값은 표를 읽어 구할 수 있다.

예를 들면, $\chi^2_{12,\,0.025} = 23.3367$은 $P(\chi^2 > 23.3367) = 0.025$를 의미하고 $\chi^2_{12,\,0.975} = 4.40379$는 $P(\chi^2 < 4.40379) = 0.025$를 의미한다. 따라서 $df = 12$일 때

$$P(4.40379 \le \chi^2 \le 23.3367) = 0.95$$

그림 9-19 χ^2 분포의 꼬리 면적과 χ^2의 값

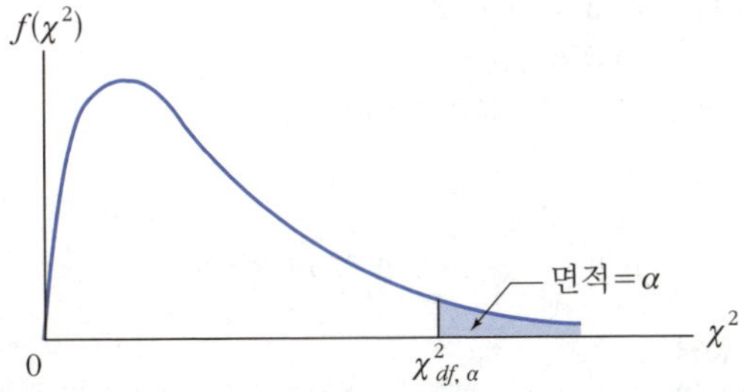

그림 9-20 $df=12$일 때의 χ^2 분포

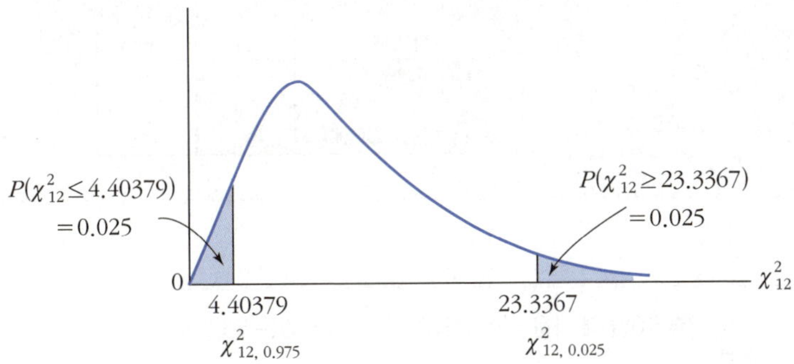

가 된다. 이는 [그림 9-20]에서 보는 바와 같다.

> χ^2값과 자유도가 주어졌을 때 좌측 꼬리로부터의 누적확률 구하기
> =CHISQ.DIST(χ^2, 자유도)
> χ^2값과 자유도가 주어졌을 때 우측 꼬리의 확률 구하기
> =CHISQ.DIST.RT(χ^2, 자유도)
> 좌측 꼬리로부터의 누적확률과 자유도가 주어졌을 때 χ^2값 구하기
> =CHISQ.INV(누적확률, 자유도)
> 우측 꼬리의 유의수준과 자유도가 주어졌을 때 χ^2값 구하기
> =CHISQ.INV.RT(확률, 자유도)

예제 9-13 다음 문제에 대한 확률을 구하라.

(1) $P(\chi^2 > 44.3141)$, $df = 25$

(2) $P(\chi^2 < 11.5240)$, $df = 25$

(3) $P(11.5240 \le \chi^2 \le 44.3141)$, $df = 25$

풀이

(1) 0.01 (2) 0.01 (3) $1 - 0.01 - 0.01 = 0.98$

■ Excel 활용

셀 주소	수식	비고
D2	=CHISQ.DIST.RT(A2, C2)	
D3	=1−CHISQ.DIST.RT(B3, C3)	
D4	=1−D3−D2	

	A	B	C	D
1	카이제곱		df	alpha
2	44.3141		25	0.01
3		11.524	25	0.01
4	11.524	44.3141	25	0.98

예제 9-14 $df = 10$일 때 다음 식이 성립하는 a와 b의 값은 얼마인가?

(1) $P(\chi^2 > a) = 0.05$

(2) $P(\chi^2 > a) = 0.95$

(3) $P(a \le \chi^2 \le b) = 0.95$

(4) $P(\chi^2 < a) = 0.05$

풀이

(1) $a = 18.3070$

(2) $a = 3.9403$

(3) $a = 3.2470$ $b = 20.4831$

(4) $a = 3.9403$

■ Excel 활용

셀 주소	수식	비고
C2	=CHISQ.INV.RT(A2, B2)	C3까지 복사
C4	=CHISQ.INV(A4, B4)	
A7	=CHISQ.INV(D7, C7)	
B8	=CHISQ.INV(D8, C8)	

	A	B	C	D
1	Alpha	df	카이제곱	
2	0.05	10	18.30704	
3	0.95	10	3.940299	
4	0.05	10	3.940299	
5				
6	카이제곱		df	Alpha
7	3.246973		10	0.025
8		20.48318	10	0.975

예제 9-15 다음 문제에 대한 χ^2 값을 구하라.

(1) $\alpha = 0.05,\ df = 17$

(2) $\alpha = 0.90,\ df = 17$

풀이

(1) $\chi^2 = 27.587$ (2) $\chi^2 = 10.085$

■ Excel 활용

셀 주소	수식	비고
C2	=CHISQ.INV.RT(A2, B2)	C3까지 복사

	A	B	C
1	alpha	df	카이제곱
2	0.05	17	27.58711
3	0.9	17	10.08519

예제 9-16 어느 회사의 25명 딜러가 정규 모집단으로부터 랜덤으로 추출되었다. 정규 모집단 딜러들의 연 판매액 분산은 70백만 원이고 25명 딜러의 연 판매액 분산은 84백 만원이다.

(1) 통계량 카이제곱 값을 구하라.

(2) 카이제곱 값이 (1)에서 계산한 통계량보다 많을 확률을 구하라.

(3) 카이제곱 값이 30보다 적을 확률을 구하라.

(4) 우측 꼬리의 신뢰수준이 $\alpha = 0.05$일 때의 카이제곱 값을 구하라.

풀이

(1) $\chi^2 = \dfrac{(n-1)S^2}{\sigma^2} = \dfrac{(25-1)(84)}{70} = 28.8$

(2) $P\left(\chi^2 \geq \dfrac{(25-1)(84)}{70}\right) = 0.227749$(컴퓨터 사용)

(3) $P(\chi^2 \leq 30) = 0.815248$(컴퓨터 사용)

(4) 우측 카이제곱 값=36.41503

■ Excel 활용

셀 주소	수식	비고
B6	=(B3-1) * B2/B1	
B7	=CHISQ.DIST.RT(B6, B3-1)	
B8	=CHISQ.DIST(B4, B3-1, TRUE)	
B9	=CHISQ.INV.RT(0.05, B3-1)	

	A	B
1	모분산	70
2	표본분산	84
3	표본크기	25
4	주어진 카이제곱 값	30
5		
6	계산된 카이제곱 값	28.8
7	확률(카이제곱 값>=B6)	0.227749
8	확률(카이제곱 값<=B4)	0.815248
9	우측 카이제곱 값	36.41503

모분산의 신뢰구간

표본분산 S^2은 모분산 σ^2의 불편추정량이다. S^2 외에 표본크기, 신뢰도 등이 결정되면 정규분포를 따르는 모분산 σ^2에 대한 $100(1-\alpha)\%$ 신뢰구간은 다음 공식을 이용하여 구할 수 있다.

그림 9-21 χ^2 분포의 신뢰구간

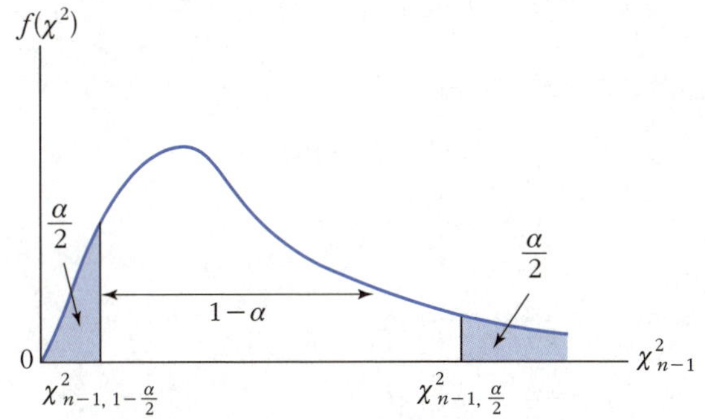

TIP

모분산 σ^2에 대한 $100(1-\alpha)\%$ 신뢰구간

$$P\left[\frac{(n-1)S^2}{\chi^2_{n-1,\,\frac{\alpha}{2}}} \le \sigma^2 \le \frac{(n-1)S^2}{\chi^2_{n-1,\,1-\frac{\alpha}{2}}}\right] = 1-\alpha$$

$$S^2 = \frac{\sum(X_i-\overline{X})^2}{n-1}$$

이를 그림으로 나타내면 [그림 9-21]과 같다.

그러나 모분산의 신뢰구간 설정은 자주 사용하지 않는다. 모평균 μ에 대한 신뢰구간은 정규분포인 평균의 표본분포를 이용하기 때문에 주어진 신뢰수준에서 가장 좁은 구간을 설정할 수 있음에 반하여 χ^2 분포는 자유도에 따라 신뢰구간의 폭이 매번 달라지고 또한 좌우 대칭이 아닌 특성 때문에 모분산이 신뢰구간의 가운데에 있다는 보장이 없기 때문이다.

예제 9-17 캔에 커피를 넣는 기계가 평균을 넘는 분산을 보일 때는 기계를 조정해야 하므로 정기적으로 관리를 해야 한다. 아홉 개의 캔을 표본으로 추출하여 무게를 측정한 결과 다음과 같은 데이터를 얻었다. 모분산 σ^2에 대한 95% 신뢰구간을 구하라. 캔의 무게는 정규분포를 따른다.

	A	B	C	D	E	F	G	H	I
1	19.8	21.2	18.6	20.4	21.6	19.8	19.9	20.3	20.8

풀이

$$df=8 \qquad S^2=\frac{\sum(X-\overline{X})^2}{n-1}=0.7875$$

$$\chi^2_{n-1,\frac{\alpha}{2}}=\chi^2_{9-1,\frac{0.05}{2}}=\chi^2_{8,\,0.025}=17.535$$

$$\chi^2_{n-1,1-\frac{\alpha}{2}}=\chi^2_{9-1,1-\frac{0.05}{2}}=\chi^2_{8,\,0.975}=2.180$$

$$\frac{(n-1)S^2}{\chi^2_{n-1,\frac{\alpha}{2}}}\le\sigma^2\le\frac{(n-1)S^2}{\chi^2_{n-1,1-\frac{\alpha}{2}}}$$

$$\frac{8(0.7875)}{17.535}\le\sigma^2\le\frac{8(0.7875)}{2.180}$$

$$0.3593\le\sigma^2\le2.8899$$

■ Excel 활용

셀 주소	수식	비고
D3	=COUNT(A1:A9)	
D4	=AVERAGE(A1:A9)	
D5	=VAR.S(A1:A9)	
D6	=CHISQ.INV.RT((1−D1)/2, D3−1)	
D7	=CHISQ.INV.RT(1−(1−D1)/2, D3−1)	
D8	=(D3−1) * D5/D6	
D9	=(D3−1) * D5/D7	

	A	B	C	D
1	19.8		신뢰수준	0.95
2	21.2			
3	18.6		표본크기	9
4	20.4		표본평균	20.26667
5	21.6		표본분산	0.7875
6	19.8		카이제곱, 0.025	17.53455
7	19.9		카이제곱, 0.975	2.179731
8	20.3		신뢰하한	0.359291
9	20.8		신뢰상한	2.890265

CHAPTER 09

연습문제

9/1 통계적 추정에 대하여 설명하라.

9/2 점추정과 구간추정을 비교 설명하라.

9/3 점추정량의 결정기준을 설명하라.

9/4 다음 용어를 간단히 설명하라.

(1) 추정량과 추정치
(2) 점추정과 구간추정
(3) 불편추정량
(4) 오차율

9/5 다음 데이터는 Excel 대학교 통계학 1반에서 실시한 전체 35명 학생이 퀴즈 시험에서 받은 50점 만점의 성적이다. 그런데 성적은 표준편차 2.35점이라고 한다.

	A	B	C	D	E	F	G
1	42	51	42	31	28	36	45
2	24	46	37	32	29	33	41
3	47	41	28	46	34	39	48
4	26	30	37	38	46	48	39
5	29	31	44	41	37	38	46

(1) 모평균 μ의 점추정치는 얼마인가?
(2) 모평균 μ에 대한 95% 신뢰구간을 구하라.
(3) (2)를 위한 추정의 표준오차를 구하라.
(4) 모평균 μ에 대한 95% 신뢰구간을 그림으로 나타내라.

9/6 정규분포를 따르는 모집단에서 표본으로 16명의 학생을 추출하여 키를 측정한 결과 다음과 같은 데이터를 얻었다. 이 반 학생들의 평균 키에 대한 95% 신뢰구간을 구하라($S=11.42$).

	A	B	C	D	E	F	G	H
1	114	110	96	114	108	104	117	106
2	98	99	137	102	103	93	126	111

9/7 다음을 만족시키는 Z_α의 값을 구하라.

(1) $P(Z>Z_\alpha)=0.02$

(2) $P(Z<-Z_\alpha)=0.025$

(3) $P(-Z_\alpha \le Z \le Z_\alpha)=0.90$

9/8 다음 각 문제에 대해 t_α의 값을 구하라.

(1) $P(-t_\alpha \le t \le t_\alpha)=0.95,\ df=10$

(2) $P(t<t_\alpha)=0.05,\ df=10$

(3) $P(t<-t_\alpha$ 혹은 $t>t_\alpha)=0.05,\ df=10$

(4) $P(t>t_\alpha)=0.025,\ df=11$

9/9 전화회사는 주말 장거리 전화의 평균 통화시간을 추정하려고 한다. 40통화를 랜덤으로 추출하여 조사한 결과 다음과 같은 데이터를 얻었다. ($S=4.4503$) Z 분포와 t 분포를 사용하여 주말 장거리 전화의 평균 통화시간 μ에 대한 95% 신뢰구간을 구하라.

	A	B	C	D	E	F	G	H	I	J
1	7	10	4	12	4	8	5	12	3	6
2	7	4	13	9	6	7	14	20	8	9
3	6	8	8	6	8	15	9	19	5	16
4	6	7	5	7	3	9	10	15	18	4

9/10 우리나라 초등학교 5학년 학생들이 일요일에 소비하는 공부시간을 측정하기 위하여 27명을 랜덤으로 추출하여 측정한 결과 다음과 같은 데이터를 얻었다. 공부시간은 정규분포를 따른다고 한다.

	A	B	C	D	E	F	G	H	I
1	5.8	7.7	6.9	6.5	7.2	7.6	7.1	7.3	7.8
2	6.9	6.8	6	6.2	5.8	5.5	6	6.6	4.3
3	7.6	6.5	6.7	7.6	8.6	7	7.2	7.1	3.7

(1) 모평균 공부시간에 대한 95% 신뢰구간을 구하라.
(2) 모분산 공부시간에 대한 95% 신뢰구간을 구하라.

9/11 남산식품(주)는 최근에 새로운 스낵용 먹거리를 개발하고 소비자들로 하여금 시식토록 하였다. 50명의 소비자들로 하여금 시식 후 반응을 0 : 좋아하지 않음, 1 : 좋아함, 2 : 그저 그러함 등으로 코드화하도록 하여 다음과 같은 데이터를 얻었다. 스낵용 먹거리를 좋아하는 소비자들의 비율을 추정하기 위한 95% 신뢰구간을 구하라.

	A	B	C	D	E	F	G	H	I	J
1	0	0	1	0	0	0	1	1	0	2
2	0	0	0	1	0	0	0	1	1	1
3	1	2	2	0	1	0	0	0	0	1
4	1	2	0	0	0	1	0	0	2	0
5	2	2	0	2	0	0	1	0	0	0

9/12 Excel 보험회사에서는 회사가 지불하는 자동차보험 평균 청구액을 알기 위하여 $n=16$의 청구서를 조사한 결과 다음과 같은 데이터를 얻었다. 신뢰도 95%와 200만 원 이내의 표본오차로 모집단 평균 청구액을 추정하기 위해서는 얼마나 더 표본을 추출해야 하는가?

	A	B	C	D	E	F	G	H
1	500	450	380	1080	400	330	700	700
2	1200	2100	550	1350	260	500	950	530

9/13 $df=29$일 때 다음 식이 성립하는 a와 b값을 구하라. 이를 그림으로 나타내라.

$$P(a \le \chi^2 \le b) = 0.95$$

9/14 설탕 50파운드를 담는 백의 무게의 분산에 대한 추정을 위하여 15개 백의 무게를 측정한 결과 다음과 같은 데이터를 얻었다. 모분산 σ^2에 대한 95% 신뢰구간을 구하라.

	A	B	C	D	E	F	G	H
1	51.2	50.8	49.5	51.3	46.7	52.1	51.6	51.5
2	47.5	51.5	51.1	50.7	49.2	48.3	49.2	

9/15 공정에서 생산하는 벽돌의 무게는 표준편차 0.12파운드인 정규분포를 따른다고 한다. 오늘 생산된 제품 가운데서 다음과 같이 16개를 랜덤으로 추출하여 측정한 결과 평균무게는 4.07파운드였다.

	A	B	C	D	E	F	G	H
1	3.95	3.98	4.03	4.05	4.08	4.1	4.14	4.14
2	3.97	4	4.04	4.07	4.1	4.13	4.14	4.2

(1) 오늘 생산된 모든 벽돌들의 평균무게에 대한 95% 신뢰구간을 구하라.

(2) 모평균에 대한 98% 신뢰구간을 구한다면 (1)에서 구한 결과보다 구간의 폭이 넓을 것인가?

(3) 내일에는 20개를 랜덤으로 추출하기로 결정하였다. 평균무게에 대한 95% 신뢰구간을 구한다면 (1)에서 구한 구간보다 넓을 것인가?

(4) 오늘 생산된 제품의 표준편차는 0.12파운드가 아니고 0.15파운드라고 하면 이에 근거하여 구한 95% 신뢰구간은 (1)에서 구한 구간보다 넓을 것인가?

9/16 평화 제당(주)는 설탕을 생산하여 백에 담아 판매하고 있다. 설탕 백의 무게는 표준편차 1온스로 정규분포를 따르는 것으로 밝혀졌다. 다음과 같이 25개의 백을 랜덤으로 추출하여 무게를 측정하여 보니 평균은 49.64온스였다.

47.9	50	48	50	48.3	50.1	48.9	50.2	49.6	50.4	49.9	51.3	50
47.9	50	48.1	50	48.5	50.1	49	50.3	49.7	50.8	49.9	52	

(1) 평균의 표준오차와 신뢰수준 95%일 때 오차범위를 구하라.

(2) 공정에서 생산하는 모든 설탕 백의 평균무게에 대한 95% 신뢰구간을 설정하라.

(3) (2)에서 구한 답을 해석하라.

Chapter 10

가설검정 : 한 모집단

우리가 제9장에서 공부한 통계적 추정은 표본정보에 입각하여 우리가 모르는 모집단의 특성에 대해 어떤 결론을 이끌어 내는 과정이다. 통계적 추론의 다른 한 분야는 본장에서 공부할 가설검정이다. 우리들은 어떤 결과를 미리 주장하고 그 주장의 진위 여부를 가리기 위하여 전수조사 또는 표본조사를 분석하는 경우가 많다. 가설검정에 있어서는 모르는 모집단의 특성에 대해서 얼마일 것이라고 가설을 설정하고 표본을 추출하여 얻은 표본통계량에 입각하여 이 가설의 진위 여부를 판별하려고 한다.

추정의 목적은 어떤 모집단의 모수의 값을 추정하는 것이고 가설검정의 목적은 모수에 대한 어떤 주장이나 믿음이 타당하다고 결론지음에 충분한 통계적 증거가 존재하는가를 검정하는 것이다. 그러므로 추정에 있어서는 추론이 표본으로부터 모집단으로 진행하는 반면 가설검정에 있어서는 모수에 대한 주장 또는 가정의 타당성을 제한된 표본정보로 검정하는 것이다.

본장에서는 가설검정의 기본 개념과 한 모집단의 모수, 예컨대 모평균, 모분산, 모비율 등에 관한 가설검정을 다루고 다음 장에서는 두 모집단의 모수에 관한 가설검정을 공부할 것이다.

S·E·C·T·I·O·N 10.1

가설검정

가설의 의미와 종류

가설(hypothesis)이란 모집단에 대한 진술이다. 그런데 데이터를 사용해서 이러한 진술의 당위성을 체크하게 된다. 가설이라는 말은 피고가 유죄임이 증명될 때까지는 무죄라고 가정하는 것과 같다. 또한 검사는 무죄라는 추정을 반증하기 위하여 충분한 증거를 수집하여 피고는 유죄라고 주장하는 것과 같다.

> **TIP**
>
> **가설**
>
> 가설이란 검정할 목적으로 설정하는 모수에 대한 잠정적인 주장 또는 가정을 말한다.

우리가 알고자 하는 모집단의 모수치를 확실하게는 알 수 없으나 이론적 또는 경험적 근거에 의해 어떤 값을 가질 것으로 주장하는 경우에 모집단의 모수에 대한 가설을 설정하고 모집단으로부터 표본을 추출하여 구한 표본통계량을 이용하여 확률적 검정을 통해 설정한 가설의 진위 여부를 확인하게 되는데 이러한 확률적 검정절차를 가설검정이라고 한다.

이러한 가설검정(hypothesis testing)을 위해서는 우선 상호 배타적인 가설, 즉 귀무가설(null hypothesis)과 대립가설(alternative hypothesis)을 설정해야 한다.

TIP

귀무가설과 대립가설

귀무가설이란 모집단의 특성에 대해 옳다고 제안하는 잠정적인 주장 또는 명제를 말하고, 대립가설이란 귀무가설의 주장이 틀렸다고 제안하는 가설로서 귀무가설이 기각되면 채택하게 되는 가설을 말한다.

일반적으로 귀무가설은 H_0(H nought로 발음. nought는 zero를 의미)로 표시하고 대립가설은 H_1 또는 H_A로 표시한다. 귀무가설은 과거의 경험, 지식 또는 연구의 결과 등 현재까지 인정되어 온 것을 나타내고 대립가설은 연구자가 기존 상태로부터 새로운 변화 또는 효과가 존재한다는 자신의 주장을 나타내므로 연구가설이라고도 하는데 연구자는 자신의 주장에 반대되는 귀무가설을 부정하고 대립가설을 지지할 만한 충분한 통계적 증거(표본조사 결과)를 확인하고자 한다. 이와 같이 가설검정의 목표는 대립가설이 옳다고 추론할 수 있는 충분한 증거가 있는지 결정하려는 것이다. 이때 대립가설을 직접 검정하여 이의 지지 여부를 결정하는 것이 아니고 귀무가설의 모순을 밝힘으로써 대립가설을 지지하는 순서로 가설검정이 진행된다. 따라서 가설검정은 항상 귀무가설이 사실이라는 전제하에서 진행된다. 이러한 예는 법정에서 범인의 재판이라든가 병원에서 환자의 치료 과정에서 찾아볼 수 있다.

범죄 재판의 예를 들어보자.

H_0 : 피고는 무죄이다.
H_1 : 피고는 유죄이다.

이때 판사는 검사와 변호인 측이 제시하는 증거에 기반을 두어서 피고가 무죄인지 또는 유죄인지 의사결정한다. 만일 검사가 피고가 유죄라는 충분한 근거를 제시하면 판사는 피고의 유죄를 선언하는데 이는 귀무가설을 기각하는 것(rejecting the null hypothesis)과 같은 의미이다. 만일 검사가 피고가 유죄라는 충분한 근거를 제시하지 못하면 판사는 무죄를 선언하는데 이는 귀무가설을 채택한다(accept)고 말하지 않고 귀무가설을 기각할 수 없다(not rejecting the null hypothesis)고 말하는 것과 같은 의미이다.

가설의 설정

가설검정을 하기 위해서는 우선 두 가설을 설정해야 하는데 일반적으로 대립가설(**연구가설**)을 먼저 설정한 다음에 이와 상반된 귀무가설을 설정하게 된다. 그런데 어떤 경우에는 귀무가설과 대립가설을 어떻게 설정해야 할지 불분명한 때가 있다. 그래서 가설검정 절차가 일반적으로 적용되는 세 가지 유형의 상황에 가설을 설정하는 지침을 공부하기로 한다.

첫째, 연구자가 지지하려는 주장은 대립가설로 설정해야 한다. 즉 귀무가설은 거부하기 위하여 설정되었다고 할 수 있다.

특정 자동차 모델이 갤런당 30km의 평균 연료 효율을 나타낸다고 하자. 제품 개발그룹이 주행거리를 높이는 새로운 시스템을 개발하여 이를 증명하고자 한다. 이때 연구가설은 다음과 같이 대립가설이 된다.

$H_0 : \mu \leq 30$

$H_1 : \mu > 30$

둘째, 어떤 주장의 타당성을 검토하는 경우에는 그 주장이 일단 옳다는 가정 하에 귀무가설을 설정한다. 일반적으로 제조업자들은 제품의 함량을 포장지에 표시한다. 예컨대 레몬 캔에 적어도 20온스라고 적혀 있다면 음료업자의 주장은 옳다고 가정하기 때문에 이는 다음과 같이 귀무가설로 설정해야 한다.

$H_0 : \mu \geq 20$

$H_1 : \mu < 20$

셋째, 어떤 표준보다 크거나 작아 품질상의 문제가 발생하는 경우에는 이를 대립가설로 설정해야 한다. 어떤 부품의 평균 직경이 5cm가 규격이라고 할 때 이보다 현저하게 크거나 작은 부품을 생산하게 되면 기계를 멈추고 조정을 해야 한다. 이때 기계를 멈추어야 할 경우를 대립가설로 설정해야 한다.

$H_0 : \mu = 5$

$H_1 : \mu \neq 5$

가설검정의 결과로 어떤 가설을 채택하면 다른 가설은 기각해야 하므로 두 가설이 동시에 옳을 수는 없다. 가설검정은 표본으로부터 귀무가설을 기각할 충분한 근거가 발견되지 않는 한 귀무가설은 항상 사실이라고 전제하기 때문에 시정조치를 취할 필요가 없게 된다. 가설검정을 할 때 대립가설은 시초에 거짓이라고 가정하고 시작하지만 귀무가설을 부정할 근거가 제시되면 이를 채택하게 된다.

우리가 대립가설을 지지할 통계적 근거를 찾기 위해 표본 데이터를 검토하지만 검정의 대상은 어디까지나 귀무가설이다. 따라서 검정할 수 없거나 검정하기 어려운 가설을 귀무가설로 설정하는 것은 피해야 한다.

지금까지 설명한 가설에 대해 중요한 점을 요약하면 다음과 같다.

- 귀무가설은 현상유지 또는 지금까지 유지되어 온 믿음을 나타낸다.
- 대립가설은 귀무가설의 반대로서 증명하고자 하는 연구의 주장을 나타낸다.
- 검정과정은 귀무가설이 옳다는 가정으로부터 시작한다.
- 귀무가설을 기각할 충분한 통계적 증거가 있으면 대립가설을 채택한다.
- 귀무가설을 기각할 수 없다는 것은 귀무가설이 사실(결백)이라는 것을 의미하지는 않는다.
- 귀무가설은 항상 모수의 특정한 값을 의미한다.
- 귀무가설은 항상 모수의 특정한 값에 대해 등호(=)를 포함한다.
- 대립가설은 항상 모수의 특정한 값에 대해 등호를 포함할 수 없다.
- 가설검정에는 두 가지의 가능한 오류가 발생할 수 있다.

EXCEL STATISTICS 가설의 형태

우리가 관심을 갖는 모수를 θ라 하고 이 모수가 하나의 특정한 가정된 값(hypothesized value) θ_0를 갖는다고 하면 가설의 기본적인 형태는 다음과 같이 나타낸 수 있다.

TIP

가설의 형태

(1) 좌측검정	(2) 양측검정	(3) 우측검정
$H_0 : \theta \geq \theta_0$	$H_0 : \theta = \theta_0$	$H_0 : \theta \leq \theta_0$
$H_1 : \theta < \theta_0$	$H_1 : \theta \neq \theta_0$	$H_1 : \theta > \theta_0$

귀무가설은 등호를 포함해야 하지만 대립가설은 절대로 등호를 포함할 수 없

그림 10-1 가설의 형태에 따른 기각역

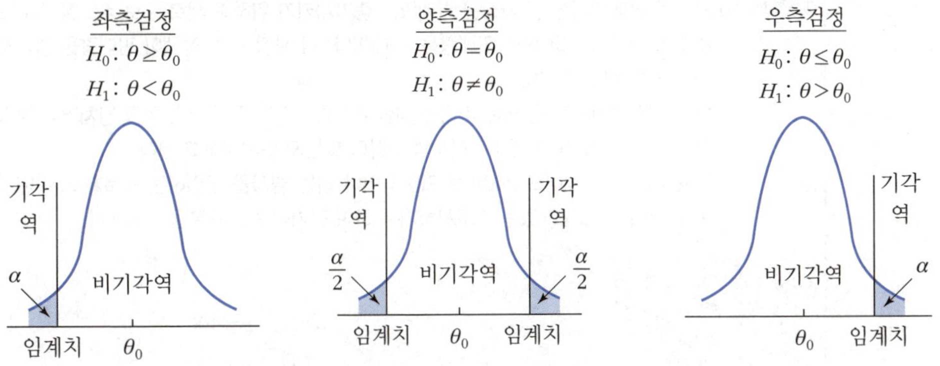

다. 그것은 귀무가설은 검정할 가설이고 우리가 계산할 때 포함해야 할 특정한 값을 필요로 하기 때문이다.

가설검정은 (2)와 같은 양측검정(two-tailed test)과 (1)과 (3) 같은 단측검정(one-tailed test)으로 구분된다.

귀무가설 H_0를 기각(reject)할 수 없는 것인지 또는 기각해야 할 것인지를 나타내는 영역은 대립가설의 형태에 따라 결정된다. [그림 10-1]은 대립가설의 형태에 따른 기각역(rejection region)과 비기각역(nonrejection region)을 나타내고 있다. 이와 같이 표본(검정)통계량의 표본분포는 기각역과 비기각역으로 나뉜다. 만일 검정통계량의 값이 기각역에 들어오면 귀무가설 H_0를 기각하고 비기각역에 들어오면 기각하지 말아야 한다.

양측검정의 경우에는 귀무가설을 거부하고 대립가설을 채택할 수 있는 영역이 양측에 있다. 즉 기각역이 [그림 10-1]에서 보는 바와 같이 표본분포의 양측 꼬리 부분에 있게 된다. 따라서 표본통계량의 값이 귀무가설 $\theta = \theta_0$와 매우 근접하여 있으면 귀무가설을 기각할 수 없지만 표본통계량의 값이 특정한 값 θ_0보다 현저하게 크거나 작으면 귀무가설을 기각하게 된다.

좌측검정의 경우에는 기각역이 좌측 꼬리 부분에 있기 때문에 표본통계량의 값이 θ_0보다 현저하게 작으면 귀무가설을 기각하게 된다. 한편 우측검정의 경우에는 기각역이 우측 꼬리 부분에 있게 된다. 따라서 표본통계량의 값이 θ_0보다 현저하게 크면 귀무가설을 기각하게 된다. 이때 단측검정의 경우 기각역의 위치는 대립가설의 부등호 방향과 언제나 일치해야 한다.

예제 10-1 다음 각 문제에 대해서 귀무가설과 대립가설을 설정하라.

(1) 자동차 판매대리점 김 사장은 판매량을 증가시키기 위하여 새로운 보너스 정책을 고려하고 있다. 현재 월 평균 판매량은 20대이다. 김 사장은 이 정책이 판매량을 증가시킬지 조사를 하고자 한다.

(2) 박카스를 생산하는 동아제약(주)는 함량이 100ml라고 주장한다. 이를 넘치거나 부족하면 기계를 조정한다고 한다. 회사의 주장이 맞는지 조사하려고 한다.

(3) 평균 내구력이 적어도 200파운드는 되어야 하는 철사를 구입하는 종로제조(주)에서는 이 규격이 지켜지고 있는지 조사하기 위하여 정기적으로 표본을 추출한다.

풀이

(1) $H_0 : \mu \leq 20$

$H_1 : \mu > 20$

(2) $H_0 : \mu = 100$

$H_1 : \mu \neq 100$

(3) $H_0 : \mu \geq 200$

$H_1 : \mu < 200$

EXCEL STATISTICS 가설검정의 오류

가설검정을 한다는 것은 귀무가설 H_0를 기각하느냐 또는 기각할 수 없느냐를 결정해야 함을 의미한다. 표본을 추출하여 얻은 표본결과와 귀무가설 H_0가 사실이라고 가정할 때 기대할 수 있는 결과를 서로 비교하여 결정하게 된다. 귀무가설 H_0가 사실이면 이를 기각할 수 없고 대립가설 H_1이 사실이면 귀무가설 H_0를 기각해야 하는 것이 당연하지만 표본이 어떻게 선택되느냐에 따른 표본오차(sampling error)로 인해 실제로 참인 가설을 기각하거나 실제로 거짓인 가설을 참으로 받아들이는 오류를 범하게 된다.

모평균에 관한 가설검정에 있어서는 귀무가설이 사실일 때 기대할 수 있는 결과(가정된 모수의 값)와 표본평균의 값이 현저하게 차이가 있느냐에 따라 귀무가설 H_0를 기각할 수 없다든지 또는 기각하게 된다. 표본분포의 성격상 표본평균의 값이 모평균의 값과 정확하게 일치할 수는 없다. 따라서 가설에 대해 잘못 결정할 가능성이 언제나 따르게 된다.

가설검정과 관련된 오류는 두 가지가 있다. 귀무가설 H_0가 실제로는 사실임에도 불구하고 허위라고 결론을 내릴 오류를 제 I 종 오류(Type I error)라고 하고 α로 표시한다. 이러한 오류를 범할 확률을 통계적 검정의 유의수준(level of significance)이라고도 한다. 범죄 재판에서 결백한 사람을 잘못하여 유죄라고 선언하면 제 I 종 오류를 범하게 된다.

TIP

제 I 종 오류

제 I 종 오류란 귀무가설 H_0가 사실임에도 불구하고 이를 채택하지 않고 거부하는 오류를 말한다.

한편 귀무가설 H_0가 허위임에도 불구하고 이것을 기각하지 못하는 오류를 제 II 종 오류(Type II error)라고 하고 β로 표시한다. 따라서 귀무가설을 기각하면 옳은 결정이 되어 제 II 종 오류는 발생할 수 없게 된다. 제 II 종 오류가 발생하지 않을 확률을 검정력(power of test) $1-\beta$라고 한다. 범죄 재판에서 유죄인 피고가 무죄라고 선언될 때 제 II 종 오류가 발생한다.

TIP

제 II 종 오류

제 II 종 오류란 귀무가설 H_0가 허위임에도 불구하고 이를 기각하지 않고 채택하는 오류를 말한다.

[표 10-1]은 제 I 종 오류와 제 II 종 오류의 차이를 보여 주고 있다.

제 I 종 오류와 제 II 종 오류는 가급적 작을수록 좋지만 일정한 표본크기에 대해서 이들을 동시에 감소시킬 수는 없다. 다만 표본크기를 증가시키면 이들을 동

표 10-1 제 I 종 오류와 제 II 종 오류

통계적 결정 \ 실제 상황	H_0가 사실	H_0가 허위 (H_1이 사실)
H_0 기각	제 I 종 오류 확률(제 I 종 오류)$=\alpha$	옳은 결정 확률(제 II 종 오류)$=1-\beta$
H_0 비기각	옳은 결정 확률(제 I 종 오류)$=1-\alpha$	제 II 종 오류 확률(제 II 종 오류)$=\beta$

시에 감소시킬 수는 있다. 표본크기가 일정할 때 제 I 종 오류를 범할 확률을 감소시키면 제 II 종 오류를 범할 확률은 증가한다. 이와 같이 α와 β는 부의 관계(상충관계)이다. 따라서 $\alpha=0$으로 놓을 수가 없다. 만일 $\alpha=0$이면 $\beta=1$이 되어 귀무가설 H_0가 거짓일 때 언제나 이를 수락하기 때문이다. α의 값은 두 오류의 상대적 중요성에 따라 결정된다.

α 위험은 귀무가설 H_0가 옳음에도(아무런 조치가 필요하지 않음에도) 불구하고 어떤 시정조치를 취하는 데 따르는 위험이고, β 위험은 귀무가설이 거짓임에도(어떤 조치가 필요함에도) 불구하고 아무런 조치를 취하지 않는 데 따르는 위험이다. 따라서 α와 β는 각 오류를 범하는 데 수반하는 손실을 고려해서 결정해야 한다. 그런데 일반적으로는 제 I 종 오류가 제 II 종 오류보다 피해가 더욱 심각하기 때문에 α 오류를 통제하는 것이 일반적이다.

α의 값은 보통 1%, 2%, 5%, 10% 등으로 의사결정자가 결정한다. $\alpha=0.05$란 귀무가설이 사실일 때 평균적으로 100번 가운데 5번 정도는 귀무가설을 잘못으로 기각하고 대립가설을 채택한다는 의미이다. 제 I 종 오류를 범할 위험수준의 선정은 제 I 종 오류를 범하는 데 따르는 대가에 의존한다. α의 값이 결정되면 $(1-\alpha)$의 값도 결정된다. $(1-\alpha)$는 신뢰계수(confidence coefficient)라고 하는데 귀무가설 H_0가 사실일 때 이를 기각하지 말아야 할 확률을 나타낸다. 이때 $(1-\alpha)\times 100\%$는 신뢰수준(confidence level)이 된다.

예제 10-2 Excel 자동차의 연비는 갤런당 평균 35마일이다. 그런데 제품개발그룹이 최근에 새로운 연료주입 시스템을 개발하여 갤런당 평균 마일리지를 향상시킨다고 주장하여 이를 검정하기 위하여 Excel 자동차의 표본 실험을 실시하고자 한다.

(1) 연구를 위한 가설을 설정하라.
(2) 이러한 상황에서 제 I 종 오류는 무엇인가? 이러한 오류를 범한 후의 결과는 무엇인가?
(3) 이러한 상황에서 제 II 종 오류는 무엇인가? 이러한 오류를 범한 후의 결과는 무엇인가?

풀이

(1) $H_0 : \mu \le 35$

$H_1 : \mu > 35$

(2) 귀무가설 $\mu \le 35$가 사실임에도 불구하고 이를 기각하는 오류. 새로운 시스템이 효율적이라는 대립가설 H_1이 사실이 아님에도 이를 채택하게 된다.

(3) 귀무가설 $\mu \le 35$가 거짓임에도 불구하고 이를 기각하지 못하는 오류. 대립가설 H_1이 사실임에도 이를 기각하게 된다.

EXCEL STATISTICS 결정규칙

가설검정을 실시함에 있어 사용되는 결정규칙(decision rule)은 설정된 가설을 기각하거나 비기각하는 데 따르는 오류를 범할 확률을 통제하는 데 기여한다.

검정통계량

모수에 대해 설정한 가설을 검정하기 위해서는 그 모집단으로부터 표본을 추출하여 필요한 검정통계량(test statistic)을 구해야 한다. 검정통계량은 귀무가설을 기각할 것인가 또는 기각하지 말아야 하는가를 결정할 기초가 되는 표본통계량이다.

범죄 재판에서 "충분한 증거"란 "합리적인 의심을 넘어서는 증거"라고 정의할 수 있는데 가설검정에서는 충분한 증거를 정의하기 위하여 검정통계량의 표본분포가 이용된다.

> **TIP**
>
> **검정통계량**
>
> 검정통계량이란 가설검정을 위하여 사용되는 표본통계량을 말한다. 예를 들면, 모평균에 관한 검정일 경우에는 표본평균이, 모분산일 경우에는 표본분산이, 모비율일 경우에는 표본비율이 검정통계량이 된다.

대부분의 가설검정에 있어서 검정통계량은 검정하고자 하는 모수의 점추정량으로부터 도출된다. 예컨대 모평균에 대한 가설검정에 있어서는 모평균 μ의 점추정량인 표본평균 $\bar{X}$가, 모분산인 경우에는 표본분산이, 모비율인 경우에는 표본비율이 검정통계량의 기초로서 이용된다.

유의수준과 임계치

표본평균 $\bar{X}$가 모평균 μ보다 크지만 얼마 미만일 때 현저한 차이가 없다고 인정하여 귀무가설 H_0를 기각할 수 없고, 얼마 이상일 때 귀무가설 H_0를 기각할 수 있는가?

귀무가설 H_0를 기각할 수 없거나 또는 기각할 기준점(cutoff point)을 검정통계량의 임계치(critical value)라고 한다. 즉 임계치는 기각역과 비기각역으로 나누는 점이다. 이 임계치의 결정은 기각역의 크기에 달려있고 기각역의 크기는 모수에 관한 결정을 위해 다만 표본결과를 사용하는 데 따르는 위험과 직접적인 관련이 있다.

> **TIP**
>
> **임계치**
>
> 임계치란 주어진 유의수준에 따른 통계량의 값으로서 귀무가설을 기각하거나 또는 기각하지 말아야 하는 기준점(경계값)을 말한다.

가설검정을 실시할 때는 의사결정자가 미리 유의수준 α를 결정한다. 그러면 이에 해당하는 임계치를 결정하고 이에 따라 기각역과 비기각역이 구분된다. 통계적 검정의 유의수준(level of significance)이란 제 I 종 오류를 범할 최대허용확률 α를 말한다.

> **TIP**
>
> **유의수준**
>
> 유의수준이란 귀무가설 H_0가 사실임에도 불구하고 잘못하여 이를 기각함으로써 제 I 종 오류를 범하는 최대허용확률 α를 말한다. 즉 귀무가설이 옳음에도 불구하고 기각될 확률을 말한다.

5%의 유의수준이란 반복적으로 추출된 크기 n의 표본들 중 다만 5%의 표본에서 잘못된 결론이 얻어질 수 있다는 것을 말한다.

유의수준이 낮을수록 기각역이 좁게 설정되어 사실인 귀무가설을 기각할 가능성은 낮아진다. 따라서 유의수준이 낮다는 것은 보다 엄격한 기준으로 대립가설을 채택하겠다는 것을 의미한다. [그림 10-1]에서 보는 바와 같이 양측검정의 경우 임계치는 분포의 양측 꼬리 부분에 있게 되지만 단측검정의 경우에는 좌측검정이냐 또는 우측검정이냐에 따라 한 쪽 꼬리 부분에 있게 된다.

모평균 μ에 대하여 가설검정을 실시할 때 귀무가설 H_0의 기각 여부를 결정하는 임계치는

- 표본평균 $\overline{X}$
- 표본평균 $\overline{X}$에 해당하는 Z값 또는 t값
- p값

등 세 가지 방법으로 나타낼 수 있다. 이와 같이 귀무가설 H_0의 기각 여부를 결정하는 방법은 기각역/비기각역 방법과 p값을 사용하는 방법이 있다.

가설검정을 실시할 때 표본평균 $\overline{X}$의 값이 모평균의 가정된 값 μ_0보다 현저한 차이를 보이면 귀무가설 H_0를 기각하게 된다. 다시 말하면, 귀무가설이 기각될 때 검정이 주어진 유의수준에서 통계적으로 유의하다(statistically significant)라고 말한다.

이와 같이 유의수준 α에 해당하는 임계치는 표본평균 $\overline{X}$를 이용하여 구할 수도 있지만 표본평균 $\overline{X}$와 모평균의 가정된 값을 직접 비교하는 방법은 오늘날 사용하지 않는다.

대신 주어진 유의수준 α에 해당하는 표준정규확률변수 Z의 임계치와 표본평균 $\overline{X}$를 $Z=\frac{\overline{X}-\mu_0}{\sigma/\sqrt{n}}$의 공식으로 표준화하여 얻는 Z값을 직접 비교하여 검정하는 방법이 오랫동안 사용되어 온 고전적 방법이다.

하지만 오늘날 EXCEL 또는 Minitab 등 컴퓨터 프로그램은 p값(p value)을 제공하기 때문에 p값을 유의수준 α와 직접 비교하여 귀무가설 H_0의 기각 여부를 결정하는 현대적 방법이 보편화되고 있다.

결정규칙

가설검정을 실시할 때 유의수준 α를 미리 결정하고 이에 해당하는 임계치를 계산함으로써 결정규칙을 정한다.

TIP

결정규칙

결정규칙이란 표본으로부터 계산한 검정통계량의 가능한 모든 값에 따라 귀무가설 H_0의 기각 여부를 미리 규명하는 가설검정 규칙을 말한다.

예를 들면, 양측검정의 결정규칙은 다음과 같다.

만일 $\frac{\overline{X}-\mu_0}{\sigma/\sqrt{n}} > Z_{\frac{\alpha}{2}}$ 또는 $\frac{\overline{X}-\mu_0}{\sigma/\sqrt{n}} < -Z_{\frac{\alpha}{2}}$이면 H_0를 기각

만일 p값$<\alpha$이면 H_0를 기각

검정하려고 하는 모집단에서 추출한 표본으로부터 계산한 검정통계량의 값이

그림 10-2 $\alpha=0.05$일 때 양측검정의 비기각역/기각역

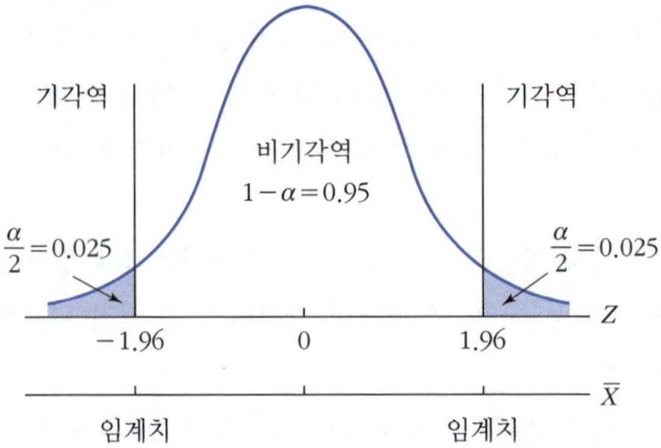

표 10-2 유의수준 α에 따른 Z의 임계치

검정 \ 유의수준		0.01	0.02	0.05	0.10
양측검정	$Z_{\frac{\alpha}{2}}$	2.575	2.33	1.96	1.645
	$-Z_{\frac{\alpha}{2}}$	−2.575	−2.33	−1.96	−1.645
단측검정	Z_{α}	2.33	2.05	1.645	1.28
	$-Z_{\alpha}$	−2.33	−2.05	−1.645	−1.28

유의수준 α에 따라 결정되는 비기각역에 들어오면 그 귀무가설 H_0를 기각할 수 없게 된다. 이때 그 값은 검정하려는 모수와 현저하지 않은(not significant) 차이를 보이기 때문이다. 한편 검정통계량의 값이 기각역에 들어오면 귀무가설 H_0를 기각하게 된다. 이는 그 값이 검정하려는 모수와 현저한 차이를 보이기 때문이다. [그림 10-2]는 유의수준 $\alpha=0.05$일 때 양측검정의 기각역과 비기각역을 보여 주고 있다.

[표 10-2]는 자주 사용되는 유의수준 α에 대응하는 Z의 임계치를 보여 주고 있다.

가설검정의 순서

모집단의 모수, 즉 모평균, 모분산, 모비율 등에 대해 설정한 가설을 검정하기 위해서는 유의수준 α와 표본크기 n을 선정한 후 표본을 추출하여 검정통계량을 계산하고 이 계산된 값과 가정된 모수의 값을 비교하게 되는데 가설검정의 일반적 순서를 정리하면 다음과 같다.

TIP

가설검정의 순서

(1) 가설의 설정

검정통계량을 사용할 때

(2) 유의수준 α에 해당하는 임계치 및 기각역 결정
(3) 검정통계량 계산
(4) 의사결정 : 귀무가설의 기각/비기각 여부 결정

p값을 사용할 때

(2) 검정통계량 계산
(3) p값 계산
(4) 의사결정 : 귀무가설의 기각/비기각 여부 결정

SECTION 10.2 모평균의 가설검정

예를 들면, 제조회사가 만드는 플라스틱 병의 두께가 2.4mm인지 알고 싶다든지, 어떤 소매점에서 고객의 평균 나이가 40세 이하인지 등등 단일 모평균을 검정

그림 10-3 모평균의 가설검정

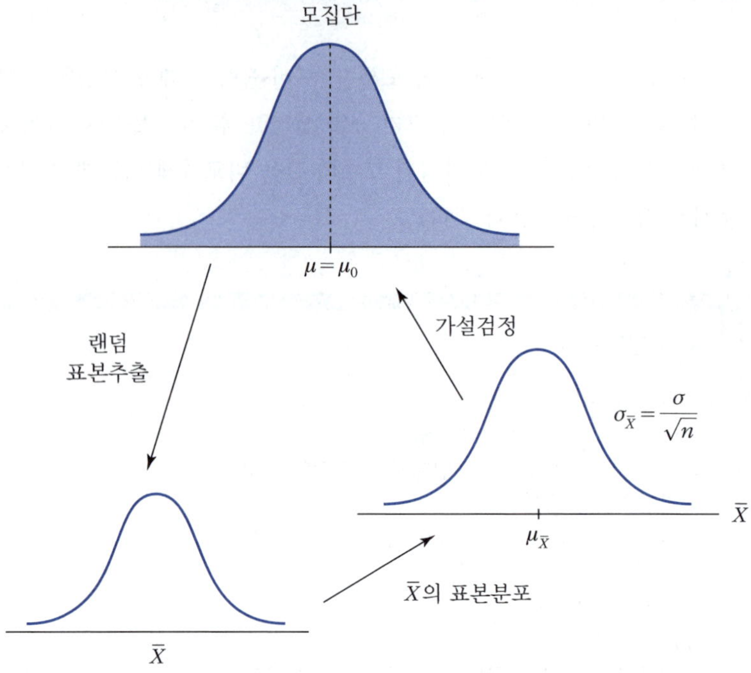

하는 기법은 본절에서 설명하고자 한다.

우리는 제9장에서 모평균의 추정을 위해서는 모평균에 대한 아무런 정보가 없는 경우에는 표본평균을 이용해서 탐색적인 과정을 통해 모평균을 추정할 수밖에 없음을 공부하였다. 그러나 모평균 가설검정에서는 모평균이 어떤 값을 가질 수 있는 가설이 설정가능하기 때문에 모평균을 탐색할 필요가 없게 된다. 이러한 경우에는 모평균이 설정된 값을 가질 수 있는지 표본평균과 평균의 표본분포를 통해 확률적으로 확인하는 가설검정 절차를 따르게 된다. 이는 [그림 10-3]에서 보는 바와 같다.

모평균의 가설검정을 함에 있어서는 모집단의 수, 모표준편차의 기지 여부, 표본의 수, 표본의 성격에 따라 [그림 10-4]에서 보는 바와 같이 Z검정 또는 t검정을 사용한다.

본장에서는 모집단의 수가 한 개인 경우, 제11장에서는 두 개인 경우, 제12장에서는 세 개인 경우를 공부할 것이다.

그림 10-4 모평균 가설검정의 경우

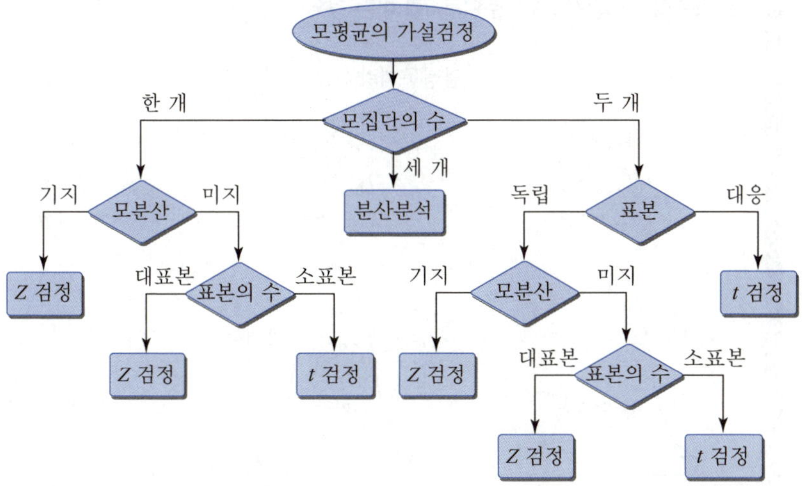

모집단이 하나인 경우 "모평균 μ가 특정한 값 θ_0와 같다"라는 귀무가설에 맞서 "모평균 $\mu \neq \theta_0$, $\mu > \theta_0$, $\mu < \theta_0$" 등으로 대립가설을 설정하고 이를 검정하게 된다.

EXCEL STATISTICS 모표준편차를 아는 경우

평균 μ, 분산 σ^2인 정규분포를 따르는 모집단으로부터 크기 n의 표본을 추출하여 미지의 모평균에 대한 가설을 검정하는 방법을 공부하기로 하자.

이때 모분산을 알고 있는 경우에는 표본크기에 상관없이 표준정규확률변수 Z통계량을 사용한다.

이 경우 모평균 μ에 대한 가설검정의 형태 및 결정규칙은 다음과 같다.

TIP

모평균의 가설검정 : 모표준편차 σ를 아는 경우

$$\text{검정통계량} : Z_C = \frac{\overline{X} - \mu_0}{\sigma/\sqrt{n}}$$

좌측검정	양측검정	우측검정
$H_0 : \mu \geq \mu_0$	$H_0 : \mu = \mu_0$	$H_0 : \mu \leq \mu_0$
$H_1 : \mu < \mu_0$	$H_1 : \mu \neq \mu_0$	$H_1 : \mu > \mu_0$

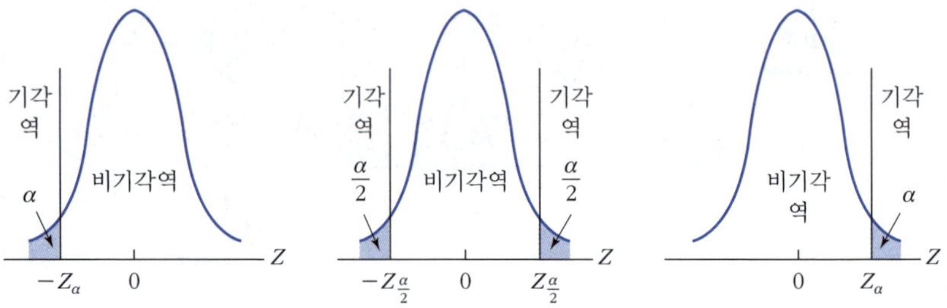

만일 $Z_c < -Z_\alpha$이면 H_0를 기각	만일 $Z_c < -Z_{\frac{\alpha}{2}}$ 또는 $Z_c > Z_{\frac{\alpha}{2}}$이면 H_0를 기각	만일 $Z_c > Z_\alpha$이면 H_0를 기각

모든 경우에 p값 $< \alpha$이면 H_0를 기각

양측검정

귀무가설이 사실이고 $\mu = \mu_0$이라면 확률변수 Z는 다음과 같이 표준정규분포를 따른다.

$$Z_c = \frac{\overline{X} - \mu_0}{\sigma/\sqrt{n}}$$

이와 같이 구한 Z값을 계산된 Z값(computed Z value) 또는 Z통계량(Z statistic)이라고 한다. 이 경우 Z분포를 이용하여 모수에 대해 설정된 가설을 검정하기 때문에 Z검정(Z test)이라고 한다.

양측검정에서 유의수준이 α일 때 다음 식이 성립한다.

$$P(Z > Z_{\frac{\alpha}{2}}) = \frac{\alpha}{2}$$

$$P(Z < -Z_{\frac{\alpha}{2}}) = \frac{\alpha}{2}$$

이와 같이 양측검정의 경우에는 Z의 임계치가 $Z_{\frac{\alpha}{2}}$와 $-Z_{\frac{\alpha}{2}}$ 등 두 개이기 때문에 기각역이 양측 꼬리 부분에 존재한다.

검정을 위해서는 계산된 Z값과 유의수준 α에 따라 표준정규분포표에서 구한 두 개의 임계치를 비교한 후 귀무가설 H_0의 기각 여부를 결정한다. 만일 유의수준에 따라 결정하는 임계치로 구분하는 비기각역에 계산된 Z값이 포함되면 귀무가설 H_0를 기각할 수 없고, 기각역에 Z값이 포함되면 귀무가설 H_0를 기각하게 된다.

모표준편차를 아는 경우 모평균에 관해 가설검정을 할 때 가설의 형태에 따라 Z임계치와 p값은 Excel을 사용하여 구할 수 있다.

Excel을 사용하여 σ를 아는 경우 모평균의 가설검정을 할 때 Z임계치 구하기
좌측검정($-Z_\alpha$) : =−NORM.S.INV(1−α)
우측검정(Z_α) : =NORM.S.INV(1−α)
양측검정($-Z_{\frac{\alpha}{2}}$, $Z_{\frac{\alpha}{2}}$) : =NORM.S.INV(1−$\frac{\alpha}{2}$)
Excel을 사용하여 σ를 아는 경우 모평균의 가설검정을 할 때 p값 구하기
좌측검정 : =NORM.S.DIST(Z통계량, True)
우측검정 : =1=−NORM.S.DIST(Z통계량, True)
양측검정 : =2*NORM.S.DIST(ABS(Z통계량, True)

예제 10-3 종로 식품(주)는 시리얼을 생산하는데 박스에 12온스를 담는 기계의 성능을 테스트하고자 한다. 품질관리기사는 과 · 부족이 발생하면 기계를 조정해야 한다. 박스의 무게는 표준편차 0.5온스의 정규분포를 따른다고 한다. 랜덤 표본으로 36개의 박스를 추출하여 무게를 측정한 결과 다음과 같은 데이터를 얻었다. 유의수준 5%로 기계를 조정해야 할지 검정하라.

	A	B	C	D	E	F	G	H	I
1	11.5	10.9	11.2	12.1	11.3	12.3	11.8	11.9	12
2	12.7	11.6	10.8	11.9	11.1	12.1	11.1	12.3	11
3	12.5	12.2	12	11.8	13.2	11.3	11.7	12	11.5
4	11.6	12.9	12.4	12.2	12.1	12.5	13.2	12.1	12.2

풀이

(1) 가설의 설정

$H_0 : \mu = 12$

$H_1 : \mu \neq 12$

(2) 유의 수준 $\alpha = 0.05$에 해당하는 임계치 및 기각역 결정

$Z_{\frac{\alpha}{2}} = Z_{0.025} = 1.96 \qquad -Z_{\frac{\alpha}{2}} = -Z_{0.025} = -1.96$

비기각역 : $-1.96 \leq Z_c \leq 1.96$

기각역 : $Z_c < -1.96$ 또는 $Z_c > 1.96$

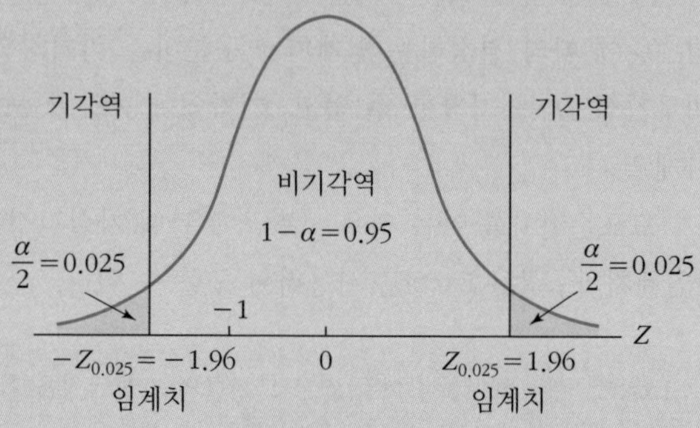

(3) 검정통계량 계산

$\overline{X} = 11.9167$

$$Z_c = \frac{\overline{X} - \mu_0}{\sigma/\sqrt{n}} = \frac{11.9167 - 12}{0.5/\sqrt{36}} = -1$$

(4) 의사결정

$Z_c = -1 > -Z_{0.025} = -1.96$이므로 귀무가설 H_0를 기각할 수 없다.

따라서 기계를 조정할 필요는 없다.

■ Excel 활용

셀 주소	수식	비고
G5	=COUNT(A1:D9)	
G6	=AVERAGE(A1:D9)	
G7	=G1/SQRT(G5)	
G8	=(G6−G3)/G7	
G9	=−ABS(NORM.S.INV(G2/2))	
G10	=ABS(NORM.S.INV(G2/2))	
G11	=2*(1−NORM.S.DIST(ABS(G8), 1))	
F13	=IF(G8)>=G9, "귀무가설을 기각할 수 없음", "귀무가설을 기각할 수 있음")	

	A	B	C	D	E	F	G
1	11.5	10.9	11.2	12.1		모표준편차	0.5
2	12.7	11.6	10.8	11.9		유의수준	0.05
3	12.5	12.2	12	11.8		가정된 모평균	12
4	11.6	12.9	12.4	12.2			
5	11.3	12.3	11.8	11.9		표본크기	36
6	11.1	12.1	11.1	12.3		표본평균	11.91667
7	13.2	11.3	11.7	12		평균의 표준오차	0.083333
8	12.1	12.5	13.2	12.1		Z통계량	-1
9	12	11	11.5	12.2		좌측Z임계치	-1.95996
10						우측Z임계치	1.959964
11						P값	0.317311
12							
13						귀무가설을 기각할 수 없음	

p값을 이용한 가설검정

앞절에서 모평균 μ에 대한 가설검정을 할 때 표본평균 $\bar{X}$에 해당하는 Z검정통계량을 계산한 후 이를 유의수준 α에 해당하는 Z의 임계치와 직접 비교하여 귀무가설의 채택 여부를 결정하였다.

이러한 고전적 가설검정 방법에 있어서는 일정한 규칙이 없어 의사결정자가 자의로 유의수준을 결정하기 때문에 동일한 데이터에 대해서도 사람에 따라 유의수준을 얼마로 정하느냐에 따라서 귀무가설을 기각할 수도 있고 기각하지 않는 경우도 발생할 수 있다.

이런 경우에 p값(p-value)이라고 하는 통계치를 계산함으로써 의사결정자로 하여금 참인 귀무가설을 기각할 최소 수준의 α값으로 사용할 수 있게 하는 방법이 효과적이라고 할 수 있다. p값은 관찰된 표본통계량에 입각하여 귀무가설을 기각할 수 있는 유의수준 α의 최소 수준을 의미하기 때문에 유의확률(significance probability)이라고도 한다. 따라서 의사결정자가 자의로 결정하는 가능한 여러 값의 유의수준 α와 관찰된 표본통계량으로부터 구한 p값을 직접 비교함으로써 귀무가설 H_0의 기각 여부를 결정할 수 있다.

TIP

p값에 의한 결정규칙

만일 p값$<\alpha$이면 H_0를 기각

p값$\geq\alpha$이면 H_0를 기각할 수 없음

이 귀무가설 검정기준은 정규분포를 이용한 검정은 물론 t분포, χ^2 분포, F분포 등 다른 분포를 이용한 검정에도 동일하게 적용되므로 기억해 둘 필요가 있는 것이다. p값은 통계 프로그램을 이용하면 출력된다.

일반적으로 p값이 작으면 작을수록 대립가설을 채택할 충분한 근거를 갖게 되고 반대로 p값이 크면 클수록 대립가설을 기각할 가능성은 높게 된다. 그래서 우리는 p값과 $\alpha=0.05$를 비교하여 가설을 검정한다.

만일 p값이 0.01과 0.05 사이에 속하면 귀무가설을 기각하고 대립가설이 옳다고 추론할 수 있는 강한 증거가 존재한다고 말한다. 이때 검정은 통계적으로 강하게 유의미하다(statistically significant)고 말한다. 반대로 p값이 0.05를 상회하는 경우에는 귀무가설을 기각할 수 없으므로 검정은 통계적으로 유의미한 결과를 발견하지 못했다고 할 수 있다.

만일 유의수준 α가 사전에 설정되지 않는 경우에는 귀무가설을 기각하거나 기각하지 않을지 판단할 유의수준의 대용으로 p값을 사용할 수 있다.

> **TIP**
>
> **p값**
>
> p값이란 귀무가설이 진실이라는 가정하에서 검정통계량이 표본으로부터 계산된 검정통계량의 값보다 더욱 멀어져 귀무가설 H_0를 기각시킬 확률을 말한다.

예를 들면, 우측검정의 경우 p값이란 귀무가설이 진실이라는 가정하에서 검정통계량(Z)이 표본으로부터 계산된 검정통계량의 값(Z_s)보다 클 확률을 말한다.

p값은 가설검정의 형태에 따라 구하는 공식이 다르다. 만일 표본으로부터 계산한 검정통계량을 Z_c라고 하면 p값은 다음과 같이 계산한다.

> **TIP**
>
> **p값 계산방법**
>
> 만일 $H_1 : \mu + \mu_0$이면 p값$-2P(Z>|Z_c|)$
>
> $H_1 : \mu < \mu_0$이면 p값$=P(Z<Z_c)$
>
> $H_1 : \mu > \mu_0$이면 p값$=P(Z>Z_c)$
>
> $$Z_c = \frac{\overline{X}-\mu_0}{\sigma/\sqrt{n}}$$

계산한 p 값이 나타내는 부분은 다음 그림과 같다.

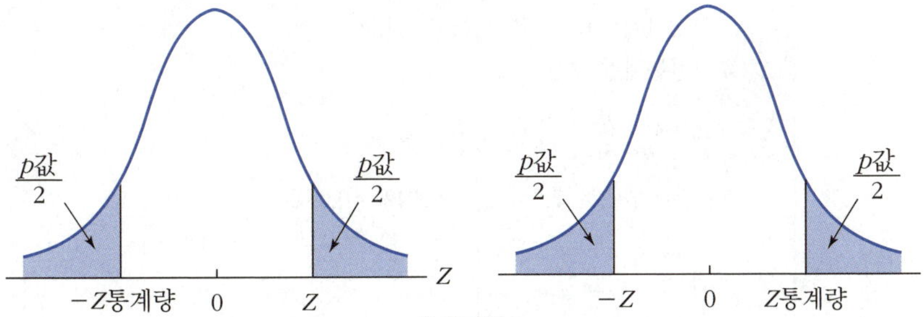

양측검정

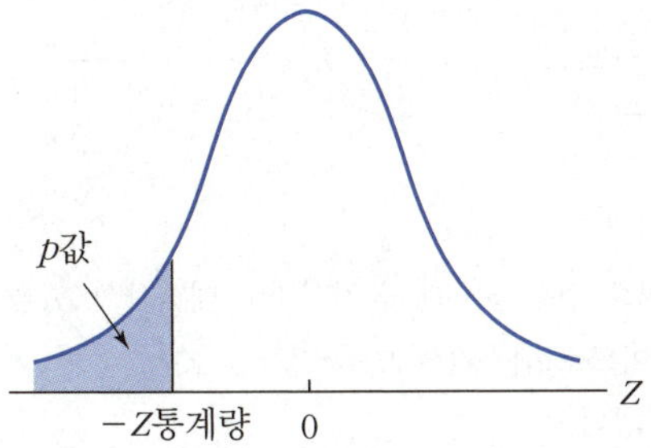

좌측검정

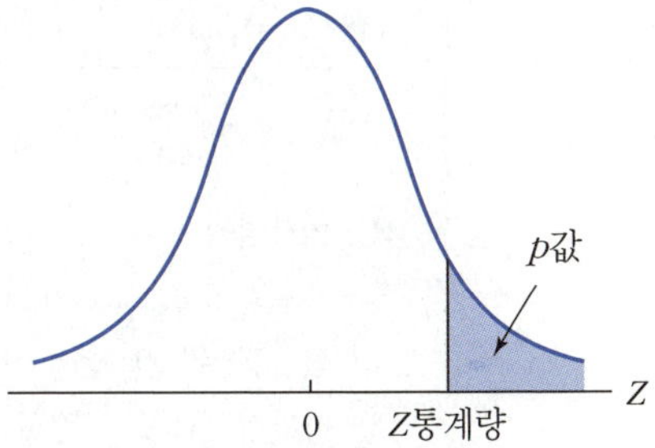

우측검정

예제 10-4 평화 땅콩(주)는 16온스가 든 땅콩 캔을 생산 판매한다. 16온스보다 많으면 손실을 가져오고 적으면 고객을 상실하기 때문에 검사자는 매일 36개의 캔을 랜덤으로 추출하여 무게를 측정함으로써 필요하면 공정을 조정하려고 한다. 모표준편차는 0.8온스라고 알려져 있다. 어느 날 다음과 같이 36개 캔의 무게를 측정한 결과 평균은 16.38온스였다. 회사의 주장대로 16온스인지 유의수준 5%로 검정하라.

	A	B	C	D	E	F
1	16	16.46	16.1	16.52	16.16	16.54
2	16.08	16.48	16.12	16.53	16.18	16.54
3	16.08	16.5	16.12	16.53	16.2	16.55
4	16.08	16.5	16.14	16.54	16.3	16.55
5	16.56	16.39	16.57	16.42	16.58	16.62
6	16.35	16.72	16.35	16.35	16.38	16.59

풀이

(1) 가설의 설정

$H_0 : \mu = 16$

$H_1 : \mu \neq 16$

(2) 유의수준 $\alpha = 0.05$에 해당하는 임계치 및 기각역 결정

$Z_{\frac{\alpha}{2}} = Z_{0.025} = 1.96 \qquad -Z_{\frac{\alpha}{2}} = -Z_{0.025} = -1.96$

비기각역 : $-1.96 \leq Z_c \leq 1.96$

기각역 : $-1.96 > Z_c$ 또는 $Z_c > 1.96$

(3) 검정통계량 계산

$$Z_c = \frac{\overline{X} - \mu_0}{\sigma/\sqrt{n}} = \frac{16.38 - 16}{0.8/\sqrt{36}} = 2.85$$

p값$= 2P(Z > |2.85|) = 2(0.0022) = 0.0044$

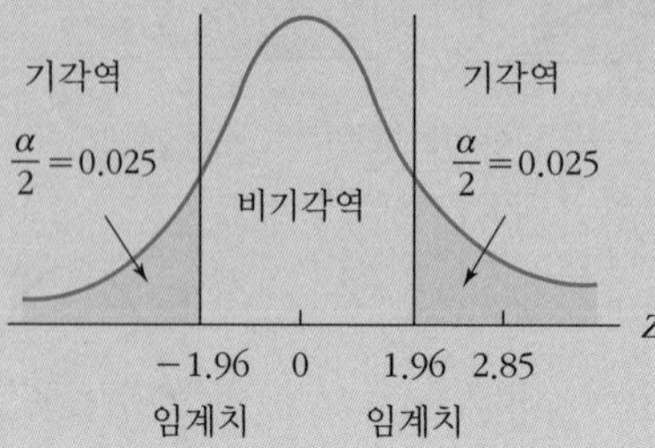

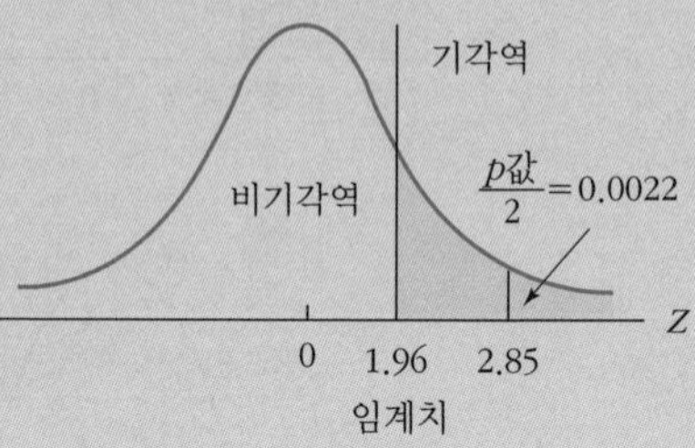

(4) 의사결정

$Z_c = 2.85 > Z_{0.025} = 1.96$이므로 귀무가설 H_0를 기각하고 대립가설 H_1을 채택한다. 한편 p값$= 0.0044 < \alpha = 0.05$이므로 귀무가설 H_0를 기각한다.

따라서 공정을 조정하여야 한다.

■ Excel 활용

셀 주소	수식	비고
G1	=COUNT(A1:D9)	
G2	=AVERAGE(A1:D9)	
G7	=(G2−G5)/(G3/SQRT(G1))	
G8	=ABS(NORM.S.INV(G4))	
G9	=−ABS(NORM.S.INV(G4))	
G10	=2 * MIN(NORM.S.DIST(G7, 1), 1−NORM.S.DIST(G7, 1))	
F11	=IF(G10<G4, "귀무가설을 기각함", "귀무가설을 기각할 수 없음")	

	A	B	C	D	E	F	G
1	16	16.18	16.46	16.54		표본크기	36
2	16.08	16.2	16.48	16.55		표본평균	16.38
3	16.08	16.3	16.5	16.55		모표준편차	0.8
4	16.08	16.35	16.5	16.56		유의수준	0.05
5	16.1	16.35	16.52	16.57		가정된 무평균	16
6	16.12	16.35	16.53	16.58			
7	16.12	16.38	16.53	16.59		Z통계량	2.85
8	16.14	16.39	16.54	16.62		우측Z임계치	1.645
9	16.16	16.42	16.54	16.72		좌측Z임계치	-1.645
10						양측확률(p값)	0.004
11						귀무가설을 기각함	

신뢰구간과 가설검정의 관계

신뢰구간 설정과 양측 가설검정은 서로 다른 목적으로 이용되지만 밀접한 관계에 있다. $H_0 : \mu=\mu_0$, $H_1 : \mu\neq\mu_0$를 유의수준 α로 검정할 때 모평균 μ에 대한 $100(1-\alpha)\%$ 신뢰구간 속에 특정한 값 μ_0가 포함되면 귀무가설 H_0는 기각하지 못하고 신뢰구간을 벗어나면 이를 기각한다.

이와 같이 신뢰구간 설정과 가설검정의 결과는 언제나 동일하다. 동일한 표본을 사용하여 같은 모수에 대하여 구간추정과 가설검정을 할 때 하나의 절차를 사용하더라도 같은 추론의 결과를 얻을 수 있다.

모평균 μ에 대한 $100(1-\alpha)\%$ 신뢰구간은 다음과 같다.

$$\bar{X}-Z_{\frac{\alpha}{2}}\frac{\sigma}{\sqrt{n}},\ \bar{X}+Z_{\frac{\alpha}{2}}\frac{\sigma}{\sqrt{n}}$$

한편 유의수준 α로 $H_0 : \mu=\mu_0$, $H_1 : \mu\neq\mu_0$의 양측검정을 할 때 기각역은 다음과 같다.

$$\frac{\bar{X}-\mu_0}{\sigma/\sqrt{n}}>Z_{\frac{\alpha}{2}} \text{ 또는 } \frac{\bar{X}-\mu_0}{\sigma/\sqrt{n}}<-Z_{\frac{\alpha}{2}}$$

따라서 비기각역은 다음과 같다.

$$-Z_{\frac{\alpha}{2}}<\frac{\bar{X}-\mu_0}{\sigma/\sqrt{n}}<Z_{\frac{\alpha}{2}}$$

다시 정리하면, 비기각역은 다음과 같다.

$$\bar{X}-Z_{\frac{\alpha}{2}}\frac{\sigma}{\sqrt{n}}<\mu_0<\bar{X}+Z_{\frac{\alpha}{2}}\frac{\sigma}{\sqrt{n}}$$

귀무가설 H_0의 비기각역의 한계는 신뢰구간의 한계와 같음을 알 수 있다. 신뢰구간은 모평균 μ에 대한 특정한 값 μ_0를 가정하는 어떠한 귀무가설에 대한 양측검정의 결과를 즉시 알려준다고 할 수 있다. 이와 같이 신뢰구간 추정으로 가설검정을 할 수 있다. 가정된 특정한 값 μ_0가 신뢰구간 내에 들어가면 귀무가설 $H_0 : \mu=\mu_0$는 기각할 수 없고 신뢰구간을 벗어나면 귀무가설을 기각해야 한다. 이와 같이 주어진 신뢰수준에서 빅데이터 시대의 표본크기 n이 크게 증가할수록 표본평균 $\bar{X}$와 가정된 모평균 μ_0 사이에 차이가 있더라도 귀무가설 $H_0 : \mu=\mu_0$를 기각할 가능성은 커진다.

예를 들어 보자.

[예제 10-4]에서 $\alpha=0.05$이므로 모평균 μ에 대한 신뢰구간은 다음과 같이 계산한다.

$$P\left(\overline{X}-Z_{\frac{\alpha}{2}}\frac{\sigma}{\sqrt{n}}\le\mu\le\overline{X}+Z_{\frac{\alpha}{2}}\frac{\sigma}{\sqrt{n}}\right)=1-\alpha$$

$$16.38-1.96\left(\frac{0.8}{\sqrt{36}}\right)\le\mu\le16.38+1.96\left(\frac{0.8}{\sqrt{36}}\right)$$

$$16.12\le\mu\le16.64$$

귀무가설의 $\mu_0=16$은 신뢰구간 내에 들어가지 않으므로 귀무가설을 기각해야 한다.

좌측검정

좌측검정에서 유의수준이 α일 때 다음 식이 성립한다.

$$P(Z<-Z_\alpha)=\alpha$$

이와 같이 좌측검정의 경우에는 임계치가 $-Z_\alpha$이기 때문에 기각역이 좌측 꼬리 부분에만 존재한다.

예제 10-5 희망 자동차(주)에서는 새로운 모델을 시판하면서 고속도로에서의 주행거리는 적어도 32.5마일/갤런이라고 주장한다. 이러한 회사의 주장이 맞는지 알아보기 위하여 그 모델 36대의 주행거리를 다음과 같이 시험한 결과 $\overline{X}=30.4$마일/갤런이었다. 그런데 과거의 경험에 의해서 모표준편차는 5.3마일/갤런이라는 사실은 알고 있다. 유의수준 5%로 회사의 주장이 맞는지 검정하라.

	A	B	C	D	E	F
1	25.5	30.3	25.7	30.5	25.9	30.7
2	25.5	30.3	25.8	30.6	25.9	30.8
3	25.6	30.4	25.8	30.6	25.9	30.8
4	25.7	30.4	25.9	30.6	30	30.8
5	30	30.9	30.2	30	40	30.2
6	30	40.2	40.3	30.1	40.3	40.4

풀이

(1) 가설의 설정

$H_0:\mu\ge32.5$

$H_1:\mu<32.5$

(2) 유의수준 $\alpha=0.05$에 해당하는 임계치 및 기각역 결정

$-Z_{\alpha}=-Z_{0.05}=-1.645$

비기각역 : $-1.645 \le Z_c$

기각역 : $-1.645 > Z_c$

(3) 검정통계량 계산

$$Z_c=\frac{\bar{X}-\mu_0}{\sigma/\sqrt{n}}=\frac{30.35-32.5}{5.3/\sqrt{36}}=-2.43$$

p값$=P(Z<-2.43)=0.0075$

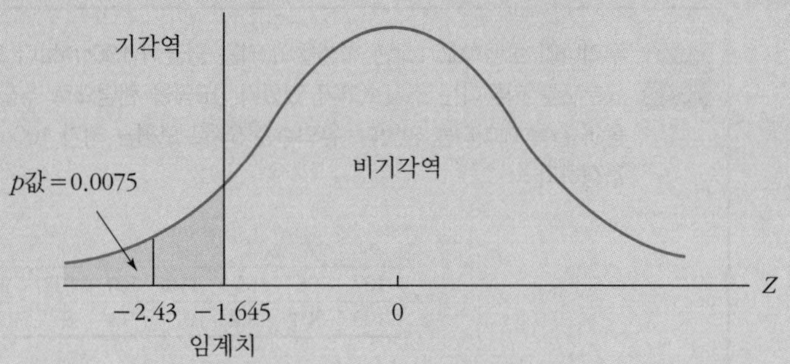

(4) $Z_c=-2.43<-Z_{0.05}=-1.645$이므로 귀무가설 H_0를 기각한다. 한편 p값$=0.0075<\alpha=0.05$이므로 귀무가설 H_0를 기각한다.

따라서 회사의 주장은 받아들일 수 없다.

■ Excel 활용

셀 주소	수식	비고
G1	=COUNT(A1:D9)	
G3	=AVERAGE(A1:D9)	
G7	=(G3−G2)/(G4/SQRT(G1))	
G8	=−ABS(NORM.S.INV(G5))	
G9	=NORM.S.DIST(G7, 1)	
F11	=IF(G9<G5, "귀무가설을 기각함", "귀무가설을 기각할 수 없음")	

	A	B	C	D	E	F	G
1	25.5	25.9	30.3	30.8		표본크기	36
2	25.5	25.9	30.3	30.8		가정된 모평균	32.5
3	25.6	30	30.4	30.8		표본평균	30.35
4	25.7	30	30.4	30.9		모표준편차	5.3
5	25.7	30	30.5	40		유의수준	0.05
6	25.8	30	30.6	40.2			
7	25.8	30.1	30.6	40.3		Z통계량	-2.43396226
8	25.9	30.2	30.6	40.3		좌측Z임계치	-1.64485363
9	25.9	30.2	30.7	40.4		좌측확률(p값)	0.007467276
10							
11						귀무가설을 기각함	

우측검정

우측검정에서 유의수준이 α일 때 다음 식이 성립한다.

$$P(Z > Z_\alpha) = \alpha$$

이와 같이 우측검정의 경우에는 임계치가 Z_α이기 때문에 기각역이 우측 꼬리 부분에만 존재한다.

예제 10-6 우리나라 초등학교 1학년 학생들의 키는 평균이 100cm보다 크고 표준편차는 5cm인 정규분포를 따른다는 조사보고가 있었다. 16명을 랜덤으로 추출하여 키를 측정한 결과 다음과 같은 데이터를 얻었다. 유의수준 5%로 모평균 키가 100cm보다 크다고 하는 주장을 검정하라.

	A	B	C	D	E	F	G	H
1	107	96	95	110	101	103	95	100
2	103	101	102	97	98	97	125	108

풀이

(1) 가설의 설정

$H_0 : \mu \le 100$

$H_1 : \mu > 100$

(2) 유의수준 $\alpha = 0.05$에 해당하는 임계치 및 기각역 결정

$Z_\alpha = Z_{0.05} = 1.645$

비기각역 : $Z_c \le 1.645$

기각역 : $Z_c > 1.645$

(3) 검정통계량 계산

$$\bar{X} = \frac{107 + \cdots + 108}{16} = 102.375$$

$$Z_c = \frac{\bar{X} - \mu_0}{\sigma_{\bar{X}}} = \frac{102.375 - 100}{5/\sqrt{16}} = 1.9$$

p값 $= P(Z > 1.9) = 0.0287$

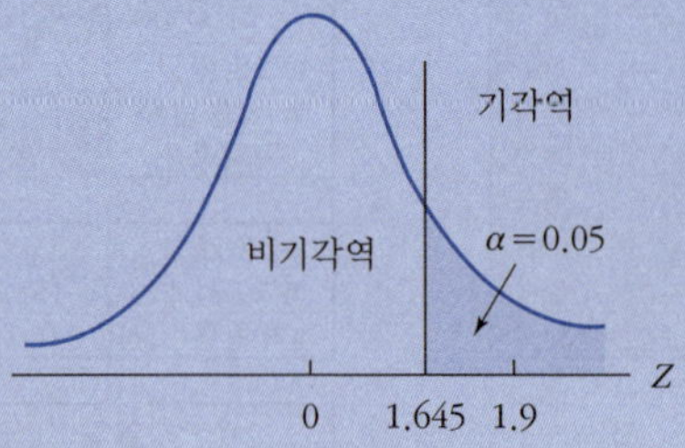

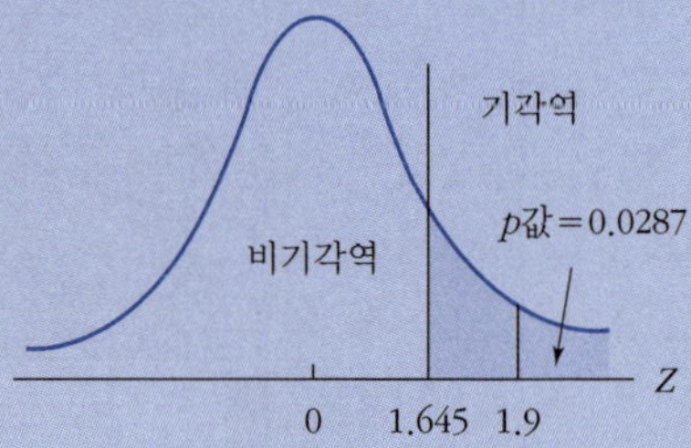

(4) 의사결정

$Z_c = 1.9 > Z_{0.05} = 1.645$이므로 귀무가설 H_0를 기각한다. 한편 p값$=0.0287 < \alpha = 0.05$이므로 귀무가설 H_0를 기각한다. 즉 학생들의 평균 키는 100cm보다 크다고 할 수 있다.

■ Excel 활용

셀 주소	수식	비고
E5	=COUNT(A1:B8)	
E6	=AVERAGE(A1:B8)	
E7	=E1/SQRT(E5)	
E8	=(E6−E3)/E7	
E9	=ABS(NORM.S.INV(E2))	
E10	=1−NORM.S.DIST(ABS(E8), 1)	
D12	=IF(E10<E2, “귀무가설을 기각함”, “귀무가설을 기각할 수 없음”)	

	A	B	C	D	E
1	107	96		모표준편차	5
2	103	101		유의수준	0.05
3	95	110		가정된 모평균	100
4	102	97			
5	101	103		표본크기	16
6	98	97		표본평균	102.375
7	95	100		평균의 표준오차	1.25
8	125	108		Z통계량	1.9
9				우측Z임계치	1.6449
10				p값	0.0287
11					
12				귀무가설을 기각함	

모표준편차를 모르는 경우

소표본

평균 μ인 정규분포를 따르는 모집단으로부터 크기가 작은 표본을 추출하여 모평균 μ에 대한 가설을 검정하는 문제를 공부하기로 하자. 이 문제에 있어서는 모분산을 모르는 것으로 전제를 하기 때문에 그의 추정량으로 표본분산을 사용하게 된다.

표본크기가 30 이하이면 추정을 할 때 t분포를 이용한다는 것은 이미 배운 바와 같다. 가설검정을 함에 있어서도 t값을 이용하게 된다. 따라서 이를 t검정(t test)이라고 한다.

표본평균이 $\overline{X}$, 표본분산이 S^2일 때 확률변수 t는

$$t = \frac{\overline{X} - \mu_0}{S_{\overline{X}}} = \frac{\overline{X} - \mu_0}{S/\sqrt{n}}$$

으로 자유도 $(n-1)$의 t분포를 따른다.

모분산을 모르고 소표본인 경우 모평균 μ에 대한 가설검정의 형태 및 결정규칙은 다음과 같다.

TIP

모평균의 가설검정 : 모표준편차를 모르는 경우 (소표본)

검정통계량 : $t_C = \dfrac{\overline{X} - \mu_0}{S/\sqrt{n}}$

좌측검정	양측검정	우측검정
$H_0 : \mu \geq \mu_0$	$H_0 : \mu = \mu_0$	$H_0 : \mu \leq \mu_0$
$H_1 : \mu < \mu_0$	$H_1 : \mu \neq \mu_0$	$H_1 : \mu > \mu_0$

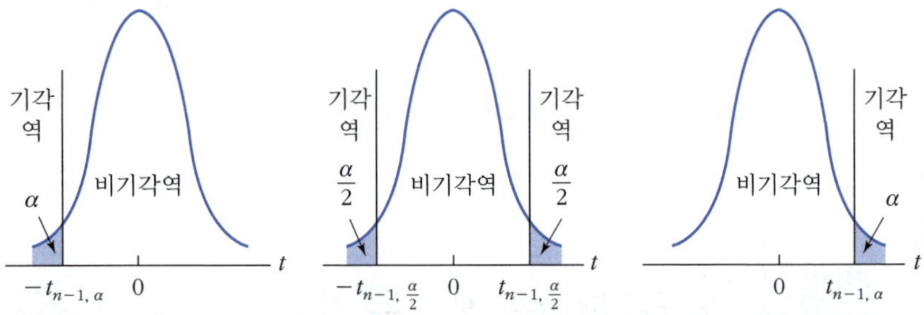

좌측검정	양측검정	우측검정
만일 $t_c < -t_{n-1,\,\alpha}$이면 H_0를 기각	만일 $t_c < -t_{n-1,\,\frac{\alpha}{2}}$ 또는 $t_c > t_{n-1,\,\frac{\alpha}{2}}$이면 H_0를 기각	만일 $t_c > t_{n-1,\,\alpha}$이면 H_0를 기각

모든 경우에 p값$<\alpha$이면 H_0를 기각

모표준편차를 모르는 경우 모평균에 관해 가설검정을 할 때 가설의 형태에 따라 Excel을 사용하여 t임계치와 p값을 구할 수 있다.

Excel을 사용하여 σ를 모르는 경우 모평균의 가설검정을 할 때 t임계치 구하기

좌측검정$(-t_{n-1,\alpha})$: =−T.INV(1−α, n−1)

우측검정$(t_{n-1,\alpha})$: =T.INV(1−α, n−1)

양측검정$(-t_{n-1,\frac{\alpha}{2}},\ t_{n-1,\frac{\alpha}{2}})$: =T.INV(1−$\frac{\alpha}{2}$, n−1) 또는 =T.INV.2T(α, n−1)

Excel을 사용하여 σ를 모르는 경우 모평균의 가설검정을 할 때 p값 구하기

좌측검정 : =T.DIST(t통계량, 자유도, True)

우측검정 : =1−T.DIST(t통계량, 자유도, True)

양측검정 : =2*MIN(T.DIST(t통계량, 자유도, True)), 1−T.DIST(t통계량, 자유도, True) 또는 =T.DIST.2T(ABS(t통계량), n−1)

예제 10-7 어떤 연구소 보고에 의하면 성동구에 사는 남자 실버들이 하루에 TV를 시청하는 시간은 평균 6시간 이상이라고 한다. 이것이 사실인지 확인하기 위하여 15명을 랜덤으로 추출하여 조사한 결과 다음과 같은 데이터를 얻었다. 연구보고서가 옳은지 유의수준 5%로 검정하라.

	A	B	C	D	E	F	G	H
1	5.5	5.8	6.3	6.5	6.7	6.9	7.3	7.9
2	5.7	6.1	6.3	6.6	6.9	7.2	7.3	

풀이

(1) 가설의 설정

$H_0 : \mu \leq 6$

$H_1 : \mu > 6$

(2) 유의수준 $\alpha=0.05$에 해당하는 임계치 및 기각역 결정

$t_{n-1,\alpha}=t_{14,\,0.05}=1.761$

비기각역 : $t_c \leq 1.761$

기각역 : $t_c > 1.761$

(3) 검정통계량 계산

$$\bar{X}=\frac{\sum X}{n}=\frac{99}{15}=6.6$$

$$S=\sqrt{\frac{\sum(X-\bar{X})^2}{n-1}}=\sqrt{\frac{6.32}{14}}=0.6719$$

$$t_c=\frac{\bar{X}-\mu_0}{S/\sqrt{n}}=\frac{6.6-6}{0.672/\sqrt{15}}=3.4586$$

(4) 의사결정

$t_c=3.4586>t_{14,\ 0.05}=1.761$이므로 귀무가설 H_0를 기각한다. 한편 컴퓨터 출력결과 p값$=0.0019<\alpha=0.05$이므로 귀무가설 H_0를 기각한다.[1] 즉 보고서는 옳다.

■ Excel 활용

셀 주소	수식	비고
E4	=COUNT(A1:B8)	
E5	=AVERAGE(A1:B8)	
E6	=STDEV.S(A1:B8)	
E7	=E6/SQRT(E4)	
E8	=(E5−E2)/E7	
E9	=T.INV.2T(2 * E1, E4−1)	
E10	=1−T.DIST(E8, E4−1, 1)	
D12	=IF(E10<E1, "귀무가설을 기각함", "귀무가설을 기각할 수 없음")	

	A	B	C	D	E
1	5.5	6.7		유의수준	0.05
2	5.7	6.9		가정된 모평균	6
3	5.8	6.9			
4	6.1	7.2		표본크기	15
5	6.3	7.3		표본평균	6.6
6	6.3	7.3		표본표준편차	0.6719
7	6.5	7.9		평균의 표준오차	0.1735
8	6.6			t통계량	3.4586
9				우측t임계치	1.7613
10				p값	0.0019
11					
12				귀무가설을 기각함	

대표본

우리는 가설검정을 함에 있어서 모집단의 분포가 정규분포이며 그의 모분산을 알고 있으면 Z값을 이용하여 왔으며, 모집단이 정규분포를 따르지만 그의 모분산을 모르는 경우에는 t값을 이용하여 왔다.

그러나 표본크기가 30 이상이면 모집단의 분포가 어떤 분포이건 중심극한정

1 t분포표는 가설검정을 위한 임계치만 제공할 뿐 p값을 정확하게 구해 주지는 못한다. 다만 p값이 포함될 범위만 알 수 있는데 이 범위와 유의수준 α를 비교하여 귀무가설의 기각 여부를 결정할 수 있다. 그러나 매우 복잡하기 때문에 본서에서는 이의 설명을 생략하고 컴퓨터 출력결과 얻는 p값을 이용하여 가설검정을 하고자 한다.

리에 의하여 그의 표본분포는 정규분포를 따르기 때문에 t값을 이용하든 Z값을 이용하든 별로 차이가 없게 된다. 이는 표본크기가 커질수록 표본분산이 모분산에 근접해 가기 때문이다. 이는 이미 제9장에서 추정을 공부할 때 배운 내용이다.

Z값을 사용할 때는 표준화 공식

$$Z = \frac{\bar{X} - \mu_0}{S/\sqrt{n}}$$

를 사용하면 된다.

예제 10-8 평화 전지(주)는 현재 평균수명 100시간인 벽시계용 배터리를 생산하고 있는데 연구진이 새로 개발한 배터리의 수명이 100시간보다 길다는 확실한 증거가 있으면 이를 대량생산할 계획을 갖고 있다.

30개의 배터리를 랜덤으로 추출하여 수명을 측정한 결과 다음과 같은 데이터를 얻었다(컴퓨터를 사용한 결과 평균시간 $\bar{X}=108.97$시간, 표본표준편차 $S=22.88$시간임). 유의수준 5%로 새로운 배터리를 생산할 계획을 수립할 필요가 있는지 Z검정과 t검정으로 검정하라.

	A	B	C	D	E	F	G	H	I	J
1	87	98	120	93	105	130	100	103	88	70
2	98	75	122	145	104	132	88	102	70	117
3	159	101	125	137	105	95	150	115	135	100

풀이

(1) 가설의 설정

$H_0 : \mu \leq 100$

$H_1 : \mu > 100$

(2) 유의수준 $\alpha = 0.05$에 해당하는 임계치 및 기각역 결정

$Z_\alpha = Z_{0.05} = 1.645 \qquad t_{29,\ 0.05} \fallingdotseq 1.699$

비기각역 : $Z_c \leq 1.645 \qquad t_c \leq 1.699$

기각역 : $Z_c > 1.645 \qquad t_c > 1.699$

(3) 검정통계량 계산

$$Z_c = \frac{\bar{X} - \mu_0}{S/\sqrt{n}} = \frac{108.97 - 100}{22.88/\sqrt{30}} = 2.15$$

$$t_c = \frac{\bar{X} - \mu_0}{S/\sqrt{n}} = 2.15$$

p값 $= P(Z \geq 2.15) = 0.0158$

(4) 의사결정

$Z_c = 2.15 > Z_{0.05} = 1.645$이므로 귀무가설 H_0를 기각한다.

$t_c = 2.15 > t_{29,\ 0.05} = 1.699$이므로 귀무가설 H_0를 기각한다. 한편 p값$= 0.0158 < \alpha = 0.05$이므로 귀무가설 H_0를 기각한다.

따라서 대립가설을 채택해야 하므로 새로운 배터리의 생산계획을 수립할 필요가 있다.

■ Excel 활용

셀 주소	수식	비고
F1	=COUNT(A1:C10)	
F2	=F1−1	
F3	=AVERAGE(A1:C10)	
F5	=STDEV.S(A1:C10)	
F6	=F5/SQRT(F1)	
F9	=(F3−F4)/F6	
F10	=1−NORM.S.DIST(F9, F1)	
F11	=ABS(NORM.S.INV(F7))	
F13	=(F3−F4)/F6	
F14	=IF(F13<0, T.DIST(−F13, F2, 1), 1−T.DIST(F13, F2, 1))	
F15	=T.INV.2T(2 * F7, F2)	
E17	=IF(F10<F7, "귀무가설을 기각함", "귀무가설을 기각할 수 없음")	

	A	B	C	D	E	F
1	87	98	120		표본크기	30
2	98	75	122		자유도	29
3	159	101	125		표본평균	108.9667
4	93	105	130		가정된 모평균	100
5	145	104	132		표본표준편차	22.87821
6	137	105	95		평균의 표준오차	4.176971
7	100	103	88		유의수준	0.05
8	88	102	70			
9	150	115	135		Z통계량	2.146691
10	70	117	100		우측확률(p값)	0.015909
11					우측임계치	1.644854
12						
13					t통계량	2.146691
14					우측확률(p값)	0.020157
15					우측임계치	1.699127
16						
17					귀무가설을 기각함	

S·E·C·T·I·O·N 10.3

모비율의 가설검정

모집단에서 발생하는 비율에 관한 가설검정은 특히 기업의 시장점유율, 정당에 대한 지지율, 선거후보의 득표율, 로트 속의 불량품의 비율 등등에 대해서 설정한 가정을 검정할 때 사용된다. 비율에 대한 검정은 한 모집단의 비율에 대한 검정과 두 모집단의 비율의 차이에 대한 검정으로 분류할 수 있는데 본장에서는 전자를 공부하고 제11장에서 후자를 공부할 것이다.

모비율에 대한 추론은 표본비율에 입각하여 실시된다. 그런데 비율에 관한 분포는 이항분포이다. 이항분포는 표본크기가 증가하여 $np \geq 5$이고 $n(1-p) \geq 5$이면 정규분포에 근접한다. 따라서 비율의 표본분포를 근사하기 위하여 정규분포를 이용할 수 있다.

모비율을 p, 표본비율을 $\hat{p}$이라 하면 비율 $\hat{p}$의 표본분포의 평균과 표준편차는

$$E(\hat{p}) = p$$

$$\sigma_{\hat{p}} = \sqrt{\frac{p(1-p)}{n}}$$

으로 정규분포에 근사한다.

만일 표본크기 $n \geq 30$이면 근사치로서의 확률변수 Z는

$$Z = \frac{\hat{p} - p}{\sqrt{\frac{p(1-p)}{n}}}$$

로 표준정규분포를 따른다. 표본크기가 클수록 표본비율의 표본분포가 정규분포에 근접한다는 것은 중심극한정리의 결과임은 알고 있는 사실이다.

모비율 p에 대한 가설검정도 세 가지 형태를 취하는데 그들의 결정규칙은 다음과 같다.

TIP

모비율의 가설검정 : 모표준편차를 모르는 경우 (대표본)

$$\text{검정통계량} : Z_C = \frac{\hat{p}-p}{\sqrt{\frac{p(1-p)}{n}}}$$

<u>좌측검정</u>

$H_0 : p \geq p_0$
$H_1 : p < p_0$

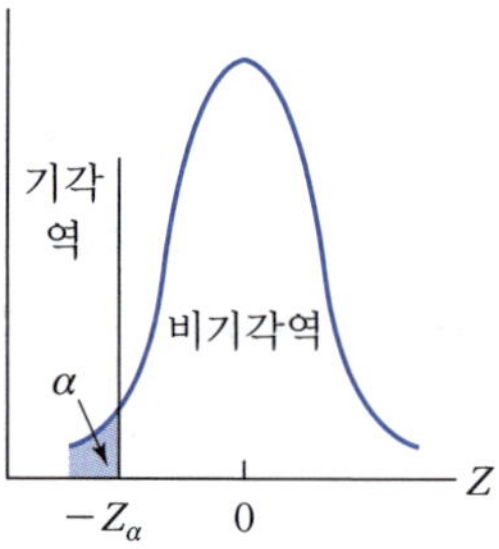

만일 $Z_c < -Z_\alpha$이면 H_0를 기각

<u>양측검정</u>

$H_0 : p = p_0$
$H_1 : p \neq p_0$

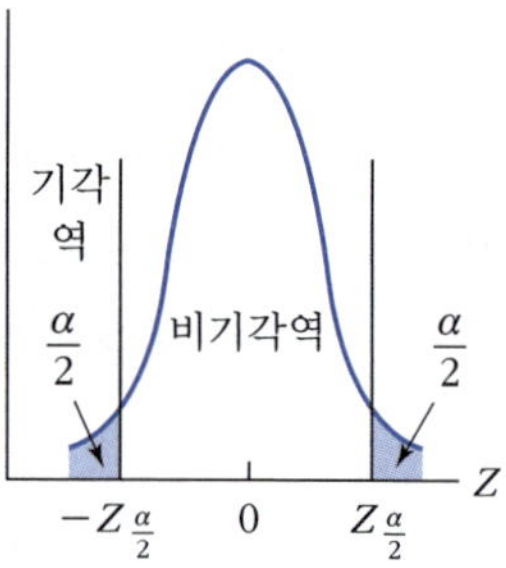

만일 $Z_c < -Z_{\frac{\alpha}{2}}$ 또는 $Z_c > Z_{\frac{\alpha}{2}}$이면 H_0를 기각

<u>우측검정</u>

$H_0 : p \leq p_0$
$H_1 : p > p_0$

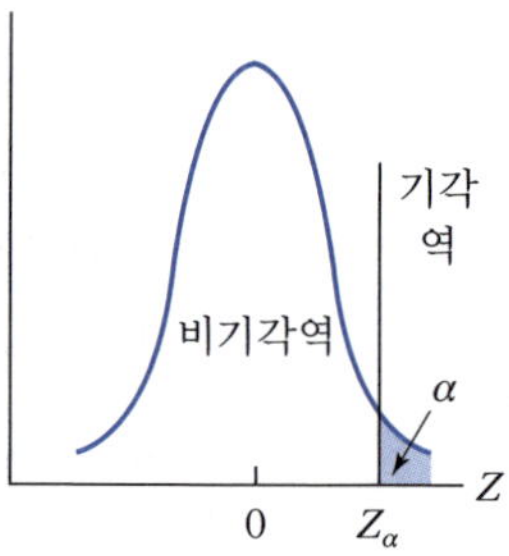

만일 $Z_c > Z_\alpha$이면 H_0를 기각

모든 경우에 p값$<\alpha$이면 H_0를 기각

모비율에 관해 가설검정을 할 때 가설의 형태에 따라 Excel을 사용하여 Z임계치와 p값을 구할 수 있다.

Excel을 사용하여 모비율의 가설검정을 할 때 Z임계치 구하기

좌측검정 : =NORM.S.INV($\frac{\alpha}{2}$)

우측검정 : =NORM.S.INV(1$-\frac{\alpha}{2}$)

Excel을 사용하여 모비율의 가설검정을 할 때 p값 구하기

좌측검정 : =NORM.S.DIST(Z통계량, True)

우측검정 : =1−NORM.S.DIST(Z통계량, True)

양측검정 : =2*(1−NORM.S.DIST(ABS(Z통계량), True))

예제 10-9 강남 고속버스 터미널에서는 예약제를 실시하고 있다. 회사측에 의하면 예약자 중 적어도 95%는 출발시간 전에 도착한다고 주장한다. 40명의 예약자를 랜덤으로 추출하여 조사한 결과 다음과 같은 데이터를 얻었다(지킴 : Y, 안 지킴 : N). 회사측의 주장을 반박할 충분한 근거가 있는지 유의수준 5%로 검정하라.

	A	B	C	D	E	F	G	H	I	J
1	Y	N	Y	Y	Y	Y	N	Y	Y	Y
2	N	Y	Y	Y	Y	Y	Y	Y	Y	Y
3	Y	Y	Y	Y	N	Y	Y	Y	Y	Y
4	Y	Y	Y	Y	Y	Y	Y	Y	Y	N

풀이

(1) 가설의 설정

$H_0 : p \geq 0.95$

$H_1 : p < 0.95$

(2) 유의수준 $\alpha=0.05$에 해당하는 임계치 및 기각역 결정

$-Z_\alpha = -Z_{0.05} = -1.645$ 기각역 : $Z_c < -1.645$

(3) 검정통계량 계산

$$\hat{p} = \frac{35}{40} = 0.875$$

$$Z_c = \frac{0.875-0.95}{\sqrt{\frac{0.95(1-0.95)}{40}}} = -2.18$$

p값$= P(Z < -2.18) = 0.0146$

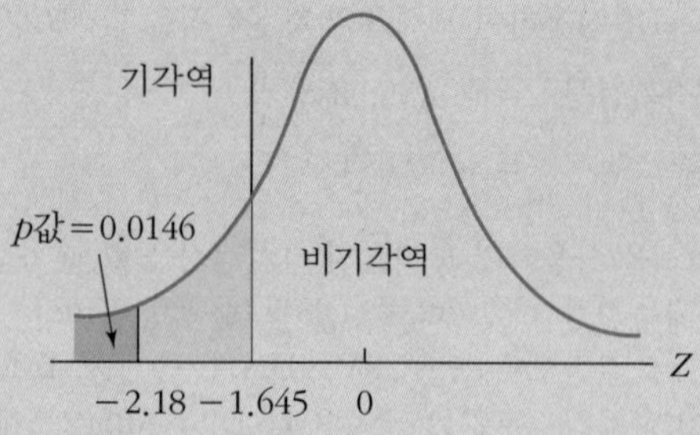

(4) 의사결정

$Z_c = -2.18 < -Z_{0.05} = -1.645$이므로 귀무가설 H_0를 기각한다. 한편 p값$=0.0146 < \alpha = 0.05$이므로 귀무가설 H_0를 기각한다. 따라서 회사의 주장은 옳지 않다.

■ Excel 활용

셀 주소	수식	비고
G4	=COUNTA(A1:D10)	
G5	=COUNTIF(A1:D10, "Y")	
G6	=G5/G4	
G7	=SQRT(G2 * (1−G2)/G4)	
G8	=(G6−G2)/G7	
G9	=−ABS(NORM.S.INV(G1))	
G10	=NORM.S.DIST(G8, G4)	
F12	=IF(G10<G1, "귀무가설을 기각함", "귀무가설을 기각할 수 없음")	

	A	B	C	D	E	F	G
1	Y	N	Y	Y		유의수준	0.05
2	N	Y	Y	Y		가정된 모비율	0.95
3	Y	Y	Y	Y			
4	Y	Y	Y	Y		표본크기	40
5	Y	Y	N	Y		성공횟수	35
6	Y	Y	Y	Y		표본비율	0.8750
7	N	Y	Y	Y		표준오차	0.0345
8	Y	Y	Y	Y		Z통계량	-2.1764
9	Y	Y	Y	Y		우측Z임계치	-1.6449
10	Y	Y	Y	N		p값	0.0148
11							
12						귀무가설을 기각함	

EXCEL STATISTICS 가설검정과 빅데이터의 관계

표본크기 n이 증가할수록 구간추정에도 영향을 미치지만 모평균과 모비율의 가설검정에도 영향을 미친다. 모평균의 가설검정의 경우 표본크기 n이 증가할수록 검정통계량 t값은 점증하지만 p값은 급속도로 감소하기 시작하여 표본크기 n이 얼마 이상인 경우에는 0이 되어 귀무가설 H_0를 기각할 가능성이 높아진다. 한편 모비율의 가설검정의 경우 표본크기 n이 증가할수록 검정통계량 Z값은 점증하지만 p값은 급속도로 감소하기 시작하여 귀무가설 H_0를 기각할 가능성이 높아진다.

그러함에도 불구하고 이러한 가설검정의 결과가 신뢰성을 갖기 위해서는 아무리 표본크기 n이 빅데이터라고 하더라도 표본추출 과정에 비표본오차(nonsampling error)가 거의 발생하지 않는다는 전제가 이루어져야 한다. 만일 비표본오차가 존재하게 되면 제 I 종 오류 또는 제 II 종 오류를 발생시킬 수 있기 때문이다.

따라서 가설검정을 할 때에는 모집단의 랜덤 표본이 추출되었는지 세심한 주의가 필요한 것이다.

SECTION 10.4 모분산의 가설검정

많은 실제적인 문제는 모평균이나 모비율에 대한 추론이지만 정규분포의 모분산에 대한 추론이 꼭 필요한 경우도 있다. 예를 들면, 병 또는 캔 속에 넣는 내용물은 통제할 수 없는 요인 때문에 변동하게 된다. 내용물의 평균도 중요하지만 변동도 중요하다. 내용물의 분산이 평균보다 큰 것도 좋지 않지만 작은 것도 좋지 않다. 따라서 공정이 규격을 잘 지키는지를 정기적으로 검사할 필요가 있는 것이다.

모분산에 대한 검정은 한 모집단의 분산에 대한 χ^2 검정과 두 모집단 분산의 비율에 대한 F 검정으로 분류할 수 있는데 본장에서는 전자를 공부하고 제11장에서는 후자를 공부할 것이다.

한 모분산 σ^2에 대한 가설검정은 정규 모집단으로부터 n개의 단순확률 표본 $X_1, X_2, \cdots, X_n$을 추출하여 구하는 표본분산 S^2에 입각하여 실시한다. 우리는 제9장에서 확률변수 χ^2_{n-1}은

$$\chi^2_{n-1} = \frac{(n-1)S^2}{\sigma^2}$$

으로 자유도 $(n-1)$의 χ^2 분포를 따른다는 것을 배웠다.

만일 귀무가설이 모분산과 어떤 특정한 값이 같다라는 $H_0 : \sigma^2 = \sigma_0^2$이고 이 귀무가설이 사실이라고 하면 확률변수 χ^2_{n-1}은

$$\chi^2_{n-1} = \frac{(n-1)S^2}{\sigma_0^2}$$

으로 자유도 $(n-1)$의 χ^2 분포(chi-square distribution)를 따르게 된다. 이 χ^2_{n-1}이 검정통계량이다. 그러므로 모분산에 대한 가설검정은 이 검정통계량에 표본 데이터를 대입하여 얻는 계산된 값과 유의수준에 따라 χ^2 분포로부터 구하는 임계치의 비교에 의해서 결정된다. 따라서 이를 χ^2 검정(χ^2 test)이라 한다.

모분산에 대한 가설도 세 가지 형태로 설정할 수 있는데 이를 정리하면 다음과 같다.

TIP

모분산의 가설검정

$$\text{검정통계량} : \chi_c^2 = \chi_{n-1}^2 = \frac{(n-1)S^2}{\sigma_0^2}$$

좌측검정	양측검정	우측검정
$H_0 : \sigma^2 \geq \sigma_0^2$	$H_0 : \sigma^2 = \sigma_0^2$	$H_0 : \sigma^2 \leq \sigma_0^2$
$H_1 : \sigma^2 < \sigma_0^2$	$H_1 : \sigma^2 \neq \sigma_0^2$	$H_1 : \sigma^2 > \sigma_0^2$

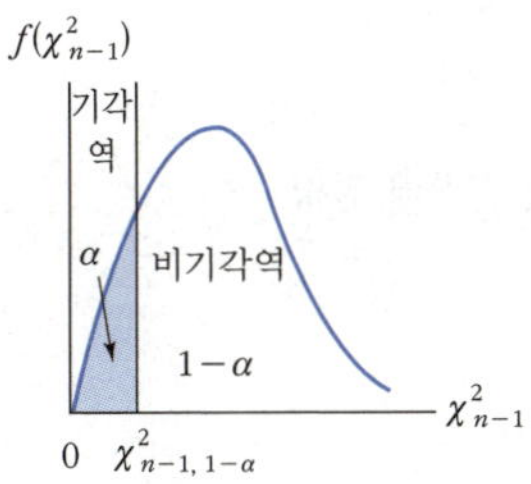

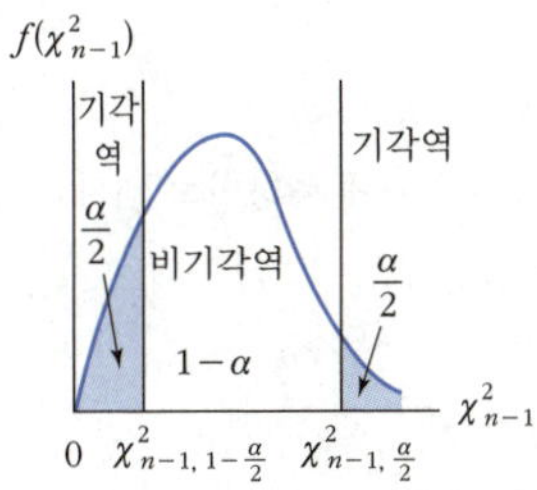

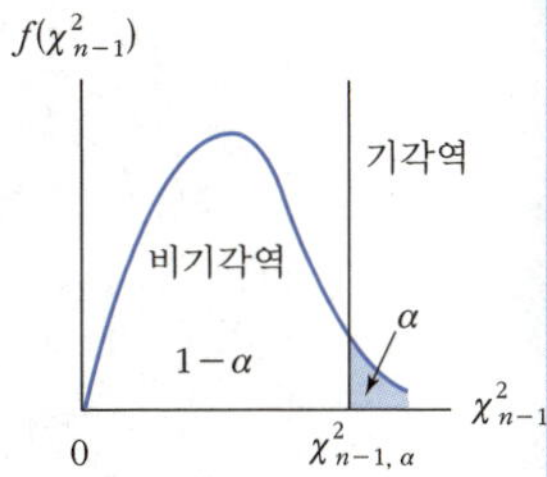

좌측검정	양측검정	우측검정
만일 $\chi_c^2 < -\chi_{n-1,\,1-\alpha}^2$이면 H_0를 기각	만일 $\chi_c^2 < -\chi_{n-1,\,1-\frac{\alpha}{2}}^2$ 또는 $\chi_c^2 > \chi_{n-1,\,\frac{\alpha}{2}}^2$이면 H_0를 기각	만일 $\chi_c^2 > \chi_{n-1,\,\alpha}^2$이면 H_0를 기각

모든 경우에 p값$<\alpha$이면 H_0를 기각

Excel을 사용하여 모분산의 가설검정을 할 때 χ^2임계치 구하기

좌측검정 : =CHISQ.INV.RT($1-\alpha$, $n-1$)

우측검정 : =CHISQ.INV.RT(α, $n-1$)

양측검정 : =CHISQ.INV.RT($1-\frac{\alpha}{2}$, $n-1$)

Excel을 사용하여 모분산의 가설검정을 할 때 p값 구하기

좌측검정 : =CHISQ.DIST(카이제곱 통계량, $n-1$, 1)

우측검정 : =CHISQ.DIST.RT(카이제곱 통계량, $n-1$)

양측검정 : =2*MIN(CHISQ.DIST.RT(카이제곱 통계량, $n-1$), CHISQ.DIST(카이제곱 통계량, $n-1$, 1))

예제 10-10 평화은행의 혜화지점장은 고객이 기다리는 시간의 변동을 줄이기 위하여 고객이 도착하는 순서대로 한 줄로 서있다가 창구가 비는 대로 고객을 순서대로 서비스하는 정책을 고려한다. 왜냐하면, 이러한 정책은 고객이 기다리는 평균시간에는 변화를 주지 않지만 기다리는 시간의 변동은 줄인다고 생각하기 때문이다.

그러나 이를 반대하는 사람은 과거 창구 수에 따른 여러 개의 독립적인 줄에서 기다리는 시간의 표준편차인 6분/고객보다 효과가 별로 없을 것이라고 주장한다. 누구의 주장이 맞는지 유의수준 5%로 검정하기 위하여 한 줄에서 기다리는 사람 가운데서 다음과 같이 표본으로 20명을 추출하여 시간을 측정한 결과 표준편차는 6.2287분(Excel 사용 결과)이었다.

	A	B	C	D	E	F	G	H	I	J
1	3.7	9.5	4.8	10.5	6.8	11.6	8	14.7	9	20.4
2	3.8	10	5.9	11	7.5	13	8.5	16.2	9.4	30.5

풀이

(1) 가설의 설정

$H_0 : \sigma \geq 6$

$H_1 : \sigma < 6$

(2) 유의수준 $\alpha=0.05$에 해당하는 임계치 및 기각역 결정

$\chi^2_{n-1,\ 1-\alpha}=\chi^2_{19,\ 0.95}=10.1170$

비기각역 : $\chi^2_c=\chi^2_{n-1}>\chi^2_{19,\ 0.95}$

기각역 : $\chi^2_c=\chi^2_{n-1}\leq\chi^2_{19,\ 0.95}$

(3) 검정통계량 계산

$$\chi^2_c=\frac{(n-1)S^2}{\sigma_0^2}=\frac{19(6.2287)^2}{36}=20.476$$

(4) 의사결정

$\chi^2_c=20.476>\chi^2_{19,\ 0.95}=10.1170$이므로 귀무가설 H_0를 기각할 수 없다. 한편 컴퓨터 출력결과 P값$=0.6335>\alpha=0.05$이므로 귀무가설 H_0를 기각할 수 없다.

따라서 지점장의 주장은 맞지 않다.

■ Excel 활용

셀 주소	수식	비고
E2	=COUNT(A1:B10)	
E3	=STDEV.S(A1:B10)	
E6	=((E2−1) * E3^2)/E1^2	
E7	=CHISQ.INV.RT((1−E4), (E2−1))	
E8	=CHISQ.DIST(E6, (E2−1), 1)	
D10	=IF(E8<E4, "귀무가설을 기각함", "귀무가설을 기각할 수 없음")	

	A	B	C	D	E
1	3.7	9.5		가정된 모표준편차	6
2	3.8	10		표본크기	20
3	4.8	10.5		표본표준편차	6.22866
4	5.9	11		유의수준	0.05
5	6.8	11.6			
6	7.5	13		카이제곱통계량	20.47578
7	8	14.7		좌측카이제곱임계치	10.11701
8	8.5	16.2		좌측확률(p값)	0.633525
9	9	20.4			
10	9.4	30.5		귀무가설을 기각할 수 없음	

CHAPTER 10

연습문제

10/1 가설검정에 대하여 설명하라.

10/2 가설검정의 오류에 대하여 설명하라.

10/3 가설검정의 순서를 설명하라.

10/4 다음 용어를 간단히 설명하라.

(1) 귀무가설과 대립가설
(2) 제 I 종 오류와 제 II 종 오류
(3) 임계치
(4) 유의수준
(5) 양측검정
(6) 단측검정

10/5 서울 파랑새 호텔의 지배인은 고객의 평균 청구액은 적어도 10만 원이라고 믿고 있다. 지배인의 주장을 검정하기 위하여 고객을 표본으로 추출하여 청구액을 조사하려고 한다. 지배인의 주장이 맞는지 검정하기 위하여 사용할 가설을 설정하라. 이 경우 제 I 종 오류와 제 II 종 오류는 무엇이고 이러한 오류를 범한 결과는 무엇인가?

10/6 다음 각 문제에 대해 가설을 설정하라.

(1) 소비자 보호원은 A형 건전지의 평균수명이 50시간이라는 제조회사의 주장을 의심한다.
(2) 송유관으로 사용할 파이프의 평균직경은 10cm이어야 한다.
(3) 평균 학습률이 현행 기법보다 낮지 않는 한 새로운 기법은 도입할 수 없다.

10/7 전국에 대리점을 갖고 있는 한 전자회사는 6월보다 7월의 평균 매상고가 20%는 높다는 것을 알고 있다. 이것이 사실인지 확인하기 위하여 여섯 개의 대리점을 표본으로 추출하여 조사한 결과 7월의 판매 증가율은 다음과 같았다. 모집단이 정규분포를 한다고 가정할 때 유의수준 5%로 평균 판매증가율이 20% 이상이라는 주장을 검정하라.

	A	B	C	D	E	F
1	21.2	19.4	19.8	20.2	20.4	20.5

10/8 Excel 대학병원에서는 새로운 심장 수술법을 개발하여 환자의 회복시간이 상당히 단축되었다고 주장한다. 과거의 데이터에 의하면 표준 수술법을 사용하였을 때의 평균 회복시간은 42일이고 표준편차는 4일이었다. 과연 새로운 방법이 회복시간을 단축시켰는지 밝히기 위하여 다음과 같이 36명의 환자를 추출하여 조사한 결과 평균 회복시간은 40.5일이었다. 유의수준 5%로 병원측의 주장을 검정하라.

	A	B	C	D	E	F
1	32	39.7	36.78	40.3	39.2	47
2	32.74	39.8	37.81	42	39.4	47
3	33.58	39.8	37.85	44	39.4	47
4	33.59	40	38	44	39.5	48.8
5	34.65	40	38.1	45	39.5	50
6	35	40.2	38.2	46	39.6	52.5

10/9 종로 제조(주)는 현재 생산하고 있는 제품 대신에 약간 개량한 새로운 제품을 개발하여 시판하려고 한다. 회사는 새로운 제품이 성공할지 알아보기 위하여 다음과 같이 50명의 잠재 고객을 랜덤으로 추출하여 두 제품을 비교하도록 하였다. 회사는 사실 50% 이상이 선호(P)한다면 새로운 제품을 시판하려고 한다. 유의수준 5%로 새로운 제품을 시판할 필요가 있는지 검정하라.

	A	B	C	D	E	F	G	H	I	J
1	P	N	N	P	P	P	P	P	P	P
2	P	P	P	N	P	P	P	N	P	P
3	N	N	N	P	N	N	P	P	N	P
4	P	P	P	P	P	P	N	N	P	P
5	P	P	N	P	P	P	N	P	N	N

10/10 평화 전지(주)는 현재 평균수명 100시간인 벽시계용 배터리를 생산하고 있는데 연구진이 새로 개발한 배터리의 수명이 100시간보다 길다는 확실한 증거가 있으면 이를 대량생산할 계획을 갖고 있다.
30개의 배터리를 랜덤으로 추출하여 수명을 측정한 결과 다음과 같은 데이터를 얻었다(컴퓨터를 사용한 결과 평균시간 $\overline{X}=108.97$시간, 표본표준편차 $S=22.88$시간임). 유의수준 5%로 새로운 배터리를 생산할 계획을 수립할 필요가 있는지 Z검정과 t검정으로 검정하라.

	A	B	C	D	E	F	G	H	I	J
1	87	98	120	93	105	130	100	103	88	70
2	98	75	122	145	104	132	88	102	70	117
3	159	101	125	137	105	95	150	115	135	100

10/11 다음과 같은 가설검정을 하기 위하여 사용되는 p값을 구하라.

$\overline{X}=52,\quad \sigma=5,\quad \alpha=0.05\quad n=9$

(1) $H_0: \mu=50$
$H_1: \mu>50$

(2) $H_0: \mu=50$
$H_1: \mu\neq50$

10/12 플라스틱 시트(sheet)를 제조하는 종로제조(주)는 두께의 가능한 변동을 주기적으로 감시한다. 만일 두께의 분산이 4.5mm를 초과하면 제품의 품질에 문제가 발생한다. 열 개의 시트를 랜덤으로 추출하여 두께를 측정한 결과 다음과 같은 데이터를 얻었다(단위 : mm).
유의수준 5%로 모분산 σ^2은 기껏해야 4.5mm라는 귀무가설을 검정하라.

	A	B	C	D	E	F	G	H	I	J
1	225	225	226	226	227	228	228	229	230	232

10/13 한국비료는 50kg 백의 비료를 생산한다. 회사는 최근 새로운 기계를 도입하였기 때문에 무게에 변동이 있는지 관심을 갖고 있다. 15개의 백을 추출하여 무게를 측정한 결과 다음과 같은 데이터를 얻었다. 백의 무게는 정규분포를 따르는 것으로 알려졌다.

	A	B	C	D	E	F	G	H
1	46.7	48.3	49.2	50.7	51.1	51.3	51.5	52.1
2	47.5	49.2	49.5	50.8	51.2	51.5	51.6	

(1) 백의 무게의 모분산 σ^2에 대한 95% 신뢰구간을 설정하라.

(2) 백의 무게의 표준편차 σ는 0.5kg을 넘지 않는다고 회사는 주장하는데 이를 반박할 충분한 근거는 있는지 유의수준 5%로 검정하라.

10/14 K 제약회사는 알약에 포함되는 이물질 농도가 3%를 넘지 않도록 신경을 쓰고 있다. 회사는 공정에서 생산되는 알약의 이물질 농도는 표준편차 0.5%인 정규분포를 따르는 것으로 알고 있다. 회사는 농도를 검정하기 위하여 다음과 같이 공정에서 생산되는 알약 36개를 랜덤으로 추출하여 농도를 측정한 결과 평균은 3.06%이었다. 유의수준 5%로 가설을 검정하라.

	A	B	C	D	E	F
1	3	3.06	3.01	3.07	3.02	3.08
2	3	3.07	3.01	3.08	3.02	3.09
3	3	3.07	3.02	3.08	3.03	3.09
4	3.04	3.09	3.05	3.1	3.05	3.11
5	3.04	3.09	3.05	3.1	3.06	3.11
6	3.04	3.1	3.05	3.1	3.06	3.12

10/15 어떤 약 한 알의 평균무게는 43mg이다. 생산부장은 약을 생산하는 기계의 조정으로 평균무게에 변화가 있는지 알고자 한다. 확률표본으로 12알을 추출하여 무게를 측정한 결과 다음과 같은 데이터를 얻었다.

평균무게에 변화가 발생하였는지 유의수준 5%로 검정하라.

	A	B	C	D	E	F	G	H	I	J	K	L
1	39	39	40	40	41	42	42	42	42	43	43	45

10/16 지난 수개월 동안 강남 컨추리클럽에서 라운딩을 즐기는 골퍼들의 25%는 여자들이었다. 클럽에서는 여자들의 비율을 높이기 위하여 이들에 대해 여러 가지 할인혜택을 제공하고 있다. 클럽은 이러한 할인혜택이 효과가 있는지 알아보기 위하여 100명의 골퍼들을 랜덤으로 추출하여 성별을 조사하여 다음과 같은 데이터를 얻었다. 이 데이터에 입각해서 여자들의 모비율이 증가하였다고 결론지을 수 있는지 유의수준 5%로 검정하라.

남	남	남	여	남	여	남	남	여	남	남	여	남	남	남	남	남	남	여	남
여	여	남	여	남	남	남	여	남	남	여	남	남	남	남	여	남	남	남	여
남	남	남	남	여	여	여	여	남	남	여	여	여	여	남	여	남	남	남	남
남	남	남	남	남	남	여	남	남	남	남	남	여	남	남	여	남	남	남	남
남	남	남	여	남	남	여	남	여	남	남	여	여	남	남	남	여	남	남	남

Chapter 11

통계적 추정과 가설검정 : 두 모집단

우리는 제9장과 제10장에서 한 모집단의 모수, 예컨대 모평균, 모비율, 모분산 등에 대한 통계적 추론을 공부하였다. 제9장에서는 한 모집단의 모수에 대한 추정을 공부하였고 제10장에서는 한 모수가 어떤 특정한 값과 같은지에 관한 가설검정 절차를 공부하였다. 이는 한 표본검정(one-sample test)이라고 하는데 단일 표본을 모집단에서 추출하여 계산한 검정통계량의 값과 가정된 모수의 값을 비교하여 가설을 검정하기 때문이다.

본장에서는 우리가 공부하였던 추정과 검정의 이론을 두 모집단으로 확대하여 공부하기로 한다. 우리는 실제적으로 두 모집단 사이 평균, 비율, 분산의 차이에 대해서 관심을 갖는 경우가 많다.

예를 들면, 우리나라 남자와 여자 사이의 평균 키에 차이가 있는지, 남자의 몸무게는 여자의 몸무게보다 더 변동하는지, 두 정당의 지지율 사이에 차이가 있는지 등등이다.

두 개의 모집단을 비교 분석하는 통계적 추론에 있어서는 각 모집단으로부터 추출하는 표본 데이터에 입각하기 때문에 이를 두 표본검정(two-sample test)이라고 한다.

두 모집단 모수 차이에 대한 추론을 함에 있어서의 기본 가정은 다음과 같다.

- 구간척도 또는 비율척도로 측정된 데이터여야 한다.
- 두 모집단 분포는 정규분포를 따라야 한다.
- 두 모집단 분산이 같아야 한다.
- 두 모집단으로부터 랜덤 표본이어야 한다.

본장에서는 두 모집단으로부터 추출하는 표본이 서로 독립적인 경우와 종속적인 경우로 나누어 공부할 것이다.

다음 그림은 두 모집단 가설검정의 방법을 선정하는 로드맵이다.

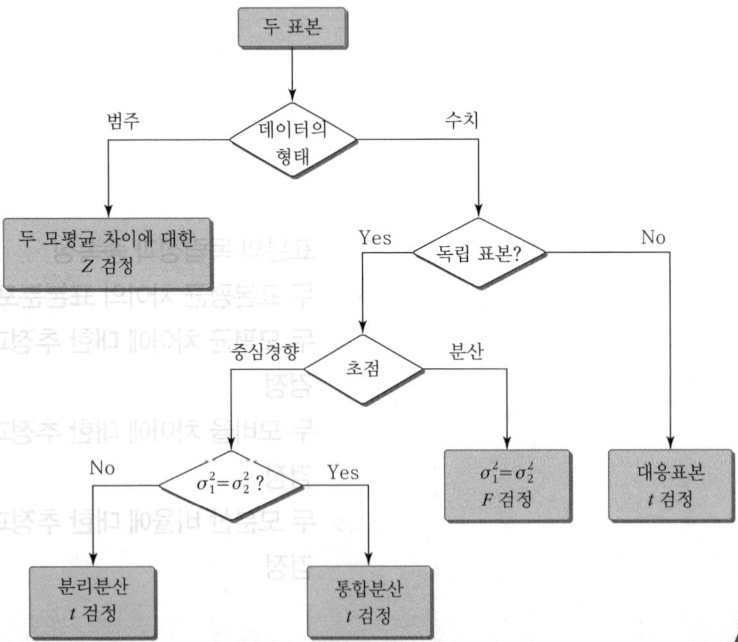

S·E·C·T·I·O·N 11.1

표본의 독립성과 종속성

두 모집단의 평균을 비교할 때는 표본 데이터를 어떻게 수집할 것인가에 신경을 써야 한다. 표본은 독립표본과 종속표본으로 구분할 수 있다.

독립표본(independent sample)이란 예컨대 남자와 여자의 평균 키를 비교한다고 할 때 표본크기 n_1의 남자와 표본크기 n_2의 여자를 각 모집단에서 독립적으로 추출하기 때문에 특정 남자와 특정 여자의 키를 대응시킬 하등의 이유가 없는 경우의 표본추출을 말한다.

이에 반하여 종속표본(dependent sample)이란 예컨대 부부 간의 몸무게를 비교한다고 할 때 한 모집단으로부터 표본크기 n의 가정을 선정하여 남편의 몸무게와 그의 부인의 몸무게를 직접 대응시킬 이유가 있는 경우의 표본추출을 말한다. 종속표본은 대응표본(paired sample)이라고도 한다.

일반적으로 종속표본은 다음의 경우에 사용한다.

- 전과 후의 비교 : 예를 들면, 어떤 사람의 다이어트하기 전의 몸무게와 한 이후의 몸무게의 비교
- 대응하는 특성을 가진 사람들의 비교 : 예를 들면, 종로 제조(주)에 근무하는 남자 근로자들의 평균임금과 교육과 경력이 같은 여자 근로자들의 평균임금의 비교
- 장소에 의해 짝을 이루는 관찰의 비교 : 예를 들면, 같은 상점에서 취급하는 두 회사 제품의 판매량의 비교
- 시간에 의해 짝을 이루는 관찰의 비교 : 예를 들면, 동일한 기간 동안 두 상점에서 판매한 금액의 비교

SECTION 11.2

두 표본평균 차이의 표본분포

두 모집단의 평균 차이에 관심이 있기 때문에 두 모평균을 다음과 같이 정의한다.

μ_1 = 모집단 1의 평균　　　　σ_1^2 = 모집단 1의 분산

μ_2 = 모집단 2의 평균　　　　σ_2^2 = 모집단 2의 분산

그러면 두 모평균 차이는 $(\mu_1 - \mu_2)$이다. 이를 추정하기 위하여 두 모집단으로부터 확률표본을 독립적으로 추출한다. 그러면 표본평균은 다음과 같다.

$\bar{X}_1$ = 모집단 1에서 추출한 크기 n_1의 확률표본의 평균

$\bar{X}_2$ = 모집단 2에서 추출한 크기 n_2의 확률표본의 평균

이는 [그림 11-1]에서 보는 바와 같다.

그림 11-1 독립표본

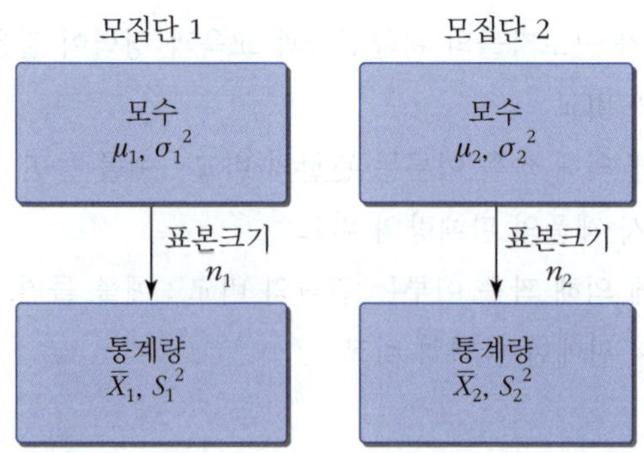

그림 11-2 두 표본평균 차이의 표본분포

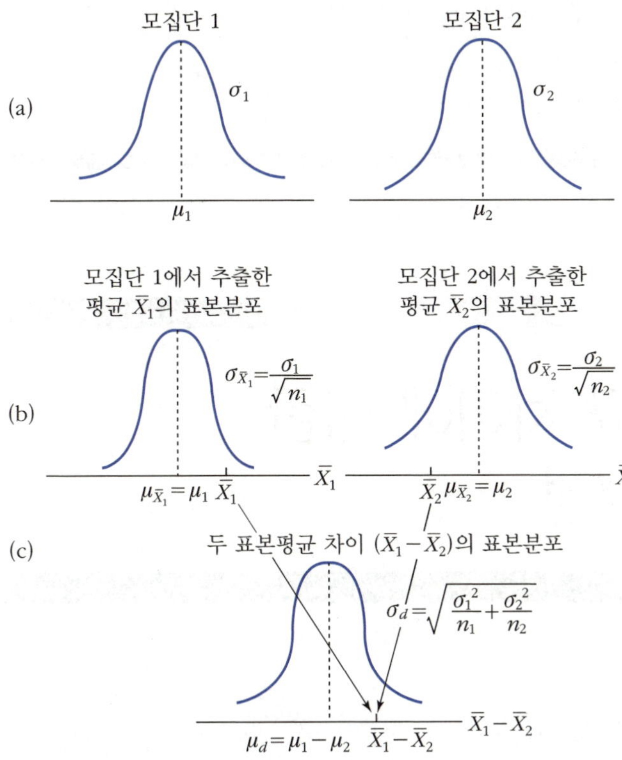

$\bar{X}_1$는 모평균 μ_1의 점추정량이고 $\bar{X}_2$는 모평균 μ_2의 점추정량이다. 따라서 두 모평균 차이 $(\mu_1-\mu_2)$의 점추정량은 두 표본평균 차이 $(\bar{X}_1-\bar{X}_2)$이다.

모집단 1에서 크기 n_1의 표본을 랜덤 추출하면 표본평균 $\bar{X}_1$의 표본분포를, 모집단 2에서 크기 n_2의 표본을 랜덤 추출하면 표본평균 $\bar{X}_2$의 표본분포를 얻는다. 이는 [그림 11-2](b)에서 보는 바와 같다.

그런데 모집단 1과 모집단 2로부터 추출하는 표본들도 수없이 많으므로 $(\bar{X}_1-\bar{X}_2)$의 가능한 모든 표본평균 차이의 분포를 작성할 수 있다. 이것이 두 표본평균 차이 $(\bar{X}_1-\bar{X}_2)$의 표본분포이다. 이는 [그림 11-2](c)에서 보는 바와 같다.

두 표본평균 차이 $(\bar{X}_1-\bar{X}_2)$의 표본분포는 두 모집단이 정규분포를 따른다든지 또는 $n_1 \geq 30$, $n_2 \geq 30$이면 중심극한정리에 의하여 정규분포에 근접한다. 이때 두 표본평균 차이 $(\bar{X}_1-\bar{X}_2)$의 표본분포는 다음과 같이 평균과 표준오차를 갖는다.

TIP

두 표본평균 차이 $(\bar{X}_1-\bar{X}_2)$의 표본분포

평균 : $E(\bar{X}_1-\bar{X}_2)=\mu_d=\mu_1-\mu_2$

표준편차(표준오차) : $\sigma_d=\sigma_{\bar{X}_1-\bar{X}_2}=\sqrt{\frac{\sigma_1^2}{n_1}+\frac{\sigma_2^2}{n_2}}$

S·E·C·T·I·O·N 11.3

두 모평균 차이에 대한 추정과 검정

독립표본

두 정규 모집단의 표준편차를 아는 경우

평균 μ_1, 분산 σ_1^2인 모집단 1로부터는 크기 n_1의 확률표본을 추출하고, 평균 μ_2, 분산 σ_2^2인 모집단 2로부터는 크기 n_2의 확률표본을 독립적으로 추출한다고 하자. 이때 표본크기 n_1과 n_2는 꼭 같아야 할 이유는 없다.

두 모집단이 정규분포를 따르고 그의 분산이 알려져 있는 경우, 두 모집단 평균 차이 $(\mu_1-\mu_2)$에 대한 추정과 검정을 하기 위해서는 그의 점추정량인 두 표본평균 차이인 $(\bar{X}_1-\bar{X}_2)$의 확률분포를 이용해야 한다.

두 모집단이 정규분포를 하고 두 표본이 독립적으로 추출되었기 때문에 표본평균 차이의 표본분포는 평균 $(\mu_1-\mu_2)$, 분산 $\left(\frac{\sigma_1^2}{n_1}+\frac{\sigma_2^2}{n_2}\right)$인 정규분포를 따른다.

정규분포를 표준화함으로써 표준정규확률변수 Z는

$$Z=\frac{(\bar{X}_1-\bar{X}_2)-(\mu_1-\mu_2)}{\sqrt{\frac{\sigma_1^2}{n_1}+\frac{\sigma_2^2}{n_2}}}$$

로 표준정규분포 $N(0,\ 1)$을 따른다. 이와 같이 두 모평균 차이에 대해서는 Z검정을 실시한다.

두 모평균 차이 $(\mu_1-\mu_2)$의 $100(1-\alpha)\%$ 신뢰구간은 다음 식을 이용하여 구할 수 있다.

TIP

두 모평균 차이 $(\mu_1-\mu_2)$에 대한 $100(1-\alpha)\%$ 신뢰구간 (σ 기지)

$$P\left[(\bar{X}_1-\bar{X}_2)-Z_{\frac{\alpha}{2}}\sqrt{\frac{\sigma_1^2}{n_1}+\frac{\sigma_2^2}{n_2}}\le \mu_1-\mu_2\le(\bar{X}_1-\bar{X}_2)+Z_{\frac{\alpha}{2}}\sqrt{\frac{\sigma_1^2}{n_1}+\frac{\sigma_2^2}{n_2}}\right]=1-\alpha$$

한편 모평균 차이 $(\mu_1-\mu_2)$에 대한 가설검정도 위의 Z통계량을 이용하여 다음과 같이 실시한다.

TIP

두 모평균 차이 $(\mu_1-\mu_2)$에 대한 가설검정 (σ 기지)

$$\text{검정통계량 : } Z_C=\frac{(\bar{X}_1-\bar{X}_2)-\mu_0}{\sqrt{\frac{\sigma_1^2}{n_1}+\frac{\sigma_2^2}{n_2}}}$$

좌측검정

$H_0 : \mu_1-\mu_2\ge\mu_0$

$H_1 : \mu_1-\mu_2<\mu_0$

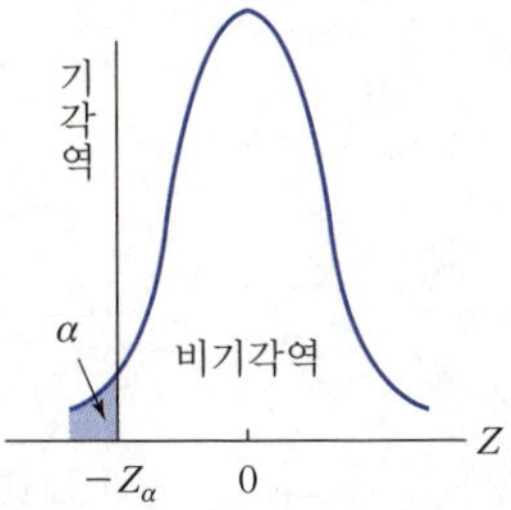

만일 $Z_c<-Z_\alpha$이면 H_0를 기각

양측검정

$H_0 : \mu_1-\mu_2=\mu_0$

$H_1 : \mu_1-\mu_2\ne\mu_0$

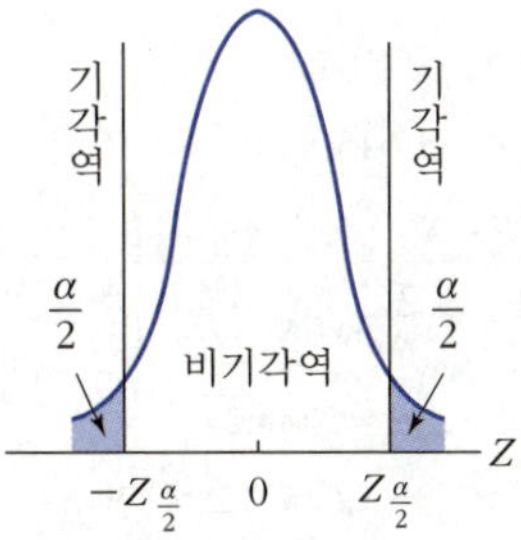

만일 $Z_c<-Z_{\frac{\alpha}{2}}$ 또는 $Z_c>Z_{\frac{\alpha}{2}}$이면 H_0를 기각

우측검정

$H_0 : \mu_1-\mu_2\le\mu_0$

$H_1 : \mu_1-\mu_2>\mu_0$

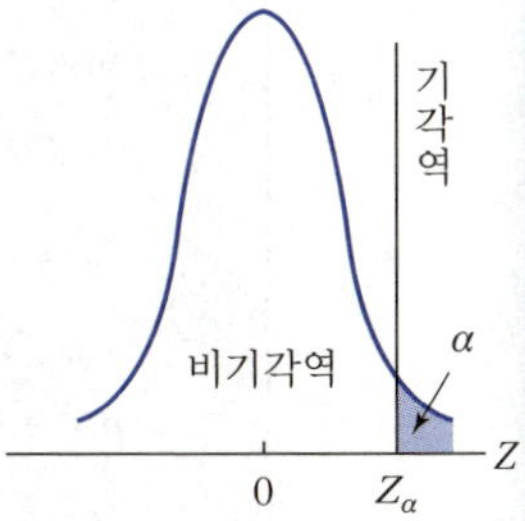

만일 $Z_c>Z_\alpha$이면 H_0를 기각

모든 경우에 p값$<\alpha$이면 H_0를 기각

예제 11-1 A사와 B사에서 생산하는 비슷한 타이어의 평균 수명거리에 차이가 있는지 알아보기 위하여 표본을 랜덤으로 추출하여 측정한 결과 다음과 같은 데이터를 얻었다. 두 회사 제품의 수명거리의 표준편차는 4,000km로 정규분포를 따른다고 한다.

	A	B	C	D	E	F	G	H	I	J	K	L	M	N
1	A사	39	42	43	43	47	49	50	50	51	52	53	57	
2	B사	35	37	38	38	40	42	42	44	45	48	48	55	60

(1) 두 회사 제품의 수명거리의 모평균 차이에 대한 95% 신뢰구간을 구하라.

(2) A사 제품의 수명거리가 B사 제품의 수명거리보다 길다고 말할 수 있는지 유의수준 5%로 검정하라.

풀이

(1) $\bar{X}_1=(39+42+\cdots+57)/12=48$

$\bar{X}_2=(35+37+\cdots+60)/13=44$

$$(\bar{X}_1-\bar{X}_2)-Z_{\frac{\alpha}{2}}\sqrt{\frac{\sigma_1^2}{n_1}+\frac{\sigma_2^2}{n_2}}\le\mu_1-\mu_2\le(\bar{X}_1-\bar{X}_2)+Z_{\frac{\alpha}{2}}\sqrt{\frac{\sigma_1^2}{n_1}+\frac{\sigma_2^2}{n_2}}$$

$$(48-44)-1.96\left(\sqrt{\frac{16}{12}+\frac{16}{13}}\right)\le\mu_1-\mu_2\le(48-44)+1.96\left(\sqrt{\frac{16}{12}+\frac{16}{13}}\right)$$

$$4-1.96(1.6)\le\mu_1-\mu_2\le4+1.96(1.6)$$

$$0.86\le\mu_1-\mu_2\le7.14$$

A사 제품의 수명거리가 B사 제품의 수명거리보다 860~7,140km 더 길다고 95% 신뢰할 수 있다.

(2) $H_0:\mu_1\le\mu_2$

$H_1:\mu_1>\mu_2$

$Z_{0.05}=1.645$

비기각역 : $Z_c\le1.645$

기각역 : $Z_c>1.645$

$$Z_c=\frac{\bar{X}_1-\bar{X}_2}{\sqrt{\frac{\sigma_1^2}{n_1}+\frac{\sigma_2^2}{n_2}}}=\frac{48-44}{\sqrt{\frac{16}{12}+\frac{16}{13}}}=\frac{4}{1.6}=2.5$$

p값$=P(Z>2.5)=0.0062$

$Z_c=2.5>Z_{0.05}=1.645$이고 한편 p값$=0.0062<\alpha=0.05$이므로 귀무가설 H_0를 기각한다. 즉 A사 제품의 수명거리가 B사 제품보다 길다.

■ Excel 활용

셀 주소	수식	비고
E6	=COUNT(A2:A13)	
F6	=COUNT(B2:B14)	

셀	수식
E7	=AVERAGE(A2:A13)
F7	=AVERAGE(B2:B14)
E8	=E7−F7
E9	=SQRT((E2^2/E6)+(E2^2/F6))
E10	=E8/E9
E11	=ABS(NORM.S.INV((1−E3)/2))
E12	=E8−E11 * E9
E13	=E8+E11 * E9
E14	=ABS(NORM.S.INV(1−E4))
E15	=1−NORM.S.DIST(ABS(E10), 1)
D17	=IF(E15<E4, "귀무가설을 기각함", "귀무가설을 기각할 수 없음")

	A	B	C	D	E	F	G	H	I	J
1	A사	B사			A사	B사				
2	39	35		모표준편차	4					
3	42	37		신뢰수준	0.95					
4	43	38		유의수준	0.05					
5	43	38								
6	47	40		표본크기	12	13		z-검정: 평균에 대한 두 집단		
7	49	42		표본평균	48	44				
8	50	42		표본평균 차	4				변수 1	변수 2
9	50	44		표준오차	1.6013			평균	48	44
10	51	45		Z통계량	2.4980			기지의 분산	16	16
11	52	48		양측Z임계치	1.9600			관측수	12	13
12	53	48		신뢰하한	0.8615			가설 평균차	0	
13	57	55		신뢰상한	7.1385			z 통계량	2.497999	
14		60		우측Z임계치	1.6449			P(Z<=z) 단측	0.006245	
15				p값	0.0062			z 기각치 단측	1.644854	
16								P(Z<=z) 양측	0.01249	
17				귀무가설을 기각함				z 기각치 양측	1.959964	

두 모평균 차이에 대한 Z검정은 분석도구를 이용하여 구할 수 있다.

① 데이터를 입력한 후 「데이터」 – 「데이터 분석」을 선택한다.

② 「통계 데이터 분석」 대화상자가 나타나면 「Z검정 : 평균에 대한 두 집단」을 선택하고 「확인」을 클릭한다.

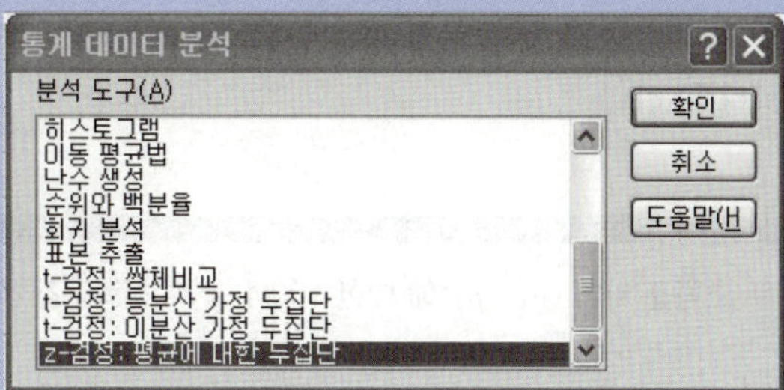

③ 다음과 같이 입력한다.

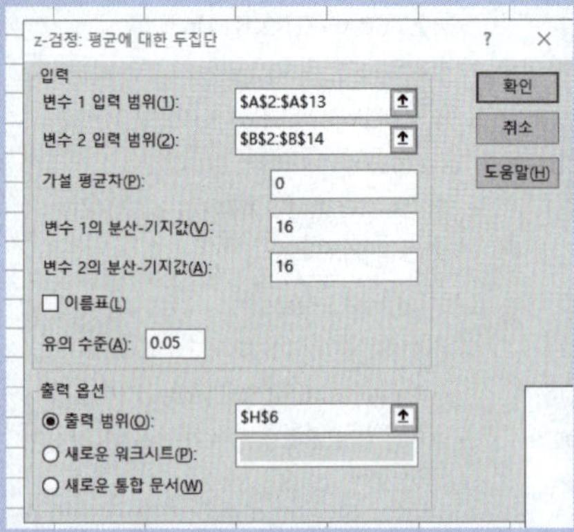

④ 「확인」을 클릭한다.

⑤ 위와 같은 결과를 얻는다.

두 모집단의 표준편차를 모르는 경우 (대표본)

두 모집단의 표준편차를 모르는 경우에는 두 모집단으로부터 $n_1 \geq 30$, $n_2 \geq 30$의 표본을 독립적으로 추출하여 그의 표본평균과 표본표준편차를 측정하여 사용한다. 그러면 표본평균 차이 $(\overline{X}_1 - \overline{X}_2)$의 표본분포는 모집단 분포의 형태에 상관없이 중심극한정리에 의하여 정규분포를 따른다.

따라서 이 정규분포를 표준화함으로써 확률변수 Z는

$$Z = \frac{(\overline{X}_1 - \overline{X}_2) - (\mu_1 - \mu_2)}{\sqrt{\frac{S_1^2}{n_1} + \frac{S_2^2}{n_2}}}$$

으로 표준정규분포 $N(0, 1)$을 따른다.

모표준편차를 모르지만 대표본인 경우 모평균 차이 $(\mu_1 - \mu_2)$의 신뢰구간을 구한다든지 가설검정을 실시하기 위해서는 모표준편차 σ 대신 표본표준편차 S를 이용하여 구한다.

TIP

두 모평균 차이 $(\mu_1 - \mu_2)$에 대한 $100(1-\alpha)\%$ 신뢰구간 (대표본)

$$P\left[(\overline{X}_1 - \overline{X}_2) - Z_{\frac{\alpha}{2}}\sqrt{\frac{S_1^2}{n_1} + \frac{S_2^2}{n_2}} \leq \mu_1 - \mu_2 \leq (\overline{X}_1 - \overline{X}_2) + Z_{\frac{\alpha}{2}}\sqrt{\frac{S_1^2}{n_1} + \frac{S_2^2}{n_2}}\right] = 1 - \alpha$$

예제 11-2 Excel 대학교 통계학 A반과 B반의 학기말 고사 성적은 다음과 같다. 한 교수가 똑같은 교수방법으로 지도한 결과이다.

	A	B	C	D	E	F	G	H	I	J	K
1		91	85	92	84	88	76	73	87	72	94
2		87	82	64	83	88	89	70	78	91	90
3	A반	73	76	74	84	74	83	86	79	85	97
4		84	64	59	74	80	79	65	74	93	75
5		85	85	62	93	76	75	84	70	87	78
6		85	72	91	70	66	66	79	82	78	99
7	B반	84	64	83	79	78	83	89	82	91	57

(1) 두 표본평균의 표본분포와 두 표본평균 차이의 표본분포를 그림으로 나타내라.

(2) 두 모평균 차이에 대한 95% 신뢰구간을 설정하라.

(3) 두 모평균 점수 사이에 차이가 있는지 유의수준 5%로 검정하라.

풀이

(1) $n_A=30$ $\quad \bar{X}_A=82.5$ $\quad S_A=8$

$n_B=40$ $\quad \bar{X}_B=78$ $\quad S_B=10$

$\bar{X}_A$의 표본분포

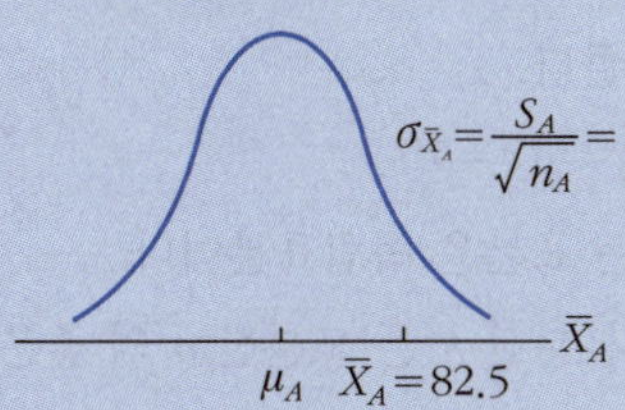

$\bar{X}_B$의 표본분포

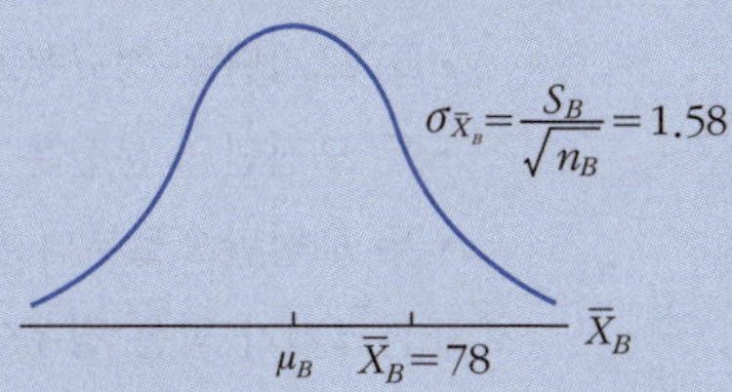

$(\bar{X}_A-\bar{X}_B)$의 표본분포

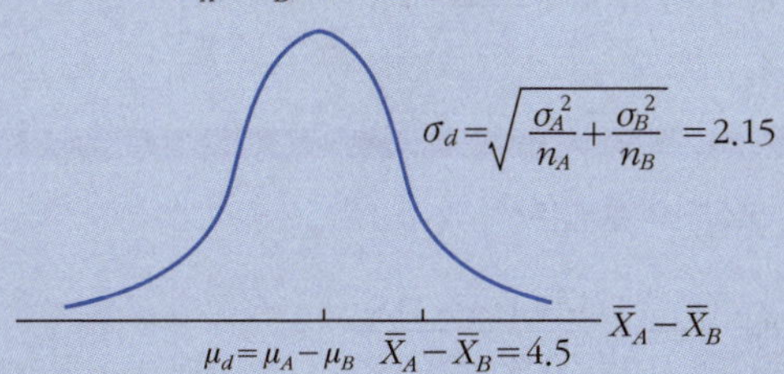

(2) $$(\bar{X}_A-\bar{X}_B)-Z_{\frac{\alpha}{2}}\sqrt{\frac{S_A^2}{n_A}+\frac{S_B^2}{n_B}} \le \mu_A-\mu_B \le (\bar{X}_A-\bar{X}_B)+Z_{\frac{\alpha}{2}}\sqrt{\frac{S_A^2}{n_A}+\frac{S_B^2}{n_B}}$$

$$(82.5-78)-(1.96)\sqrt{\frac{64}{30}+\frac{100}{40}} \le \mu_A-\mu_B \le (82.5-78)+(1.96)\sqrt{\frac{64}{30}+\frac{100}{40}}$$

$$0.28 \le \mu_A-\mu_B \le 8.72$$

통계학 A반의 평균 성적이 B반의 성적보다 0.28~8.72점 더 높다.

(3) $H_0 : \mu_A = \mu_B$

$H_1 : \mu_A \neq \mu_B$

$Z_{\frac{\alpha}{2}} = Z_{0.025} = 1.96$

$$Z_c = \frac{82.5 - 78.0}{\sqrt{\frac{64}{30} + \frac{100}{40}}} = 2.09$$

$Z_c = 2.09 > Z_{0.025} = 1.96$이므로 귀무가설 H_0를 기각한다. 한편 p값$=2P(Z > |2.09|)$ $= 0.0366 < \alpha = 0.05$이므로 귀무가설 H_0를 기각한다.

따라서 두 반의 평균 점수는 같지 않다.

두 모집단의 표준편차를 모르는 경우 (소표본)

표준편차를 모르는 두 모집단으로부터 추출하는 표본크기가 적어도 하나는 $n < 30$인 경우 두 모평균 차이에 대한 신뢰구간과 가설검정을 위해서는 자유도 $(n_1 + n_2 - 2)$의 t분포를 이용해야 한다.

이때 세 개의 가정이 꼭 필요하다.

- 두 모집단은 정규분포를 따른다.
- 두 모집단의 분산은 같다($\sigma_1{}^2 = \sigma_2{}^2 = \sigma^2$).
- 두 모집단으로부터 추출하는 표본은 독립표본이다.

표본크기가 작은 경우에는 표본분산 S^2은 모분산 σ^2의 좋은 추정량이 될 수 없다. 따라서 두 표본의 분산 $S_1{}^2$과 $S_2{}^2$을 가중평균한 통합분산(pooled variance) $S_P{}^2$을 모분산 σ^2의 추정량으로 사용해야 한다.

TIP

두 모집단의 통합분산

$$S_P{}^2 = \frac{(n_1 - 1)S_1^2 + (n_2 - 1)S_2^2}{n_1 + n_2 - 2}$$

예제 11-3 두 모집단으로부터 다음과 같이 독립적으로 표본을 추출할 때 통합분산을 구하라.

	A	B	C	D	E
1	모집단 1	3	7	8	
2	모집단 2	2	3	6	9

풀이

$\overline{X}_1=(3+7+8)/3=6$

$\overline{X}_2=(2+3+6+9)/4=5$

$S_1{}^2=(3-6)^2+(7-6)^2+(8-6)^2/(3-1)=7$

$S_2{}^2=(2-5)^2+(3-5)^2+(6-5)^2+(9-5)^2/(4-1)=10$

$$S_P{}^2=\frac{(n_1-1)S_1^2+(n_2-1)S_2^2}{n_1+n_2-2}=\frac{(3-1)7+(4-1)10}{3+4-2}=8.8$$

두 모집단의 분산은 모르지만 $\sigma_1{}^2=\sigma_2{}^2=\sigma^2$이고 소표본인 경우에는 두 모분산 $\sigma_1{}^2$과 $\sigma_2{}^2$의 추정량으로 통합분산 $S_P{}^2$을 사용하게 된다. 이러한 경우 두 표본평균 차이 $(\overline{X}_1-\overline{X}_2)$의 표본분포는 다음과 같이 정규분포를 따른다.

TIP

두 표본평균 차이 $(\overline{X}_1-\overline{X}_2)$의 표본분포 ($\sigma_1{}^2=\sigma_2{}^2$, 소표본)

평균 : $E(\overline{X}_1-\overline{X}_2)=\mu_1-\mu_2$

표준오차 : $S_d=\sqrt{\frac{S_P^2}{n_1}+\frac{S_P^2}{n_2}}=S_P\sqrt{\frac{1}{n_1}+\frac{1}{n_2}}$

분산을 모르는 두 정규 모집단으로부터 소표본을 독립적으로 추출할 때 확률변수 t는

$$t=\frac{(\overline{X}_1-\overline{X}_2)-(\mu_1-\mu_2)}{S_d}=\frac{(\overline{X}_1-\overline{X}_2)-(\mu_1-\mu_2)}{S_P\sqrt{\frac{1}{n_1}+\frac{1}{n_2}}}$$

로 자유도 (n_1+n_2-2)인 t분포를 따른다.

이제 두 모평균 차이에 대한 신뢰구간은 다음 공식을 이용하여 구할 수 있다.

TIP

두 모평균 차이 ($\mu_1 - \mu_2$)에 대한 100(1−α)% 신뢰구간 ($\sigma_1^2 = \sigma_2^2$, 소표본)

$$P\left[(\bar{X}_1 - \bar{X}_2) - t_{(n_1+n_2-2),\,\frac{\alpha}{2}}(S_p)\sqrt{\frac{1}{n_1}+\frac{1}{n_2}} \le \mu_1 - \mu_2 \le (\bar{X}_1 - \bar{X}_2) + t_{(n_1+n_2-2),\,\frac{\alpha}{2}}(S_p)\sqrt{\frac{1}{n_1}+\frac{1}{n_2}}\right] = 1-\alpha$$

한편 두 모평균 차이에 대한 가설검정은 다음과 같이 실시한다.

TIP

두 모평균 차이 ($\mu_1 - \mu_2$)에 대한 가설검정 ($\sigma_1^2 = \sigma_2^2$, 소표본)

$$\text{검정통계량} : t_C = \frac{(\bar{X}_1 - \bar{X}_2) - (\mu_1 - \mu_2)}{(S_p)\sqrt{\frac{1}{n_1}+\frac{1}{n_2}}}$$

좌측검정	양측검정	우측검정
$H_0 : \mu_1 - \mu_2 \ge 0$	$H_0 : \mu_1 - \mu_2 = 0$	$H_0 : \mu_1 - \mu_2 \le 0$
$H_1 : \mu_1 - \mu_2 < 0$	$H_1 : \mu_1 - \mu_2 \ne 0$	$H_1 : \mu_1 - \mu_2 > 0$

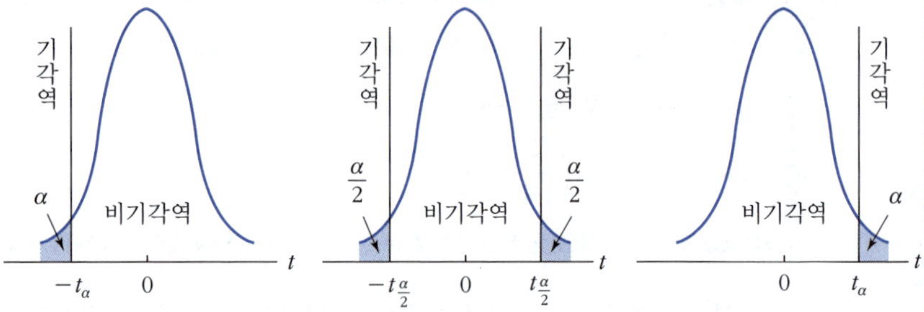

좌측검정	양측검정	우측검정
만일 $t_C < -t_{n_1+n_2-2,\,\alpha}$ 이면 H_0를 기각	만일 $t_C < -t_{n_1+n_2-2,\,\frac{\alpha}{2}}$ 또는 $t_C > t_{n_1+n_2-2,\,\frac{\alpha}{2}}$이면 H_0를 기각	만일 $t_C > t_{n_1+n_2-2,\,\alpha}$이면 H_0를 기각

모든 경우에 p값$<\alpha$이면 H_0를 기각

예제 11-4 Excel 전자는 근무하는 남자 직원과 여자 직원의 하루 평균임금을 비교하려고 한다. 각각 직원 9명을 랜덤으로 독립적으로 추출하여 그들의 임금을 조사한 결과 다음과 같은 데이터를 얻었다. 직원들의 임금은 대체로 정규분포를 따르며 남녀 직원 간의 임금의 표준편차는 동일하다고 한다.

(단위 : 만 원)

	A	B	C	D	E	F	G	H	I	J
1	남	28	32	35	37	41	44	31	35	32
2	여	25	29	31	35	31	34	27	32	35

(1) 남녀 직원의 평균임금 차이 $(\mu_A - \mu_B)$에 대한 95% 신뢰구간을 구하라.

(2) 남자 직원의 평균임금이 여자 직원보다 높은지 유의수준 5%로 검정하라.

풀이

(1) $n_A = 9 \qquad \bar{X}_A = 35 \qquad S_A^2 = 25.5$

$n_B = 9 \qquad \bar{X}_B = 31 \qquad S_B^2 = 12.25$

$$S_p = \sqrt{\frac{(n_A-1)S_A^2 + (n_B-1)S_B^2}{n_A+n_B-2}} = \sqrt{\frac{8(25.5)+8(12.25)}{9+9-2}}$$

$$= \sqrt{\frac{204+98}{16}} = 4.3445$$

$$S_d = (S_p)\sqrt{\frac{1}{n_A}+\frac{1}{n_B}} = 4.3445\left(\sqrt{\frac{1}{9}+\frac{1}{9}}\right) = 2.048$$

$$t_{n_A+n_B-2,\ \frac{\alpha}{2}} = t_{16,\ 0.025} = 2.12$$

$$(\bar{X}_A - \bar{X}_B) \pm t_{n_A+n_B-2,\ \frac{\alpha}{2}}(S_d)$$

$$4 \pm 2.12(2.048)$$

$$-0.3418 \le \mu_A - \mu_B \le 8.3418$$

(2) $H_0 : \mu_A \le \mu_B$

$H_1 : \mu_A > \mu_B$

$t_{16,\ 0.05} = 1.746$

$$t_c = \frac{4}{2.048} = 1.953$$

$t_c = 1.953 > t_{16,\ 0.05} = 1.746$이므로 귀무가설 H_0를 기각한다. 한편 컴퓨터 출력결과 p값$=0.0343 < \alpha = 0.05$이므로 귀무가설 H_0를 기각한다. 즉 남자 직원의 임금이 여자 직원보다 높다고 할 수 있다.

■ Excel 활용

셀 주소	수식	비고
E7	=DEVSQ(A2:A10)	
E9	=(E7+F7)/((E5−1)+(F5−1))	
E10	=E8/SQRT(E9 * (1/E5+1/F5))	
E11	=T.INV.2T(2 * 2, E5+F5−1)	

E12	=IF(E10>0 T.DIST.RT(E10, E5+F5−2), 1−T.DIST.RT(ABS(E10), E5+F5−2))
E13	=E8−T.INV.2T(1−E1, E5+F5−2) * SQRT(E9 * (1/E5+1/F5))
E14	=E8−T.INV.2T(1−E1, E5+F5−2) * SQRT(E9 * (1/E5+1/F5))
D16	=IF(E12<E2, "귀무가설을 기각함", "귀무가설을 기각할 수 없음")

	A	B	C	D	E	F	G	H	I	J
1	남	여		신뢰수준	0.95					
2	28	25		유의수준	0.05			t-검정: 등분산 가정 두 집단		
3	32	29								
4	35	31			남	여			변수 1	변수 2
5	37	35		표본크기	9	9		평균	35	31
6	41	31		표본평균	35	31		분산	25.5	12.25
7	44	34		편차제곱합(S)	204	98		관측수	9	9
8	31	27		평균 차	4			공동(Pooled) 분산	18.875	
9	35	32		통합분산	18.875			가설 평균차	0	
10	32	35		t통계량	1.9531			자유도	16	
11				우측t임계치	1.7459			t 통계량	1.953092	
12				p값	0.0343			P(T<=t) 단측 검정	0.034263	
13				신뢰하한	-0.3416			t 기각치 단측 검정	1.745884	
14				신뢰상한	8.3416			P(T<=t) 양측 검정	0.068527	
15								t 기각치 양측 검정	2.119905	
16				귀무가설을 기각함						

① 분석도구를 이용하기 위해서는 「데이터」-「데이터 분석」을 선택한다.

② 「통계 데이터 분석」 대화상자가 나타나면 「t-검정 : 등분산 가정 두 집단」을 선택하고 필요한 데이터를 입력한 후 「확인」을 클릭한다.

③ 위와 같은 결과를 얻는다.

EXCEL STATISTICS 대응표본

우리는 지금까지 독립표본을 전제로 하였다. 그러나 같은 도시, 같은 주일, 같은 부부, 같은 사람으로 짝을 이루는 각 쌍의 관찰에 관심을 갖는 경우가 있다. 이럴 때에는 두 모집단으로부터 추출하는 두 표본은 종속적이다. 대응표본을 추출하여 두 모집단의 평균 차이 $(\mu_1-\mu_2=\mu_d)$에 대한 추정과 검정을 할 경우에는 두 모집단이 정규분포를 따른다는 전제가 꼭 필요하다. 이것은 표본크기에 상관없이 t분포를 사용할 수 있기 때문이다.

짝을 이룬 두 표본의 값을 확률변수 X_1과 X_2라 하면 i번째 짝의 차이는 $X_{i1}-$

$X_{i2}=d_i$가 된다. 우리는 X_1, X_2 두 개의 확률변수 대신에 한 개의 확률변수 D를 이용하여 추정과 가설검정을 실시한다.

짝을 이룬 n개의 표본들의 차이 D_i의 표본평균과 표준편차는 다음과 같이 구한다.

$$\overline{D}=\frac{\sum_{i=1}^{n}(X_{i1}-X_{i2})}{n}=\frac{\sum_{i=1}^{n}D_i}{n}$$

$$S_D=\sqrt{\frac{\sum_{i=1}^{n}(D_i-\overline{D})^2}{n-1}}$$

짝을 이룬 차이들의 표본평균 $\overline{D}$의 값은 두 모집단의 평균 차이(mean difference) μ_D의 불편추정치가 되고 짝을 이룬 차이의 표본표준편차 S_D는 짝을 이룬 차이의 모표준편차 σ_D의 불편추정치가 된다.

평균 차이 $\overline{D}$의 평균과 표준오차는 다음과 같이 구한다.

$$E(\overline{D})=\mu_D=\mu_1-\mu_2$$

$$S_{\overline{D}}=\frac{S_D}{\sqrt{n}}$$

사실은 짝을 이룬 모표준편차 σ_D를 모르기 때문에 $\overline{D}$에 입각하여 μ_D에 관한 통계적 추정을 할 때에는 표준정규분포 대신에 t분포를 사용한다.

통계량 $\overline{D}$를 표준화하면 통계량 t는

$$t=\frac{\overline{D}-\mu_D}{S_D/\sqrt{n}}$$

로서 $(n-1)$의 t분포를 따른다.

이제 t분포를 이용하여 두 모평균 차이 $\mu_D=\mu_1-\mu_2$에 대한 신뢰구간은 다음과 같이 설정한다.

TIP

두 모평균 차이 $(\mu_1-\mu_2)$에 대한 100(1−α)% 신뢰구간 (대응표본)

$$P\left(\overline{D}-t_{n-1,\frac{\alpha}{2}}\frac{S_D}{\sqrt{n}}\le\mu_1-\mu_2\le\overline{D}+t_{n-1,\frac{\alpha}{2}}\frac{S_D}{\sqrt{n}}\right)=1-\alpha$$

한편 대응표본의 경우 두 모평균 차이 $(\mu_1-\mu_2)$에 대한 가설검정은 다음과 같이 실시한다.

TIP

두 모평균 차이 $(\mu_1-\mu_2)$에 대한 가설검정 (대응표본)

$$\text{검정통계량 : } t_C=\frac{\bar{D}-\mu_D}{S_D/\sqrt{n}}$$

좌측검정

H_0 : $\mu_1-\mu_2\geq\mu_0$

H_1 : $\mu_1-\mu_2<\mu_0$

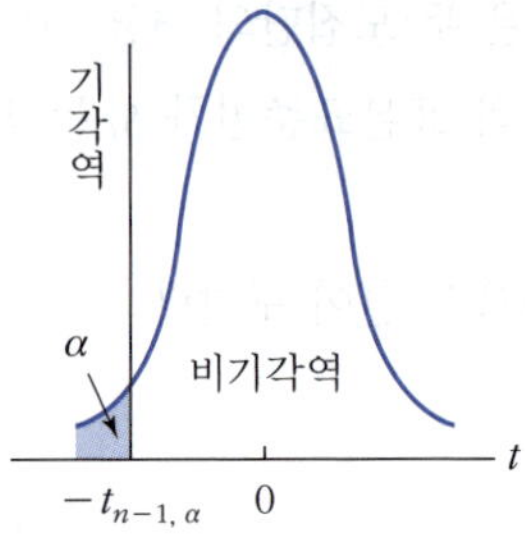

만일 $t_C<-t_\alpha$이면 H_0를 기각

양측검정

H_0 : $\mu_1-\mu_2=\mu_0$

H_1 : $\mu_1-\mu_2\neq\mu_0$

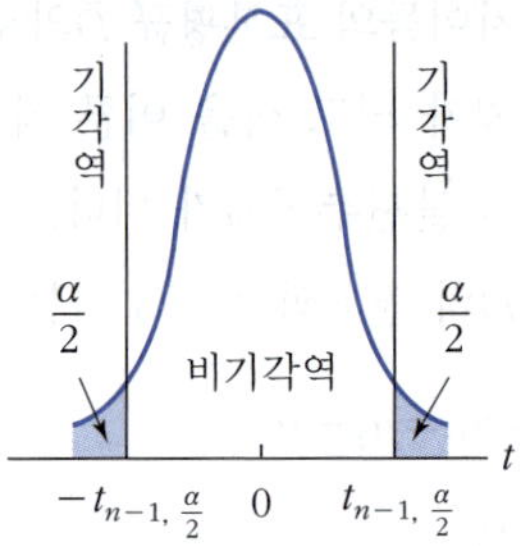

만일 $t_C<-t_{n-1,\,\frac{\alpha}{2}}$ 또는 $t_C>t_{n-1,\,\frac{\alpha}{2}}$이면 H_0를 기각

우측검정

H_0 : $\mu_1-\mu_2\leq\mu_0$

H_1 : $\mu_1-\mu_2>\mu_0$

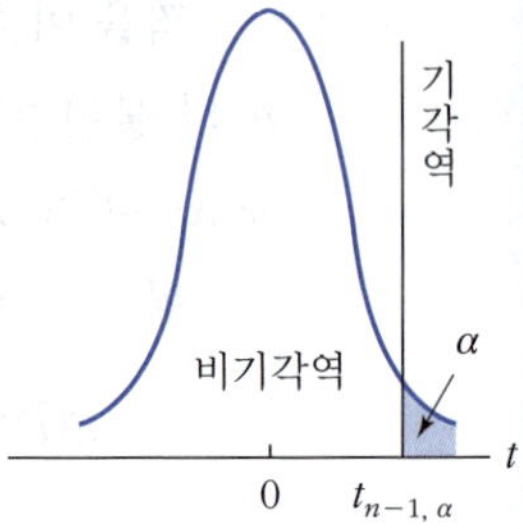

만일 $t_C>t_\alpha$이면 H_0를 기각

모든 경우에 p값$<\alpha$이면 H_0를 기각

예제 11-5 뚱보 9명에 대해서 다이어트 프로그램을 실시하기 전과 후의 체중(단위 : kg)을 측정한 결과 다음과 같은 데이터를 얻었다.

	A	B	C	D	E	F	G	H	I	J
1	전	110	88	84	94	108	82	96	97	134
2	후	94	81	82	88	97	85	77	89	110

(1) 두 모평균 차이 μ_D에 대한 95% 신뢰구간을 설정하라.

(2) 다이어트 프로그램 실시 이후 체중이 감량되었다고 결론지을 수 있는지 유의수준 5%로 검정하라.

풀이

(1)

표본	전(X_1)	후(X_2)	$D_i=X_1-X_2$	$D_i-\overline{D}$	$(D_i-\overline{D})^2$
1	110	94	16	6	36
2	88	81	7	−3	9
3	84	82	2	−8	64
4	94	88	6	−4	16
5	108	97	11	1	1
6	82	85	−3	−13	169
7	96	77	19	9	81
8	97	89	8	−2	4
9	134	110	24	14	196
합계			90		576

$$\overline{D}=\frac{\sum D_i}{n}=\frac{90}{9}=10$$

$$S_D=\sqrt{\frac{\sum(D_i-\overline{D})^2}{n-1}}=\sqrt{\frac{576}{8}}=8.485$$

$$t_{n-1,\frac{\alpha}{2}}=t_{8,\,0.025}=2.306$$

$$\overline{D}-t_{n-1,\frac{\alpha}{2}}\frac{S_D}{\sqrt{n}}\le\mu_D\le\overline{D}+t_{n-1,\frac{\alpha}{2}}\frac{S_D}{\sqrt{n}}$$

$$10-2.306\left(\frac{8.485}{\sqrt{9}}\right)\le\mu_D\le10+2.306\left(\frac{8.485}{\sqrt{9}}\right)$$

$$3.478\le\mu_D\le16.522$$

다이어트 프로그램 실시 후의 평균 체중이 3.478kg에서 16.522kg 감량되었다고 95% 신뢰할 수 있다.

(2) $H_0 : \mu_1\le\mu_2$

$H_1 : \mu_1>\mu_2$

$t_{n-1,\,\alpha}=t_{8,\,0.05}=1.860$

$$t_C=\frac{\overline{D}}{S_D/\sqrt{n}}=\frac{10}{8.485/\sqrt{9}}=3.536$$

$t_C=3.536>t_{8,\,0.05}=1.860$이므로 귀무가설 H_0를 기각한다. 컴퓨터 출력결과 p값= 0.003835$<\alpha=0.05$이므로 귀무가설 H_0를 기각한다.

따라서 다이어트 프로그램 실시 후 체중은 감량되었다는 주장은 옳다.

■ Excel 활용

셀 주소	수식	비고
F4	=COUNT(A2:A10)	
F5	=AVERAGE(C2:C10)	
F6	=VAR.S(C2:C10)	
F7	=F5/SQRT(F6/F4)	

F8	=T.INV.2T(F2, F4−1)
F9	=T.DIST.RT(ABS(F7), F4−1)
F10	=F5−T.INV.2T(F2, F4−1) * SQRT(F6/F4)
F11	=F5+T.INV.2T(F2, F4−1) * SQRT(F6/F4)
E13	=IF(F9<F2, "귀무가설을 기각함", "귀무가설을 기각할 수 없음")

	A	B	C	D	E	F	G	H	I	J
1	전	후	차이		신뢰수준	0.95		t-검정: 쌍체 비교		
2	110	94	16		유의수준	0.05				
3	88	81	7						변수 1	변수 2
4	84	82	2		표본크기	9		평균	99.22222	89.22222
5	94	88	6		차이의 평균	10		분산	262.4444	100.4444
6	108	97	11		차이의 분산	72		관측수	9	9
7	82	85	-3		t통계량	3.535534		피어슨 상관 계수	0.895809	
8	96	77	19		우측t임계치	2.306004		가설 평균차	0	
9	97	89	8		p값	0.003835		자유도	8	
10	134	110	24		신뢰하한	3.477635		t 통계량	3.535534	
11					신뢰상한	16.52236		P(T<=t) 단측 검정	0.003835	
12								t 기각치 단측 검정	1.859548	
13					귀무가설을 기각함			P(T<=t) 양측 검정	0.00767	
14								t 기각치 양측 검정	2.306004	

① 분석도구를 이용하기 위해서는「데이터」-「데이터 분석」을 선택한다.

②「통계 데이터 분석」 대화상자가 나타나면「t-검정 : 쌍체비교」를 선택한다.

③ 필요한 데이터를 입력하고「확인」을 클릭한다.

④ 위와 같은 결과를 얻는다.

S·E·C·T·I·O·N 11.4

두 모비율 차이에 대한 추정과 검정

우리는 제8장과 9장에서 한 모집단의 비율에 대한 추정과 검정을 공부하였는데 우리 주위에는 두 모비율을 비교하는 문제가 많다.

예를 들면, 다음과 같다.

- 이혼율에 있어 미국은 한국보다 높은가?
- 흡연가가 금연가보다 높은 폐암 사망률을 나타내는가?
- 야간 작업반이 주간 작업반보다 높은 불량률을 나타내는가?
- 한 정당의 지지율에 있어 서울과 부산 간에 차이가 있는가?

성공비율 p_1을 갖는 이항분포를 따르는 모집단 1로부터 표본크기 n_1을 추출하고 성공비율 p_2를 갖는 이항 모집단 2로부터 크기 n_2의 확률표본을 독립적으로 추출한다고 하자. 한편 표본 n_1 가운데 성공횟수가 X_1이면 표본비율 $\hat{p}_1 = \frac{X_1}{n_1}$이고 표본 n_2 가운데 성공횟수가 X_2이면 표본비율 $\hat{p}_2 = \frac{X_2}{n_2}$이다.

이때 모비율 p의 불편추정량은 표본비율 $\hat{p}$이며 두 모비율 차이 $(p_1 - p_2)$의 불편추정량은 두 표본비율 차이 $(\hat{p}_1 - \hat{p}_2)$이다.

두 모비율 차이 $(p_1 - p_2)$에 대한 추정과 검정을 위해서는 다음과 같은 전제가 필요하다.

- 두 모집단에서 독립적으로 표본을 추출한다.
- 두 표본에 있어서 $n_1 \geq 30$, $n_2 \geq 30$이다.

위 조건이 만족되면 확률변수 $(\hat{p}_1 - \hat{p}_2)$의 표본분포는 [그림 11-3]과 같이 정규분포를 따른다.

그림 11-3 두 표본비율 차이$(\hat{p}_1 - \hat{p}_2)$의 표본분포

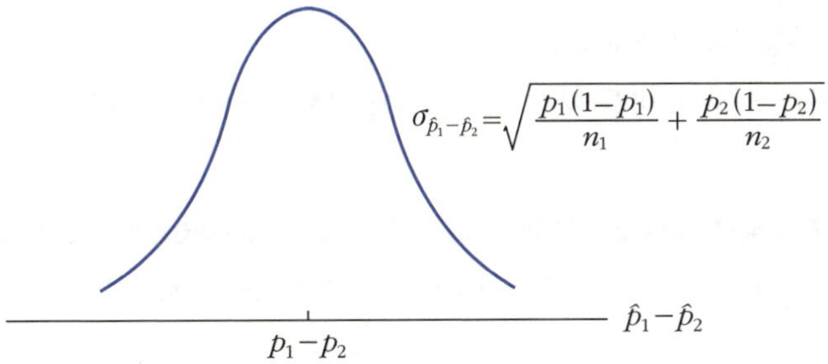

TIP

두 표본비율 차이 ($\hat{p}_1-\hat{p}_2$)의 표본분포 (p_1과 p_2 기지)

평균 : $E(\hat{p}_1-\hat{p}_2)=p_1-p_2$

표준편차 : $\sigma_{\hat{p}_1-\hat{p}_2}=\sqrt{\dfrac{p_1(1-p_1)}{n_1}+\dfrac{p_2(1-p_2)}{n_2}}$

그러나 모비율 p_1과 p_2를 알지 못하는 경우가 일반적이므로 이들의 불편추정량 $\hat{p}_1$과 $\hat{p}_2$를 사용하여 추정 표준오차(estimated standard error)를 구한다.

TIP

두 표본비율 차이 ($\hat{p}_1-\hat{p}_2$)의 표본분포 (p_1과 p_2 미지)

추정 표준오차 : $S_{\hat{p}_1-\hat{p}_2}=\sqrt{\dfrac{\hat{p}_1(1-\hat{p}_1)}{n_1}+\dfrac{\hat{p}_2(1-\hat{p}_2)}{n_2}}$ (11.1)

두 모집단에서 추출하는 두 표본 n_1과 n_2가 대표본이기 때문에 두 표본비율 차이 ($\hat{p}_1-\hat{p}_2$)의 표본분포는 정규분포에 근접한다. 따라서 확률변수 Z는

$$Z=\frac{(\hat{p}_1-\hat{p}_2)-(p_1-p_2)}{\sqrt{\dfrac{\hat{p}_1(1-\hat{p}_1)}{n_1}+\dfrac{\hat{p}_2(1-\hat{p}_2)}{n_2}}} \tag{11.2}$$

로 표준정규분포를 따른다.

따라서 두 모비율 차이 (p_1-p_2)에 대한 신뢰구간은 다음과 같이 구한다.

TIP

두 모비율 차이 (p_1-p_2)에 대한 100(1 − σ)% 신뢰구간(대표본)

$$P\left[(\hat{p}_1-\hat{p}_2)-Z_{\frac{\alpha}{2}}\sqrt{\frac{\hat{p}_1(1-\hat{p}_1)}{n_1}+\frac{\hat{p}_2(1-\hat{p}_2)}{n_2}}\right.$$
$$\left.\le p_1-p_2\le(\hat{p}_1-\hat{p}_2)+Z_{\frac{\alpha}{2}}\sqrt{\frac{\hat{p}_1(1-\hat{p}_1)}{n_1}+\frac{\hat{p}_2(1-\hat{p}_2)}{n_2}}\right]=1-\alpha$$

두 모비율 차이 (p_1-p_2)에 대한 가설을 검정하는 경우 귀무가설은 $H_0 : p_1-p_2=p_0$ 아니면 $H_0 : p_1-p_2=0$이다. 이때 사용되는 검정통계량은 서로 다르다.

귀무가설이 $H_0 : p_1-p_2=p_0$(이때 p_0는 어떤 수치이다)일 경우에 사용되는 Z통계량은 식(11.2)이다.

그러나 귀무가설이 $p_1=p_2$인 경우 귀무가설이 사실이라면 두 개의 표본비율 $\hat{p}_1$과 $\hat{p}_2$은 똑같은 모비율 p_1과 p_2의 추정치이므로 두 표본비율 차이의 추정 표준오차를 계산할 때 식(11.1)을 사용하지 않고 이들 두 개의 표본비율을 통합해서 p_1과 p_2의 하나의 추정치로 사용해야 한다.

통합표본비율(pooled sample proportion) $\bar{p}$는 다음과 같이 구한다.

$$\bar{p}=\frac{X_1+X_2}{n_1+n_2}=\frac{n_1\hat{p}_1+n_2\hat{p}_2}{n_1+n_2}$$

따라서 귀무가설에서 $p_1=p_2$를 가정하는 특수한 경우에 두 표본비율 차이 $(\hat{p}_1-\hat{p}_2)$은 다음과 같이 정규분포를 따른다.

TIP

두 표본비율 차이 $(\hat{p}_1-\hat{p}_2)$의 확률분포 $(p_1=p_2)$

평균 : $p_1-p_2=0$

추정 표준오차 : $\sigma_d=\sqrt{\frac{\bar{p}(1-\bar{p})}{n_1}+\frac{\bar{p}(1-\bar{p})}{n_2}}$

따라서 귀무가설 $H_0 : p_1-p_2=0$을 검정하는 데 사용되는 확률변수 Z는

$$Z=\frac{\hat{p}_1-\hat{p}_2}{\sqrt{\frac{\bar{p}(1-\bar{p})}{n_1}+\frac{\bar{p}(1-\bar{p})}{n_2}}} \tag{11.3}$$

로 표준정규분포를 따른다.

두 모비율 차이 (p_1-p_2)에 대한 가설검정은 다음과 같이 실시한다.

TIP

두 모비율 차이 (p_1-p_2)의 가설검정 (대표본)

$$\text{검정통계량}:\ Z_C=\frac{\hat{p}_1-\hat{p}_2}{\sqrt{\dfrac{\bar{p}(1-\bar{p})}{n_1}+\dfrac{\bar{p}(1-\bar{p})}{n_2}}}$$

좌측검정

$H_0: p_1-p_2\geq 0$

$H_1: p_1-p_2<0$

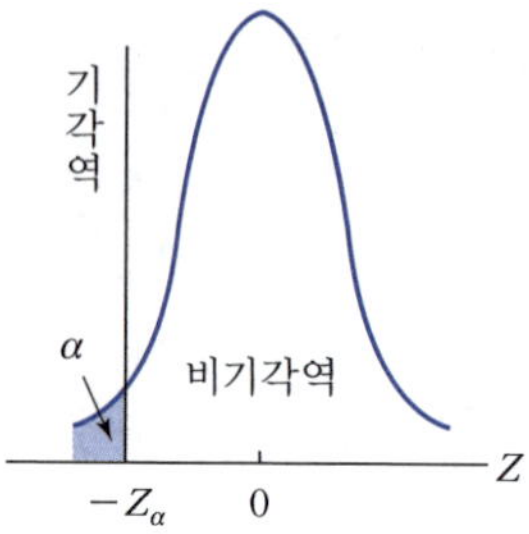

만일 $Z_C<-Z_\alpha$이면 H_0를 기각

양측검정

$H_0: p_1-p_2=0$

$H_1: p_1-p_2\neq 0$

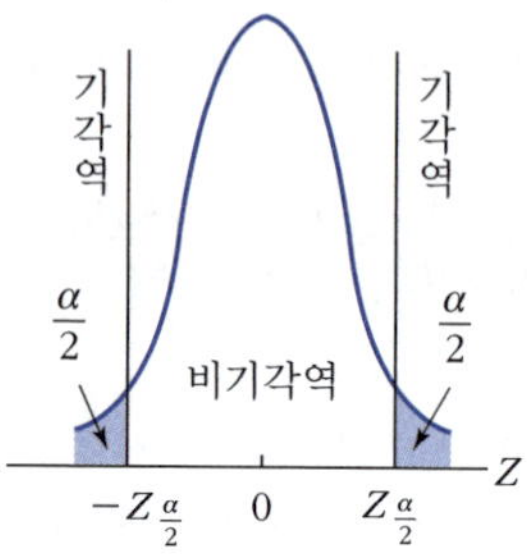

만일 $Z_C<-Z_{\frac{\alpha}{2}}$ 또는 $Z_C>Z_{\frac{\alpha}{2}}$이면 H_0를 기각

우측검정

$H_0: p_1-p_2\leq 0$

$H_1: p_1-p_2>0$

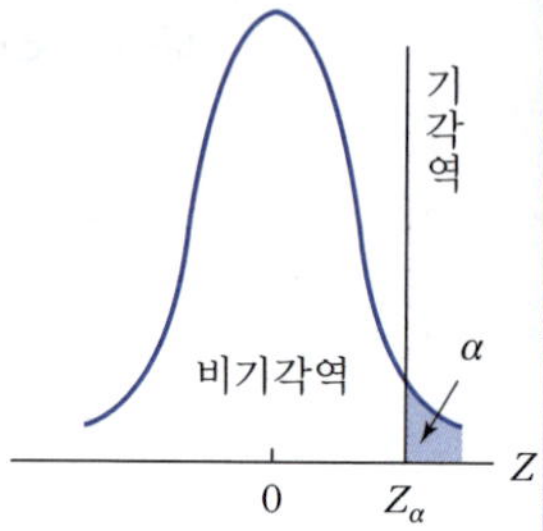

만일 $Z_C>Z_\alpha$이면 H_0를 기각

모든 경우에 p값$<\alpha$이면 H_0를 기각

예제 11-6 성인 남자 100명과 독립적으로 성인 여자 64명을 랜덤으로 추출하여 흡연 여부를 조사한 결과 다음과 같은 데이터를 얻었다.

	A	B	C	D	E	F	G	H	I	J	K	L	M	N	O	P	Q	R	S	T	U
1	남자	N	Y	Y	Y	N	N	N	N	N	Y	Y	N	Y	Y	N	Y	Y	Y	N	N
2		N	Y	N	N	N	Y	Y	N	N	N	Y	N	N	N	Y	N	N	N	Y	Y
3		Y	N	Y	N	Y	N	N	N	Y	N	N	N	N	N	N	N	N	N	N	Y
4		N	N	N	Y	N	N	N	N	N	N	N	Y	Y	N	N	N	Y	N	Y	Y
5		N	N	N	N	Y	N	N	N	N	N	N	N	N	Y	N	Y	N	N	Y	Y
6	여자	Y	N	N	N	Y	Y	N	N	Y	Y	N	N	Y	N	N	Y				
7		N	Y	Y	N	N	N	N	N	N	N	N	Y	N	Y	N	N				
8		N	N	N	Y	N	N	N	N	N	N	Y	Y	N	N	N	N				
9		Y	N	N	N	N	Y	N	N	Y	N	N	N	N	N	N	N				

(1) 두 모비율 차이 (p_1-p_2)에 대한 95% 신뢰구간을 설정하라.

(2) 데이터에 입각하여 남자 흡연율이 여자 흡연율보다 높다고 말할 수 있는지 유의수준 5%로 검정하라.

풀이

(1) $\hat{p}_1 = \frac{33}{100} = 0.33$

$\hat{p}_2 = \frac{17}{64} = 0.266$

$Z_{\frac{\alpha}{2}} = Z_{0.025} = 1.96$

$$(\hat{p}_1 - \hat{p}_2) - Z_{\frac{\alpha}{2}}\sqrt{\frac{\hat{p}_1(1-\hat{p}_1)}{n_1} + \frac{\hat{p}_2(1-\hat{p}_2)}{n_2}} \le p_1 - p_2 \le (\hat{p}_1 - \hat{p}_2) + Z_{\frac{\alpha}{2}}\sqrt{\frac{\hat{p}_1(1-\hat{p}_1)}{n_1} + \frac{\hat{p}_2(1-\hat{p}_2)}{n_2}}$$

$$(0.33 - 0.266) - (1.96)\sqrt{\frac{0.33(0.67)}{100} + \frac{0.266(0.734)}{64}} \le p_1 - p_2 \le (0.33 - 0.266) + (1.96)\sqrt{\frac{0.33(0.67)}{100} + \frac{0.266(0.734)}{64}}$$

$-0.078 \le p_1 - p_2 \le 0.206$

두 모비율 차이는 −7.8%에서 20.6%까지라고 95% 신뢰할 수 있다.

(2) $H_0 : p_1 = p_2$

$H_1 : p_1 > p_2$

$Z_\alpha = Z_{0.05} = 1.645$

$\bar{p} = \frac{X_1 + X_2}{n_1 + n_2} = \frac{33 + 17}{100 + 64} = 0.3$

$$Z_C = \frac{\hat{p}_1 - \hat{p}_2}{\sqrt{\frac{\bar{p}(1-\bar{p})}{n_1} + \frac{\bar{p}(1-\bar{p})}{n_2}}} = \frac{0.33 - 0.266}{\sqrt{\frac{0.3(0.7)}{100} + \frac{0.3(0.7)}{64}}} = 0.87$$

p값$= P(Z > 0.87) = 0.1922$

$Z_C = 0.87 < Z_{0.05} = 1.645$이므로 귀무가설 H_0를 기각할 수 없다. 한편 p값$= 0.1922 > \alpha = 0.05$이므로 귀무가설 H_0를 기각할 수 없다.

따라서 남자 흡연율이 여자 흡연율과 같다고 할 수 있다.

■ Excel 활용

셀 주소	수식	비고
J2	=COUNTA(A2:E21)	
K2	=COUNTA(F2:G33)	
J4	=COUNTIF(A2:E21, "Y")	
K4	=COUNTIF(F2:G33, "Y")	
J5	=J4/J2	
K5	=K4/K2	
J8	=NORM.S.INV(1−J7/2)	
J9	=SQRT((J5 * (1−J5)/J2) + (K5 * (1−K5)/K2))	
J10	=J8 * J9	
J12	=J5−K5	

J13	=J12−J10
J14	=J12+J10
J16	=(J4+K4)/(J2+K2)
J17	=SQRT((J16 * (1−J16)/J2)+(J16 * (1−J16)/K2))
J18	=(J5−K5)/J17
J19	=1−NORM.S.DIST(J18, 1)
I20	=IF(J19<0, "귀무가설을 기각함", "귀무가설을 기각할 수 없음")

	A	B	C	D	E	F	G	H	I	J	K
1	남자					여자				남자	여자
2	N	Y	Y	Y	N	Y	N		표본크기	100	64
3	N	Y	N	N	N	N	Y		관심의 대답	Y	Y
4	Y	N	Y	N	Y	N	N		대답의 수	33	17
5	N	N	N	Y	N	Y	N		표본비율	0.33	0.265625
6	N	N	N	N	Y	N	N				
7	N	N	N	N	Y	Y	N		유의수준	0.05	
8	Y	Y	N	N	N	N	Y		Z값	1.959964	
9	N	N	N	Y	N	N	N		표준오차	0.072519	
10	N	N	N	N	N	Y	Y		오차한계	0.142134	
11	N	N	N	N	N	N	N				
12	Y	N	Y	Y	N	N	N		차이의 점추정치	0.064375	
13	Y	N	N	N	Y	N	Y		신뢰하한	-0.07776	
14	N	N	N	N	N	N	N		신뢰상한	0.206509	
15	N	Y	Y	N	N	N	N				
16	N	N	N	Y	N	N	N		통합표본비율	0.304878	
17	Y	Y	Y	N	N	N	N		추정표준오차	0.073693	
18	N	N	N	Y	Y	Y	Y		Z통계량	0.873558	
19	N	N	N	N	Y	N	N		p값(우측)	0.19118	
20	N	Y	N	Y	Y	N	N		귀무가설을 기각할 수 없음		
21	Y	N	N	Y	Y	Y	N				
32						N	N				
33						N	N				

S·E·C·T·I·O·N 11.5

두 모분산 비율에 대한 추정과 검정

EXCEL STATISTICS F분포

우리는 제8장과 제9장에서 한 모집단의 분산에 대한 추정과 검정을 함에 있어서 χ^2 분포를 이용하였다. 본절에서는 [그림 11-4]에서 보는 바와 같이 두 모집단 분산의 동일성에 대한 추정과 검정을 하기 위해 F분포(F distribution)를 이용한다.

우리는 두 방법에 따른 조립시간의 분산, 두 용광로 사용에 따른 온도의 분산, 두 투자안에 내포된 위험, 두 지역 사이의 소득 분산 등등을 비교하는 경우가 있다.

두 모분산 σ_1^2과 σ_2^2의 동일성을 검정하기 위해서는 모집단 1로부터 크기 n_1의 표본을 랜덤으로 추출하고, 모집단 2로부터 크기 n_2의 표본을 독립적으로 추출한 후 이들의 좋은 추정량인 표본분산 S_1^2과 S_2^2을 비교해야 한다.

그림 11-4 두 모표준편차 비교

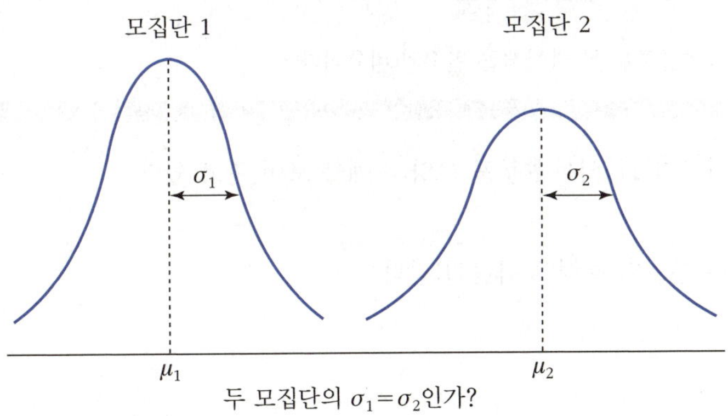

두 모집단의 $\sigma_1 = \sigma_2$인가?

그림 11-5 *F*분포의 모양

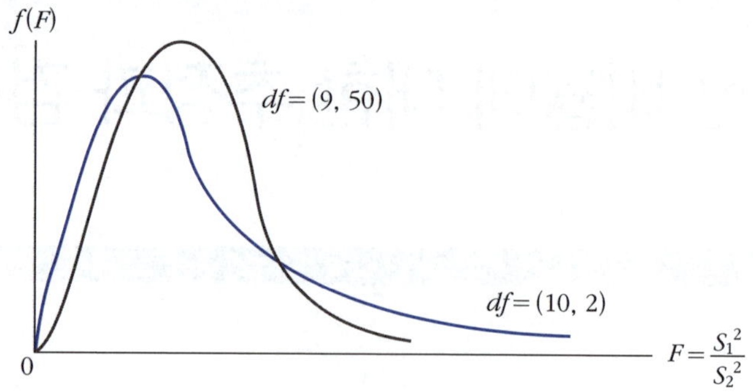

두 표본분산 차이 $(S_1^2 - S_2^2)$의 분포는 수학적으로 규명하기가 어렵기 때문에 표본분산의 비율 $\frac{S_1^2}{S_2^2}$을 사용하여 신뢰구간 설정과 가설검정을 실시한다.

분산이 같은$(\sigma_1^2 = \sigma_2^2)$ 두 정규 모집단으로부터 크기 n_1과 크기 n_2의 확률표본을 반복하여 독립적으로 추출한 후 두 표본분산의 비율 $\frac{S_1^2}{S_2^2}$들을 계산하여 히스토그램을 그리면 비율 $\frac{S_1^2}{S_2^2}$들의 표본분포는 분자의 자유도 $(n_1 - 1)$과 분모의 자유도 $(n_2 - 1)$인 *F*분포를 따른다.

TIP

*F*분포

$$F_{n_1-1,\, n_2-1} = \frac{\dfrac{(n_1-1)S_1^2/\sigma_1^2}{n_1-1}}{\dfrac{(n_2-1)S_2^2/\sigma_2^2}{n_2-1}} = \frac{\dfrac{S_1^2}{\sigma_1^2}}{\dfrac{S_2^2}{\sigma_2^2}} = \frac{S_1^2}{S_2^2}$$

즉 *F*분포는 두 카이제곱 변수의 비율이다.

[그림 11-5]는 *F*분포 모양의 예를 보여 주고 있다.

*F*분포의 특성은 다음과 같다.

TIP

F분포의 특성

- F분포군이 있다. F분포의 모양은 자유도 (n_1-1)과 (n_2-1)에 따라서 결정된다.
- 연속함수이다. F값은 0부터 $+\infty$까지의 무한한 값을 갖는다.
- F값은 언제나 양수의 값을 갖는다.
- 우측 꼬리 분포이다. 자유도 (n_1-1)과 (n_2-1)이 증가할수록 F분포는 정규분포에 근접한다.
- 비대칭이다. 두 자유도가 증가할 때 F곡선은 X축에 접근하지만 절대로 닿지는 않는다. 이는 정규분포의 특성과 유사하다.

F분포는 두 모분산을 비교하는 데 사용할 뿐만 아니라 제11장과 제12장에서 공부할 분산분석과 회귀분석을 위해서도 사용되는 중요한 확률분포이다.

F분포의 우측 꼬리 면적이 부표 H에 나와 있다. F값은 F분포표에서 $\alpha=0.01$, $\alpha=0.025$, $\alpha=0.05$, $\alpha=0.1$에 한하여 df_1(표의 가로)과 df_2(표의 세로)를 알면 구할 수 있다. 여기서 $df_1=n_1-1$이고 $df_2=n_2-1$이다.

예를 들면, $n_1=11$, $n_2=3$, $\alpha=0.05$일 때 F값은

$$F_{df_1,\ df_2,\ \alpha}=F_{10,\ 2,\ 0.05}=19.4$$

이다. 이는

$$P(F_{10,\ 2}\geq 19.4)=0.05$$

임을 의미한다. 이를 그림으로 나타내면 [그림 11-6]과 같다.

그림 11-6 $F_{10,\ 2}$의 확률 밀도함수

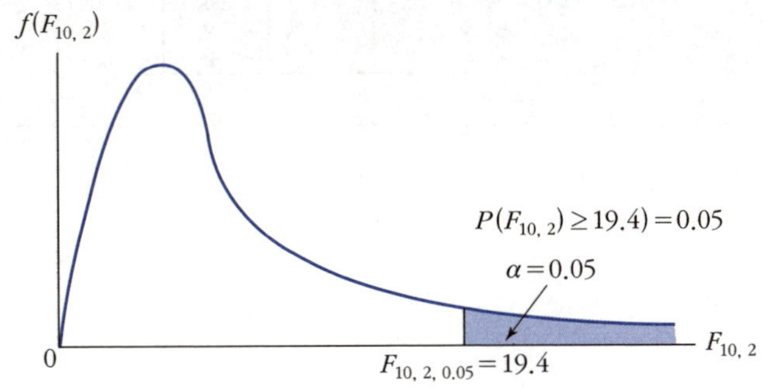

Excel을 사용하여 F값이 주어졌을 때 좌측 꼬리로부터의 누적확률 구하기
=F.DIST(f, 자유도1, 자유도2, TRUE)
Excel을 사용하여 F값이 주어졌을 때 우측 꼬리의 확률 구하기
=F.DIST.RT(f, 자유도1, 자유도2)
Excel을 사용하여 좌측 꼬리로부터의 누적확률이 주어졌을 때 F값 구하기
=F.INV(누적확률, 자유도1, 자유도2)
Excel을 사용하여 우측 꼬리의 유의수준(α)이 주어졌을 때 F값 구하기
=F.INV.RT(확률, 자유도1, 자유도2)

예제 11-7 다음과 같이 F값과 자유도가 주어졌을 때 그의 우측 면적(확률)을 구하라.

	A	B	C	D	E
1		F값	자유도1	자유도2	확률
2	1	2.39	9	20	0.050225
3	2	2.57	30	16	0.024902
4	3	3.75	5	28	0.010051
5	4	2.61	2	19	0.099656
6	5	4.46	40	5	0.050088

풀이

(1) 0.05 (2) 0.025 (3) 0.01

(4) 0.10 (5) 0.05

■ Excel 활용

셀 주소	수식	비고
D2	=F.DIST.RT(A2, B2, C2)	D6까지 복사

	A	B	C	D
1	F값	자유도1	자유도2	확률
2	2.39	9	20	0.050225
3	2.57	30	16	0.024902
4	3.75	5	28	0.010051
5	2.61	2	19	0.099656
6	4.46	40	5	0.050088

예제 11-8 다음과 같이 우측 면적과 자유도가 주어졌을 때 그들의 F값을 구하라.

	A	B	C	D
1		확률	자유도1	자유도2
2	1	0.05	5	25
3	2	0.025	12	15
4	3	0.01	9	9
5	4	0.1	20	20
6	5	0.05	24	24

풀이

(1) 2.60 (2) 2.96 (3) 5.35

(4) 1.79 (5) 1.98

■ Excel 활용

셀 주소	수식	비고
D2	=F.INV.RT(A2, B2, C2)	D6까지 복사

	A	B	C	D
1	확률	자유도1	자유도2	F값
2	0.05	5	25	2.602987
3	0.025	12	15	2.963282
4	0.01	9	9	5.351129
5	0.1	20	20	1.793843
6	0.05	24	24	1.98376

예제 11-9 분산이 동일한 정규 모집단으로부터 두 제품 공급업자의 독립표본을 랜덤으로 추출하였다. 표본 1의 크기는 10, 분산은 780이고 표본 2의 크기는 21, 분산은 225이다.

(1) F비율이 계산된 F통계량 이하일 확률을 구하라.

(2) F비율이 계산된 F통계량 이상일 확률을 구하라.

(3) 좌측 꼬리로부터의 누적확률이 0.90일 때 F값을 구하라.

(4) 유의수준(α)이 0.05일 때 F값을 구하라.

풀이

(1) 계산된 F값$=\frac{780}{225}=3.47$

$P(F\leq 3.47)=0.990141$(컴퓨터 사용)

(2) $P(F\geq 3.47)=0.009859$(컴퓨터 사용)

(3) 1.964853

(4) 2.392814

■ Excel 활용

셀 주소	수식	비고
B8	=B2/B4	
B9	=F.DIST(B8, B1−1, B3−1, TRUE)	
B10	=F.DIST.RT(B8, B1−1, B3−1)	
B11	=F.INV(B5, B1−1, B3−1)	
B12	=F.INV.RT(B6, B1−1, B3−1)	

	A	B
1	표본크기 1	10
2	표본분산 1	780
3	표본크기 2	21
4	표본분산 2	225
5	누적확률	0.9
6	유의수준	0.05
7		
8	계산된 F통계량	3.466667
9	P(F<=B8)	0.990141
10	P(F>=B8)	0.009859
11	F값(누적확률)	1.964853
12	F값(유의수준)	2.392814

EXCEL STATISTICS 두 모분산 비율의 추정

두 모분산 비율 $\frac{\sigma_1^2}{\sigma_2^2}$에 대한 95% 신뢰구간을 설정할 때 F분포의 우측 꼬리면적이 $\frac{\alpha}{2}=0.025$인 F_U의 값과 좌측 꼬리 면적이 $1-\frac{\alpha}{2}=0.975$인 F_L의 값을 우선 구해야 한다.

여기서

$$F_U = F_{df_1,\, df_2,\, \frac{\alpha}{2}} = F_{df_1,\, df_2,\, 0.025}$$

$$F_L = F_{df_1,\, df_2,\, 1-\frac{\alpha}{2}} = F_{df_1,\, df_2,\, 0.975}$$

그림 11-7 F 분포의 F_U와 F_L

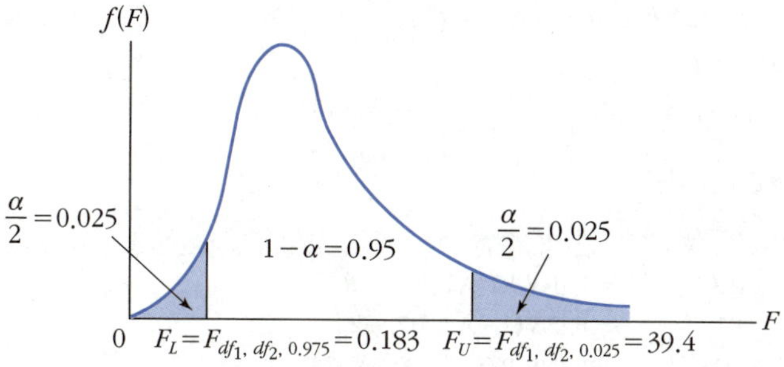

이다. 그런데 F_U의 값은 부표 H에서 바로 찾을 수 있지만 F_L의 값은 부표에서 찾을 수 없기 때문에 F_U와의 관계식을 이용하여 구한다.

$$F_L = F_{df_1,\, df_2,\, 1-\frac{\alpha}{2}} = \frac{1}{F_{df_2,\, df_1,\, \frac{\alpha}{2}}}$$

예를 들어 $\alpha=0.05$, $df_1=10$, $df_2=2$일 때 F_U와 F_L을 구해 보자.

$$F_U = F_{df_1,\, df_2,\, \frac{\alpha}{2}} = F_{10,\,2,\,0.025} = 39.4$$
$$F_L = F_{df_1,\, df_2,\, 1-\frac{\alpha}{2}} = F_{10,\,2,\,0.975} = \frac{1}{F_{df_2,\, df_1,\, \frac{\alpha}{2}}} = \frac{1}{F_{2,\,10,\,0.025}} = \frac{1}{5.46} = 0.183$$

이를 그림으로 나타내면 [그림 11-7]과 같다.

두 모분산 비율에 대한 추정과 검정에 있어서 주의할 점은 큰 표본분산은 항상 분자에 놓음으로써 $F=\frac{S_1^2}{S_2^2}>1$이 되게 한다는 것이다.

예제 11-10 확률변수 F가 자유도 (5,15)인 F분포를 따를 때

(1) $P(F \geq k)=0.95$인 경우 k를 구하라.
(2) $P(F<k)=0.99$인 경우 k를 구하라.
(3) F가 포함될 확률이 95%되는 양끝점을 구하라.

풀이

(1) $k=F_L=F_{5,15,0.95}=\frac{1}{F_{15,5,0.05}}=\frac{1}{4.62}=0.2165$

(2) $P(F>k)=0.01$

$k=F_u=F_{5,15,0.01}=4.56$

(3) $F_u=F_{5,15,0.025}=3.58$

$F_L=F_{5,15,0.975}=\frac{1}{F_{15,5,0.025}}=\frac{1}{6.43}=0.1555$

■ Excel 활용

셀 주소	수식	비고
D2	=F.INV.RT(A2, B2, C2)	
E2	=F.INV(1−A2, B2, C2)	
D3	=F.INV.RT(1−A3, B3, C3)	
E3	=F.INV(A3, B3, C3)	
D4	=F.INV(A4, B4, C4)	
D5	=F.INV.RT(1−A5, B5, C5)	

	A	B	C	D	E
1	확률	자유도1	자유도2	k	
2	0.95	5	15	0.216508	0.216508
3	0.99	5	15	4.555614	4.555614
4	0.025	5	15	0.155576	
5	0.975	5	15	3.576415	

두 모분산 비율에 대한 신뢰구간은 다음 공식을 이용하여 구한다.

TIP

두 모분산 비율 $\frac{\sigma_1^2}{\sigma_2^2}$에 대한 $100(1-\alpha)\%$ 신뢰구간

$$\frac{S_1^2/S_2^2}{F_U} \le \frac{\sigma_1^2}{\sigma_2^2} \le \frac{S_1^2/S_2^2}{F_L} \qquad (11.4)$$

EXCEL STATISTICS

두 모분산 비율의 검정

정규분포를 하는 두 모집단으로부터 각각 표본크기 n_1과 n_2를 독립적으로 추출한다고 할 때 두 모분산 비율에 대한 가설검정은 다음과 같이 실시한다. 여기서도 S_1^2이 S_2^2보다 크다고 전제하여 분자에 놓는다. 여기서 S_1^2이 S_2^2 보다 클수록 F 값은 증가하고 $\sigma_1^2=\sigma_2^2$의 가능성은 낮아진다. 따라서 F값이 커질수록 귀무가설 $H_0 : \sigma_1^2=\sigma_2^2$은 기각하게 된다.

TIP

두 모분산 비율 $\frac{\sigma_1^2}{\sigma_2^2}$에 대한 가설검정

$$\text{검정통계량} : F_C=\frac{S_1^2}{S_2^2}$$

좌측검정

$H_0 : \sigma_1^2 \geq \sigma_2^2$

$H_1 : \sigma_1^2 < \sigma_2^2$

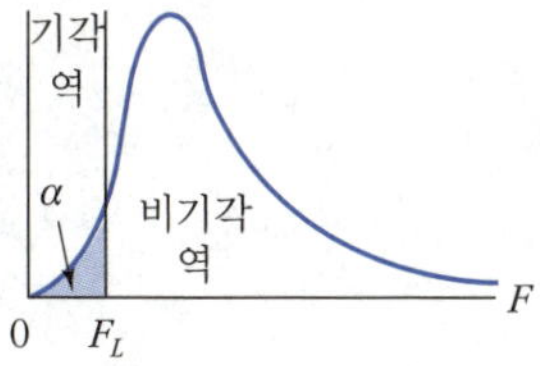

만일 $F_C<F_L$이면 H_0를 기각

양측검정

$H_0 : \sigma_1^2=\sigma_2^2$

$H_1 : \sigma_1^2 \neq \sigma_2^2$

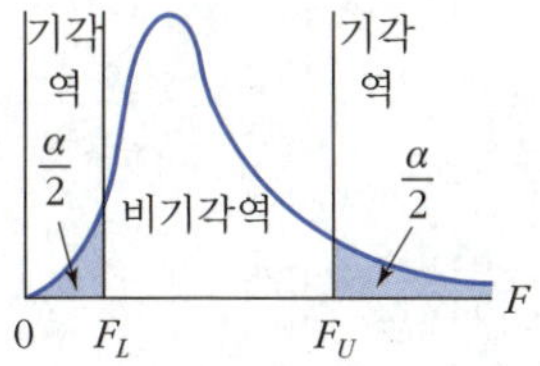

만일 $F_C<F_L$ 또는 $F_C>F_U$이면 H_0를 기각

우측검정

$H_0 : \sigma_1^2 \leq \sigma_2^2$

$H_1 : \sigma_1^2 > \sigma_2^2$

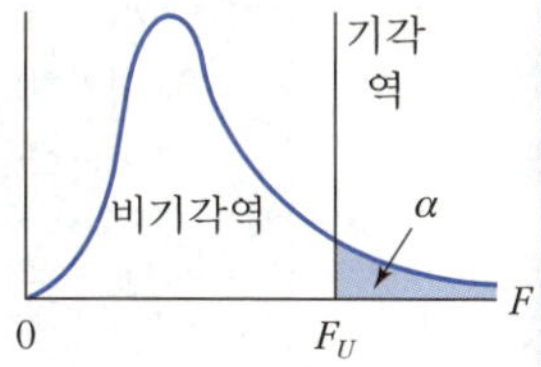

만일 $F_C>F_U$이면 H_0를 기각

모든 경우에 p값$<\alpha$이면 H_0를 기각

예제 11-11 다음 데이터는 Excel 중학교 1학년 남학생 12명, 여학생 10명을 랜덤 표본으로 추출하여 키를 측정한 데이터이다.

(단위 : cm)

	A	B	C	D	E	F	G	H	I	J	K	L	M
1	남학생	180	125	164	166	176	197	104	149	162	136	157	140
2	여학생	150	146	124	152	147	102	173	177	122	150		

(1) 두 모분산 비율 σ_1^2/σ_2^2에 대한 95% 신뢰구간을 구하라.
(2) 남학생의 키 변동이 여학생의 키 변동보다 더 큰지 유의수준 5%로 검정하라.

풀이

(1) $S_1^2=655.15 \qquad S_2^2=525.12$

$F_U=F_{df_2,\,df_1,\,\frac{\alpha}{2}}=F_{11,\,9,\,0.025}=3.912 \qquad F_L=F_{df_1,\,df_2,\,1-\frac{\alpha}{2}}=F_{11,\,9,\,0.975}$

$$F_L=\frac{1}{F_{df_2,\,df_1,\,\frac{\alpha}{2}}}=\frac{1}{F_{9,\,11,\,0.025}}=\frac{1}{3.59}=0.279$$

$$\frac{S_1^2/S_2^2}{F_U}\le\frac{\sigma_1^2}{\sigma_2^2}\le\frac{S_1^2/S_2^2}{F_L}$$

$$\frac{655.15/525.12}{3.912}\le\frac{\sigma_1^2}{\sigma_2^2}\le\frac{655.15/525.12}{0.279}$$

$$0.319\le\frac{\sigma_1^2}{\sigma_2^2}\le 4.476$$

σ_1^2은 σ_2^2 보다 0.319배에서 4.476배 사이에 있음을 95% 신뢰한다.

(2) $H_0:\sigma_1^2\le\sigma_2^2$

$H_1:\sigma_1^2>\sigma_2^2$

$F_{11,\,9,\,0.05}\fallingdotseq 3.1$

비기각역 : $F_c\le 3.1$

기각역 : $F_c>3.1$

$$F_c=\frac{S_1^2}{S_2^2}=\frac{655.15}{525.12}=1.25$$

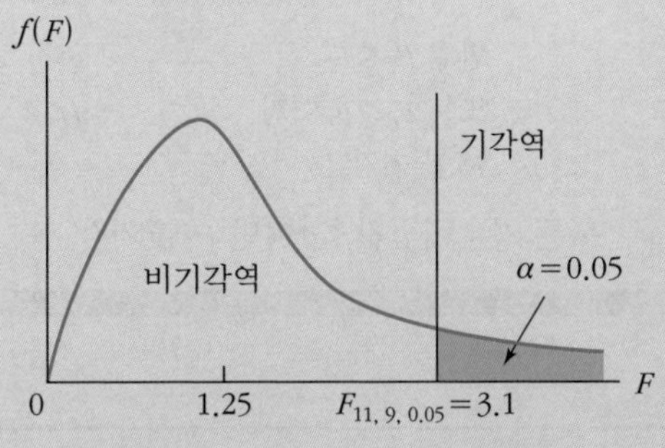

$F_c=1.25<F_{11,\,9,\,0.05}=3.1$이므로 귀무가설 H_0를 기각할 수 없다. 컴퓨터의 출력결과 p값$=0.376>\alpha=0.05$이므로 귀무가설 H_0를 기각할 수 없다. 즉 남학생과 여학생의 키 변동에는 차이가 없다.

■ Excel 활용

셀 주소	수식	비고
E5	=COUNT(A2:A13)	
F5	=COUNT(B2:B11)	
E6	=VAR.S(A2:A13)	
F6	=VAR.S(B2:B11)	
E7	=IF(E6>F6, E6, F6)	
F8	=IF(E6>F6, F6, E6)	
E9	=IF(E6>F6, E5−1, F5−1)	
F10	=IF(E6>F6, F5−1, E5−1)	
E11	=E7/F8	
E12	=F.INV.RT(F2, E9, F10)	
E13	=F.DIST.RT(E11, E9, F10)	
E14	=E11/F.INV.RT((1−F1)/2, E9, F10)	
E15	=E11 * F.INV.RT((1−F1)/2, F10, E9)	
D17	=IF(E13<F2, “귀무가설을 기각함”, “귀무가설을 기각할 수 없음”	

	A	B	C	D	E	F
1	남학생	여학생			신뢰수준	0.95
2	180	150			유의수준	0.05
3	125	146				
4	164	124			남학생(1)	여학생(2)
5	166	152		표본크기	12	10
6	176	147		표본분산	655.1515	525.1222
7	197	102		큰 분산	655.1515	
8	104	173		작은 분산		525.1222
9	149	177		df1	11	
10	162	122		df2		9
11	136	150		F통계량	1.2476	
12	157			단측F임계치	3.1025	
13	140			p값	0.3758	
14				신뢰하한	0.3189	
15				신뢰상한	4.4763	
16						
17				귀무가설을 기각할 수 없음		

CHAPTER 11

연습문제

11/1 독립표본과 종속표본의 차이를 설명하라.

11/2 F분포는 어느 경우에 사용하는가?

11/3 다음 문제에서 표본들은 독립적인가 또는 종속적인가?

(1) Excel 대학교와 Word대학교는 202A년 신입생들의 평균 SAT 점수를 비교하기로 하였다. Excel 대학교는 100명의 점수를, Word대학교는 89명의 점수를 수집하였다.
(2) Excel 대학교 병원에서는 최근에 개발한 약의 효과를 실험하려고 한다. 25명의 환자에 이 약을 복용토록 한 후 복용 전후의 건강상태를 기록하였다.

11/4 A사 제품과 B사 제품의 로트로부터 표본을 각각 10개씩 추출하여 그 길이를 측정한 결과 다음과 같은 데이터를 얻었다. A사 제품의 표준편차 σ는 2이고 B사 제품의 표준편차 σ는 3일 때

	A	B	C	D	E	F	G	H	I	J	K
1	A사	24	27	25	26	24	26	25	27	26	28
2	B사	20	21	29	22	23	20	22	24	21	20

(1) 두 제품의 모평균 차이 $(\mu_1 - \mu_2)$에 대한 95% 신뢰구간을 구하라.
(2) A사 제품의 길이가 B사 제품의 길이보다 길다고 말할 수 있는지 유의수준 5%로 검정하라.

11/5 A사와 B사 제품의 로트에서 각각 10개와 8개를 추출하여 순도를 측정한 결과 다음과 같은 데이터를 얻었다. 두 제품의 순도는 정규분포를 따르는데 표준편차는 모르지만 거의 같다고 한다.

	A	B	C	D	E	F	G	H	I	J	K
1	A회사	23	32	27	28	20	24	26	23	30	28
2	B회사	16	19	22	25	19	17	22	13		

(1) 두 회사 제품의 모평균 차이에 대한 95% 신뢰구간을 구하라.

(2) 두 회사 제품의 모평균 사이에 차이가 있는지 유의수준 5%로 검정하라.

11/6 Excel 대학교 통계학 수강학생을 대상으로 어느 날 하루에 공부한 시간에 차이가 있는지 알고자 남학생 다섯 명과 여학생 여섯 명을 조사하여 다음과 같은 데이터를 얻었다. 학생들의 공부시간은 정규분포를 따른다고 하며 두 모집단의 공부시간의 표준편차는 같다고 한다.

	A	B	C	D	E	F	G
1	남학생	2	3	4	6	9	
2	여학생	2	4	7	8	10	11

(1) 남학생들과 여학생들의 평균 공부시간 차이 $(\mu_1 - \mu_2)$에 대한 95% 신뢰구간을 설정하라.

(2) 여학생들의 평균 공부시간이 남학생들의 시간보다 많다는 주장을 유의수준 5%로 검정하라.

11/7 종로 제조(주)는 동일 작업을 수행하는 남자 근로자와 여자 근로자 사이에 시간당 임금 격차가 있는지 밝히기 위하여 근로자들을 독립적으로 추출하여 조사한 결과 다음과 같은 데이터를 얻었다. 임금은 정규분포를 따르며 두 모집단의 표준편차는 같다고 한다.

	A	B	C	D	E	F	G	H	I
1	남자	58	60	60	64	50	62	52	52
2		50	55	53	48	56	43	53	48
3	여자	44	42	37	44	35	43	45	53
4		54	40	46	50	50	44	42	

(1) 남자 근로자의 평균임금이 여자 근로자의 평균임금보다 10만큼 많은지 유의수준 5%로 검정하라.

(2) 평균임금 차이에 대한 95% 신뢰구간을 설정하라.

11/8 다음과 같이 F값과 자유도가 주어졌을 때 그의 확률을 구하라.

	A	B	C	D
1		F값	n1-1	n2-1
2	1	2.81	5	18
3	2	2.96	8	20

11/9 두 기계를 사용하여 10cm의 길이를 자르고 있다. 길이의 변동에 차이가 있는지 알기 위하여 표본을 랜덤으로 추출하여 길이를 측정한 결과 다음과 같은 데이터를 얻었다. 유의수준 5%로 검정하라.

	A	B	C	D	E	F
1	기계1	10.7	10.4	10.5	9.6	11.2
2		10.7	10.9	10.3	11.1	10.4
3	기계2	9.6	9.7	9.2	9.9	9
4		10.4	10.3	9.3	9.5	10.9

11/10 컴퓨터 프로그램은 거의 정규분포를 따르는 데이터를 생성한다. 두 개의 독립표본을 다음과 같이 추출하였다.

	A	B	C	D	E
1	표본 1			표본 2	
2	26	34		29	34
3	19	25		26	30
4	17	25		24	32
5	30	28		29	25

(1) 표본 1에서 추출된 모분산 1이 표본 2에서 추출된 모분산 2보다 크다고 주장하는 가설을 유의수준 5%로 검정하라.

(2) 모분산 비율에 대한 95% 신뢰구간을 설정하라.

11/11 어느 날 동아 백화점에 출입한 36명의 흡연자와 49명의 금연자를 표본으로 추출하여 나이를 조사한 결과 다음과 같은 데이터를 얻었다.

	A	B	C	D	E	F	G	H	I	J	K	L	M
1	흡연자						금연자						
2	58	48	26	41	41	35	28	36	41	14	39	57	36
3	52	39	34	43	28	20	36	38	36	33	40	50	13
4	22	42	53	57	37	37	35	40	35	41	29	42	46
5	41	46	45	45	39	44	43	38	18	22	34	40	39
6	37	34	21	49	39	42	35	44	39	38	46	37	16
7	43	44	45	41	34	38	35	29	37	36	35	25	47
8							35	24	17	19	45	23	54

(1) 두 표본평균의 표본분포와 두 표본평균 차이의 표본분포를 그래프로 나타내라.
(2) 두 모평균 차이의 95% 신뢰구간을 구하라.
(3) 두 모평균 나이에 차이가 있는지 유의수준 5%로 검정하라.

11/12 다음 데이터는 어느 날 금성 백화점에 있는 일식집에서 랜덤으로 추출한 여성 12명과 남성 10명이 식사를 하는 데 소요된 시간(분)을 측정한 것이다.

	A	B	C	D	E	F	G
1	여성	23.4	32.5	18.1	23.4	25.9	26.1
2		23.1	16.2	34	16.4	21.3	26.2
3	남성	15.8	18.6	19	17.5	26.2	
4		19.8	20.4	24.1	20.5	21.3	

(1) σ_1^2/σ_2^2에 대한 95% 신뢰구간을 구하라.
(2) 유의수준 5%로 여성의 시간 변동이 남성의 시간 변동보다 더 큰지 검정하라.

11/13 광주 광역시와 대구 광역시에 사는 시민들 사이에 녹색당에 대한 지지율에 있어서 현저한 차이가 있는지 알아보기 위하여 각각 확률표본으로 40명씩 추출하여 조사한 결과 다음과 같은 데이터를 얻었다.

	A	B	C	D	E	F	G	H	I	J	K
1	광주	Y	Y	N	N	Y	Y	Y	Y	Y	Y
2		N	N	N	N	N	N	Y	Y	Y	Y
3		Y	Y	Y	Y	Y	Y	N	N	Y	Y
4		Y	Y	Y	Y	N	N	N	N	N	N
5	대구	N	N	N	N	N	N	Y	Y	N	N
6		Y	Y	Y	Y	Y	Y	N	N	Y	Y
7		Y	Y	N	N	N	N	N	N	N	N
8		N	N	Y	Y	Y	Y	Y	Y	Y	Y

두 도시 주민들 사이에 지지율에 있어 차이가 있는지 유의수준 5%로 검정하라.

11/14 종로 제조(주)는 조립공정에서 사용한 기존의 방법과 새로운 방법의 성과를 비교하려고 한다. 작업자 여덟 명씩 두 가지 방법에 따른 조립시간을 측정한 결과 다음과 같은 데이터를 얻었다. 조립시간은 대체로 정규분포를 따르며 두 방법에 의한 조립시간의 분산은 동일하다고 가정한다.

기존의 방법	2.1	2.0	2.5	2.7	4.0	4.2	5.2	3.7
새로운 방법	0.3	0.9	1.4	1.8	2.2	2.4	3.5	3.8

(1) 두 방법의 평균 조립시간 차이 $(\mu_1-\mu_2)$에 대한 95% 신뢰구간을 설정하라.

(2) 새로운 방법의 평균 조립시간이 기존의 방법보다 짧다는 주장을 유의수준 5%로 검정하라.

11/15 평화 백화점 훈련부장은 종업원들에게 새로운 판매 기법을 훈련시킨 후 종업원들의 판매량에 증가효과가 있는지 알기 위하여 종업원 10명을 대상으로 하루 판매량을 조사한 결과 다음과 같은 데이터를 얻었다.

	A	B	C	D	E	F	G	H	I	J	K
1	종업원	1	2	3	4	5	6	7	8	9	10
2	전	54	56	50	52	55	52	56	53	53	60
3	후	60	59	57	56	56	58	62	55	54	64

(1) 두 모평균 차이 μ_D에 대한 95% 신뢰구간을 설정하라.

(2) 훈련 후 판매량이 증가하였는지 유의수준 5%로 검정하라.

Chapter 12

분산분석

우리는 제11장에서 두 모평균을 비교하기 위하여 Z 검정과 t 검정을 이용하였다. 그러나 현실적으로 세 개 이상 모집단의 평균을 동시에 비교하고자 할 때가 있다. 예를 들면, 세 공정에서 생산되는 제품을 비교한다든가, 세 자동차의 주행거리를 비교한다든가, TV, 라디오, 신문 등 광고매체를 이용할 때 광고효과에 차이가 있는가, 또는 많은 그룹의 학생들의 학업성과를 비교하고자 할 때가 있다. 이러한 경우에 Z 검정이나 t 검정을 사용하려면 가능한 모든 집단의 쌍(pair), 즉 ${}_nC_2$번 검정을 해야 한다. 그런데 이렇게 하면 계산상 번거로울 뿐만 아니라 옳은 귀무가설을 잘못하여 기각시킬 오차율인 제 I 종 오류(α)가 커지게 된다.

따라서 많은 모집단에서 추출하는 표본 사이의 통계적 비교를 하면서 결합 유의수준을 α로 유지하는 통계적 절차가 필요한데 이것이 바로 분산분석이다.

TIP

분산분석

분산분석이란 모집단 평균들을 직접 비교하지 않고 표본분산들을 분석함으로써 모집단 평균들의 동일성을 검정하는 통계적 기법을 말한다.

분산분석(analysis of variance : ANOVA)이라는 말은 집단 간 표본분산과 집단 내 표본분산을 분석함으로써 모집단 평균들의 동일성을 검정한다는 사실에서 연유한다. 따라서 분산분석은 t 검정의 연장이라고 할 수 있지만 t 검정은 집단들의 평균을 직접 비교하는 데 반해 분산분석은 집단의 분산을 사용하여 비교하기 때문에 두 방법에는 차이가 있다.

분산분석은 다음 장에서 공부할 회귀분석과 같이 독립변수가 종속변수에 미치는 영향을 분석하는 방법이다. 즉 각 모집단으로부터 추출하는 표본평균들이 통계적으로 유의한 차이가 있는지 분석하는 것이다.

우리는 본장에서 독립변수가 하나인 일원분산분석은 물론 독립변수가 두 개인 이원분산분석에 관해서도 공부할 것이다.

S·E·C·T·I·O·N 12.1

실험설계의 기본 개념

지금까지 우리는 데이터를 수집할 때 실험을 통해서 하기보다는 주로 관찰을 통하였다. 관찰을 할 때 연구자는 관심 있는 변수들에 대해 통제를 가하지 않고 다만 그들의 값들을 관찰할 뿐이었다. 그러나 설계된 실험에서는 관심 있는 종속변수에 미치는 영향을 결정하기 위하여 독립변수의 수준을 통제하게 된다. 그런데 반응변수에 영향을 미치지만 실험에는 포함되지 않은 외부적인 변수가 있는데 이를 외생변수(exogenous variable) 또는 외부요인(external factor)이라고 한다.

여기서 실험(experiment)이란 관심 대상인 종속변수에 영향을 미치는 독립변수의 값을 변화시키면서 반응하는 종속변수의 값(결과)을 측정하는 것을 말한다. 실험에서는 종속변수를 반응변수(response variable) 또는 결과변수라고 하고 독립변수는 인자(factor,요인) 또는 처리변수(treatment variable)라고 한다. 여기서 인자는 수치변수 또는 범주변수가 될 수 있다. 예를 들어 성별의 차이가 TOEFL 성적에 미치는 영향을 조사한다고 할 때 성적은 반응변수이고 남자 또는 여자는 범주 인자이다.

실험을 하다보면 어떤 조건에 따라 인자에 변화를 주는데 이러한 인자의 여러 가지 조건을 인자수준(factor level)이라고 한다.

TIP

인자와 인자수준

인자란 실험에서 반응변수에 영향을 미치는 독립변수를 말하는데 수치로 또는 비수치로 나타낼 수 있다.
수준이란 실험에서 사용되는 인자의 형태나 수준들을 말하는데 인자수준(factor level)이라고도 한다.

예를 들면, 범주 인자인 성별의 경우 인자수준은 남자와 여자이고 위치의 인자수준은 동·서·남·북이다. 수치 인자의 예를 들면, 반응온도인데 100°, 200°, 350° 등은 인자수준이다.

인자가 하나인 실험에서 처리(treatment)란 인자수준을 말한다. 예컨대 성별(gender)이 TOEFL 성적에 미치는 영향을 조사하는 경우, 처리란 성별의 두 수준(남자와 여자)을 말한다. 그러나 인자가 두 개 이상인 경우에는 처리란 요인과 수준의 결합(들)을 말한다.

TIP

처리

처리란 실험에서 사용된 인자와 수준 간의 결합을 의미한다.

예를 들면, 어떤 화학공정에서 반응변수로서 수율(%)을 높이기 위한 실험에서 반응온도로 세 수준(0°, 20°, 50°), 반응시간으로 두 수준(1시간, 2시간)을 고려한다면 온도-시간의 결합은 6개이다. 이 각각의 결합을 처리라고 하는데 각 처리에 대해 4회씩 랜덤으로 실험하였다면 반복횟수(replication)는 4가 된다. 수율은 반응온도와 반응시간 외에도 습도, 상황 등 여러 변수들에 의해 영향을 받는데 이러한 통제되지 않는 변수는 외부요인이 된다.

실험에서 반응의 관측치들을 수집하기 위하여 여러 가지 처리를 적용하게 되는데 예컨대 사람, 회사, 가정, 작업자, 기계, 차 등등의 기본 단위를 실험단위(experimental unit) 또는 실험대상(subjects)이라고 한다. 위 실험에서 특정 화학공정이 실험단위가 된다.

한편 실험의 목적을 위해서 실험대상을 결정하고 처리의 명세와 각 처리를 실험대상에 할당하는 방법을 통제하는 일을 실험설계(experimental design)라고 한다. 실험설계를 할 때는 첫째, 외부요인의 영향을 최소화해야 한다. 이는 실험요인의 반응변수에의 변화를 올바르게 측정하기 위함이다. 둘째, 개별 실험단위에 적용되는 처리를 랜덤으로 결정토록 한다.

랜덤화(randomization)란 같은 조건에서 미리 예견할 수 없는 실험오차를 없애기 위하여 실험순서를 랜덤으로 결정하는 것을 말하는데 각 모집단으로부터 표본이 독립적으로 추출되도록 실험설계된다. 처리 및 실험순서의 랜덤화로 실험오차 간 독립성을 보장하고 통제불능인자의 영향을 평균화시키게 된다.

실험을 하기 위해서는 다음과 같은 네 절차를 거친다.

- 사람이나 객체 등 실험단위를 비용이나 정확도 등을 고려하여 선정한다.
- 실험에서 변화시킬 요인과 그의 수준을 결정한다. 외생변수의 영향을 최소화해야 한다.
- 처리를 실험단위에 랜덤하게 할당한다.
- 각 처리의 반응변수에의 영향을 비교한다.

S·E·C·T·I·O·N 12.2

분산분석의 가정

세 개 이상의 표본이 동일한 평균을 갖는 모집단으로부터 추출되었는지를 검정하는 분산분석의 경우에는 다음과 같은 가정을 전제로 한다.

① 독립변수의 요인수준에 따라 분류되는 각 모집단에서 관심 있는 반응변수(종속변수)의 관측치들은 평균 μ인 정규분포를 따른다.

② 각 모집단에서 관심 있는 변수의 관측치들은 동일한 분산(또는 표준편차) σ^2을 갖는다.

③ 표본(관측치)은 각 독립적인 모집단에서 랜덤으로 추출한다.

④ 모든 표본은 서로 독립적으로 추출한다. 추출된 관측치들 사이에 연관성이 없어야 한다.

[그림 12-1]은 가정 ①과 ②를 나타낸다. 이 경우 모평균은 서로 다르기 때문에 모평균은 서로 같다고 하는 귀무가설은 거짓이 된다. 한편 [그림 12-2]는 가정 ①과 ②를 나타내지만 모평균이 서로 같기 때문에 귀무가설은 참이 된다. 사실 모평균은 어떤 값을 취해도 된다. 가설검정의 절차를 따라 이를 취급하기 때문이다.

모집단의 분산이 꼭 같아야 하는 것은 분산을 통합하기 위함이다. 그러나 만

그림 12-1 정규 모집단(동일한 분산과 다른 평균)

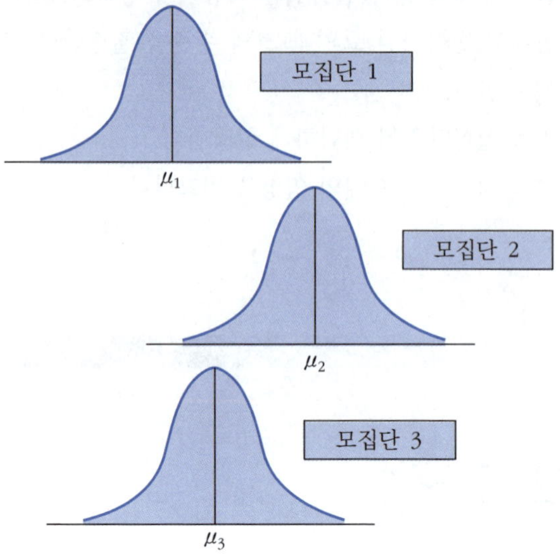

그림 12-2 정규 모집단(동일한 분산과 평균)

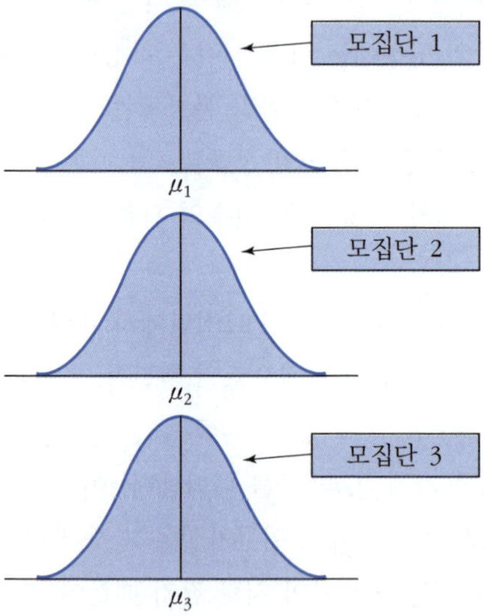

일 각 모집단에서 추출하는 표본크기가 동일하면 F분포에 입각한 추론은 분산이 다르더라도 크게 영향을 받지 않는다. 따라서 가능하면 모든 집단의 표본크기가 동일할 필요가 있다.

표본의 각 관측치가 독립적으로 랜덤으로 추출되어야 함은 같은 표본 내의 다른 관측치에, 또는 다른 표본의 관측치에 영향을 끼쳐서는 안 되기 때문이다.

S·E·C·T·I·O·N 12.3

분산분석의 기본 원리

분산분석은 관찰 또는 측정된 표본 데이터를 사용하여 표본이 추출된 세 개 이상의 모집단 평균 사이에 통계적으로 유의한 차이가 있는지 검정하는 분석방법이다. 분석을 위해 독립변수로 분류하는 각 집단으로부터 랜덤 표본을 추출하여 계산한 집단 간 평균들이 서로 멀리 떨어져 있을수록 분산이 크게 된다. 이와 같이 집단 간 평균들의 분산이 크면 클수록 집단 간 평균들이 동일하지 않다고 추정할 수 있다.

분산분석에서 셋 이상 모평균의 동일성을 검정하는 귀무가설과 대립가설은 다음과 같다.

H_0: $\mu_1 = \mu_2 = \cdots = \mu_i$

H_A: 적어도 하나는 나머지와 같지 않다.

[그림 12-3]에서 우리는 모평균들이 동일하면 그의 분산이 적기 때문에 표본평균들도 아주 근접하고 반대로 모평균들이 현저한 차이를 보이면 그의 분산이 크기 때문에 표본평균들도 서로 멀리 떨어짐을 볼 수 있다. 다시 말하면, 집단 간 평균들의 분산이 크면 클수록 집단 간 평균들이 동일하지 않다고 할 수 있다. 따라

그림 12-3 ANOVA의 논리

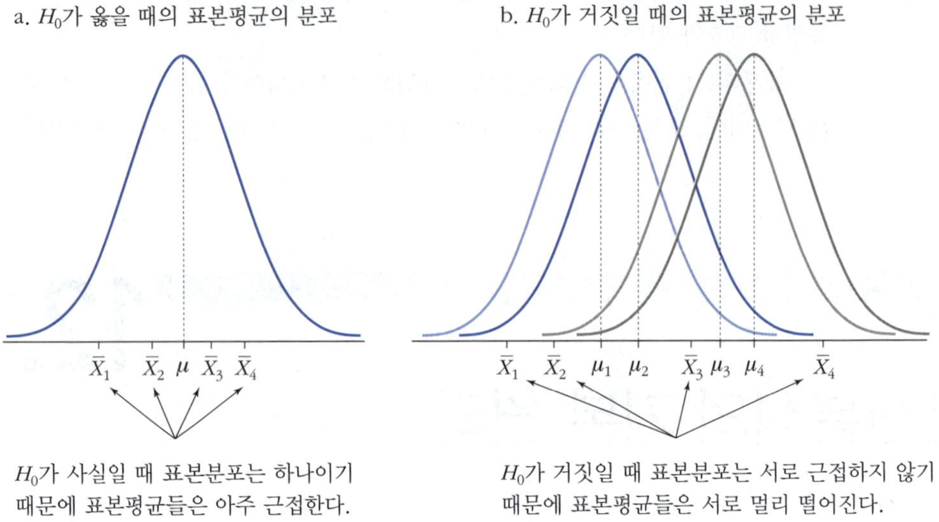

서 집단 간 평균들의 분산을 계산해서 모평균들의 동일성을 평가하면 좋을 것이나 문제는 분산 자체를 직접 비교할 수 없는 한계가 있다는 것이다.

그런데 분산이란 측정단위에 따라 크기가 다르고 측정대상에 따라 그의 크기를 판단하는 기준이 달라진다. 이때 분산의 크기를 평가할 수 있는 상대적인 기준으로 집단 내 분산이 사용된다. 즉 집단 내에 포함되는 관측치들이 그들의 평균으로부터 어느 정도 흩어져 있는가를 측정하는 집단 내 분산이 비교대상이 된다. 이와 같이 집단 내 분산에 비하여 집단 간 평균의 분산이 크면 클수록 집단의 평균들이 서로 다르다고 추정할 수 있다.

사실 집단 간 표본 데이터를 보면 집단 간에는 물론 같은 집단 내에서도 차이가 있다. 각 집단 간 표본평균들의 차이는 집단 간 모평균이 실제로 다르기 때문에 발생할 수도 있지만 같은 집단 내 표본(또는 실험)의 되풀이로 인한 오차현상에 기인할 수도 있다.

분산분석의 목적은 한 인자(독립변수, 예컨대 상표)가 측정하려는 반응변수(종속변수, 예컨대 판매량)에 현저한 영향(significant effect)을 미치는가를 결정하려는 것이다. 여기서 독립변수는 집단을 구분하는 이산변수가 되고 종속변수는 관심의 대상이 되는 값(관측치)으로서 연속변수여야 한다. 만일 상표라는 독립변수가 모평균 판매

표 12-1 상표의 종류에 따른 판매량

	A	B	C	D
1		인자 수준		
2	표본번호	상표1	상표2	상표3
3	1	90	82	80
4	2	88	78	83
5	3	85	81	72
6	4	80	84	85
7	5	82	80	80
8	합계	455	420	400
9	평균	91	84	80

량이라는 종속변수에 현저한 영향을 미친다면 서로 다른 상표의 종류를 사용하여 얻는 표본의 평균 판매량(종속변수 값들의 평균)은 서로 같지 않을 것이다. 따라서 분산분석에서는 여러 상표 간 표본의 평균 판매량이 동일한가를 테스트함으로써 상표라는 인자가 모평균 판매량에 현저한 영향을 미치는가라는 질문에 답하려는 것이다.

예를 들어 어떤 회사에서 상표의 종류에 따른 하루의 판매량을 조사하여 [표 12-1]과 같은 데이터를 얻었다고 하자.

상표라는 하나의 인자를 상표 1, 2, 3이라는 세 개의 수준(집단, 그룹)으로 나누고 각 수준에 대해 5회씩의 랜덤 표본조사를 실시하여 각 수준에 따라 평균 판매량으로 91, 84, 80을 얻었다. 이들 사이에는 현저한 차이가 있는가? 즉 이들로 미루어 세 수준의 상표 사이에 모평균 판매량은 현저한 차이가 있다고 말할 수 있는가?

[표 12-1]에서 판매량은 수준 간에는 물론 같은 수준 내에서도 차이가 있다. 따라서 판매량(관측치)의 변동(평균 주위로 흩어진 정도로의 분산을 의미하고 편차 제곱합으로 측정함)를 다음의 3가지 요인별로 분해할 필요가 있다.

- 모든 15개 관측치가 동일하지 않기 때문에 이들 사이에는 변동이 있다. 이는 총변동(total variation)이라고 한다.
- 다른 처리(표본) 사이에 변동이 있다. 상표 1, 2, 3 사이에는 판매량이 다르다. 이는 표본 간 변동(between-sample variation, 집단 간 변동)이라고 한다.
- 어떤 처리(표본) 내에도 변동이 있다. 상표 1 내에서의 모든 판매량이 다르

다. 이는 표본 내 변동(within-sample variation, 집단 내 변동)이라고 한다. 각 처리 내의 변동은 상표 외에 가격, 광고 등 여러 가지 실험에 포함되지 않은 외생변수(외부요인)의 영향 때문에 발생하는 오차변동이다.

이는 다음과 같은 식으로 표현할 수 있다.

총변동 = 요인에 의한 변동 + 확률오차에 의한 변동
= (표본 간 변동) + (표본 내 변동)

이와 같이 데이터의 총변동을 각 요인에 의한 변동과 확률오차에 의한 변동으로 구분하고 이러한 변동의 원천을 서로 비교함으로써 ANOVA는 모평균의 동일성을 검정하게 된다.

분산분석의 논리는 아주 간단하다. 특정 기준(수준)에 의해 구분되는 서로 다른 모집단에서 표본들을 추출할 때 각 표본 관측치에서 전체 표본들의 총평균을 뺀 차이, 즉 편차들의 제곱합인 총변동은 원래 각 모집단의 평균이 서로 달라 넓게 퍼져있기 때문에 발생할 수도 있고 또는 한 모집단 내 관측치들의 랜덤 변동으로 인해 발생할 수도 있는데 전자로 인한 집단 간 변동(분산, 평균제곱)이 후자로 인한 집단 내 변동보다 현저히 크다면 모집단들의 평균이 서로 다르다고 추정하여 모든 모평균이 동일하다고 하는 귀무가설을 기각할 수 있는 것이다.

다시 말하면, 집단 내 관측치들이 그 집단의 평균으로부터 흩어져 있는 변동(분산, 평균제곱)에 비하여 집단 간 변동의 크기가 상대적으로 크면 클수록 집단 간 평균들이 넓게 퍼져있어 모평균들이 서로 다르다고 추정할 수 있는 것이다. 이때 사용되는 검정통계량이 F통계량이다. F비(F ratio)란 표본 내 변동(분산)에 대한 표본 간 변동(분산)의 비율을 말한다. 따라서 F비가 커질수록 귀무가설 H_0를 기각할 가능성은 높아진다. 즉 F비가 1이라는 것이 귀무가설이 되고 F비가 1보다 상당히 크다는 것이 대립가설이 된다. 따라서 분산분석은 우측검정에 해당한다. 이와 같이 집단 간 분산과 집단 내 분산을 이용하여 여러 집단 간 평균들이 서로 같거나 다른지 비교하고 판단하기 때문에 이를 분산분석이라 하는 것이다.

우리는 이때 표본평균들 사이의 변동은 처리효과(treatment effect)가 다르게 작용하기 때문이라고 본다. 즉 강한 처리효과가 존재하면 표본(집단) 사이의 변동이 표본(집단) 내 변동보다 현저하게 크게 된다.

S·E·C·T·I·O·N 12.4

일원배치법 : 반복 수가 같은 경우

기본 개념

어떤 관측치에 영향을 미치는 여러 인자 중에서 하나의 인자만을 실험대상으로 하는 계획을 일원분산분석 또는 일원배치법(one-way factorial design)이라고 하고 이러한 실험설계를 완전랜덤화설계(completely randomized design)라고 한다.

독립변수의 각 처리에 실험대상을 랜덤으로 할당하는 이유는 그 독립변수를 제외한 다른 외생변수들의 영향을 상쇄하기 위함이다.

예를 들면, 광고매체라는 하나의 독립변수를 TV, 라디오, 신문이라는 세 개의 수준으로 나누고 각 수준 간 광고효과에 차이가 있는가를 분석하는 경우이다. 이와 같이 일원분산분석에서는 하나의 독립변수가 종속변수에 영향을 미치는 주효과(main effect)만을 조사하게 된다.

일원분산분석의 목적은 하나의 독립변수를 몇 개의 수준으로 구분하고 각 수준에 해당되는 집단에는 여러 개의 표본 관측치들이 포함되어 있는 데이터를 분석하여 다수 인자수준(집단)의 모평균들이 동일한가를 검정하려는 것이다.

일원배치법은 수준 수와 각 수준에서 행해지는 실험의 반복 수에는 제한이 없으나 보통 수준 수는 3~5개, 반복 수는 3~10회이다. 그리고 각 수준에서의 반복수가 일정할 필요도 없다. 결측치가 발생하더라도 결과를 분석하는 데는 아무런 어려움이 없다.

본서에서는 반복 수가 일정한 경우에 한하여 공부할 것이다.

데이터(관측치) 배열

인자 A의 수준(그룹)이 l개(A_1, A_2, $\cdots$, A_l)이고 각 수준에 똑같이 m개의 실험 반복이 있는 일원배치법의 데이터 배열은 [표 12-2]와 같다.

표 12-2 일원배치법 — 반복 수가 같은 데이터의 배열

	인자의 수준(j)				
실험(i)	A_1	A_2	$\cdots$	A_l	
1	X_{11}	X_{12}	$\cdots$	X_{1l}	
2	X_{21}	X_{22}	$\cdots$	X_{2l}	
$\vdots$	$\vdots$	$\vdots$		$\vdots$	
m	X_{m1}	X_{m2}	$\cdots$	X_{ml}	
합계	T_1	T_2	$\cdots$	T_l	T
평균	$\bar{X}_1$	$\bar{X}_2$	$\cdots$	$\bar{X}_l$	$\bar{\bar{X}}$

[표 12-2]에서 T_j, $\bar{X}_j$, T, $\bar{\bar{X}}$ 등은 각각 다음과 같은 식을 이용하여 구한다.

$$T_j = \sum_{i=1}^{m} X_{ij} \qquad j=1, 2, \cdots, l$$

$$\bar{X}_j = \frac{T_j}{m}$$

$$T = \sum_{j=1}^{l} T_j$$

$$\bar{\bar{X}} = \frac{T}{lm}$$

관측치는 X_{ij}로 표시하는데 이는 j번째 수준의 i번째 관측치를 나타낸다. 예컨대 X_{23}은 3번째 수준 중 2번째 관측치를 의미한다.

총변동의 분해

총편차(total deviation)란 개개의 데이터 X_{ij}와 데이터의 총평균 $\bar{\bar{X}}$와의 편차를 말하는데 이는 인자수준의 변화에 의한 각 수준의 평균과 총평균과의 편차 그리고 오차발생(측정 및 실험)에 의한 각 수준 내 데이터와 그 수준의 평균과의 편차로 구성된다. [표 12-1]에서 편차를 분해하면 [그림 12-4]에서 보는 바와 같다.

총편차 = 설명된 편차 + 설명되지 않은 편차

$$(X_{ij} - \bar{\bar{X}}) = (\bar{X}_j - \bar{\bar{X}}) + (X_{ij} - \bar{X}_j) \qquad (12.1)$$

여기서 설명된 편차는 각 처리(수준)의 효과 차이 때문에 발생하는 편차임에

그림 12-4 [표 12-1]에서 편차의 분해

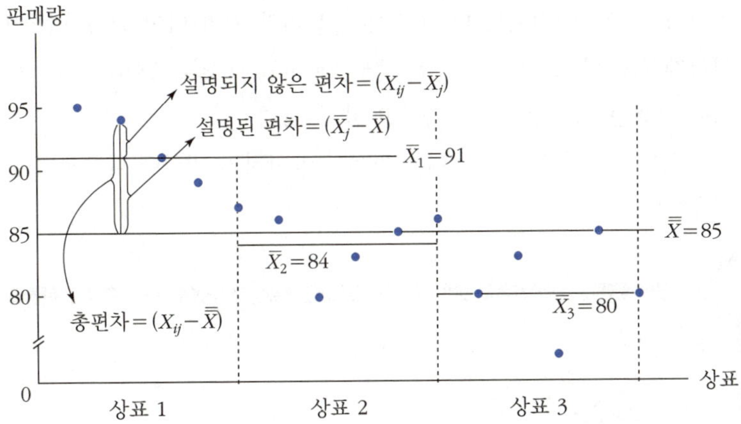

반하여 설명되지 않은 편차는 처리의 효과와는 무관한 외생변수로부터 발생된 편차이다.

위 식(12.1)의 양변을 제곱하여 i와 j에 대해 합하면 총제곱합(sum of squares total : SST)을 얻는다. 총제곱합은 총변동으로서 모든 표본 관측치들의 산포를 나타낸다. 그런데 총변동은 그룹 간 변동과 그룹 내 변동으로 다음 그림과 같이 분할된다.

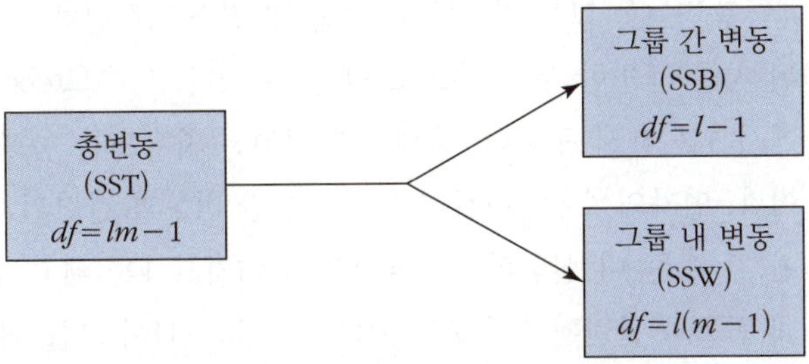

총제곱합 = 처리에 의한 제곱합 + 외생변수에 의한 제곱합 (잔차의 제곱합)

$$\sum_{i=1}^{m}\sum_{j=1}^{l}(X_{ij} - \bar{\bar{X}})^2 = \sum_{i=1}^{m}\sum_{j=1}^{l}(\bar{X}_j - \bar{\bar{X}})^2 + \sum_{i=1}^{m}\sum_{j=1}^{l}(X_{ij} - \bar{X}_j)^2$$

총변동	=	그룹 간 변동	+	그룹 내 변동
(총제곱합)		(A의 변동)		(오차변동)
SST	=	SSB	+	SSW

여기서 그룹 간 변동이란 처리의 효과 차이에서 오는 편차제곱의 합으로서 집단 간 제곱합(sum of squares between : SSB)이라고도 한다. 이때 SSB는 처리의 효과라고 할 수 있다. 한편 그룹 내 변동이란 처리 외의 외생변수로부터 기인하는 편차제곱의 합으로서 집단 내 제곱합(sum of squares within : SSW)이라고도 한다. 이때 SSW는 외생변수의 효과라고 할 수 있다.

그러나 실제로는 SST, SSB, SSW를 계산하기 위하여 다음과 같은 간편한 식을 이용한다.

TIP

간편 계산

$$SST=\sum_{i=1}^{m}\sum_{j=1}^{l}X_{ij}^{2}-CT$$

$$SSB=\frac{1}{m}\sum_{j=1}^{l}T_j^2-CT$$

$$SSW=SST-SSB$$

$$CT=\frac{T^2}{lm}=\frac{T^2}{N}$$

자유도 계산

총변동을 그룹 간 변동과 그룹 내 변동으로 분해할 수 있으므로 총변동과 관련된 자유도 또한 두 부분으로 나눌 수 있다. 자유도(degree of freedom)는 표본크기에서 1을 빼서 구한다. 총변동과 관련된 자유도는 총표본수$-1=N-1=l\cdot m-1$이다. 인자의 수준은 l개이므로 그룹 간 변동과 관련된 자유도는 $(l-1)$이 된다. 한편 각 수준 내 실험횟수는 m개인데 여기서 1을 빼고 수준의 수(l)를 곱하면 그룹 내 변동과 관련된 자유도가 된다. 즉 $l(m-1)$이 그룹 내 변동의 자유도이다.

이상에서 설명한 것을 정리하면 다음 표와 같다.

변동	자유도
그룹 간 변동(SSB)	$l-1$
그룹 내 변동(SSW)	$l(m-1)$
총변동(SST)	$lm-1$

표본분산 계산

이제 제곱합을 자유도로 나누면 평균제곱(mean squares)이 되는데 이는 표본분산과 같은 개념이다. 그룹 간 제곱합을 그의 자유도로 나누면 그룹 간 평균제곱(mean square between groups : MSB)이 되고 그룹 내 제곱합을 그의 자유도로 나누면 그룹 내 평균제곱(mean square within groups : MSW)이 된다.

TIP

MSB와 MSW

$$MSB = \frac{SSB}{l-1}$$

$$MSW = \frac{SSW}{N-1}$$

검정통계량 계산

한편 검정통계량 F비는 다음과 같이 구한다.

TIP

검정통계량

$$F\text{비} = \frac{MSB}{MSW}$$

F비를 결정하는 데는 MSB가 큰 역할을 수행한다. MSB가 커질수록 MSW는 작아지고 F비는 커져서 귀무가설을 기각하게 된다. 이와 같이 집단 간 평균 차이가 집단 내 분산에 비하여 클수록 귀무가설이 기각될 가능성은 점증한다고 할 수 있다.

F비는 독립변수에 의해 설명된 분산을 설명되지 않은 분산으로 나눈 비율로 구하는데 설명된 분산이란 처리에 의한 분산(집단 간 분산)을 말하고 설명되지 않은 분산이란 외생변수에 의한 분산(집단 내 분산)을 말한다.

가설검정

분산분석의 목적은 다수의 인자수준의 모집단 평균(treatment means)들 사이에 존재하는 동일성(equality) 여부를 검정하는 것이다.

귀무가설과 대립가설은 다음과 같다.

표 12-3 일원배치법의 분산분석표 — 반복 수가 같은 경우

변동의 원천	제곱합	자유도	평균제곱(분산)	검정통계량(F비)
A(그룹 간 변동)	$SSB=\sum_j \frac{T_j^2}{m}-CT$	$l-1$	$MSB=\frac{SSB}{l-1}$	F비$=\frac{MSB}{MSW}$
e(그룹 내 변동)	$SSW=SST-SSB$	$l(m-1)$	$MSW=\frac{SSW}{l(m-1)}$	
총변동	$SST=\sum_i\sum_j X_{ij}^2-CT$	$lm-1$		

$H_0 : \mu_1=\mu_2=\cdots=\mu_i$ (혹은 $H_0 : \alpha_1=\alpha_2=\cdots=\alpha_i=0$)
H_1 : 적어도 하나는 나머지와 같지 않다.

[표 12-3]에서 검정통계량 F비는 모든 표본들이 정규분포인 모집단에서 추출되었으며, 각 모집단의 분산은 동일하다는 가정하에 모집단의 평균들 사이에는 차이가 없다는 귀무가설을 검정하기 위한 것이다. 여기서 귀무가설은 처리(수준)효과가 없다는 것을 의미하고 대립가설은 처리효과가 있다는 것을 의미한다.

유의수준 α일 때 F의 임계치(critical value)는 $F_{l-1,\ l(m-1),\ \alpha}$로 표시하며 부표 H에서 찾는다.

유의수준이 α이고 자유도가 $(l-1)$, $l(m-1)$인 F분포의 기각역은 F비$>F_{l-1,\ l(m-1),\ \alpha}$이다. F비$>F$이면 귀무가설은 유의수준 α에서 기각되어 각 인자수준에서 처리효과가 존재한다는 통계적 결론을 내릴 수 있다. 한편 p값$<\alpha$이면 귀무가설 H_0를 기각한다.

분산분석에서 두 가설의 비기각역/기각역을 결정하는 임계치 F비는 허용오차 α, 집단의 수, 전체 표본의 수로 정의되는 F분포에 의하여 결정된다. 표본으로부터 얻은 검정통계량 F비가 임계치 F를 중심으로 다음 그림에서 보는 바와 같이 어느 쪽에 위치하는가에 따라서 대립가설의 채택 여부가 결정된다.

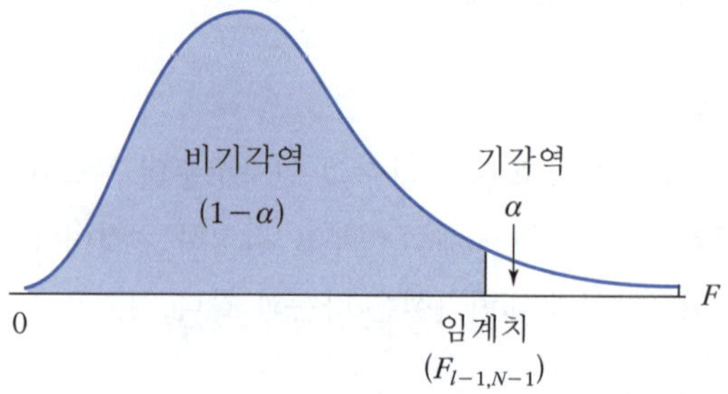

F검정 실시

일반적으로 두 개의 변동을 비교하기 위해서는 각각의 변동을 자유도로 나누어 불편분산을 구하고 그룹 간 표본분산(처리에 의한 분산)과 그룹 내 표본분산(외생변수에 의한 분산) 간의 분산비율에 의한 F검정을 실시한다.

만일 F비 $= \dfrac{MSB}{MSW} > F_{l-1,\, N-l,\, \alpha}$이면 H_0를 기각

분자의 자유도 $= l-1$, 분모의 자유도 $= N-l$

만일 p값 $< \alpha$이면 H_0를 기각

따라서 분산분석은 우측검정에 한하여 실시한다. 이때 귀무가설이 기각되면 각 인자수준에서 처리효과가 존재한다는 통계적 결론을 내릴 수 있다. 즉 그룹 간의 불편분산이 그룹 내의 불편분산에 비하여 현저하게 크다면 이는 인자의 수준이 변화함으로써 평균에 차이가 있다는 것을 의미한다. 즉 인자가 그의 수준 차이로 인하여 오차변동에 비하여 통계적으로 유의한 영향을 준다고 말할 수 있다.

[표 12-3]은 지금까지 설명한 일원배치법의 내용을 정리한 분산분석표이다.

예제 12-1 앞절에서 예로 든 어떤 회사에서 한 제품의 상표의 종류에 따른 하루의 판매량을 조사하여 얻은 데이터를 이용하여 평균 판매량의 관점에서 세 개의 상표 사이에 모평균 차이가 있는지 유의수준 5%로 검정하라.

	A	B	C	D
1		인자		
2	표본번호	상표1	상표2	상표3
3	1	90	82	80
4	2	88	78	83
5	3	85	81	72
6	4	80	84	85
7	5	82	80	80

풀이

(1) 가설의 설정

$H_0 : \mu_1 = \mu_2 = \mu_3$

H_1 : 적어도 하나는 같지 않다(적어도 하나의 평균 판매액은 나머지와 같지 않다).

(2) 임계범위 결정

유의수준 $\alpha = 0.05$이고 자유도가 $l-1=3-1=2$와 $l(m-1)=3(5-1)=12$인 F분포

의 기각범위는 F비 $> F_{2,\ 12,\ 0.05} = 3.89$이다.

(3) 검정통계량 계산

$$CT = \frac{T^2}{N} = \frac{1,625,625}{15} = 108,375$$

$$SST = \sum_{i=1}^{m}\sum_{j=1}^{l} X_{ij}^2 - CT = 95^2 + 93^2 + \cdots + 80^2 - CT$$
$$= 108,849 - 108,375 = 474$$

$$SSB = \frac{1}{m}\sum_{j=1}^{l} T_j^2 - CT = \frac{1}{5}(455^2 + 420^2 + 400^2) - CT$$
$$= 108,685 - 108,375 = 310$$

$$SSW = SST - SSB = 474 - 310 = 164$$

$$MSB = \frac{SSB}{l-1} = \frac{310}{2} = 155$$

$$MSW = \frac{SSW}{l(m-1)} = \frac{164}{12} = 13.67$$

$$F\text{비} = \frac{MSB}{MSW} = \frac{155}{13.67} = 11.34$$

(4) 분산분석표 작성

	A	B	C	D	E	F	G	H
1	변동의 요인	제곱합	자유도	평균제곱	F 비	P-값	F 기각치	
2	처리	310	2	155	11.34146	0.001716	3.885294	
3	잔차	164	12	13.66667				
4								
5	총변동	474	14					
6								

(5) 통계적 검정과 해석

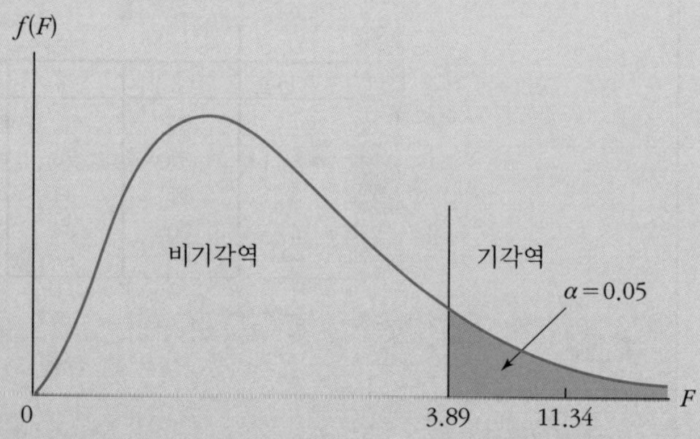

계산된 F비 $= 11.34 > F_{2,\ 12,\ 0.025} = 3.89$이므로 귀무가설 H_0를 기각한다. 컴퓨터 출력 결과 p값 $= 0.0017 < \alpha = 0.05$이므로 귀무가설 H_0를 기각한다. 따라서 상표들 사이의 모평균 판매량에는 현저한 차이가 있다.

■ Excel 활용

① 「데이터」 메뉴를 클릭하고 「데이터 분석」을 선택한다.

② 「통계 데이터 분석」 대화상자가 나타나면 「분산분석 : 일원배치법」을 선택하고 「확인」을 클릭한다.

③ 대화상자가 나타나면 다음과 같이 입력하고 「확인」을 클릭한다.

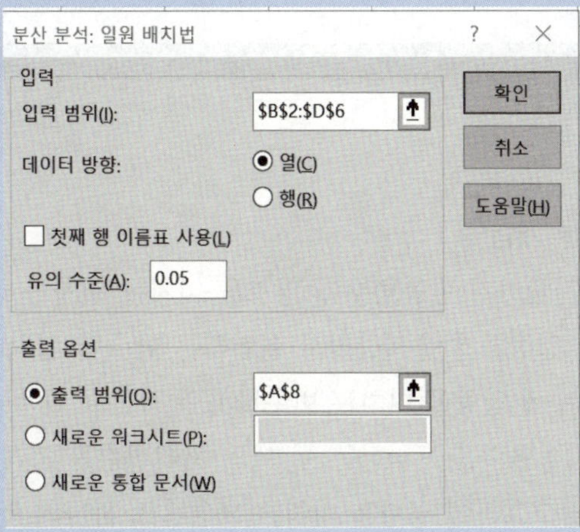

④ 다음과 같은 결과를 얻는다.

	A	B	C	D	E	F	G
1		상표1	상표2	상표3			
2	1	95	86	80			
3	2	93	80	83			
4	3	91	83	72			
5	4	89	85	85			
6	5	87	86	80			
7							
8	분산 분석: 일원 배치법						
9							
10	요약표						
11	인자의 수준	관측수	합	평균	분산		
12	Column 1	5	455	91	10		
13	Column 2	5	420	84	6.5		
14	Column 3	5	400	80	24.5		
15							
16							
17	분산 분석						
18	변동의 요인	제곱합	자유도	제곱 평균	F 비	P-값	F 기각치
19	처리	310	2	155	11.34146	0.001716	3.885294
20	잔차	164	12	13.66667			
21							
22	총변동	474	14				

S·E·C·T·I·O·N 12.5

이원배치법 : 반복 없는 경우

기본 개념

지금까지 반응변수에 영향을 미치는 인자를 하나만 고려하고 다른 인자나 조건은 일정하게 유지하면서 실험하는 단순한 일원배치법을 공부하였다. 그런데 종속변수에 영향을 미치는 변수로서 독립변수 외에 지금까지 통제를 받지 않은 하나의 외생변수를 포함하는 두 개의 처리변수를 고려해야 하는 경우가 많다. 예를 들면, 광고효과에 영향을 미치는 요인으로 하나의 독립변수인 광고매체 외에 외생변수로 취급한 광고비, 성별, 지역별, 소비자의 연령 등의 하나를 다른 처리변수로 고려할 수 있다.

이러한 외생변수의 효과가 처리의 효과보다 상대적으로 크면 MSE가 커지고, F비가 작아져 귀무가설을 기각시킬 수 없게 된다. 따라서 종속변수에 큰 영향을 미치는 하나의 외생변수를 찾아 다른 독립변수(블록변수)로 취급하여 통제한 후 그로 인한 변동의 원천을 제거할 수 있다면 대립가설을 채택할 가능성은 증가하게 된다. 다시 말하면, 오차변동에 큰 영향을 미치는 하나의 외생변수를 실험에 포함시켜 통제한다면 오차변동의 크기는 상당히 감소할 것이다. 이때 외생변수의 효과를 제거한 후 처리의 효과를 검정하는 분산분석방법을 랜덤화 블록설계법(randomized block design)이라고 한다.

이러한 외생변수에 의한 분산을 줄이기 위해서는 실험대상을 몇 개의 동질적인 집단으로 블록화(blocking)하는 것이다. 예를 들면, 위의 예에서 광고효과에 영향을 미치는 소비자의 연령을 고려할 때 10대에서 70대까지 동질적인 7개의 그룹으로 분리한 후 각 그룹에 속한 실험대상들에 각기 다른 처리를 적용하는 것이 블록화이다. 이때 고려하는 외생변수를 블록변수(blocking variable)라고 하는데 이를 도입함으로써 블록변수의 영향을 집단 내 제곱합(SSW)으로부터 제거함으로써

표 12-4 랜덤 블록설계의 포맷

	A	B	C	D	E
1		처리			
2	블록	A1	A2	A3	A4
3	B1				
4	B2				
5	B3				
6	B4				

F비를 변경시키려는 것이다. 블록화를 하게 되면 오차에 의한 변동에서 블록에 따른 변동이 분리되어 오차변동이 감소하여 처리변수의 영향을 확연히 알 수 있고 블록에 따른 반응의 변화를 검토할 수 있다. 이와 같이 블록변수에 의한 차이를 고려함으로써 제곱합을 계산하여 그 효과를 제거하는 실험설계를 함으로써 보다 강력하게 귀무가설을 검정하려는 것이다.

이원배치법(two-way factorial design)에서 처리변수와 블록변수로 구분되는 각 집단을 셀(cell)이라고 한다. 이는 [표 12-4]에서 보는 바와 같다. 표에서 블록변수와 처리변수의 수는 각각 네 개씩이다. 여기서 열 효과는 처리, 행 효과는 블록이라 한다. 이원배치법에는 두 변수로 구분되는 각 셀에서 반복이 없는 경우(하나의 관측치만 있음)와 반복이 있는 경우(두 개 이상의 관측치가 있음)로 나누어진다. 본절에서 공부할 반복이 없는 계획법은 랜덤블록설계법이라고 하는데 랜덤으로 선정되는 특정 처리와 블록의 조합(셀)에서 단 한 번의 실험을 실시하여 관측치를 얻는 것을 의미한다. 이러한 경우에는 처리변수와 블록변수 각각이 종속변수에 영향을 미치는 주효과(main effect)만을 검정하게 된다. 따라서 각 처리 간 모평균이 같은지는 물론 각 블록 간 모평균이 같은지에 대해서도 가설을 검정하게 된다. 반복이 있는 계획법은 다음 절에서 공부할 것인데 처리와 블록의 각 셀에서 여러 번의 실험을 랜덤으로 실시하는 것을 의미한다.

데이터 배열

두 개의 인자를 A(처리변수), B(블록변수)로 표시하고 인자 A의 수준은 l개, 인자 B의 수준은 m개라고 하면,[1] 인자 A의 한 수준과 인자 B의 한 수준의 조합이 한

1 인자 A는 독립변수이고, 인자 B는 종속변수에 영향이 큰 외생변수(블록변수)인데 이를 기준으로 블록을 만들게 된다. 이때 각 블록 간의 평균 차이가 현저하다면 이 블록변수는 종속변수에 큰 영향을 미친다고 할 수 있다.

표 12-5 반복없는 이원배치법의 데이터 배열

인자 A / 인자 B	A_1	A_2	…	A_l	합계 (T_i)	평균 ($\bar{X}_i$)
B_1	X_{11}	X_{12}	…	X_{1l}	T_{1l}	$\bar{X}_{1l}$
B_2	X_{21}	X_{22}	…	X_{2l}	T_{2l}	$\bar{X}_{2l}$
⋮	⋮	⋮		⋮	⋮	⋮
B_m	X_{m1}	X_{m2}	…	X_{ml}	T_{ml}	$\bar{X}_{ml}$
합계(T_j)	T_1	T_2	…	T_l	T	
평균($\bar{X}_j$)	$\bar{X}_1$	$\bar{X}_2$	…	$\bar{X}_l$		$\bar{\bar{X}}$

처리가 되며 따라서 전체의 처리 수(셀의 수)는 $l \cdot m$개가 된다. [표 12-5]는 반복이 없는 이원배치법의 데이터 배열이다.

[표 12-5]에서 T_j, $\bar{X}_j$, T_i, $\bar{X}_i$, T, $\bar{\bar{X}}$ 등은 각각 다음 식을 이용하여 구한다.

$$T_j = \sum_{i=1}^{m} X_{ij} \qquad j=1, 2, \cdots, l$$

$$\bar{X}_j = \frac{T_j}{m}$$

$$T_i = \sum_{j=1}^{l} X_{ij} \qquad i=1, 2, \cdots, m$$

$$\bar{X}_i = \frac{T_i}{l}$$

$$T = \sum_{j=1}^{l} T_j = \sum_{i=1}^{m} T_i$$

$$\bar{\bar{X}} = \frac{T}{lm}$$

총변동의 분해

개개의 데이터 X_{ij}와 모든 데이터의 총평균 $\bar{\bar{X}}$와의 총편차는 다음과 같이 세 부분으로 분해할 수 있다.

총제곱합 = 처리에 의한 제곱합 + 블록에 의한 제곱합 + 외생변수에 의한 제곱합
(잔차제곱합)

$$\sum_{i=1}^{m}\sum_{j=1}^{l}(X_{ij}-\bar{\bar{X}})^2=\sum_{i}\sum_{j}(\bar{X}_i-\bar{\bar{X}})^2+\sum_{i}\sum_{j}(\bar{X}_j-\bar{\bar{X}})^2+\sum_{i}\sum_{j}(\bar{X}_{ij}-\bar{X}_i-\bar{X}_j-\bar{\bar{X}})^2$$

총변동	=	A의 변동	+	B의 변동	+	오차변동
SST	=	SSB	+	$SSAB$	+	SSW

그러나 실제로는 간편한 식을 이용하여 이들을 계산한다.

TIP

간편 계산

$$SST=\sum_{i=1}^{m}\sum_{j=1}^{l}X_{ij}^2-CT$$

$$SSB=\frac{1}{m}\sum_{j=1}^{l}T_j^2-CT$$

$$SSAB=\frac{1}{l}\sum_{i=1}^{m}T_i^2-CT$$

$$SSW=SST-SSB-SSAB$$

$$CT=\frac{T^2}{lm}=\frac{T^2}{N}$$

분산분석표 작성

반복이 없는 이원배치법의 분산분석표를 작성하면 [표 12-6]과 같다. 귀무가설과 대립가설은 다음과 같이 인자 A와 B에 대하여 두 개를 설정한다. 인자 A_j에서의 모평균을 $\mu(A_j)$, 인자 B_i에서의 모평균을 $\mu(B_i)$라고 하자. 인자 A의 가설은 다음과 같다.

H_0 : $\alpha_1=\alpha_2=\cdots=\alpha_i=0$ (혹은 H_0 : $\mu(A_1)=\mu(A_2)=\cdots=\mu(A_l)=0$)
H_1 : 적어도 하나는 나머지와 같지 않다.

여기서 만일 F비 $=\dfrac{MSB}{MSW}>F_{l-1,\ (l-1)(m-1),\ \alpha}$이면 귀무가설은 유의수준 α에서 기각된다. 한편 p값 $<\alpha$이면 귀무가설 H_0를 기각한다.

인자 B의 가설은 다음과 같다.

표 12-6 이원배치법의 분산분석표 — 반복없는 경우

변동의 원천	제곱합	자유도	평균제곱	F비	$F(\alpha)$
A (그룹 간 변동)	$SSB = \frac{1}{m}\sum_{j=1}^{l} T_j^2 - CT$	$l-1$	$MSB = \frac{SSB}{l-1}$	$\frac{MSB}{MSW}$	$F_{l-1,\ (l-1)(m-1),\ \alpha}$
B (그룹 간 변동)	$SSAB = \frac{1}{l}\sum_{i=1}^{m} T_i^2 - CT$	$m-1$	$MSAB = \frac{SSAB}{m-1}$	$\frac{MSAB}{MSW}$	$F_{m-1,\ (l-1)(m-1),\ \alpha}$
e (그룹 내 변동)	$SSW = SST - SSB - SSAB$	$(l-1)(m-1)$	$MSW = \frac{SSW}{(l-1)(m-1)}$		
T (총변동)	$SST = \sum_{i=1}^{m}\sum_{j=1}^{l} X_{ij}^2 - CT$	$lm-1$			

$H_0 : \mu(B_1) = \mu(B_2) = \cdots = \mu(B_m)$
H_1 : 적어도 하나는 나머지와 같지 않다.

여기서 만일 F비$= \frac{MSAB}{MSW} > F_{m-1,\ (l-1)(m-1),\ \alpha}$이면 귀무가설 H_0는 유의수준 α에서 기각된다.

이때 F비는 두 개 계산하는데 하나는 그룹 간 평균의 동일성을 검정하기 위한 것이고 다른 하나는 블록 간 평균의 동일성을 검정하기 위한 것이다.

예제 12-2 다음의 데이터는 세 대의 기계와 세 명의 작업자(블록변수) 사이에서 생산되는 시간당 생산량에 관한 랜덤 실험의 결과이다. 이 데이터에 대한 분산분석표를 작성하고 기계들 간에, 또한 작업자들 간에 모평균 생산량의 차이가 존재하는지 유의수준 5%로 검정하라.

	A	B	C	D	E	F
1		기계				
2	작업자	A1	A2	A3	합계	평균
3	B1	100	85	80	265	88.33
4	B2	80	67	65	212	70.67
5	B3	70	56	50	176	58.67
6	합계	250	208	195	653	
7	평균	83.33	69.33	65		72.56

풀이

(1) 가설의 설정

기계에 대한 가설

$H_0 : \mu(A_1)=\mu(A_2)=\mu(A_3)$

H_1 : 적어도 하나는 나머지와 같지 않다.

작업자에 대한 가설

$H_0 : \mu(B_1)=\mu(B_2)=\mu(B_3)$

H_1 : 적어도 하나는 나머지와 같지 않다.

(2) 임계범위 결정

기계에 대해서는 유의수준 $\alpha=0.05$이고 자유도 2, 4인 F분포의 기각범위는

F비 $> F_{l-1,\,(l-1)(m-1),\,\alpha}=F_{2,\,4,\,0.05}=6.94$이다.

작업자에 대해서는 유의수준 $\alpha=0.05$이고 자유도 2, 4인 F분포의 기각범위는

F비 $> F_{m-1,\,(l-1)(m-1),\,\alpha}=F_{2,\,4,\,0.05}=6.94$이다.

(3) 검정통계량 계산

$$SST=\sum_{i=1}^{3}\sum_{j=1}^{3}X_{ij}^2-CT=100^2+80^2+\cdots+50^2-\frac{653^2}{9}$$

$$=49{,}275-47{,}378.78$$

$$=1{,}896.22$$

$$SSB=\frac{1}{m}\sum_{j=1}^{3}T_j^2-CT$$

$$=\frac{1}{3}(250^2+208^2+195^2)-CT$$

$$=47{,}929.67-47{,}378.78$$

$$=550.89$$

$$SSAB=\frac{1}{l}\sum_{i=1}^{3}T_i^2-CT$$

$$=\frac{1}{3}(265^2+212^2+176^2)-CT$$

$$=48{,}715-47{,}378.78$$

$$=1{,}336.22$$

$$SSW=SST-SSB-SSAB=1{,}896.22-550.89-1{,}336.22=9.11$$

(4) 자유도 계산

$SST : lm-1=3(3)-1=8$

$SSB : l-1=3-1=2$

$SSAB : m-1=3-1=2$

$SSW : (l-1)(m-1)=(3-1)(3-1)=4$

(5) 분산분석표 작성

	A	B	C	D	E	F	G	H
1	변동의 요인	제곱합	자유도	평균제곱	F 비	P-값	F 기각치	
2	인자 A(행)	1336.222	2	668.1111	293.3171	4.58652E-05	6.944272	
3	인자 B(열)	550.8889	2	275.4444	120.9268	0.000264708	6.944272	
4	잔차	9.111111	4	2.277778				
5								
6	총변동	1896.222	8					
7								

(6) 통계적 검정과 해석

기계(A)의 경우 계산된 F비$=120.92>F_{2,\,4,\,0.05}=6.94$이므로 귀무가설 H_0를 기각한다. 한편 컴퓨터 출력결과 p값$=0<\alpha=0.05$이므로 귀무가설 H_0를 기각한다. 따라서 기계들 간에 모평균 생산량의 차이가 존재한다. 이는 기계구입의 의사결정에 영향을 미친다.

작업자(B)의 경우 계산된 F비$=293.29>F_{2,\,4,\,0.05}=6.94$이므로 귀무가설 H_0를 기각한다. 한편 컴퓨터 출력결과 p값$=0.000265<\alpha=0.05$이므로 귀무가설 H_0를 기각한다. 따라서 작업자들 간에 모평균 생산량의 차이가 존재한다. 이는 임금결정, 해고 여부의 의사결정에 영향을 미친다.

■ Excel 활용

① 「데이터」 메뉴를 클릭하고 「데이터 분석」을 선택한다.

② 「통계 데이터 분석」 대화상자가 나타나면 「분산분석 : 반복없는 이원배치법」을 선택하고 「확인」을 클릭한다.

③ 다음과 같이 입력하고 「확인」을 클릭한다.

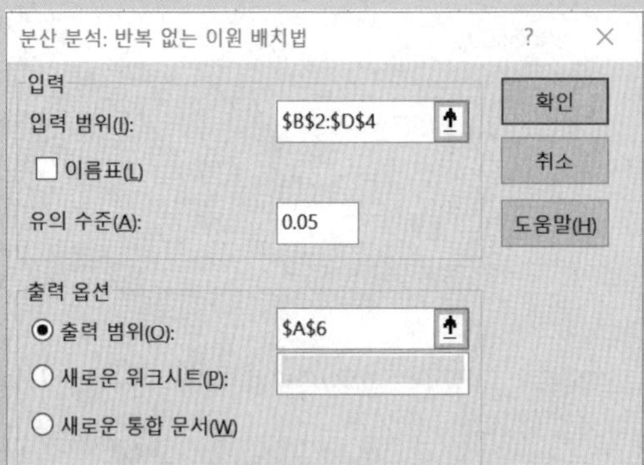

④ 다음과 같은 결과를 얻는다.

	A	B	C	D	E	F	G
1		A1	A2	A3			
2	B1	100	85	80			
3	B2	80	67	65			
4	B3	70	56	50			
5							
6	분산 분석: 반복 없는 이원 배치법						
7							
8	요약표	관측수	합	평균	분산		
9	Row 1	3	265	88.33333	108.3333		
10	Row 2	3	212	70.66667	66.33333		
11	Row 3	3	176	58.66667	105.3333		
12							
13	Column 1	3	250	83.33333	233.3333		
14	Column 2	3	208	69.33333	214.3333		
15	Column 3	3	195	65	225		
16							
17							
18	분산 분석						
19	변동의 요인	제곱합	자유도	제곱 평균	F 비	P-값	F 기각치
20	인자 A(행)	1336.222	2	668.1111	293.3171	4.59E-05	6.944272
21	인자 B(열)	550.8889	2	275.4444	120.9268	0.000265	6.944272
22	잔차	9.111111	4	2.277778			
23							
24	총변동	1896.222	8				
25							
26	기계	귀무가설을 기각함					
27	작업자	귀무가설을 기각함					

S·E·C·T·I·O·N 12.6

이원배치법 : 반복 있는 경우

기본 개념

반복 있는 이원배치법의 실험에서는 반복없는 이원배치법에서 행한 두 인자 A와 B의 주효과 외에 두 개의 인자가 동시에 상승작용하여 종속변수에 영향을 미치는 상호작용 효과(interaction effect)를 실험오차와 분리하여 각각 구할 수 있다. 이 외에 인자의 수준 수가 적더라도 반복 수를 적절히 조절함으로써 인자의 주효

그림 12-5 상호작용

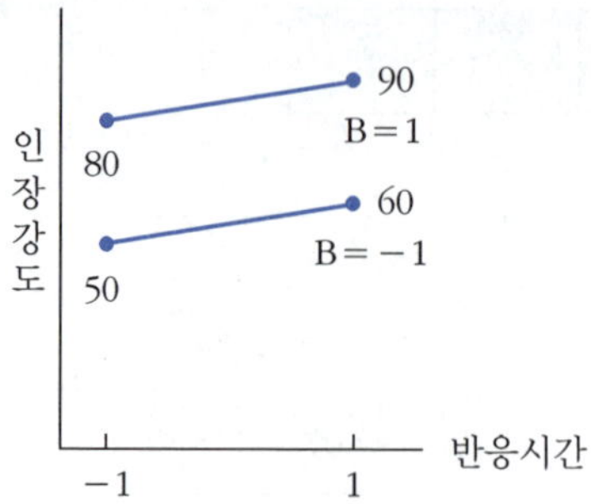

(a) 상호작용 없음

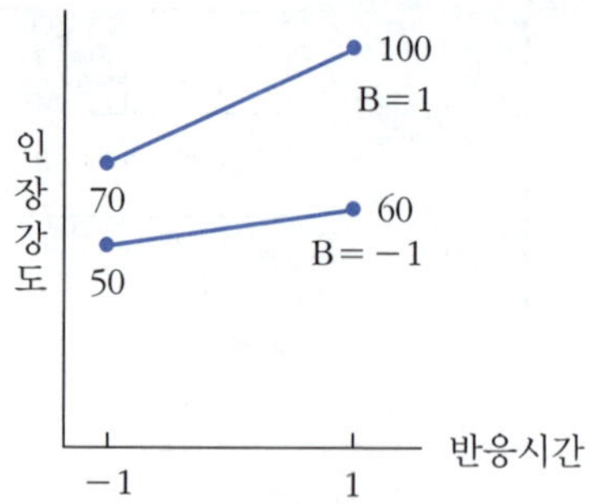

(b) 상호작용 있음

과에 대한 검출력을 높일 수 있는 장점을 갖는다.

반응변수와 한 인자 A 사이의 관계가 다른 인자 B의 수준에 의해 영향을 받을 때 그 두 인자 A와 B사이에는 상호작용 $A\times B$가 존재한다고 한다. 이러한 개념은 그림으로 설명할 수 있다. [그림 12-5]에서 (a)는 상호작용이 없는 경우를, (b)는 있는 경우를 나타내고 있다. 인자 A는 반응온도를, 그리고 인자 B는 반응시간을 나타내고 반응변수는 인장강도를 의미한다고 하자.

그림 (a)에서 인장강도와 반응온도 사이의 함수적 관계는 반응시간의 수준이 변함에도 불구하고 일정하다. 따라서 두 인자 A와 B 사이에는 상호작용 효과는 없고 다만 반응변수에 가법효과(additive effect)만을 줄 뿐이다. 이러한 경우에는 두 직선이 평행하게 된다.

그림 (b)에서는 인자 A의 수준의 함수로서 인장강도의 증가율은 인자 B의 수준이 −1에서 1로 변할 때 증가한다. B가 1일 때 인장강도는 가파른 기울기를 갖는다. 따라서 인자 B의 수준은 반응변수와 인자 A의 관계에 영향을 미친다고 볼 수 있다. 이와 같이 두 인자가 동시에 작용하여 종속변수에 영향을 미치는 상호작용 효과가 존재하면 두 직선은 교차하게 된다. 두 인자 사이에 상호작용 효과가 존재하면 이들의 결합 효과는 각 인자의 개별 효과의 합보다 크게 된다.

본절에서는 lm개 수준 조합을 각각 r회씩 반복하여 lmr회의 전부를 실험하는 두 개의 독립변수를 동시에 고려하는 이원배치법에 관하여 설명하고자 한다. 이는 요인설계법(factorial design)이라고도 한다. 이와 같이 요인설계법에서는 두 개의

표 12-7 반복 있는 이원배치법의 데이터 배열

인자 A / 인자 B		A_1	A_2	합계
B_1		X_{111} X_{112} $\vdots$ X_{11r}	X_{121} X_{122} $\vdots$ X_{12r}	
	소계	ΣX_{11k}	ΣX_{12k}	$\sum_{j=1}^{l}\sum_{k=1}^{r} X_{1jk}$
B_2		X_{211} X_{212} $\vdots$ X_{21r}	X_{221} X_{222} $\vdots$ X_{22r}	
	소계	ΣX_{21k}	ΣX_{22k}	$\sum_{j=1}^{l}\sum_{k=1}^{r} X_{2jk}$
합계		$\sum_{i=1}^{m}\sum_{k=1}^{r} X_{i1k}$	$\sum_{i=1}^{m}\sum_{k=1}^{r} X_{i2k}$	$\sum_{i=1}^{m}\sum_{j=1}^{l}\sum_{k=1}^{r} X_{ijk}$

독립변수에 의해 형성되는 셀에 두 개 이상의 실험대상이 랜덤으로 할당된다. 이때 두 독립변수의 그룹 간 평균 차이를 검정함과 동시에 두 독립변수 간의 상호작용 효과도 검정하게 된다.

데이터 배열

인자 A의 j번째 수준, 인자 B의 i번째 수준, k번째 반복 실험에 해당하는 관측치를 X_{ijk}라 하면 반복 있는 이원배치법의 데이터 배열은 [표 12-7]과 같다.

총변동의 분해

개개의 데이터 X_{ijk}와 모든 데이터의 총평균 $\bar{\bar{X}}$와의 총편차(총변동)는 다음과 같이 네 부분으로 분할된다. 이는 다음 그림에서 보는 바와 같다.

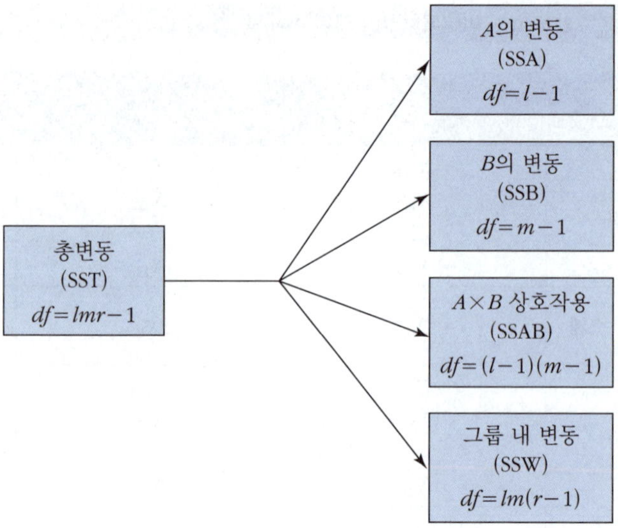

총변동=A의 변동+B의 변동+A와 B의 상호작용+오차변동
$SST = SSA + SSB + SSAB + SSW$

여기서 A의 변동이란 처리에 의하여 설명된 변동을, B의 변동이란 블록에 의해 설명된 변동을 말한다.

이때 SST, SSA, SSB, $SSAB$, SSW를 계산하기 위하여 간편한 식을 이용한다.

TIP

간편 계산

$$SST = \sum_{i=1}^{m}\sum_{j=1}^{l}\sum_{k=1}^{r} X_{ijk}^2 - CT$$

$$SSA = \frac{\sum_{j=1}^{l}\left(\sum_{i=1}^{m}\sum_{k=1}^{r} X_{ijk}\right)^2}{mr} - CT$$

$$SSB = \frac{\sum_{k=1}^{r}\left(\sum_{i=1}^{m}\sum_{j=1}^{l} X_{ijk}\right)^2}{jr} - CT$$

$$SSAB = SST - SSA - SSB - SSW$$

$$SSW = X_{ijk}^2 - \left[\sum_{j=1}^{l}\sum_{k=1}^{r}\left(\sum_{i=1}^{m} X_{ijk}\right)^2 / r\right]$$

$$CT = T^2 / lmr$$

자유도 계산

$SST : N-1 = lmr-1$
$SSA : l-1$
$SSB : m-1$
$SSAB : (l-1)(m-1)$
$SSW : lm(r-1)$

분산분석표 작성

반복 있는 이원배치법의 분산분석표는 [표 12-8]과 같다. 인자 A와 인자 B의 주효과가 있는지 검정할 수 있지만 두 인자 A와 B 사이에 상호작용 효과가 있는지를 검정하는 것이 목적이기 때문에 귀무가설과 대립가설은 다음과 같다.

표 12-8 이원배치법의 분산분석표 — 반복 있는 경우

변동의 원천	제곱합	자유도	평균제곱	F비	$F(\alpha)$
A(열)효과	$SSA = \dfrac{\sum_{j=1}^{l}\left(\sum_{i=1}^{m}\sum_{k=1}^{r}X_{ijk}\right)^2}{mr} - CT$	$l-1$	$MSA = \dfrac{SSA}{l-1}$	$\dfrac{MSA}{MSW}$	$F_{l-1,\ lm(r-1),\ \alpha}$
B(행)효과	$SSB = \dfrac{\sum_{k=1}^{r}\left(\sum_{i=1}^{m}\sum_{j=1}^{l}X_{ijk}\right)^2}{jr} - CT$	$m-1$	$MSB = \dfrac{SSB}{(m-1)}$	$\dfrac{MSB}{MSW}$	$F_{m-1,\ lm(r-1),\ \alpha}$
A×B (상호작용)	$SSAB = SST - SSA - SSB - SSW$	$(l-1)(m-1)$	$MSAB = \dfrac{SSAB}{(l-1)(m-1)}$	$\dfrac{MSAB}{MSW}$	$F_{(l-1)(m-1),\ lm(r-1),\ \alpha}$
e (그룹 내 변동)	$SSW = \sum_{i=1}^{m}\sum_{j=1}^{l}\sum_{k=1}^{r}X_{ijk}^2 - \left[\sum_{j=1}^{l}\sum_{k=1}^{r}\left(\sum_{i=1}^{m}X_{ijk}\right)^2/r\right]$	$lm(r-1)$	$MSW = \dfrac{SSW}{lm(r-1)}$		
T(총변동)	$SST = \sum_{i=1}^{m}\sum_{j=1}^{l}\sum_{k=1}^{r}X_{ijk}^2 - CT$	$lmr-1$			

H_0 : $(\alpha\beta)_{ij}=0$ $i=1, 2, \cdots, m$ $j=1, 2, \cdots, l$ (상호작용 효과가 없다.)
H_1 : 적어도 하나의 $(\alpha\beta)_{ij}$는 0이 아니다. (상호작용 효과가 있다.)

유의수준이 α이고 자유도가 $[(l-1)(m-1),\ lm(r-1)]$인 F분포에서의 기각역은 F비 $>F_{(l-1)(m-1),\ lm(r-1),\ \alpha}$이다.

만일 F비 $>F$이면 귀무가설은 유의수준 α에서 기각되어 두 인자 A와 B 사이에는 상호작용 효과가 존재한다는 통계적 결론을 내릴 수 있다. 한편 만일 p값 $<\alpha$이면 귀무가설 H_0를 기각한다.

예제 12-3 어떤 화학공정에서 수율(%)을 높이기 위한 실험을 실시하기 위하여 반응온도(처리변수)와 반응시간(블록변수)을 두 인자로 하고 여섯 개의 수준조합에 대하여 반복 4회씩 랜덤으로 실시하여 다음과 같은 데이터를 얻었다.

	A	B	C	D
1		반응온도		
2	반응시간	A1	A2	A3
3	B1	2	2	4
4		1	2	4
5		2	1	4
6		1	2	3
7	B2	2	3	4
8		3	3	4
9		2	4	3
10		3	4	4

(1) 두 인자 A와 B 사이에 상호작용 효과가 존재하는지 유의수준 5%로 검정하라.
(2) 인자 A의 주효과가 존재하는지 유의수준 5%로 검정하라.
(3) 인자 B의 주효과가 존재하는지 유의수준 5%로 검정하라.

풀이

(1) 가설의 설정

① H_0 : $(\alpha\beta)_{ij}=0$ $i=1, 2$ $j=1, 2, 3$
H_1 : 적어도 하나의 $(\alpha\beta)_{ij}$는 0이 아니다.

② H_0 : $\mu(A_1)=\mu(A_2)=\mu(A_3)$
H_1 : 적어도 하나는 나머지와 같지 않다.

③ H_0 : $\mu(B_1)=\mu(B_2)$
H_1 : 적어도 하나는 나머지와 같지 않다.

(2) 임계범위 결정

① 유의수준 $\alpha=0.05$이고 자유도 2, 18인 F분포의 기각범위는

F비 $> F_{2,\ 18,\ 0.05} = 3.55$이다.

② 유의수준 $\alpha = 0.05$이고 자유도 2, 18인 F분포의 기각범위는

F비 $> F_{2,\ 18,\ 0.05} = 3.55$이다.

③ 유의수준 $\alpha = 0.05$이고 자유도 1, 18인 F분포의 기각범위는

F비 $> F_{1,\ 18,\ 0.05} = 4.41$이다.

(3) 검정통계량 계산

$$CT = \frac{T^2}{lmr} = \frac{4,489}{3(2)(4)} = 187.0417$$

$$SST = \sum_{i=1}^{m}\sum_{j=1}^{l}\sum_{k=1}^{r} X_{ijk}{}^2 - CT$$

$$= 2^2 + 1^2 + 2^2 + \cdots + 3^2 + 4^2 - 187.0417$$

$$= 213 - 187.0417 = 25.9583$$

B \ A		A_1	A_2	A_3	합계
B_1		2	2	4	
		1	2	4	
		2	1	4	
		1	2	3	
	소계	6	7	15	28
B_2		2	3	4	
		3	3	4	
		2	4	3	
		3	4	4	
	소계	10	14	15	39
합계		16	21	30	67

$$SSA = \frac{\sum_{j=1}^{l}\left(\sum_{i=1}^{m}\sum_{k=1}^{r} X_{ijk}\right)^2}{mr} - CT = \frac{16^2 + 21^2 + 30^2}{2(4)} - 187.0417 = 12.5833$$

$$SSB = \frac{\sum_{j=1}^{l}\left(\sum_{i=1}^{m}\sum_{k=1}^{r} X_{ijk}\right)^2}{jr} - CT = \frac{28^2 + 39^2}{3(4)} - 187.0417 = 5.0416$$

$$SSW = \sum_{i=1}^{m}\sum_{j=1}^{l}\sum_{k=1}^{r} X_{ijk}{}^2 - \left[\sum_{j=1}^{l}\sum_{k=1}^{r}\left(\sum_{i=1}^{m} X_{ijk}\right)^2 / r\right]$$

$$= 213 - \frac{6^2 + 7^2 + 15^2 + 10^2 + 14^2 + 15^2}{4} = 5.25$$

$$SSAB = SST - SSA - SSB - SSW$$

$$= 25.9583 - 12.5833 - 5.0416 - 5.25 = 3.0834$$

(4) 자유도 계산

SST : $lmr - 1 = 3(2)(4) - 1 = 23$

$SSA : l-1=3-1=2$

$SSB : m-1=2-1=1$

$SSAB : (l-1)(m-1)=(3-1)(2-1)=2$

$SSW : lm(r-1)=3(2)(4-1)=18$

(5) 분산분석표 작성

	A	B	C	D	E	F	G	H
1	변동의 요인	제곱합	자유도	평균제곱	F 비	P-값	F 기각치	
2	인자 A(행)	5.041667	1	5.041667	17.28571	0.000591385	4.413873	
3	인자 B(열)	12.58333	2	6.291667	21.57143	1.66089E-05	3.554557	
4	상호작용	3.083333	2	1.541667	5.285714	0.015633814	3.554557	
5	잔차	5.25	18	0.291667				
6								
7	총변동	25.95833	23					
8								

(6) 통계적 검정과 해석

① 계산된 F비(5.29) > $F_{2,\ 18,\ 0.05}$ = 3.55이므로 귀무가설은 기각되어 유의수준 5%로 두 인자 반응온도와 반응시간 사이에는 상호작용 효과가 존재한다고 결론을 내릴 수 있다.

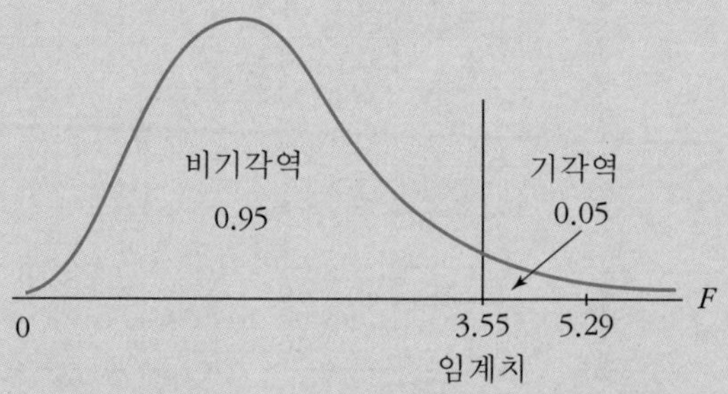

② 한편 계산된 F비(21.57) > $F_{2,\ 18,\ 0.05}$ = 3.55이므로 귀무가설은 기각되어 반응온도의 수준은 수율에 유의한 영향을 미친다(반응온도의 수준별 평균수율 중 적어도 하나는 나머지와 같지 않다).

③ 계산된 F비(17.29) > $F_{1,\ 18,\ 0.05}$ = 4.41이므로 귀무가설은 기각되어 반응시간의 수준은 수율에 유의한 영향을 미친다.

① 「데이터」 메뉴에서 「데이터 분석」을 선택한다.

② 「통계 데이터 분석」 대화상자가 나타나면 「분산분석 : 반복 있는 이원배치법」을 선택하고 「확인」을 클릭한다.

③ 대화상자가 나타나면 다음과 같이 입력하고 「확인」을 클릭한다.

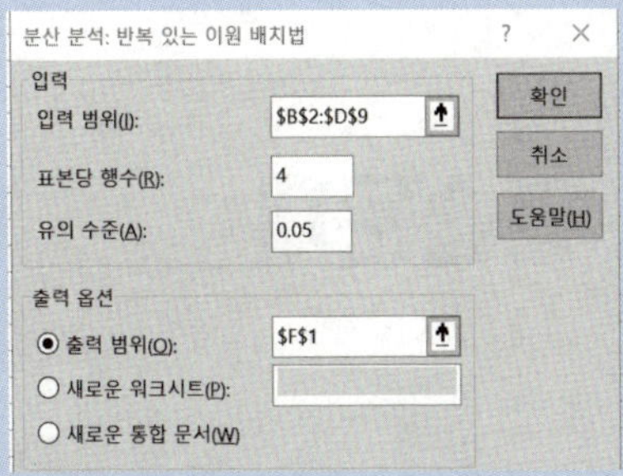

④ 다음과 같은 결과를 얻는다.

	A	B	C	D	E	F	G	H	I	J	K	L
1		A1	A2	A3		분산 분석: 반복 있는 이원 배치법						
2	B1	2	2	4								
3		1	2	4		요약표	A1	A2	A3	계		
4		2	1	4		B1						
5		1	2	3		관측수	4	4	4	12		
6	B2	2	3	4		합	6	7	15	28		
7		3	3	4		평균	1.5	1.75	3.75	2.333333		
8		2	4	3		분산	0.333333	0.25	0.25	1.333333		
9		3	4	4								
10						B2						
11						관측수	4	4	4	12		
12						합	10	14	15	39		
13						평균	2.5	3.5	3.75	3.25		
14						분산	0.333333	0.333333	0.25	0.568182		
15												
16						계						
17						관측수	8	8	8			
18						합	16	21	30			
19						평균	2	2.625	3.75			
20						분산	0.571429	1.125	0.214286			
21												
22												
23						분산 분석						
24						변동의 요인	제곱합	자유도	제곱 평균	F 비	P-값	F 기각치
25						인자 A(행)	5.041667	1	5.041667	17.28571	0.000591	4.413873
26						인자 B(열)	12.58333	2	6.291667	21.57143	1.66E-05	3.554557
27						교호작용	3.083333	2	1.541667	5.285714	0.015634	3.554557
28						잔차	5.25	18	0.291667			
29												
30						총변동	25.95833	23				

CHAPTER 12

연습문제

12/1 분산분석의 원리를 설명하라.

12/2 다음 용어를 설명하라.

(1) 인자
(2) 처리
(3) 반복
(4) 상호작용 효과
(5) 일원배치법
(6) 이원배치법
(7) 랜덤화

12/3 다음 데이터는 서울 시내 수퍼마켓 여섯 군데에서 하루 동안 양주 세 가지 종류를 판매한 병수를 나타낸다. 수퍼마켓 간에 그리고 양주의 종류 간에 평균 판매량에 있어 차이가 있는지 유의수준 5%로 검정하라.

	A	B	C	D
1		양주		
2	수퍼마켓	A1	A2	A3
3	B1	15	15	18
4	B2	14	14	14
5	B3	10	11	15
6	B4	13	12	17
7	B5	16	13	16
8	B6	13	13	13

12/4 네 명의 운전사로 하여금 다섯 가지 모델의 자동차를 400마일 달리도록 하여 얻은 연료 효율(갤런당 마일)에 관한 데이터가 다음과 같다. 각 운전사가 자동차를 운전하는 순서는 랜덤으로 결정된다. 각 자동차 모델의 평균 연료 효율에 차이가 있는지 유의수준 5%로 검정하라.

	A	B	C	D	E	F
1		자동차				
2	운전사	1	2	3	4	5
3	1	33.6	32.8	31.9	27.2	30.6
4	2	36.9	36.1	32.1	34.4	35.3
5	3	34.2	35.3	33.7	31.3	34.6
6	4	34.8	37.1	34.8	32.9	32.8

12/5 체중 조절을 전문으로 하는 한의사 김 씨는 세 가지 다른 다이어트 프로그램을 실험하기 위하여 희망자 15명을 랜덤으로 추출하여 각 프로그램에 다섯 명씩 할당하였다. 3주 후 다음과 같이 체중 감소(단위 : 파운드)를 나타내었다. 각 프로그램 사이에 평균 감소량의 차이가 있는지 유의수준 5%로 검정하라.

	A	B	C	D
1		프로그램		
2		프로그램1	프로그램2	프로그램3
3	1	12	15	19
4	2	13	17	17
5	3	14	14	16
6	4	12	18	20
7	5	15	17	19

12/6 최 박사는 노트북의 값이 제조하는 상표마다, 그리고 판매하는 백화점마다 다른지 조사하기 위하여 다음과 같은 데이터를 수집하였다.

	A	B	C	D
1		백화점		
2	상표	1	2	3
3	A	130	151	201
4		151	151	151
5		136	151	101
6	B	221	201	301
7		221	201	311
8		221	201	315
9	C	151	251	151
10		161	251	251
11		176	251	171

두 인자 사이에 상호작용 효과가 있는지 유의수준 5%로 검정하라.

12/7 사용하는 치약에 따라 또는 사용하는 인종에 따라 충치의 수가 영향을 받는지 10년 동안 조사한 결과 다음과 같은 데이터를 얻었다.

	A	B	C	D
1		치약		
2	인종	1	2	3
3	한국인	20	17	21
4	인도인	24	25	25
5	독일인	30	28	27
6	미국인	27	25	23
7	호주인	22	20	22

(1) 각 치약을 사용하는 모든 사람 사이에 충치의 평균 수는 같은지 유의수준 5%로 검정하라.
(2) 각 인종의 모든 사람 사이에 충치의 평균 수는 같은지 유의수준 5%로 검정하라.

12/8 어떤 회사의 생산관리자는 기계 세 대가 정말로 동일한 평균 생산량을 생산하는지 검정하고자 한다. 그런데 생산량은 작업자 세 명 가운데 누가 특정 기계를 운전하느냐에 따라 다르기 때문에 기계(처리)와 작업자(블록) 사이의 각 조합(셀)에 두 개씩의 관측치를 확보하였다. 기계와 작업자 사이에 상호작용 효과가 있는지 유의수준 5%로 검정하라.

	A	B	C	D
1		처리		
2	작업자	기계 1	기계 2	기계 3
3	가	75	65	65
4		80	70	65
5	나	85	70	75
6		90	75	75
7	다	95	75	70
8		97	72	75

12/9 어떤 화학공정에서 생산하는 제품의 인장강도를 높이기 위하여 반응압력(A)을 네 수준(2, 3, 4, 5 기압)으로 하고 반응시간(B)을 세 수준(10분, 15분, 20분)으로 정한 후 랜덤으로 실험하여 다음과 같은 데이터를 얻었다.

	A	B	C	D	E
1		반응압력			
2	반응시간	A1	A2	A3	A4
3	B1	19.1	20.1	19.4	19.3
4	B2	19.6	20	20.2	20.4
5	B3	18.9	20.7	20.8	20.9

(1) 분산분석표를 작성하라.

(2) 반응압력 간에 특성치의 차이가 존재하는지 유의수준 5%로 검정하라.

(3) 인장강도를 최대로 하는 최적의 수준조합은 무엇인가?

12/10 어떤 화학공정에서 수율(%)을 높이기 위한 실험을 실시하기 위하여 반응온도(처리)와 반응시간(블록)을 두 인자로 하고 12개의 수준조합에 대하여 반복 2회씩 랜덤으로 실험을 실시하여 다음과 같은 데이터를 얻었다.

	A	B	C	D
1		반응온도		
2	반응시간	A1	A2	A3
3	1	11.8	12.4	13.1
4		12.5	12.2	13.9
5	2	13.2	12.7	13.3
6		12.8	12.5	13
7	3	13.3	13.5	13.2
8		13.5	14	14.1
9	4	14.2	14	14.5
10		13.9	13.9	14.8

(1) 분산분석표를 작성하라.

(2) 두 인자 A와 B 사이에 상호작용 효과가 존재하는지 유의수준 5%로 검정하라.

12/11 교육수준과 직종이 상호작용하여 연평균 소득(단위 : 백만 원)에 영향을 미치는지 알아보기 위하여 각 교육수준과 각 직종에 대해 랜덤으로 세 명씩 조사하여 다음과 같은 데이터를 얻었다. 교육수준과 직종 간에 상호작용 효과가 있는지 유의수준 5%로 검정하라.

	A	B	C	D	E	F	G	H	I	J
1		직종								
2	교육수준	교직			은행			의료		
3	고졸	20	25	22	27	25	25	26	24	25
4	대졸	30	35	34	44	46	48	42	43	45
5	석사	46	47	50	50	58	56	62	56	60
6	박사	79	78	74	90	92	95	90	100	105

12/12 세 가지 품종의 옥수수를 12구획의 토지에 두 가지의 비료를 사용하여 재배한 후 수확량을 수집한 데이터가 다음과 같다. 유의수준 5%로 두 인자 간 상호작용 효과가 있는지 검정하라.

인자 A(처리) / 인자 B(블록)		옥수수			합계
		품종 1	품종 2	품종 3	
비료 1		47	42	30	
		45	44	30	
	소계	92	86	60	238
비료 2		40	38	30	
		38	36	30	
	소계	78	74	60	212
합계		170	160	120	450

Chapter 13

상관분석과 회귀분석

지금까지 공부한 통계적 추론에서 우리는 하나의 독립변수 X를 추정하거나 이에 관한 가설검정을 공부하였다. 그런데 많은 경영문제에 있어서는 두 확률변수 X와 Y의 관계에 관심을 갖게 된다. 예를 들면, 가격, 소비자들의 소득수준, 경쟁제품의 가격, 품질, 광고비 등과 제품 판매량과의 관계이다. 이러한 두 변수 간의 관계를 밝힘으로써 판매량을 예측하기도 하고 이를 확대시킬 방안을 강구하기도 한다.

본장에서는 모집단과 표본의 측정을 통해 두 변수에 관한 문제를 공부할 것이다. 두 변수 사이의 함수적 관계는 그래프나 통계량을 사용하여 밝힐 수 있는데 이렇게 되면 표본 데이터를 이용해서 모집단에 대한 결론을 유도할 수 있는 것이다.

우리는 본장에서 독립변수와 종속변수 두 변수 사이의 선형관계를 나타내는 식을 찾아 독립변수의 특정한 값에 따른 종속변수의 값을 예측하는 회귀분석과 두 변수 사이의 관계의 강도와 방향을 찾는 상관분석을 공부할 것이다.

S·E·C·T·I·O·N 13.1

상관분석과 회귀분석

두 변수란 하나의 독립변수(independent variable) X와 하나의 종속변수(dependent variable) Y를 말한다. 이 두 변수 사이에 상관이 존재하는 것으로 경험적 또는 이론적으로 밝혀지면 회귀분석을 실시할 수 있다. 이때 독립변수란 모델에서 다른 변수에 영향을 주고 그 다른 변수를 예측하는 데 사용되는 변수로서 설명변수(explanatory variable) 또는 예측변수(predictor variable)라고도 한다. 한편 종속변수는 독립변수로부터 영향을 받기 때문에 수학적 방정식을 이용하여 독립변수의 특정한 값에 따른 그의 값을 예측하고자 하는 변수를 말하며 반응변수(response variable)라고도 한다.

상관분석(correlation analysis)이란 관심대상의 변수와 영향을 미치는 변수를 구분하지 않고 두 변수 사이의 밀접성(선형관계)의 강도(strength)와 방향(direction)을 요약하는 수치를 구하는 기법이다. 특히 상관분석은 분석하고자 하는 변수가 구간척도와 비율척도로 측정된 수치 데이터의 경우 두 변수의 연관성을 분석하는 연관성 분석(association test)에 속한다.

그러나 상관분석은 예컨대 다이아몬드의 무게와 값처럼 두 변수 사이의 상관의 유무와 크기만을 확인할 뿐 여러 가지 복합적인 인과적 관계에 의해 발생하는 상관의 원인과 결과를 규명하지는 못한다. 상관관계란 한쪽이 크면 다른 한쪽도 큰(또는 작은) 관계로서 한쪽을 변화시켰더라도 다른 한쪽도 변한다고 단정할 수 없다. 그러나 인과관계란 강수량과 작물의 수확량처럼 한쪽(원인)을 변화시키면 다른 쪽(결과)도 바꿀 수 있는 관계를 말한다. 따라서 인과관계를 밝히기 위해서는 좀더 체계적이고 이론적인 연구가 필요한 것이다.

상관분석도 하나의 종속변수와 하나의 독립변수 사이의 연관성을 분석하는 단순상관분석과 하나의 종속변수와 두 개 이상의 독립변수 사이의 연관성을 분석하는 다중상관분석으로 분류할 수 있는데 본서에서는 전자에 대해서만 공부할 것이다.

회귀란 $Y=f(X)$라는 함수(회귀식)를 통해 변수 사이의 관계를 공식화하는 것을 말한다. 한편 회귀분석(regression analysis)이란 관심대상인 종속변수와 그에 영향을 미치는 독립변수인 두 수치변수 사이의 함수적 관계를 나타내는 수학적 회귀방정식(regression equation)을 구하고 독립변수의 특정한 값에 따른 종속변수의 값을 예측하는 기법이다. 회귀분석은 강수량과 작물의 수확량 관계처럼 서로 영향을 주고 받으면서 변화하는 인과관계(cause and effect relationship)를 갖는 두 변수 사이의 관계를 분석하게 된다.

본장에서는 두 변수 사이의 관계를 선형으로 나타낼 수 있는 단순선형회귀분석(simple linear regression analysis)에 국한하여 설명하고 둘 이상의 독립변수와 종속변수의 관계를 다루는 다중회귀분석은 다음 장에서 공부할 것이다.

두 변수 사이의 선형적 관계를 분석하는 상관분석과 회귀분석은 수학적으로 밀접하게 관련되어 있다. 두 변수 사이의 관계가 밀접하다는 사실을 상관분석에 의해 밝히면 두 변수 사이의 관계를 회귀방정식으로 나타낼 수 있다. 따라서 회귀분석을 상관분석과 함께 사용하면 변수들 사이의 연관성에 대한 다양한 정보를 얻을 수 있는 것이다.

SECTION 13.2

산점도

상관분석이나 회귀분석을 할 때는 먼저 두 변수 사이의 관계를 시각적으로 알아보기 위하여 산점도(scatter plot), 즉 산포도를 그리게 된다. 산점도는 두 수치변수의 관계(상관의 유무와 상관의 방향)를 개략적인 그래프로 보여주지만 뒤에 공부할 공분산과 상관계수는 두 변수의 선형관계를 객관적이고 계량적인 수치로 나타내준다.

산점도를 그릴 수 있는 예를 들면 다음과 같다.

- 집 값은 그의 평수에 따라 변한다.
- 작물 수확량은 비료 사용에 따라 변한다.
- 주가는 그 회사의 영업성과에 따라 변한다.
- 임금은 교육수준에 따라 영향을 받는다.

산점도는 보통 X축에 독립변수, Y축에 종속변수를 설정하고 두 변수의 각 짝 (X, Y)를 2차원 평면 위의 도표에 나타낸 것이다. 산점도는 많은 관측치들을 하나의 도표 안에 표시할 수 있고 또한 두 변수 간의 관계를 짐작할 수 있는 장점을 갖는다.

간단한 예를 들어보기로 하자. [표 13-1]은 종로(주)에서 생산하는 제품의 판매액과 표본으로 추출한 10회의 광고비와의 관계를 나타내는 데이터이다.

1회의 광고비와 판매액의 좌표는 $X=2$, $Y=16$이다. 이를 [그림 13-1]에 나타낸 것이 점 A이다. 이와 같은 방식으로 나머지 9회의 좌표를 도표에 나타낸 것이 산점도이다.

표 13-1 광고비와 판매액

(단위 : 억 원)

	A	B	C
1	회	광고비(X)	판매액(Y)
2	1	2	16
3	2	2	8
4	3	3	20
5	4	4	14
6	5	5	22
7	6	5	30
8	7	6	38
9	8	7	32
10	9	7	46
11	10	8	40

그림 13-1 [표 13-1]의 산점도

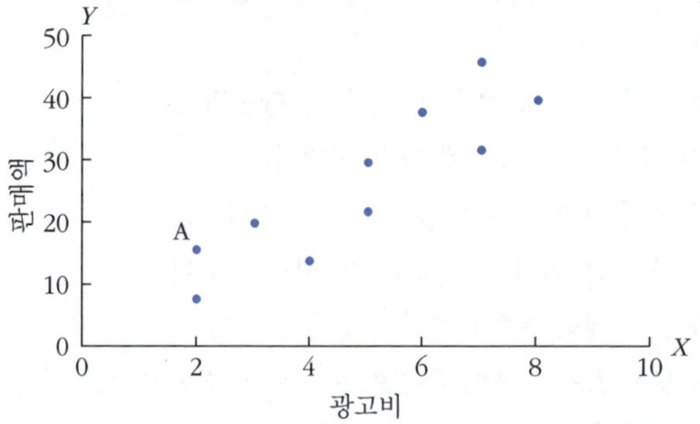

그림 13-2 산점도의 형태

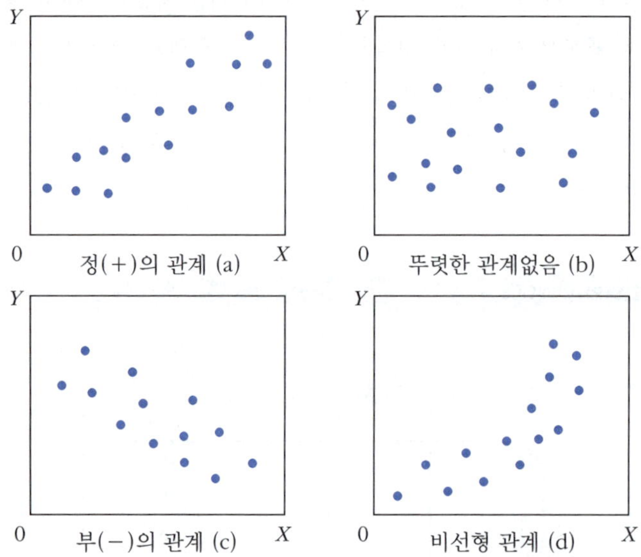

산점도를 보면 광고비와 판매액의 관계는 정(+)의 선형관계임을 알 수 있다. 광고비가 증가할수록 판매액도 증가한다. 즉 두 변수는 같은 방향으로 움직인다.

산점도를 그리면 두 변수 간의 연관성 분석을 할 수 있고 예측을 위한 상관분석이나 회귀분석을 할 만한 데이터인지를 미리 알 수 있다.

[그림 13-2]는 일반적인 산점도의 형태를 보여주고 있는데 (a)는 두 변수 간

의 정(+)의 관계, (c)는 두 변수 간의 부(−)의 관계를 나타내기 때문에 분석의 대상이 될 수 있다. 그러나 (b)는 두 변수 간에 뚜렷한 선형관계를 찾을 수 없기 때문에 이러한 데이터에 대한 상관분석과 회귀분석은 할 필요가 없다고 하겠다. 한편 (d)는 두 변수가 비선형 관계를 보이는데 본서에서는 이의 분석은 생략한다.

S·E·C·T·I·O·N 13.3

상관분석

독립변수와 종속변수라는 두 변수의 관계를 분석하는 기법 중에는 회귀분석과 상관분석이 있다. 그런데 회귀분석은 변수들 사이의 관계의 성격을 단순히 기술하는 기법인 반면에 상관분석은 두 변수 사이 선형관계의 방향과 강도를 측정하는 기법이다.

우리가 공부할 회귀분석의 결과 얻는 회귀식은 두 확률변수 X와 Y의 선형적 관계를 밝혀낼 뿐 두 변수 사이의 밀접한 관계의 강도와 방향은 나타내지 못한다.

상관분석은 두 확률변수 사이의 밀접한 강도와 방향을 측정하는데 우리는 두 변수 간의 관계가 1차식으로 나타낼 수 있는 선형관계인 경우에 한하기로 한다. 왜냐하면, 두 변수 간의 관계가 비선형적일 경우에는 상관계수를 통해 두 변수 간 상관의 크기를 과소평가할 뿐만 아니라 상관의 방향을 타당하게 파악할 수 없기 때문이다.

두 확률변수 X와 Y의 선형관계의 유무와 연관성(association)의 강도를 측정하는 척도로서는 우리가 앞절에서 공부한 결정계수와 공분산 및 상관계수가 있다.

공분산

공분산(covariance)은 통계적으로 종속적인 두 확률변수 X와 Y 사이의 선형관계(linear relationship)의 방향(direction)만을 측정하는 척도로서 다음과 같은 공식을 이용하여 구한다.

TIP

두 확률변수 X와 Y의 공분산

모집단 : $\mathrm{Cov}(X,\ Y)=\sigma_{XY}=E[X_i-E(X)][Y_i-E(Y)]$

$=E(XY)-E(X)E(Y)$: 결합확률분포의 기대값 이용

$\mathrm{Cov}(X,\ Y)=\dfrac{\sum(X_i-\mu_X)(Y_i-\mu_Y)}{N}$: 평균 이용

표본 : $\mathrm{Cov}(X,\ Y)=S_{XY}=\dfrac{\sum(X_i-\overline{X})(Y_i-\overline{Y})}{n-1}=\dfrac{1}{n-1}\left[\sum X_iY_i-\dfrac{\sum X_i\sum Y_i}{n}\right]$

Excel을 사용하여 두 확률변수의 공분산 구하기
=COVARIANCE.P(데이터 1의 범위, 데이터 2의 범위) : 모집단
=COVARIANCE.S(데이터 1의 범위, 데이터 2의 범위) : 표본

공분산은 두 확률변수 X와 Y가 결합확률분포를 나타낼 때 그 분포의 분산을 측정하지만 두 변수의 결합확률분포를 모르는 경우에는 기대값 대신에 두 변수의 평균인 μ_X와 μ_Y를 이용하여 구한다. 결합확률분포에 대해서는 이미 제4장에서 공부하였기 때문에 여기서는 생략하고자 한다.

공분산은 두 변수의 값이 각각의 평균으로부터 떨어져 있는 두 편차, $(X_i-\overline{X})$와 $(Y_i-\overline{Y})$를 구한 다음 이들을 서로 곱하는 편차곱의 평균이다.

공분산은 분산 σ^2과 달리 음수의 값을 가질 수 있다. 공분산이 양수이면 두 변수가 같은 방향으로 함께 움직이고(정의 선형관계) 음수이면 두 변수가 반대 방향으로 움직이는(음의 선형관계) 것을 의미한다. 공분산은 또 두 변수가 선형으로 움직이지 않을 때는 0의 값을 갖는다.

이와 같이 공분산은 두 확률변수 X와 Y 사이에 선형관계가 있는지, 있을 때 정의 관계인지 또는 음의 관계인지는 밝혀주지만 그의 크기는 두 변수의 선형관계의 밀접성 강도를 나타내는 지표는 될 수 없다. 왜냐하면, 공분산의 크기는 두 변

수의 측정단위에 의존하기 때문이다.

예를 들면, 확률변수 X의 단위가 kg이고 확률변수 Y의 단위가 dl일 때 공분산이 2라고 가정하자. 이때 만일 변수 X의 단위가 g으로 바뀌고 변수 Y의 단위가 l로 바뀌면 동일한 두 변수 X와 Y의 공분산은 200이 된다. 이와 같이 공분산의 크기가 증가하였다고 해서 두 변수 간의 선형관계의 강도가 변하는 것은 아니다.

예제 13-1 [표 13-1]의 표본 데이터를 이용하여 두 확률변수 X와 Y의 공분산을 구하라.

풀이

	A	B	C
1	XI	YI	XIYI
2	2	16	32
3	2	8	16
4	3	20	60
5	4	14	56
6	5	22	110
7	5	30	150
8	6	38	228
9	7	32	224
10	7	46	322
11	8	40	320
12	49	266	1518

$$\begin{aligned}\mathrm{Cov}(X, Y) &= \frac{1}{n-1}\left[\sum_{i=1}^{n} X_i Y_i - \frac{\sum_{i=1}^{n} X_i \sum_{i=1}^{n} Y_i}{n}\right] \\ &= \frac{1}{10-1}\left[1{,}518 - \frac{49(266)}{10}\right] \\ &= 23.84\end{aligned}$$

두 변수 X와 Y는 정(+)의 선형관계를 나타낸다.

- Excel 활용(모집단 데이터)

① 데이터를 입력한 후 「데이터」-「데이터 분석」-「공분산 분석」을 선택하고 「확인」을 클릭한다.

② 「공분산 분석」 대화상자가 나타나면 다음과 같이 입력한다.

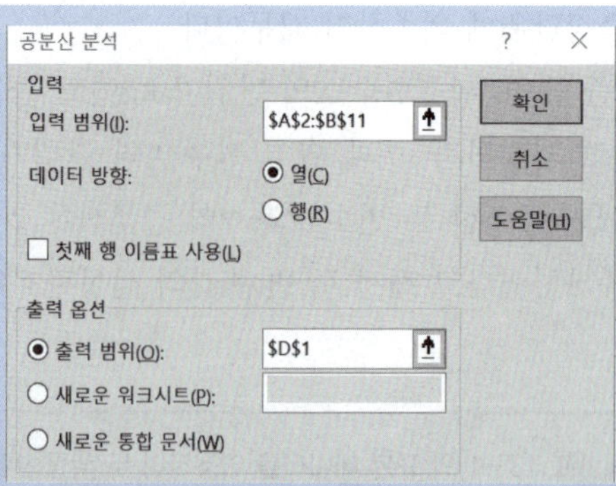

③ 다음과 같은 결과를 얻는다. 한편 함수를 이용할 수 있다.

셀 주소	수식	비고
E5	=COUNT(A2:A11)/(COUNT(A2:A11)−1) * E3	
E6	=COVARIANCE.S(A2:A11, B2:B11)	

	A	B	C	D	E	F
1	광고비(X)	판매액(Y)			Column 1	Column 2
2	2	16		Column 1	4.09	
3	2	8		Column 2	21.46	140.84
4	3	20				
5	4	14		표본 공분산	23.8444	
6	5	22		표본 공분산	23.8444	
7	5	30				
8	6	38				
9	7	32				
10	7	46				
11	8	40				

EXCEL STATISTICS 상관계수

공분산은 두 확률변수 X와 Y의 선형관계의 여부를 밝혀내지만 두 변수의 측정단위를 함께 가지고 있어 두 변수의 측정단위에 따라 그의 값이 달라지므로 두 변수 사이의 연관관계의 강도(strength)를 나타내 주지는 못한다. 따라서 단위에 관계없이 두 변수 X와 Y 사이의 밀접한 강도와 방향을 측정하기 위해서는 공분산의 측정단위를 표준화한 상관계수(correlation coefficient)를 계산해야 한다.

상관계수는 모집단에 대해서 구하지만 표본에 대해서도 구한다.

T!P

두 확률변수 X와 Y의 상관계수

모집단 : $\rho = \dfrac{\text{Cov}(X, Y)}{\sigma_X \sigma_Y} = \dfrac{\sigma_{XY}}{\sigma_X \sigma_Y} \qquad (-1 \le \rho \le 1)$

σ_X(변수 X의 모표준편차) $= \sqrt{E(X^2) - (\Sigma X)^2}$

σ_Y(변수 Y의 모표준편차) $= \sqrt{E(Y^2) - (\Sigma Y)^2}$

표본 : $r = \dfrac{S_{XY}}{S_X S_Y}$

$$= \frac{\Sigma(X_i - \overline{X})(Y_i - \overline{Y})}{\sqrt{\Sigma(X_i - \overline{X})^2}\sqrt{\Sigma(Y_i - \overline{Y})^2}}$$

S_X(변수 X의 표본표준편차) $= \sqrt{\dfrac{\Sigma X_i^2 - \dfrac{(\Sigma X_i)^2}{n}}{n-1}}$

S_Y(변수 Y의 표본표준편차) $= \sqrt{\dfrac{\Sigma Y_i^2 - \dfrac{(\Sigma Y_i)^2}{n}}{n-1}}$

Excel을 사용하여 두 확률변수의 상관계수 구하기
=CORREL(데이터 1의 범위, 데이터 2의 범위): 모집단, 표본

상관계수는 공분산을 계산할 때 사용한 각 변수의 편차를 그 변수의 표준편차로 나누어 편차를 표준편차와 같은 단위로 바꾼 다음 이들을 서로 곱한 후 평균을 구하면 된다. 즉 상관계수는 공분산을 두 변수의 표준편차들의 곱으로 나누어 구한다.

공분산이 클수록 상관계수도 커진다. 이의 반대도 성립한다. 그러나 공분산과 달리 상관계수는 -1과 $+1$ 사이의 값을 갖고 부호는 언제나 서로 일치한다.

표본 상관계수는 회귀분석과 관련된 문제에 있어서는 결정계수의 제곱근으로 구한다.

T!P

표본 상관계수

$$r = \sqrt{R^2} = \sqrt{\frac{SSR}{SST}}$$

표본 상관계수 r은 모집단 상관계수 ρ의 추정량으로 사용된다. 표본 상관계수 r의 부호는 표본회귀선에서 기울기의 부호와 같다. 즉 b가 +이면 r도 +이고, b가 −이면 r도 −이다. 또한 b가 0이면 r도 0이다.

상관계수는 다음과 같은 특성을 갖는다.

TIP

표본 상관계수의 특성

- r은 −1.0부터 +1.0까지의 값을 갖는다.
- $|r|$이 클수록 두 변수 사이의 선형관계는 더욱 강하다.
- r이 0에 가깝다는 것은 두 변수 사이에 선형관계가 없음을 의미한다.
- $r=1$ 또는 $r=-1$은 두 변수 사이에 완전한 선형관계가 있음을 의미한다. 즉 표본회귀선은 모든 표본점들을 통과한다.
- r이 0, −1, +1의 값을 갖는 경우는 실제로 흔치 않다.
- r의 부호가 +이면 두 변수의 관계가 정의 관계이고 −이면 부의 관계이다.
- −1, 0, +1의 값을 제외한 상관계수는 정확하게 해석할 수 없다.

예제 13-2 [예제 13-1]의 데이터를 이용하여 표본 상관계수를 구하라.

풀이

X_i	Y_i	$(X_i-\bar{X})^2$	$(Y_i-\bar{Y})^2$	$(X_i-\bar{X})(Y_i-\bar{Y})$
2	16	8.41	112.36	30.74
2	8	8.41	345.96	53.94
3	20	3.61	43.56	12.54
4	14	0.81	158.76	11.34
5	22	0.01	21.16	−0.46
5	30	0.01	11.56	0.34
6	38	1.21	129.96	12.54
7	32	4.41	29.16	11.34
7	46	4.41	376.36	40.74
8	40	9.61	179.56	41.54
49	266	40.9	1408.4	214.6

$$r_{XY}=\frac{\sum[(X_i-\bar{X})(Y_i-\bar{Y})]}{\sqrt{\sum(X_i-\bar{X})^2}\sqrt{\sum(Y_i-\bar{Y})^2}}=\frac{214.60}{\sqrt{40.90}\sqrt{1,408.40}}=0.89$$

두 변수 X와 Y의 관계는 매우 밀접한 정의 관계이다.

■ Excel 활용

① 데이터를 입력한 후 「데이터」-「데이터 분석」-「상관분석」을 선택하고 「확인」을 클릭한다.

② 「상관분석」 대화상자가 나타나면 다음과 같이 입력하고 「확인」을 클릭한다.

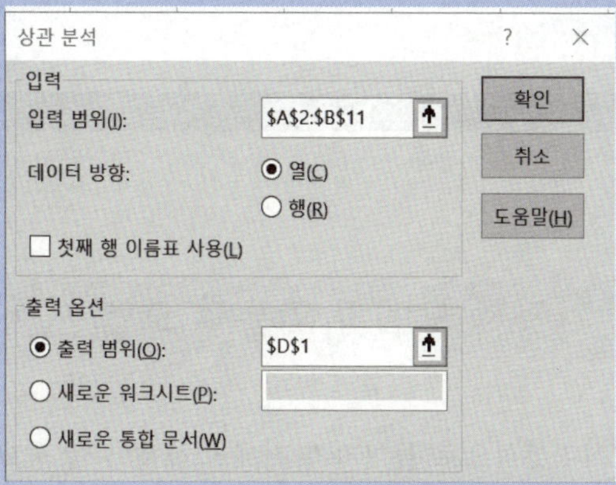

③ 다음과 같은 결과를 얻는다. 한편 함수를 이용할 수 있다.

셀 주소	수식	비고
E6	=CORREL(A2:A11, B2:B11)	

	A	B	C	D	E	F
1	광고비(X)	판매액(Y)			Column 1	Column 2
2	2	16		Column 1	1	
3	2	8		Column 2	0.894139036	1
4	3	20				
5	4	14				
6	5	22		표본 상관계수	0.89	
7	5	30				
8	6	38				
9	7	32				
10	7	46				
11	8	40				

SECTION 13.4

단순선형회귀모델

확정적 모델과 확률적 모델

EXCEL STATISTICS

회귀분석으로 들어가기 전에 이해해야 할 중요한 개념은 확정적 모델(deterministic model)과 확률적 모델(probabilistic model)의 차이이다. 확정적 모델에 있어서는 독립변수의 값을 지정하면 종속변수의 값은 함수관계에 따라 정확하게 계산할 수 있다.

직선의 수학적 방정식을

$$Y=\alpha+\beta X$$

로 표현하면 이는 확정적 모델이다. 이 모델에서 α는 종속변수 Y의 절편(intercept)인데 독립변수 X가 0일 때 Y의 평균치를 나타낸다. 한편 β는 직선의 기울기(slope)로서 독립변수 X가 한 단위 증가함에 따라 변화하는 종속변수 Y가 변동하는 평균치를 의미하는데 X의 값이 지정되면 Y의 값은 정확하게 계산할 수 있다. 여기서 α, β, X, Y는 모두 상수이다.

그러나 이 확정적 모델은 예측오차(error of prediction)를 평가할 방법을 제공하지 못한다. 예컨대 판매액은 광고비 외에 경제상태, 재고, 경쟁제품의 가격 등등 다른 많은 변수에 의존한다. 이러한 예상할 수 없는(**설명할 수 없는**) 일정치 않은 확률적 요인들의 영향으로 광고비가 계속 일정하게 지불되더라도 판매액은 일정하지 않고 항상 변동하게 된다. 이와 같이 경영·경제 분야에서 나타나는 두 변수의 관계를 나타내는 일반적인 식은 될 수 없다.

이러한 확률적 성질은 종속변수 Y의 값을 확정적 모델에서와 같이 정확한 값으로 예측할 수 없다는 것을 의미한다. Y에 관한 불확실성은 확률변수 오차항

(random error)에 기인한다.

한편 광고비 각각에 대하여 판매액은 여러 개의 값을 가지는 정규분포의 형태를 취한다. 예를 들면, 광고비가 매월 10억 원으로 일정하다고 할 때 판매액은 30억, 40억, 50억 원 등 수없이 다르게 되는데 이들은 평균 판매액을 중심으로 정규분포를 따르게 된다. 이와 같이 판매액에 있어서 설명되지 않는 모든 변동을 오차(error)라고 한다.

따라서 모집단의 경우 독립변수 X와 종속변수 Y의 1차 함수관계를 가정할 때 회귀모델은 다음과 같이 확정적 함수관계를 나타내는 부분과 확률적 오차부분을 포함한다.

> 모집단 단순선형회귀모델
> Y=확정적 부분+확률적 오차부분
> $Y_i=\alpha+\beta X_i+\varepsilon_i \quad i=1, \cdots, n$

위 식에서 α와 β는 모수이다. 종속변수 Y의 값은 두 모수와 독립변수 X 및 오차항 ε에 의하여 결정된다. 여기서 α, β, 독립변수 X는 상수이다.

그런데 확률적 모델에서는 X의 특정한 값이 주어지더라도 이에 대한 Y의 정확한 값을 구할 수 없다. 이는 확률변수인 오차항 때문이다. 독립변수 X의 한 값에 대응하는 종속변수 Y의 값은 오차항의 값에 따라 확률적으로 다르게 나타나기 때문에 종속변수 Y는 확률변수이다.

모집단 단순선형회귀모델

선형회귀모델은 앞에서 설명한 확률적 모델이므로 모집단의 회귀모델은 다음과 같이 표현할 수 있다.

TIP

모집단 단순선형회귀모델

$$Y_i=\alpha+\beta X_i+\varepsilon_i \qquad i=1, \cdots, n \tag{13.1}$$

식(13.1)에서 Y_i는 실제 관측치이다. ε_i는 오차항이라고 하는 확률변수인데 두 변수 X와 Y의 선형관계에 의해서 설명할 수 없는 종속변수 Y의 변동을 말한다. 독립변수 X, α, β의 값이 일정한 경우 오차항 ε의 변화에 따라 종속변수 Y는 결정된다. 예컨대 $Y=\alpha+\beta X+\varepsilon$에서 $\alpha=10$, $\beta=3$, $X=4$로 일정하다고 할 때 $\varepsilon=1.5$이면 $Y=23.5$가 된다. 오차항 ε에 따라 매번 다르게 결정되는 종속변수 Y의 분포는 독립변수 X가 특정한 값을 가진다고 가정할 때의 분포이므로 조건부분포이다.

모집단의 단순회귀모델에서 확정적 부분을 평균선(line of means) 또는 모집단 회귀선(population regression line)이라고 하는데 이는 독립변수 X의 주어진 값에 따른 종속변수 Y의 조건부 기대값인 $E(Y_i|X_i)$ 또는 $E(Y_i)$는 모델의 직선 부분과 같기 때문이다.[1] 즉 독립변수 X의 특정한 값에 따른 종속변수 Y의 분포의 기대값은 회귀선 위에서 구해진다. 우리는 주어진 독립변수와 이에 대응되는 종속변수의 평균값과의 관계식 즉, 다음과 같은 모집단 회귀식을 얻을 수 있다.

TIP

모집단 회귀선

$$E(Y_i)=E(Y_i|X_i)=\alpha+\beta X_i \tag{13.2}$$

모집단 회귀식에서 α와 β를 모집단 회귀계수(population regression coefficient)라고 한다.

독립변수 X의 특정한 값이 주어지면 종속변수 Y의 값은 평균 $E(Y|X)$를 중심으로 랜덤하게 오차를 가지고 확률적으로 변동하게 된다. 오차란 독립변수 X의 값이 주어질 때 종속변수 Y의 실제 관측치와 종속변수 Y의 평균값의 차이, $(Y_i-E(Y_i))$를 말한다.

[그림 13-3]은 모집단 회귀모델과 모집단 회귀식의 차이를 보여주고 있다. 오차는 다음과 같이 구한다.

TIP

오차

$$\varepsilon_i=Y_i-E(Y_i|X_i)=Y_i-E(Y_i) \tag{13.3}$$

1 $E(Y_i|X_i)=E(Y_i)=E(\alpha+\beta X_i+\varepsilon_i)=\alpha+\beta X_i+E(\varepsilon_i)=\alpha+\beta X_i$. 여기서 $E(\varepsilon_i)=0$이라고 가정함.

그림 13-3 모집단 회귀모델과 모집단 회귀식

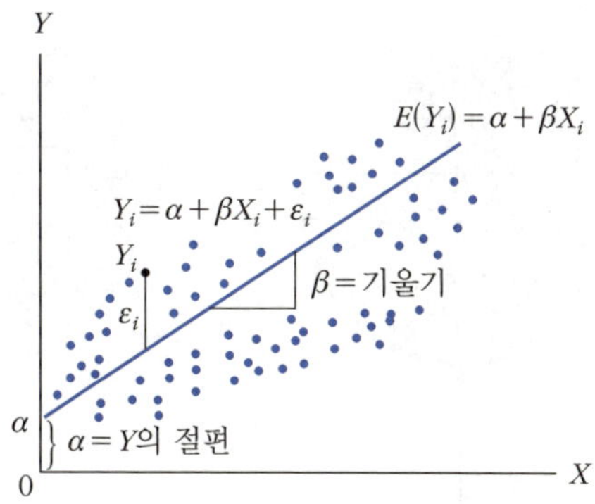

이와 같이 독립변수 X의 값이 주어지면 종속변수 Y의 값은 여러 값을 가지면서 변동하고 평균 $E(Y_i|X_i)$를 갖는 정규분포를 따른다고 가정할 수 있다.

EXCEL STATISTICS 표본 회귀모델

모집단 회귀선에서 두 변수 X와 Y의 관계는 알 수 없으므로 추정해야 한다. 즉 추출된 표본 데이터를 이용하여 모집단 회귀선의 모수 α와 β에 대한 추정치를 도출하고 이를 이용하여 $E(Y_i|X_i)$에 대한 추정치를 구할 수 있다. 이러한 과정이 우리가 연구 목적으로 하는 회귀분석의 내용이다. 다음 절에서 설명할 최소제곱법을 사용하여 모집단 회귀선의 추정치인 표본회귀선(sample regression line) 또는 예측선(prediction line)을 얻을 수 있다.

TIP

표본회귀선

$$\hat{Y}_i=a+bX_i \qquad (13.4)$$

여기서 a는 α의, b는 β의 추정치이다. a와 b를 표본회귀계수라고 한다. a는 회귀선이 Y축과 만나는 절편에 해당하고 b는 독립변수 X가 한 단위 증가하는 데

그림 13-4 단순선형회귀모델에서의 추정과정

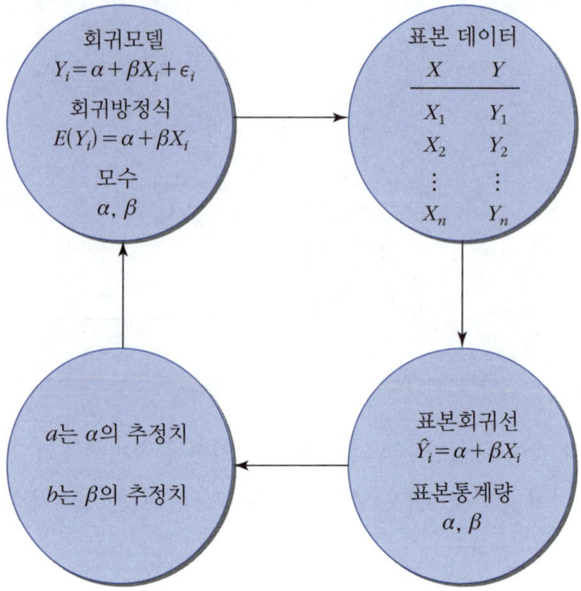

따른 종속변수 Y의 증가분을 의미하는 기울기이다. α와 β의 추정치로서 표본회귀선의 a와 b를 구하는 방법으로 최소제곱법이 사용된다. [그림 13-4]는 단순선형회귀모델에서 모수 α와 β를 추정하는 과정을 나타내는 그림이다.

표본에 따라 a와 b가 달라지기 때문에 표본회귀선도 표본에 따라 여러 가지가 될 수 있다.

독립변수 X의 값이 주어질 때 표본회귀선의 추정치 $\hat{Y}$와 실제치 Y 사이에는 표본오차 때문에 차이가 발생하는데 이를 잔차(residual)라고 하고 e로 표시한다. 잔차 e는 모집단 오차 ε의 추정치이다. 이는 [그림 13-5]에서 보는 바와 같다. 그림에서 보는 바와 같이 오차항 ε_i는 개별 관측치 Y_i와 모집단 회귀선에 의한 Y의 추정치(predicted value)와의 편차 $(\hat{Y}_i - E(Y_i))$이며 잔차항 e_i는 개별 관측치와 산출될 표본회귀선에 의한 Y의 추정치와의 편차, 즉 $(Y_i - \hat{Y}_i)$이다.

TIP

잔차

$$e_i = Y_i - \hat{Y}_i \tag{13.5}$$

그림 13-5 오차 ε_i와 잔차 e_i의 관계

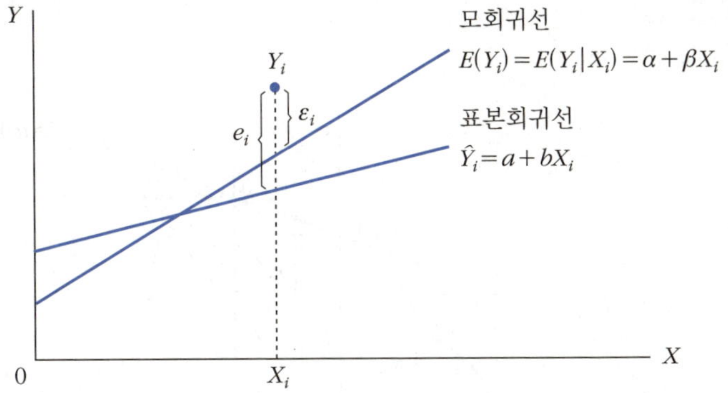

식(13.5)를 식(13.4)에 대입하면 표본회귀모델(sample regression model)을 얻을 수 있다.

TIP

표본회귀모델

$$Y_i=a+bX_i+e_i$$

표본회귀모델은 식(13.1)에 의해 정의된 모집단 회귀모델에 대응하는 개념이다. 표본회귀모델은 종속변수 Y의 표본 관측치 Y_i가 표본회귀선 $\hat{Y}_i=a+bX_i$에 나타난 값과 그로부터 떨어진 잔차 e_i와의 합으로 표시될 수 있음을 의미한다.

EXCEL STATISTICS 오차항에 대한 가정

우리는 앞절에서 단순선형회귀모델을 공부하면서 상수인 독립변수 X의 값이 주어지면 종속변수 Y의 값은 확률변수인 오차항(error term) e에 의해서만 변동함을 보았다. 그런데 이 확률변수는 X의 가능한 수많은 값에 따라 수없이 존재한다.

그림 13-6 세 가정의 예

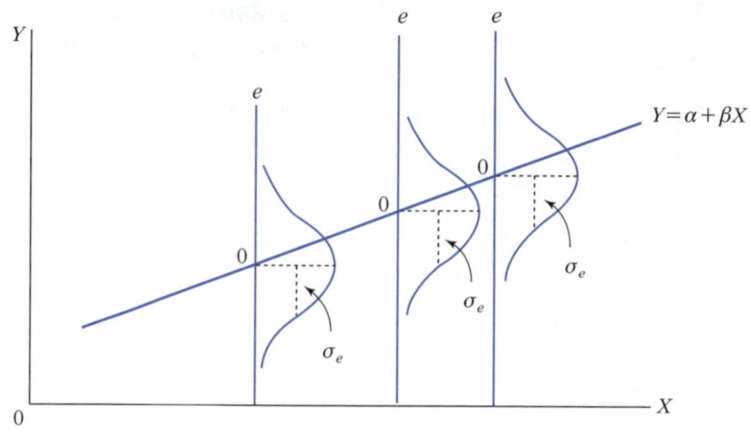

따라서 이러한 확률변수의 성격에 대한 가정이 필요하다.

- 오차의 확률분포의 평균은 0이다. 즉 $E(e_i)=0$이다. 독립변수 X의 값이 지정되면 종속변수 Y의 값은 알려지지 않은 회귀선 위와 아래에 존재하여 e는 $+$와 $-$의 값을 갖는다. 따라서 평균적으로 e는 0의 값을 갖는다.
- 각 오차는 근사하게 정규분포를 따른다. 오차항은 0을 중심으로 반절은 $+$의 값을 갖고 반절은 $-$의 값을 갖는 종모양을 나타낸다.
- 오차의 확률분포의 분산 σ_e^2은 독립변수 X의 값에 상관없이 일정하다. 위의 세 가정은 [그림 13-6]이 보여 주고 있다.
- 각 오차는 서로 독립적이다. 종속변수 Y의 한 값에 따른 오차는 종속변수 Y의 다른 값에 따른 오차에 영향을 받지 않는다.

이들 가정으로부터 얻을 수 있는 결론은 첫째, 확률변수 Y의 각 값은 평균$=\alpha+\beta X$, 분산$=\sigma_e^2$인 정규분포를 따른다는 것이고 둘째, 오차부분은 독립변수 X의 값에 상관없이 같은 정규분포로부터 나온다는 것이다.

S·E·C·T·I·O·N 13.5

최소제곱법

표본 데이터가 준비되면 산점도(scatter diagram)를 작성하여 두 변수의 관계가 선형이면 선형관계의 강도와 방향을 추정해야 하는데 이를 위해서는 데이터들을 통과하는 하나의 직선을 그려야 한다. 이 직선은 독립변수 X와 종속변수 Y의 관계를 가장 잘 설명해 줄 수 있는, 즉 개별 관측치 Y_i와 회귀선과의 차이 $(Y_i-\hat{Y}_i)$인 잔차의 전체 크기를 최소화하는 표본회귀방정식(표본회귀선)이다.

종속변수 Y의 실제 관측치 Y_i와 표본회귀식으로부터 구한 종속변수의 예측치 $\hat{Y}_i$의 차이인 잔차는 [그림 13-7]에서 보는 것처럼 독립변수 X_i의 값에 따라 많이 존재하기 때문에 (+)와 (−)값을 갖는다. 그런데 이들 잔차의 합을 최소로 하는, 즉 산점도의 정중앙을 관통하는 가장 좋은 (최적의) 표본회귀식의 a와 b를 구하기 위해서는 잔차를 제곱한 값들의 합이 최소가 되도록 표본회귀선을 구하는 방법인

그림 13-7 잔차

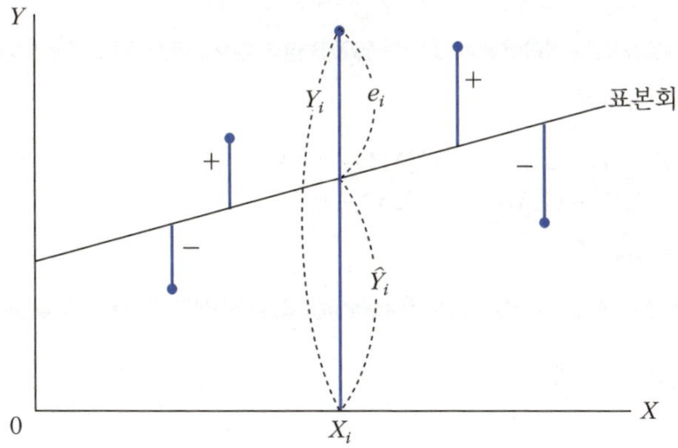

데 이를 최소제곱법(least squares method)이라 한다. 즉

$$\text{최소 } \Sigma e_i^2 = \text{최소 } \Sigma(Y_i - \hat{Y}_i)^2 \tag{13.6}$$

을 만족시키는 표본회귀선 $\hat{Y}_i = a + bX_i$의 계수 a와 b를 결정하는 것이다.

최소제곱법은 개별 관측치(데이터)의 점과 표본회귀선 간 직선거리(잔차) 제곱의 합이 최소가 되도록 표본 데이터를 가장 잘 대표할 수 있는 하나의 회귀선만을 결정하고 특히 a와 b가 모수 α와 β의 가장 좋은 추정치가 되기 때문에 표본회귀선을 도출하는 유일한 방법으로 사용된다.

표본회귀선 $\hat{Y}_i = a + bX_i$를 식(13.6)에 대입하면 다음과 같다.

$$\text{최소 } \Sigma(Y_i - a - bX_i)^2 \tag{13.7}$$

최소제곱법에 의하여 a와 b의 값을 구하기 위해서는 식(13.7)을 a와 b에 대해 각각 편미분한 후 0으로 놓고 미지수인 a와 b에 대해 정리하면 다음과 같은 정규방정식(normal equation)을 얻는다.

$$\Sigma Y_i = na + b\Sigma X_i \tag{13.8}$$

$$\Sigma X_i Y_i = a\Sigma X_i + b\Sigma X_i^2 \tag{13.9}$$

식(13.8)과 식(13.9)를 연립하여 풀면 다음과 같이 표본회귀계수 a와 b를 구할 수 있다.

TIP

포본회귀선의 회귀계수

$$b = \frac{n\Sigma X_i Y_i - \Sigma X_i \Sigma Y_i}{n\Sigma X_i^2 - (\Sigma X_i)^2} = \frac{\Sigma X_i Y_i - n\overline{X}\overline{Y}}{\Sigma X_i^2 - n\overline{X}^2} \tag{13.10}$$

$$a = \overline{Y} - b\overline{X} \tag{13.11}$$

표본회귀선은 다음과 같다.

$$\hat{Y} = a + bX$$

여기서 a는 Y의 절편이고 b는 표본회귀선의 기울기이며 $\hat{Y}$은 이 직선에 의해 계산되는 Y의 값이다.

예제 13-3 [표 13-1]을 이용하여

(1) 최소제곱법에 의한 표본회귀선을 구하라.
(2) 산점도와 함께 표본회귀선을 나타내라.
(3) a의 값의 의미를 설명하라.
(4) b의 값의 의미를 설명하라.
(5) 각 광고비에 대한 판매액 예측치를 구하라.
(6) 각 광고비에 대한 잔차를 구하라.
(7) 광고비가 5.5억 원일 때의 판매액 예측치를 구하고 그의 성격을 설명하라.

풀이

(1)

	A	B	C	D
1	광고비(XI)	판매액(YI)	XI^2	XIYI
2	2	16	4	32
3	2	8	4	16
4	3	20	9	60
5	4	14	16	56
6	5	22	25	110
7	5	30	25	150
8	6	38	36	228
9	7	32	49	224
10	7	46	49	322
11	8	40	64	320
12	49	266	281	1,518

$\overline{X}=4.9$

$\overline{Y}=26.6$

$$b=\frac{\Sigma X_i Y_i - n\overline{X}\overline{Y}}{\Sigma X_i^2 - n\overline{X}^2}=\frac{1,518-10(4.9)(26.6)}{281-10(4.9)^2}=5.247$$

$a=\overline{Y}-b\overline{X}=26.6-5.247(4.9)=0.89$

$\hat{Y}=a+bX=0.89+5.247X$

(2)

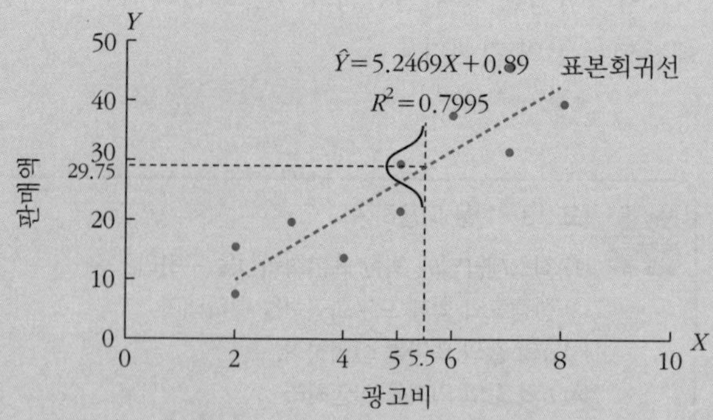

(3) a의 값은 주어진 문제의 성격에 따라 실질적인 의미를 가질 수도 있고 그렇지 않을 수도 있다. $a=0.89$억 원이란 광고비를 지출하지 않더라도($X=0$) 판매액은 1.89억 원 된다는 것을 의미한다.

(4) b는 회귀선의 기울기로서 언제나 실질적 중요성을 갖는다. b는 a와 함께 회귀선의 위치를 결정한다. b는 X의 한 단위가 증가할 때 Y의 평균치가 얼마나 변화하는가를 측정한다. 즉 기울기 b는 종속변수의 한계변화율(marginal rate of change)을 측정한다.

$b=5.247$억 원이란 광고비가 1억 원 증가함에 따라 판매액이 평균적으로 5.247억 원만큼 증가하는 것을 의미한다.

(5), (6) 표본회귀선에 각 광고비(X_i)를 대입하면 판매액 예측치를 구할 수 있다.

	A	B	C	D
1	광고비(XI)	판매액(YI)	판매액 예측치	잔차
2	2	16	11.3838	4.6162
3	2	8	11.3838	-3.3838
4	3	20	16.6307	3.3693
5	4	14	21.8776	-7.8776
6	5	22	27.1245	-5.1245
7	5	30	27.1245	2.8755
8	6	38	32.3714	5.6286
9	7	32	37.6183	-5.6183
10	7	46	37.6183	8.3817
11	8	40	42.8652	-2.8652

(7) $\hat{Y}=0.89+5.247(5.5)=29.749$

예측치 29.749는 Y의 점추정치이다. 가능한 판매액 분포의 기대값(평균)을 나타낸다.

S·E·C·T·I·O·N 13.6

표본회귀선의 적합도 검정

회귀분석에서 회귀방정식을 도출하는 목적은 독립변수 X의 값이 주어지면 종속변수 Y의 값을 예측하려는 것이다. 두 변수에 관한 표본 데이터가 수집되면 이에 가장 적합한 선(best fitting line)인 표본회귀방정식은 최소제곱법에 의하여 구할 수 있다. 그러나 이렇게 구한 표본회귀선이 항상 바람직한 결과를 나타내는지 평가할 필요가 있다.

회귀방정식을 이용한 종속변수의 예측에 대한 정확도는 두 변수의 밀접성이

그림 13-8 표본회귀선의 형태

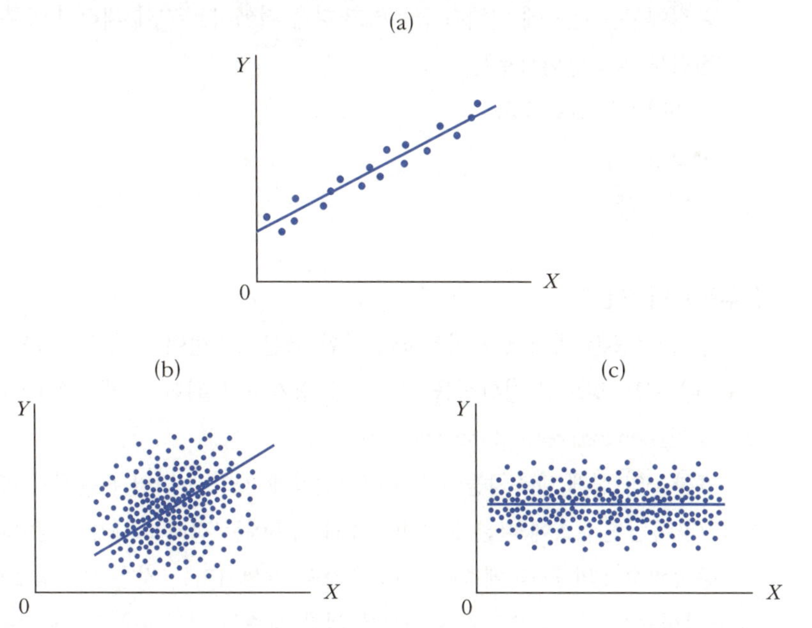

결정한다. 만일 두 변수의 점들이 [그림 13-8](a)에서와 같이 회귀선 주위에 몰려 있으면 종속변수 Y의 관측치(observed value)와 예측치(predicted value)의 차이인 잔차가 줄어들어 예측의 정확성은 높게 된다. 그러나 [그림 13-8](b)의 경우는 독립변수 X가 종속변수 Y를 제대로 설명하리라 볼 수 없고 (a)에 비하여 표본회귀선이 관측치들을 잘 나타내고 있다고 볼 수 없다.

한편 [그림 13-8](c)의 경우는 표본회귀선이 관측치들을 잘 나타내고 있다고 하겠지만 두 변수 간에 1차 함수관계가 성립하고 있지 않는 경우이다. 이러한 경우에는 회귀분석 자체를 사용할 수 없다.

따라서 표본회귀선이 구해지면 다음과 같은 평가 방법을 적용해야 한다.

- 적합도 검정
- 유의성 검정

표본회귀선을 구하게 되면 이 회귀선이 모든 관측치들을 얼마나 적합하도록(잘 나타내도록) 도출되었는지, 두 변수 간의 선형관계를 잘 나타내고 있는지, 즉 종속변수의 예측능력을 평가할 회귀모델 자체에 대한 적합도 검정(goodness-of-fit test)을 실시하고 한편으로는 각 독립변수와 종속변수의 관련도가 통계적으로 유의한지 또는 각 독립변수가 종속변수에 대한 설명력을 가지고 있는가를 밝히는 유의성 검정(significance test)을 실시해야 한다.

본절에서는 전자에 대해서 공부하고 다음 절에서 후자에 대하여 공부할 것이다.

적합도 검정방법으로는

- 추정치의 표준오차
- 결정계수

를 들 수 있다.

추정치의 표준오차

우리가 표본 데이터를 이용하여 구한 표본회귀선이 종속변수 Y의 값을 예측하는 데 어느 정도의 정확성을 갖느냐를 평가하기 위한 기법의 하나가 추정치의 표준오차(standard error of the estimate)이다.

표본들의 실제 관측치들이 표본회귀선상에 놓이게 되면 관측치와 예측치가 같게 되어 독립변수 X에 따른 종속변수 Y의 예측에는 전혀 오차가 발생하지 않는다.

종속변수 Y의 값을 예측하는 데 오차를 발생시키는 것은 오차항 ε_i이다. 따라서 오차항들을 검토함으로써 회귀선에 의한 예측의 정확성을 추정할 수 있다.

그림 13-9 회귀선을 중심으로 한 $\pm 1S_e$, $\pm 2S_e$, $\pm 3S_e$의 한계

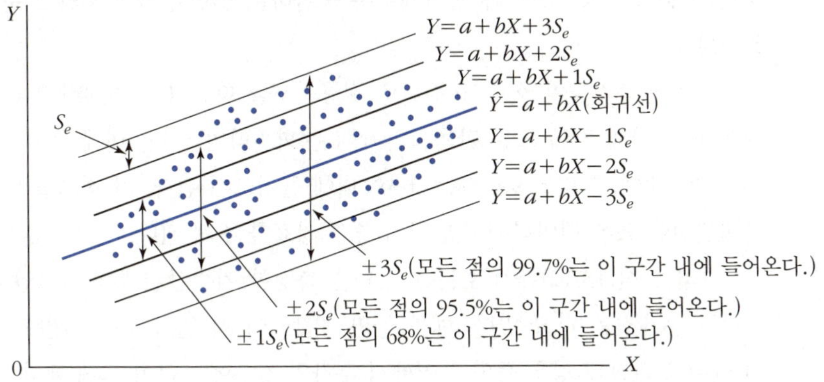

오차들의 평균은 $E(\varepsilon_i)=0$이고 분산은 $\sigma_e{}^2$인데 분산은 회귀선 주위로 흩어져 있는 잔차, 즉 $(Y_i-\hat{Y}_i)^2$을 측정한다. 그런데 모든 Y_i값들의 모집단은 모르기 때문에 표본을 이용하게 되고 오차들의 분산 $\sigma_e{}^2$ 대신에 추정치의 표준오차 S_e를 사용하게 된다.

TIP

추정치의 표준오차

$$S_e=\sqrt{\frac{\sum(Y_i-\hat{Y}_i)^2}{n-2}}=\sqrt{\frac{SSE}{n-2}}=\sqrt{\frac{\sum Y_i^2-a\sum Y_i-b\sum X_iY_i}{n-2}} \tag{13.12}$$

SSE : 오차제곱합(sum of squares due to error)

여기서 분모로 $(n-2)$를 사용하는 이유는 회귀분석 과정에서 사용된 추정량 a와 b의 두 개만큼 자유도가 줄어야만 S_e가 σ_e의 불편추정량이 되기 때문이다.

추정치의 표준오차는 표본회귀선(또는 종속변수의 예측치) 주위로 표본들의 실제 관측치들이 흩어진 잔차들을 측정하는 반면 제3장에서 공부한 표준편차는 표본들의 실제 관측치들이 표본평균 주위로 흩어진 변동을 측정하는데 근본적으로 이들은 같은 개념이다.

추정치의 표준오차가 클수록 회귀선 주위로 관측치들은 널리 흩어질 것이다. 그러나 만일 모든 관측치들이 회귀선상에 놓이게 되면 $S_e=0$이 된다. 따라서 추정치의 표준오차가 작을수록 데이터들이 회귀선에 가깝게 놓이게 되어 표본회귀선이 독립변수와 종속변수의 통계적 관계를 적절하게 설명할 수 있는 것이다. 즉 회귀방정식은 적은 오차로 종속변수 Y를 예측하게 될 것이다. 우리는 앞절에서 공부한 상관계수와 추정치의 표준오차는 정반대의 관계임을 알 수 있다. 즉 두 변수 사이의 강도가 증가할수록 상관계수는 증가하는 반면에 추정치의 표준오차는 감소한다.

모든 관측치들이 회귀선 주위로 정규분포를 따른다고 가정하면 [그림 13-9]에서 보는 바와 같이 모든 관측치의 68%는 회귀식의 $\pm 1S_e$ 내에 들어오고, 95.5%는 $\pm 2S_e$ 내에, 그리고 99.7%는 $\pm 3S_e$ 내에 들어오게 된다. 이 정보를 이용하면 표본회귀선이 표본 데이터에 적합한지 좋은 지표를 주게 된다.

그러나 식(13.12)에서 S_e는 Y_i값들을 측정한 기준단위에 직접적인 영향을 받는다는 문제점을 갖고 있다. 예를 들면, Y값들이 천 원 단위로 관찰된 경우와 만 원 단위로 관찰된 경우 동일 조건에서 후자의 경우에 S_e값이 크게 된다.

이와 같이 S_e가 Y값에 따라 달라지므로 별도로 분석된 다른 여러 회귀분석 결과의 적합도를 직접 비교할 수 없게 된다. 이러한 이유로 추정치의 표준오차 S_e를 통한 적합도 검정을 절대평가 방법이라고 부른다.

이러한 문제점을 해결하기 위하여 여러 개의 적합도를 비교할 수 있는 결정계수가 적합도 평가기준으로 널리 사용된다.

예제 13-4 [표 13-1]의 데이터를 이용하여 추정치의 표준오차를 구하라.

풀이

	A	B	C	D	E
1	X	Y	X^2	Y^2	XY
2	2	16	4	256	32
3	2	8	4	64	16
4	3	20	9	400	60
5	4	14	16	196	56
6	5	22	25	484	110
7	5	30	25	900	150
8	6	38	36	1444	228
9	7	32	49	1024	224
10	7	46	49	2116	322
11	8	40	64	1600	320
12	49	266	281	8484	1518

$$S_e = \sqrt{\frac{\Sigma Y^2 - a\Sigma Y - b\Sigma XY}{n-2}} = \sqrt{\frac{8,484 - 0.89(266) - 5.247(1,518)}{8}}$$

$=5.94$억 원

이는 회귀방정식을 이용하여 구한 판매 예측치와 수없이 많은 실제 판매액들의 대표적인 차이가 약 5.94억 원이라는 것을 의미한다. S_e의 단위는 종속변수의 단위와 같다.

다음 그림에서 회귀선의 $\pm 1S_e = \pm 5.94$ 이내에 열 개 가운데 여덟 개의 데이터가 포함되고 $\pm 2S_e = \pm 11.88$ 이내에 모든 데이터가 포함되므로 표본회귀선은 표본 데이터를 잘 대표한다고 할 수 있다.

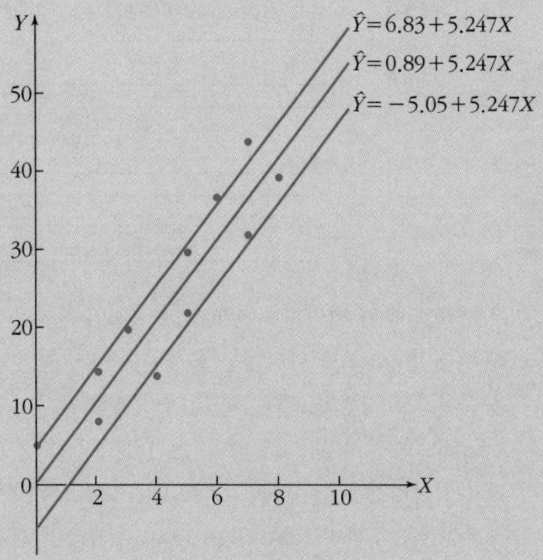

■ Excel 활용

① 데이터를 입력한 후 「데이터」－「데이터 분석」－「회귀분석」을 차례로 선택한다. 「확인」을 클릭한다.

② 「회귀분석」 대화상자가 나타나면 다음과 같이 입력한다.

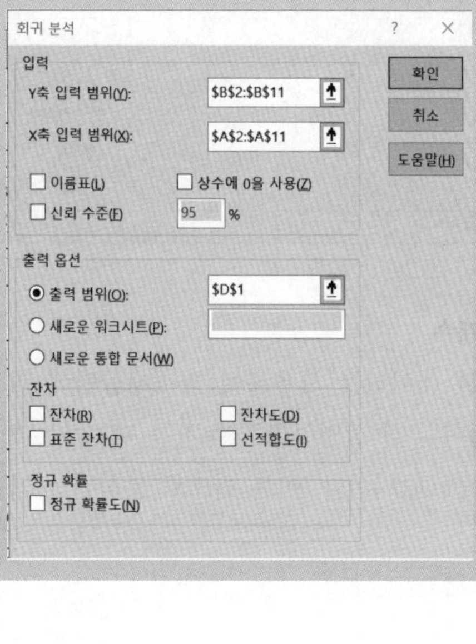

③ 「확인」을 클릭하면 다음과 같은 결과를 얻는다.

	A	B	C	D	E	F	G	H	I	J	K	L
1	광고비(X)	판매액(Y)		요약 출력								
2	2	16										
3	2	8		회귀분석 통계량			5.246944	0.889976				
4	3	20		다중 상관계수	0.894139036		0.929031	4.924741				
5	4	14		결정계수	0.799484615		0.799485	5.941442				
6	5	22		조정된 결정계수	0.774420192		31.89719	8				
7	5	30		표준 오차	5.941442038		1125.994	282.4059				
8	6	38		관측수	10							
9	7	32										
10	7	46		분산 분석								
11	8	40			자유도	제곱합	제곱 평균	F 비	유의한 F			
12				회귀	1	1125.994	1125.994	31.89719	0.000483			
13				잔차	8	282.4059	35.30073					
14				총변동	9	1408.4						
15												
16					계수	표준 오차	t 통계량	P-값	하위 95%	상위 95%	하위 95.0%	상위 95.0%
17				Y 절편	0.88997555	4.924741	0.180715	0.861085	-10.4665	12.24645	-10.4665	12.24645
18				X 1	5.246943765	0.929031	5.64776	0.000483	3.104594	7.389293	3.104594	7.389293

④ LINEST 함수는 회귀계수 a와 b, 추정치의 표준오차, 결정계수, SSR, SSE 등을 계산하여 배열(array)로 나타내는 통계함수이다. 이 함수를 이용하기 위해서는 5×2 셀을 블록으로 지정하고 다음과 같이 입력한다.

=LINEST(Y값 범위, X값 범위, 논리값, 조정)

여기서 논리값은 $b=0$이면 False 또는 0이고 $b \neq 0$이면 True 또는 1이다. 조정은 회귀계수만을 구하면 False 또는 0이고 추가적인 회귀통계항목을 구하면 True 또는 1이다.

⑤ 「Shift」키와 「Ctrl」키를 동시에 누른 채 「Enter」키를 친다.

⑥ 위의 표와 같은 결과를 얻는다.

각 수치가 의미하는 바는 다음과 같다.

행 주소 \ 열 주소	H	I
4	회귀계수 b	Y 절편(a)
5	b의 표준오차	a의 표준오차
6	결정계수	추정치의 표준오차
7	F 비	자유도
8	SSR	SSE

결정계수

표본 데이터를 사용하여 최소제곱법에 의하여 추정한 회귀방정식이 그 표본들을 얼마나 잘 설명하고 있는가를 평가하는 또 하나의 기법이 결정계수(coefficient of determination)이다. 이는 별도로 분석된 여러 개의 적합도의 상호 비교가 가능한 상대평가 방법이다.

회귀분석에서 종속변수의 실제 관측치 Y_i값과 Y값들의 표본평균 $\overline{Y}$ 사이의 차이, 즉 $(Y_i - \overline{Y})$를 Y의 총편차(total deviation)라고 하는데 이는 $(\hat{Y}_i - \overline{Y})$로 나타내는 (회귀식에 의하여) 설명된 편차(explained deviation)와 $(Y_i - \hat{Y}_i)$으로 나타내는 (회귀식에 의하여) 설명 안 된 편차(unexplained deviation)로 구분할 수 있다. 여기서 설명된 편차란 평균을 가지고 예측하는 것보다 회귀선에 의해 예측할 경우 설명력이 증가하는 부분을 말하고 잔차 e_i에 해당하는 설명 안 된 편차란 회귀선에 의해서도 설명이 되지 않는 부분을 말한다. 이들의 관계를 식으로 나타내면 다음과 같다.

TIP

총편차의 구성

총편차=설명된 편차+설명 안 된 편차

$$(Y_i - \overline{Y}) = (\hat{Y}_i - \overline{Y}) + (Y_i - \hat{Y}_i) \quad (13.13)$$

이를 그림으로 나타내면 [그림 13-10]과 같다.

편차의 제곱을 변동(variation)이라고 한다. 식(13.13)의 양변을 각각 제곱한 후 모든 관측치에 대하여 합한 값으로 전환시키면 다음과 같다.

그림 13-10 총편차의 구성

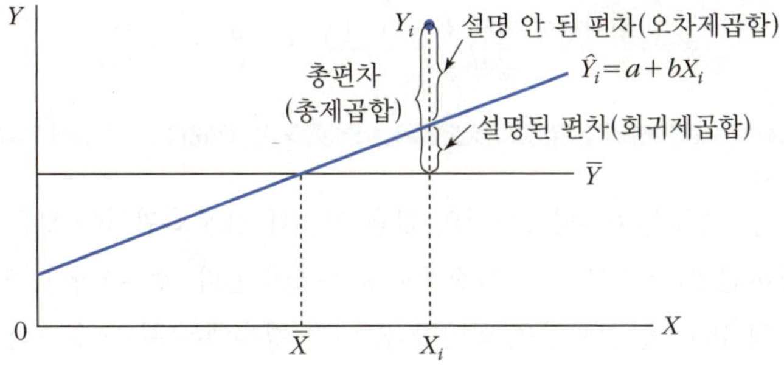

TIP

총제곱합의 구성

$$\Sigma(Y_i-\bar{Y})^2=\Sigma(\hat{Y}_i-\bar{Y})^2+\Sigma(Y_i-\hat{Y}_i)^2$$

총제곱합 = 회귀제곱합 + 오차제곱합

총변동 = 설명된 변동 + 설명 안 된 변동

$$SST = SSR + SSE \quad (13.14)$$

총제곱합(sum of squares total : SST)은 총변동(total variation)이라고도 하는데 독립변수를 고려하지 않았을 경우 실제 관측치 Y_i들이 이들의 평균 $\bar{Y}$로부터 흩어진 정도를 나타낸다. 회귀제곱합(sum of squares regression : SSR)은 독립변수를 고려함으로써 회귀식으로 설명되는 제곱합을 의미한다. 오차제곱합(sum of squares error : SSE)은 회귀식으로 설명되지 않는 잔차의 제곱합으로서 Σe_i^2을 의미한다.

총변동을 이와 같이 분해함으로써 SSE의 크기로 표본회귀식의 적합도를 측정할 수 있다. 결정계수 R^2은 종속변수 Y의 총제곱합(SST) 중에서 회귀식으로 설명되는 제곱합(SSR)이 차지하는 상대적 비율로 측정한다. 즉 결정계수는 회귀모델에서 독립변수 X에 의하여 설명되는 종속변수 Y의 변동 중에서 차지하는 비율을 말한다. 이와 같이 결정계수는 회귀선의 설명력을 나타내는 지수이다.

TIP

결정계수

$$R^2=\frac{\text{회귀선에 의해 설명된 변동}}{\text{총변동}}=\frac{SSR}{SST}=1-\frac{SSE}{SST} \quad (13.15)$$

결정계수는 0부터 1까지의 값을 갖는데 표본회귀선이 모든 데이터에 완전히 적합하면 $SSE=0$이 되고 결정계수 R^2은 1이 된다. $R^2=1$이란 예측한 회귀식이 총변동의 100%를 설명함을 의미한다. 이럴 경우에는 두 변수 X와 Y 사이의 상관관계는 100% 있다고 말할 수 있나. R^2의 값이 1에 가까울수록 회귀선은 표본 데이터를 잘 설명하는 정확성이 높다고 할 수 있다.

이와 같이 결정계수는 독립변수가 종속변수의 변동을 설명해 주는 비율을 말한다. 이에 비하여 상관계수는 두 변수 간의 상관의 강도와 방향을 나타내 준다.

그런데 결정계수 R^2은 독립변수의 수가 증가할수록 커지는 성질이 있는 까닭에 의미없는 독립변수를 도입하면 회귀모델의 설명력이 향상된 것처럼 보일 수 있다. 그러므로 독립변수의 수 k에 따라 결정계수를 조정할 필요가 있다. 이를 조정 결정계수(adjusted R-squared)라고 한다.

TIP

조정 결정계수

$$\bar{R}^2 = 1 - \left[(1 - R^2)\left(\frac{n-1}{n-k-1}\right)\right] \tag{13.16}$$

예제 13-5 [표 13-1]의 데이터를 이용하여 결정계수와 조정 결정계수를 구하라.

풀이

X_i	Y_i	$\hat{Y}_i$	$(Y_i - \bar{Y})^2$	$(Y_i - \hat{Y}_i)^2$	$(\hat{Y}_i - \bar{Y})^2$
2	16	11.3838	112.36	21.3093	231.5327
2	8	11.3838	345.96	11.4501	231.5327
3	20	16.6307	43.56	11.3522	99.38694
4	14	21.8776	158.76	62.0566	22.30106
5	22	27.1245	21.16	26.2605	0.2751
5	30	27.1245	11.56	8.2685	0.2751
6	38	32.3714	129.96	31.6811	33.30906
7	32	37.6183	29.16	31.5653	121.4029
7	46	37.6183	376.36	70.2529	121.4029
8	40	42.8652	179.56	8.2094	264.5567
49	266	265.9981	1,408.4	282.4059	1,125.975

$\bar{Y} = 26.6$

$SST = 1{,}408.40$

$SSE = 282.4059$

$SSR = 1{,}125.975$

$$R^2 = \frac{SSR}{SST} = \frac{1{,}125.975}{1{,}408.4} = 0.7995$$

평균 판매액 $\bar{Y}$로부터 흩어지는 판매액 Y의 총변동의 79.95%는 광고비와 판매액의 선형 관계를 나타내는 회귀선에 의해서 설명된다. 광고비가 판매액 변동의 79.95%를 결정하므로 나머지 약 20%는 다른 요인들에 의해서 결정된다.

$$\bar{R}^2 = 1 - \left[(1 - R^2)\left(\frac{n-1}{n-k-1}\right)\right]$$
$$= 1 - \left[(1 - 0.7995)\left(\frac{10-1}{10-1-1}\right)\right]$$
$$= 1 - (0.2005)(1.125)$$
$$= 1 - 0.2256$$
$$= 0.7744$$

S·E·C·T·I·O·N 13.7

표본회귀선의 유의성 검정

우리는 표본회귀선의 적합도를 판정하는 방법으로 추정치의 표준오차와 결정계수를 공부하였다. 그런데 회귀선의 적합도가 높더라도(표본회귀계수 $b \neq 0$이더라도) 모집단 회귀선의 기울기가 $\beta = 0$이면 회귀모델 $Y_i = \alpha + \beta X_i + \varepsilon_i$는 $Y_i = \alpha + \varepsilon_i$가 되기 때문에 모집단 회귀선은 수평선이 되어 표본회귀선에 의한 종속변수 Y의 추정치 $\hat{Y}$은 상수가 됨으로써 독립변수 X의 값들이 종속변수 Y의 값들을 예측하는 데 아무 소용이 없게 된다.

따라서 우리는 통계량 b를 근거로 모수 β가 0이 아니라는 것을 검정함으로써, 즉 회귀모델의 Y와 X의 두 변수 사이에 선형관계가 성립하는지(회귀선이 유의한지)를 검정함으로써 종속변수 Y값들을 추정하는 데 표본회귀선을 사용할 수 있는지를 결정하기 위해서는 표본회귀선에 대한 유의성 검정(significance test)이 우선 필요하다.

유의성 검정은

- t검정
- F검정

을 통해서 실시할 수 있다.

모집단 회귀선의 기울기 β 에 대한 t 검정

모수 β에 대한 t 검정(t test)은 표본회귀식의 기울기 b를 이용해야 한다. b는 모집단으로부터 표본크기 n인 가능한 모든 표본을 추출하여 계산한다. 그리고 검정통계량은 b의 확률분포를 알아야 결정할 수 있다.

TIP

기울기 b의 확률분포

오차항 ε에 대한 모든 가정이 만족되면 b의 확률분포는 평균이 β이고 다음과 같은 표준편차를 갖는 정규분포를 따른다.

$$\sigma_b = \frac{\sigma_e}{\sqrt{\Sigma(X_i - \overline{X})^2}} \tag{13.17}$$

식(13.17)에서 σ_e는 알 수 없으므로 그의 추정량인 추정치의 표준오차 S_e를 사용하면 검정통계량 t값은 t분포를 따른다.

$$t = \frac{b-0}{S_b} = \frac{b}{S_e/\sqrt{\Sigma(X_i - \overline{X})^2}} = \frac{b}{S_e/\sqrt{\Sigma X_i^2 - n\overline{X}^2}}$$

S_b : 회귀계수 b의 표준오차

이때의 자유도는 $(n-2)$이다. 이는 통계량 t는 a와 b를 추정할 때 각각 자유도를 하나씩 잃기 때문이다.

TIP

기울기 β 에 대한 t 검정

좌측검정	양측검정	우측검정
$H_0 : \beta \geq 0$	$H_0 : \beta = 0$	$H_0 : \beta \leq 0$
$H_1 : \beta < 0$	$H_1 : \beta \neq 0$	$H_1 : \beta > 0$
만일 $\frac{b}{S_b} < -t_{n-2,\,\alpha}$이면 H_0를 기각	만일 $\frac{b}{S_b} > t_{n-2,\,\frac{\alpha}{2}}$ 또는 $\frac{b}{S_b} < -t_{n-2,\,\frac{\alpha}{2}}$이면 H_0를 기각	만일 $\frac{b}{S_b} > t_{n-2,\,\alpha}$이면 H_0를 기각

모든 경우에 p값$<\alpha$이면 H_0를 기각

예제 13-6 [표 13-1]의 데이터를 이용하여 다음과 같은 가설을 설정하였다.

$H_0 : \beta = 0$

$H_1 : \beta \neq 0$

유의수준 5%로 모집단 회귀선의 기울기 β에 대해 t검정하라.

풀이

$t_{n-2, \frac{\alpha}{2}} = t_{8,\ 0.025} = 2.306$

기각역 : $t_c > 2.306$ 또는 $t_c < -2.306$

$$t_c = \frac{b}{S_e/\sqrt{\sum(X_i - \overline{X})^2}} = \frac{5.247}{5.94/\sqrt{40.9}} = 5.649$$

$t_c = 5.649 > t_{8,\ 0.025} = 2.306$이고 한편 p값$= 0.000483 < \alpha = 0.05$이므로 귀무가설 H_0를 기각한다. 즉 모집단 회귀선의 기울기 β는 0이 아니다. 두 변수 X와 Y는 선형관계이다.

종속변수 Y와 독립변수 X 사이에 유의한 선형관계가 있는지를 결정하기 위하여 t검정을 할 때 p값은 표본크기 n이 증가할수록 감소한다. 따라서 두 변수 Y와 X 사이에 선형관계가 존재하지 않는다는 귀무가설을 기각할 가능성은 높아진다.

모집단 회귀선의 기울기 β에 대한 F검정

설명된 변동과 설명 안 된 변동의 측정을 이용해서 귀무가설 $H_0 : \beta = 0$을 검정하는 방법이 F검정(F test)이다. 즉 설명된 제곱합 SSR(회귀제곱합)이 설명 안 된 제곱합 SSE(오차제곱합)에 비해 크면 회귀식이 표본 데이터를 잘 설명하기 때문에 귀무가설을 기각하는 것이다.

SSR의 자유도는 독립변수의 수와 같기 때문에 1이고 SSE의 자유도는 표본회귀선에 의한 Y의 추정치 $\hat{Y}_i$을 추정하기 위하여 a와 b를 사용하였으므로 $(n-2)$이며 SST의 자유도는 두 자유도의 합 $1 + (n-2) = n-1$과 같다. 제곱합을 그의 자유도로 나누면 평균제곱이 된다. 우리가 필요로 하는 평균제곱은 설명된 평균제곱, 즉 회귀평균제곱(mean square regression : MSR)과 설명 안 된 평균제곱, 즉 오차평균제곱(mean square error : MSE)이다. 이들은 분산과 같은 개념이다.

TIP

설명된 평균제곱

$$MSR = \frac{SSR}{1} = \sum(\hat{Y}_i - \overline{Y})^2 \qquad (13.18)$$

TIP

설명 안 된 평균제곱

$$MSE = \frac{SSE}{n-2} \tag{13.19}$$

$$F\text{비} = \frac{MSR}{MSE}$$

귀무가설 $H_0 : \beta=0$은 MSR/MSE로 검정할 수 있다. 이 비율은 자유도 1과 $(n-2)$를 갖는 F분포를 따른다. 이 경우 이 비율은 1에 근접하는 값을 가지게 될 것이다. 따라서 이 비율이 1보다 큰 값을 가지게 되면 귀무가설을 기각하고 대립가설을 채택하게 된다.

TIP

기울기 β에 대한 F검정

$H_0 : \beta=0$
$H_1 : \beta\neq0$

만일 $\frac{MSR}{MSE} > F_{1,\, n-2,\, \alpha}$이면 H_0를 기각
만일 p값$<\alpha$이면 H_0를 기각

따라서 다음과 같은 분산분석표를 작성할 수 있다.

변동의 원천	제곱합	자유도	평균제곱	F비
회귀	SSR	1	$MSR=\frac{SSR}{1}$	$\frac{MSR}{MSE}$
잔차	SSE	$n-2$	$MSE=\frac{SSE}{n-2}$	
총변동	SST	$n-1$		

F검정의 결과는 t검정의 결과와 같은데 t검정은 두 변수 사이의 선형관계의 단측검정도 할 수 있으나 F검정은 양측검정만 할 수 있다.

예제 13-7 [표 13-5]의 데이터를 이용하여 다음과 같은 가설을 설정하였다.

$H_0 : \beta = 0$

$H_1 : \beta \neq 0$

(1) 유의수준 5%로 모집단 회귀선의 기울기 β에 대해 F 검정하라.

(2) 분산분석표를 작성하라.

풀이

(1) [예제 13-5]에서

$SST = 1,408.4$

$SSE = 282.4059$

$SSR = 1,125.975$

이다.

$F_{1,\ 8,\ 0.05} = 5.32$

$$F\text{비} = \frac{SSR}{SSE/n-2} = \frac{1,125.975}{282.4059} = 31.897$$

F비$=31.897 > F_{1,\ 8,\ 0.05} = 5.32$이고 한편 p값$=0.000483 < \alpha = 0.05$이므로 귀무가설 H_0를 기각한다. 즉 두 변수 사이의 선형관계는 Y의 변동을 설명하는 데 도움이 된다.

(2)

	A	B	C	D	E	F	G
1	변동의 원천	자유도	제곱합	평균제곱	F 비	유의한 F	
2	회귀	1	1125.994	1125.994132	31.89719	0.000483	
3	잔차	8	282.4059	35.3007335			
4	총변동	9	1408.4				
5							

S·E·C·T·I·O·N 13.8

종속변수 Y의 추정과 예측

회귀분석을 하는 중요한 이유는 독립변수의 값이 주어졌을 때 이에 대응하는 종속변수의 값을 추정하려는 것이다. 주어진 표본에 대해 최소제곱법을 이용하여 구한 표본회귀선의 적합도 검정과 유의성 검정이 만족하도록 평가가 끝나면 그 표본회귀선을 이용하여 추정(estimation)이나 예측(prediction)을 수행하는 것이다.

우리가 확률적 모델을 사용하려는 목적은 두 가지이다.

첫째는 독립변수 X의 특정한 값 X_0에 대응하는 종속변수 Y의 모든 값들의 평균(기대값) $E(Y_0)=E(Y_0|X_0)$를 추정하는 신뢰구간(confidence interval)을 구하려는 것이다. 예를 들어 [표 13-1]에서 광고비로 고정해서 14억 원을 수개월 동안 지출하면 판매액은 서로 다른데 이들은 평균을 중심으로 정규분포를 따르게 된다. 이때 평균 판매액의 신뢰구간을 추정하려는 것이다. 평균 판매액은 모집단 회귀선상의 값이다.

둘째는 독립변수 X의 특정한 값 X_0에 대응하는 종속변수 Y의 개별 관측치 Y_0의 범위를 추정하는 예측구간(prediction interval)을 구하려는 것이다. 예를 들어 [표 13-1]에서 광고비로 다음 달 19억 원을 지출할 때 예상되는 판매액의 예측구간을 구하려는 것이다.

점추정치

독립변수 X의 값이 주어지면 종속변수 Y의 값은 많은데 이 모집단 분포의 기대값(평균)은

$$E(Y_0|X_0)=\alpha+\beta X_0 \tag{13.20}$$

를 이용하여 구할 수 있다. 그러나 실제로는 표본회귀선

$$\hat{Y}_0 = a + bX_0 \tag{13.21}$$

를 이용하여 α와 β를 추정한다. 이와 같이 종속변수 Y의 추정치 $\hat{Y}_0$은 종속변수 Y의 기대값을 추정하기 위해서는 물론 미래에 관측될 Y의 개별 관측치의 범위를 예측하기 위해서 사용된다.

다시 말하면, 표본회귀선상의 값인 추정치 $\hat{Y}_0$은 종속변수 Y의 기대값은 물론 종속변수 Y의 개별 관측치의 가장 좋은 점추정량이다. 따라서 종속변수 Y의 기대값의 추정치와 종속변수 Y의 예측치를 구하기 위한 점추정치(point estimation)는 독립변수 X의 주어진 값 X_0를 표본회귀식에 대입하여 구하는 $\hat{Y}_0$가 된다.

종속변수 Y의 기대값 $E(Y_0)$에 대한 신뢰구간

표본 데이터를 사용하여 구하는 표본회귀선은 여러 표본을 사용할 때마다 다른 표본회귀선을 구할 수 있기 때문에 독립변수 X의 특정한 값에 따른 종속변수 Y의 점추정치는 매번 다를 수가 있다. 따라서 모집단 회귀선상의 값인 종속변수 Y의 기대값을 추정하기 위해서는 신뢰구간을 구하게 된다.

식(13.20)과 식(13.21)을 그린 그림이 [그림 13-11]이다. 그림에서 독립변수 $X=X_0$일 때 종속변수 Y의 기대값 $E(Y_0)$을 추정하는 데 따르는 추정오차(error of estimation)는 X_0에서의 모집단 회귀선과 표본회귀선 사이의 편차, 즉 $(\hat{Y}_0 - E(Y_0))$이다.

만일 종속변수 Y가 독립변수 X의 주어진 값 X_0에 대응하여 결정되는 Y_0가 일정한 분산 $\sigma_e{}^2$으로 정규분포를 한다고 가정하면 종속변수 Y의 모평균의 추정치 $\hat{Y}_0$ 또한 다음과 같은 표준오차로 정규분포를 따른다.

그림 13-11 추정오차

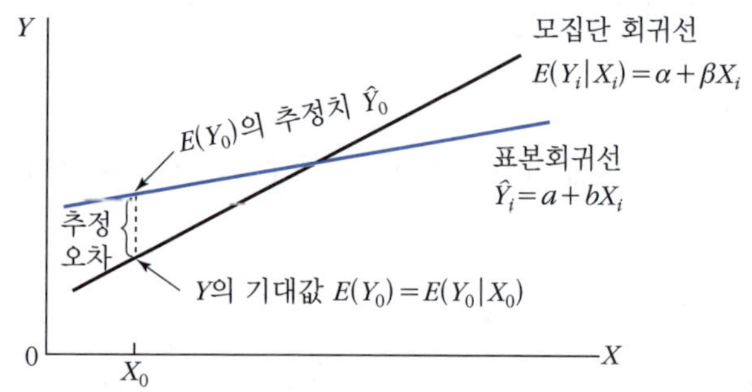

TIP

$X=X_0$일 때 $\hat{Y}_0$의 표본분포의 표준오차

$$\sigma_0 = \sigma_e \sqrt{\frac{1}{n} + \frac{(X_0 - \overline{X})^2}{\Sigma X_i^2 - n\overline{X}^2}} \tag{13.22}$$

σ_e : 모집단 전체에 대한 오차의 표준편차

식(13.22)에서 표본크기 n이 클수록 종속변수 Y의 예측치 $\hat{Y}_i$의 표준오차는 작아지며 또한 독립변수 X값이 평균 $\overline{X}$로부터 멀리 떨어질수록 종속변수 $\hat{Y}_i$의 표준오차는 커짐을 발견할 수 있다.

한편 표본 데이터를 사용하기 때문에 식(13.22)에서 σ_e 대신에 그의 불편추정량인 추정치의 표준오차 S_e를 사용함으로써 종속변수 Y의 표준오차 σ_0 대신에 종속변수 Y의 추정치 $\hat{Y}$의 추정 표준오차(estimated standard error) S_0로 대치하여야 한다.

TIP

$\hat{Y}$의 추정 표준오차

$$S_0 = S_e \sqrt{\frac{1}{n} + \frac{(X_0 - \overline{X})^2}{\Sigma X_i^2 - n\overline{X}^2}} \tag{13.23}$$

S_e는 식 (13.12)를 이용하여 구함

독립변수 $X=X_0$일 때 종속변수 Y의 기대값인 $E(Y_0)=E(Y_0|X_0)$에 대한 신뢰구간은 $n\leq 30$일 때 다음과 같이 구할 수 있다.

TIP

종속변수 Y의 기대값 $E(Y_0|X_0)$에 대한 100(1−α)% 신뢰구간

$$P\left[\hat{Y}_0 - t_{n-2,\frac{\alpha}{2}}(S_e)\sqrt{\frac{1}{n} + \frac{(X_0 - \overline{X})^2}{\Sigma X_i^2 - n\overline{X}^2}} \leq E(Y_0 \mid X_0) \leq \hat{Y}_0 + t_{n-2,\frac{\alpha}{2}}(S_e)\sqrt{\frac{1}{n} + \frac{(X_0 - \overline{X})^2}{\Sigma X_i^2 - n\overline{X}^2}}\right] = 1-\alpha$$

독립변수의 특정한 값 X_0가 그의 평균 $\overline{X}$로부터 멀리 떨어질수록 $E(Y_0|X_0)$의

그림 13-12 $E(Y_0|X_0)$의 신뢰구간

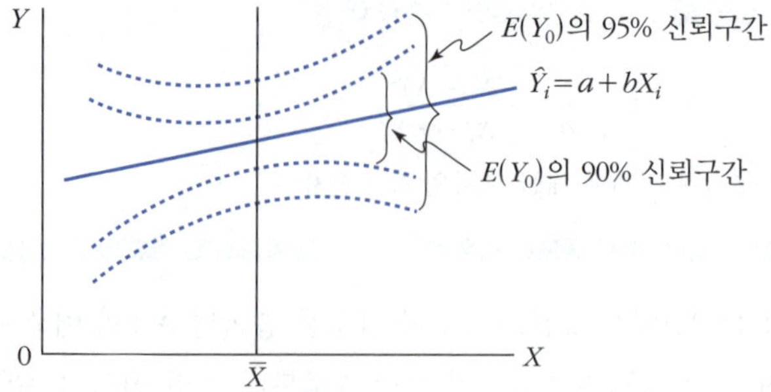

신뢰구간은 넓어지기 때문에 $E(Y_0|X_0)$에 대한 예측은 부정확하게 된다. 이는 [그림 13-12]에서 보는 바와 같다.

예제 13-8 [표 13-1]을 사용하여 광고비 $X_0=6$억 원인 수많은 달들의 평균 판매액에 대한 95% 신뢰구간을 구하라.

풀이

$\hat{Y}_0 = 0.89 + 5.247X_0 = 0.89 + 5.247(6) = 32.372$

$$\hat{Y}_0 \pm t_{n-2,\frac{\alpha}{2}} S_e \sqrt{\frac{1}{n} + \frac{(X_0 - \bar{X})^2}{\sum(X_i - \bar{X})^2}}$$

$$32.372 \pm t_{8,\,0.025}(5.94)\left(\sqrt{\frac{1}{10} + \frac{(6-4.9)^2}{40.9}}\right)$$

$32.372 \pm 2.306(5.94)(0.36)$

$27.441 \le E(Y_0) \le 37.303$

이는 $X_0=6$억 원일 때 평균 판매액이 신뢰구간 내에 들어올 확률이 95%라는 것을 의미한다.

종속변수 Y의 개별 관측치 Y_0에 대한 예측구간

독립변수 $X=X_0$일 때 종속변수 Y의 특정한 값 Y_0을 예측하게 되면 종속변수 Y의 실제치 Y_0와 종속변수 Y의 예측치 $\hat{Y}_0$의 차이인 예측오차(error of prediction) 즉, $(\hat{Y}_0 - Y_0)$는 종속변수 Y의 기대값을 추정하는 데 따르는 추정오차 $(\hat{Y}_0 - E(Y_0))$ 부분과 종속변수 Y의 실제치를 예측하는 데 따르는 오차항(random error) $(E(Y_0) - Y_0)$

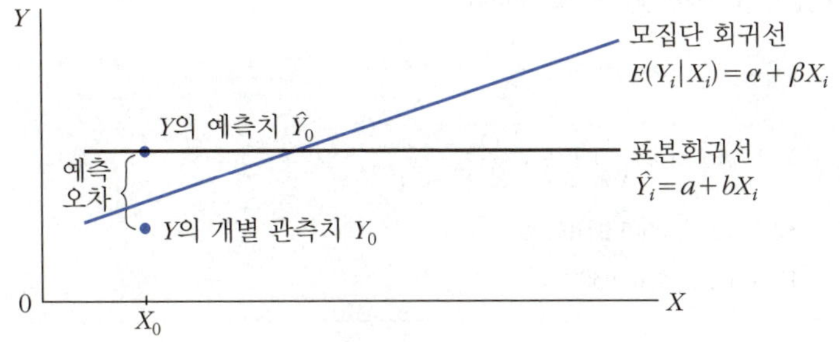

그림 13-13 Y값의 예측에 따르는 오차

부분으로 구성된다. 이는 [그림 13-13]에서 보는 바와 같다.

이와 같이 종속변수 Y값을 예측하는 데 따르는 오차의 변동은 종속변수 Y의 기대값을 추정하는 데 따르는 오차의 변동보다 큰 것이 사실이다. 그런데 종속변수 Y의 분포에 있어서 오차의 분산은 다음과 같다.

$$\sigma_e\sqrt{1+\frac{1}{n}+\frac{(X_0-\overline{X})^2}{\sum X_i^2-n\overline{X}^2}}$$

표본 데이터를 사용하므로 σ_e 대신에 S_e를 사용하면 독립변수 $X=X_0$일 때 종속변수 Y의 예측치 Y_0에 대한 예측구간은 다음과 같이 구한다.

TIP

종속변수 Y의 개별 관측치 Y_0에 대한 $100(1-\alpha)$% 예측구간

$$P\left[\hat{Y}_0-t_{n-2,\frac{\alpha}{2}}(S_e)\sqrt{1+\frac{1}{n}+\frac{(X_0-\overline{X})^2}{\sum X_i^2-n\overline{X}^2}}\le Y_0\le \hat{Y}_0\right.$$
$$\left.+t_{n-2,\frac{\alpha}{2}}(S_e)\sqrt{1+\frac{1}{n}+\frac{(X_0-\overline{X})^2}{\sum X_i^2-n\overline{X}^2}}\right]=1-\alpha$$

예제 13-9 [표 13-1]의 데이터를 이용하여 다음 달 광고비 $X_0=6$억 원일 때 예측되는 판매액에 대한 95% 예측구간을 구하라.

풀이

$$\hat{Y}_0 \pm t_{n-2,\frac{\alpha}{2}}(S_e)\sqrt{1+\frac{1}{n}+\frac{(X_0-\overline{X})^2}{\Sigma(X_i-\overline{X})^2}}$$

$$32.372 \pm 2.306(5.94)(1.063)$$

$$17.814 \le Y_0 \le 46.930$$

종속변수 Y의 기대값 $E(Y_0)$에 대한 신뢰구간에서처럼 종속변수 Y의 예측치 Y_0에 대한 예측구간도 상당히 넓음을 알 수 있다. 이는 표본크기가 아주 작기 때문이다. 즉 표본의 수가 증가할수록 신뢰구간과 예측구간은 더욱 좁아진다.

일반적으로 예측구간이 신뢰구간보다 넓은데 이는 독립변수 X의 값이 주어질 때 종속변수 Y의 예측치를 예측하는 데 따르는 예측오차가 종속변수 Y의 기대값을 추정하는 데 따르는 추정오차보다 크기 때문이다. 그리고 신뢰구간과 예측구간은 표본평균 $\overline{X}$에서 가장 좁게 설정된다. 이는 [그림 13-14]에서 보는 바와 같다.

그림 13-14 신뢰구간과 예측구간

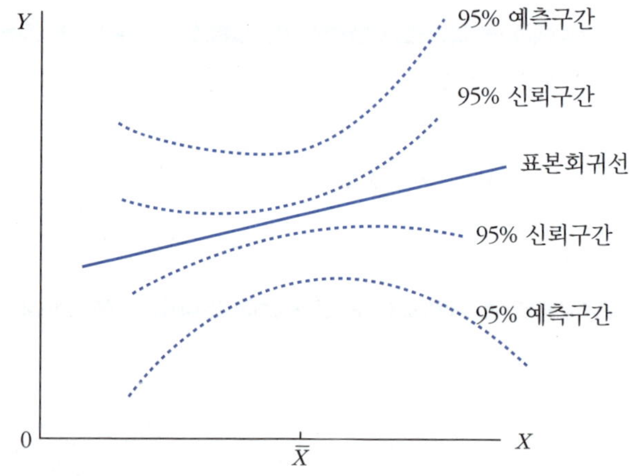

빅데이터와 단순선형회귀분석의 가설검정 관계

표본평균과 표본비율의 표본분포에서 표본크기가 증가할수록 표준오차는 감소한다는 것을 공부하였다. 또한 표본크기가 증가할수록 모수의 신뢰구간은 좁아지고 모수의 가설검정을 위한 p값은 감소한다는 사실도 공부하였다.

이러한 결과는 단순선형회귀분석에도 연장할 수 있다. 표본크기가 증가할수록

- 종속변수와 독립변수 사이에 유의한 관계가 있는지 검정하는 t검정의 p값은 감소한다.
- 독립변수와 관련된 기울기 모수의 신뢰구간은 좁아진다.
- Y의 기대값에 대한 신뢰구간은 좁아진다.
- 개별치 Y의 예측구간은 좁아진다.

표본크기가 증가할수록 p값이 감소하기 때문에 종속변수와 독립변수 사이에 관계가 존재하지 않는다는 가설은 기각되어 두 변수 사이에 관계가 존재한다고 결론을 내릴 수 있다. 한편 신뢰구간들도 좁아져 더욱 정확하게 된다.

그러나 이러한 결과들이 항상 신뢰할 수 있다는 것을 의미하지는 않는다. 표본을 추출할 때 랜덤 표본을 추출하여 비표본오차의 존재를 원천봉쇄할 수 있어야 한다.

S·E·C·T·I·O·N 13.9

EXCEL 활용

1 [예제 13-3]

• 산점도 그리기

① 데이터를 입력한 후 다음과 같이 수식을 입력한다.

셀 주소	수식	비고
E4	=INTERCEPT(B5 : B14, A5 : A14)	
E5	=SLOPE(B5 : B14, A5 : A14)	
E6	=FORECAST.LINEAR(D6, B5 : B14, A5 : A14)	
F6	=TREND(B5 : B14, A5 : A14, D6, 1)	

② 산점도를 그리기 위해서는 A5:B14를 블록으로 지정하고 「삽입」-「차트」 그룹에서 세로 막대 우측에 있는 내림단추(▼)를 클릭한다.

③ 「통계차트 더 보기」를 클릭한다.

④ 「분산형」을 클릭한다.

⑤ 「확인」을 클릭한다.

⑥ 「차트 제목」에 커서를 놓고 좌클릭한 후 차트 제목을 「산점도」로 고친다.

⑦ 차트의 오른쪽 위에 있는 십자형 「차트 요소」를 클릭하고 「축 제목」에 체크를 하고 「눈금선」에서 체크를 지운다.

⑧ 차트 영역의 X축 제목에 커서를 놓고 클릭하면 편집이 가능하게 되는데 「광고비」로 바꾼다. Y축 제목은 「판매액」으로 바꾼다.

⑨ 산점도에 추세선을 넣기 위해서는 그림 영역의 한 점에 커서를 놓고 우클릭한다.

⑩ 「추세선 추가」를 선택한다.

⑪ 「추세선 서식」 대화상자가 나타나면 「수식을 차트에 표시」와 「R-제곱 값을 차트에 표시」를 선택한다.

⑫ 다음과 같은 결과를 얻는다.

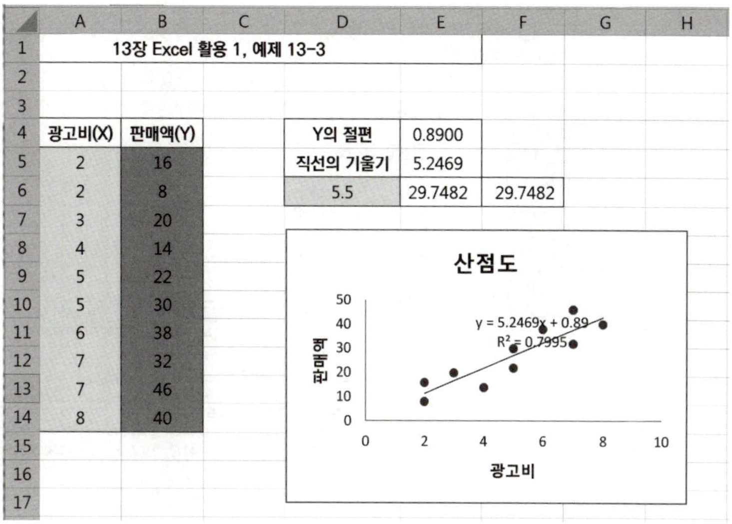

2 [예제 13-4], [예제 13-5], [예제 13-6], [예제 13-7]

① 데이터를 입력하고 「데이터」-「데이터 분석」-「회귀분석」을 차례로 선택한 후 「확인」을 클릭한다.

② 다음과 같이 입력한다.

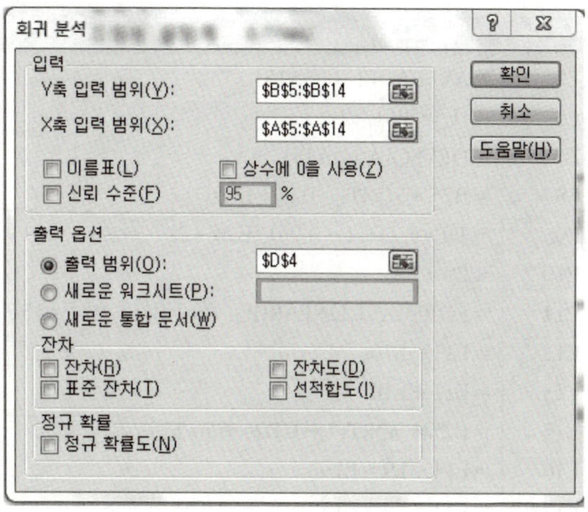

③ 「확인」을 클릭하면 다음과 같은 결과를 얻는다.

	A	B	C	D	E	F	G	H	I	J	K	L	M
1	13장 Excel 활용 2, 예제 13-4, 5, 6, 7												
2													
3													
4	광고비(X)	판매액(Y)		요약 출력									
5	2	16											
6	2	8		회귀분석 통계량									
7	3	20		다중 상관계수	0.894139								
8	4	14		결정계수	0.799485								
9	5	22		조정된 결정계수	0.77442								
10	5	30		표준 오차	5.941442								
11	6	38		관측수	10								
12	7	32											
13	7	46		분산 분석									
14	8	40			자유도	제곱합	제곱 평균	F 비	유의한 F				
15				회귀	1	1125.994	1125.994	31.89719	0.000483				
16				잔차	8	282.4059	35.30073						
17				총변동	9	1408.4							
18													
19					계수	표준 오차	t 통계량	P-값	하위 95%	상위 95%	하위 95.0%	상위 95.0%	
20				Y 절편	0.889976	4.924741	0.180715	0.861085	-10.4665	12.24645	-10.4665	12.24645	
21				X 1	5.246944	0.929031	5.64776	0.000483	3.104594	7.389293	3.1045944	7.389293	
22													

④ t검정을 위한 p값은 0.000483이고 F검정을 위한 p값(유의한 F)은 0.000483이다.

3 [예제 13-8], [예제 13-9]

① A19에 회귀분석 결과를 출력하고 데이터를 입력한 후 다음과 같이 수식을 입력한다.

셀 주소	수식	비고
E5	=AVERAGE(A6 : A15)	
E6	=(E3−E5)∧2	
E7	=DEVSQ(A6 : A15)	
E8	=B25 * SQRT(1/B26+E6/E7)	
E9	=T.INV.2T((1−0.95), B26−2)	
E10	=E9 * E8	
E11	=FORECAST.LINEAR(E3, B6 : B15, A6 : A15)	
E12	=E11−E10	
E13	=E11+E10	
E15	=B25 * SQRT(1+1/B26+E6/E7)	
E16	=E11−E9 * E15	
E17	=E11+E9 * E15	

② 다음과 같은 결과를 얻는다.

	A	B	C	D	E	F	G	H	I	J
1	13장 Excel 활용 3, 예제 13-8, 예제 13-9									
2										
3				특정한 Xo	6					
4										
5	광고비(X)	판매액(Y)		X bar	4.9000					
6	2	16		(Xo-X bar)제곱	1.2100					
7	2	8		(X-X bar)제곱의 합계	40.9					
8	3	20		추정표준오차(So)	2.1388					
9	4	14		t값	2.3060					
10	5	22		오차한계	4.9321					
11	5	30		점추정치	32.3716					
12	6	38		신뢰하한	27.4396					
13	7	32		신뢰상한	37.3037					
14	7	46								
15	8	40		추정표준오차(So)	6.3147					
16				예측하한	17.8100					
17				예측상한	46.9333					
18										
19	**요약 출력**									
20										
21	회귀분석 통계량									
22	다중 상관계수	0.894139								
23	결정계수	0.799485								
24	조정된 결정계수	0.77442								
25	표준 오차	5.941442								
26	관측수	10								
27										
28	**분산 분석**									
29		자유도	제곱합	제곱 평균	F 비	유의한 F				
30	회귀	1	1125.994	1125.994132	31.89719	0.000483				
31	잔차	8	282.4059	35.3007335						
32	**총변동**	9	1408.4							
33										
34		계수	표준 오차	t 통계량	P-값	하위 95%	상위 95%	하위 95.0%	상위 95.0%	
35	Y 절편	0.889976	4.924741	0.180715209	0.861085	-10.4665	12.24645	-10.4665	12.246448	
36	X 1	5.246944	0.929031	5.647759554	0.000483	3.104594	7.389293	3.1045944	7.3892931	
37										

CHAPTER 13 연습문제

13/1 다음은 우리나라 여덟 개 지역에서 가격(단위 : 십만 원)을 달리 책정하고 판매한 특정 핸드폰의 월 판매량의 표본 데이터이다.

	A	B	C
1	지역	가격	판매량
2	1	4.5	450
3	2	5	420
4	3	5	440
5	4	5.5	420
6	5	6	380
7	6	6	400
8	7	6.5	350
9	8	6.5	380

(1) 산점도를 그려라.
(2) 최소제곱법에 의한 표본회귀선을 구하라.
(3) a값과 b값의 의미는 무엇인가?
(4) 잔차들을 구하라.
(5) 추정치의 표준오차를 계산하라.
(6) 결정계수와 조정 결정계수를 구하라.
(7) 표본 공분산을 구하라.
(8) 표본 상관계수를 구하라.
(9) 유의수준 5%로 다음 가설을 t검정하라.

$H_0 : \beta = 0$

$H_1 : \beta \neq 0$

(10) 유의수준 5%로 위 가설을 F검정하라.
(11) 검정을 위한 분산분석표를 작성하라.
(12) 어떤 지역에서 고정된 가격=6.2로 판매할 때 예상되는 월 평균 판매량의 95% 신뢰구간을 구하라.
(13) 어떤 지역에서 다음 달 가격=6.2로 판매할 때 예상되는 다음 달 판매량의 95% 예측구간을 구하라.

13/2 다음은 어느 지역 주택의 평수와 판매가격에 관한 데이터이다.

	A	B	C	D	E
1	평수(X)	판매가격(Y)	XY	X^2	Y^2
2	15	145	2175	225	21025
3	38	228	8664	1444	51984
4	23	150	3450	529	22500
5	16	130	2080	256	16900
6	16	160	2560	256	25600
7	13	114	1482	169	12996
8	20	142	2840	400	20164
9	24	265	6360	576	70225
10	165	1334	29611	3855	241394

(1) 최소제곱법에 의한 표본회귀방정식을 구하라.

(2) $X=18$일 때의 $\hat{Y}$을 구하라.

(3) 산점도를 그려라.

(4) 추정치의 표준오차를 구하라.

(5) SST, SSR, SSE를 구하라.

(6) R^2, $\bar{R}^2$, r을 구하라.

(7) 회귀선의 기울기에 대한 가설

$H_0 : \beta=0$

$H_1 : \beta\neq 0$

을 유의수준 5%로 t검정하라.

(8) $X_0=18$일 때 모든 Y값들의 기대값에 대한 95% 신뢰구간을 구하라.

(9) $X_0=18$일 때 Y의 개별 예측치에 대한 95% 예측구간을 구하라.

13/3 다음은 표본으로 선정된 14개 가계의 넓이(단위 : 1,000제곱피트)와 연간 판매액(단위 : 백만 원)의 관계를 나타내는 데이터이다.

	A	B	C	D	E	F	G	H
1	넓이	1.7	1.6	2.8	5.6	1.3	2.2	1.3
2	판매액	3.7	3.9	6.7	9.5	3.4	5.6	3.7
3								
4	넓이	1.1	3.2	1.5	5.2	4.6	5.8	3
5	판매액	2.7	5.5	2.9	10.7	7.6	11.8	4.1

(1) 최소제곱법을 사용하여 표본회귀방정식을 구하라.

(2) 추정치의 표준오차를 구하라.

(3) 결정계수를 구하라.

(4) 4,000제곱피트의 가게가 달성하는 평균 연간 판매액을 예측하라.
(5) SST, SSR, SSE를 구하라.
(6) MSR, MSE를 구하라.
(7) $H_0 : \beta = 0$, $H_1 : \beta \neq 0$을 유의수준 5%로 t검정하라
(8) $H_0 : \beta = 0$, $H_1 : \beta \neq 0$을 유의수준 5%로 F검정하라.
(9) 4,000제곱피트의 가게들이 달성하는 모집단 평균 연간 판매액의 95% 신뢰구간을 구하라.
(10) 4,000제곱피트의 한 개별 가게가 달성하는 연간 판매액의 95% 예측구간을 구하라.

13/4 다음은 여섯 어린이의 키(단위 : 인치)와 몸무게(단위 : 파운드)를 측정한 데이터이다.

	A	B
1	키	몸무게
2	55	92
3	56	95
4	57	99
5	58	97
6	59	102
7	60	104

(1) 최소제곱법을 이용하여 표본회귀선을 구하라.
(2) 추정치의 표준오차를 구하라.
(3) 결정계수 R^2을 구하라.
(4) SST, SSR, SSE를 구하라.
(5) MSR, MSE를 구하라.
(6) 분산분석표를 작성하라.
(7) $H_0 : \beta = 0$, $H_1 : \beta \neq 0$을 유의수준 5%로 t검정하라.
(8) $H_0 : \beta = 0$, $H_1 : \beta \neq 0$을 유의수준 5%로 F검정하라.
(9) $X_0 = 55$일 때 Y의 기대값에 대한 95% 신뢰구간을 구하라.
(10) $X_0 = 55$일 때 Y의 특정 예측치에 대한 95% 예측구간을 구하라.

13/5 다음은 어느 제품의 가격과 판매량의 데이터이다.

	A	B	C	D	E	F	G	H	I	J
1	가격	1	1	2	3	3	4	4	5	6
2	판매량	47	55	50	40	46	32	35	25	20

(1) 산점도와 함께 표본회귀선을 그래프로 나타내라.

(2) 추정치의 표준오차를 구하라.
(3) 결정계수를 구하라.
(4) 두 변수의 공분산을 구하라.
(5) 표본 상관계수를 구하라.
(6) $H_0 : \beta=0$, $H_1 : \beta \neq 0$을 유의수준 5%로 t검정하라.
(7) $H_0 : \beta=0$, $H_1 : \beta \neq 0$을 유의수준 5%로 F검정하라.
(8) 분산분석표를 작성하라.
(9) $X_0=3.5$일 때 Y의 기대값에 대한 95% 신뢰구간을 구하라.
(10) $X_0=3.5$일 때 Y의 특정 예측치에 대한 95% 예측구간을 구하라.

13/6 다음 데이터는 어느 병원에서 증상이 비슷한 여섯 명의 환자를 표본으로 추출하여 투약량(g)의 변화에 따라 소요되는 환자의 회복시간(분) 간의 관계를 조사한 것이다.

	A	B	C	D	E	F	G
1	투약량	1.2	1	1.5	1.2	1.4	1.6
2	회복시간	25	30	10	27	16	15

(1) 산점도와 함께 표본회귀선을 그래프로 나타내라.
(2) 추정치의 표준오차를 구하라.
(3) 결정계수 R^2를 구하라.
(4) 두 변수의 공분산을 구하라.
(5) 두 변수의 상관계수를 구하라.
(6) 분산분석표를 작성하라.
(7) $H_0 : \beta=0$, $H_1 : \beta \neq 0$을 유의수준 5%로 t검정하라
(8) $H_0 : \beta=0$, $H_1 : \beta \neq 0$을 유의수준 5%로 F검정하라.
(9) $X_0=1.3$일 때 Y의 기대값에 대한 95% 신뢰구간을 구하라.
(10) $X_0=1.3$일 때 Y의 특정 예측치에 대한 95% 예측구간을 구하라.

13/7 다음은 주가(Y)와 배당금(X)에 관한 데이터이다.

	A	B	C	D	E	F
1	X	11	9	10	11	9
2	Y	14	12	12	12	10

(1) 회귀방정식 $\hat{Y}=a+bX$를 구하라.
(2) $X=10$일 때 Y의 예측치를 구하라.
(3) SST, SSR, SSE를 구하라.
(4) MSR, MSE를 구하라.

(5) 추정치의 표준오차 S_e를 구하라.

(6) 결정계수 R^2과 조정 결정계수 $\bar{R}^2$를 구하라.

(7) $H_0 : \beta=0$, $H_1 : \beta\neq 0$을 유의수준 5%로 t검정하라.

(8) $H_0 : \beta=0$, $H_1 : \beta\neq 0$을 유의수준 5%로 F검정하라.

(9) $X_0=10$일 때 Y의 평균의 95% 신뢰구간을 구하라.

(10) $X_0=10$일 때 Y의 특정 예측치의 95% 예측구간을 구하라.

13/8 Excel 대학교 경영학과에서 경영통계학을 수강한 학생 중에서 열 명을 표본으로 추출하여 이 과목을 공부하는 데 소비한 시간(X)과 점수(Y)와의 관계를 분석하려고 다음과 같이 데이터를 수집하였다. EXCEL을 사용하여 다음 문제의 답을 구하라.

	A	B	C	D	E	F	G	H	I	J	K
1	시간	30	45	55	60	65	75	80	90	90	100
2	점수	35	45	50	68	70	70	80	85	90	92

(1) 산점도를 그려라.

(2) 최소제곱법에 의한 표본회귀선을 구하라.

(3) a값과 b값의 의미를 말하라.

(4) 추정치의 표준오차와 결정계수를 구하라.

(5) 표본상관계수를 구하라.

(6) $H_0 : \beta=0$, $H_1 : \beta\neq 0$을 유의수준 5%로 t검정하라.

(7) $H_0 : \beta=0$, $H_1 : \beta\neq 0$을 유의수준 5%로 F검정하라.

(8) 검정을 위한 분산분석표를 작성하라.

(9) 공부하는 시간이 85시간일 때 평균 점수의 95% 신뢰구간을 구하라.

(10) 공부하는 시간이 85시간일 때 예상되는 특정 점수의 95% 예측구간을 구하라.

13/9 다음과 같이 세 개의 데이터 세트가 주어졌을 때 물음에 답하라.

	A	B	C	D	E	F
1	데이터 1		데이터 2		데이터 3	
2	XI	YI	XI	YI	XI	YI
3	2	13	2	27	2	20
4	6	20	6	20	6	27
5	7	27	7	13	7	13

(1) 두 변수의 표본 공분산을 구하고 그들의 차이를 설명하라.

(2) 두 변수의 표본 상관계수를 구하라.

Chapter 14

다중회귀분석

제13장에서 우리는 하나의 종속변수 Y와 하나의 독립변수 X와의 관계를 선형회귀분석을 통하여 공부하였다. 그러나 실제적으로는 두 개 이상의 독립변수가 종속변수의 행태에 영향을 미치는 경우가 대부분이다. 예를 들면, 한 제품의 판매량은 그 제품의 가격 외에도 경쟁제품의 가격, 광고비, 소비자들의 가처분소득, 인구의 증가 등 여러 가지 변수에 의해 영향을 받는다. 또 다른 예를 들면, 벼의 수확량은 비료 사용량, 강우량, 기온 등에 영향을 받는다.

이와 같이 두 개 이상의 독립변수와 종속변수의 관계를 규명하는 데는 다중회귀분석(multiple regression analysis)이 사용된다. 다중회귀모델 설정의 목적은 다음과 같다.

- 종속변수에 대한 예측력을 높이기 위해서
- 종속변수에 대한 예측력에 있어서 독립변수들 간의 상대적 차이를 평가하기 위해서
- 기존 회귀모델의 종속변수와 상관이 있다고 여기는 특정 변수를 독립변수로 추가할 경우 기존 회귀모델의 예측력이 유의하게 향상될 것인지 확인하기 위해서
- 기존 회귀모델의 독립변수들과 종속변수 간의 상관을 통제할 목적으로 통제변수를 도입하여 목적변수에 대한 독립변수들의 타당한 예측력을 평가하기 위하여

그런데 본장에서는 두 개의 독립변수와 하나의 종속변수의 관계로 제한하고 이들의 관계는 선형임을 전제로 한다. 여기서 선형이라 함은 각각의 독립변수와 종속변수의 관계가 선형임을 의미한다.

본장에서는 최소제곱법에 의한 표본회귀식의 도출, 다중회귀식의 적합도 검정, 회귀모델의 유의성 검정, 종속변수 Y의 예측, 범주적 독립변수 등에 대해서 설명하기로 한다.

S·E·C·T·I·O·N 14.1

다중선형회귀모델

EXCEL STATISTICS 다중선형회귀모델

두 개의 독립변수를 사용하여 종속변수의 변동을 설명하거나 예측하기 위해서는 다중선형모델을 사용해야 하는데 이의 형태는 다음과 같다.

TIP

모집단 다중선형회귀모델

$$Y_i = \alpha + \beta_1 X_{1i} + \beta_2 X_{2i} + \varepsilon_i \qquad (14.1)$$

식(14.1)에서 확정적 부분은 $\alpha + \beta_1 X_{1i} + \beta_2 X_{2i}$이며 오차항 ε_i는 확정적 부분으로부터의 변동을 나타낸다. 또한 식(14.1)에서 α는 Y축의 절편, β_1은 종속변수 Y와 독립변수 X_1 사이의 선형관계의 기울기, β_2는 종속변수 Y와 독립변수 X_2 사이의 선형관계의 기울기를 나타낸다. 변수들에 하위부호 i를 사용하는 것은 모집단에서 이들 변수들의 i번째 관측치를 나타내기 위함이다. 식(14.1)을 모집단 다중선형회귀식으로 표현하면 다음과 같다.

TIP

모집단 다중선형회귀식

$$E(Y_i | X_{1i}, X_{2i}) = \alpha + \beta_1 X_{1i} + \beta_2 X_{2i} \qquad (14.2)$$

식(14.2)에서 β_1, β_2는 편회귀계수(partial regression coefficient)라고 하는데 이는

그림 14-1 독립변수 두 개의 다중선형회귀모델

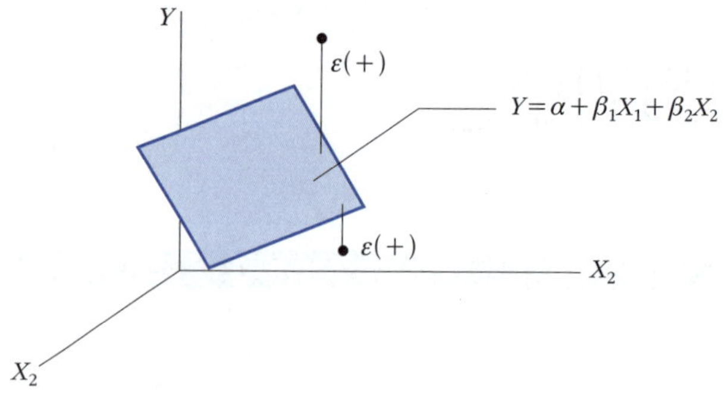

다른 모든 변수의 영향이 일정하다고 가정하고 각 독립변수가 종속변수에 미치는 부분적인 영향을 나타낸다. 예를 들어 $\beta_1=1.5$라고 하면 이는 다른 모든 변수의 영향이 일정하다고 할 때 독립변수 X_1의 한 단위 증가가 종속변수 Y의 평균 1.5단위 증가를 초래함을 의미한다. 편회귀계수의 값은 독립변수 X를 측정하는 단위의 선택에 영향을 받기 때문에 β_1의 값이 β_2의 값보다 크다고 해서 종속변수 Y의 값을 결정함에 있어 독립변수 X_1이 다른 독립변수 X_2보다 더욱 중요하다는 것을 의미하지는 않는다.

모집단 모델이 두 개의 독립변수 X_1과 X_2를 포함한다면 확정적 부문은 [그림 14-1]과 같이 평면이 된다. 따라서 이 모델의 사용은 종속변수 Y값들이 두 독립변수 X_1과 X_2의 특정 값들이 주어질 때 평균적으로 이 평면에 놓이게 됨을 전제로 한다.

모집단 다중선형회귀식의 모수 등을 추정하기 위해서는 표본을 사용해야 하는데 두 개의 독립변수인 경우 다중표본선형회귀모델과 다중표본회귀식의 형태는 각각 다음과 같다.

$$\hat{Y}_i=a+b_1X_{1i}+b_2X_{2i}+e_i \tag{14.3}$$

$$\hat{Y}_i=a+b_1X_{1i}+b_2X_{2i} \tag{14.4}$$

식(14.3)과 식(14.4)에서 $\hat{Y}_i$은 $E(Y_i|X_{1i}, X_{2i})$의 추정치이며 a_1, b_1, b_2는 각각 α, β_1, β_2의 추정치이다.

EXCEL STATISTICS

다중회귀모델의 가정

최소제곱법은 단순히 데이터에 적합한 직선을 구하는 기법이기 때문에 모집단에 대하여 어떤 가정을 할 필요는 없다. 그러나 최소제곱법에 의해 추정된 표본회귀선의 통계적 추정 및 검정을 위해서는 모집단 회귀모델의 오차항에 대한 가정을 할 필요는 있다.

다중회귀분석에 필요한 가정은 제13장 단순선형회귀분석에서 설정한 가정 외에 추가로 두 개의 가정이 있다.

- 한 독립변수가 다른 어떤 독립변수와 정확히 1차함수 관계에 있어서는 안 된다. 다시 말하면, 한 독립변수가 다른 독립변수의 정확한 배수가 되어서는 안 된다. 즉 독립변수 간 상관계수의 값이 ± 1이 되어서는 안된다는 것을 의미한다. 만일 두 독립변수가 정확히 1차함수 관계에 있으면 종속변수의 변동을 설명하는 데 필요한 정보는 이 중 한 개의 독립변수 값만 있으면 충분하기 때문이다.
  그러나 두 개의 독립변수가 정확히 1차함수 관계는 아니더라도 상관관계가 ± 1에 거의 근접하면 최소제곱법의 적용이 어려워지고 다중공선성(multicollinearity)의 문제가 발생하게 된다.
- 관측치의 수(n)는 독립변수의 수(k)보다 적어도 두 개 이상 많아야 한다. 즉 $n \geq k+2$가 성립해야 한다. 다중회귀선에서 추정해야 할 모수는 $(k+1)$개이므로 자유도의 수는 $n-(k+1)$이 된다. 그런데 자유도는 적어도 1 이상이어야 하기 때문에

  $$n-(k+1) \geq 1$$
  $$n \geq k+2$$

  가 성립한다. 따라서 독립변수가 두 개인 모델을 이용하기 위해서는 관측치의 수는 적어도 네 개 이상이어야 한다.

S·E·C·T·I·O·N 14.2

최소제곱법

모집단 다중회귀식의 모수를 추정하기 위해서는 표본 데이터에 가장 잘 적합하는 표본회귀선을 찾기 위하여 최소제곱법을 적용한다. 최소제곱법은 제13장에서 공부한 바와 같이 잔차의 제곱합 $\Sigma(Y_i - \hat{Y}_i)^2$을 최소로 하는 표본회귀선의 a, b_1, b_2를 구하는 방법이다. 잔차의 제곱합은 다음과 같다.

$$\sum_{i=1}^{n} e_i^2 = \sum_{i=1}^{n} (Y_i - \hat{Y}_i)^2 = \sum_{i=1}^{n} (Y_i - a - b_1 X_{1i} - b_2 X_{2i}) \qquad (14.5)$$

식(14.5)를 최소화하기 위해서는 각 미지수인 a, b_1, b_2에 대해 1차 편미분하고 이들을 0으로 놓고 얻은 정규방정식(normal equation)을 연립하여 풀면 다음과 같이 a, b_1, b_2의 값을 구할 수 있다.

$$b_1 = \frac{\sum x_{2i}^2 \sum y_i x_{1i} - \sum x_{1i} x_{2i} \sum y_i x_{2i}}{\sum x_{1i}^2 \sum x_{2i}^2 - (\sum x_{1i} x_{2i})^2}$$

$$b_2 = \frac{\sum x_{1i}^2 \sum y_i x_{2i} - \sum x_{1i} x_{2i} \sum y_i x_{1i}}{\sum x_{1i}^2 \sum x_{2i}^2 - (\sum x_{1i} x_{2i})^2}$$

$$a = \bar{Y} - b_1 \bar{X}_1 - b_2 \bar{X}_2$$

예제 14-1 어떤 제품의 판매액(Y)과 광고비(X_1) 및 시장점유율(X_2)에 관한 표본 데이터가 다음과 같다. 다중표본회귀식을 구하라.

(단위 : 천만 원)

판매액	광고비	시장점유율(%)
9.0	3.1	22.0
8.2	2.6	20.8
11.6	2.8	27.1
7.9	4.3	14.4
10.9	4.5	13.2
11.1	5.5	18.9
9.2	4.6	16.7
8.3	4.1	17.3
12.6	4.0	32.2
10.8	4.3	26.2

풀이

Y_i	X_{1i}	X_{2i}	Y_i	X_{1i}	X_{2i}	X_{1i}^2	X_{2i}^2	$X_{1i}X_{2i}$	$X_{1i}Y_i$	$X_{2i}Y_i$
9.0	3.1	22.8	−0.96	−0.88	1.12	0.7744	1.2544	−0.9856	0.8448	−1.0752
8.2	2.6	20.8	−1.76	−1.38	−0.08	1.9044	0.0064	0.1104	2.4288	0.1408
11.6	2.8	27.1	1.64	−1.18	6.22	1.3924	38.6884	−7.3396	−1.9352	10.2008
7.9	4.3	14.4	−2.06	0.32	−6.48	0.1024	41.9904	−2.0736	−0.6592	13.3488
10.9	4.5	13.2	0.94	0.52	−7.68	0.2704	58.9824	−3.9936	0.4888	−7.2192
11.1	5.5	18.9	1.14	1.52	−1.98	2.3104	3.9024	−3.0096	1.7328	−2.2572
9.2	4.6	16.7	−0.76	0.62	−4.18	0.3844	17.4724	−2.5916	−0.4712	3.1768
8.3	4.1	17.3	−1.66	0.12	−3.58	0.0144	12.8164	−0.4296	−0.1992	5.9428
12.6	4	32.2	2.64	0.02	11.32	0.0004	128.142	40.2264	0.0528	29.8848
10.8	4.3	26.2	0.84	0.32	5.32	0.1024	28.3024	1.7023	0.2688	4.4688
99.6	39.8	208.8	0.00	0.00	0.00	7.2560	331.5760	−18.3840	2.5520	56.6120

$\overline{Y}=9.96 \qquad \overline{X}_1=3.98 \qquad \overline{X}_2=20.88$

$$b_1=\frac{\sum x_{2i}^2\sum y_i x_{1i}-\sum x_{1i}x_{2i}\sum y_i x_{2i}}{\sum x_{1i}^2\sum x_{2i}^2-(\sum x_{1i}x_{2i})^2}=\frac{331.5760(2.5520)-(-18.3840)(56.6120)}{7.2560(331.5760)-(-18.3840)^2}$$

$$=0.91247$$

$$b_2=\frac{\sum x_{1i}^2\sum y_i x_{2i}-\sum x_{1i}x_{2i}\sum y_i x_{1i}}{\sum x_{1i}^2\sum x_{2i}^2-(\sum x_{1i}x_{2i})^2}=\frac{7.2560(56.6120)-(-18.3840)(2.5520)}{7.2560(331.5760)-(-18.3840)^2}$$

$$=0.22133$$

$$a=\overline{Y}-b_1\overline{X}_1-b_2\overline{X}_2=9.96-0.91247(3.98)-0.22133(20.88)=1.707$$

$$\hat{Y}_i=1.707+0.91247X_{1i}+0.22133X_{2i}$$

■ Excel 활용

① 데이터를 입력하고 「데이터」-「데이터 분석」-「회귀분석」을 차례로 선택한 후 「확인」을 클릭한다.

② 다음과 같이 입력한다.

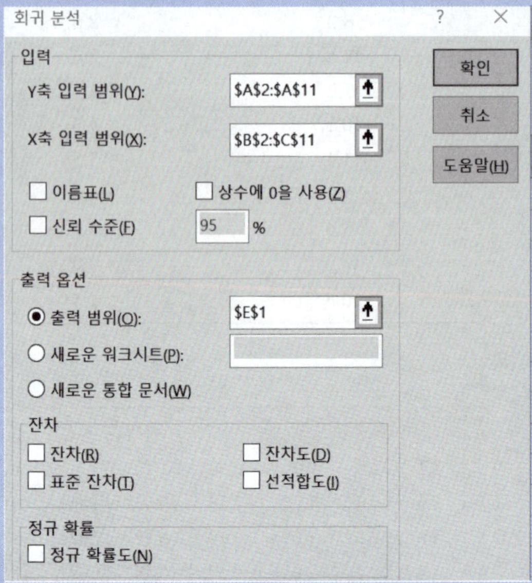

③ 「확인」을 클릭하면 다음과 같은 결과를 얻는다.

	A	B	C	D	E	F	G	H	I	J	K	L	M
1	판매액	광고비	시장점유율		요약 출력								
2	9	3.1	22										
3	8.2	2.6	20.8		회귀분석 통계량								
4	11.6	2.8	27.1		다중 상관	0.784479							
5	7.9	4.3	14.4		결정계수	0.615408							
6	10.9	4.5	13.2		조정된 결	0.505525							
7	11.1	5.5	18.9		표준 오차	1.151743							
8	9.2	4.6	16.7		관측수	10							
9	8.3	4.1	17.3										
10	12.6	4	32.2		분산 분석								
11	10.8	4.3	26.2			자유도	제곱합	제곱 평균	F 비	유의한 F			
12					회귀	2	14.85841	7.429205	5.600552	0.035278			
13					잔차	7	9.28559	1.326513					
14					총변동	9	24.144						
15													
16						계수	표준 오차	t 통계량	P-값	하위 95%	상위 95%	하위 95.0%	상위 95.0%
17					Y 절편	1.707053	2.736977	0.6237	0.552598	-4.76487	8.178976	-4.76487	8.178976
18					X 1	0.91247	0.461188	1.978521	0.088374	-0.17807	2.003006	-0.17807	2.003006
19					X 2	0.221327	0.068224	3.244144	0.014172	0.060004	0.382651	0.060004	0.382651

S·E·C·T·I·O·N 14.3

다중표본회귀식의 적합도 검정

우리는 제13장에서 표본회귀선의 적합도 검정에 대해서 공부하였다. 적합도란 표본 데이터를 이용하여 최소제곱법으로 도출한 표본회귀선이 그 표본 데이터를 얼마나 잘 대표하고 있는가 하는 정도를 말하는데 이를 측정하는 기법에는 추정치의 표준오차와 결정계수가 있다.

본장에서도 도출된 다중표본회귀식이 표본 데이터를 잘 나타내고 있는지 적합도 검정(goodness-of-fit-test)을 실시하고자 한다.

EXCEL STATISTICS 추정치의 표준오차

단순선형회귀분석에서와 같이 다중표본회귀선이 표본 데이터에 잘 적합한가를 평가하기 위해서는 추정치의 표준오차(standard error of estimate)와 결정계수(coefficient determination)가 이용된다.

추정치의 표준오차는 표본회귀선의 예측의 정확도를 평가하는 데 이용된다. 이는 단순회귀선 $\hat{Y}=a+bX$의 주위로 종속변수 Y_i 값들이 흩어진 정도(dispersion)를 측정하는 것처럼 다중회귀선 $\hat{Y}=a+b_1X_1+b_2X_2$ 주위로 종속변수 Y_i 값들이 흩어진 정도를 측정한다.

단순회귀선과 같이 다중회귀선도 종속변수 Y의 총변동을 설명된 변동과 설명 안 된 변동으로 구분하는 데 이용된다.

총제곱합 = 회귀제곱합 + 오차제곱합 (14.6)

$$\sum_{i=1}^{n}(Y_i-\bar{Y})^2=\sum(\hat{Y}_i-\bar{Y})^2+\sum(Y_i-\hat{Y}_i)^2$$

$$SST \quad = \quad SSR \quad + \quad SSE$$

오차제곱합의 정의를 이용하면 추정치의 표준오차 Se는 다음과 같이 구한다.

$$S_e=\sqrt{\frac{SSE}{n-k-1}}=\sqrt{\frac{\sum(Y_i-\hat{Y}_i)^2}{n-k-1}} \quad (14.7)$$

식(14.7)에서 $(n-k-1)$은 자유도를 말한다. 여기서 n은 표본크기, k는 독립변수의 수를 의미한다. 따라서 단순회귀분석에서는 자유도가 $(n-2)$이었지만 독립변수가 두 개인 다중회귀분석에서는 자유도가 $(n-3)$이 된다.

예제 14-2 [예제 14-1]의 데이터를 사용하여 추정치의 표준오차를 구하라.

풀이

Y_i	$\hat{Y}_i$	e_i	e_i^2
9	9.4049	-0.4049	0.1640
8.2	8.6831	-0.4831	0.2334
11.6	10.2600	1.3400	1.7957
7.9	8.8178	-0.9178	0.8423
10.9	8.7347	2.1653	4.6887
11.1	10.9087	0.1913	0.0366
9.2	9.6006	-0.4006	0.1605
8.3	9.2771	−0.9771	0.9548
12.6	12.4837	0.1163	0.0135
10.8	11.4295	−0.6295	0.3962
			9.2856

$$S_e=\sqrt{\frac{\sum e_i^2}{n-k-1}}=\sqrt{\frac{9.2856}{10-2-1}}=1.152$$

EXCEL STATISTICS
결정계수

식(14.6)을 이용하여 다중회귀선의 적합도를 판정하기 위한 결정계수 R^2을 다음과 같이 정의할 수 있다.

$$R^2 = \frac{\sum(\hat{Y}_i - \bar{Y})^2}{\sum(Y_i - \bar{Y})^2} = \frac{Y\text{의 설명된 변동}(SSR)}{Y\text{의 총변동}(SST)}$$
$$= 1 - \frac{SSE}{SST} \quad (14.8)$$

결정계수 R^2에 의해 표본회귀선의 적합도를 평가함에 있어서 다중회귀분석의 경우에는 자유도를 고려할 필요가 있다. 식(14.8)에서 독립변수의 수가 증가할수록 Σe_i^2이 감소하여 결국 결정계수 R^2은 증가하게 된다. 독립변수가 증가함에 따라 증가하는 결정계수 R^2을 독립변수의 수와 자유도(표본크기)로 조정할 때 결정계수 $\bar{R}^2$은 적합도 판정기준으로 사용될 수 있다.

이와 같이 조정 결정계수(adjusted coefficient of determination)는 단순한 변동량 대신에 자유도를 감안한 분산 개념을 사용한다.

$$\bar{R}^2 = \frac{\sum e_i^2/(n-k-1)}{\sum(Y_i - \bar{Y})^2/(n-1)} = 1 - \frac{\text{분산}(e_i)}{\text{분산}(Y_i)}$$
$$= 1 - \left[(1-R^2)\left(\frac{n-1}{n-k-1}\right)\right]$$

예제 14-3 [예제 14-1]의 데이터를 사용하여

① 결정계수와 조정 결정계수를 구하라.

② 분산분석표를 작성하라.

풀이

Y_i	$\hat{Y}_i$	$Y_i - Y$	$(Y_iY)^2$	$\hat{Y}_i - Y$	$(Y_i - Y)^2$
9.0	9.4049	−0.96	0.9216	−0.5551	0.3081
8.2	8.6831	−1.76	3.0976	−1.2769	1.6305
11.6	10.2600	1.64	2.6896	0.3000	0.0900
7.9	8.8178	−2.06	4.2436	−1.1422	1.3047
10.9	8.7347	0.94	0.8836	−1.2253	1.5014
11.1	10.9087	1.14	1.2996	0.9487	0.9001
9.2	9.6006	−0.76	0.5776	−0.3594	0.1292
8.3	9.2771	−1.66	2.7556	−0.6829	0.4663
12.6	12.4837	2.64	6.9696	2.5237	6.3691
10.8	11.4295	0.84	0.7056	1.4695	2.1593
99.6			24.1440		14.8587

① $R^2 = \dfrac{\sum(\hat{Y}_i - \bar{Y})^2}{\sum(Y_i - \bar{Y})^2} = \dfrac{14.8587}{24.1440} = 0.615$

$\bar{R}^2 = 1 - \dfrac{\sum e_i^2/(n-k-1)}{\sum(Y_i - \bar{Y})^2/(n-1)} = 1 - \dfrac{9.2856/7}{24.1440/9} = 0.506$ 또는

$= 1 - \left[(1 - R^2)\left(\dfrac{n-1}{n-k-1}\right)\right]$

$= 1 - \left[(1 - 0.615)\dfrac{9}{7}\right]$

$= 0.505$

②

변동의 원천	제 곱 합	자 유 도	평균제곱	F비
회 귀	14.8587	2	7.4294	5.60
잔 차	9.2856	7	1.3265	
총 변 동	24.1443	9		

S·E·C·T·I·O·N 14.4

다중회귀모델에 대한 유의성 검정

표본 데이터를 사용하여 회귀모델을 예측한 후에는 다중회귀식의 종속변수 Y가 독립변수 X_1과 X_2에 1차함수적 관계를 맺고 있는지를 밝힐 필요가 있다. 이러한 유의성 검정(significance test)을 위해서는 전체 회귀계수가 또는 개별 회귀계수가 0이 아닌지 검정해야 한다.

단순선형회귀모델에 있어서 t검정과 F검정은 동일한 결론을 제공하였다. 즉 귀무가설 $\beta=0$이 기각되면 대립가설 $\beta\neq0$을 채택하였다. 그러나 다중회귀모델에 있어서는 t검정과 F검정의 목적이 서로 다르다. 즉 개별 회귀계수를 검정하기 위해서는 t통계량이 이용되고 모델 전체의 회귀계수들을 한 번에 검정하기 위해서는 F통계량이 이용된다.

만일 먼저 시작하는 F검정의 결과 유의한 관계가 아니라면 개별 검정을 할 필요도 없고 모델을 버리든지 아니면 수정을 해야 한다. 만일 회귀모델에서 독립변수들이 종속변수에 끼치는 영향의 유의성(선형관계)을 밝혀내면 어떤 회귀계수가 유의한지 t검정을 통하여 개별 검정을 실시해야 한다.

EXCEL STATISTICS F검정

다중회귀분석에서 종속변수와 독립변수들 간에 아무런 선형관계가 없는지를 밝히기 위하여 실시하는 전체적인 F검정(F test)에서는 귀무가설과 대립가설을 다음과 같이 설정한다.

$H_0 : \beta_1 = \beta_2 = 0$

H_1 : 적어도 하나는 0이 아니다.

이 검정은 독립변수 전체가 종속변수를 설명하는 데 유의한가를 평가하고자 하는 전체 검정(global test)이다. 만일 귀무가설 H_0가 기각되면 하나 또는 두 개의 모수가 0이 아니기 때문에 종속변수 Y와 독립변수 X_1과 X_2 사이의 전반적 관계는 유의하다는 통계적 증거를 갖게 된다. 만일 귀무가설이 사실이면 SSE는 상대적으로 크고 SSR은 상대적으로 작다고 할 수 있다. SSE와 SSR을 그의 자유도로 나누면 평균제곱이 구해진다. 그러면 설명 안 된 평균제곱(MSE)에 대한 설명된 평균제곱(SSR)의 비율은 F분포를 따른다.

여기서 SSE와 관련된 자유도는 모수 $(k+1)$개가 추정되므로 $n-(k+1)$이 되고 SSR과 관련된 자유도는 독립변수의 수 k와 같다. 다중회귀모델의 F검정을 위한 분산분석표는 [표 14-1]과 같이 정리할 수 있다.

$$MSR = \frac{SSR}{k}$$

$$MSE = \frac{SSE}{n-(k+1)}$$

귀무가설을 검정할 F통계량은 k(분자)와 $(n-k-1)$(분모)의 자유도로 F분포를 따르는 F비$=\frac{MSR}{MSE}$의 비율로 결정된다.

따라서 다중회귀모델의 모든 모수에 대한 F검정은 다음과 같이 실시한다.

표 14-1 분산분석표

변동의 원천	제곱합	자유도	평균제곱	F비
회귀	$SSR = \sum_{i=1}^{n}(\hat{Y}_i - \bar{Y})^2$	k	MSR	$\frac{MSR}{MSE}$
오차	$SSE = \sum_{i=1}^{n}(Y_i - \hat{Y}_i)^2$	$n-(k+1)$	MSE	
총변동	$SST = \sum_{i=1}^{n}(Y_i - \bar{Y})^2$	$n-1$		

H_0 : $\beta_1=\beta_2=0$

H_1 : 적어도 하나는 0이 아니다.

만일 $\dfrac{SSR/k}{SSE/(n-k-1)} > F_{k,n-k-1,\alpha}$ 이면 H_0를 기각

만일 p값 $<\alpha$이면 H_0를 기각

예제 14-4 [예 14-1]의 데이터를 사용하여 유의수준 5%로 다음 가설을 F 검정하라.

H_0 : $\beta_1=\beta_2=0$

H_1 : 적어도 하나는 0이 아니다.

풀이

$F_{2,7,0.05}=4.74$

만일 F비 >4.74이면 H_0를 기각

$$F\text{비}=\frac{SSR/k}{SSE/(n-k-1)}=\frac{14.8587/2}{9.2856/7}=5.60$$

F비 $=5.60>F_{2,\,7,\,0.05}=4.74$이므로 H_0를 기각한다. 적어도 하나의 회귀계수는 0이 아니다. 컴퓨터 출력 결과 유의한 $F=0.0353<\alpha=0.05$이므로 H_0를 기각한다. 모집단 속에 독립변수와 종속변수 간에 선형관계가 성립한다.

종속변수 Y와 독립변수 X_1과 X_2 사이에 유의한 관계가 있는지 F검정을 할 때 p값은 표본크기 n이 증가할수록 감소하여 관계가 없다고 하는 귀무가설을 기각할 가능성은 높아진다.

EXCEL STATISTICS t검정

F검정의 결과 다중회귀모델이 성립하면 회귀모델의 두 개 계수 β_i의 각각에 대한 유의성을 검정하기 위하여 개별적인 t검정(t test)을 실시할 수 있다. 이는 제13장에서 공부한 단순회귀분석에서 기울기 β를 검정한 것과 같다. 귀무가설은 H_0 : $\beta_i=0$이 되는데 이는 다른 독립변수의 영향이 일정하다고 전제할 때 독립변

수 X_i가 종속변수 Y와 선형관계를 갖지 않음을 의미한다. 귀무가설을 검정할 통계량은 자유도 $(n-k-1)$인 t분포를 따른다.

$$t_{n-k-1} = \frac{b_i - 0}{S_{bi}} \tag{14.9}$$

식(14.9)에서 b_i는 표본회귀식에 포함된 독립변수 X_i의 기울기이며 S_{bi}는 회귀계수 b_i의 추정된 표준오차이다. 독립변수가 두 개인 다중회귀분석에서 b_1과 b_2의 추정된 표준오차는 다음과 같이 구한다.

TIP

b_1, b_2의 추정 표준오차

$$S_{b1} = \sqrt{S_e^2 \sum X_{2i}^2 / [\sum X_{1i}^2 \sum X_{2i}^2 - (\sum X_{1i} X_{2i})^2]}$$

$$S_{b2} = \sqrt{S_e^2 \sum X_{1i}^2 / [\sum X_{1i}^2 \sum X_{2i}^2 - (\sum X_{1i} X_{2i})^2]}$$

여기서

$X_{1i} = X_{1i} - X_1$

$X_{2i} = X_{2i} - X_2$

개별 모수 β_i에 대한 t검정은 단측검정도 가능하지만 본서에서는 양측검정의 경우만 공부하기로 한다.

다중회귀모델의 개별 모수 β_i에 대한 t검정은 다음과 같이 실시한다.

$H_0 : \beta_i = 0$

$H_1 : \beta_i \neq 0$

만일 $\frac{b_i}{S_{bi}} > t_{n-k-1, \frac{\alpha}{2}}$ 또는 $\frac{b_i}{S_{bi}} < -t_{n-k-1, \frac{\alpha}{2}}$이면 H_0를 기각

만일 p값$<\alpha$이면 H_0를 기각

예제 14-5 [예제 14-1]의 데이터를 사용하여 유의수준 5%로 β_1과 β_2에 대해 t 검정을 실시하라.

풀이

β_1에 대한 가설검정

$H_0 : \beta_1 = 0$

$H_1 : \beta_1 \neq 0$

$t_{n-k-1, \frac{\alpha}{2}} = t_{7, 0.025} = 2.365$

기각영역 $t < -2.365$ 또는 $t > 2.365$

$$S_{b1} = \sqrt{S_e^2 \sum X_{2i}^2 / [\sum X_{1i}^2 \sum X_{2i}^2 - (\sum X_{1i} X_{2i})^2]}$$

$$= \sqrt{1.152^2(331.576)/(7.256)(331.576) - (-18.384)^2}$$

$$= 0.4613$$

$$t = \frac{b_1}{S_{b1}} = \frac{0.91247}{0.4613} = 1.978$$

$t = 1.978 < t_{7, 0.025} = 2.365$이므로 H_0를 기각할 수 없다. 독립변수 X_1은 종속변수 Y와 유의하게 관련되어 있지 않다. 컴퓨터 출력결과 p값$=0.08837 > \alpha = 0.05$이므로 H_0를 기각할 수 없다. 즉 X_1이 Y의 변동을 설명할 수 있는 능력이 없다.

β_2에 대한 가설검정

$H_0 : \beta_2 = 0$

$H_1 : \beta_2 \neq 0$

$t_{7, 0.025} = 2.365$

$$S_{b2} = \sqrt{S_e^2 \sum X_{1i}^2 / [\sum X_{1i}^2 \sum X_{2i}^2 - (\sum X_{1i} X_{2i})^2]}$$

$$= \sqrt{1.152^2(331.576)/(7.256)(331.576) - (-18.384)^2}$$

$$= 0.4613$$

$$t = \frac{b_2}{S_{b2}} = \frac{0.2213}{0.0682} = 3.244$$

$t = 3.244 < t_{7, 0.025} = 2.365$이므로 H_0를 기각한다. 컴퓨터 출력결과 p값$=0.01417 < \alpha = 0.05$이므로 H_0를 기각한다. 독립변수 X_2는 종속변수 Y와 선형관계이다.

종속변수와 개별 독립변수 사이에 유의한 관계가 있는지 t검정을 할 때 p값은 표본크기가 증가할수록 감소한다. 따라서 유의한 관계가 없다고 하는 귀무가설을 기각할 가능성은 높아진다.

S·E·C·T·I·O·N 14.5

다중공선성

다중회귀분석에서는 앞절에서 공부한 바와 같이 다중회귀모델에 포함되는 여러 개의 독립변수들은 서로 독립적이라서 상관관계가 성립해서는 안 된다는 가정이 필요하다. 그런데 상관계수가 매우 높은 독립변수들이 동시에 다중회귀모델에 포함되는 경우가 발생하는데 이를 다중공선성(multicollinearity)이라고 한다.

다중공선성의 존재는 독립변수와 종속변수의 관계를 설명하고자 할 때 특정 변수에 대한 효과를 제대로 측정할 수 없기 때문에 꼭 해결해야 한다. 만일 두 독립변수 간 완벽한 다중공선성이 존재한다면(상관계수가 ±1이라면) 같은 변수가 두 번 사용하게 되어 최소제곱법을 사용하기가 어렵게 된다. 완벽하지는 않더라도 다중공선성이 높다면 회귀계수의 표준오차가 비정상적으로 크게 되는 현상이 발생하여 추정치의 신뢰성이 떨어지게 된다. 회귀계수의 유의성은 (회귀계수/표준오차)로 계산하는 t값에 의해 결정되는데 다중공선성으로 인해 표준오차가 비정상적으로 커지게 되고 t값은 자연히 작아지게 된다. 이는 p값이 유의해지지 않아 유의해야 할 독립변수가 유의하지 않게 되어 회귀계수(β) 값을 제대로 측정하지 못하는 문제점을 야기하게 된다.

일반적으로 두 독립변수 간 표본 상관계수가 ±0.7을 넘으면 다중공선성이 존재한다고 한다. 다중공선성을 제거하기 위해서는 보통 종속변수에의 영향력이 적은 하나의 독립변수를 버리는 것이다.

S·E·C·T·I·O·N 14.6

종속변수 Y의 예측

표본 데이터에 최소제곱법을 적용하여 구한 표본회귀선이 적합도 검정과 유의성 검정에서 적절한 추정식이라고 평가를 받으면 이 회귀선을 이용하여 임의의 독립변수 X값들에 대응하는 종속변수 Y의 값을 예측할 수 있다. 제13장에서 공부한 바와 같이 예측을 함에 있어서 독립변수의 값들이 주어질 때 종속변수의 평균(mean value)을 대상으로 할 수도 있고 종속변수의 실제 개별치(individual value)를 대상으로 할 수도 있다. 그러나 본서에서는 종속변수 Y의 실제 개별치를 대상으로 점추정과 예측구간을 구하는 문제만 공부하도록 하겠다.

점추정치는 다음과 같이 도출된 다중표본회귀식에 임의로 정해지는 독립변수의 값을 대입하면 된다.

$$\hat{Y}_i = a + b_1 X_{1i} + b_2 X_{2i}$$

점추정치가 구해지면 이를 이용한 종속변수 Y의 예측구간을 설정할 수 있다. 이의 공식은 매우 복잡하여 보통 컴퓨터 패키지를 이용하게 된다.

TIP

종속변수 Y에 대한 100(1−α)% 예측구간

$$\hat{Y}_i \pm t_{n-k-1, \frac{\alpha}{2}} S_2$$

여기서

$$S_2^2 = S_e^2 \left[1 + \frac{1}{n} + \frac{(X_{1i} - \bar{X}_1)^2}{(1 - r^2)\sum X_{1i}^2} + \frac{(X_{2i} - \bar{X}_2)^2}{(1 - r^2)\sum X_{2i}^2} - \frac{2r(X_{1i} - \bar{X}_1)(X_{2i} - \bar{X}_2)^2}{(1 - r^2)\sum X_{2i}^2 \sqrt{\sum X_{1i}^2 \sum X_{2i}^2}} \right]$$

여기서

$$r = \frac{2r\sum X_{1i} X_{2i}}{\sqrt{\sum X_{1i}^2}\sqrt{\sum X_{2i}^2}}$$ = 두 변수 X_{1i}와 X_{2i} 사이의 상관계수

예제 14-6 [예제 14-1]의 데이터를 이용하여 $X_1=5$, $X_2=20$일 때 개별 판매액의 95% 예측구간을 구하여라

풀이

$\hat{Y}=1.707+0.91247(5)+0.22133(20)$

$=10.70$

$(X_{1i}-\bar{X}_1)^2=(5-3.98)^2=1.0404$

$(X_{2i}-\bar{X}_2)^2=(20-20.88)^2=0.7744$

$S_e{}^2=1.152^2=1.3271$

$\Sigma X_{1i}{}^2=7.256$

$\Sigma X_{2i}{}^2=331.576$

$\Sigma X_{1i}{}^2 \Sigma X_{2i}{}^2=18.384$

$$r=\frac{\sum X_{1i}X_{2i}}{\sqrt{\sum X_{1i}^2}\sqrt{\sum X_{2i}^2}}=\frac{-18.384}{\sqrt{(7.256)(331.576)}}=-0.3748$$

$r^2=0.1405$

$$S_2^2=S_e^2\left[1+\frac{1}{n}+\frac{(X_{1i}-\bar{X}_1)^2}{(1-r^2)\sum X_{1i}{}^2}+\frac{(X_{2i}-\bar{X}_2)^2}{(1-r^2)\sum X_{2i}{}^2}-\frac{2r(X_{1i}-\bar{X}_1)(X_{2i}-\bar{X}_2)^2}{(1-r^2)\sum X_{2i}{}^2\sqrt{\sum X_{1i}^2 \sum X_{2i}^2}}\right]$$

$$=1.3271\left[1+\frac{1}{10}+\frac{1.0404}{0.8595(7.256)}+\frac{0.7744}{0.8595(331.576)}\right]$$

$$-\frac{2(-0.3748)(1.02)(-0.88)}{0.8595\sqrt{7.256}\sqrt{331.576}}=1.6635$$

$10.70\pm2.365\sqrt{1.6633}=10.70\pm3.05=7.65\sim13.75$

종속변수 Y의 실제 개별치에 대한 예측구간은 표본크기가 증가할수록 더욱 좁아진다.

빅데이터와 다중회귀분석의 가설검정 관계

EXCEL STATISTICS

앞장에서 공부한 빅데이터와 단순선형 회귀분석과의 관계가 다중회귀분석의 경우에도 확대 적용될 수 있다.

표본크기가 증가할수록

- F검정과 t검정을 위해서 사용되는 p값은 감소한다.
- 각 개별 독립변수와 관련된 기울기 모수의 신뢰구간은 좁아진다.
- Y의 기대값에 대한 신뢰구간은 좁아진다.
- 개별치 Y의 예측구간은 좁아진다.

심각한 다중공선성이 존재한다고 하더라도 표본이 충분히 거대하면 상관관계가 깊은 독립변수들은 종속변수와 유의한 관계를 갖게 된다. 물론 표본추출 시 랜덤 표본을 추출함으로써 비표본오차가 존재하지 않도록 신경을 써야 한다.

S·E·C·T·I·O·N 14.7

범주적 독립변수

회귀모델에 성별, 지불방법, 대학교 졸업 여부 등 범주적 독립변수(categorical independent variable)를 포함해야 하는 경우에는 이러한 범주변수를 더미변수로 표현해야 한다.

더미변수(dummy variable)란 0 또는 1의 값만 갖는 변수를 말한다. 예컨대 남자의 경우에는 0이라 하면 여자의 경우에는 1이 된다. 더미변수가 종속변수에 미치는 영향을 분석하는 것이 목적이다.

다음은 어느 회사의 남·녀 직원 각 다섯 명씩의 경력기간(단위 : 연)에 따른 연봉(단위 : 억 원)을 조사한 데이터이다.

연봉	경력기간	남자=0 여자=1
2.8	2	1
3	6	0
4.8	7	1
1.8	3	0
2.9	2	1
4.9	7	1
4.2	9	0
4.8	8	0
4.4	5	1
4.5	6	0

연봉은 종속변수로서 독립변수인 경력기간과 성별에 영향을 받고 있다.

연봉을 Y라 하고 경력기간을 X_1이라고 하면 X_1만을 사용해서 Y를 예측하려는 회귀모델은 다음과 같다.

$$Y=\alpha+\beta_1 X_1+\varepsilon$$

Excel을 사용해서 구한 추정 회귀식은 다음과 같다.

$$\hat{Y}=1.9582+0.3367X_1$$

유의수준 5%일때 F검정과 관련한 p값$=0.0106$이므로 경력기간은 연봉에 상당히 관련되어 있으며 $R^2=0.5791$로서 경력기간이 연봉 변동의 57.91%를 설명하고 있다.

	A	B	C	D	E	F	G	H	I	J	K	L	M
1	14장 7 본문 1												
2													
3	연봉	경력기간	남=0, 여=1										
4	2.8	2	1		요약 출력								
5	3	6	0										
6	4.8	7	1		회귀분석 통계량								
7	1.8	3	0		다중 상관	0.760985							
8	2.9	2	1		결정계수	0.579098							
9	4.9	7	1		조정된 결	0.526485							
10	4.2	9	0		표준 오차	0.749217							
11	4.8	8	0		관측수	10							
12	4.4	5	1										
13	4.5	6	0		분산 분석								
14						자유도	제곱합	제곱 평균	F 비	유의한 F			
15					회귀	1	6.178394	6.178394	11.00679	0.010577			
16					잔차	8	4.490606	0.561326					
17					총변동	9	10.669						
18													
19						계수	표준 오차	t 통계량	P-값	하위 95%	상위 95%	하위 95.0%	상위 95.0%
20					Y 절편	1.958165	0.606378	3.229282	0.01207	0.559855	3.356475	0.559855	3.356475
21					X 1	0.336697	0.101487	3.317648	0.010577	0.102668	0.570726	0.102668	0.570726

회귀모델에 성별을 도입하기 위하여 더미변수를 다음과 같이 정의한다.

$$X_2 = \begin{cases} 0 & \text{남자 직원의 경우} \\ 1 & \text{여자 직원의 경우} \end{cases}$$

더미변수를 사용할 때 다중회귀모델은 다음과 같다.

$$Y = \alpha + \beta_1 X_1 + \beta_2 X_2 + \varepsilon$$

더미변수를 포함하는 표에 Excel을 활용하면 다음과 같은 다중회귀식을 얻는다.

$$\hat{Y} = 0.9428 + 0.4246X_1 + 1.0642X_2$$

유의수준 5%일 때 F검정(F비 = 14.4527)과 관련된 p값은 0.0033으로서 회귀식이 유의하다는 것을 알 수 있다. 한편 t검정의 결과 경력기간(p값 = 0.0011)도, 그리고 성별(p값 = 0.0247)도 통계적으로 유의함을 나타내고 있다. 그리고 $R^2 = 0.8050$, $\bar{R}^2 = 0.7493$으로서 추정 회귀식이 연봉의 변동을 잘 설명하고 있다.

	A	B	C	D	E	F	G	H	I	J	K	L	M
1						14장 7 본문 2							
2													
3	연봉	경력기간	남=0, 여=1										
4	2.8	2	1		요약 출력								
5	3	6	0										
6	4.8	7	1		회귀분석 통계량								
7	1.8	3	0		다중 상관:	0.897242							
8	2.9	2	1		결정계수	0.805043							
9	4.9	7	1		조정된 결	0.749342							
10	4.2	9	0		표준 오차	0.545107							
11	4.8	8	0		관측수	10							
12	4.4	5	1										
13	4.5	6	0		분산 분석								
14						자유도	제곱합	제곱 평균	F 비	유의한 F			
15					회귀	2	8.589009	4.294504	14.45272	0.003272			
16					잔차	7	2.079991	0.297142					
17					총변동	9	10.669						
18													
19						계수	표준 오차	t 통계량	P-값	하위 95%	상위 95%	하위 95.0%	상위 95.0%
20					Y 절편	0.942759	0.567215	1.662084	0.140449	-0.39849	2.284009	-0.39849	2.284009

위의 연봉문제에서 다중회귀식은 다음과 같다.

$$E(Y) = \alpha + \beta_1 X_1 + \beta_2 X_2$$

만일 $X_2 = 0$이라고 하면 다음과 같다.

$$E(Y|\text{남자}) = \alpha + \beta_1 X_1 \tag{14.10}$$

만일 $X_2 = 1$이라고 하면 다음과 같다.

$$E(Y|\text{여자}) = \alpha + \beta_1 X_1 + \beta_2 = (\alpha + \beta_2) + \beta_1 X_1 \tag{14.11}$$

위 식(14.10)과 (14.11)을 비교하면 평균연봉은 남자 직원이든 여자 직원이든 X_1(경력기간)에 선형함수임을 알 수 있다. 두 식에서 기울기는 β_1로서 같지만 Y의 절편은 다르다. β_2는 남자 직원의 평균연봉과 여자 직원의 평균연봉 사이의 차이를 말한다.

추정 다중회귀식 $\hat{Y} = 0.9428 + 0.4246X_1 + 1.0642X_2$에서
$X_2 = 0$이면 다음과 같다.

$$\hat{Y} = 0.9428 + 0.4246X_1$$

$X_2 = 1$이면 다음과 같다.

$$\hat{Y} = 2.007 + 0.4246X_1$$

이와 같이 남자 직원과 여자 직원의 연봉을 예측하는데 사용되는 추정 회귀식을 얻을 수 있다. 두 추정 회귀식의 기울기는 같지만 Y절편은 다르다. 이는 다음 그림에서 보는 바와 같다.

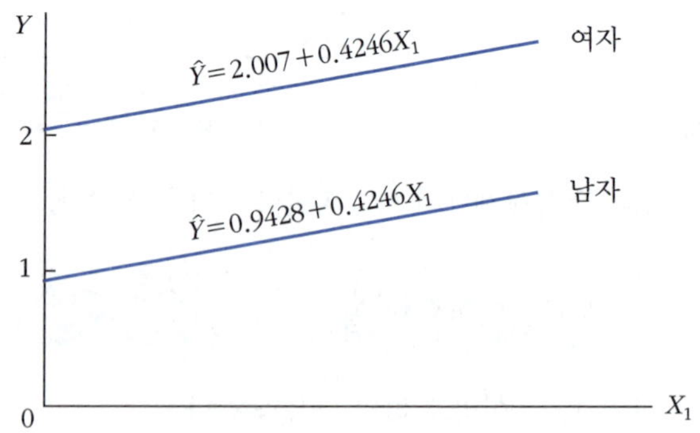

CHAPTER 14

연습문제

14/1 다음 데이터는 고급 빌라의 판매가격(단위 : 천만 원)과 이에 영향을 미치는 면적(m^2)과 땅값(단위 : 천만 원)에 관한 것이다.

	A	B	C
1	판매가격	면적	땅값
2	35	10	6
3	80	15	7
4	44	10	9
5	55	11	10
6	36	9	8

① 표본다중회귀선을 구하라.
② 추정치의 표준오차를 구하라.
③ 결정계수와 조정 결정계수를 구하라.
④ 분산분석표를 만들어라.
⑤ 다중회귀모델에 대한 F검정을 유의수준 5%로 실시하라.
⑥ 두 모수 β_1과 β_2의 값이 0인지 양측검정을 유의수준 5%로 실시하라.
⑦ $X_1 = 10$, $X_2 = 9$일 때 예상 판매가격에 대한 95% 예측구간을 구하라.

14/2 지난 달 말일의 여섯 개의 주가는 최근에 발표한 주당 배당소득과 과거의 배당소득 증가율에 관련이 있음이 분석되었다. 이들 데이터가 다음과 같을 때 물음에 답하라.

	A	B	C
1	주가	배당소득	증가율
2	10	1.5	3
3	18	2	10
4	22	2	8
5	30	2.5	6
6	30	3	10
7	40	7	-1

① 표본다중회귀선을 구하라.
② a, b_1, b_2 값의 의미를 설명하라.
③ 추정치의 표준오차를 구하라.
④ 결정계수와 조정 결정계수를 구하라.
⑤ 분산분석표를 만들어라.
⑥ 다중회귀모델에 대한 F검정을 유의수준 1%로 실시하라.
⑦ 두 모수 β_1과 β_2의 값이 0인지 양측검정을 유의수준 5%로 실시하라.
⑧ $X_1=3.50$, $X_2=5$일 때 예상 주가에 대한 95% 예측구간을 구하라.

14/3 다음은 아이스크림 가게에서 10일 동안 판매한 금액과 이에 영향을 미친 그의 가격과 온도에 대한 데이터이다.

	A	B	C
1	판매액	가격	온도
2	374	35	74
3	386	35	82
4	472	35	94
5	429	50	93
6	391	50	82
7	475	50	96
8	428	50	91
9	412	65	93
10	405	65	88
11	341	65	78

① 최소제곱법을 이용하여 표본회귀방정식을 구하라.
② 추정치의 표준오차를 구하라.
③ 결정계수를 구하라.
④ 조정 결정계수를 구하라.
⑤ 분산분석표를 만들어라.
⑥ 가설 "$H_0 : \beta_1=\beta_2=0$, H_1 : 적어도 하나는 0이 아니다"를 유의수준 5%로 F검정을 실시하라.
⑦ 개별 모수 β_1과 β_2에 대한 t검정을 실시하라.

14/4 다음과 같은 데이터가 주어졌을 때 물음에 답하라..

	A	B	C
1	Y	X1	X2
2	16	29	15
3	46	48	37
4	34	28	24
5	26	22	32
6	49	28	47
7	11	42	13
8	41	33	43
9	13	26	12
10	47	48	58
11	16	44	19

① 추정 회귀식을 구하라.
② 유의수준 5%일 때 전체 모델이 유의한지 검정하라.
③ X_2가 증가할 때 종속변수가 증가하는지 유의수준 5%로 검정하라.
④ 조정 결정계수를 구하라.
⑤ 분산분석표를 만들어라.

14/5 어느 회사 임원의 연령과 MBA 학위 여부(소지=1)에 따른 연봉 데이터가 다음과 같다.

	A	B	C
1	연봉	연령	MBA
2	65000	26	0
3	85000	28	1
4	74000	36	0
5	83000	35	0
6	110000	35	1
7	160000	40	1
8	100000	41	0
9	122000	42	1
10	85000	45	0
11	120000	46	1
12	105000	50	0
13	135000	51	1
14	125000	55	0
15	175000	50	1
16	156000	61	1
17	140000	63	0

① 추정 회귀식을 구하라.

② $X_2=0$일 때의 회귀식을 구하라.

③ $X_2=1$일 때의 회귀식을 구하라.

④ 두 회귀식을 그래프로 나타내라.

⑤ MBA학위를 소지하는 임원은 그렇지 않은 임원보다 연 평균적으로 얼마나 많은 봉급을 받는가?

14/6 다음은 어느 도시에서 랜덤으로 선정한 20가정의 난방비(단위 : 천 원)에 미치는 기온(단위 : ℃), 절연체(단위 : 인치), 차고의 유무를 조사한 데이터이다.

	A	B	C	D
1	난방비	기온	절연체	차고
2	250	35	3	0
3	360	29	4	1
4	165	36	7	0
5	43	60	6	0
6	92	65	5	0
7	200	30	5	0
8	355	10	6	1
9	290	7	10	1
10	230	21	9	0
11	120	55	2	0
12	73	54	12	0
13	205	48	5	1
14	400	20	5	1
15	320	39	4	1
16	72	60	8	0
17	272	20	5	1
18	94	58	7	0
19	190	40	8	1
20	235	27	9	0
21	139	30	7	0

① 다중회귀방정식을 구하라.

② 기온이 20°이고 절연체 3인치를 갖는 가정의 경우 차고가 있을 때와 없을 때의 난방 예측비의 차이는 얼마인가?

③ 예측비의 차이는 유의한가? 유의수준 5%로 다음 가설을 검정하라.

$H_0 : \beta_3=0$

$H_1 : \beta_3\neq 0$

14/7 자녀들의 키는 부모의 키에 영향을 받는 것으로 알려졌다. 다음은 랜덤하게 추출한 20가정의 딸, 어머니, 아버지의 키(단위 : 인치)에 관한 데이터에 대한 Excel의 회귀분석 결과이다.

	A	B	C	D	E	F	G	H	I	J	K	L	M
1	어머니(X1)	아버지(X2)	딸(Y)										
2	64	68	65.4		요약 출력								
3	61	66	64										
4	64	68	61.2		회귀분석 통계량								
5	63	69	59.6		다중 상관계수	0.818444							
6	64	76	64.7		결정계수	0.66985							
7	63	66	62.2		조정된 결정계수	0.631009							
8	69	62	68.4		표준 오차	1.935365							
9	62	69	63.4		관측수	20							
10	67	70	67.2										
11	63	69	62.2		분산 분석								
12	72	75	71.1			자유도	제곱합	제곱 평균	F 비	유의한 F			
13	58	66	60		회귀	2	129.1936	64.59682	17.24587	8.11E-05			
14	60	71	63.1		잔차	17	63.67586	3.745639					
15	59	67	60.9		총변동	19	192.8695						
16	67	72	67.4										
17	65	72	65.4			계수	표준 오차	t 통계량	P-값	하위 95%	상위 95%	하위 95.0%	상위 95.0%
18	60	72	61		Y 절편	6.489426	11.0747	0.585969	0.565596	-16.8761	29.85499	-16.8761	29.85499
19	64	67	65.3		X 1	0.708136	0.130423	5.429531	4.51E-05	0.432967	0.983305	0.432967	0.983305
20	67	65	64.7		X 2	0.176659	0.125763	1.404704	0.178118	-0.08868	0.441995	-0.08868	0.441995
21	64	64	58.9										

① 다중회귀방정식을 구하라.

② 만일 어머니의 키가 70인치이고 아버지의 키가 80인치라면 딸의 키는 얼마라고 추정할 수 있는가?

③ 어머니의 키와 아버지의 키가 딸의 키의 변동에 몇 % 설명할 수 있는가?

④ 다중회귀모델의 전체적인 유의성 검정을 위한 F검정을 실시하라.

⑤ 두 회귀계수 β_1과 β_2의 유의성 검정을 위해 t검정을 실시하라.

14/8 다음은 부모의 키, 아이의 키 외에 아이의 성(여자=0, 여자=1)에 관한 데이터이다. 아이의 성은 더미변수로 취급한다. Excel을 사용한 회귀분석 결과가 다음과 같을 때 물음에 답하라.

	A	B	C	D	E	F	G	H	I	J	K	L	M	N
1	어머니(X1)	아버지(X2)	아이 성(X3)	아이 키(Y)										
2	60	66	0	64		요약 출력								
3	63	69	0	59.6										
4	63	66	0	62.2		회귀분석 통계량								
5	62	69	0	63.4		다중 상관계수	0.780101							
6	63	69	0	62.2		결정계수	0.608557							
7	58	66	0	60		조정된 결정계수	0.535161							
8	59	67	0	60.9		표준 오차	2.519518							
9	65	72	0	65.4		관측수	20							
10	64	67	0	65.3										
11	63	64	0	58.6		분산 분석								
12	65	71	1	71.9			자유도	제곱합	제곱 평균	F 비	유의한 F			
13	63	71	1	67.5		회귀	3	157.902	52.63399	8.291466	1.49E-03			
14	62	72	1	66.5		잔차	16	101.5675	6.347971					
15	62	72	1	66.5		총변동	19	259.4695						
16	64	67	1	64.9										
17	64	62	1	67.4			계수	표준 오차	t 통계량	P-값	하위 95%	상위 95%	하위 95.0%	상위 95.0%
18	66	74	1	71.1		Y 절편	25.58789	21.94242	1.166138	0.260648	-20.928	72.10374	-20.928	72.10374
19	64	68	1	67.1		X 1	0.377054	0.30794	1.224438	2.39E-01	-0.27575	1.029858	-0.2757	1.029858
20	66	64	1	69.1		X 2	0.195478	0.190092	1.028336	0.319088	-0.2075	0.598454	-0.2075	0.598454
21	66	70	1	62.5		X 3	4.147717	1.334324	3.108477	0.006759	1.319076	6.976358	1.319076	6.976358

① 다중회귀식을 구하라.

② 어머니의 키가 65.5인치, 아버지의 키가 70.5인치일 때 남자 아이의 키는 얼마로 추정할 수 있는가?

14/9 어떤 제품의 가격(단위 : 센트)과 판촉비(단위 : 달러)가 월 판매량에 미치는 영향을 결정하기 위하여 수퍼마켓 체인의 20가게를 랜덤으로 추출하여 조사한 데이터는 다음과 같다.

가게	판매량	가격	판촉비	가게	판매량	가격	판촉비
1	4,140	59	200	11	700	79	200
2	3,840	59	200	12	2,295	79	200
3	3,060	59	200	13	4,440	79	400
4	4,230	59	400	14	3,750	79	600
5	4,630	59	400	15	3,850	79	600
6	5,000	59	400	16	1,100	99	200
7	5,150	59	600	17	850	99	200
8	4,010	59	600	18	2,100	99	400
9	5,020	59	600	19	3,350	99	600
10	1,920	79	200	20	2,920	99	600

① 표본다중회귀선을 구하라.

② 추정치의 표준오차를 구하라.

③ 결정계수와 조정 결정계수를 구하라.

④ 분산분석표를 작성하라.

⑤ 다중회귀모델에 대한 F검정을 유의수준 5%로 실시하라.

⑥ 두 모수 β_1과 β_2의 값이 0인지 유의수준 5%로 양측검정을 하라.

⑦ 가격 = 79, 판촉비 = 400일 때 월 평균 판매량을 구하라.

Chapter 15

범주 데이터와 χ^2 검정

지금까지 공부해 온 통계적 검정의 대부분은 모집단의 분포 형태 같은 어떤 특성을 전제로 하였다. 예를 들면, t 검정을 하기 위해서는 관측 데이터가 정규 모집단에서 추출되었다고 가정하였고, 만일 평균 차이를 검정하기 위하여 t 검정을 하기 위해서는 두 모집단의 분산이 같다는 엄격한 전제가 필요하였다. 이러한 가정은 분산분석을 하는 데도 전제되었다. 또한 정규분포가 아니더라도 표본크기 $n \geq 30$이어야 한다는 가정이 필요하였다.

지금까지 공부해 온 모집단의 특성에 대해 어떤 가정을 먼저 하고 통계적 검정을 실시하는 모수통계학은 체중, 소득, 나이와 같이 구간척도와 비율척도로 측정하는 데이터만을 취급한다. 즉 검정에 필요한 평균과 분산을 구하기 위해서는 구간을 비교할 수 있는 전제만 있으면 충분하며 서열 데이터를 가감승제하는 것은 무의미하다.

그러나 이러한 데이터가 명목 데이터이거나 서열 데이터의 경우라든지 또는 표본 데이터가 구간 데이터 혹은 비율 데이터이더라도 그의 모집단 분포의 형태에 대해 아무런 가정이 필요없는 경우에도 통계적 검정이 가능한데 이를 비모수통계학이라고 한다. 물론 비모수통계학에서도 표본통계량에 입각하여 모집단에 대한 가설을 검정하지만 모집단의 형태가 꼭 전제되는 것은 아니다.

우리는 변수는 수치변수와 범주변수로 구분할 수 있음을 공부하였다. 범주변수에 관해 관측한 범주 데이터를 분석하는 데는 χ^2검정이 사용된다.

본장에서는 χ^2을 이용한 적합도 및 분류 기준의 독립성에 대한 χ^2검정과 모집단 분포의 적합도 검정에 대해서만 공부할 것이다. 비모수통계학의 전반적인 기법에 대해서는 생략하고자 한다.

S·E·C·T·I·O·N 15.1

모수통계학과 비모수통계학

추리통계학은 모수통계학과 비모수통계학으로 구분할 수 있다.

우리는 지금까지 모수통계학(parametric statistics)을 공부하여 왔다. 모수에 대한 추정이나 가설검정을 할 때 표본통계량을 이용하게 되는데 표본이 추출된 모집단의 분포에 대한 가정이 꼭 필요하다. 특히 표본크기가 작을 경우에는 모집단의 분포가 정규분포를 따른다는 가정이 성립해야만 t검정이나 F검정을 이용하여 모수의 추정이나 가설검정을 실시할 수 있는 것이다.

이와 같이 범주 데이터에 대해서는 물론 모집단의 분포에 대한 어떤 제약이나 가정이 필요없는 수치 데이터(예컨대 도수와 같은 비연속적 데이터)의 경우에는 비모수통계학이라는 통계적 절차가 사용된다. 이러한 범주 데이터는 마케팅 연구, 비즈니스 서베이, 앙케트 같은 실제적 문제에서 쉽게 수집할 수 있다. 독립변수와 종속변수가 모두 명목척도인 범주 데이터라고 하면 비율(또는 백분율)이나 도수(frequency)를 가지고 그들의 관계를 추리하게 된다.

비모수통계학(nonparametric statistics)이란 모수에 대한 측정치를 가설로 설정하지 않는다는 의미이며 이는 분포에 구애받지 않기 때문에 분포에 구애받지 않는 통계학(distribution-free statistics)이라고도 한다.

비모수통계학은 모집단의 분포와 모양에 대한 가정이 필요없고 엄격한 기준을 요하지 않는 데이터를 사용하고, 특히 표본크기가 작을 경우에는 계산절차가 복잡하지 않기 때문에 사용하기 편리하다. 그러나 이러한 장점에도 불구하고 모수의 값을 추정함에 있어 모수통계학보다 더욱 신뢰할 수 없기 때문에 비모수통계학은 널리 사용되지 못하는 한계를 갖고 있다.

비모수통계학에서 주로 사용되는 검정은 χ^2 검정이다. χ^2 검정은 명목 데이터를 가지고 만든 도수분포표나 분할표의 도수를 이용하여 모집단 분포를 추론할 때 이용된다. 본장에서는 부호검정(sign test), 부호순위검정(signed rank test), 윌콕슨

순위합검정(Wilcoxon rank sum test), 크루스칼-월리스(Kruskal-Wallis test) 검정 등 널리 사용되는 비모수통계학 기법은 본서의 범위를 초과하므로 생략하고 대표적인 χ^2 검정인 모집단 분포의 적합도 검정과 변수 간의 독립성 검정을 공부할 것이다.

S·E·C·T·I·O·N 15.2

범주 데이터와 다항실험

우리는 제2장에서 데이터의 종류에 관해서 공부하였다. 데이터는 크게 수치 데이터와 범주 데이터로 구분할 수 있다. 한 모평균, 두 모평균, 셋 이상의 모평균에 대한 가설검정과 같이 지금까지 사용한 통계적 절차는 구간 데이터와 비율 데이터 같은 수치 데이터의 사용을 요구하였다. 왜냐하면, 이러한 데이터에 대해서만 평균, 표준편차, 분산이 의미 있기 때문이다. 따라서 명목 데이터와 서열 데이터 같은 범주 데이터에 대해서는 모수통계학을 적용할 수 없다.

실험을 할 때는 어떤 질적인 특성에 따라서 그의 대상을 그룹이나 범주(category)로 분류하게 된다. 범주변수는 성별, 종교, 직업, 인종 등과 같이 그 속성을 수치척도로 측정할 수 없는 변수를 말하는데, 실험대상을 각 범주로 분류하고 관측하여 얻는 데이터를 범주 데이터(categorical data)라고 한다.

본장에서는 명목척도로 추정된 범주변수에 대한 가설검정을 공부할 것이다. 이 검정에서 범주변수는 데이터를 둘 이상의 범주로 분류하는 데 사용된다. 이때 데이터는 도수로 요약된다. 두 개의 명목척도 범주를 사용하는 분석을 위해서는 χ^2분포가 검정통계량으로 이용된다.

실험대상을 속성의 수와 범주의 수에 따라 분류할 수 있다. 속성의 수가 1개이고 범주의 수가 c개인 경우 관측치 n개로 구성된 확률표본을 추출할 때 각 범주에 속하는 관측치의 수를 n_1, n_2, ⋯ n_c라고 한다면 범주 데이터는 [표 15-1]과 같

표 15-1 n개의 관측치를 k개의 범주로 분류한 범주 데이터

범주(i)	1	2	…	c	합계
관측도수(O_i)	n_1	n_2	…	n_c	n

표 15-2 r×c 분할표

속성 \ 속성	1	2	…	c	합계
1	n_{11}	n_{12}	…	n_{1C}	r_1
2	n_{12}	n_{22}	…	n_{2C}	r_2
⋮	⋮	⋮	…	⋮	⋮
r	n_{r1}	n_{r2}	…	n_{cr}	r_r
합계	c_1	c_2	…	c_c	n

이 나타낼 수 있다. 이는 1차원 표(one-way table)라고 하는데 실제 표본에서 얻은 각 범주에 속하는 관측치의 수 n_i를 관측도수(observed frequency)라고 부르며 Q_i로 나타낸다.

실험대상을 2개의 속성에 의해서 분류할 수도 있다. 예를 들면, 성별에 따른 자동차 브랜드에 대한 선호도 조사이다. 범주 데이터를 요약하고 두 범주변수(categorical variable) 사이의 관계를 검토하는 데 사용되는 가장 기본적인 통계적 도구의 하나가 분할표 또는 빈도교차표(class tabulation), 2차원 표(two-way table)이다.

분할표(contingency table)란 모집단에서 추출된 표본 데이터를 두 가지 기준(속성)에 따라 행과 열에 각각 한 속성의 구간을 정하고 행과 열이 교차하는 칸(cell)에 해당하는 도수(n_{ij})를 기록하는 통계표이다. 분할표는 이변량 데이터를 이용하여 작성한 도수분포표이다.

일반적으로 r개의 행과 c개의 열을 갖는 분할표는 $r \times c$개의 칸을 가지며 $r \times c$ 분할표라고 한다. $r \times c$ 분할표의 일반적인 형태는 [표 15-2]와 같다.

셋 이상의 범주에 속하는 범주 데이터는 다항실험(multinomial experiment)의 결과로 얻을 수 있다. 예를 들면, 자동차 구매자들에게 세 자동차의 브랜드에 대한 선호를 조사하는 경우이다. $c=2$일 때 다항실험을 이항실험이라고 한다. 다항실험의 특성은 다음과 같다.

- 실험은 n개의 동일한 시행(trial)으로 구성된다.
- 각 시행에는 k개의 가능한 범주(결과)가 있다.
- k개의 범주 확률 P_1, P_2, ⋯ P_k는 시행할 때마다 동일하다. 즉 $P_1+P_2+\cdots+P_k=1$이다.
- 각 시행은 독립적이다.

S·E·C·T·I·O·N 15.3

모집단 분포의 적합도 검정

χ^2 분포는 모분산의 신뢰구간과 가설검정을 위해 사용될 뿐만 아니라 모집단 분포에 대한 가설의 적절성을 검정하는 데 이용된다. 적합도 검정(goodness-of-fit test)은 모집단의 특정 분포가 주어졌을 때 표본을 추출한 표본분포가 그의 모집단 분포와 동일한가를 검정하는 방법과 표본을 추출한 표본분포가 정규분포, 균등분포, 포아송분포, 이항분포, 다항분포 같은 이론적 분포인가를 검정하는 방법으로 나누어 생각할 수 있다.

본절에서는 모집단이 어떤 특정 형태의 다항분포인가를 검정하는 문제와 모집단이 정규분포를 따른다는 가정에 대한 검정문제를 설명하고자 한다.

EXCEL STATISTICS 모비율의 검정

이항분포에서 각 시행의 모든 결과는 두 범주(성공 또는 실패) 중의 하나에 분류된다. 그러나 다항분포(multinomial distribution)에 있어서 각 시행은 세 개 이상의 범주 가운데 하나에 속하는 결과들을 갖는다. 몇 개의 모비율을 갖는 다항실험에 대해 설정하는 가설을 검정하기 위해서는 사상이 발생하는 도수를 따지게 된다.

표본크기 n개의 관측치를 c개의 범주로 분류할 때 각 범주에 분류되는 관측치의 수를 $O_1, O_2, \cdots, O_c$라고 하자. 즉 $O_1+O_2+\cdots+O_c=n$이 되는데 이들 각각은 표본의 관측도수(observed frequency)라고 한다. 또한 관측치가 각 범주에 분류될 범주 확률, 즉 $p_1, p_2, \cdots, p_c$가 모두 같다고 하는 귀무가설을 검정하고자 한다면 이는 다음과 같이 표현할 수 있다.

$H_0 : p_1=p_2=\cdots=p_c$
H_1 : 적어도 하나의 비율은 나머지와 같지 않다.

n개의 관측치가 c개의 범주 중의 하나에 포함되어야 하므로 귀무가설이 옳다고 볼 때 각 범주별 기대도수(expected frequency)는 다음과 같다.

$p_1+p_2+\cdots+p_c=1$
기대도수$_i$: H_0가 옳을 때의 범주$_i$ 확률×관측치 수(표본크기)
$E_i=np_i \quad (i=1, 2, \cdots, c)$

각 범주별 관측도수와 기대도수를 표로 나타낸 것이 [표 15-3]이다.

우리가 여기서 하려는 것은 표본을 추출한 모집단의 분포가 주어진 특정 분포에 따른 비율대로 분포되어 있는가를 검정하려는 것이다.

다시 말하면, 단일 기준에 의해 분류된 실제 표본에서 얻어진 관측도수와 귀무가설에서 기대하고 있는 이론적인 모집단의 기대도수 사이에 현저한 차이가 있는지 적합성을 검정하려는 것이다.

만약 몇 개의 범주로 제시하는 모비율에 대해 설정하는 귀무가설이 사실이라

표 15-3 관측도수와 기대도수

범주	1	2	…	c	합계
관측도수	O_1	O_2	…	O_c	n
확률(H_0에 따르는)	p_1	p_2	…	p_c	1
기대도수	$E_1=np_1$	$E_2=np_2$	…	$E_c=np_c$	n

면 기대도수와 관측도수는 상당히 일치하게 된다. 반대로 기대도수와 관측도수 사이에 현저한 차이가 있게 되면 귀무가설을 기각해야 한다.

이와 같이 귀무가설에 따른 기대도수 분포에 표본의 관측도수 분포가 적합한지에(fit) 따라 귀무가설의 채택 여부를 결정하게 된다. 따라서 이를 적합도 검정이라고 한다.

예를 들면, Excel 대학교에서 경영통계학을 수강하는 학생은 남학생 21명, 여학생 23명이다. 어느 날 결강한 학생은 남학생 7명과 여학생 4명이었다. 이때 결강한 학생들이 남·녀별로 골고루 포함되어 있다고 할 수 있는가?

결강한 남·녀 학생이 골고루 포함되어 있다면 남·녀 학생들에 대한 기대도수는 다음과 같다.

$$\text{남학생의 기대도수} = 11 \times \frac{21}{44} = 5.25$$

$$\text{여학생의 기대도수} = 11 \times \frac{23}{44} = 5.75$$

따라서 이 문제의 관측도수와 기대도수는 [표 15-4]와 같다.

만일 모든 범주별 기대도수 E_i가 적어도 $np_i \geq 5$ 이상이면 확률변수 χ^2은

$$\chi^2 = \sum_{i=1}^{c} \frac{(O_i - E_i)^2}{E_i}$$

으로 자유도 $(c-1)$을 갖는 χ^2 분포를 따른다. 따라서 세 개 이상의 모비율에 대한 검정은 다음과 같이 정리할 수 있다.

표 15-4 관측도수와 기대도수의 예

	남학생	여학생	합계
관측도수	$O_1 = 7$	$O_2 = 4$	11
확률	$p_1 = \frac{21}{44}$	$p_2 = \frac{23}{44}$	1
기대도수	$E_{11} = 11 \times \frac{21}{44} = 5.25$	$E_{11} = 11 \times \frac{23}{44} = 5.75$	11

그림 15-1 χ^2 분포에서의 비기각역 / 기각역

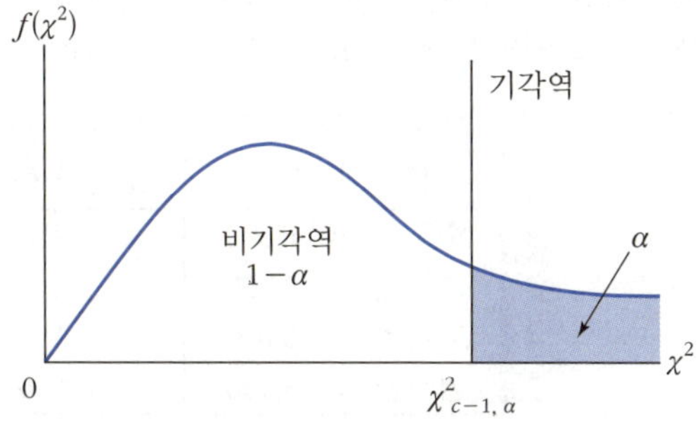

TIP

세 개 이상의 모비율에 대한 우측검정

$H_0 : p_1 = p_2 = \cdots = p_c$

H_1 : 적어도 하나는 나머지와 같지 않다.

만일 $\sum_{i=1}^{c} \frac{(O_i - E_i)^2}{E_i} > \chi^2_{c-1,\alpha}$이면 H_0를 기각

만일 p값 $< \alpha$이면 H_0를 기각

관측도수와 기대도수가 근접하면 χ^2의 값은 작아지고 귀무가설은 기각되지 않는다. 그러나 이들의 차이가 크면 χ^2값 역시 커진다. 따라서 χ^2의 값이 커져 임계치보다 크면 관측도수와 기대도수 사이에 차이가 없다고 하는 귀무가설을 기각하게 된다. 검정하는 데 필요한 임계치와 기각역이 χ^2 분포의 우측에 있으므로 여기서의 검정은 우측 임계치에 대한 우측검정에 한한다.

이를 그림으로 나타내면 [그림 15-1]과 같다.

Excel을 사용하여 세 개 이상의 모비율에 대한 우측검정 시 p값, 카이제곱 값, 카이제곱 통계량 구하기

p값

=CHISQ.TEST(관측도수 범위, 기대도수 범위)

=CHISQ.DIST.RT($(O_i - E_i)^2/E$의 합계, 자유도)

카이제곱 값

=CHISQ.INV.RT(유의수준, 자유도)

카이제곱 통계량

=CHISQ.INV.RT(p값, 자유도)

예제 15-1 어느 대학교에서는 등록한 학생의 일부를 표본으로 추출하여 등록금 수준에 대한 설문조사를 실시하였다. 각 지역별 등록한 학생 수와 조사한 학생 수가 다음 표와 같을 때 조사한 학생 수가 모집단을 잘 대표한다고 할 수 있는지 유의수준 5%로 검정하라.

	A	B	C
1	지역	학생 수	조사한 학생 수
2	수도권	6,500	150
3	중부권	4,000	140
4	호남권	5,000	100
5	영남권	4,500	110
6	합계	20,000	500

풀이

지역	학생 수	구성비율	관측도수(O_i)	기대도수(E_i)	O_i-E_i	$(O_i-E_i)^2/E_i$
수도권	6,500	0.325	150	162.5	−12.5	0.9615
중부권	4,000	0.2	140	100	40	16
호남권	5,000	0.25	100	125	−25	5
영남권	4,500	0.225	110	112.5	−2.5	0.0556
합계	20,000	1.000	500	500.0		22.0171

H_0 : 지역별 관측도수＝기대도수

H_1 : 지역별 관측도수≠기대도수

$\chi^2_{c-1,\ \alpha}=\chi^2_{3,\ 0.05}=7.81473$

$$\chi^2=\sum\frac{(O_i-E_i)^2}{E_i}=22.0171$$

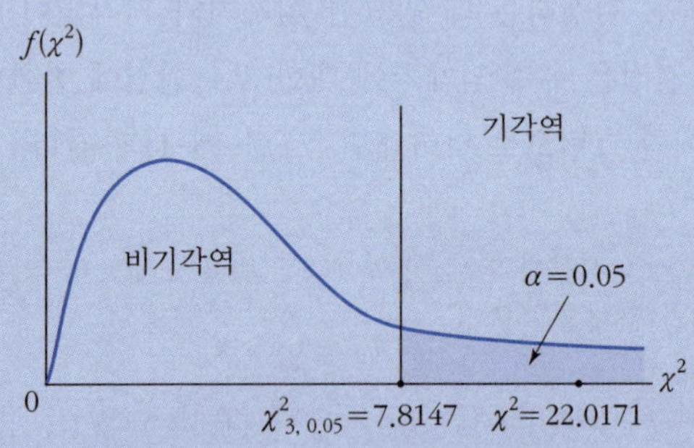

$\chi^2=22.0171>\chi^2_{3,\ 0.05}=7.81473$이고 한편 p값$=0<\alpha=0.05$이므로 귀무가설 H_0를 기각한다. 즉 지역별 관측도수와 기대도수는 같지 않다고 결론을 내릴 수 있다.

■ Excel 활용

셀 주소	수식	비고
G10	=CHISQ.TEST(D4:D7, E4:E7)	
G11	=CHISQ.INV.RT(G1, COUNT(B4:B7)−1)	
G12	=CHISQ.INV.RT(G10, COUNT(B4:B7)−1)	
F14	=IF(G10<G1, "귀무가설을 기각함", "귀무가설을 기각할 수 없음")	

	A	B	C	D	E	F	G
1						유의수준	0.05
2							
3	지역	학생수	구성비율	관측도수(O)	기대도수(E)	O-E	(O-E)^2/E
4	수도권	6,500	0.325	150	162.5	-12.5	0.9615385
5	중부권	4,000	0.2	140	100	40	16
6	호남권	5,000	0.25	100	125	-25	5
7	영남권	4,500	0.225	110	112.5	-2.5	0.0555556
8	합계	20,000	1	500	500		22.017094
9							
10						p값	0
11						카이제곱값	7.8147279
12						카이제곱 통계량	22.017094
13							
14					가설검정	귀무가설을 기각함	

EXCEL STATISTICS 모집단 분포의 검정

우리는 앞절에서 한 가지 기준에 의해 분류된 범주 데이터에 대해 χ^2 분포를 이용하여 적합도를 검정하는 방법을 공부하였다. 이러한 χ^2 분포를 이용한 적합도 검정은 표본이 추출된 모집단의 확률분포 형태를 검정하는 데에도 이용된다. 즉 모집단이 이항분포, 포아송분포를 따른다는 가설을 검정할 수도 있으나 본서에서는 모집단이 정규분포를 따른다는 가정에 대한 검정만을 공부하고자 한다.

예를 들어 가면서 설명하기로 하자. [표 15-5]는 미국의 160개 대학교의 교수의 연 평균소득(단위 : 천 달러)을 조사한 데이터이다.

표 15-5 연 평균소득

	A	B	C	D	E	F	G	H	I	J
1	59.6	63.2	56.1	53.3	43.6	57.7	51.2	70.1	70.1	55.3
2	50.2	57.9	55.5	43.9	35.5	44.4	73.1	64.0	52.2	44.2
3	43.8	43.1	40.2	30.6	82.6	47.4	52.0	37.0	77.9	28.0
4	30.5	39.1	44.6	75.8	50.8	56.9	53.9	47.6	46.1	37.0
5	93.3	44.8	37.8	60.0	52.1	70.2	52.1	52.4	64.5	60.7
6	60.5	45.2	41.9	48.5	65.7	84.2	39.7	45.8	49.2	72.2
7	59.7	59.2	77.9	66.4	49.9	57.2	52.7	55.1	57.8	43.9
8	61.1	54.7	46.4	60.8	61.7	50.6	60.2	47.2	32.3	37.9
9	35.8	48.0	63.4	72.8	59.1	76.8	45.3	33.0	45.6	62.3
10	79.2	39.6	41.3	90.2	40.7	57.1	62.2	39.1	50.2	50.5
11	74.8	61.8	50.0	49.2	41.2	53.1	50.1	44.8	29.7	69.2
12	65.3	44.8	61.2	41.4	34.3	66.3	56.7	45.2	61.5	37.5
13	62.0	49.8	65.0	53.8	43.3	26.0	40.2	61.5	63.5	54.7
14	67.0	73.4	36.8	49.2	53.2	52.8	50.0	58.4	76.4	39.6
15	75.9	28.1	64.8	37.1	54.0	96.5	45.4	45.1	48.7	61.8
16	91.2	47.1	49.5	63.3	50.7	72.6	34.7	56.1	57.5	58.3

이 데이터를 Excel을 이용하여 도수분포표를 구하면 [표 15-6]과 같으며 평균 소득은 54이고, 표준편차는 13.756이다.

검정통계량으로 χ^2을 이용하여 검정을 할 때에는 다음과 같은 주의를 해야 한다.

첫째, 계급이 두 개일 경우에는 각 계급에 해당하는 기대도수가 5 이상이어야 한다.

둘째, 계급의 수가 두 개를 초과하는 경우에는 기대도수를 갖는 계급의 수의 20% 이상이 5 이하의 기대도수를 가지면 χ^2을 적용할 수 없다. 따라서 이럴 경우에는 인접 계급의 관측도수를 미리 합쳐야 한다. 이렇게 하지 않으면 $(O_i - E_i)$의 값이 작더라도 $(O_i - E_i)^2$을 매우 작은 E_i로 나눌 때 이 결과는 비정상적으로 큰 값이 되기 때문이다.

[표 15-6]에서 4 이하의 관측도수가 세 개이므로 이는 계급의 수 여덟 개 가운데 37.5%를 차지하므로 미리 마지막 두 개의 계급의 도수를 합쳐야 한다. 이의 결과가 [표 15-7]이다.

모집단의 정규분포 적합도 검정을 위한 절차는 다음과 같다.

- 귀무가설과 대립가설을 설정한다.

표 15-6 도수분포표

계급하한	계급상한	도수
20	30	4
30	40	20
40	50	43
50	60	43
60	70	28
70	80	16
80	90	2
90	100	4
합계		160

표 15-7 수정된 도수분포표

	A	B	C
1	계급하한	계급상한	도수
2	20	30	4
3	30	40	20
4	40	50	43
5	50	60	43
6	60	70	28
7	70	80	16
8	80 초과		6
9	합계		160

H_0 : 160개 대학교 교수의 연 평균소득(모집단) 분포는 정규분포를 따른다.

H_1 : 정규분포를 따르지 않는다.

• 확률표본을 추출하여

첫째, 관측도수가 정규 모집단으로부터 추출되었는지 검정하기 위해서는 모평균과 모표준편차를 추정한다. 이때 [표 15-7]의 수정된 도수분포표를 이용할 수도 있지만 원 데이터를 이용하여 표본평균 $\bar{X}$와 표본표준편차 S를 계산할 수 있다. 원 데이터를 이용할 때 $\bar{X}=54$, $S=13.756$이다.

둘째, 평균 54, 표준편차 13.756으로 정규분포를 따르는 확률변수 X가 각 계급 내에 값을 갖게 될 확률을 계산한다. 이때 다음과 같은 표준화 공식을 이용한다.

$$Z=\frac{X-\bar{X}}{S}$$

위 식에서 확률변수 X는 각 계급의 하한 또는 상한을 의미한다. [표 15-7]의 각 계급상한에 대하여 Z값을 계산하면 다음과 같다.

$$Z=\frac{30-54}{13.756}=-1.74$$

$$Z=\frac{40-54}{13.756}=-1.02$$

$$Z=\frac{50-54}{13.756}=-0.29$$

$$Z=\frac{60-54}{13.756}=0.44$$

$$Z=\frac{70-54}{13.756}=1.16$$

$$Z=\frac{80-54}{13.756}=1.89$$

정규분포를 따르는 확률변수 X가 첫 계급에 속할 확률은 표준정규분포표를 이용하여 다음과 같이 구한다.

$$P(X\leq 30)=P(Z\leq -1.74)=0.0409$$

확률변수 X가 둘째 계급에 속할 확률은 다음과 같이 구한다.

$$P(30<X\leq 40)=P(-1.74\leq Z\leq -1.02)=0.1130$$

다른 계급에 대한 확률도 같은 방법으로 계산할 수 있으며 이의 결과는 [그림 15-2]와 같다. 마지막 계급에 대한 확률은 1에서 다른 모든 계급에 대한 확률을 차감하여 구한다.

- 위에서 구한 각 계급별 확률에 총 관측도수 160을 곱하면 각 계급별 기대도수 E_i를 구할 수 있다. 예컨대 계급 1의 기대도수는 $160(0.0409)=6.544$이다.

그림 15-2 각 계급의 확률

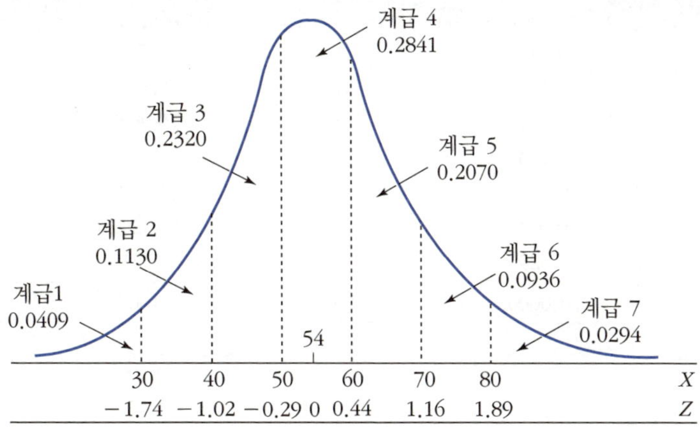

• 검정통계량 χ^2을 다음 식을 이용하여 구한다.

$$\chi^2 = \sum_{i=1}^{k} \frac{(O_i - E_i)^2}{E_i}$$

k : 계급의 수
O : 관측도수
E : 기대도수

컴퓨터를 사용한 χ^2의 계산결과는 [표 15-8]의 맨 우측 열에 나와 있다. 표에서 마지막 계급의 기대도수는 5 이하이지만 계급의 수 일곱 개 중에서 한 개이므로, 즉 14%로서 20% 미만이므로 χ^2을 적용해도 무방하다.

• 결정규칙

만일 $\chi^2 > \chi^2_{df,\ \alpha}$이면 귀무가설 H_0를 기각
만일 p값 $< \alpha$이면 H_0를 기각

여기서 자유도는 $df = k - m - 1$인데 k는 사용하는 계급의 수이고 m은 표본 데이터를 사용하여 추정한 모수의 수이다. 이 문제에서는 모평균 μ와 모표준편차 σ를 추정하므로 $m = 2$이다. 따라서 $df = 7 - 2 - 1 = 4$이다. 만일 유의수준이 5%라고 하면 이는 컴퓨터를 사용하여 계산한 $\chi^2 = 3.5482$가 $\chi^2_{4,\ 0.05} = 9.488$보다 작으므

표 15-8 χ^2의 계산

계급	확률	관측도수(O_i) E_i	기대도수(E_i)	$(O_i-E_i)^2/E_i$
30	0.0403	4	6.4526	0.9322
40	0.1136	20	18.1686	0.1846
50	0.2309	43	36.9428	0.9932
60	0.2831	43	45.2927	0.1161
70	0.2093	28	33.4905	0.9001
80	0.0933	16	14.9298	0.0767
80 초과	0.0295	6	4.7230	0.3453
합계	1.0000	160	160	3.5482

로 귀무가설 H_0를 기각할 수 없다. 즉 교수들 봉급의 모집단은 정규분포를 따른다고 결론을 내릴 수 있다.

S·E·C·T·I·O·N 15.4

두 범주변수 간의 독립성 검정

앞절에서 적합도 검정을 함에 있어서 하나의 분류기준(**변수**)을 고려하는 문제를 공부하였다. 본절에서는 두 개 이상의 표본이 서로 다른 모집단에서 추출된 것인지를 검정하기 위하여 χ^2 검정을 공부하고자 한다.

수많은 수치 데이터는 두 개 이상의 범주변수(categorical variable) 또는 분류기준에 따라 분류할 수 있는데 이때 우리는 이러한 변수들이 서로 독립적인가에 관심을 갖게 된다. 예를 들면, 동일한 제품의 상표 선호가 성별과 독립적인가를 알고자 할 경우에는 표본으로 고객들을 추출하고 그들의 성별에 따른 상표 선호를 분류한다.

분석하고자 하는 변수가 명목척도나 서열척도로 측정되는 범주 데이터의 경우 두 변수 간의 독립성 여부를 파악하는 교차분석(crosstabulation)은 상관분석과 함께 연관성 분석에 속한다.

예를 들면, 같은 과목을 수강하는 학생들의 전공에 따라 학점이 독립적인지 밝히는 두 변수의 독립성에 대한 검정을 하기 위해서는 분할표(contingency table)를 이용한다. 분할표는 한 분류기준(전공)에 따른 r개의 행(심리학, 사회학, 경영학)과 다른 분류기준(학점)에 따른 c개의 열(A, B, C, D)로 구성되는데 $(r \times c)$개의 셀(cell)에 모집단에서 추출하는 표본조사의 결과로 얻는 해당 도수를 기록한다.

이러한 분할표에 나타난 두 명목변수가 상호 독립적일 때의 기대도수와 실제 표본에서 얻은 관측도수가 일치하는지 χ^2 검정을 통해 두 범주변수 간의 독립성 여부를 추론하게 된다.

두 변수 간의 독립성 여부를 검정하는 절차는 다음과 같다.

- 귀무가설과 대립가설을 설정한다.
- 확률표본을 추출하여 분할표의 각 셀에 관측도수를 기록한다.
- 다음 공식을 이용하여 각 셀에 대해 기대도수를 계산한다.

$$E_{ij} = \frac{(\text{행 } i\text{의 합계})(\text{열 } j\text{의 합계})}{\text{표본크기}}$$

- 다음 공식을 이용하여 검정통계량의 값을 계산한다.

$$\chi_c^2 = \sum_i \sum_j \frac{(O_{ij} - E_{ij})^2}{E_{ij}}$$

- 결정규칙

  만일 $\chi_c^2 \geq \chi^2_{(r-1)(c-1),\ \alpha}$이면 H_0를 기각

  만일 p값$<\alpha$이면 H_0를 기각

간단한 예를 들어 설명하기로 하자. [표 15-9]는 3×4 분할표인데 통계학 과목을 수강하는 500명 학생의 표본을 전공과 학점으로 분류한 결과이다.

우리가 하려고 하는 것은 [표 15-9]에 입각하여 전공(행)과 학점(열)이라는 두 변수가 서로 독립적인가를 χ^2 분포를 이용하여 검정하려는 것이다.

표 15-9 분할표

	A	B	C	D	E	F
1		학점				
2	전공	A	B	C	D	합계
3	심리학	36	16	14	34	100
4	사회학	64	34	20	82	200
5	경영학	50	50	16	84	200
6	합계	150	100	50	200	500

H_0 : 전공과 학점은 서로 독립적이다.

H_1 : 전공과 학점은 서로 독립적이 아니다.

이를 위해서는 관측도수와 기대도수를 비교하여야 한다. 만일 기대도수가 관측도수와 상당한 차이를 보이면 검정통계량 χ^2이 큰 값을 갖게 되고 임계치를 벗어나게 되어 두 변수가 독립적이라는 귀무가설을 기각하게 된다.

기대도수를 구하는 방법은 위의 공식을 이용한다. 500명 학생 가운데 심리학을 전공하는 학생의 비율은 100/500=0.2, 사회학을 전공하는 학생의 비율은 200/500= 0.4, 경영학의 비율은 200/500=0.4이다. 만일 전공과 학점이 독립적이라면 이 비율은 학생들이 어떤 학점을 받더라도 적용되어야 한다. 예를 들면, A학점을 받은 학생 150명 가운데 심리학을 전공하는 학생은 150×0.2=30명이다. A학점을 받은 학생 150명 가운데 사회학을 전공하는 학생은 150×0.4=60명이고 경영학을 전공하는 학생은 150×0.4=60명이다. 같은 요령으로 나머지 학점에 대해서도 계산할 수 있는데 [표 15-10]은 이와 같이 계산한 기대도수를 나타내는 표이다.

[표 15-9]와 [표 15-10]을 이용하여 χ^2 통계량을 계산할 수 있는데 이의 결과가 [표 15-11]이다.

분할표를 사용하는 경우 χ^2 분포의 자유도는 다음과 같이 결정한다.

$$df=(r-1)(c-1)$$

[표 15-9]에서 자유도는 $df=(3-1)(4-1)=6$이 된다. 만일 유의수준 $\alpha=0.05$

표 15-10 기대도수

	A	B	C	D	E	F
1		학점				
2	전공	A	B	C	D	합계
3	심리학	30	20	10	40	100
4	사회학	60	40	20	80	200
5	경영학	60	40	20	80	200
6	합계	150	100	50	200	500

표 15-11 χ^2의 계산

관측도수(O_i)	기대도수(E_i)	$(O_i-E_i)^2/E_i$
36	30	1.2000
64	60	0.2667
50	60	1.6667
16	20	0.8000
34	40	0.9000
50	40	2.5000
14	10	1.6000
20	20	0.0000
16	20	0.8000
34	40	0.9000
82	80	0.0500
84	80	0.2000
합계	500	10.8833

로 가설을 검정한다면 $\chi^2_{6,\,0.05}=12.59$인데 이는 계산한 $\chi^2_c=10.8833$보다 크기 때문에 전공과 학점은 관련이 없다는 귀무가설 H_0를 기각할 수 없게 된다.

SECTION 15.5

EXCEL 활용

1 [본문 15.4]

① 데이터를 입력한 후 다음과 같이 수식을 입력한다.

셀 주소	수식	비고
B9	=SUM(B6 : B8)	F9까지 복사
F6	=SUM(B6 : E6)	F8까지 복사
B12	=$B$9 * F6/$F$9	B14까지 복사
B15	=$C$9 * F6/$F$9	B17까지 복사
B18	=$D$9 * F6/$F$9	B20까지 복사
B21	=$E$9 * F6/$F$9	B23까지 복사
C12	=(A12−B12)∧2/B12	C23까지 복사
C24	=SUM(C12 : C23)	
I5	=(COUNTA(B5 : E5)−1) * (COUNTA(A6 : A8−1)	
I6	=CHISQ.INV.RT(I3, I5)	
I7	=CHISQ.DIST.RT(C24, I5)	
H10	=IF(I7<I3, "귀무가설을 기각함", "귀무가설을 기각할 수 없음")	

② 다음과 같은 결과를 얻는다.

	A	B	C	D	E	F	G	H	I	J
1	15장 Excel 활용 1, 본문 15-4									
2										
3								유의수준	0.05	
4										
5		A	B	C	D	합계		자유도	6	
6	심리학	36	16	14	34	100		카이제곱값	12.5916	
7	사회학	64	34	20	82	200		p값	0.0920	
8	경영학	50	50	16	84	200				
9	합계	150	100	50	200	500				
10								귀무가설을 기각할 수 없음		
11	관측도수(O)	기대도수(E)	(O-E)^2/E							
12	36	30.0000	1.2000							
13	64	60.0000	0.2667							
14	50	60.0000	1.6667							
15	16	20.0000	0.8000							
16	34	40.0000	0.9000							
17	50	40.0000	2.5000							
18	14	10.0000	1.6000							
19	20	20.0000	0.0000							
20	16	20.0000	0.8000							
21	34	40.0000	0.9000							
22	82	80.0000	0.0500							
23	84	80.0000	0.2000							
24	합계		10.8833							

CHAPTER 15

연습문제

15/1 모수통계학과 비모수통계학을 비교설명하라.

15/2 자동차 제조회사는 각 소형차에 칠할 페인트의 색깔을 결정해야 한다. 소형차를 구입하는 사람들의 색깔 선호도를 연구한 결과 다음 표와 같다고 주장한다.
실제로 그러한지 검정하기 위하여 270명의 소형차를 표본으로 추출하여 조사한 결과 다음 표와 같았다. $\alpha = 0.05$로 위 주장을 검정하라.

	A	B	C	D	E	F
1	색깔	빨강	흰	노랑	파랑	검정
2	비율	0.22	0.22	0.20	0.18	0.18
3	도수	60	61	43	41	65

15/3 다음 데이터는 Excel 대학교 1학년 통계학 수강학생 가운데 50명을 표본으로 추출하여 조사한 중간고사 성적이다. 이 성적은 정규분포를 따르는 모집단에서 추출한 데이터인지 유의수준 5%로 검정하라. 사용하는 도수분포표는 아래와 같다.

	A	B	C	D	E	F	G	H	I	J
1	93	54	62	56	54	79	76	80	86	82
2	73	73	68	90	56	65	65	61	63	85
3	54	76	61	64	71	71	56	70	79	65
4	58	53	69	63	60	79	65	56	80	77
5	64	61	74	66	55	84	70	76	62	61

	A	B
1	계급상한	도수
2	55	5
3	60	6
4	65	14
5	70	5
6	75	5
7	80	9
8	80 이상	6

15/4 어떤 회사에서 생산하는 제품이 전국에서 고르게 판매되는지를 알기 위하여 전국을 동서남북으로 구분하고 각 지역에서 100명씩 소비자를 추출하여 조사한 결과 다음 표와 같은 데이터를 얻었다.

	A	B	C	D	E	F
1		동	서	남	북	합계
2	구매	40	55	45	50	190
3	불매	60	45	55	50	210
4	합계	100	100	100	100	400

(1) 귀무가설과 대립가설을 설정하라.

(2) 유의수준 0.05일 때 귀무가설을 기각해야 하는가?

15/5 동일한 제품을 판매하는 Excel 백화점에서 X, Y, Z회사 제품의 시장점유율은 각각 0.5, 0.3, 0.2이었다. 최근에 Y회사가 새롭게 개발한 제품을 판매하기 시작하여 시장점유율에 변화가 왔는지 알기 위하여 300명의 구매자를 랜덤으로 추출하여 조사하였다. 결과는 130명이 X회사 제품을, 120명이 Y회사 제품을, 50명이 Z회사 제품을 구매하였다. 세 회사 간 시장점유율에 변화가 왔는지 유의수준 5%로 검정하라.

15/6 같은 제품을 판매하는 A, B, C회사의 시장점유율은 0.3, 0.5, 0.2이었다. 최근에 C회사가 새롭게 개발한 제품을 판매하기 시작하여 시장점유율에 변화가 왔는지 조사하기 위하여 200명의 고객으로 하여금 좋아하는 제품을 선택하도록 하였다. 결과는 A회사 : 48, B회사 : 98, C회사 : 54명이었다.

$H_0 : p_A = 0.3,\ p_B = 0.5,\ p_C = 0.2$

H_1 : 모비율이 위와 같지 않다.

라는 가설을 유의수준 5%로 검정하라.

15/7 수퍼마켓에서 판매하는 품목의 형태와 성별이 관련을 맺고 있는지 검정하기 위하여 600명의 고객을 대상으로 조사한 결과 다음과 같은 데이터를 얻었다. 유의수준 5%로 품목의 형태와 성별은 독립적인지 검정하라.

	A	B	C	D	E
1		냉동식품	세제	수프	합계
2	여	203	73	142	418
3	남	97	27	58	182
4	합계	300	100	200	600

15/8 다음은 기업과 Internet 과목을 수강하는 204명의 학생을 대상으로 성적과 학년은 서로 관련이 있는지를 검정하기 위하여 수집한 데이터이다. 유의수준 5%로 두 변수의 독립성을 검정하라.

	A	B	C	D	E	F
1		1	2	3	4	합계
2	A	40	16	5	10	71
3	B	24	12	15	8	59
4	C	16	12	30	16	74
5	합계	80	40	50	34	204

15/9 회사 A, B, C의 시장점유율은 각각 30%, 50%, 20%였다. 그런데 회사 C가 새로운 혁신제품을 시판하면서 시잠점유율에 변화가 왔는지 조사하기 위하여 고객 300명을 추출하여 제품 선호도를 조사한 결과 72명이 A제품을, 147명이 B제품을, 81명이 C제품을 선호하는 것으로 밝혀졌다. 시장점유율에 변화가 왔는지 유의수준 5%로 검정하라.

15/10 서울 강남에 있는 Excel 자동차 대리점에서는 자동차를 구매하는 사람의 성별에 따라 자동차의 모델 결정에 영향이 있는지 밝히기 위하여 300명의 표본을 추출하여 다음과 같은 분할표를 얻었다. 성별과 차종 선택은 독립적인지 유의수준 5%로 검정하라.

	A	B	C	D	E
1		차종			
2		A	B	C	합계
3	남	40	100	40	180
4	여	60	40	20	120
5	합계	100	140	60	300

15/11 강남 컨추리클럽의 고객담당 김 이사는 주중 회원들이 플레이하는 골프의 라운드 수를 연구하고자 5일 동안 550라운드의 표본정보를 다음과 같이 수집하였다. 유의수준 5%로 주중 매일 플레이하는 라운드 수가 같은지 검정하라.

	A	B
1	요일	라운드 수
2	월	135
3	화	85
4	수	104
5	목	95
6	금	131
7	합계	550

15/12 다음 데이터는 Excel 중학교 학생 40명의 한 달 용돈(단위 : 천 원)이다. 이의 도수분포표는 아래와 같다. 이 데이터는 정규분포를 따르는지 유의수준 5%로 검정하라.

	A	B	C	D	E	F	G	H
1	153	170	180	190	160	175	186	198
2	169	179	190	159	174	185	194	168
3	179	190	158	174	184	193	167	179
4	189	156	173	183	193	166	178	188
5	155	170	183	192	163	177	186	198

도수분포표

	A	B	C
1	계급구간		도수
2		160 이하	6
3	160 초과	170 이하	7
4	170	189-0	10
5	180	190	11
6	190	200	6
7	합계		40

15/13 Excel 자동차회사에 근무하는 시장조사 담당자 최 부장은 성별에 따라 차의 선호하는 색깔에 차이가 있는지 알고자 한다. 왜냐하면, 만일 차이가 있다면 성별에 따라 광고를 달리해야 하기 때문이다. 최 부장은 회사의 인기 있는 모델 word를 최근에 판매한 데이터를 분석하여 다음과 같은 분할표를 작성하였다.

	A	B	C
1	색깔	남자	여자
2	실버	470	280
3	블랙	535	285
4	레드	495	350
5	합계	1,500	915

(1) 선호하는 색깔이 성별에 따라 다른지 검정하기 위한 가설을 설정하라.
(2) 5%의 유의수준으로 임계치를 구하라.
(3) 검정통계량의 값을 구하라.
(4) 회사는 성별에 따라 광고를 다르게 해야 하는가?

15/14 다음 데이터는 Excel 대학교에서 경영통계학을 수강하는 일부 학생들의 학기말 성적이다. 이의 도수분포표는 아래와 같다. 이 데이터는 정규분포를 따르는지 유의수준 5%로 검정하라. 이 데이터의 평균은 77.4, 표본표준편차는 12.588이다.

52	69	79	89	59	73	83	91	67	78
54	70	79	89	62	74	84	93	68	79
55	70	80	90	62	75	85	93	86	96
58	73	82	90	66	77	86	94	88	98

도수분포표

계급상한	도수
60 이하	5
70	8
80	10
90	11
100	6
	40

부 표

- A. 이항 분포표
- B. $e^{-\mu}$의 값
- C. 포아송 분포표
- D. 표준정규 분포표
- E. 난수표
- F. t 분포표
- G. χ^2분포표
- H. F 분포표

A. 이항 분포표

$$P(X=x)=\binom{n}{x}p^{x}(1-p)^{n-x}$$

		p									
n	*x*	.05	.10	.15	.20	.25	.30	.35	.40	.45	.50
1	0	.9500	.9000	.8500	.8000	7500	.7000	.6500	.6000	.5500	.5000
	1	.0500	.1000	.1500	.2000	.2500	.3000	.3500	.4000	.4500	.5000
2	0	.9025	.8100	.7225	.6400	.5625	.4900	.4225	.3600	.3025	.2500
	1	.0950	.1800	.2550	.3200	.3750	.4200	.4550	.4800	.4950	.5000
	2	.0025	.0100	.0225	.0400	.0625	.0900	.1225	.1600	.2025	.2500
3	0	.8574	.7290	.6141	.5120	.4219	.3430	.2746	.2160	.1664	.1250
	1	.1354	.2430	.3251	.3840	.4219	.4410	.4436	.4320	.4084	.3750
	2	.0071	.0270	.0574	.0960	.1406	.1890	.2389	.2880	.3341	.3750
	3	.0001	.0010	.0034	.0080	.0156	.0270	.0429	.0640	.0911	.1250
4	0	.8145	.6561	.5220	.4096	.3164	.2401	.1785	.1296	.0915	.0625
	1	.1715	.2916	.3685	.4096	.4219	.4116	.3845	.3456	.2995	.2500
	2	.0135	.0486	.0975	.1536	.2109	.2646	.3105	.3456	.3675	.3750
	3	.0005	.0036	.0115	.0256	.0469	.0756	.1115	.1536	.2005	.2500
	4	.0000	.0001	.0005	.0016	.0039	.0081	.0150	.0256	.0410	.0625
5	0	.7738	.5905	.4437	.3277	.2373	.1681	.1160	.0778	.0503	.0312
	1	.2036	.3280	.3915	.4096	.3955	.3602	.3124	.2592	.2059	.1562
	2	.0214	.0729	.1382	.2048	.2637	.3087	.3364	.3456	.3369	.3125
	3	.0011	.0081	.0244	.0512	.0879	.1323	.1811	.2304	.2757	.3125
	4	.0000	.0004	.0022	.0064	.0146	.0284	.0488	.0768	.1128	.1562
	5	.0000	.0000	.0001	.0003	.0010	.0024	.0053	.0102	.0185	.0312
6	0	.7351	.5314	.3771	.2621	.1780	.1176	.0754	.0467	.0277	.0156
	1	.2321	.3543	.3993	.3932	.3560	.3025	.2437	.1866	.1359	.0938
	2	.0305	.0984	.1762	.2458	.2966	.3241	.3280	.3110	.2780	.2344
	3	.0021	.0146	.0415	.0819	.1318	.1852	.2355	.2765	.3032	.3125
	4	.0001	.0012	.0055	.0154	.0330	.0595	.0951	.1382	.1861	.2344
	5	.0000	.0001	.0004	.0015	.0044	.0102	.0205	.0369	.0609	.0938
	6	.0000	.0000	.0000	.0001	.0002	.0007	.0018	.0041	.0083	.0156
7	0	.6983	.4783	.3206	.2097	.1335	.0824	.0490	.0280	.0152	.0078
	1	.2573	.3720	.3960	.3670	.3115	.2471	.1848	.1306	.0872	.0547
	2	.0406	.1240	.2097	.2753	.3115	.3177	.2985	.2613	.2140	.1641
	3	.0036	.0230	.0617	.1147	.1730	.2269	.2679	.2903	.2918	.2734
	4	.0002	.0026	.0109	.0287	.0577	.0972	.1442	.1935	.2388	.2734
	5	.0000	.0002	.0012	.0043	.0115	.0250	.0466	.0774	.1172	.1641
	6	.0000	.0000	.0001	.0004	.0013	.0036	.0084	.0172	.0320	.0547
	7	.0000	.0000	.0000	.0000	.0001	.0002	.0006	.0016	.0037	.0078

A 계속

n	x	.05	.10	.15	.20	.25	.30	.35	.40	.45	.50
8	0	.6634	.4305	.2725	.1678	.1001	.0576	.0319	.0168	.0084	.0039
	1	.2793	.3826	.3847	.3355	.2670	.1977	.1373	.0896	.0548	.0312
	2	.0515	.1488	.2376	.2936	.3115	.2965	.2587	.2090	.1569	.1094
	3	.0054	.0331	.0839	.1468	.2076	.2541	.2786	.2787	.2568	.2188
	4	.0004	.0046	.0185	.0459	.0865	.1361	.1875	.2322	.2627	.2734
	5	.0000	.0004	.0026	.0092	.0231	.0467	.0808	.1239	.1719	.2188
	6	.0000	.0000	.0002	.0011	.0038	.0100	.0217	.0413	.0703	.1094
	7	.0000	.0000	.0000	.0001	.0004	.0012	.0033	.0079	.0164	.0312
	8	.0000	.0000	.0000	.0000	.0000	.0001	.0002	.0007	.0017	.0039
9	0	.6302	.3874	.2316	.1342	.0751	.0404	.0207	.0101	.0046	.0020
	1	.2985	.3874	.3679	.3020	.2253	.1556	.1004	.0605	.0339	.0176
	2	.0629	.1722	.2597	.3020	.3003	.2668	.2162	.1612	.1110	.0703
	3	.0077	.0446	.1069	.1762	.2336	.2668	.2716	.2508	.2119	.1641
	4	.0006	.0074	.0283	.0661	.1168	.1715	.2194	.2508	.2600	.2461
	5	.0000	.0008	.0050	.0165	.0389	.0735	.1181	.1672	.2128	.2461
	6	.0000	.0001	.0006	.0028	.0087	.0210	.0424	.0743	.1160	.1641
	7	.0000	.0000	.0000	.0003	.0012	.0039	.0098	.0212	.0407	.0703
	8	.0000	.0000	.0000	.0000	.0001	.0004	.0013	.0035	.0083	.0176
	9	.0000	.0000	.0000	.0000	.0000	.0000	.0001	.0003	.0008	.0020
10	0	.5987	.3487	.1969	.1074	.0563	.0282	.0135	.0060	.0025	.0010
	1	.3151	.3874	.3474	.2684	.1877	.1211	.0725	.0403	.0207	.0098
	2	.0746	.1937	.2759	.3020	.2816	.2335	.1757	.1209	.0763	.0439
	3	.0105	.0574	.1298	.2013	.2503	.2668	.2522	.2150	.1665	.1172
	4	.0010	.0112	.0401	.0881	.1460	.2001	.2377	.2508	.2384	.2051
	5	.0001	.0015	.0085	.0264	.0584	.1029	.1536	.2007	.2340	.2461
	6	.0000	.0001	.0012	.0055	.0162	.0368	.0689	.1115	.1596	.2051
	7	.0000	.0000	.0001	.0008	.0031	.0090	.0212	.0425	.0746	.1172
	8	.0000	.0000	.0000	.0001	.0004	.0014	.0043	.0106	.0229	.0439
	9	.0000	.0000	.0000	.0000	.0000	.0001	.0005	.0016	.0042	.0098
	10	.0000	.0000	.0000	.0000	.0000	.0000	.0000	.0001	.0003	.0010
11	0	.5688	.3138	.1673	.0859	.0422	.0198	.0088	.0036	.0014	.0005
	1	.3293	.3835	.3248	.2362	.1549	.0932	.0518	.0266	.0125	.0054
	2	.0867	.2131	.2866	.2953	.2581	.1998	.1395	.0887	.0513	.0269
	3	.0137	.0710	.1517	.2215	.2581	.2568	.2254	.1774	.1259	.0806
	4	.0014	.0158	.0536	.1107	.1721	.2201	.2428	.2365	.2060	.1611
	5	.0001	.0025	.0132	.0388	.0803	.1321	.1830	.2207	.2360	.2256
	6	.0000	.0003	.0023	.0097	.0268	.0566	.0985	.1471	.1931	.2256
	7	.0000	.0000	.0003	.0017	.0064	.0173	.0379	.0701	.1128	.1611
	8	.0000	.0000	.0000	.0002	.0011	.0037	.0102	.0234	.0462	.0806
	9	.0000	.0000	.0000	.0000	.0001	.0005	.0018	.0052	.0126	.0269
	10	.0000	.0000	.0000	.0000	.0000	.0000	.0002	.0007	.0021	.0054
	11	.0000	.0000	.0000	.0000	.0000	.0000	.0000	.0000	.0002	.0005

A 계속

						p					
n	x	.05	.10	.15	.20	.25	.30	.35	.40	.45	.50
12	0	.5404	.2824	.1422	.0687	.0317	.0138	.0057	.0022	.0008	.0002
	1	.3413	.3766	.3012	.2062	.1267	.0712	.0368	.0174	.0075	.0029
	2	.0988	.2301	.2924	.2835	.2323	.1678	.1088	.0639	.0339	.0161
	3	.0173	.0853	.1720	.2362	.2581	.2397	.1954	.1419	.0923	.0537
	4	.0021	.0213	.0683	.1329	.1936	.2311	.2367	.2128	.1700	.1208
	5	.0002	.0038	.0193	.0532	.1032	.1585	.2039	.2270	.2225	.1934
	6	.0000	.0005	.0040	.0155	.0401	.0792	.1281	.1766	.2124	.2256
	7	.0000	.0000	.0006	.0033	.0115	.0291	.0591	.1009	.1489	.1934
	8	.0000	.0000	.0001	.0005	.0024	.0078	.0199	.0420	.0762	.1208
	9	.0000	.0000	.0000	.0001	.0004	.0015	.0048	.0125	.0277	.0537
	10	.0000	.0000	.0000	.0000	.0000	.0002	.0008	.0025	.0068	.0161
	11	.0000	.0000	.0000	.0000	.0000	.0000	.0001	.0003	.0010	.0029
	12	.0000	.0000	.0000	.0000	.0000	.0000	.0000	.0000	.0001	.0002
13	0	.5133	.2542	.1209	.0550	.0238	.0097	.0037	.0013	.0004	.0001
	1	.3512	.3672	.2774	.1787	.1029	.0540	.0259	.0113	.0045	.0016
	2	.1109	.2448	.2937	.2680	.2059	.1388	.0836	.0453	.0220	.0095
	3	.0214	.0997	.1900	.2457	.2517	.2181	.1651	.1107	.0660	.0349
	4	.0028	.0277	.0838	.1535	.2097	.2337	.2222	.1845	.1350	.0873
	5	.0003	.0055	.0266	.0691	.1258	.1803	.2154	.2214	.1989	.1571
	6	.0000	.0008	.0063	.0230	.0559	.1030	.1546	.1968	.2169	.2095
	7	.0000	.0001	.0011	.0058	.0186	.0442	.0833	.1312	.1775	.2095
	8	.0000	.0000	.0001	.0011	.0047	.0142	.0336	.0656	.1089	.1571
	9	.0000	.0000	.0000	.0001	.0009	.0034	.0101	.0243	.0495	.0873
	10	.0000	.0000	.0000	.0000	.0001	.0006	.0022	.0065	.0162	.0349
	11	.0000	.0000	.0000	.0000	.0000	.0001	.0003	.0012	.0036	.0095
	12	.0000	.0000	.0000	.0000	.0000	.0000	.0000	.0001	.0005	.0016
	13	.0000	.0000	.0000	.0000	.0000	.0000	.0000	.0000	.0000	.0001
14	0	.4877	.2288	.1028	.0440	.0178	.0068	.0024	.0008	.0002	.0001
	1	.3593	.3559	.2539	.1539	.0832	.0407	.0181	.0073	.0027	.0009
	2	.1229	.2570	.2912	.2501	.1802	.1134	.0634	.0317	.0141	.0056
	3	.0259	.1142	.2056	.2501	.2402	.1943	.1366	.0845	.0462	.0222
	4	.0037	.0349	.0998	.1720	.2202	.2290	.2022	.1549	.1040	.0611
	5	.0004	.0078	.0352	.0860	.1468	.1963	.2178	.2066	.1701	.1222
	6	.0000	.0013	.0093	.0322	.0734	.1262	.1759	.2066	.2088	.1833
	7	.0000	.0002	.0019	.0092	.0280	.0618	.1082	.1574	.1952	.2095
	8	.0000	.0000	.0003	.0020	.0082	.0232	.0510	.0918	.1398	.1833
	9	.0000	.0000	.0000	.0003	.0018	.0066	.0183	.0408	.0762	.1222
	10	.0000	.0000	.0000	.0000	.0003	.0014	.0049	.0136	.0312	.0611
	11	.0000	.0000	.0000	.0000	.0000	.0002	.0010	.0033	.0093	.0222
	12	.0000	.0000	.0000	.0000	.0000	.0000	.0001	.0005	.0019	.0056
	13	.0000	.0000	.0000	.0000	.0000	.0000	.0000	.0001	.0002	.0009
	14	.0000	.0000	.0000	.0000	.0000	.0000	.0000	.0000	.0000	.0001

B. $e^{-\mu}$의 값

μ	$\varepsilon^{-\mu}$	μ	$\varepsilon^{-\mu}$	μ	$\varepsilon^{-\mu}$
.0	1.0000	3.1	.0450	8.0	.000335
.1	.9048	3.2	.0408	9.0	.000123
.2	.8187	3.3	.0369	10.0	.000045
.3	.7408	3.4	.0334		
.4	.6703	3.5	.0302		
.5	.6065	3.6	.0273		
.6	.5488	3.7	.0247		
.7	.4966	3.8	.0224		
.8	.4493	3.9	.0202		
.9	.4066	4.0	.0183		
1.0	.3679	4.1	.0166		
1.1	.3329	4.2	.0150		
1.2	.3012	4.3	.0136		
1.3	.2725	4.4	.0123		
1.4	.2466	4.5	.0111		
1.5	.2231	4.6	.0101		
1.6	.2019	4.7	.0091		
1.7	.1827	4.8	.0082		
1.8	.1653	4.9	.0074		
1.9	.1496	5.0	.0067		
2.0	.1353	5.1	.0061		
2.1	.1225	5.2	.0055		
2.2	.1108	5.3	.0050		
2.3	.1003	5.4	.0045		
2.4	.0907	5.5	.0041		
2.5	.0821	5.6	.0037		
2.6	.0743	5.7	.0033		
2.7	.0672	5.8	.0030		
2.8	.0608	5.9	.0027		
2.9	.0550	6.0	.0025		
3.0	.0498	7.0	.0009		

C. 포아송 분포표

$$P(x = x) = \frac{e^{-\mu}\mu^{x}}{x}$$

	μ									
x	0.005	0.01	0.02	0.03	0.04	0.05	0.06	0.07	0.08	0.09
0	0.9950	0.9900	0.9802	0.9704	0.9608	0.9512	0.9418	0.9324	0.9231	0.9139
1	0.0050	0.0099	0.0192	0.0291	0.0384	0.0476	0.0565	0.0653	0.0738	0.0823
2	0.0000	0.0000	0.0002	0.0004	0.0008	0.0012	0.0017	0.0023	0.0030	0.0037
3	0.0000	0.0000	0.0000	0.0000	0.0000	0.0000	0.0000	0.0001	0.0001	0.0001
x	0.1	0.2	0.3	0.4	0.5	0.6	0.7	0.8	0.9	1.0
0	0.9048	0.8187	0.7408	0.6703	0.6065	0.5488	0.4966	0.4493	0.4066	0.3679
1	0.0905	0.1637	0.2222	0.2681	0.3033	0.3293	0.3476	0.3595	0.3659	0.3679
2	0.0045	0.0164	0.0333	0.0536	0.0758	0.0988	0.1217	0.1438	0.1647	0.1839
3	0.0002	0.0011	0.0033	0.0072	0.0126	0.0198	0.0284	0.0383	0.0494	0.0613
4	0.0000	0.0001	0.0002	0.0007	0.0016	0.0030	0.0050	0.0077	0.0111	0.0153
5	0.0000	0.0000	0.0000	0.0001	0.0002	0.0004	0.0007	0.0012	0.0020	0.0031
6	0.0000	0.0000	0.0000	0.0000	0.0000	0.0000	0.0001	0.0002	0.0003	0.0005
7	0.0000	0.0000	0.0000	0.0000	0.0000	0.0000	0.0000	0.0000	0.0000	0.0001
x	1.1	1.2	1.3	1.4	1.5	1.6	1.7	1.8	1.9	2.0
0	0.3329	0.3012	0.2725	0.2466	0.2231	0.2019	0.1827	0.1653	0.1496	0.1353
1	0.3662	0.3614	0.3543	0.3452	0.3347	0.3230	0.3106	0.2975	0.2842	0.2707
2	0.2014	0.2169	0.2303	0.2417	0.2510	0.2584	0.2640	0.2678	0.2700	0.2707
3	0.0738	0.0867	0.0998	0.1128	0.1255	0.1378	0.1496	0.1607	0.1710	0.1804
4	0.0203	0.0260	0.0324	0.0395	0.0471	0.0551	0.0636	0.0723	0.0812	0.0902
5	0.0045	0.0062	0.0084	0.0111	0.0141	0.0176	0.0216	0.0260	0.0309	0.0361
6	0.0008	0.0012	0.0018	0.0026	0.0035	0.0047	0.0061	0.0078	0.0098	0.0120
7	0.0001	0.0002	0.0003	0.0005	0.0008	0.0011	0.0015	0.0020	0.0027	0.0034
8	0.0000	0.0000	0.0001	0.0001	0.0001	0.0002	0.0003	0.0005	0.0006	0.0009
9	0.0000	0.0000	0.0000	0.0000	0.0000	0.0000	0.0001	0.0001	0.0001	0.0002
x	2.1	2.2	2.3	2.4	2.5	2.6‘	2.7	2.8	2.9	3.0
0	0.1225	0.1108	0.1003	0.0907	0.0821	0.0743	0.0672	0.0608	0.0050	0.0498
1	0.2572	0.2438	0.2306	0.2177	0.2052	0.1931	0.1815	0.1703	0.1596	0.1494
2	0.2700	0.2681	0.2652	0.2613	0.2565	0.2510	0.2450	0.2384	0.2314	0.2240
3	0.1890	0.1966	0.2033	0.2090	0.2138	0.2176	0.2205	0.2225	0.2237	0.2240
4	0.0992	0.1082	0.1169	0.1254	0.1336	0.1414	0.1488	0.1557	0.1622	0.1680
5	0.0417	0.0476	0.0538	0.0602	0.0668	0.0735	0.0804	0.0872	0.0940	0.1008
6	0.0146	0.0174	0.0206	0.0241	0.0278	0.0319	0.0362	0.0407	0.0455	0.0504
7	0.0044	0.0055	0.0068	0.0083	0.0099	0.0118	0.0139	0.0163	0.0188	0.0216
8	0.0011	0.0015	0.0019	0.0025	0.0031	0.0038	0.0047	0.0057	0.0068	0.0081
9	0.0003	0.0004	0.0005	0.0007	0.0009	0.0011	0.0014	0.0018	0.0022	0.0027
10	0.0001	0.0001	0.0001	0.0002	0.0002	0.0003	0.0004	0.0005	0.0006	0.0008
11	0.0000	0.0000	0.0000	0.0000	0.0000	0.0001	0.0001	0.0001	0.0002	0.0002
12	0.0000	0.0000	0.0000	0.0000	0.0000	0.0000	0.0000	0.0000	0.0000	0.0001
x	3.1	3.2	3.3	3.4	3.5	3.6	3.7	3.8	3.9	4.0
0	0.0450	0.0408	0.0369	0.0334	0.0302	0.0273	0.0247	0.0224	0.0202	0.0183
1	0.1397	0.1304	0.1217	0.1135	0.1057	0.0984	0.0915	0.0850	0.0789	0.0733
2	0.2165	0.2087	0.2008	0.1929	0.1850	0.1771	0.1692	0.1615	0.1539	0.1465
3	0.2237	0.2226	0.2209	0.2186	0.2158	0.2125	0.2087	0.2046	0.2001	0.1954
4	0.1734	0.1781	0.1823	0.1858	0.1888	0.1912	0.1931	0.1944	0.1951	0.1954
5	0.1075	0.1140	0.1203	0.1264	0.1322	0.1377	0.1429	0.1477	0.1522	0.1563
6	0.0555	0.0608	0.0662	0.0716	0.0771	0.0826	0.0881	0.0936	0.0989	0.1042
7	0.0246	0.0278	0.0312	0.0348	0.0385	0.0425	0.0466	0.0508	0.0551	0.0595
8	0.0095	0.0111	0.0129	0.0148	0.0169	0.0191	0.0215	0.0241	0.0269	0.0298
9	0.0033	0.0040	0.0047	0.0056	0.0066	0.0076	0.0089	0.0102	0.0116	0.0132
10	0.0010	0.0013	0.0016	0.0019	0.0023	0.0028	0.0033	0.0039	0.0045	0.0053
11	0.0003	0.0004	0.0005	0.0006	0.0007	0.0009	0.0011	0.0013	0.0016	0.0019
12	0.0001	0.0001	0.0001	0.0002	0.0002	0.0003	0.0003	0.0004	0.0005	0.0006
13	0.0000	0.0000	0.0000	0.0000	0.0001	0.0001	0.0001	0.0001	0.0002	0.0002
14	0.0000	0.0000	0.0000	0.0000	0.0000	0.0000	0.0000	0.0000	0.0000	0.0001
x	4.1	4.2	4.3	4.4	4.5	4.6	4.7	4.8	4.9	5.0
0	0.0166	0.0150	0.0136	0.0123	0.0111	0.0101	0.0091	0.0082	0.0074	0.0067
1	0.0679	0.0630	0.0583	0.0540	0.0500	0.0462	0.0427	0.0395	0.0365	0.0337
2	0.1393	0.1323	0.1254	0.1188	0.1125	0.1063	0.1005	0.0948	0.0894	0.0842
3	0.1904	0.1852	0.1798	0.1743	0.1687	0.1631	0.1574	0.1517	0.1460	0.1404
4	0.1951	0.1944	0.1933	0.1917	0.1898	0.1875	0.1849	0.1820	0.1789	0.1755

C 계속

	μ									
x	4.1	4.2	4.3	4.4	4.5	4.6	4.7	4.8	4.9	5.0
5	0.1600	0.1633	0.1662	0.1687	0.1708	0.1725	0.1738	0.1747	0.1753	0.1755
6	0.1093	0.1143	0.1191	0.1237	0.1281	0.1323	0.1362	0.1398	0.1432	0.1462
7	0.0640	0.0686	0.0732	0.0778	0.0824	0.0869	0.0914	0.0959	0.1002	0.1044
8	0.0328	0.0360	0.0393	0.0428	0.0463	0.0500	0.0537	0.0575	0.0614	0.0653
9	0.0150	0.0168	0.0188	0.0209	0.0232	0.0255	0.0280	0.0307	0.0334	0.0363
10	0.0061	0.0071	0.0081	0.0092	0.0104	0.0118	0.0132	0.0147	0.0164	0.0181
11	0.0023	0.0027	0.0032	0.0037	0.0043	0.0049	0.0056	0.0064	0.0073	0.0082
12	0.0008	0.0009	0.0011	0.0014	0.0016	0.0019	0.0022	0.0026	0.0030	0.0034
13	0.0002	0.0003	0.0004	0.0005	0.0006	0.0007	0.0008	0.0009	0.0011	0.0013
14	0.0001	0.0001	0.0001	0.0001	0.0002	0.0002	0.0003	0.0003	0.0004	0.0005
15	0.0000	0.0000	0.0000	0.0000	0.0001	0.0001	0.0001	0.0001	0.0001	0.0002
x	5.1	5.2	5.3	5.4	5.5	5.6	5.7	5.8	5.9	6.0
0	0.0061	0.0055	0.0050	0.0045	0.0041	0.0037	0.0033	0.0030	0.0027	0.0025
1	0.0311	0.0287	0.0265	0.0244	0.0225	0.0207	0.0191	0.0176	0.0162	0.0149
2	0.0793	0.0746	0.0701	0.0659	0.0618	0.0580	0.0544	0.0509	0.0477	0.0446
3	0.1348	0.1293	0.1239	0.1185	0.1133	0.1082	0.1033	0.0985	0.0938	0.0892
4	0.1719	0.1681	0.1641	0.1600	0.1558	0.1515	0.1472	0.1428	0.1383	0.1339
5	0.1753	0.1748	0.1740	0.1728	0.1714	0.1697	0.1678	0.1656	0.1632	0.1606
6	0.1490	0.1515	0.1537	0.1555	0.1571	0.1584	0.1594	0.1601	0.1605	0.1606
7	0.1086	0.1125	0.1163	0.1200	0.1234	0.1267	0.1298	0.1326	0.1353	0.1377
8	0.0692	0.0731	0.0771	0.0810	0.0849	0.0887	0.0925	0.0962	0.0998	0.1033
9	0.0392	0.0423	0.0454	0.0486	0.0519	0.0552	0.0586	0.0620	0.0654	0.0688
10	0.0200	0.0220	0.0241	0.0262	0.0285	0.0309	0.0334	0.0359	0.0386	0.0413
11	0.0093	0.0104	0.0116	0.0129	0.0143	0.0157	0.0173	0.0190	0.0207	0.0225
12	0.0039	0.0045	0.0051	0.0058	0.0065	0.0073	0.0082	0.0092	0.0102	0.0113
13	0.0015	0.0018	0.0021	0.0024	0.0028	0.0032	0.0036	0.0041	0.0046	0.0052
14	0.0006	0.0007	0.0008	0.0009	0.0011	0.0013	0.0015	0.0017	0.0019	0.0022
15	0.0002	0.0002	0.0003	0.0003	0.0004	0.0005	0.0006	0.0007	0.0008	0.0009
16	0.0001	0.0001	0.0001	0.0001	0.0001	0.0002	0.0002	0.0002	0.0003	0.0003
17	0.0000	0.0000	0.0000	0.0000	0.0000	0.0001	0.0001	0.0001	0.0001	0.0001
x	6.1	6.2	6.3	6.4	6.5	6.6	6.7	6.8	6.9	7.0
0	0.0022	0.0020	0.0018	0.0017	0.0015	0.0014	0.0012	0.0011	0.0010	0.0009
1	0.0137	0.0126	0.0116	0.0106	0.0098	0.0090	0.0082	0.0076	0.0070	0.0064
2	0.0417	0.0390	0.0364	0.0340	0.0318	0.0296	0.0276	0.0258	0.0240	0.0223
3	0.0848	0.0806	0.0765	0.0726	0.0688	0.0652	0.0617	0.0584	0.0552	0.0521
4	0.1294	0.1269	0.1205	0.1162	0.1118	0.1076	0.1034	0.0992	0.0952	0.0912
5	0.1579	0.1549	0.1519	0.1487	0.1454	0.1420	0.1385	0.1349	0.1314	0.1277
6	0.1605	0.1601	0.1595	0.1586	0.1575	0.1562	0.1546	0.1529	0.1511	0.1490
7	0.1399	0.1418	0.1435	0.1450	0.1462	0.1472	0.1480	0.1486	0.1489	0.1490
8	0.1066	0.1099	0.1130	0.1160	0.1188	0.1215	0.1240	0.1263	0.1284	0.1304
9	0.0723	0.0757	0.0791	0.0825	0.0858	0.0891	0.0923	0.0954	0.0985	0.1014
10	0.0441	0.0469	0.0498	0.0528	0.0558	0.0588	0.0618	0.0649	0.0679	0.0710
11	0.0245	0.0265	0.0285	0.0307	0.0330	0.0353	0.0377	0.0401	0.0426	0.0452
12	0.0124	0.0137	0.0150	0.0164	0.0179	0.0194	0.0210	0.0227	0.0245	0.0264
13	0.0058	0.0065	0.0073	0.0081	0.0089	0.0098	0.0108	0.0119	0.0130	0.0142
14	0.0025	0.0029	0.0033	0.0037	0.0041	0.0046	0.0052	0.0058	0.0064	0.0071
15	0.0010	0.0012	0.0014	0.0016	0.0018	0.0020	0.0023	0.0026	0.0029	0.0033
16	0.0004	0.0005	0.0005	0.0006	0.0007	0.0008	0.0010	0.0011	0.0013	0.0014
17	0.0001	0.0002	0.0002	0.0002	0.0003	0.0003	0.0004	0.0004	0.0005	0.0006
18	0.0000	0.0001	0.0001	0.0001	0.0001	0.0001	0.0001	0.0002	0.0002	0.0002
19	0.0000	0.0000	0.0000	0.0000	0.0000	0.0000	0.0000	0.0001	0.0001	0.0001
x	7.1	7.2	7.3	7.4	7.5	7.6	7.7	7.8	7.9	8.0
0	0.0008	0.0007	0.0007	0.0006	0.0006	0.0005	0.0005	0.0004	0.0004	0.0003
1	0.0059	0.0054	0.0049	0.0045	0.0041	0.0038	0.0035	0.0032	0.0029	0.0027
2	0.0208	0.0194	0.0180	0.0167	0.0156	0.0145	0.0134	0.0125	0.0116	0.0107
3	0.0492	0.0464	0.0438	0.0413	0.0389	0.0366	0.0345	0.0324	0.0305	0.0286
4	0.0874	0.0836	0.0799	0.0764	0.0729	0.0696	0.0663	0.0632	0.0602	0.0573
5	0.1241	0.1204	0.1167	0.1130	0.1094	0.1057	0.1021	0.0986	0.0951	0.0916
6	0.1468	0.1445	0.1420	0.1394	0.1367	0.1339	0.1311	0.1282	0.1252	0.1221
7	0.1489	0.1486	0.1481	0.1474	0.1465	0.1454	0.1442	0.1428	0.1413	0.1396
8	0.1321	0.1337	0.1351	0.1363	0.1373	0.1382	0.1388	0.1392	0.1395	0.1396
9	0.1042	0.1070	0.1096	0.1121	0.1144	0.1167	0.1187	0.1207	0.1224	0.1241
10	0.0740	0.0770	0.0800	0.0829	0.0858	0.0887	0.0914	0.0941	0.0967	0.0993
11	0.0478	0.0504	0.0531	0.0558	0.0585	0.0613	0.0640	0.0667	0.0695	0.0722

D. 표준정규 분포표

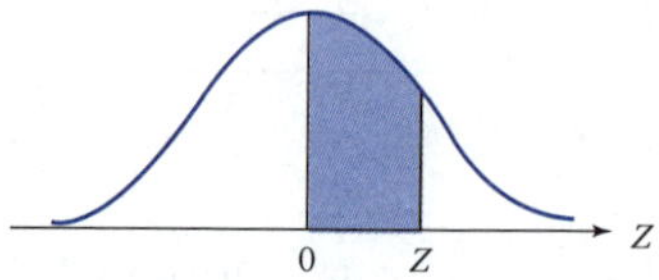

Z	0.00	0.01	0.02	0.03	0.04	0.05	0.06	0.07	0.08	0.09
0.0	0.0000	0.0040	0.0080	0.0120	0.0160	0.0199	0.0239	0.0279	0.0319	0.0359
0.1	0.0398	0.0438	0.0478	0.0517	0.0557	0.0596	0.0636	0.0675	0.0714	0.0753
0.2	0.0793	0.0832	0.0871	0.0910	0.0948	0.0987	0.1026	0.1064	0.1103	0.1141
0.3	0.1179	0.1217	0.1255	0.1293	0.1331	0.1368	0.1406	0.1443	0.1480	0.1517
0.4	0.1554	0.1591	0.1628	0.1664	0.1700	0.1736	0.1772	0.1808	0.1844	0.1879
0.5	0.1915	0.1950	0.1985	0.2019	0.2054	0.2088	0.2123	0.2157	0.2190	0.2224
0.6	0.2257	0.2291	0.2324	0.2357	0.2389	0.2422	0.2454	0.2486	0.2517	0.2549
0.7	0.2580	0.2611	0.2642	0.2673	0.2704	0.2734	0.2764	0.2794	0.2823	0.2852
0.8	0.2881	0.2910	0.2939	0.2967	0.2995	0.3023	0.3051	0.3078	0.3106	0.3133
0.9	0.3159	0.3186	0.3212	0.3238	0.3264	0.3289	0.3315	0.3340	0.3365	0.3389
1.0	0.3413	0.3438	0.3461	0.3485	0.3508	0.3531	0.3554	0.3577	0.3599	0.3621
1.1	0.3643	0.3665	0.3686	0.3708	0.3729	0.3749	0.3770	0.3790	0.3810	0.3830
1.2	0.3849	0.3869	0.3888	0.3907	0.3925	0.3944	0.3962	0.3980	0.3997	0.4015
1.3	0.4032	0.4049	0.4066	0.4082	0.4099	0.4115	0.4131	0.4147	0.4162	0.4177
1.4	0.4192	0.4207	0.4222	0.4236	0.4251	0.4265	0.4279	0.4292	0.4306	0.4319
1.5	0.4332	0.4345	0.4357	0.4370	0.4382	0.4394	0.4406	0.4418	0.4429	0.4441
1.6	0.4452	0.4463	0.4474	0.4484	0.4495	0.4505	0.4515	0.4525	0.4535	0.4545
1.7	0.4554	0.4564	0.4573	0.4582	0.4591	0.4599	0.4608	0.4616	0.4625	0.4633
1.8	0.4641	0.4649	0.4656	0.4664	0.4671	0.4678	0.4686	0.4693	0.4699	0.4706
1.9	0.4713	0.4719	0.4726	0.4732	0.4738	0.4744	0.4750	0.4756	0.4761	0.4767
2.0	0.4772	0.4778	0.4783	0.4788	0.4793	0.4798	0.4803	0.4808	0.4812	0.4817
2.1	0.4821	0.4826	0.4830	0.4834	0.4838	0.4842	0.4846	0.4850	0.4854	0.4857
2.2	0.4861	0.4864	0.4868	0.4871	0.4875	0.4878	0.4881	0.4884	0.4887	0.4890
2.3	0.4893	0.4896	0.4898	0.4901	0.4904	0.4906	0.4909	0.4911	0.4913	0.4916
2.4	0.4918	0.4920	0.4922	0.4925	0.4927	0.4929	0.4931	0.4932	0.4934	0.4936
2.5	0.4938	0.4940	0.4941	0.4943	0.4945	0.4946	0.4948	0.4949	0.4951	0.4952
2.6	0.4953	0.4955	0.4956	0.4957	0.4959	0.4960	0.4961	0.4962	0.4963	0.4974
2.7	0.4965	0.4966	0.4967	0.4968	0.4969	0.4970	0.4971	0.4972	0.4973	0.4974
2.8	0.4974	0.4975	0.4976	0.4977	0.4977	0.4978	0.4979	0.4979	0.4980	0.4981
2.9	0.4981	0.4982	0.4982	0.4983	0.4984	0.4984	0.4985	0.4985	0.4986	0.4986
3.0	0.4987	0.4987	0.4987	0.4988	0.4988	0.4989	0.4989	0.4989	0.4990	0.4990
3.1	0.4990	0.4991	0.4991	0.4991	0.4992	0.4992	0.4992	0.4992	0.4993	0.4993
3.2	0.4993	0.4993	0.4994	0.4994	0.4994	0.4994	0.4994	0.4995	0.4995	0.4995
3.3	0.4995	0.4995	0.4995	0.4996	0.4996	0.4996	0.4996	0.4996	0.4996	0.4997
3.4	0.4997	0.4997	0.4997	0.4997	0.4997	0.4997	0.4997	0.4997	0.4997	0.4998
3.5	0.4998									
4.0	0.49997									
4.5	0.499997									
5.0	0.4999997									

E. 난수표

63271	59986	71744	51102	15141	80714	58683	93108	13554	79945
88547	09896	95436	79115	08303	01041	20030	63754	08459	28364
55957	57243	83865	09911	19761	66535	40102	26646	60147	15702
46276	87453	44790	67122	45573	84358	21625	16999	13385	22782
55363	07449	34835	15290	76616	67191	12777	21861	68689	03263
69393	92785	49902	58447	42048	30378	87618	26933	40640	16281
13186	29431	88190	04588	38733	81290	89541	70290	40113	08243
17726	28652	56836	78351	47327	18518	92222	55201	27340	10493
36520	64465	05550	30157	82242	29520	69753	72602	23756	54935
81628	36100	39254	56835	37636	02421	98063	89641	64953	99337
84649	48968	75215	75498	49539	74240	03466	49292	36401	45525
63291	11618	12613	75055	43915	26488	41116	64531	56827	30825
70502	53225	03655	05915	37140	57051	48393	91322	25653	06543
06426	24771	59935	49801	11082	66762	94477	02494	88215	27191
20711	55609	29430	70165	45406	78484	31639	52009	18873	96927
41990	70538	77191	25860	55204	73417	83920	69468	74972	38712
72452	36618	76298	26678	89334	33938	95567	29380	75906	91807
37042	40318	57099	10528	09925	89773	41335	96244	29002	46453
53766	52875	15987	46962	67342	77592	57651	95508	80033	69828
90585	58955	53122	16025	84299	53310	67380	84249	25348	04332
32001	96293	37203	64516	51530	37069	40261	61374	05815	06714
62606	64324	46354	72157	67248	20135	49804	09226	64419	29457
10078	28073	85389	50324	14500	15562	64165	06125	71353	77669
91561	46145	24177	15294	10061	98124	75732	00815	83452	97355
13091	98112	53959	79607	52244	63303	10413	63839	74762	50289
73864	83014	72457	22682	03033	61714	88173	90835	00634	85169
66668	25467	48894	51043	02365	91726	09365	63167	95264	45643
84745	41042	29493	01836	09044	51926	43630	63470	76508	14194
48068	26805	94595	47907	13357	38412	33318	26098	82782	42851
54310	96175	97594	88616	42035	38093	36745	56702	40644	83514
14877	33095	10924	58013	61439	21882	42059	24177	58739	60170
78295	23179	02771	43464	59061	71411	05697	67194	30495	21157
67524	02865	39593	54278	04237	92441	26602	63835	38032	94770
58268	57219	68124	73455	83236	08710	04284	55005	84171	42596
97158	28672	50685	01181	24262	19427	52106	34308	73685	74246
04230	16831	69085	30802	65559	09205	71829	06489	85650	38707
94879	56606	30401	02602	57658	70091	54986	41394	60437	03195
71446	15232	66715	26385	91518	70566	02888	79941	39684	54315
32886	05644	79316	09819	00813	88407	17461	73925	53037	91904
62048	33711	25290	21526	02223	75947	66466	06232	10913	75336

F. t 분포표

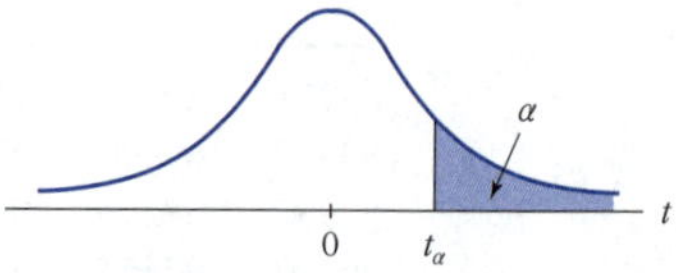

자유도	우측 꼬리면적 α							
	.1	.05	.025	.01	.005	.0025	.001	.0005
1	3.078	6.314	12.706	31.821	63.657	127.32	318.31	636.62
2	1.886	2.920	4.303	6.965	9.925	14.089	22.327	31.598
3	1.638	2.353	3.182	4.541	5.841	7.453	10.214	12.924
4	1.533	2.132	2.776	3.747	4.604	5.598	7.173	8.610
5	1.476	2.015	2.571	3.365	4.032	4.773	5.893	6.869
6	1.440	1.943	2.447	3.143	3.707	4.317	5.208	5.959
7	1.415	1.895	2.365	2.998	3.499	4.029	4.785	5.408
8	1.397	1.860	2.306	2.896	3.355	3.833	4.501	5.041
9	1.383	1.833	2.262	2.821	3.250	3.690	4.297	4.781
10	1.372	1.812	2.228	2.764	3.169	3.581	4.144	4.587
11	1.363	1.796	2.201	2.718	3.106	3.497	4.025	4.437
12	1.356	1.782	2.179	2.681	3.055	3.428	3.930	4.318
13	1.350	1.771	2.160	2.650	3.012	3.372	3.852	4.221
14	1.345	1.761	2.145	2.624	2.977	3.326	3.787	4.140
15	1.341	1.753	2.131	2.602	2.947	3.286	3.733	4.073
16	1.337	1.746	2.120	2.583	2.921	3.252	3.686	4.015
17	1.333	1.740	2.110	2.567	2.898	3.222	3.646	3.965
18	1.330	1.734	2.101	2.552	2.878	3.197	3.610	3.922
19	1.328	1.729	2.093	2.539	2.861	3.174	3.579	3.883
20	1.325	1.725	2.086	2.528	2.845	3.153	3.552	3.850
21	1.323	1.721	2.080	2.518	2.831	3.135	3.527	3.819
22	1.321	1.717	2.074	2.508	2.819	3.119	3.505	3.792
23	1.319	1.714	2.069	2.500	2.807	3.104	3.485	3.767
24	1.318	1.711	2.064	2.492	2.797	3.091	3.467	3.745
25	1.316	1.708	2.060	2.485	2.787	3.078	3.450	3.725
26	1.315	1.706	2.056	2.479	2.779	3.067	3.435	3.707
27	1.314	1.703	2.052	2.473	2.771	3.057	3.421	3.690
28	1.313	1.701	2.048	2.467	2.763	3.047	3.408	3.674
29	1.311	1.699	2.045	2.462	2.756	3.038	3.396	3.659
30	1.310	1.697	2.042	2.457	2.750	3.030	3.385	3.646
40	1.303	1.684	2.021	2.423	2.704	2.971	3.307	3.551
60	1.296	1.671	2.000	2.390	2.660	2.915	3.232	3.460
120	1.289	1.658	1.980	2.358	2.617	2.860	3.160	3.373
∞	1.282	1.645	1.960	2.326	2.576	2.807	3.090	3.291

G. χ^2분포표

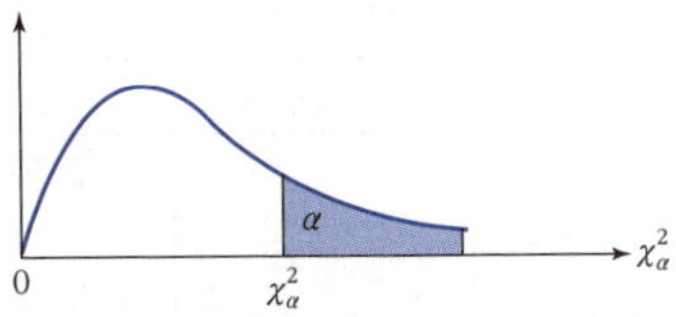

자유도	$\chi^2_{.995}$	$\chi^2_{.990}$	$\chi^2_{.975}$	$\chi^2_{.950}$	$\chi^2_{.900}$
1	0.0000393	0.0001571	0.0009821	0.0039321	0.0157908
2	0.0100251	0.0201007	0.0506356	0.102587	0.210720
3	0.0717212	0.114832	0.215795	0.351846	0.584375
4	0.206990	0.297110	0.484419	0.710721	1.063623
5	0.411740	0.554300	0.831211	1.145476	1.61031
6	0.675727	0.872085	1.237347	1.63539	2.20413
7	0.989265	1.239043	1.68987	2.16735	2.83311
8	1.344419	1.646482	2.17973	2.73264	3.48954
9	1.734926	2.087912	2.70039	3.32511	4.16816
10	2.15585	2.55821	3.24697	3.94030	4.86518
11	2.60321	3.05347	3.81575	4.57481	5.57779
12	3.07382	3.57056	4.40379	5.22603	6.30380
13	3.56503	4.10691	5.00874	5.89186	7.04150
14	4.07468	4.66043	5.62872	6.57063	7.78953
15	4.60094	5.22935	6.26214	7.26094	8.54675
16	5.14224	5.81221	6.90766	7.96164	9.31223
17	5.69724	6.40776	7.56418	8.67176	10.0852
18	6.26481	7.01491	8.23075	9.39046	10.8649
19	6.84398	7.63273	8.90655	10.1170	11.6509
20	7.43386	8.26040	9.59083	10.8508	12.4426
21	8.03366	8.89720	10.28293	11.5913	13.2396
22	8.64272	9.54249	10.9823	12.3380	14.0415
23	9.26042	10.19567	11.6885	13.0905	14.8479
24	9.88623	10.8564	12.4011	13.8484	15.6587
25	10.5197	11.5240	13.1197	14.6114	16.4734
26	11.1603	12.1981	13.8439	15.3791	17.2919
27	11.8076	12.8786	14.5733	16.1513	18.1138
28	12.4613	13.5648	15.3079	16.9279	18.9392
29	13.1211	14.2565	16.0471	17.7083	19.7677
30	13.7867	14.9535	16.7908	18.4926	20.5992
40	20.7065	22.1643	24.4331	26.5093	29.0505
50	27.9907	29.7067	32.3574	34.7642	37.6886
60	35.5346	37.4848	40.4817	43.1879	46.4589
70	43.2752	45.4418	48.7576	51.7393	55.3290
80	51.1720	53.5400	57.1532	60.3915	64.2778
90	59.1963	61.7541	65.6466	69.1260	73.2912
100	67.3276	70.0648	74.2219	77.9295	82.3581

G 계속

자유도	$\chi^2_{.100}$	$\chi^2_{.050}$	$\chi^2_{.025}$	$\chi^2_{.010}$	$\chi^2_{.005}$
1	2.70554	3.84146	5.02389	6.63490	7.87944
2	4.60517	5.99147	7.37776	9.21034	10.5966
3	6.25139	7.81473	9.34840	11.3449	12.8381
4	7.77944	9.48773	11.1433	13.2767	14.8602
5	9.23635	11.0705	12.8325	15.0863	16.7496
6	10.6446	12.5916	14.4494	16.8119	18.5476
7	12.0170	14.0671	16.0128	18.4753	20.2777
8	13.3616	15.5073	17.5346	20.0902	21.9550
9	14.6837	16.9190	19.0228	21.6660	23.5893
10	15.9871	18.3070	20.4831	23.2093	25.1882
11	17.2750	19.6751	21.9200	24.7250	26.7569
12	18.5494	21.0261	23.3367	26.2170	28.2995
13	19.8119	22.3621	24.7356	27.6883	29.8194
14	21.0642	23.6848	26.1190	29.1413	31.3193
15	22.3072	24.9958	27.4884	30.5779	32.8013
16	23.5418	26.2962	28.8454	31.9999	34.2672
17	24.7690	27.5871	30.1910	33.4087	35.7185
18	25.9894	28.8693	31.5264	34.8053	37.1564
19	27.2036	30.1435	32.8523	36.1908	38.5822
20	28.4120	31.4104	34.1696	37.5662	39.9968
21	29.6151	32.6705	35.4789	38.9321	41.4010
22	30.8133	33.9244	36.7807	40.2894	42.7956
23	32.0069	35.1725	38.0757	41.6384	44.1813
24	33.1963	36.4151	39.3641	42.9798	45.5585
25	34.3816	37.6525	40.6465	44.3141	46.9278
26	35.5631	38.8852	41.9232	45.6417	48.2899
27	36.7412	40.1133	43.1944	46.9630	49.6449
28	37.9159	41.3372	44.4607	48.2782	50.9933
29	39.0875	42.5569	45.7222	49.5879	52.3356
30	40.2560	43.7729	46.9792	50.8922	53.6720
40	51.8050	55.7585	59.3417	63.6907	66.7659
50	63.1671	67.5048	71.4202	76.1539	79.4900
60	74.3970	79.0819	83.2976	88.3794	91.9517
70	85.5271	90.5312	95.0231	100.425	104.215
80	96.5782	101.879	106.629	112.329	116.321
90	107.565	113.145	118.136	124.116	128.229
100	118.498	124.342	129.561	135.807	140.169

H. F 분포표

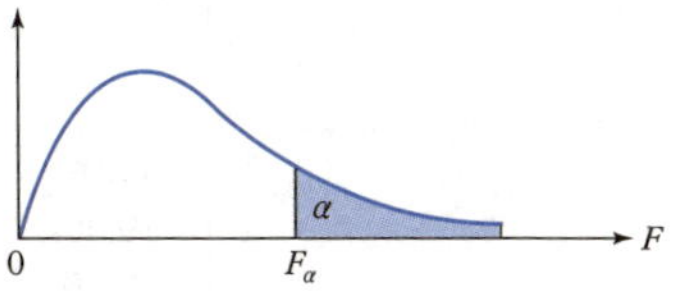

(a) $\alpha = .05$

V_2 \ V_1 (분자의 자유도)	1	2	3	4	5	6	7	8	9
1	161.4	199.5	215.7	224.6	230.2	234.0	236.8	238.9	240.5
2	18.51	19.00	19.16	19.25	19.30	19.33	19.35	19.37	19.38
3	10.13	9.55	9.28	9.12	9.01	8.94	8.89	8.85	8.81
4	7.71	6.94	6.59	6.39	6.26	6.16	6.09	6.04	6.00
5	6.61	5.79	5.41	5.19	5.05	4.95	4.88	4.82	4.77
6	5.99	5.14	4.76	4.53	4.39	4.28	4.21	4.15	4.10
7	5.59	4.74	4.35	4.12	3.97	3.87	3.79	3.73	3.68
8	5.32	4.46	4.07	3.84	3.69	3.58	3.50	3.44	3.39
9	5.12	4.26	3.86	3.63	3.48	3.37	3.29	3.23	3.18
10	4.96	4.10	3.71	3.48	3.33	3.22	3.14	3.07	3.02
11	4.84	3.98	3.59	3.36	3.20	3.09	3.01	2.95	2.90
12	4.75	3.89	3.49	3.26	3.11	3.00	2.91	2.85	2.80
13	4.67	3.81	3.41	3.18	3.03	2.92	2.83	2.77	2.71
14	4.60	3.74	3.34	3.11	2.96	2.85	2.76	2.70	2.65
15	4.54	3.68	3.29	3.06	2.90	2.79	2.71	2.64	2.59
16	4.49	3.63	3.24	3.01	2.85	2.74	2.66	2.59	2.54
17	4.45	3.59	3.20	2.96	2.81	2.70	2.61	2.55	2.49
18	4.41	3.55	3.16	2.93	2.77	2.66	2.56	2.51	2.46
19	4.38	3.52	3.13	2.90	2.74	2.63	2.54	2.48	2.42
20	4.35	3.49	3.10	2.87	2.71	2.60	2.51	2.45	2.39
21	4.32	3.47	3.07	2.84	2.68	2.57	2.49	2.42	2.37
22	4.30	3.44	3.05	2.82	2.66	2.55	2.46	2.40	2.34
23	4.28	3.42	3.03	2.80	2.64	2.53	2.44	2.37	2.32
24	4.26	3.40	3.01	2.78	2.62	2.51	2.42	2.36	2.30
25	4.24	3.39	2.99	2.76	2.60	2.49	2.40	2.34	2.28
26	4.23	3.37	2.98	2.74	2.59	2.47	2.39	2.32	2.27
27	4.21	3.35	2.96	2.73	2.57	2.46	2.37	2.31	2.25
28	4.20	3.34	2.95	2.71	2.56	2.45	2.36	2.29	2.24
29	4.18	3.33	2.93	2.70	2.55	2.43	2.35	2.28	2.22
30	4.17	3.32	2.92	2.69	2.53	2.42	2.33	2.27	2.21
40	4.08	3.23	2.84	2.61	2.45	2.34	2.25	2.18	2.12
60	4.00	3.15	2.76	2.53	2.37	2.25	2.17	2.10	2.04
120	3.92	3.07	2.68	2.45	2.29	2.17	2.09	2.02	1.96
∞	3.84	3.00	2.60	2.37	2.21	2.10	2.01	1.94	1.88

분모의 자유도 (V_2)

H (a) 계속

V_2 \ V_1 (분모의 자유도 \ 분자의 자유도)	10	12	15	20	24	30	40	60	120	∞
1	241.9	243.9	245.9	248.0	249.1	250.1	251.1	252.2	253.3	254.3
2	19.40	19.41	19.43	19.45	19.45	19.46	19.47	19.48	19.49	19.50
3	8.79	8.74	8.70	8.66	8.64	8.62	8.59	8.57	8.55	8.53
4	5.96	5.91	5.86	5.80	5.77	5.75	5.72	5.69	5.66	5.63
5	4.74	4.68	4.62	4.56	4.53	4.50	4.46	4.43	4.40	4.36
6	4.06	4.00	3.94	3.87	3.84	3.81	3.77	3.74	3.70	3.67
7	3.64	3.57	3.51	3.44	3.41	3.38	3.34	3.30	3.27	3.23
8	3.35	3.28	3.22	3.15	3.12	3.08	3.04	3.01	2.97	2.93
9	3.14	3.07	3.01	2.94	2.90	2.86	2.83	2.79	2.75	2.71
10	2.98	2.91	2.85	2.77	2.74	2.70	2.66	2.62	2.58	2.54
11	2.85	2.79	2.72	2.65	2.61	2.57	2.53	2.49	2.45	2.40
12	2.75	2.69	2.62	2.54	2.51	2.47	2.43	2.38	2.34	2.30
13	2.67	2.60	2.53	2.46	2.42	2.38	2.34	2.30	2.25	2.21
14	2.60	2.53	2.46	2.39	2.35	2.31	2.27	2.22	2.18	2.13
15	2.54	2.48	2.40	2.33	2.29	2.25	2.20	2.16	2.11	2.07
16	2.49	2.42	2.35	2.28	2.24	2.19	2.15	2.11	2.06	2.01
17	2.45	2.38	2.31	2.23	2.19	2.15	2.10	2.06	2.01	1.96
18	2.41	2.34	2.27	2.19	2.15	2.11	2.06	2.02	1.97	1.92
19	2.38	2.31	2.23	2.16	2.11	2.07	2.03	1.98	1.93	1.88
20	2.35	2.28	2.20	2.12	2.08	2.04	1.99	1.95	1.90	1.84
21	2.32	2.25	2.18	2.10	2.05	2.01	1.96	1.92	1.87	1.81
22	2.30	2.23	2.15	2.07	2.03	1.98	1.94	1.89	1.84	1.78
23	2.27	2.20	2.13	2.05	2.01	1.96	1.91	1.86	1.81	1.76
24	2.25	2.18	2.11	2.03	1.98	1.94	1.89	1.84	1.79	1.73
25	2.24	2.16	2.09	2.01	1.96	1.92	1.87	1.82	1.77	1.71
26	2.22	2.15	2.07	1.99	1.95	1.90	1.85	1.80	1.75	1.69
27	2.20	2.13	2.06	1.97	1.93	1.88	1.84	1.79	1.73	1.67
28	2.19	2.12	2.04	1.96	1.91	1.87	1.82	1.77	1.71	1.65
29	2.18	2.10	2.03	1.94	1.90	1.85	1.81	1.75	1.70	1.64
30	2.16	2.09	2.01	1.93	1.89	1.84	1.79	1.74	1.68	1.62
40	2.08	2.00	1.92	1.84	1.79	1.74	1.69	1.64	1.58	1.51
60	1.99	1.92	1.84	1.75	1.70	1.65	1.59	1.53	1.47	1.39
120	1.91	1.83	1.75	1.66	1.61	1.55	1.50	1.43	1.35	1.25
∞	1.83	1.75	1.67	1.57	1.52	1.46	1.39	1.32	1.22	1.00

(b) $\alpha = .025$

V_2 \ V_1	분자의 자유도 1	2	3	4	5	6	7	8	9
1	647.8	799.5	864.2	899.6	921.8	937.1	948.2	956.7	963.3
2	38.51	39.00	39.17	39.25	39.30	39.33	39.36	39.37	39.39
3	17.44	16.04	15.44	15.10	14.88	14.73	14.62	14.54	14.47
4	12.22	10.65	9.98	9.60	9.36	9.20	9.07	8.98	8.90
5	10.01	8.43	7.76	7.39	7.15	6.98	6.85	6.76	6.68
6	8.81	7.26	6.60	6.23	5.99	5.82	5.70	5.60	5.52
7	8.07	6.54	5.89	5.52	5.29	5.12	4.99	4.90	4.82
8	7.57	6.06	5.42	5.05	4.82	4.65	4.53	4.43	4.36
9	7.21	5.71	5.08	4.72	4.48	4.32	4.20	4.10	4.03
10	6.94	5.46	4.83	4.47	4.24	4.07	3.95	3.85	3.78
11	6.72	5.26	4.63	4.28	4.04	3.88	3.76	3.66	3.59
12	6.55	5.10	4.47	4.12	3.89	3.73	3.61	3.51	3.44
13	6.41	4.97	4.35	4.00	3.77	3.60	3.48	3.39	3.31
14	6.30	4.86	4.24	3.89	3.66	3.50	3.38	3.29	3.21
15	6.20	4.77	4.15	3.80	3.58	3.41	3.29	3.20	3.12
분모의 자유도 16	6.12	4.69	4.08	3.73	3.50	3.34	3.22	3.12	3.05
17	6.04	4.62	4.01	3.66	3.44	3.28	3.16	3.06	2.98
18	5.98	4.56	3.95	3.61	3.38	3.22	3.10	3.01	2.93
19	5.92	4.51	3.90	3.56	3.33	3.17	3.05	2.96	2.88
20	5.87	4.46	3.86	3.51	3.29	3.13	3.01	2.91	2.84
21	5.83	4.42	3.82	3.48	3.25	3.09	2.97	2.87	2.80
22	5.79	4.38	3.78	3.44	3.22	3.05	2.93	2.84	2.76
23	5.75	4.35	3.75	3.41	3.18	3.02	2.90	2.81	2.73
24	5.72	4.32	3.72	3.38	3.15	2.99	2.87	2.78	2.70
25	5.69	4.29	3.69	3.35	3.13	2.97	2.85	2.75	2.68
26	5.66	4.27	3.67	3.33	3.10	2.94	2.82	2.73	2.65
27	5.63	4.24	3.65	3.31	3.08	2.92	2.80	2.71	2.63
28	5.61	4.22	3.63	3.29	3.06	2.90	2.78	2.69	2.61
29	5.59	4.20	3.61	3.27	3.04	2.88	2.76	2.67	2.59
30	5.57	4.18	3.59	3.25	3.03	2.87	2.75	2.65	2.57
40	5.42	4.05	3.46	3.13	2.90	2.74	2.62	2.53	2.45
60	5.29	3.93	3.34	3.01	2.79	2.63	2.51	2.41	2.33
120	5.15	3.80	3.23	2.89	2.67	2.52	2.39	2.30	2.22
∞	5.02	3.69	3.12	2.79	2.57	2.41	2.29	2.19	2.11

H (b) 계속

V_2 \ V_1	분자의 자유도									
	10	12	15	20	24	30	40	60	120	∞
1	968.6	976.7	984.9	993.1	997.2	1001	1006	1010	1014	1018
2	39.40	39.41	39.43	39.45	39.46	39.46	39.47	39.48	39.49	39.50
3	14.42	14.34	14.25	14.17	14.12	14.08	14.04	13.99	13.95	13.90
4	8.84	8.75	8.66	8.56	8.51	8.46	8.41	8.36	8.31	8.26
5	6.62	6.52	6.43	6.33	6.28	6.23	6.18	6.12	6.07	6.02
6	5.46	5.37	5.27	5.17	5.12	5.07	5.01	4.96	4.90	4.85
7	4.76	4.67	4.57	4.47	4.42	4.36	4.31	4.25	4.20	4.14
8	4.30	4.20	4.10	4.00	3.95	3.89	3.84	3.78	3.73	3.67
9	3.96	3.87	3.77	3.67	3.61	3.56	3.51	3.45	3.39	3.33
10	3.72	3.62	3.52	3.42	3.37	3.31	3.26	3.20	3.14	3.08
11	3.53	3.43	3.33	3.23	3.17	3.12	3.06	3.00	2.94	2.88
12	3.37	3.28	3.18	3.07	3.02	2.96	2.91	2.85	2.79	2.72
13	3.25	3.15	3.05	2.95	2.89	2.84	2.78	2.72	2.66	2.60
14	3.15	3.05	2.95	2.84	2.79	2.73	2.67	2.61	2.55	2.49
15	3.06	2.96	2.86	2.76	2.70	2.64	2.59	2.52	2.46	2.40
분모의 자유도 16	2.99	2.89	2.79	2.68	2.63	2.57	2.51	2.45	2.38	2.32
17	2.92	2.82	2.72	2.62	2.56	2.50	2.44	2.38	2.32	2.25
18	2.87	2.77	2.67	2.56	2.50	2.44	2.38	2.32	2.26	2.19
19	2.82	2.72	2.62	2.51	2.45	2.39	2.33	2.27	2.20	2.13
20	2.77	2.68	2.57	2.46	2.41	2.35	2.29	2.22	2.16	2.09
21	2.73	2.64	2.53	2.42	2.37	2.31	2.25	2.18	2.11	2.04
22	2.70	2.60	2.50	2.39	2.33	2.27	2.21	2.14	2.08	2.00
23	2.67	2.57	2.47	2.36	2.30	2.24	2.18	2.11	2.04	1.97
24	2.64	2.54	2.44	2.33	2.27	2.21	2.15	2.08	2.01	1.94
25	2.61	2.51	2.41	2.30	2.24	2.18	2.12	2.05	1.98	1.91
26	2.59	2.49	2.39	2.28	2.22	2.16	2.09	2.03	1.95	1.88
27	2.57	2.47	2.36	2.25	2.19	2.13	2.07	2.00	1.93	1.85
28	2.55	2.45	2.34	2.23	2.17	2.11	2.05	1.98	1.91	1.83
29	2.53	2.43	2.32	2.21	2.15	2.09	2.03	1.96	1.89	1.81
30	2.51	2.41	2.31	2.20	2.14	2.07	2.01	1.94	1.87	1.79
40	2.39	2.29	2.18	2.07	2.01	1.94	1.88	1.80	1.72	1.64
60	2.27	2.17	2.06	1.94	1.88	1.82	1.74	1.67	1.58	1.48
120	2.16	2.05	1.94	1.82	1.76	1.69	1.61	1.53	1.43	1.31
∞	2.05	1.94	1.83	1.71	1.64	1.57	1.48	1.39	1.27	1.00

I·N·D·E·X

영문색인

I·N·D·E·X

국문색인

[ㅍ]

[ㅋ]

[ㅎ]

강금식

서울대학교 상과대학 경제학과 졸업
한국산업은행 조사부 근무
University of Nebraska 대학원 졸업(경제학석사)
University of Nebraska 대학원 졸업(경영학박사, Ph.D.)
아주대학교 경영대학 부교수
한국경영학회 이사
한국경영과학회 이사
성균관대학교 경영학부 교수 역임

저서

EXCEL 경영학연습(형설출판사, 1999)
알기쉬운 생산·운영관리(도서출판 오래, 2011, 공저)
품질경영(박영사, 제4판, 2011)
알기쉬운 통계학(도서출판 오래, 제2개정판 2012, 공저)
고객만족을 위한 의료서비스의 실천(도서출판 오래, 2014, 공저)
글로벌시대의 경영학(도서출판 오래, 2014, 공저)
비즈니스 분석론(박영사, 2020)
EXCEL경영과학(박영사, 제6판, 2022)
4차 산업혁명 시대의 생산운영관리(박영사, 제5개정판, 2023)
인공지능 시대의 품질경영(박영사, 2025)

제7판
4차 산업혁명 시대의
EXCEL 활용 통계학

초판발행	2013년 1월 20일
제2판발행	2015년 1월 15일
제3판발행	2017년 6월 10일
제4판발행	2019년 1월 15일
제5판발행	2021년 6월 30일
제6판발행	2023년 6월 23일
제7판발행	2025년 10월 15일

지은이 강금식
펴낸이 안종만·안상준

편 집 전채린
기획/마케팅 정연환
표지디자인 권아린
제 작 고철민·김원표

펴낸곳 (주) 박영사
서울특별시 금천구 가산디지털2로 53, 210호(가산동, 한라시그마밸리)
등록 1959. 3. 11. 제300-1959-1호(倫)
전 화 02)733-6771
f a x 02)736-4818
e-mail pys@pybook.co.kr
homepage www.pybook.co.kr
ISBN 979-11-303-2027-4 93320

정 가 38,000원